智慧城市
信息栅格系统工程

李 林 编著

东南大学出版社
SOUTHEAST UNIVERSITY PRESS
·南京·

内 容 提 要

信息栅格(Information Grid, IG)是20世纪90年代中期发展起来的下一代互联网科技,它将高速互联网、高速计算机、大型数据库、传感器、远程设备等融为一体,包括支持信息系统综合集成的网络平台、数据平台、信息平台、信息基础设施、基础共性软件等。智慧城市信息栅格的基本概念就是将云计算、区块链、物联网、大数据、人工智能等新一代信息技术,通过信息栅格实现技术集成创新和深度融合应用,利用现有的信息基础设施、协议规范、技术集成、系统集成和应用集成,为用户提供一体化的智慧化与可视化集成平台,最终目标是能够让用户按需获取信息和云服务(云平台4S服务)。

智慧城市信息栅格的建设、应用和发展源于军事信息栅格。本书共七章,除信息栅格基础理论、知识体系外,重点介绍了军事信息栅格系统工程、智慧城市信息栅格系统工程和新型智慧城市信息栅格操作系统,最后介绍了智慧城市信息栅格技术在具体领域中的应用研究。

图书在版编目(CIP)数据

智慧城市信息栅格系统工程 / 李林编著. —南京:东南大学出版社,2021.7
 ISBN 978-7-5641-9592-2

Ⅰ.①智… Ⅱ.①李… Ⅲ.①现代化城市—城市建设—信息技术—研究 Ⅳ.①F291.1

中国版本图书馆 CIP 数据核字(2021)第 136647 号

智慧城市信息栅格系统工程
Zhihui Chengshi Xinxi Shange Xitong Gongcheng

编　著　李　林

出版发行	东南大学出版社
社　　址	南京市四牌楼2号　邮编:210096
出 版 人	江建中
责任编辑	施　恩
网　　址	http://www.seupress.com
电子邮箱	press@seupress.com
经　　销	全国各地新华书店
印　　刷	南京工大印务有限公司
版　　次	2021年7月第1版
印　　次	2021年7月第1次印刷
开　　本	787 mm×1 092 mm　1/16
印　　张	26.5
字　　数	645千
书　　号	ISBN 978-7-5641-9592-2
定　　价	118.00元

本社图书若有印装质量问题,请直接与营销部联系。电话(传真):025-83791830

自　　序

　　关于智慧城市信息栅格,我一直想编写一本介绍军事信息栅格在智慧城市中应用的书。尽管在我之前出版的《新型智慧城市系统工程》和《智慧城市大数据与人工智能》等书中都介绍了信息栅格,但是大多着重在信息栅格的概念和应用的层面上,而关于信息栅格在理论知识、技术原理和技术应用方面讲得不多。因此我想通过《智慧城市信息栅格系统工程》一书,介绍军事信息栅格的知识体系、技术原理和技术应用,并结合我多年来在智慧城市领域所涉及的信息化、智能化、智慧化方面的研究和实践智慧城市系统工程的经验,将智慧城市信息栅格系统工程在理论知识、技术原理、技术应用等方面讲深讲透。

　　1991年,我在新加坡科技集团电子工程研究院(STE)做高级访问学者时,重点研究的课题是"信息系统集成与信息技术集成应用"。从那个时候开始我就将美军有关计算机、通信、指挥、控制、情报、监视、侦察(C4ISR)信息化作战平台作为我研究信息系统工程的教材和基础,直到1999年对美军提出的全球信息栅格(GIG)(军事信息栅格)的理论体系、知识体系、系统体系、技术体系、应用体系的学习和研究后,对于我掌握信息系统工程的理论、知识、系统、技术、应用等方面有了进一步的认识和提高(开窍了)。通过对军事信息栅格的学习和研究,我认为信息栅格技术是技术中的智慧技术,是系统中的智慧系统。

　　我在STE做访问学者期间就将信息系统集成技术(C4ISR)应用于上海金茂大厦智能化系统工程(1996年)。自"数字东胜"(2008年)以后,我就将全球信息栅格(GIG)应用在多个智慧城市、新型智慧城市的总体规划和系统工程项目中。2017年北斗中兴集团为了支持我开发独立自主的新型智慧城市信息栅格,专门成立了深圳北斗智慧城市科技有限公司(由我担任公司法人、董事长、总裁),并由我主持开发了《新型智慧城市"信息栅格"操作系统》(2018年申请了国家技术专利)。我将习近平总书记的新型智慧城市理论体系和钱学森院士的《工程控制论》《论系统工程》,以及《系统工程综合集成方法论》的学说、理论和实践应用融入《新型智慧城市"信息栅格"操作系统》中。

　　我编著《智慧城市信息栅格系统工程》一书,还有一个很重要的原因,就是要将我在国外学习和研究某些西方国家在信息栅格,特别是军事信息栅格领域的知识、经验和启示介绍给读者们,希望读者们通过学习、思考和领会,最终将其应用到新型智慧城市系统工程的实践中。

《智慧城市信息栅格系统工程》一书共七章，第1、2章是信息栅格基础理论、知识体系的介绍。重点是第3章军事信息栅格系统工程，第4章智慧城市信息栅格系统工程和第5章新型智慧城市"信息栅格"操作系统。第3、4、5章将军事信息栅格技术与智慧城市信息栅格应用紧密地结合在一起，并在智慧城市信息栅格应用实践的基础上介绍了作者开发的具有独创知识产权的《新型智慧城市"信息栅格"操作系统》。第6、7章介绍了智慧城市信息栅格技术在具体领域中的应用研究。

本书第3章军事信息栅格系统工程参考了刘鹏教授编著的《走向军事网格时代》和《军事信息栅格理论与技术》中的内容，在此表示感谢。

2020 年 9 月 20 日
李林于南京

开创新型智慧城市信息栅格应用新领域

代前言

21世纪由于数字化、信息化、智能化、智慧化科技的高速发展，人们面临的是一个信息爆炸的时代，各种信息成指数地快速增长，而现时的互联网上的信息服务器只能分别独立地面对用户，相互之间不能进行信息交流和融合，就好像一个个孤立的小岛。信息的特点与物质和能量不同，信息不会因为使用量和用户的增加而被消耗，因此如果将信息当成物质和能量一样使用，把信息局限在一个个孤岛范围内，就会造成极大的浪费。信息栅格(Information Grid, IG)是20世纪90年代中期发展起来的下一代互联网科技。建设"信息栅格"的目的就是能对现有互联网进行良好应用和管理，消除"信息孤岛"和"数据烟囱"。信息栅格将分散在不同地理位置上的资源虚拟为一个空前的、强大的、复杂的、巨大的"单一系统"，以实现网络、计算、存储、数据、信息、平台、软件、知识和专家等资源的互联互通和全面共享，从而大大提高资源的利用率，使用户获得前所未有的互联网应用能力。

第一代互联网实现了计算机硬件的连通；第二代互联网实现了网页的互联；而第三代互联网的栅格化则试图实现网上所有资源的全面互联互通，其主要特点是不仅包括计算机和网页，而且包括各种信息资源和信息基础设施。被称为第三代互联网的信息栅格技术是当今全球研究和应用的热点。信息栅格是构建在互联网上新一代信息技术集成创新和深度融合应用的技术，它将高速互联网、高速计算机、大型数据库、传感器、远程设备等融为一体，为科研人员和普通老百姓提供更多的资源、功能和交互性。信息栅格更多更强地让人们透明地使用网络、计算、存储等信息资源。

信息栅格将成为人类社会至今为止最强有力的互联网应用工具，它支持各种信息平台、数据库系统、应用功能系统、应用软件和程序系统综合集成"单一"平台和技术设施，主要包括支持信息系统综合集成的网络平台、数据平台、信息平台、信息基础设施、基础共性软件等。信息栅格是在信息技术和互联网技术迅速发展的背景下，基于数字化技术推进国家信息化、国防信息化、城市信息化建设的新概念、新模式、新科技。

智慧城市信息栅格的基本概念就是将云计算、区块链、物联网、大数据、人工智能新一代信息技术通过信息栅格实现技术集成创新和深度融合应用。信息栅格技术是技术中的智慧技术，是系统中的集成系统。通过信息栅格将现有的信息基础设施、协议规范、技术集成、系统集成、应用集成，提供为用户服务的一体化统一的智慧化与可视化集成平台。在这个平台上，数据与信息的处理是分布式、协同式和智能化的，用户可以通过单一入口访问所有信息。智慧城市信息栅格追求的最终目标是能够让用户按需获取信息和云服务（云平台4S服务）。信息栅格的核心是如何描述信息、存储信息、发布信息和查找信息，将异构平台、不同数据格式、不同语义的数据与信息进行规范和转换，从而实现数据与信息无障碍交换，以及将信息栅格环境中众多的服务功能按照用户的需求进行一体化系统集成，形成自动完成的工作流程,向用户提供一步到位的服务。利用信息栅格技术手段和策略来整合现有资源,以解决信息平台及应用系统建设中资源共享与协同工作难、重复建设和资源浪费严重的问题,实现数据与信息平台之间的共享与同步。

智慧城市信息栅格的建设、应用和发展源于军事信息栅格。智慧城市信息栅格的建设、应用和发展与军事信息栅格的相互融合充分体现军民融合发展上升为国家战略,开创军民融合新局面,形成全要素、多领域、高效益,形成信息基础设施和重要领域军民深度融合发展的新格局。坚定不移走军民融合创新之路,在更广范围、更高层次、更深程度上把军事创新体系纳入智慧城市建设与发展创新体系之中,实现两个体系相互兼容同步发展,使军事创新得到强力支持和持续推动智慧城市建设与发展。应用军事信息栅格科技是军民融合、军转民、民参军最好的技术应用和可借鉴的策略与方法论。对军事信息栅格的学习和研究,对于智慧城市的技术框架、体系、结构、平台、系统的思路、策略、规划、设计、建设、应用,对于打通信息壁垒、构建全国信息资源共享体系,推进技术融合、业务融合、数据融合,实现跨层级、跨地域、跨系统、跨部门、跨业务的协同管理和服务的技术集成创新和深度融合应用都是大有裨益的。

深圳北斗智慧城市科技有限公司以北斗科技和军事信息栅格技术军民深度融合应用为发展战略,以军事科技为引领,以大力推广和落实应用于社会民生和企业经济的各个领域为业务方向。通过信息栅格化、数字化、智能化、智慧化在新型智慧城市中的开发应用,将新型智慧城市总体规划、网络融合、系统集成、大数据共享、智能化功能协同、信息化咨询服务作为公司的主导业务。公司由国内外智慧城市著名专家李林教授领军,以智慧城市信息栅格为技术集成创新平台,实现信息栅格技术与云计算、区块链、物联网、大数据、人工智能等新一代信息技术集成创新和深度融合应用。公司拥有《新型智慧城市"三中心一平台"信息基础设施》发明专利和《智慧城市"信息栅格"操作系统》《新型智慧城市"可视化集成平台"》,以及涉及新型智慧城市云计算、区块链、物联网、大数据、人工智能、边缘计算、数字政府、智慧政务、"城市智慧大脑"运营管理中心等 20 多项发明专利、实用新型专利、软件著作权专利。公司以新型智慧城市建设为己任,将引领新型智慧城市走向信息栅格应用新时代,实现新型智慧城市、数字中国、智慧社会的宏伟蓝图作为公司不懈努力的奋斗目标。

2020 年 9 月 24 日

李林教授简介

李林教授早年毕业于南京邮电大学无线电微波通信专业(1977—1982年),1984年开始在深圳大学通信技术研究所从事移动通信教学和技术研究工作长达5年,1989年出国攻读博士学位,并做高级访问学者,现定居新加坡(PR)。李林教授在新加坡科技集团电子工程研究院(STE)专业从事信息化及系统集成技术研究工作近10年,期间参与新加坡"智慧岛"和香港"数码港"建设。从1992年至今参与100个以上智能建筑、数字社区、数字城市乃至智慧城市系统工程的规划、设计、项目顾问和系统工程承包。

李林教授目前担任中国智慧城市建设促进会会长、中国智慧城市建设投资联盟主席、粤港澳湾区创新智慧城市技术合作组织主席、深圳市智慧城市团体标准联盟秘书长、国际智慧城市认证中心评审高级专家、新加坡新电子系统有限公司董事总经理、深圳北斗智慧城市科技有限公司董事长、中电科第十四研究所南京物联网应用研究院副院长、南京邮电大学教育部无线宽带通信及显示技术工程中心教授兼智慧城市首席技术专家、法国尼斯大学博士生导师(智慧城市研究方向);同时也是北京工业大学、南京工业大学、香港城市大学、中国开放大学(原中央广播电视大学)智能化专业主讲教授。担任内蒙古鄂尔多斯市"数字东胜"首席技术顾问、《克拉玛依智慧城市先导项目研究》课题组首席技术专家、山西"智慧长治"可行性研究首席规划师、深圳"智慧罗湖"顶层规划首席规划师、湖南湘江新区"智慧城市"顶层规划首席规划师、武汉市汉口滨江商务区智慧城市总体规划总规划师、郑州市郑东新区智慧东区新型智慧城市顶层规划总规划师及总技术顾问、郑州市中牟县智慧城市专项规划与工程设计总规划师及总技术顾问、新疆阿克苏智慧城市顶层规划首席规划师和技术总顾问。

1991年,李林教授在新加坡科技集团电子工程研究院(STE)作为高级访问学者时,重点研究的课题是"信息系统集成与信息技术集成应用"。将美军基于计算机、通信、指挥、控制、情报、监视、侦察(C4ISR)的信息化作战平台作为研究信息系统工程的对象和教材,直到1999年对美军提出的"全球信息栅格"(GIG)的理论体系、知识体系、系统体系、技术体系、应用体系进行学习和研究后,对于信息系统工程的理论、知识、系统、技术、应用等方面有了进一步的认识和提高。通过对军事信息栅格的学习和研究,认识到信息栅格技术是技术中的智慧技术,是系统中的集成系统。

李林教授在STE做访问学者期间就将信息系统集成技术(C4ISR)应用于上海金茂大厦智能化系统工程(1996年)。自"数字东胜"(2008年)以后,李林教授将"全球信息栅格"(GIG)技术应用在多个智慧城市、新型智慧城市的总体规划和系统工程项目中。2017年北斗中兴集团为了支持李林教授开发自主知识产权的《新型智慧城市信息栅格操作系统》,专门成立了深圳北斗智慧城市科技有限公司,由李林教授担任公司法人、董事长、总裁。投资几千万资金由李林教授亲自主持开发《新型智慧城市信息栅格操作系统》(国家技术专利)。李林教授将习近平总书记新型智慧城市理论体系和钱学森院士的《工程控制论》《论系统工程》,以及《系统工程综合集成方法论》的学说、理论和实践应用融入《新型智慧城市信息栅格操作系统》中。

李林教授自20世纪80年代至今出版有关智能建筑、数字社区、数字家庭、数字城市、智慧城市等方面专著十多部。《数字城市建设指南》上、中册(2010)、《智慧城市建设思路与规划》(2012)、《智慧民生工程》(2016)、《新型智慧城市系统工程》(2018)、《智慧城市大数据与人工智能》(2020),近1500万字,堪称数字城市乃至智慧城市领域的大作。由李林教授领导主编的《智慧城市系列标准》2014年版(第一卷)、《智慧城市系列标准》2015年版(第二卷)、2016年《新型智慧城市总体规划导则》已通过国家级院士专家的评审,并分别于深圳第十六届、第十七届、第十八届高交会上颁布试行,由江苏凤凰科学技术出版社正式出版发行。李林教授所编著的智慧城市专著和《智慧城市系列标准》及《新型智慧城市总体规划导则》为科学建设具有中国特色的数字城市乃至智慧城市的顶层规划、专项规划和工程设计提供了指导性、规范性、约束性的标准,以及新型智慧城市信息化系统工程具体的应用实践和方法论。

李林教授为我国建设"智慧城市"做出了一个归国留学生应有的贡献。

目 录

第1章 信息栅格概论 001
1.1 信息栅格基本概念 001
1.1.1 信息栅格的由来与发展 001
1.1.2 信息栅格技术发展历程 001
1.2 信息栅格基础理论 004
1.2.1 信息栅格原理 004
1.2.2 计算栅格原理 004
1.2.3 设备栅格原理 005
1.2.4 数据栅格原理 005
1.2.5 军事信息栅格 006
1.2.6 智慧城市信息栅格 007
1.3 信息栅格技术特征 008
1.3.1 信息栅格信息基础设施 008
1.3.2 信息栅格与网格化的区别 008
1.4 信息栅格技术特点 009
1.4.1 信息栅格技术优势 009
1.4.2 信息栅格技术分类 010
1.5 军事信息栅格应用 010
1.5.1 军事信息栅格的由来 010
1.5.2 美军"全球信息栅格"应用与发展 010
1.6 智慧城市信息栅格应用 011
1.6.1 无缝的互联互通互操作应用 011
1.6.2 全面资源共享应用 012
1.6.3 高效信息处理应用 012
1.6.4 自适应信息传输应用 012
1.6.5 即插即用按需服务应用 012
1.6.6 多中心多平台集成应用 013
1.6.7 快速应急机动应用 013
1.6.8 综合安全防护应用 014

第2章 信息栅格基础知识 015
2.1 信息栅格发展历程 015

         2.1.1 国内外信息化发展与分析 ……………………………… 015
         2.1.2 信息栅格发展与演进 …………………………………… 019
         2.1.3 信息栅格实质与功能 …………………………………… 020
   2.2 信息栅格技术特点与分析 …………………………………………… 022
         2.2.1 信息栅格核心技术 ……………………………………… 022
         2.2.2 信息栅格与传统技术分析 ……………………………… 023
         2.2.3 信息栅格技术特点 ……………………………………… 026
   2.3 信息栅格体系架构规划设计 ………………………………………… 028
         2.3.1 信息栅格体系架构规划设计要求 ……………………… 028
         2.3.2 信息栅格体系规划设计原则 …………………………… 028
         2.3.3 信息栅格体系规划设计要素 …………………………… 030
         2.3.4 信息栅格体系规划设计步骤 …………………………… 033
   2.4 信息栅格技术集成创新 ……………………………………………… 034
         2.4.1 信息栅格技术与新一代信息技术集成创新 …………… 034
         2.4.2 信息栅格技术与 SOA 技术架构集成创新 …………… 037
         2.4.3 信息栅格技术与 Web Service 技术集成创新 ………… 042
         2.4.4 开放栅格服务体系集成应用创新 ……………………… 049
         2.4.5 开放栅格服务体系支撑技术 …………………………… 050
         2.4.6 开放栅格服务集成应用 ………………………………… 052
         2.4.7 开放栅格服务集成应用的特点 ………………………… 054
   2.5 信息栅格基于 SOA 资源集成架构 ………………………………… 057
         2.5.1 基于 SOA 的资源集成框架的概念 …………………… 057
         2.5.2 基于 SOA 框架物理资源描述 ………………………… 057
         2.5.3 基于 SOA 框架虚拟资源描述 ………………………… 058
         2.5.4 基于 SOA 框架有效资源描述 ………………………… 058
   2.6 信息栅格资源共享策略 ……………………………………………… 058
         2.6.1 基于 SOA 框架资源共享策略 ………………………… 058
         2.6.2 资源的注册与发现 ……………………………………… 059
         2.6.3 资源管理 ………………………………………………… 059
         2.6.4 数据管理 ………………………………………………… 059
         2.6.5 安全管理 ………………………………………………… 060
   2.7 信息栅格系统集成 …………………………………………………… 060
         2.7.1 信息系统集成架构 ……………………………………… 061
         2.7.2 信息系统集成资源层 …………………………………… 062
         2.7.3 信息系统集成接入层 …………………………………… 062
         2.7.4 信息系统集成管理层 …………………………………… 063
         2.7.5 信息系统集成应用层 …………………………………… 063
         2.7.6 信息栅格系统集成即插即用 …………………………… 064
         2.7.7 信息栅格系统集成特点 ………………………………… 067

第3章 军事信息栅格系统工程 ············ 069
3.1 信息栅格在军事领域的应用 ············ 069
3.1.1 军事信息栅格在信息化战争中的重要作用 ············ 069
3.1.2 军事信息资源总体架构 ············ 073
3.1.3 信息栅格技术应用 ············ 074
3.1.4 信息栅格技术未来发展前景 ············ 076
3.2 全球信息栅格GIG ············ 077
3.2.1 全球信息栅格的提出 ············ 077
3.2.2 全球信息栅格的定义 ············ 078
3.2.3 全球信息栅格的效能 ············ 079
3.3 军事信息栅格基本形态 ············ 080
3.3.1 消除信息孤岛 ············ 080
3.3.2 掌握正确信息 ············ 081
3.3.3 发现即摧毁 ············ 083
3.3.4 借鉴与启示 ············ 088
3.4 军事信息栅格顶层设计 ············ 089
3.4.1 多层分布式总体架构 ············ 089
3.4.2 构建军事信息栅格视图 ············ 090
3.4.3 共享数据资源 ············ 096
3.4.4 综合系统集成要素 ············ 097
3.4.5 信息栅格多网融合 ············ 099
3.4.6 信息栅格网的运作与管理 ············ 104
3.5 军事信息资源管理规划 ············ 108
3.5.1 《信息资源管理规划》的背景 ············ 108
3.5.2 首席信息官的作用 ············ 109
3.5.3 信息资源管理的定位 ············ 109
3.5.4 信息资源管理战略目标 ············ 110
3.5.5 首席信息官信息资源管理目标 ············ 110
3.5.6 信息资源管理愿景、目标与战略实现 ············ 111
3.6 军事信息栅格系统集成总体规划 ············ 112
3.6.1 军事信息栅格系统集成总体规划的背景 ············ 112
3.6.2 军事信息栅格系统集成总体规划目标 ············ 115
3.6.3 军事信息栅格系统集成总体规划 ············ 117
3.6.4 军事信息栅格系统集成技术架构 ············ 120
3.6.5 军事信息栅格系统集成信息基础设施 ············ 123
3.7 军事信息栅格云战略规划 ············ 126
3.7.1 基于信息栅格的云战略构思 ············ 126
3.7.2 军事信息栅格云战略目标 ············ 128
3.7.3 军事信息栅格云战略实施原则 ············ 131

3.7.4　军事信息栅格云战略实现路径 ························· 132
　　　3.7.5　"作战云"与人工智能技术集成创新 ················ 133
　3.8　网络中心战体系 ··· 135
　　　3.8.1　从平台中心战到网络中心战 ································ 136
　　　3.8.2　网络中心战的核心思想 ·· 139
　　　3.8.3　网络中心战顶层设计 ·· 141
　　　3.8.4　网络中心战联合协同能力 ···································· 144
　3.9　网络中心战指挥体系 ··· 147
　　　3.9.1　网络中心战指挥控制中心 ···································· 147
　　　3.9.2　网络中心战神经中枢 ·· 149
　　　3.9.3　网络中心战动态虚拟化部署 ································ 151
　　　3.9.4　网络中心战自适应协同作战 ································ 152
　　　3.9.5　网络中心战灵活有效精确打击 ···························· 153
　　　3.9.6　网络中心战整体联动战场防御 ···························· 154
　3.10　军事信息栅格联合作战体系研究 ··································· 155
　　　3.10.1　军事信息栅格联合作战体系研究的紧迫性 ······· 156
　　　3.10.2　对美军基于信息栅格网络中心战体系的研究 ··· 156
　　　3.10.3　军事信息栅格武器协同系统的研究 ··················· 157
　　　3.10.4　军事信息栅格联合全域作战体系研究 ··············· 158
　　　3.10.5　军事信息栅格分布式联合作战体系的借鉴与启示 ··· 163
　3.11　军事信息栅格＋区块链应用研究 ··································· 164
　　　3.11.1　区块链的基本涵义 ·· 164
　　　3.11.2　军事信息栅格＋区块链应用研究 ······················· 165

第4章　智慧城市信息栅格系统工程 ·························· 169
　4.1　军事信息栅格对智慧城市的启示与借鉴 ························· 169
　　　4.1.1　智慧城市建设思想的启示与借鉴 ························ 169
　　　4.1.2　智慧城市顶层设计的启示与借鉴 ························ 170
　　　4.1.3　智慧城市综合治理体系的启示与借鉴 ················ 172
　　　4.1.4　智慧城市信息基础设施的启示与借鉴 ················ 174
　　　4.1.5　智慧城市系统集成的启示与借鉴 ························ 176
　　　4.1.6　智慧城市云战略的启示与借鉴 ···························· 177
　　　4.1.7　智慧城市运营管理中心的启示与借鉴 ················ 179
　4.2　智慧城市新一代信息技术应用 ··· 181
　　　4.2.1　云计算技术应用 ·· 181
　　　4.2.2　信息栅格区块链技术应用 ···································· 181
　　　4.2.3　物联网技术应用 ·· 181
　　　4.2.4　大数据技术应用 ·· 182
　　　4.2.5　人工智能技术应用 ·· 182

4.3 智慧城市信息栅格架构体系规划 …… 182
4.3.1 智慧城市架构体系规划要求 …… 182
4.3.2 智慧城市信息栅格总体架构规划原则 …… 184
4.3.3 智慧城市信息栅格总体架构规划 …… 184
4.3.4 智慧城市信息栅格总体架构全视图 …… 186
4.3.5 智慧城市业务架构规划 …… 190
4.3.6 智慧城市应用架构规划 …… 193
4.3.7 智慧城市逻辑架构规划 …… 194
4.3.8 智慧城市接口架构规划 …… 195
4.3.9 智慧城市数据架构规划 …… 196
4.3.10 智慧城市网络架构规划 …… 198
4.3.11 智慧城市信息基础设施架构规划 …… 200
4.3.12 智慧城市系统集成架构规划 …… 201
4.3.13 智慧城市安全体系规划 …… 203
4.3.14 智慧城市标准体系规划 …… 204
4.3.15 智慧城市信息与数据体系规划 …… 205
4.3.16 智慧城市管理与运行体系规划 …… 206
4.3.17 智慧城市产业体系规划 …… 207
4.3.18 智慧城市架构与体系规划特点 …… 208

4.4 智慧城市信息栅格云平台规划 …… 209
4.4.1 智慧城市信息栅格云计算技术集成创新 …… 209
4.4.2 智慧城市信息栅格云平台总体架构 …… 210
4.4.3 智慧城市云平台信息栅格总体技术路线 …… 211
4.4.4 智慧城市云平台业务支撑系统 …… 213
4.4.5 智慧城市云平台技术特点 …… 215
4.4.6 智慧城市云平台"4S 云服务"模式 …… 215

4.5 智慧城市信息栅格区块链技术集成创新 …… 219
4.5.1 概述 …… 219
4.5.2 区块链基本概念 …… 220
4.5.3 分布式架构与集中式架构 …… 221
4.5.4 信息栅格区块链深度融合应用 …… 224
4.5.5 智慧城市信息栅格区块链应用集成 …… 228
4.5.6 智慧城市信息栅格区块链总体架构 …… 228
4.5.7 智慧城市信息栅格区块链云平台技术结构 …… 229
4.5.8 智慧城市信息栅格区块链底层技术服务结构 …… 231
4.5.9 智慧城市信息栅格区块链分布式节点结构 …… 233
4.5.10 智慧城市信息栅格区块链云平台实现功能 …… 235
4.5.11 智慧城市信息栅格区块链深度融合应用特点 …… 237

4.6 智慧城市信息栅格分布式数据存储与挖掘 …… 238

4.6.1 信息栅格分布式数据服务与集成模型 ……………………… 238
4.6.2 信息栅格大数据服务流与活动 …………………………… 240
4.6.3 信息栅格多源数据的集成与融合 ………………………… 242
4.6.4 信息栅格分布式数据库构造 ……………………………… 243
4.6.5 信息栅格分布式数据聚类融合算法 ……………………… 245
4.6.6 信息栅格分布式数据挖掘与信息检索 …………………… 246
4.7 智慧城市信息栅格大数据资源管理 …………………………… 254
4.7.1 信息栅格大数据资源管理策略 …………………………… 254
4.7.2 信息栅格大数据资源管理方法 …………………………… 257
4.7.3 信息栅格大数据资源注册与发现 ………………………… 258
4.7.4 信息栅格大数据资源监测与发现 ………………………… 259
4.7.5 信息栅格大数据资源分布式架构 ………………………… 260
4.7.6 信息栅格大数据资源分布式管理 ………………………… 260
4.7.7 信息栅格大数据资源服务元数据 ………………………… 261
4.7.8 信息栅格大数据资源服务元数据类 ……………………… 262
4.7.9 信息栅格大数据资源服务模型 …………………………… 263
4.7.10 信息栅格大数据结构化体系 ……………………………… 268
4.7.11 信息栅格大数据人工智能应用 …………………………… 270
4.8 智慧城市信息栅格系统集成分析 ……………………………… 272
4.8.1 智慧城市信息栅格系统集成需求 ………………………… 272
4.8.2 军事信息系统集成架构 …………………………………… 273
4.8.3 军事信息系统集成资源层分析 …………………………… 274
4.8.4 军事信息系统集成接入层分析 …………………………… 274
4.8.5 军事信息系统集成管理层分析 …………………………… 275
4.8.6 军事信息系统集成应用层分析 …………………………… 275
4.8.7 军事信息系统集成借鉴与应用 …………………………… 276

第5章 新型智慧城市"信息栅格"操作系统 …………………………… 277
5.1 概述 ……………………………………………………………… 277
5.1.1 信息栅格操作系统研发 …………………………………… 277
5.1.2 信息栅格操作系统主要特点 ……………………………… 277
5.2 新型智慧城市操作系统技术创新与特点 ……………………… 279
5.2.1 信息栅格操作系统技术创新 ……………………………… 279
5.2.2 信息栅格操作系统技术特点 ……………………………… 279
5.3 新型智慧城市系统集成模式创新与特点 ……………………… 280
5.3.1 信息系统传统系统集成模式 ……………………………… 280
5.3.2 信息系统创新系统集成模式 ……………………………… 281
5.4 新型智慧城市系统集成软件体系创新与特点 ………………… 282
5.4.1 可视化集成平台Web前端 ……………………………… 283

5.4.2	可视化集成平台 Web 后端	283

5.5 新型智慧城市系统集成组件封装（中台）技术创新与特点 … 284
- 5.5.1 可视化集成平台组件封装规范 … 284
- 5.5.2 可视化集成平台底层技术服务 … 284

5.6 新型智慧城市系统集成可视化界面创新与特点 … 285
- 5.6.1 可视化集成平台可视化界面技术特点 … 285
- 5.6.2 可视化集成平台可视化界面结构化设计 … 285

5.7 新型智慧城市大数据人工智能深度学习创新与特点 … 287
- 5.7.1 大数据人工智能深度学习原理 … 287
- 5.7.2 大数据元数据清洗阶段 … 287
- 5.7.3 大数据数据类抽取阶段 … 287
- 5.7.4 大数据数据集非监督学习阶段 … 288
- 5.7.5 大数据要素数据监督学习阶段 … 289
- 5.7.6 大数据目标数据强化信息阶段 … 291
- 5.7.7 大数据人工智能深度学习软硬件配置 … 292

5.8 新型智慧城市可视化集成平台 … 292
- 5.8.1 概述 … 292
- 5.8.2 新型智慧城市可视化集成平台技术特点 … 293
- 5.8.3 新型智慧城市可视化集成平台功能特点 … 294
- 5.8.4 新型智慧城市可视化集成平台界面设计 … 295
- 5.8.5 新型智慧城市可视化界面展现模式 … 300
- 5.8.6 新型智慧城市可视化应用场景设计 … 301
- 5.8.7 新型智慧城市"运营管理中心"工作座席设计 … 304
- 5.8.8 新型智慧城市"运营管理中心"计算机系统软件配置要求 … 306
- 5.8.9 "网络融合与安全中心"运行管理可视化界面 … 306
- 5.8.10 "大数据资源中心"运行管理可视化界面 … 307
- 5.8.11 "信息共享一级平台"运行管理可视化界面 … 307
- 5.8.12 新型智慧城市大数据分析展现可视化界面 … 308

5.9 基于信息栅格分布式可视化展现场景 … 309
- 5.9.1 可视化"四界面＋四分屏"操作座席 … 309
- 5.9.2 "综合态势"综合信息可视化展示 … 311
- 5.9.3 "智慧城市大数据"数据分析共享可视化展示 … 315
- 5.9.4 "智慧城市"APP 综合服务可视化展示 … 318
- 5.9.5 "网络融合与安全中心"分布式业务节点可视化展示 … 320
- 5.9.6 "大数据资源中心"分布式业务节点可视化展示 … 323
- 5.9.7 "智慧大城管"分布式业务节点可视化展示 … 326
- 5.9.8 "智慧应急管理"分布式业务节点可视化展示 … 329
- 5.9.9 "智慧安全管理"分布式业务节点可视化展示 … 332
- 5.9.10 "智慧交通管理"分布式业务节点可视化展示 … 335

  5.9.11 "智慧环境管理"分布式业务节点可视化展示 ·············· 338
  5.9.12 "智慧杆"分布式业务节点可视化展示 ·············· 340
  5.9.13 "智慧社区"分布式业务节点可视化展示 ·············· 344
  5.9.14 "智慧建筑"分布式业务节点可视化展示 ·············· 347

第 6 章 基于信息栅格公共卫生健康体系研究 ·············· 351

6.1 公共卫生健康体系建设指导思想 ·············· 351
  6.1.1 公共卫生健康体系建设指导思想 ·············· 351
  6.1.2 公共卫生健康体系建设重要意义 ·············· 351
  6.1.3 公共卫生健康体系建设目标 ·············· 352
  6.1.4 公共卫生健康体系建设内容 ·············· 352

6.2 新加坡公共卫生健康服务体系建设经验与借鉴 ·············· 353
  6.2.1 新加坡公共卫生健康服务体系建设目标 ·············· 353
  6.2.2 新加坡公共卫生健康服务体系建设模式 ·············· 353
  6.2.3 新加坡公共卫生健康服务体系建设经验 ·············· 353

6.3 公共卫生健康服务体系研究内容 ·············· 354
  6.3.1 公共卫生健康服务体系研究总体内容 ·············· 354
  6.3.2 公共卫生健康服务体系标准化研究内容 ·············· 355
  6.3.3 公共卫生健康服务体系运营管理研究内容 ·············· 355
  6.3.4 公共卫生健康服务体系总体规划研究内容 ·············· 355
  6.3.5 公共卫生健康服务体系信息系统集成研究内容 ·············· 356

6.4 公共卫生健康服务体系研究路径与方法 ·············· 356
  6.4.1 公共卫生健康管理与服务体系研究路径与方法 ·············· 356
  6.4.2 公共卫生应急管理研究路径与方法 ·············· 359
  6.4.3 公共医疗智慧医院研究路径与方法 ·············· 365
  6.4.4 公共医疗智慧社区卫生研究路径与方法 ·············· 367
  6.4.5 智慧养老服务研究路径与方法 ·············· 368
  6.4.6 食品药品安全研究路径与方法 ·············· 369
  6.4.7 公共卫生健康人工智能应用研究路径与方法 ·············· 369

6.5 基于信息栅格公共卫生健康云平台研究 ·············· 372
  6.5.1 基于信息栅格分布式技术架构 ·············· 372
  6.5.2 公共卫生健康云平台信息栅格总体技术路线 ·············· 372
  6.5.3 公共卫生健康云平台业务支撑系统 ·············· 374
  6.5.4 公共卫生健康云平台技术特点 ·············· 376
  6.5.5 公共卫生健康云平台"4S 云服务"模式 ·············· 376

第 7 章 基于信息栅格政务大数据跨部门协同研究 ·············· 381

7.1 政务大数据跨部门协同指导思想 ·············· 381
  7.1.1 政务大数据跨部门协同原则 ·············· 381

7.1.2 政务大数据跨部门协同重要意义 ………………………………… 382
7.2 政务大数据跨部门协同研究内容 ………………………………………… 382
7.2.1 政务大数据跨部门协同信息栅格区块链技术集成创新 ………… 382
7.2.2 政务大数据跨部门协同信息栅格技术应用 ……………………… 383
7.2.3 政务大数据跨部门协同信息栅格区块链技术集成创新特点 …… 384
7.3 政务大数据跨部门协同系统集成创新模式 ……………………………… 385
7.3.1 数字政府业务系统集成创新模式 ………………………………… 385
7.3.2 数字政府政务系统软件体系创新模式 …………………………… 386
7.3.3 数字政府政务系统组件封装创新模式 …………………………… 387
7.3.4 政务信息系统集成可视化界面创新模式 ………………………… 388
7.4 政务大数据云平台实施方案 ……………………………………………… 389
7.4.1 政务大数据云平台实施目标 ……………………………………… 389
7.4.2 政务大数据云平台 4S 服务模式 ………………………………… 390
7.4.3 政务大数据云平台总体架构与技术体系 ………………………… 390
7.4.4 政务大数据云平台底层技术服务结构 …………………………… 393
7.4.5 政务大数据云平台分布式节点结构 ……………………………… 395
7.5 政务大数据云平台实现功能 ……………………………………………… 396
7.5.1 政务大数据信息集成系统功能 …………………………………… 396
7.5.2 政务大数据资源管理系统功能 …………………………………… 396
7.5.3 政务大数据分析与展现系统功能 ………………………………… 397
7.5.4 政务大数据统一身份认证系统功能 ……………………………… 397
7.5.5 政务大数据可视化管理系统功能 ………………………………… 397
7.5.6 政务大数据资源交换共享系统功能 ……………………………… 398
7.5.7 政务大数据云平台系统集成技术特点 …………………………… 398
7.6 政务大数据云平台验收成果 ……………………………………………… 399
7.6.1 政务大数据云平台技术集成创新成果 …………………………… 399
7.6.2 政务大数据云平台应用成果 ……………………………………… 400
7.6.3 信息栅格区块链技术集成创新评估 ……………………………… 402

参考文献 ……………………………………………………………………………… 404

第 1 章　信息栅格概论

1.1　信息栅格基本概念

1.1.1　信息栅格的由来与发展

21 世纪由于互联网科技的高速发展，人们面临的是一个信息爆炸的时代，各种信息成指数地快速增长，而现时的互联网上的信息服务器只能分别独立地面对用户，相互之间不能进行信息交流和融合，就好像一个个孤立的小岛。信息的特点与物质和能量不同，信息不会因为使用量和用户的增加而被消耗，因此如果将信息当成物质和能量一样使用，把信息局限在一个个孤岛范围里，就会造成极大的浪费。信息栅格（Information Grid，IG）是 20 世纪 90 年代中期发展起来的下一代互联网科技。建设信息栅格的目的就是能对现有互联网进行良好应用和管理，消除"信息孤岛"。信息栅格将分散在不同地理位置上的资源虚拟为一个空前的、强大的、复杂的、巨大的"单一系统"，以实现网络、计算、存储、数据、信息、平台、软件、知识和专家等资源的互联互通和全面共享，从而大大提高资源的利用率，使得用户获得前所未有的互联网应用能力。

第一代互联网实现了计算机硬件的连通；第二代互联网实现了网页的互联；而第三代互联网的栅格则试图实现网上所有资源的全面互联互通，其主要特点是不仅包括计算机和网页，而且包括各种信息资源。被称为第三代互联网的信息栅格技术是当今全球研究和应用的热点。全球信息栅格研究的领军人物，美国 Globus 项目的领导人 Lan Foster 在 1999 年出版的《栅格：21 世纪信息技术基础设施的蓝图》一书中指出："信息栅格是构建在互联网上的一组新兴技术，它将高速互联网、高速计算机、大型数据库、传感器、远程设备等融为一体，为科技人员和普通老百姓提供更多的资源、功能和交互性。信息栅格更多更强地让人们透明地使用网络、计算、存储等信息资源。"

1.1.2　信息栅格技术发展历程

2001 年 9 月 10 日，美国《福布斯》杂志的科技版发表了一组文章，预言一种叫作信息栅格的技术将引领信息技术的下一波大浪潮。《福布斯》甚至说，到 2020 年，由栅格所代表的新型互联网经济将成长为拥有 20 万亿美元产值的大工业。

1. 信息栅格来自电力网的启示

信息栅格的原始思想最初来自电力网。"栅格（Grid）"这个词就是取自"（PowerGrid）电力网"。电力网虽然已经有上百年历史，但有一点却一直非常先进：只需要区别 220 V 还是 380 V，再接上插头、打开开关就能源源不断地用上电，一点都不需要关心电能是从哪个发电厂送来的,也不需要知道这是水力电、火力电还是核能电。之所以能够这样,是因为电力网把全国的发电厂、输电站和变电站用输电网络连接成为一个整体了。

现在的互联网上虽然拥有大量的资源,但管理得并不好,这些资源没有形成一个整体。如果不考虑互联网比电力网复杂很多这一点,在整体协调管理方面它比电力网差许多。

2. 第一代互联网技术

互联网又称作因特网(Internet),它始建于冷战对峙的20世纪60年代,当时采用数据包交换方式和统一标准的信息传输协议TCP/IP,其网状的数据传输方式在局部设施遭受核打击后整体仍能工作。直到20世纪80年代,互联网还主要局限于数量不多的科研人员使用,被称作第一代互联网。它的操作界面全是文字信息,需要人输入命令与机器对话,这有点像以前计算机所使用的磁盘操作系统(DOS)。这个阶段的典型应用是收发电子邮件、传输文件、发布文字新闻及言论等。

3. 第二代互联网技术

进入20世纪90年代后,在和平与发展的主旋律下,欧洲高能物理研究中心(CERN)为了能更好地与全世界的高能物理研究人员开展联合研究,发明了超文本格式,把分布在网上的文件链接在一起。这样用户只要在图形界面上点击鼠标,就能从一个网页跳到另一个网页,不仅可以看到文字信息,还可以欣赏到丰富多彩的图片、声音、动画、影像等多媒体信息。这个阶段的互联网称作环球网,又叫万维网(WWW或Web),它用超文本和多媒体技术改造了第一代互联网,让互联网从学术的象牙塔走进千家万户。人们只需坐在家里,就能浏览新闻、与人聊天、订购商品、对打游戏、欣赏影片……环球网激发了人们对未来的美好想象,改变了人们工作、生活、学习、娱乐的方式,它被称为第二代互联网。1995年,开发因特网浏览器软件的网景公司上市,一夜之间变成了市场价值20亿美元的巨人。从此,一轮以互联网为主题的新经济浪潮席卷全球。美国得克萨斯大学1999年10月公布的一项研究报告说,1999年网络经济给美国经济增加了5 070亿美元的产值,增加了230万个就业机会,超过了电信和民航等传统产业的规模。2001年9月,全世界上网人数达到了4.74亿。2018年12月,我国的互联网用户数已经达到了8.29亿,是1997年的1 330倍。

第二代互联网虽然比第一代互联网先进了许多,但也暴露出严重的弱点。首先,互联网上的信息未经过有效的规范和整理,使用起来非常不方便。人们使用网上资源有两种方式:直接访问网站或通过搜索引擎查找资源。目前,访问网站时我们需要告诉计算机去访问哪个网站,这就像要求我们在打开电灯的开关时必须先自己指定一个发电厂;另一种是使用搜索引擎查询,但输入一个查询关键字往往会得到数万个结果,这就需要依靠手工从中挑选有用的结果。现在整个互联网就像一座堆满了书籍却无人整理的图书馆,人们只能手工检索乱七八糟的书目以找到自己需要的信息。这种查找信息的方式像"地毯式轰炸",与插上插头就能用电那种便利无法相比。其次,现在的互联网各种类型的信息标准不统一,难以实现互操作,结果遍地是"信息孤岛",造成"数据烟囱"林立的局面。人们上网的时候,虽然顺着超级链接可以到各个网站,但消化和整理信息的工作都是人工完成的。设想一下,如果有人计划从北京到西双版纳旅游,需要从网上预订飞机票、汽车票、导游和旅馆等,他首先得去搜索引擎上找,然后挨个儿访问一家家网站,这个流程至少需要半天时间。因此,我们现在这个网络时代应该叫作"手工作坊式的网络时代"。对资源的使用都是手工方式,造成资源的利用率极其低下,只有5%~10%。另外,除了使用不方便、工作效率不高、资源利用率低外,现在的互联网上垃圾邮件泛滥,病毒黑客横行,非法网站屡禁不绝,信息安全得不到保障,这些都是由于目前的网络缺乏有效管理造成的。

4. 第三代互联网信息栅格技术

从20世纪90年代中期发展起来的信息栅格技术可以彻底改变这个现状,它被称作第三代互联网。信息栅格是构筑在互联网上的一组新兴技术,它将高速互联网、高性能计算机、大型数据库、传感器、监控和工业设备等融为一体,使人们能够透明地使用资源的整体能力,并能按需获取所有信息。

信息栅格的主要任务是在动态变化的网络环境中共享资源和协同解决问题。栅格对现有互联网进行了非常好的管理,它把分散在不同地理位置的资源虚拟成一个空前强大的信息系统,实现计算、存储、数据、信息、软件、通信知识和专家等各种资源的全面共享。这些资源形成一个整体后,用户可以从中享受一体化的、动态变化的、可灵活控制的、智能的、协作式的信息服务,获得前所未有的使用方便性和超强能力。

那么,信息栅格是怎样做到这些的呢?信息栅格的这种能力是依靠信息栅格软件平台实现的。一方面,信息栅格软件平台起到综合集成栅格中各种资源的作用。这些资源包括超级计算机、海量存储器、数据库、网络和贵重设备等。所有的资源都以统一的标准描述其功能和访问接口,然后在栅格注册中心进行规范化登记,这样栅格注册中心就能对外提供信息服务了。计算机间交互的信息格式和内容也经过了很好的规范,就像大家都讲普通话一样,这样,计算机之间就能互相理解信息的含义,自动完成信息的融合,这也就是"互操作"。不仅如此,栅格还有一整套资源管理、错误监测和安全保障机制,确保系统能安全高效地运行。任何一台计算机都可以到栅格注册中心自动检索所需要的服务,然后把它们集成起来,形成一个满足应用需要的工作流程,面向用户提供前所未有的超级服务;另一方面,栅格软件平台还提供了一些支持各种类型应用的常用工具,如协同工作工具、数据管理工具和分布式仿真工具等。这些工具让基于栅格的应用开发变得更加容易。有了栅格软件平台的支持,网上的资源经过"综合集成",就可以"一体化联合作战"了。例如,综合所有计算能力提供按需计算服务,综合所有存储空间提供超级存储服务,综合所有信息源提供"随手可得"的信息服务,综合所有商务过程提供"随需应变"的电子商务服务,等等。

当互联网实现栅格化之后,人们根本不需要知道服务是由哪些服务商提供的,就能像用电一样按照自己的需求享受前所未有的超级服务。例如,当您向自己的计算机发出指令"我需要每秒200万亿次的计算能力,还要把10 T字节的海量数据保存起来",这台计算机就会把您的需求告诉栅格软件平台。由于栅格软件平台管理了千百万台计算机和存储器的计算资源和存储资源,它会将用户的计算题目和海量数据分解到其中的若干台计算机上,并负责指挥这些计算机和存储器实现协同工作。再如,当您向自己的计算机发出指令"我明天要到西双版纳旅游,需要三星级服务",您的计算机就会把您的需求转告信息栅格软件平台。信息栅格软件平台发现这是一个旅游服务问题,于是会安排一台运行栅格旅游应用软件的服务器为您的计算机服务。这个软件会根据您的需求,自动地与民航、铁路、公路的栅格服务器分别"交谈",为您定下飞机票、火车票和汽车票。由于西双版纳可供选择的宾馆非常多,栅格旅游应用软件会根据您的要求,首先把三星级宾馆的栅格服务器筛选出来,然后分别与它们"交谈",询问他们的报价以及是否有空房间等,甚至与一个专门依靠收集顾客反映来评价宾馆服务质量的栅格服务器"交谈",获得对他们服务质量的评价,最后为您选定一家最合适的宾馆。上述过程牵涉到付费的问题,不过这不需要您操心,您的计算机会自动地用您的网上银行账户付费。如果您又临时取消了行程,只需要"告诉"您的计算机一声,所有的预订都会自动取消,当然,扣掉一点手续费是必要的。类似地有了这种计算机之间高效互操作的机制,一家企业想知道自己的商品在全球的销售动态,或想以成本最低的方式采购若干种原材料,都变成了轻而易举的事情。

信息栅格融合网络资源后,带来了前所未有的能力。栅格突破了计算能力、存储能力大小的限制,所能提供的计算和存储能力远远超出我们的想象;其次是突破了地理位置的限制,使得资源可以任意分布,而人们可以在任意地点获取整体能力;再次,它打破了传统的共享协作方面的限制,使得"人—机""人—人""机—机"之间可以进行任意的交互和沟通,可以将各个领域的专家和各种资源充分结合起来,动态建立各种虚拟组织,协同解决问题。

过去人们很自然地把"能力"与"实物"对应起来,将"使用"与"拥有"对应起来,栅格将带来这些观念的改变。例如,原来人们一般是购买了计算机才能够用上计算能力,于是习惯上将计算能力和有形的计算机联系起来。而栅格是在剥去了具体的计算资源外在的"形"的基础上,将其内在的"神"的计算能力抽取出来,将原来有形的、专用的计算能力转化为一种无形的、通用的、分布在网上的计算能力,就如同电力网将各种能源转化为没有差别的电力一样。可以说,栅格让人们"手中无剑,却胜有剑",正如自己不拥有发电机却能获得所需要的电力一样,栅格将改变传统的信息处理方式,为人们提供更强大、更方便、更高级的信息平台。

1.2 信息栅格基础理论

1.2.1 信息栅格原理

信息栅格将成为人类社会至今为止最强的互联网有力的应用工具,它支持各种信息平台、数据库系统、应用功能系统、应用软件和程序系统综合集成的单一平台和技术设施。主要包括支持信息系统综合集成的网络平台、数据平台、信息平台、共性基础设施、基础共性软件等。信息栅格是在信息技术和互联网技术迅速发展的背景下,基于网络化技术推进国家信息化、国防信息化、城市信息化建设的新概念、新模式、新科技、新举措。

信息栅格就是利用现有的网络基础设施、协议规范、互联网技术和数据库技术,为用户提供一体化的智能信息平台。在这个平台上,信息的处理是分布式、协作式和智能化的,用户可以通过单一入口访问所有信息。信息栅格追求的最终目标是能够让用户按需获取信息和服务。信息栅格的核心问题是:如何描述信息、存储信息、发布信息和查找信息;如何将异构平台、不同格式、不同语义的信息进行规范和转换,从而实现信息无障碍交换;如何将信息栅格环境中众多的服务功能按照用户的需求进行有机集成,形成自动完成的工作流程,向用户提供一步到位的服务。

1.2.2 计算栅格原理

计算栅格是处理分布式计算的基础设施,使用户获得前所未有的计算能力是进行计算栅格研究的起因。计算栅格也被称为"分布式超级计算",其目标是将地理上广泛发布、系统平台各异的多种计算资源用高速网络连接起来,形成虚拟的超级计算平台,获得前所未有的计算处理能力,用于解决大型数据模型、神经网络深度学习等需要超强计算能力的科学和工程问题。与传统的分布式计算相比,计算栅格具有更复杂的特征,如动态扩展性、系统平台的异构性、结构的不可预测性、多级多层次管理域。这些问题的解决需要一种新的技术,从整体上来管理系统的运行。这类系统被称为"计算栅格",它作为整合不同网络空间、不同系统平台的分布式计算管理系统,可实现整个系统的计算资源管理、作业管理、用户管理和安全管理等功能,保障整个分布式计算系统的可靠运行。

以美军联合作战平台为例,将大型联合作战军事仿真任务分解到分布式环境中运行,在场景分发、资源配置、资源管理、信息服务、日志服务、监视和容错等方面都利用了计算栅格平台的动态管理功能。整合现有资源,以解决信息平台及应用系统建设中资源共享与协同工作难和重复建设的问题。

1.2.3　设备栅格原理

设备栅格原理将使广大用户可以远程共享仪器设备。随着栅格应用的不断发展,人们将栅格资源的类型进一步扩展,将一些广泛分布的重要仪器和大型设备也加入栅格系统中,以实现这些设备的远程共享,提高它们的利用率,扩大它们的应用范围。例如,由美国能源部资助的"X射线设备的科学门户"项目,让远程使用科学仪器达到前所未有的方便程度。在栅格的支持下该项目提供了对几台昂贵的X射线结晶学设备的远程访问环境,提供这些远程仪器的使用规划、仪器操作、数据获取、筛选和分析等功能。"X射线设备的科学门户"项目将大大简化巨型分子晶体结构的分析工作。科技工作者只要用把晶体快递到仪器所在地,便可以在自己实验室中获取到晶体内部结构的可视化图像。"X射线设备的科学门户"项目带来的明显好处有以下几点:一方面它提高了设备的利用率,普通的科技工作者能够用上先进设备;另一方面它提供了一个协同研究的平台,使研究能够以团队的方式开展,为交叉学科研究创造了条件。

1.2.4　数据栅格原理

数据栅格是处理极其海量数据的平台,现实中有很多应用是数据密集型应用,这类应用更侧重于数据的存储、传输和处理。这方面的典型应用包括卫星数据处理、粒子物理研究和生物与医学研究等。这些应用的共同之处在于都要处理极其海量的数据。而解决这一类问题的有效途径就是建立数据栅格,将大量数据分散到全球各地的计算机上进行分布式处理,由世界各地的专家共同研究。

欧洲高能物理研究中心开展了"欧洲数据栅格"的研究。"欧洲数据栅格"的主要目标是处理由2007年建成的大型强子对撞机所源源不断产生的实验数据。大型强子对撞机中的巨型实验探测器每年将产生1 000万吉字节的数据量,这相当于2 000万张光盘的存储量。如果用现在最快的个人电脑来分析这些数据,需要7万多台。建设"欧洲数据栅格"的目的就是集合几百个参与该计划的研究机构的力量来处理这些数据。通过"欧洲数据栅格",欧洲高能物理研究中心计算机中心把这些数据通过高速网络分配给欧洲、北美、日本等国的区域中心,再逐一分解传输到不同地区的不同研究机构,经过对任务的多级分解,到物理学家的桌面时,已经可以很方便地进行处理了。

除了处理大型强子对撞机的海量数据外,"欧洲数据栅格"还有一些其他的用途,如进行生物医学领域的研究,或进行地球观察等。

(1) 生物医学。虽然人类基因组计划在媒体的曝光率很高,但相对于人的细胞里每个 DNA 所含的 35 亿对基因而言,科学家们已经完成的基因分析工作只是极少的一部分。要全部标注这些基因需要很大的数据存储及处理能力。"欧洲数据栅格"将为该类计划提供全新的高性能数据库和交互式图形界面数据挖掘的新方法、新的实验手段以及与国际同行共享研究成果的手段。数据栅格在生物医学领域的另一个应用是处理医学图像,它在实时图像获取、处理、存储、共享、检索等多个方面具有独到的优势。

(2) 地球观察。欧洲空间局管理了几个地球观察卫星,这些卫星每天会下传大约 100 GB 的图像,新的"环境卫星"发射之后,数据量又增大了 5 倍。为此,地面站建立了专门设施来处理这些数据,目前已经保存了上千万亿字节的数据。"欧洲数据栅格"不仅大大提高了处理卫星数据的能力,将海量数据分散到整个欧洲范围内保存并提供了更高效的访问方法,还提供了更强的处理能力。在此基础上,对卫星数据的研究水平将大大提高,例如,目前已经利用大气中臭氧层的数据建立了一个专用试验床。

另外一个著名的美国"先进计算基础设施国家联盟"不是专门的数据栅格,但它也具有处理极其海量数据的能力,其典型应用是数字天空和大脑研究。

(3) 数字天空。天文学家使用光学、射电远红外望远镜测定并记录所有能够识别出来的天体,而"先进计算基础设施国家联盟"万亿字节的存储能力及万亿次的处理能力给研究这些数据提供了前所未有的手段,例如,现在有条件对全部数据进行某种统计分析,从中筛选出具有某些属性的天体来,像这种研究方法以前是不敢想象的。

(4) 大脑研究。近年人类对以前的"黑盒子"——大脑所了解的结构信息和功能信息呈爆炸式膨胀。在一些试验系统里,神经学家们针对老鼠和蟋蟀等动物已经积累了相当多的映射数据。然而,没有栅格的支持,处理这么大量的数据(一个实验就达吉字节量级)是非常困难的。在"先进计算基础设施国家联盟"的支持下,不同地方的神经学家们组成了研究联盟,使得不同地方的实验数据能够积累下来,并因此发展出一些全新的大脑分析手段,例如,使用空间变形算法比较不同物种(如人与猴子)之间大脑的异同。

1.2.5　军事信息栅格

根据信息栅格应用领域的不同,可以将栅格分为军用信息栅格应用和智慧城市(民用)信息栅格应用。军用信息栅格是军事信息系统综合集成的新兴技术,其核心是一个庞大的、分布于军事信息网络各个节点的、协同工作的软件系统,它能够在现有信息传输、处理设施的基础上,对所有软硬件资源进行有机融合,实现高度共享和全面协作。由于军用信息栅格一定是信息栅格,因此也常被称为军事信息栅格。军事信息栅格由各种通信卫星、通信飞机、数据传输链路、微波中继站、地面光缆、无线电台、作战地域网等通信基础设施,以及各种计算机、存储器、栅格软件平台、数据库、地理信息系统等计算信息设施组成,具有广域分布、无缝连接、动态扩展和高度集成的特点。军事信息栅格主要负责在整个战场范围高效共享各种情报信息、指挥信息、协同信息、保障信息等,能够在上至太空、下至海洋底部的广阔立体空间内,在跨军兵种、跨作战平台的任意两点或多点之间,实现直接或间接的互联、互通、互操作;能够将信息进行自动融合,并向所有经授权的使用者提供按需获取恰当信息的能力；能够将所有传感器和交战武器连接成为一个整体，建立从传感器到士兵的高速反应链。军事信息栅格有一套完整的安全体系，提供信息安全保证，确保系统的抗干扰性、抗毁性和顽存性。

军事信息栅格是一种信息基础设施，它包含所有与信息相关的通信设施、计算机、存储器及各种信息系统等。在军事信息栅格的支撑下，可以开发各种新型应用系统，如一体化的指挥自动化系统、数字化战场信息系统等。栅格软件平台是军事信息栅格的核心，它是一个庞大的、分布于军事信息栅格各个节点的协同工作的软件系统。栅格技术所特有的技术特征包括信息自动融合、按需获取信息、实现机器之间的互操作等，这些特征是传统的互联网所不具备的。由于这些特征，指挥员就不需要直接面对潮水般涌来的信息，从而能够用最短的时间根据最恰当的信息形成决策优势，而野战士兵甚至可以获得以前连高级指挥员都难以获得的态势信息。军事信息栅格纳入了所有侦察探测系统、指挥控制系统和综合保障系统等，是一个建立在各种系统之上的大系统。完善的安全保障体系是军事信息栅格发挥作用的前提。

1.2.6 智慧城市信息栅格

智慧城市信息栅格是指将栅格技术应用于城市常态下或非常态下的城市管理和民生日常生活的服务而建立起来的信息系统。其主要功能是共享资源和业务协同工作。智慧城市信息栅格在应急管理、防灾救灾、环境监测和全球气候研究等众多领域的应用中带来新场景。在应急管理和防灾救灾中，智慧城市信息栅格可以为决策层提供丰富、具体、全面的信息支持和决策辅助。首先，灾情发生的时候，救灾中心需要实时监测灾区灾情。智慧城市信息栅格可以自动调度卫星、航空、地面监测站等观测资源完成对灾区不间断、多角度的实时监测，同时返回监测数据与信息。其次，救灾中心需要多种数据掌握灾情态势。智慧城市信息栅格能够自动综合获取城市治理过程中的丰富多维的数据，并将获得的数据综合在统一的可视化视图里反馈给用户。再次，救灾中心随时可通过智慧城市信息栅格得到其他部门的广泛支援，如地理信息、水文和气象信息、人员信息、财产信息、食品库存、交通、救灾能力等，自动获得各种应用能力，如评估预测能力、虚拟现实技术、动态建模等。最后，智慧城市信息栅格工作平台的普及和实施使原有垂直领导的工作模式向扁平网状模式的方向转变，各个部门既是决策的参与者，也是信息的提供方，同时还可以是决策的执行者。在环境监测中，智慧城市信息栅格应用遥感技术对环保资源、空气质量与生态环境进行监测，主要包括空气、水质、土壤、噪声的监测、监控、监管。集成多种监测手段扩大了生态环境进行监测的范围，以遥感为主、其他监测手段为辅动态调度、自动集成。监测范围由仅限于国内扩展到全球，监测信息由定性转向定量，信息表达和传播方式由单一转变为多样，大大提高了城市舆情、态势、安全、交通等的监测的精度可靠性。

大系统、大数据集成是智慧城市信息栅格应用的核心。就是以信息栅格分布式架构为支撑，以智慧城市网络融合与安全中心、大数据中心、管理与运行中心和一、二级平台建设等信息基础设施为实施基础，以智慧城市现代化科学的综合管理和便捷与有效的民生服务为目标，大力促进政府信息化、城市信息化、社会信息化、企业信息化。建立起智慧城市基础数据管理与存储中心和一系列信息平台及应用系统的智慧城市顶层规划模式，结合智慧城市规划、交通、道路、地下管网、环境、绿化、经济、人口、街道、社区、企业、金融、旅游、商业等各种数据形成一体化统一的网络、数据、管理与运行中心。建设智慧城市级的信息互联互通和数据共享交换的一体化超级智能信息系统，建立起智慧城市综合社会管理和公共服务的数字化与智能化的信息平台和应用系统，如智慧政务平台、智慧民生平台、智慧管理平台、智慧产业平台等。

1.3 信息栅格技术特征

1.3.1 信息栅格信息基础设施

遵循国家发改委对"新基建"信息基础设施建设所涉及的通信网络基础设施、新技术基础设施、算力基础设施建设的要求，新型智慧城市建设的关键是信息系统的互联互通，消除"信息孤岛"、打通"数据壁垒"、避免重复建设。新型智慧城市信息基础设施采用信息栅格分布式架构，打通政府政务、城市综合治理、社会民生服务、企业经济发展"信息孤岛"和"数据壁垒"的重要手段，是实现新型智慧城市信息资源深度整合和数据共享协同的关键性信息基础设施，是新型智慧城市"六个一"核心要素的具体体现和实施的抓手。

新型智慧城市信息基础设施规划与建设目标遵循新型智慧城市"六个一"核心要素，以"新基建"信息基础设施建设统一的顶层设计、统一的标准体系、统一的信息基础设施建设的范围和内容为原则。新型智慧城市网络融合与安全中心、大数据资源中心、运营管理中心、公共信息一级平台（简称"三中心一平台"）信息基础设施采用信息栅格分布式架构，可设置于城市不同的地理位置上，支撑已建传统基础设施转型升级，进而形成融合基础设施。在逻辑上将已建、在建、未建的基础设施形成完整一体化的统一体。"新基建"信息基础设施以人工智能、云计算、物联网、大数据、区块链等为代表，以新一代信息技术集成创新和深度融合应用为核心，实现"网络、数据、运营"三中心基础设施，以及传统基础设施的网络互联、信息互通、数据共享、业务协同的信息系统集成、可视化展现与新一代信息技术应用的新型信息基础设施。

1.3.2 信息栅格与网格化的区别

信息栅格与目前国内讲的网格化管理，有着本质上的区别。

信息栅格是一种信息基础设施，它包含所有与信息相关的通信设施、计算设施、传感器、存储器和各种信息平台及应用系统。在信息栅格的支撑下，智慧城市可以开发出各种新型信息平台和应用系统，如智慧城市公共信息一级平台、行业级二级平台、业务级三级平台，以及应用系统。信息栅格一体化信息服务平台是智慧城市信息栅格的核心。信息栅格是一个"庞大的、开放的复杂巨系统"，是分布于智慧城市信息栅格的各个节点协同工作的软件系统。信息栅格技术所特有的技术特征包括网络自动融合、分布式、按需获取信息、实现机器之间的互操作等。

网格化管理是将城市管理辖区按照一定的标准划分成为一个个独立的物理空间，也称为单元网格（如万米单元网格，100 m×100 m）。通过加强对单元网格的部件和事件巡查，建立一种监督和处置互相分离的形式。对于政府来说，网格化管理的主要优势是能够主动发现，及时处理，加强政府对城市的管理能力和处理速度，将问题解决在居民投诉之前。网格化管理将过去被动应对问题的管理模式转变为主动发现问题和解决问题。网格化管理主要体现在管理对象、过程和评价的数字化上,保证管理的敏捷、精确和高效。网格化管理是科学封闭的管理机制,不仅具有一整套规范统一的管理标准和流程,而且发现、立案、派遣、结案四个步骤形成一个闭环,从而提升管理的能力和水平。正是因为这些功能,可以将过去传统、被动、定性和分散的管理,转变为今天现代、主动、定量和系统的管理。

综上所述,信息栅格的网络互联、信息互通、数据共享、业务协同的主要特征是网格化管理所不具备的。

1.4 信息栅格技术特点

信息栅格技术特点是可以提供数据的保密及非保密计算机网络连接而成的全球性信息网,就是由可以链接到全球任意两点或多点的信息传输能力、实现相关软件和对信息进行传输处理的操作使用人员组成栅格化的信息综合体。

从信息栅格体系结构上看,信息栅格改变了以往大多数信息系统纵向一条线或组网一个面的链接模式,按照系统集成体系结构,科学地连接成一体化的系统,建立栅格状的信息网系,以便从结构上为实现全球任意点、不同需求之间的信息沟通提供环境条件。

1.4.1 信息栅格技术优势

信息栅格技术的优势体现在可以根据任务、决策和需求,适时地收集、处理、存储、分发和管理各种数据与信息,这样就使原有的信息网络和独立的系统发生了革命性的改变,实现信息获取全球化。信息栅格是互联网及物联网系统网络的延伸和发展,是覆盖全球的行动信息采集和发布,不受地域、天候、时间的限制,真正可以实现"哪里有信息,哪里就能上网""谁获取信息,谁就能上网"。

信息栅格具有信息交换全维化。即"全球信息栅格:做什么?谁来用?"提出了"局部提供全球共享"的思想。信息栅格可以把这种"全球共享"通过全维、立体、多频谱、多节点的栅格化信息交换来实现,大大拓展了互联网及物联网的应用功能。

信息栅格具有信息处理智能化。信息栅格可以最大限度地实现由"谋求信息优势"向"谋求决策优势"转化,变"四个任意"为"四个正确",即在正确的时间,将正确的信息以正确的形式传递到正确的接收者手中,从而将信息获取能力最大限度地转化为科学决策能力和作战能力。

信息栅格具有信息设施兼容化。信息栅格最重要的特点在于,互联网上链接的主要是计算机与通信设施,而信息栅格中既包含计算机网络、通信网络栅格,也包含传感器栅格和武器平台栅格,强调从传感器到系统集成的全程信息一体化兼容,实现任何能发送和接收"0""1"数字信号的设备均能与信息栅格相连,从而提升整体信息应用的能力和水平。

信息栅格具有信息防护保密化。安全性是信息栅格实施过程中不可忽视的环节,也是信息栅关注的主要内容。信息栅格采用纵深防护、多层设置,在网络、链路、计算机环境和基础设施等每一个环节、每一个维向节点都建立一套最低限度的防护能力。

1.4.2 信息栅格技术分类

按信息栅格系统组成分类。从系统组成上看,信息栅格将系统分为基础、通信、计算、全球应用和使用人员五个层次。基础层次包括体系结构、频谱分配、法规标准、管理措施等;通信层次包括光纤、卫星、无线通信以及国防基础信息系统网、远程接入点、移动用户管理业务;计算层次包括网络服务、软件管理、各类数据库和电子邮件;全球应用层次包括全球指挥控制系统、全球战斗支持系统、日常事务处理程序以及医疗保障系统等;使用人员层次包括陆、海、空、天军及特种部队等。

按信息栅格技术体制分类。从技术体制上看,GIG 包括了多种专用或租借的通信计算机系统和设备、各种软件(含应用软件)和数据、安全服务设备,以及有助于谋求信息优势的其他相关技术。

按信息栅格处理程序分类。从处理程序上看,GIG 可区分处理各类信息的优先级等。美军认为,信息交换需求应分为几个不同的部分,在 GIG 中,信息交换的需求量依次为武器控制(约占 1/3),指挥控制(约占 1/5),非战争的军事行动 OOTW(约占 1/5 弱),战场防护,情报、侦察与监视,通信与计算以及勤务保障等。

1.5 军事信息栅格应用

1.5.1 军事信息栅格的由来

信息栅格科技最早被美军应用,并开发出全球信息栅格(Global Information Grid,以下简称 GIG)。美军 GIG 是在 C4ISR(指挥、控制、通信、计算机与情报、监视、侦察)的基础上进行了创新发展。在波黑和科索沃实战中,C4ISR 系统显示了其卓有成效,同时也暴露了它的缺陷,主要表现在以下几点:一是信息太多,贻误决策;二是只实现计算机联网是不够的,还需要实现传感器之间和作战平台之间的互联互通、信息共享与武器协同。在联合作战中各作战单元必须实现网络互联、信息互通、数据共享、武器协同。为此美军对信息化作战理念和策略进行了重大改进和调整,在 1999 年 9 月美军国防信息系统局向国防部提交了一份建设 GIG 的建议报告,在报告中提出 GIG 要实现计算机网、传感器网、作战平台、武器平台之间的综合集成。GIG 的目标是集成涉及作战的所有信息,包括侦察、智能、战斗、后勤、运输、医疗等,通过实时计算和通信完成信息的收集、处理、存储、分发、管理、安全、保障等功能,提高以战为核心的信息集成能力,提供单一的、集成的、安全的、端到端的信息系统,允许从军团到士兵都可以访问共享数据库和应用程序,而不管他们身在何处。

1.5.2 美军"全球信息栅格"应用与发展

美军在大约 20 世纪 60 年代就有 C3I(指挥、控制、通信和情报)系统了,海湾战争中 C3I 系统发挥了重要的作用。随后美军把计算机系统纳入系统中,C3I 发展为 C4I 系统,接着又把监视和侦察列入系统中,C4I 发展为 C4ISR 系统。在这个系统的七个要素中,有三个要素即情报、监视、侦察(ISR)都属于信息的获取,可见获取信息在 C4ISR 系统中的重要地位。1999 年以后美军将 C4ISR 进一步提升为"全球信息栅格"即 GIG。

GIG 是美军信息时代军事作战能力改革进程中至关重要的组成部分。GIG 是一个长远的战略级目标,美国国防部自 2003 年提出将 C4ISR 的技术和资产完全融入 GIG 中,并要求所有相关的国防部采购必须符合 GIG 的规范要求,至今已投入近千亿美元,耗时十多年。无论从哪个角度来说,GIG 的建设都是一个巨大和复杂的系统工程。因此 GIG 的设计与建设必须要有一幅蓝图性的指南来进行指导和规划。这幅蓝图和指南就是 GIG 的总体技术框架体系。

GIG 总体技术框架的要点就是美军全球信息栅格 GIG 的作用范围非常广阔。它覆盖了美军在陆、海、空、天中几乎所有的作战单元以及所有的人员,它不仅能支持与盟军进行一体化联合作战,还提供盟国和非国防部用户的接口,所以美军认为 GIG 覆盖了"从天到地"和"从兵工厂到散兵坑"的所有军事支援。GIG 综合集成了所有的信息设施,包括所有的通信设施、计算机软硬件系统、信息平台、数据库系统和应用系统等。GIG 能够提供端到端的能力,这意味着栅格中的任意两点之间能够进行直接的信息交互。有了这种能力,就实现了将军可以直接指挥作战士兵,作战士兵可以直接呼叫远程火力支援和空中机动飞行器的救助。GIG 的核心能力是保障信息及时、正确地流动,所有的设备、软件和业务都要参与信息流动的某些环节,不能参与的则被排除在外。GIG 的定义同时体现了平战结合的思想。战时为联合作战部队和盟国军队用户提供服务,支持从战略级到战役级、战术级的各种军事行动。平时支持常态下日常事务处理活动,如城市应急管理、民生数据服务、电子商务、智能物流、企业资源规划等。这也是将"全球信息栅格"技术军转民,从而引入智慧城市信息栅格应用的重要原因。

1.6 智慧城市信息栅格应用

智慧城市信息栅格(Smart City Information Grid,以下简称 SCIG)的应用和发展源于军事信息栅格。智慧城市信息栅格的建设、应用和发展与军事信息栅格相互融合,充分体现了习近平总书记关于把军民融合发展上升为国家战略,开创强军新局面,加快形成全要素、多领域、高效益军民深度融合发展格局。要坚定不移走军民融合式创新之路,在更广范围、更高层次、更深程度上把军事创新体系纳入国家创新体系之中,实现两个体系相互兼容同步发展,使军事创新得到强力支持和持续推动的论述。应用军事信息栅格科技是军民融合、军转民、民参军最好的教科书和可借鉴的思路与策略。通过对军事信息栅格和美军信息化联合作战指挥体系的研究和学习,对于智慧城市的技术框架、体系、结构、平台、系统的思路、策略、规划、设计、建设、应用是大有帮助的。

1.6.1 无缝的互联互通互操作应用

智慧城市信息栅格的各种元素高度分散在城市的各个行业、业务和应用中,它依托现有的互联网和专用网络基础的各种链路,实现系统中各个单元的互联,为系统的协同工作提供通路与带宽的保证,同时制定信息栅格各元素之间的信息交互标准规范,确保它们之间以相互能够理解的方式交互信息,网络的互联及信息互通的规范是互操作的基础。智慧城市信息栅格提供了统一的运行平台、接口标准以及交互流程,实现了不同系统之间的信息互联互通,使得节点之间可以自动完成互操作,保证了整个信息栅格系统内部信息的一致性和整体性。

1.6.2　全面资源共享应用

智慧城市信息栅格资源共享应用主要包括多传感器数据融合、异构数据库（包括结构化数据库、非结构化数据库、多媒体数据库）的共享交换、应用程序的共享共用三个方面。多传感器数据融合包括两个层次：一个是指信息栅格节点内的传感器之间的实时集成；另一个是指不同信息栅格节点传感器之间的实时集成，同一个平台下的传感器数据集成可以通过API接口定义来实现。异构数据库共享交换是指根据数据库多源性、异构性、空间分布性、时间动态性和数据量巨大的特点，提供数据存储标准、元数据标准、数据交换标准、数据存储与管理、远程数据传输的策略。应用程序共享共用是指根据信息平台和应用系统具有共性需求的平台组件及中间件、平台支撑模块、平台接口模块、应用数据挖掘分析和协同操作等软件程序，在信息栅格中共享已开发、已拥有和已运行的共性软件程序，使得信息栅格中其他节点信息平台和应用系统可以通过远程共享共同使用或下载安装这些软件程序。

1.6.3　高效信息处理应用

智慧城市信息栅格高效信息处理应用主要体现在以有效的方式注册、发现、分配栅格信息资源，处理各种应用请求，为执行远程应用和各种活动提供有力的信息支持。"面向服务"是智慧城市信息栅格信息处理的关键，它把一切信息均表达为服务，这些服务通过协调实现局部自治（行业级二级平台），最终发布到智慧城市信息栅格一体化信息平台（城市级一级平台）。服务请求者通过访问服务、接口服务、业务流程服务、信息管理服务等与一体化信息服务平台实现交互。一个栅格信息服务可以包含一个或多个接口，每个接口上定义一系列因消息程序的交换而产生的操作，不仅包括接口地址发现、动态服务创建、生命周期管理、消息通知、可管理性、规则地址命名、可升级性，还包括地址授权和并发控制。为了实现信息服务提供者与服务请求者之间的交互，栅格一体化信息服务平台还应提供安全保障、服务质量（QoS）、服务分级等功能。

1.6.4　自适应信息传输应用

智慧城市信息栅格自适应信息产生的应用是采取了改进的信息传输措施，使得系统具备信息传输的自适应性。在智慧城市信息栅格环境中，不再需要把数据全部下载到本地再使用，而是针对不同用户应用的需要，采用相应的传输策略。常用的传输包括并行传输、容错传输、第三方控制传输、分布传输、汇集传输。这些传输策略可以保证在广域网络环境上可靠地传输数据以及实现大量数据的高速移动、分块传输和复制、可重启、断点续传。栅格文件传输协议GridFTP保证栅格中不同传输方式的兼容性，提供安全、高效的数据传输功能的通用数据传输协议，该协议通过对FTP协议的栅格化扩展，侧重于在异构的存储系统之上提供统一的访问接口，以及解决大量数据传输的性能和可靠性问题。

1.6.5　即插即用按需服务应用

智慧城市信息栅格即插即用按需服务应用主要体现在能够集成所有的信息系统，其中包括城市级一级平台、行业级二级平台、业务级三级平台，各种各类应用系统，如监测监控系统、决策指挥系统、可视化系统、数据分析系统等，而每级信息平台又包括很多应用系统（或子系统)。智慧城市信息栅格一体化信息服务平台运用信息系统的共性策略,通过统一的接口将底层的各种应用程序资源进行封装,接入一体化信息服务平台之中。在智慧城市信息栅格中,栅格用户对各种栅格服务的使用是完全透明的,对资源的访问、数据的存储、作业的提交就像使用本地资源接入一样方便、快捷、高效。因此,只要符合智慧城市信息栅格平台的标准和权限,任何用户都可以方便地接入栅格系统,按需提取自己所需的信息与服务。

1.6.6 多中心多平台集成应用

智慧城市信息栅格多中心多平台集成应用改变了以往树形、集中式、分发式的信息共享方式,取而代之的是网状、分布式、按需索取式的信息共享模式。在智慧城市信息栅格中不再强调集中式的信息中心,取而代之的是多中心(网络、数据、运行"三中心一平台")和分布在城市中不同行业的专业信息中心(二级平台)。这些专业信息中心(二级平台)的访问接口是统一的,所提供的信息也都是经过严格规范的。一方面,传感器、过程数据、应用信息可以把不同种类的信息汇集到专业信息中心(二级平台);另一方面,任何一个栅格上的用户都可以按照需求自动访问不同的专业信息中心(二级平台),并将各种来源的信息自动综合为针对某一目标和任务的虚拟化应用与服务。除了按需获取信息以外,还可以按需预定信息。

智慧城市信息栅格所采用的多中心多平台集成的信息共享机制克服了传统信息共享机制的弱点,带来了以下几个方面的好处:

(1) 信道不容易发生阻塞,信息更新也随之变得快捷。由于专业信息中心(二级平台)是分布的,因而信息的流量能够很好地分布到全网。信息可以直接从信息源经由专业信息中心(二级平台)流到信息使用者,没有经过树形体系的多次转发,因此信息不易阻塞,可以用更快的频率刷新。

(2) 用户使用信息服务的方式变得简单直接。信息可以自动融合,机械的工作由计算机完成,用户面对的是一个反映智慧城市态势和要素的动态的可视化界面,而不是成堆的文字、图像信息,就不会出现面对大量的信息而不知所措的局面。

(3) 可以按需获取任意想要的信息。如当信息用户在可视化电子地图上点击某个位置要素,即可显示该要素的位置信息、状态信息、情报信息、历史信息(可视化数据)等。如果要素信息临界或过界,即可自动发布预警信息或警报信息。

(4) 抗毁能力大大增强。多中心多平台节点可以有多个备份,任何节点被击毁和故障中断服务都不会影响全网的运行。

(5) 可以实现智慧城市范围内所有信息系统的大集成。集成的范围越大,网络的范围也就越宽,加之信息流量在网络上能够很好地分布,故集成的规模可以任意扩展。同时智慧城市信息栅格采用了动态集成技术,可以任意增加和删除节点,因而集成具有相当大的灵活性。

1.6.7 快速应急机动应用

智慧城市信息栅格快捷应急机动应用是在多中心多平台和以网络为中心的条件下建立的具备快速响应的应急机动能力。这种能力使得政府各部门、各企业、民众能够以智慧城市信息栅格为纽带,实现信息的快速的发布和共享,能够实现无论何时、何地都可以根据智慧城市的政府、管理、民生、经济的变化和态势获取自身所需的信息和服务。

1.6.8 综合安全防护应用

　　智慧城市信息栅格综合安全防护应用区别于一般传统信息系统，强调信息和信息系统的"综合安全防护能力"在多中心多平台和以网络为中心的条件下必须具备顽强抗毁的能力，信息安全渗透于智慧城市信息栅格的各个节点、平台和组成部分、信息流程的各个环节。信息获取与感知、传输与分发、分析与处理、开发与利用都存在着激烈的对抗，这些激烈的对抗始终都是围绕智慧城市信息栅格的安全防护系统展开的。因此安全防护能力既可以提高信息平台及应用系统的运行效率、精度和反应能力，同时又面临着电子干扰与破坏的威胁，安全防护能力一旦遭到破坏，整个系统将失去原有的功能甚至完全瘫痪。为此，智慧城市信息栅格必须增强安全防护能力和采用有效措施，使之具备良好的抗毁性、抗干扰性和保密性能。

第 2 章　信息栅格基础知识

2.1　信息栅格发展历程

2.1.1　国内外信息化发展与分析

1. 我国信息化发展与问题分析

我国信息化是从 2006 年中共中央办公厅、国务院办公厅印发《2006—2020 年国家信息化发展战略》文件后逐步展开来的。近年来我国在信息化上的建设思路方面就是既要采用国际上先进数字化应用理念和信息网络科学技术,学习国际上信息化建设的成功经验,也要从中国的国情出发,研究和创新出一条具有中国特色的信息化发展的道路。从全国各地信息化建设和发展的现状来看,都是充分利用城市信息网络资源,着眼于利用数字化与智能化技术将城市管理由纵向管理向扁平管理转变,大力提高城市管理的效率和效益。通过智慧城市信息化建设,逐步建立政府、企业、社区与公众之间的信息共享和良性互动,协调人与环境和公众与政府之间的关系。特别着重于改善与民生直接相关的城市交通、教育、医疗、居住、治安、社区服务等方面,进行了城市"市民卡"、城市智慧城管、城市应急指挥、城市智能交通、城市社会保障与公共卫生、社区物业与服务等数字化应用系统平台的开发和建设。充分发挥政府在城市综合管理和公共服务方面积极与主动的作用。全面落实和促进城市经济与社会的和谐发展、科学发展、可持续发展。

2000 年,时任福建省省长习近平率先提出建设"数字福建"。2008 年我国信息化专家王家耀院士等出版了《中国数字城市建设方案及推进战略研究》,对我国近 10 年来的数字城市建设做了一个总结。自当年 IBM 提出了"智慧地球"的概念,数字城市在我国经历了近 10 年的建设和发展。随着 2009—2011 年感知中国和智慧城市概念的提出,这段时间可以算作我国从数字城市到智慧城市的过渡期;我国智慧城市建设的正式启动,可以从住建部 2012 年 7 月第一次提出开展智慧城市示范工程算起,到目前已经过去了 8 个年头。我国从数字城市到智慧城市的发展经历了近 20 个年头,尽管取得一些"信息烟囱"和"信息孤岛"等信息化应用的成果,但是按照党中央和国务院在 2006 年 5 月 8 日提出的"2006—2020 年国家信息化发展战略"的目标和要求还是存着不少问题。

我国新型智慧城市建设经历了数字城市和智慧城市的发展阶段,近 20 年来始终无法避免"信息孤岛"和重复建设的弊端。除了缺乏统一标准、理论体系和方法论、成功案例等原因,传统的建设模式也是造成智慧城市"信息孤岛"和重复建设的重要原因。目前智慧城市建设往往是先建各个独立孤岛式的业务系统(平台),再运用数据共享、系统集成、系统统一搬迁等方法来解决"信息孤岛"和"数据壁垒"。由于各个厂商开发的业务系统在结构、技术、方法、数据标准等方面都不统一，没有统一标准可依，造成了智慧城市"信息孤岛"遍地、"数据烟囱"林立，建设周期长、建设成本高、系统集成和数据共享效果差的局面。从而造成事后再消除"信息孤岛"和避免重复建设就难上加难，甚至成了不可能完成的任务。传统智慧城市"少慢差费"的建设模式不可持续。

因此必须改变以往智慧城市先建信息孤岛再消除信息孤岛"少慢差费"重复建设的传统模式，必须遵循习近平总书记关于新型智慧城市信息基础设施建设的重要指示。我们在粤桂新型智慧城市建设中提出了先建"三中心一平台"（网络中心、数据中心、运营中心、系统集成平台）信息基础设施，通过统一的信息基础设施，再将各个已建、在建、未建的业务系统（平台）统一部署和综合集成在"三中心一平台"上。通过"三中心一平台"为新型智慧城市提供云计算4S服务（IaaS、DaaS、PaaS、SaaS），采用边缘计算和物联网技术提供本地化实时监控和运营操作的建设创新模式。该创新模式可以有效消除信息孤岛，打通数据壁垒和避免重复建设，大大节省建设费用，大大缩短建设周期，实现大数据和人工智能深度融合应用的"多快好省"可持续的建设创新模式。

对于我国信息化与智慧城市建设存在的主要问题分析如下：

（1）以往大多数信息化或智慧城市建设，将顶层设计作为信息化建设的全部规划设计内容和过程。往往在完成顶层设计以后，就匆忙进行信息化或智慧城市建设招投标和工程项目实施。尽管有些信息化或智慧城市将建设项目系统工程设计交由IT系统集成商或设备供应商进行深化设计，但是这种模式往往导致顶层设计和建设项目成为"两张皮"，顶层设计无法对工程建设实现指导性、规范性和约束性的作用。由于将信息化和智慧城市视为一个工程项目来建设，其结果必然导致"信息孤岛"和"信息壁垒"的产生，也就无法避免各个工程项目的重复建设。"智慧孤岛"建设方式所产生的原因和后果，直到习近平总书记最近对新型智慧城市建设做出重要指示前，都没有得到有效的改善。

（2）没有了解和认识到智慧城市建设是一个开放的复杂巨系统工程，认为智慧城市搞一个概念化、目标口号式的高大上"顶层设计"就可以开始建设智慧城市了。在绝大多数的智慧城市顶层设计中缺乏智慧城市顶层设计的方法论，对信息化系统和智慧城市涉及信息互联互通、数据共享交换、业务功能协同的总体框架体系结构闭口不谈，更不要说体现习近平总书记对新型智慧城市建设提出的技术融合、业务融合、数据融合、跨层级、跨地域、跨系统、跨部门、跨业务，即"三融五跨"的要求。由于缺乏认识论、方法论、系统论的理论指导，必然导致信息化系统和智慧城市的整体系统工程成为一个个碎片化的"信息孤岛"。由于在顶层设计中就缺乏信息化系统和智慧城市大平台、大数据和大网络安全这些在顶层设计中必须规划的基本要素，因此无法实现信息化系统和智慧城市整体功能需求和评价指标就是一个必然的结果。

（3）缺乏建设信息化系统和智慧城市开放的复杂巨系统工程的实践经验，特别缺乏复杂巨系统工程项目管理的经验。主要表现在对于各个专项共享平台与城市级（区县级）共享平台之间的信息互联互通、数据共享交换、智能化监控系统，如何通过系统集成为一体化的巨系统；不具备进行软硬件联合调试、多平台多数据库多系统集成、数据共享交换测试等这类巨大信息系统工程项目管理的经验。把一个开放的复杂巨系统当作一个简单应用系统的项目来管理，最终的结果就是集成不了、共享不了、业务协同不了，导致智慧城市建设项目失败或无法竣工验收，留下"烂尾工程"，就是勉强验收也是"自欺欺人"。

（4）目前国内的有些专家在智慧城市或大数据方面，都是说概念的多、说好处的多、说理论的多。但是在"怎么做"方面讲得少；在如何采集数据、如何管理数据、如何应用数据方面讲得少；特别是在如何落实习近平总书记"分级分类推进新型智慧城市建设"重要精神指示方面讲的少；在如何构建分级分类的信息平台结构，如何构建分级分类的大数据结构，如何构建分级分类的大网络安全结构方面讲得少。总之新型智慧城市系统工程方法论讲得少。如果不能提出智慧城市大平台、大数据、大网络安全具体落地的实施方案，智慧城市就是建设在没有信息基础设施上的一个"空中楼阁"。

2. 国外信息化发展与问题分析

国外信息化发展以美国为例。1996 年，美国国会通过了《信息技术管理改革法案》。该法案的主要内容包括命令各联邦机构开发和维护信息技术架构（ITA）来最大化政府内部信息技术投资的收益；改变联邦机构在 IT 采购上的角色和职责，提升 OMB（美国管理和预算办公室）的职责，由 OMB 进行集中统一管理；要求每个联邦机构必须任命一个 CIO，CIO 的一个重要职责就是开发、维护和辅助实施一个完善的、集成的信息技术架构。同年，美国 13011 号总统令建立了 CIO 理事会。从 1998 年开始，CIO 理事会根据《信息技术管理改革法案》的要求，着手开发联邦企业架构框架（FEAF）。框架是为了提供一个可支撑的机制来识别、开发和记录高优先级领域的架构描述，这些领域是建立在跨组织边界的共同业务域和设计之上。FEAF 于 1999 年正式发布，主要内容是八大构件，即架构驱动力、战略方向、当前架构、目标架构、过渡流程、架构分块、架构模型和标准。FEAF 还展现了从四个不同层级上看到的细节程度。FEAF 的目的是推动联邦政府各机构和其他政府实体之间共同架构流程的共享开发、互操作以及信息共享。

2001 年，CIO 理事会在实施指南中发布了架构开发方法论。该架构开发方法论包括八大步骤：获取管理层的认可和支持、建立管理机构和控制、定义一个架构流程和方法、开发基线 EA、开发目标 EA、开发顺序计划、使用 EA 和维护 EA。与此同时，国防部推出了 C4ISR，是 GIG 的前身。直到 2002 年，FEA 全面转向 GIG 参考模型的方法论。GIG 具有一体化整体解决信息化开放的复杂巨系统的系统工程方法论、框架体系结构、技术路线的总体框架和详细描述。FEA 项目管理办公室（FEA-PMO）开始着手开发一个综合的、业务驱动的政府信息化蓝图，即联邦企业架构（FEA）。FEA 是为了帮助政府管理层制定有效的决策，并允许他们在跨机构之间增加合作以及资源共享的机会。FEA 由一套相互关联的参考模型组成，用来进行跨机构业务分析，识别机构内部或跨机构的重复投资、差距和机会。这些参考模型共同组成一个框架，用共同的和一致的方式来描述 FEA 的重要元素。在 FEA 参考模型推出之后，FEA-PMO 又陆续推出了 EA 评估框架（EAAF）、联邦过渡框架（FTF）和一系列实施指南。EAAF 主要用于 OMB 对各联邦机构的 EA 进行评估。评估的内容包括 EA 的完整性、EA 的使用状况以及使用 EA 的效果。FTF 主要用于 OMB 对跨机构发起项目的识别和管理，成为美国联邦政府在各机构中间发现差距、共享、合作和复用机会的重要工具。

特别是美国在 2000 年，首次提出全球信息栅格（GIG）的设想并给出其定义。美国联合参谋部向国会正式提交启动 GIG 项目的报告。美军的信息化建设最早可追溯到 1949 年空军建设的半自动化防空系统赛其（SAGE）系统。从最初的 C2（指挥与控制）系统到现在的 C4ISR（指挥、控制、通信、计算机与情报、监视、侦察）系统，军事信息系统的战斗力倍增器作用在战争中凸显出越来越重要的地位。随着作战模式的转变，作战信息需求也在发生着巨大的变化。现有的C4ISR系统逐渐暴露出其固有的不足之处。联合作战要求各参战实体之间快速协调,灵活组配,这对信息与态势感知的共享和决策与行动的协调与同步提出了严格的要求。而现有的C4ISR系统却不能有效兼容,系统之间的信息不能够互通,更不用说实现互操作。而导致这一现象的根本原因在于美军长期以来由各军兵种独立开发和建设其C4ISR系统,缺乏统一的顶层规划和标准技术体系,致使大量"烟囱式"C4ISR系统的出现。同时,这一做法的另一个负面影响是美军各军兵种独立采购,建成了大量冗余的系统,浪费了巨额的时间和资金。

为了改变这一现状,美国国防部于1992年颁布"勇士C4I"计划,明确了支持联合作战的C4ISR系统应达到的目标:近期实现各军种C系统间的互通;远期在全球范围内建立一个无缝隙的、保密的、高性能的一体化CISR系统,又称"信息球"(Infosphere)或"全球网络信息企业"GE(Global Network Information Enterprise)。"勇士C4I"计划对于"信息优势"的设想是将任何信息、在任何的时间、以任意的形式、传送到任意位置的任意的用户手中,从而消除"战场迷雾"。经过多年的努力,"勇士计划"建起了用于军事行动需要的网络体系,特别是一些全球应用系统,如全球作战支援系统(GCSS)、全球指挥与控制系统(GCCS)、联合网络管理系统(JNMS)和国防信息系统网络(DISN)等。然而,"五个任意"的设想却忽略了一个基本的概念,那就是信息优势的创造本身并不是目的,而是达到作战胜利目标的手段之一。信息优势不单指更多的信息,只有将"信息优势"转化为"决策优势"才能为联合部队创造行动优势。

全球信息栅格是美军新一代的信息基础设施,是C4ISR系统的继续与发展。它在"勇士C4I"的基础上将"五个任意"修改为"四个恰当",即在恰当的时间、将恰当的信息、以恰当的形式传递给恰当的用户。军事信息栅格广泛分布的所有侦察探测系统通信联络系统、指挥控制系统和武器系统组成一个以计算机为中心的信息网络体系,从而打破了以网络平台为中心的制约。它将所有的情报、决策和战斗资源都作为对等的分布式信息节点连接到一个无缝的栅格网中,实现一个受保障的、动态的和共享的信息环境。这样,既能够有效地利用有限的带宽资源,又能够快速准确地为用户提供其真正所需要的信息,从而提高了决策的准确性,加快了行动的节奏。

3. 信息栅格技术促进信息化发展

信息栅格技术是信息化时代创新发展进程中至关重要的组成部分。信息栅格的建设是一项巨大和复杂的系统工程,它的规划设计与建设必须要有一幅蓝图来进行规划和指导,并且依照蓝图对各种提议的方案进行科学的评估,才能做出合理的采购决策和建设方案。这幅蓝图就是信息栅格的体系架构。

全球信息栅格概念的提出离不开先进的信息技术作支撑。GIG中的"Grid"一词在计算机领域更多地被翻译成"栅格"。栅格技术出现于20世纪90年代,是近年来国际上兴起的一种新兴信息技术。简单地说,栅格是一种网络拓扑结构。使用栅格技术可实现互联网上所有资源(包括计算资源、储资源、通信资源、软件资源、信息资源、知识资源等)的互联互通,消除信息孤岛和资源孤岛,实现网络虚拟环境上的资源共享和协同工作。栅格概念的核心是资源以及对资源的使用。栅格概念的实质就是打破传统的强加在资源上的种种限制,为用户提供一种前所未有的高级服务。所谓打破对资源的限制,包括几方面的含义:第一,资源的栅格化,即将资源从特定的地理位置的束缚中解放出来,使该资源可以通过栅格输送到任何角落,达到栅格资源完全与地理位置无关的目的;第二,栅格资源的协调,即对任何栅格资源,在一定的规则和管理下,都可以实现相互协作,破除不同资源之间在广泛共享与协作方面的障碍;第三,栅格资源的融合,即打破原来加在资源能力和资源类型方面的限制。因此,栅格系统提供的资源是可以进行任意动态组合的资源。信息栅格的这些基本思想在很大程度上与为了支持以网络为中心而要营造的信息环境的目标相吻合,从而影响和推动了全球信息栅格(GIG)概念的形成和提出。

2.1.2 信息栅格发展与演进

1999 年 9 月 29 日,美军国防信息系统局向国防部递交了一份建设全球信息栅格的建议报告,在 GIG 中实现计算机网、传感器网和武器平台网的综合集成。在 GIG 中,系统能根据不同用户的需求,向他们推荐有关的信息和作战知识。这种 C4ISR 系统加上 GIG 在阿富汗战争中已见成效。例如"全球鹰"无人侦察机所获取的信息可以引导巡航导弹准确地命中目标,"捕食者"无人侦察机及时引导 F-15 战斗机轰炸塔利班的重要人物。如果不是通过 GIG 实现网络的综合集成,就很难有此效果。美国国防部设想,依靠 GIG 的帮助,到 2010 年,卫星、预警机、雷达及情报人员等采集到的所有相关信息经过处理后,将实时反馈到驾驶舱,不仅可以让飞行员对他的周遭情况了如指掌,还可以让机群和地面部队、海面舰船的配合天衣无缝。也正是依靠这套系统,可以将误伤友军或平民目标的情形减少到最低限度。

为了实现这个目标,需要集成各种信息,包括侦察、智能、战斗信息、后勤、运输、医疗等,需要通过实时计算和通信完成信息的收集、处理、存储分发、管理和安全保障等功能。GIG 的目标是综合系统中所有的信息和能力,提供单一的、集成的、安全的、端到端的信息系统,允许用户访问共享数据和应用程序,而不管他们身在何处。

由于栅格技术能够将所有网上资源加以共享并融为一个协同工作的整体,与军事上的一体化联合作战思想高度吻合,军事信息栅格由此应运而生。美军全球信息栅格 GIG 是第一个应用于军事领域的栅格。1999 年 9 月,美国国防部首席信息官发布了关于 GIG 的备忘录。2000 年 3 月,国防部参联会下属的联合参谋部向国会正式提交了启动全球信息栅格建设的报告。在美军的规划中,GIG 的建设分为三个阶段:第一阶段截止到 2003 年,主要是按照已有的 GIG 初步设想对现有的网络和设施进行集成;第二阶段截止到 2010 年,在各军兵种内部实现 GIG 的功能;第三阶段截止到 2020 年,实现三军的互联、互通、互操作,完全建成全球性的信息栅格。美军已分别于 2001 年和 2003 年发布了《GIG 体系结构》1.0 版和 2.0 版,目前已处于实施阶段。

全球信息栅格建设是一个长远目标,美国国防部将为之投入数百亿美元,耗时长达 10 年以上。2003 年 6 月,美国国防部决定为 GIG 全面部署基于 IPv6 的宽带互联网预算达到 300 亿美元,2008 年最终完成。2003 年 8 月,美国国防部提出要将 C4ISR 的资产完全融入 GIG 中,并要求所有相关的国防采购必须符合 GIG 的规范。目前,美军各军兵种都开始了 GIG 的建设工作。据报道,美军基于栅格服务的联合指挥控制系统 JC2 于 2006 年开始取代当时使用的全球指挥控制系统 GCCS 系统。

全球信息栅格的概念自 1999 年 9 月首次提出后,经过 2000 年 3 月的修改和 2001 年 5 月的补充,最终形成的定义如下:全球信息栅格由一组端到端的信息能力相关过程和人员组成,旨在收集、处理、存储、分发和管理信息,以满足作战人员、决策人员和支援人员的需要。全球信息栅格包括实现信息优势所必需的国防部现有的和租用的通信系统与业务、计算系统与业务、软件(包括应用程序)数据、安全业务以及其他相关业务,还包括1996年克林格-科恩法案第5142节所定义的国家安全系统。全球信息栅格支持各国防部门、国家安全部门和相关的情报机构在战时及和平时期完成各种任务和职能(战略级、战役级、战术级和事务处理级)。它提供的信息能力来自各作战单元(包含基地、指挥所、军营、台站、军事设施、移动平台和已部署的阵地等)。它能为联军、盟国和非国防部的用户与系统提供接口。

2000年5月,美参联会公布了指导美军未来建设和作战的纲领性文件《2020年联合构想》。它延续了1996年发布的《2010年联合构想》的提法,指出美军应该在取得信息优势的前提下,具备"主宰机动、精确打击、集中后勤、全维防护"的能力,以取得"全面作战优势"。有所不同的是,《2010年联合构想》虽然强调"我们必须拥有信息优势",但并没有给出获取信息优势的方法,而《2020年联合构想》文件中明确提出了建设全球信息栅格是美军赢取信息优势的关键所在。美军认为:要实现网络中心战必须具备许多必要条件,但其中最紧迫的就是要建立支持信息共享和信息协同的安全可靠的网络化信息基础设施,即全球信息栅格。美参联会发表的《2020年联合构想》确认全球信息栅格是赢取信息优势的关键所在。美军认为,只有在GIG的支持下,才能遂行网络中心战从而获得信息优势、决策优势,并最终获得全谱优势。全球信息栅格在网络中心战中的作用是使各军兵种部队共享信息,具有共享态势感知能力,使美军掌握信息优势和决策优势,从而拥有作战全谱优势。

美军GIG是军事信息栅格的第一个实例,它反映了军事信息栅格的主要特征。但它不能概括未来军事信息栅格的所有特征。例如,美军的军事信息栅格是全球性的、扩张性的,而我军的主要任务是保卫国土安全,故信息系统也必将是以本土为基础的、防御性的。又如美军的信息化程度高,多数武器装备都能很方便地接入GIG,而我军尚处于由机械化、半机械化向信息化转变的阶段,大多数武器装备未实现信息化,如果将之排除在外,军事信息栅格的功能就会大打折扣。但完全可以通过信息化改造或人工中转等手段将之接入军事信息栅格,纳入其管理范畴,让传统武器装备发挥更大的作用。

2.1.3 信息栅格实质与功能

通过对全球信息栅格技术的研究与分析,可以认为GIG的实质主要体现在以下七个方面的功能。

1. 信息栅格复杂巨系统工程

信息栅格系统工程是对美国原有国防信息基础设施的转型,其目的是要集成各军种现有各类C4ISR系统、通信系统以及其他信息系统,并首次明确强调要将CISR与传感器及武器平台进行铰链,利用通用作战图像向作战部队提供态势感知共享能力,从而实现全球端到端的无缝连接和信息共享,构成一个能为美军在全球范围内军事行动提供信息支持的系统之系统(SOS)。其以栅格的信息能力为基础,将感知能力和交战打击能力铰链在一起实现真正意义上的KISR(杀伤、情报、监视、侦察),无疑是前所未有的、极其庞大和复杂的信息化建设工程。所以它是一项迄今为止最全面最庞大的美军信息化建设计划与工程。

2. 信息栅格综合系统集成项目

信息栅格系统工程是一个旨在促进综合、协同与互操作能力的系统之系统。如GIG不是抛开原有的各类C4ISR与通信系统去建设一个全新的系统,而是依靠现有的信息基础设施(DII)和C4I系统,通过国防部体系结构框架(DoDAF)和GG体系结构指导下的一体化综合系统集成,实现向GIG过渡。GIG将原有C4I系统、信息基础设施等集成在一起,包括合并后的5、6个大型的计算中心和百万级认证中心,由它们共同提供四层体系结构的通用操作环境(CE);还包括三个大型C4I系统——GCCS(全球指挥控制系统)、GCSS(全球通信卫星系统)、DMS(国防报文系统)及其他C1系统。通过大规模的综合集成,为指挥与控制作战支援、作战服务支援、情报以及业务功能提供一个公共的作战环境,提高系统的互操作能力,促进带宽能力的优化,允许作战人员与任何授权用户在任何时间任何地点接入GIG,并满足其合法的信息使用要求。GIG可使作战人员在任何情况下拥有信息优势与决策优势,从而显著提高联合部队在全方位作战中的作战能力。

3. 信息栅格以网络为中心的信息基础设施

信息栅格通过覆盖全球的信息网络将信息栅格网与战场空间各类传感器和发射器可靠而安全地紧密铰链在一起,既可为国家指挥当局及战略部队提供综合战术告警、毁伤评估的可靠信息,又实现了信息在传感器和发射器之间的高度连通和及时变换,大大提高了决策速度和打击效果,将信息优势转化为决策优势,进而转化为决战决胜的全面优势。所以说,GIG为网络中心战、信息优势、决策优势和最终的全面主宰,以及贯彻主宰机动、精确打击、聚焦后勤和全维防护奠定了物质和技术基础。

GIG体系结构第二版中明确指出,作为国家安全和军事战略目标底层支撑的GIG与NCOW(网络中心作战)分别为目标的实现提供了手段与方法。GIG是由国防部的信息能力、系统、服务和设施,以及相关过程与人员等构成的一个物理实体,为作战人员、决策人员和政策制定者提供了执行和支援军事行动的手段。NCOW则是作战人员、决策人员和政策制定者如何利用GIG(物理实体)作为执行和支援作战的手段来执行和支援作战。美军开发全球信息栅格的着眼点就是支持网络中心战,进而获取信息优势和决策优势,在此基础上赢得战争,然后保护和提升美国的利益,最终实现美国的意志。可以说建成一个网络中心战的运作平台是GIG建设的最终目的,也是实现国防部提出的由平台中心战向网络中心战转型的战略目标中最重要的一步。

4. 信息栅格是联合作战的保障

信息栅格体系结构第二版(即GIGv2.0,用于描述目标网络中心信息环境下美军如何实施网络中心战以及所需的IT系统支持)所描述的未来GIG,可以提供遍及全球的可信、可靠和无处不在的网络,其强大的信息共享能力使得在前线作战的一个战士都能够利用"即插即用"的互操作能力,根据需要与盟军和联军进行连接,共享近实时的、融合的、与指挥官一样的态势感知,并能够立即做出决策执行相应行动,不受技术、组织和位置的限制。GIG把所有参战人员的大脑和其他资源连接到了一起,使得各个级别的指挥官及参谋人员都能分析数据、预测需求、研究响应方案、做出实时决策,而不是依赖于从多个"烟囱式"系统中获取过时的信息。这无疑省去了战士将信息逐级上报并等待上级指挥员将决策逐级下达的过程,真正做到了战场上争分夺秒,实现了权力的前移。可以说基于GIG的信息优势是实现权力前移的基本前提。

5. 信息栅格的核心是端到端的信息能力

端到端的信息能力是GIG的核心。美军认为,联合作战部队之间实现互操作能力和共享态势感知是国防部转型和向未来作战能力转变的基础。GIG 利用其信息收集、传输、处理、存储、分发、管理以及安全保密的信息能力，将来自信息源一端，即来自传感器栅格、所有作战地点和单位的信息及信息能力综合起来，及时地提供给信息消费端恰当的接收者，从而实现科学、高效的指挥控制与管理的目的。GIG 特别强调，要利用通用作战图像（COP）以及其他恰当的形式向作战部队提供态势信息，以改善作战信息的质量和作战人员的态势感知认识，提高军种内、联合部队间和盟国部队间的互操作能力，进而提高联合作战的能力。

6. 信息栅格是 C4ISR 的继续和发展

GIG 和 C4ISR 的根本目的都是为指挥控制提供及时、准确、有效的作战信息。C4ISR 应该包括 C4 与 ISR 中各种传感器的铰链，但在诠释 CISR 概念时没有强调。旨在集成现有的许多"烟囱式"C4ISR 系统，建立一个全球范围内无缝、保密、高性能的一体化 C4ISR 系统。而 GIG 概念中特别强调了这种铰链，GIG 定义中的"端到端的信息能力"弥补了这种概念上的不足，扩充完善了 ISR 的内涵和外延。

7. 信息栅格是"即插即用"高度可重构的系统

以"即插即用式"的互操作能力来指导综合集成是 GIG 建设的基本原则。GIG 在本质上是由通信和计算组件组成的信息环境，或者说是第二代数字化的信息基础设施。GIG 是在"国防部体系结构框架"（DoDAF）的指导下，将原有各类 C4ISR 与通信系统经必要改造后进行的综合集成，并强调通过数据链与传感器及武器平台的铰链，提供全球端到端的无缝连接和信息共享实现，"即插即用"式的互操作能力。建成后的 GIG 是这样一个巨无霸系统：以经过适当综合集成改造、符合 GIG 要求，特别是关键接口描述（KIP）要求的现有和未来的 C4I 系统和信息基础设施为基本架构和基础，以面向特定目标或作战使命，涉及一个或多个司令部的 GIG 体系结构为指挥关系和信息汇聚、分发的蓝图，可以同时支持发生在不同地域，从战略、战役到战术不同规模等级作战使命的一体化军事信息系统。

2.2 信息栅格技术特点与分析

2.2.1 信息栅格核心技术

信息栅格解决了信息化建设中的诸多问题。以美军为例，美军从 20 世纪 60 年代的 C3I 到今天的 CISR 系统，一直试图建设一体化的指挥自动化系统，但在提出全球信息栅格 GIG 之前，以下问题一直未得到很好的解决。

1. 传统信息化技术存在的问题

（1）各种信息系统互不兼容，无法共享信息，无法实现大规模的一体化联合作战。

（2）信息未经过有效的规范和管理，网络中过多过乱的信息扰乱决策，贻误战机。

（3）单纯计算机联网不能实行作战火力的协调，不能及时地协调联合行动，不能有效地组织资源配合，必须要有传感器、计算机和打击武器之间的联网，才能在瞬息万变的信息变化中充分实现信息共享，资源共享。

2. 信息栅格核心技术

信息栅格的出现改变了目前树形、集中式、分发式的信息共享方式，取而代之的是网状分布式、按需索取式的信息共享方式。在信息栅格中，没有集中式的信息中心，取而代之的是成百上千个分散在各地的具有不同功能的小信息中心(信息节点或中心节点),有的提供雷达信息,有的提供情报信息,有的提供气象信息,有的提供地理信息。这些小信息中心的访问接口都是统一的,所提供的信息也都是经过严格规范的。一方面,传感器、情报人员可以把不同种类的信息汇集到不同的小信息中心;另一方面,任何一台计算机都能按照人的需求自动访问不同的小信息中心,并将各种来源的信息自动综合在一起。除了按需获取信息外,还可以按需预定信息。以军事需求为例,某个导弹发射架可以预定任何一个雷达采集到的信息,也可以随时解除这种预定关系。在预定期内,雷达一旦发现新情况,就会将信息实时传送到导弹发射架。信息栅格所采用的这种信息共享机制克服了传统信息共享机制的弱点。信息栅格具有以下核心技术:

(1) 信息栅格网不容易发生阻塞,信息更新也随之变得快捷。由于小信息中心(信息节点)是分布的,没有集中式的信息中心,因而信息的流量能够很好地分布到全栅格网中。信息可以直接从信息源经由小信息中心流到信息使用者,同时各个信息节点之间也可以直接进行通信和数据与信息的交换(P2P)。而集中式要经过树形体制的多次转发,信息容易发生网络阻塞和信息延迟。信息栅格可以用更快的频率刷新信息。

(2) 对于信息需求者而言,使用信息的方式变得简单直接。信息可以自动融合,机械的工作都由计算机完成,管理者面对的是一个反映各类态势的可视化动态图像,而不是成堆的文字、图像信息,就不会出现面对大量的信息不知所措的局面。

(3) 可以按需获取任意想要的信息。例如,当管理者在电子地图上的某个位置点击一下,就可以立即得到这个位置的地理信息 GIS 地图和实时监控图像,以及各类关联信息、系统运行状态等。又如,管理者可以按需预定某个行业内的业务信息,当发生突发事件时信息栅格系统会自动预警。

(4) 抗毁能力大大增强。因为系统没有中心,而且关键结点可以有多个备份,任何结点被毁,系统只会损失微乎其微的功能。

(5) 可以实现全国、省市、区县范围内的信息系统大集成,集成的范围越大,网络的范围也就越宽,加之信息流量在网络上能够很好地分布,故集成的规模可以任意扩展,这就是把信息栅格叫作"全球信息栅格"的原因之一。另外,栅格采用了动态集成技术,可以任意增删结点,因而这个集成具有相当大的灵活性。

2.2.2 信息栅格与传统技术分析

信息网络是信息传输的基础设施,而信息栅格是信息处理与信息集成的基础设施。第一代互联网实现了计算机硬件的连通,第二代互联网实现了网页的连通,而作为第三代互联网的栅格则试图实现网上所有资源的全面连通。信息栅格技术与传统信息技术分析主要体现在以下五点。

(1) 传统网络里各系统和服务器是各自为政、独立运行的,缺乏一套统一的协同共享管理机制。信息栅格是由若干信息节点(可理解为"信息孤岛")相互配合、协同工作的,在一套标准的栅格操作系统管理下(共识机制),以面向服务的方式实现服务注册、监测、发现、映射、调研,可以发挥出信息化系统的整体效能。

(2) 传统网络的大部分信息未加以规范,需要大量的人工劳动来处理和综合信息,系统和服务器之间缺乏主动的理解能力。信息栅格环境里信息含义有统一的组件封装规范,栅格个体具有智能知识理解和知识整合的能力,自动化程度很高。

(3)传统基于网络的信息系统集成,是在各"烟囱式"系统之间做接口打通道,随着集成系统的数量增加,接口数量呈指数增长,且一旦做好很难改变,无法适应形势不断变化的需要。信息栅格网里只需要为各系统做一个接口集成到中心节点公共平台上,即可实现任意系统之间的系统集成,集成复杂度随着系统规模增长仅呈线性增长,扩展性和适应变化的能力很强,避免了重复建设和资源浪费,消除了信息孤岛和数据烟囱。

(4)运用传统技术集成信息系统,往往需要废止原有系统、改变现有业务流程,往往要求各个部门将各自的数据上传到集中式数据中心。信息栅格技术是在原有各个系统的基础上做动态扩展,可以集成已建系统。不需要各部门上传数据,而是直接从正在运行的各个系统中实时获取,做到新旧兼容,既解决了数据的保鲜更新问题,又解决了各部门因各自利益考虑不愿提供全部业务数据的这一障碍。

(5)在传统信息化环境中,用户需要从不同来源查找信息并人工拼凑在一起,效率低下,且所获得的信息是支离破碎的。在信息栅格环境里,用户可以利用信息栅格平台的支撑,自动从多种来源动态获取恰当的信息并有机地集成在一起,从而构成一个全方位的、精确的、实时的决策支撑信息环境。在信息栅格环境里,可以达到"信息随手可得"的境界。

1. 信息栅格网与传统网络分析

信息栅格网将全部网络资源融合成一个有机整体,提供支持一体化的可视化集成平台,是信息的倍增器。信息栅格相当于人的大脑和神经系统,把人的眼、耳等感知器官(相当于传感器),大脑(相当于指挥部)与人的手脚等行动器官(相当于运行设备)进行有机连接,让人(相当于整个系统)的各部分能够敏捷地、协调一致地应对外界的各种状态。

信息栅格可以实现所有信息节点之间的互联、互通、互操作,大大提高了信息获取、处理、分发和使用的自动化,克服了"烟囱式"系统的局限。而传统网络虽然可以解决互联互通问题,却无法解决信息资源的高度共享问题,软件的协同计算问题,以及网上资源的动态发现、动态重组问题。因此,传统网络无法消除战争迷雾,掌握制胜信息,而信息栅格有望将此实现。信息栅格相对于传统的电信级网络而言,是一个以目的为主的符合国家未来信息化建设需求("数字中国")的信息网络。总体来讲,一体化的信息栅格网与传统网络具有以下几个方面的差别:

(1)信息栅格是生长于传统的网络之上的一个资源集成的网络,它不仅拥有传统网络的诸多优点,而且具有符合信息系统集成的特点。

(2)信息栅格具有比传统网络更大、更强的计算能力,能满足平时与发生突发事件时分析计算的需求。

(3)信息栅格网具有比传统网络更强大的通信能力,拥有更大的带宽、更高的安全性,能满足大规模信息化战争中的通信需求,快速畅通。

(4)信息栅格具有比传统网络更强大的健壮性、安全性和顽存性。

(5)信息栅格具有比传统网络更强大的信息处理和融合的能力,能够给指挥控制人员、作战人员和保障人员提供处理融合后的高质量的多媒体可视化信息,提高对综合治理势态的感知能力,以方便快速形成决策优势。

(6)信息栅格具有比传统网络更强大的信息整合、按需分发的能力,具有很强的主动性。传统网络中的信息索取大多是被动的,用户所需要的信息不会主动发送到用户手中,就算有主动发送给用户的信息,也是用户所不愿接受的广告等无用信息。在信息栅格中,会根据人员所处的不同层次,主动发送给不同接收人员他们所需求的信息;当然也能满足不同用户对不同级别信息的定制能力。

(7) 信息栅格具有比传统网络更强大的互操作能力和端到端的集成能力,还有即插即用的能力。信息栅格的互操作能力就是异构系统之间的兼容能力,比如,无线通信系统允许各自使用独立的通信系统的双方或多方都可以直接交换信息。端到端的集成能力也就是指端用户之间不管是什么样的链路,什么样的中间设备,都可以通过信息栅格集成通信,进行协作。

2. 信息栅格系统集成与传统系统集成分析

信息栅格集成信息系统与传统综合集成方法的区别主要是以下六个方面。

(1) 系统集成思路不同。传统的综合集成措施是逐步改良的发展思路,基本是在不改变原有系统内部结构的情况下,增加系统之间的转换接口,将它们横向连接成一个大系统,这种做法对于实现互联互通是有效的。但随着综合集成规模的不断扩大,复杂度将呈指数级增长,达到一定规模后便难以继续,而且集成后的系统相对固定,难以适应复杂多样、动态聚合的数据与信息综合应用作战要求。信息栅格是用全新的管理机制、统一的接入标准、规范的信息表示,以栅格软件平台为核心,通过构建一个全军共用的信息传输与处理基础设施,来实现信息系统的综合集成,使信息保障水平实现质的飞跃。

(2) 逻辑结构不同。传统的综合集成是树状结构,先把信息逐级汇总到中心,再按信息的相关性逐级分发给各个单位,容易在树干特别是枝干的交叉部分形成信息瓶颈,造成信道阻塞、更新或迂回缓慢。信息栅格是网状结构,采用分布式、按需索取式的信息共享方式,由于信息没经过树形体制的多次转发和汇集,流量能够很好地分布到全网中,比较容易克服以上缺陷。

(3) 集成程度不同。传统综合集成是粗粒度集成,它以现有的信息系统为集成单位,其内部资源难以直接为外部所共享。信息栅格是细粒度集成,它能以每个信息节点为单位任意组合和协同调用,可以极大地扩展综合集成的范围和规模,从而为实现模块化作战力量动态组合提供支撑。

(4) 自动化水平不同。传统综合集成手段可以实现互联互通,但实现计算机之间的互操作比较困难,整个系统自动融合信息和自动协同工作就更困难。而信息栅格可以比较全面地实现互联互通互操作,计算机可以"读懂"信息的含义,自动完成相应操作,从而实现情报信息的自动融合萃取,计算机之间自动协作,使作战人员获取和使用信息的方式变得更加简单直接,特别是快捷。

(5) 资源利用率不同。传统综合集成可以在一定范围内实现信息共享,但不能够实现计算能力和存储空间等资源的协同。信息栅格可以使整个系统犹如一部虚拟的超级计算机,计算能力和存储空间等资源可以输送到任何角落,随处可得,任何用户只要得到授权,就可以利用栅格进行快速信息处理和存储,使信息设施"不为所有但为所用",可有效地提高网络资源的利用率,降低成本。

(6) 系统安全性不同。传统综合集成的信息流动是树形的,信息中心是整个系统的关键环节,一旦遭受破坏,需要启用备份系统,这不仅增加了投入,而且由于备份系统是有限的,如遭受重复打击将造成十分严重的后果。而信息栅格可使信息中心"物理分散,逻辑集中",相当多的节点都可以担负起中心的任务,这就大大提高了信息系统的顽存性。

另外,信息栅格能够实现信息传输手段和路径的自动选择,抗干扰性也明显增强。同时,信息栅格具有深层防御体系,可以极大地提高对信息的安全保密性能。由此可见,信息栅格比传统综合集成方法要优越得多。

3. 信息栅格安全与传统信息安全的分析

信息栅格采用一种松散的体系结构。我们可将其结构形象地比喻成"橡皮泥"。在遭受攻击时,不会使得整体瘫痪,并具备快速恢复能力。在信息栅格架构方面,提供可顽存性保障。"顽存性"指的是信息栅格在遭受攻击的情况下仍然能存活,仍能保障一些临界服务继续执行;面对攻击有一整套有机的防御体系,各系统间相互配合防御;设有应急反应中心,遭到攻击后可迅速恢复。

在抗摧毁性能方面表现为三方面。首先,信息栅格节点广泛、无级别且相互之间连接方式多样,具有一定的"可牺牲"性。其次,信息栅格提供了能够抗干扰、抗摧毁的快速通信能力。在信息栅格中,由于实现了有线、无线、卫星通信、散射通信、流星余迹通信等多种通信资源的高度融合,因此栅格技术在选择两点间通信线路时,能够自动判断各传输渠道是否被干扰、破坏以及多方权衡是否为最佳路径,即使某些网络节点被摧毁,网络也可以通过自动寻找备用通信路径保持信息畅通,从而大大增强了信息系统的抗电子干扰、抗电子欺骗、抗火力打击能力,进而保证了信息传输的稳定。最后,信息的分散处理和分散存储便于指挥员和指挥机关采取分散式组织指挥,使得以往高度集中的信息中心得以分散,大大提高了系统的抗摧毁性。

2.2.3 信息栅格技术特点

信息栅格网将全部网络资源融合成一个有机整体,提供支持一体化的可视化集成平台,是信息的倍增器。信息栅格技术具有以下特点。

1. 无缝的互联互通互操作

信息栅格的各种元素是高度分散在各地的,它依托现有的专用网络基础及即将建成的各种链路,实现系统中各个单元的互联,为它们的协同工作提供通路与带宽的保证,同时制定栅格各元素之间的信息交互标准规范,确保它们之间以相互能够理解的方式交互信息,网络的互联及信息互通的规范是互操作的基础。信息栅格提供了统一的运行平台、接口标准以及交互流程,实现了不同系统之间的信息融合,使节点之间可以自动完成互操作,保证了整个信息栅格系统内部信息的一致性及全面性。

2. 广域的系统覆盖

在"网络中心战条件"下,要求信息栅格具有纵深打击的广域系统覆盖能力。美国海军认为,海军要打击从岸边直至内陆数千千米范围内的目标,为海军陆战队和陆军提供火力支持,以实施对空作战及战区导弹防御等多种作战任务,传统的信息系统难以胜任,必须采用先进的栅格技术信息系统,把作战部队和作战支援部队及其作战平台,以及轨道上的卫星联系起来,从而实现岸基部队和海基部队之间、各作战平台之间的高速度、大容量、远距离实时数据交换,使各级指挥员能及时、全面掌握战场态势,实施精确打击,联合作战。

3. 全面的资源共享

信息栅格的资源共享能力主要包括多传感器数据融合、异构数据库共享和应用程序共享三个方面。多传感器数据融合包括两个层次：一个是指栅格节点内的传感器之间的实时集成；另一个是指不同栅格节点的传感器之间的实时集成，同一个平台下的传感器数据集成问题可以通过API接口定义来实现。异构数据库共享是指根据数据多源性、异构性、空间分布性、时间动态性和数据量巨大等特点，提供数据存储标准、元数据标准、数据交换标准、数据存储与管理、远程数据传输等策略。应用程序共享是指根据用户的不同需要对获得的数据进行分析、处理等操作，在栅格中共享已拥有的、可运行的软件，使其他节点可以远程使用这些软件。

4. 快捷的应急机动

在网络中心战条件下，信息栅格具有快速响应的应急机动能力。这种能力使得各参战部队、参战单元能够以信息栅格平台为纽带，实现情报信息与指挥控制信息的快速共享与传达。具体来讲，栅格的建成能够实现无论何时何地，都可以随时根据战场实际情况对各种类型的目标实施发现、打击与杀伤。栅格能够对各部队的作战信息进行近实时的控制，增强战场感知能力，加快决策和指挥速度，提高杀伤力、生存能力、灵活反应能力，保证指挥员在下达任何命令后最短的时间内迅速调整作战计划和部署，实现对敌最有效的进攻和打击，达到发现即摧毁的目的。

5. 高效的信息处理

信息栅格具备高效的信息处理能力，它采取有效的方式注册、发现、分配栅格信息资源，处理各种应用请求，为执行远程应用和各种活动提供有力的信息支持。"面向服务"是信息栅格信息处理的关键，它把一切信息均表达为服务。这些服务通过协调实现局部自治，最终发布到栅格服务平台。服务请求者通过访问服务、接口服务、业务流程服务、业务功能服务及信息管理服务等与栅格服务平台实现交互。一个栅格信息服务可以包含一个或多个接口，每个接口上定义一系列因消息序列的交换而产生的操作，不仅包括接口地址发现、动态服务创建、生命周期管理、消息通知、可管理性、规则地址命名、可升级性，还包括地址授权和并发控制。为了实现信息服务提供者与服务请求者之间的交互，栅格信息服务平台还应提供安全保障、服务质量（QoS）服务分级等功能。

6. 综合的安全防护

信息栅格区别于一般信息系统的显著特点，就是更强调信息和信息系统的综合安全防护能力。在网络中心战条件下，信息栅格具有顽强抗毁的指挥控制能力，信息安全渗透于信息栅格的各个组成部分、信息流程的各个环节，信息获取与感知、传输与分发、分析与处理、开发与利用都存在着激烈的对抗。这些激烈的对抗始终是围绕信息栅格的安全防护系统展开的，因此安全防护能力既是提高武器系统的威力、精度和反应能力的核心，同时又面临着电子压制、干扰与破坏的威胁，安全防护能力一旦遭到破坏，整个系统将失去原有的功能甚至完全瘫痪。为此，信息栅格通过采取必需的安全防护措施来增强系统的安全防护能力，使之具备良好的抗毁性、抗干扰性和保密性能。

7. 自适应的信息传输

信息栅格采取了改进的信息传输措施，使系统具备信息传输的自适应性。在信息栅格环境中，不再需要把数据全部下载到本地再使用，而是针对不同用户应用的需要，采用相应的传输策略。常用的传输包括并行传输、容错传输、第三方控制传输、分布传输、汇集传输。这些传输策略可以保证在广域网络环境上可靠地传输数据以及实现大量数据的高速移动、分块传输和复制、可重启、断点续传。栅格文件传输协议 GridFTP 是保证栅格中不同传输方式的兼容性,提供安全、高效的数据传输功能的通用数据传输协议。该协议通过对 FTP 协议的栅格化扩展,侧重于在异构的存储系统之上提供统一的访问接口,以及解决大量数据传输的性能和可靠性问题。

8. 即插即用的按需服务

基于栅格技术的信息栅格平台能够集成目前所有的信息系统,其中包括监测系统、决策指挥系统、GIS 系统、气象系统和数据分析系统。而每个系统又包含很多子系统,比如数据中心分系统可能包括不同标准的分布的地图数据、地图数据的处理和标准转化软件、地图数据存取引擎等。信息栅格平台运用信息系统的共享策略,通过统一的接口将底层的各种应用程序资源进行封装,接入一体化信息平台之中。在信息栅格中,栅格用户对各种栅格服务的使用是完全透明的,对资源的访问、数据的存储、作业的提交等就像使用本地资源一样方便、快捷、高效。因此,只要符合信息栅格平台的标准和权限,任何用户都可以方便地接入栅格系统,按需提取自己所需要的服务。

2.3 信息栅格体系架构规划设计

2.3.1 信息栅格体系架构规划设计要求

信息栅格体系架构技术是构筑军事信息栅格的关键技术,它是系统顶层设计的重要部分,是指导系统组成、各组成部分之间的关系以及系统设计与发展的标准和指南,它对系统的设计和实现具有指导和规范作用。目前,军事信息栅格体系架构技术已成为世界各国军事信息系统建设的重要手段,世界各国军队在体系架构框架及支撑技术的研究基础上已制定全面的体系架构框架及相关领域的发展规划,大力推进体系架构的开发与应用。

信息栅格体系架构是指信息系统的组成结构及其相互关系,是指导信息系统设计和发展的原则。信息栅格体系架构设计框架是用于规范体系架构设计的指南,是规范化描述体系架构的方法。信息栅格体系架构规定采用业务、系统和技术三种视图的方法,即通过格式化的图形和文本把作战需求、系统总体方案和采用的技术标准完整清晰地描述出来,这些图形和文本叫作体系架构模型,每种视图又由若干个子模型构成。信息栅格体系架构技术是用于规范体系架构设计的体系架构框架,用于开发体系架构产品的体系架构设计工具、知识库及相关参考资源以及用于验证评估体系架构模型的体系架构评估工具等相关技术的总称。

军事信息栅格体系架构技术已成为军事信息系统发展建设的重要手段,并日益展现出显著的优点和巨大的潜力,有力地支持了军队转型和信息化武器装备体系的建设。

2.3.2 信息栅格体系规划设计原则

随着信息栅格体系架构设计方法的不断成熟并广泛应用于各任务领域,它的作用也日益增强。在信息化系统总体规划中,明确提出要把体系架构设计作为信息化系统建设的重要环节。总体来讲,在信息化发展过程中,信息栅格体系架构正在且将继续在信息化建设中发挥重要作用。综合分析业务架构、系统架构、技术架构、数据架构、信息基础设施架构等对军事信息化和智慧城市总体规划原则主要体现在以下方面。

1. 信息栅格体系架构是实现信息系统建设的发展蓝图

信息系统体系架构是开发系统的有效方法,在新系统开发的早期,通过体系架构可以极大地促进与系统相关的各类人员之间的沟通和理解,全局系统化地考虑各方人员的需求,从而为系统设计奠定一个坚实的基础。同时,体系架构是认识现有系统的最佳途径,与系统相关的各方人员通过体系架构可以从各自的观察角度对现有系统进行正确地认识和把握。体系架构是指导系统进行演化的合适手段,通过体系架构可以有效地对系统的演进进行规划,使系统在随时间和技术的进步而进行演进的同时,其总体性能能满足用户需求。因此,体系架构在信息系统的建设过程中,既起到了新系统的蓝图作用,又起到了已有系统的描述图作用。对于整个信息系统建设过程来讲,信息栅格体系架构将同时扮演新系统的蓝图、已系统的描述图和系统演进的路线图三种角色,是信息系统建设过程中的发展蓝图。

2. 信息栅格体系架构是信息系统建设的重要依据

信息栅格体系架构越来越成为信息系统建设的核心,它在整个信息化系统建设过程中的作用日益突出,在制定建设决策、形成系统全寿命周期管理最佳方案以及指导具体系统发展等方面发挥着重要作用。体系架构应用于建设过程的每个阶段。如美国国防部将采办程序划分为"方案精选""技术开发""系统开发与演示验证""生产与部署"和"使用与保障"五个阶段,使系统体系架构始终贯穿于装备采办的整个过程。在系统方案的精选阶段,体系架构对最终确定的采办方案起着至关重要的作用,在这一过程中,联合需求审查委员会将利用体系架构产品,全面分析和遴选通过联合能力集成与开发系统过程生成的方案,使国防采办委员会和信息技术采办委员会等采办决策部门更易于掌握方案的可行性和风险度,从而确定系统开发方案。在系统开发与验证阶段,体系架构将确保所开发的系统满足任务需求,国防部项目办公室或者承包商对体系架构进行细化和修改,使得体系架构的作战视图和系统视图能够全面、详细地描述所要开发的系统,经过这样反复的细化和修改使得体系架构能够完全说明系统装备采办的所有详细计划。

3. 信息栅格体系架构是避免重复投资建设的重要措施

由于缺乏顶层的体系架构设计,现有军事信息系统大多处于各自为政的状态。各部门为了追求系统的完备性,在进行投资建设的过程中大多进行重复的建设,造成大量的资源浪费,而且各系统之间的业务来往连通性不足,标准化程度极低。为了彻底解决信息系统业务领域标准化程度低、业务功能和数据资源严重重复、缺乏有效管理机制等问题,将以体系架构设计为主要手段通过体系架构描述业务系统的主要任务、完成系统所需的功能、系统之间的关系以及各类系统采取的技术标准等,如信息类型、信息流动、业务类型、应用类型、访问方式类型等,明确业务体系中诸要素之间的关系,理顺业务流程,从而避免系统重复建设、系统间无法互通等问题,改变工作模式,提高系统效率。通过军事信息栅格体系架构的顶层设计,有效地避免了系统的重复投资建设,体系架构将对系统的建设进行有效规划合理分配,既实现了系统建设的完备性,又避免了重复投资带来的资源浪费。

4. 信息栅格体系架构是系统研发人员沟通的有效手段

一般而言,在系统进入规划设计之前,规划设计部门首先要分析任务需求,掌握用户对系统功能、运行、维护等各方面的要求,因而需要收集归纳大量信息。在采用规范化的体系架构设计方法之前,信息系统的主管部门通常以需求方身份向规划设计单位提供非正式、非标准的需求文件,由于仅采用文本方式,需求描述往往不明确,较为烦琐、不易理解,导致设计方案反复修改,增加了研制时间及研发人员之间交流的难度。采用栅格体系架构技术之后,可以通过模型视图的方式来描述项目需求,能够使规划设计人员准确地掌握系统所有方的需求,供需双方明确系统开发目的和系统功能要求。如美军在设计转型通信卫星(TSAT)时,美空军在发布需求建议书(RPF)之前,先开发比较宏观的体系架构视图产品,说明任务需求、需要开发系统的大致功能,研发人员根据这些视图模型进一步细化,开发出更具体的体系架构产品,从而为需求方与研制方提供了有效沟通手段。因此,利用体系架构模型可以实现开发各个分系统人员之间的有效沟通,降低开发风险,确保各分系统的集成。

5. 信息栅格体系架构是确保系统互操作性的关键环节

随着信息技术的快速发展,武器装备的信息化程度越来越高,功能结构日趋复杂,必须解决不同系统之间的互操作问题。互操作能力要求所有异构系统功能上要实现互联、互通及信息的无障碍流动。通过体系架构产品提供的统一、一致的体系建设蓝图,可以明确系统之间的相互信息关系。体系架构的作战视图产品是根据作战概念构造出来的,描绘了武器装备的作战任务和必须具备的作战能力。体系架构的系统视图则根据作战视图产品把参战节点使用的装备和关系描述出来。通过参照通用的参考资源,体系架构的技术视图可以为分系统提供统一的标准规范和技术体制,这为实现异构系统之间的功能互操作提供了根本保障。因此,体系架构作为系统建设的顶层设计,依据任务需求,应统筹考虑系统与整个体系其他系统之间的信息交互关系,以及系统内各分系统之间的信息交互关系,从根本上确保要连入军事信息系统的不同系统在接口处就能实现无障碍互通,从而确保实现军事信息系统能够提供面向任务的互操作性。

2.3.3 信息栅格体系规划设计要素

多年来,世界各国军事强国尤其是美国通过建立高效的管理机制,及时总结经验教训,不断深化军事信息栅格体系架构技术理论的研究,大力推广体系架构设计方法的应用,使体系架构设计方法更加科学和完善,参考资源逐渐成熟和系统化,开发工具更加实用和高效,军事信息栅格体系架构的设计效率和水平不断提高。

1. 强化信息栅格体系架构规划设计的保证

科学的管理是有序开展体系架构工作的重要保证。美军从信息栅格规范体系架构设计方法之初,就十分重视体系架构管理工作,配套建立了相关管理部门,在国防部高层的统一领导下,不断完善体系架构设计方法,全面推进体系架构设计工作。

一是高层领导直接参与组织。美军制定《C4ISR体系架构框架》的工作就是由时任国防部副部长倡导的。美军制定《C4ISR体系架构框架》和《国防部体系架构框架》时都成立了由助理国防部长、参联会C4系统部等高层领导以及参联会、各军种和国防部各局参与的体系架构框架开发机构,从而保证能充分吸收各部门在体系架构设计中的经验,体系架构设计方法更能满足需求论证、装备采办等决策需求。

二是设立体系架构协调委员会,全面协调体系架构各项工作。美军专门成立了体系结构协调委员会,由负责采办、技术和后勤的副国防部长、参联会C4系统部部长及负责网络和信息集成的助理国防部长等联合领导,统筹协调和管理体系架构工作,监督体系架构框架的贯彻和执行,有力推动了体系架构工作的全面展开。

三是以首席信息官为主体,实现体系架构工作的有序管理。美军建立了由首席信息官领导、下设支撑机构具体负责的管理机制,全面领导体系架构的开发活动,如完善体系架构框架、制定开发计划、指导体系架构开发等。

四是指定专职管理机构,美国防部和各军种都明确指定了具体管理机构,负责体系架构的具体开发。

五是设立开发和集成机构,提供有效管理支撑。美陆军建立了战争实验室,用于集成、验证和应用各种体系架构。为了保证各种体系架构的有效集成,美国防部和各军种设置了多级体系架构集成管理机构。

六是完善体系架构评估机制,加强体系架构产品的质量管理。美军设立了多层级、职责明确的体系架构评估机构,严把质量关。如美陆军建立了三层体系架构确认体系,即助理参谋长及战争实验室主任→体系架构集成管理董事会主管→体系架构确认委员会,逐级进行评估确认。

2. 用标准指导信息栅格体系架构设计方法

为了不断完善标准规范体系架构设计方法,明确体系架构的开发重点,提高体系结构设计水平,美国防部制定了多项政策和标准,以加强对体系架构工作的顶层指导。

一是制定体系架构发展策略,全面指导体系架构设计方法的发展。为了进一步完善体系架构设计方法,美国防部规划了体系架构工作的未来发展方向和重点,提出了框架、数据模型、数据库、商用现货软件等的发展设想。

二是适应网络中心战的发展需要,不断加强体系架构数据建设。为了贯彻美国防部《网络中心数据策略》,实现数据的可视化、可访问性和可用性,保证充分利用网络环境开发体系架构产品,美军提出体系架构设计方法要"以数据为中心",即利用存储在知识库中的规范的体系架构数据和特定的工具开发体系架构产品,确保不同体系架构产品中数据的一致性,实现数据的"一次开发、多次利用",提高体系架构的设计效率。

三是以转型战略为依据制定各军种开发计划,优先发展网络体系架构。为了实现由"以平台为中心"向"以网络为中心"的转变,美国防部将全球信息栅格作为重点,不断完善《陆军企业体系架构开发计划》《训练与条令司令部体系架构管理计划》等,并确定了未来十年的体系架构开发设想。

四是建立多评估原则、标准和手段,保证体系架构产品质量。美军已建立多种原则和标准,开发了多种评估手段和方法,全面、系统地评估体系架构产品与用户需求的一致性体系架构数据、体系架构性能以及可能存在的风险等。

3. 保证信息栅格体系架构开发的一致性

通用参考资源包括开发体系架构产品所必需的一系列标准和参考依据,是开发可集成、可比较体系架构的必要支撑。美军在颁布《CISR体系架构框架》的同时,就提供了多种通用参考资源。为了适应信息技术的快速发展和军事需求的不断变化,美军非常注重及时吸纳先进的标准规范,不断完善通用参考资源。

一是根据新的联合作战概念,逐步建立基于能力的任务分类方法。《通用联合任务清单》作为设计作战视图产品的必要参考已相继更新了多个版本,均按照国家战略级、地区战略级、战役级和战术级四个层次对联合作战任务进行分解。为了实现联合作战概念确定的联合作战能力,美军决定采用基于能力的功能分类结构对各类任务进行划分,并开发了多种参考清单，以实现能力与任务之间的对应。

二是不断吸纳新标准，持续更新共用技术标准。为了保证各类系统选用共同的标准开发技术视图和系统视图产品，美军于 1996 年制定《联合技术体系架构》1.0 版，确定了适用于服务和接口的一组共用强制性的信息技术标准和指南，并以此为基础及时吸纳不断涌现的各类新标准。

三是规范体系架构数据，不断完善体系架构数据模型。严谨定义合理划类、规范表述的体系架构数据，是确保各种产品、视图、体系架构保持一致性、便于集成和比较的重要基础。为了保证体系架构数据的规范性，美军开发并不断完善了多个数据模型版本。

四是适应网络中心战发展要求，提供新的参考资源。当前，美军将发展网络中心战能力作为转型的重点，并致力构建以网络为中心的装备体系，建设以网络为中心的部队。为了确保所开发新系统具备实现网络中心战的能力，美军进行体系架构设计时就对其进行了规划，并针对网络中心战发展需要开发了多种新的参考资源，作为美国国防部未来发展的重要参考和依据。

4. 提高信息栅格体系架构设计效率

信息架构体系架构开发工具的优劣直接决定着体系架构产品的设计水平。为了提供高质量的体系架构产品，美军大力加强对体系架构工具和数据管理系统的开发和应用，并严格进行工具选择，不断提高体系架构的开发和集成效率。

一是优先采用商用工具成果，降低体系架构开发成本。商用领域体系架构技术的发展促进了各类体系架构工具的不断开发与应用，通用计算机辅助软件工具、专用于体系结构的模型工具、体系架构知识库工具等也日益成熟。美军积极鼓励采用商用体系架构工具。

二是建立开发工具选择原则，保证体系架构工具的实用性。为了确保所选用的工具功能全面、使用便捷，美军建立了严格的工具遴选机制。美国防部从功能标准和人员标准两方面对体系架构工具的功能和适用性以及工具对不同类型人员的适应程度进行评审。为了保证选择出最佳的体系架构工具，美国防部采用了严密规范的体系架构开发工具选择原则，具体包括操作的便易程度、供货商支持能力、特殊功能、通用功能和商业可信度五大方面 36 个环节共 330 余条。

三是研制数据管理系统，提供自动化利用和管理数据的能力。为了对体系架构数据进行有效管理和利用，保证体系架构数据的"一次开发、多次利用"，提高体系架构开发和管理效率，美国防部开发了国防体系架构注册系统（DARS）。它具有强大的数据搜索和查询功能，授权用户可通过保密 IP 路由网和非保密 IP 路由网进行访问，快速查询和参考体系架构产品，从而方便获取体系架构数据。数据的分类和安全性能可满足各种用户要求；它还可以利用多种体系架构设计工具显示体系架构产品，根据用户需求提供体系架构的设计方案。

5. 提供信息栅格体系架构设计和应用支持

信息栅格体系架构的工作涉及面广、技术难度大，协调体系架构框架、产品开发工具、数据模型和通用参考资源等多个方面高素质的人才队伍，是其体系架构工作持续发展的重要条件。体系架构的开发管理和应用都需要大量具有相关专业知识的高素质人才。随着体系架构设计方法的快速应用推广，美军体系结构设计人力资源曾一度出现严重缺口，成为制约体系架构工作的瓶颈。为了解决普遍存在的人才匮乏问题，美军针对决策人员、管理人员、开发人员等不同的对象,推出了多项培训计划,开展了形式多样的培训活动,建立了规范的体系结构人才培养机制。当前,主要依托国防大学信息资源管理学院等高等院校进行长期系统的专业培训,通过联邦企业体系架构论证协会等专职机构实施中短期专项培训。

2.3.4 信息栅格体系规划设计步骤

信息栅格体系架构的规划设计过程一般分为三个阶段,即规划阶段、设计阶段和评估阶段。

1. 信息栅格体系架构规划阶段

信息栅格体系架构规划阶段主要是明确体系架构开发的目的、范围、开发指南,并根据需求收集相关的数据和模型。准备规划阶段包括以下主要工作。

(1) 确定体系架构的目的和用途:说明和解释为什么要开发一个体系架构,开发的目的,还可以说明体系架构要完成什么任务,以及它如何对组织或系统开发产生影响。

(2) 确定体系架构的范围:根据用户需求和目的,制定体系架构的业务、功能和技术边界的定义,体系架构开发的粒度,确定体系架构开发资源限制以及时间制约因素。

(3) 确定方法和指南:形成体系架构开发的指导原则,确定体系架构的开发方法和开发工具。

(4) 数据收集与准备:根据设计体系架构的目的、要求和特点,收集现有的数据、相关模型,以及相关体系架构设计数据,为体系架构设计提供数据和模型的支持。

2. 信息栅格体系架构设计阶段

信息栅格体系架构设计阶段主要按照体系架构设计指南来设计体系架构相关内容。设计阶段包括以下主要工作。

(1) 业务分析与设计:根据业务需求和目标分析、验证和确认业务需求,包括功能需求、信息需求、组织结构等,确定业务组成、业务过程、业务信息交换,并设计业务视图模型。

(2) 信息资源设计与规划:根据信息需求规范体系架构设计的信息元素,进一步明确信息需求。在信息需求分析的基础上,规划与设计信息资源,设计信息视图模型。

(3) 系统结构分析与设计:在业务分析的基础上明确系统功能并进行功能分解,将系统功能部署在不同的系统上,明确系统组成和信息交换关系,设计系统视图模型。

(4) 制定技术体制:根据业务视图、信息视图和系统视图中业务、信息系统、通信等的特点和要求,确定相关的技术标准或规范,制定相关的技术体制,开发技术视图产品。

3. 信息栅格体系架构评估阶段

信息栅格体系架构评估阶段主要是对设计的体系架构进行逻辑合理性分析与验证,对是否满足需求进行验证与评估,评估体系架构整体效能。评估阶段主要包括以下工作。

(1) 验证体系架构的逻辑合理性:对体系架构设计中数据一致性、动态过程的合理性等进行验证、分析。

(2) 分析体系架构是否满足需求:针对业务需求分析体系架构是否满足各项需求指标。

(3) 评估体系架构的整体效能:综合分析体系架构的整体效能,包括费用、风险、可靠性、系统效能等,对体系架构进行评价分析。

2.4　信息栅格技术集成创新

2.4.1　信息栅格技术与新一代信息技术集成创新

1. 新一代信息技术

习近平总书记在 2018 年两院院士大会上的重要讲话指出："世界正在进入以信息产业为主导的经济发展时期。我们要把握数字化、网络化、智能化融合发展的契机，以信息化、智能化为杠杆培育新动能。"这一重要论述是对当今世界信息技术的主导作用、发展态势的准确把握，是对利用信息技术推动国家创新发展的重要部署。

人类社会、物理世界、信息空间构成了当今世界的三元。这三元世界之间的关联与交互，决定了社会信息化的特征和程度。感知人类社会和物理世界的基本方式是数字化，联结人类社会与物理世界（通过信息空间）的基本方式是网络化，信息空间作用于物理世界与人类社会的方式是智能化。数字化、网络化、智能化是新一轮科技革命的突出特征，也是新一代信息技术的聚焦点。数字化为社会信息化奠定基础，其发展趋势是社会的全面数据化；网络化为信息传播提供物理载体，其发展趋势是信息物理系统（CPS）的广泛采用；智能化体现信息应用的层次与水平，其发展趋势是新一代人工智能。

云计算、区块链、物联网、大数据、人工智能是新一轮科技革命和新一代信息技术的核心。云计算是数字化与信息化技术应用和提供服务的基础；区块链提供了数字化与信息化应用的分布式架构；物联网是数据与信息互联互通的传输通道；大数据技术应用强调对数据的收集、聚合、分析与应用；人工智能是数字化与信息化智能阶段的高级智慧应用。通过人工智能深度学习将数据与信息转换为决策与预测的智慧化能力。

2. 信息栅格技术与云计算技术集成创新

云计算的核心内涵是对信息技术革命与经济社会活动交融生成的大数据的深刻认识与深层利用。云计算技术体现在基础设施服务（IaaS）、大数据及算力服务（DaaS）、信息平台服务（PaaS）、大数据与人工智能应用（SaaS）。云计算的 4S 服务是信息基础设施的核心功能。云计算技术是社会经济、现实世界、管理决策等的独立记录，蕴含着碎片化信息。随着人工智能技术与计算技术的突破，解读这些碎片化信息成为可能，这使云计算成为一项新的高新技术、一类新的科研范式、一种新的决策方式。云计算深刻改变了人类的思维方式和生产生活方式，给管理创新、产业发展、科学发现等多个领域带来了前所未有的机遇。

云计算技术是数字化＋信息化应用的技术基础。数字化是指将信息载体（文字、图片、图像、信号等）以数字编码形式（通常是二进制）进行储存、传输、加工、处理和应用的技术途径。数字化本身指的是信息表示方式与处理方式，但本质上强调的是信息应用的计算机化和自动化。数据化（数据是以编码形式存在的信息载体，所有数据都是数字化的）除包括数字化外，更强调对数据的收集、聚合、分析与应用，强化数据的生产要素与生产力功能。数字化正从计算机化向数据化发展，这是当前社会信息化最重要的趋势之一。

信息栅格技术与云计算技术集成创新就是将信息栅格分布式资源集成能力与云计算 4S 服务进行深度融合应用。云计算技术集成创新应用就是通过云计算 4S 服务（IaaS、DaaS、PaaS、SaaS），综合集成智慧城市所有分布式的信息、数据、基础设施，包括所有的通信设施、计算机软硬件系统、信息平台、数据库系统和应用系统等。通过信息栅格分布式资源集成提供端到端(P2P)的能力,这意味着信息与数据任意两个节点之间(P2P)能够进行直接的信息交互,包括网络、计算、存储、数据、信息、平台、软件、知识、专家等资源的互联互通,消除信息孤岛和资源独岛,实现网络虚拟环境上的资源共享和协同工作。

信息栅格技术与云计算技术集成应用的核心要素是目标技术架构。以"云计算中心"(虚拟化中心节点)模式为基础,采用"云计算中心 4S 服务"模式可以进一步扩展分布式"系统集成"的概念。同时着重强调通过将终端用户应用迁移到基于 Web 界面和将终端用户转移到虚拟桌面可视化界面环境,来改善终端用户对资源的访问。这些目标将通过实施 IT 服务组合和相应资源管理控制来实现。

3. 信息栅格技术与区块链技术集成创新

信息栅格已经成为目前为止最强的互联网应用的第三代技术,它支持各种信息平台、数据库系统、应用功能、应用软件和程序组件综合集成为单一的信息基础设施,包括通信设施、存储设施、计算设施和由技术支撑的各种信息平台和应用系统。信息栅格技术具有与云计算、区块链、物联网、大数据、人工智能、边缘计算等新一代信息技术集成创新与深度融合应用的能力。信息栅格技术具有与新型智慧城市已建、在建、未建信息系统和基础设施集成创新和深度融合应用的能力。基于新一代信息技术与信息栅格技术集成和融合应用,大力推进新一代信息技术用于新型智慧城市建设和可持续发展。

信息栅格与区块链在分布式节点、去中心化、分布式数据库、共识机制、加密算法等技术特征上具有同一性和一致性。从技术的角度信息栅格和区块链就像一对"孪生兄弟"。信息栅格更强调系统集成、资源共享、业务协同、按需获取信息,区块链则注重在金融行业的应用、分布式数据库(分布式记账)、数据安全、加密算法等。从技术应用的角度来看,信息栅格和区块链就是一个家族"父子情深"。区块链与信息栅格技术集成创新具有广阔的发展前景。

信息栅格+区块链技术架构基于 SOA 的分布式资源集成架构,以资源共享策略和资源集成架构为核心。区块链+信息栅格技术应用包含多个组织、信息平台、应用系统及资源的动态集合,提供灵活、安全、协同的资源共享的一种架构。利用区块链+信息栅格技术架构可以通过以资源为中心来实现更广泛的资源组织和管理,这在传统分布式技术框架中是很难做到的。以军事信息栅格技术为例,其技术架构中动态集合包括联合作战单元、不同的作战组织,以及不同的作战信息系统资源,目的则是为作战单元、作战组织提供作战信息资源的共享平台。因此军事信息栅格对于智慧城市信息栅格技术架构的建设具有指导意义。

4. 信息栅格技术与物联网技术集成创新

物联网是物理社会信息化的重要信息基础设施。物联网已经成为人们获取感知社会数据、信息、共享交换、信息集成的主要方式。物联网是互联网的自然延伸和拓展,它通过信息技术将各种物体与网络相连,帮助人们获取所需物体的相关信息。物联网利用射频识别、传感器、红外感应器、视频监控、全球定位系统、激光扫描器等信息采集设备,通过无线传感网络、无线通信网络把物体与互联网连接起来,实现物与物、人与物之间实时的信息交换和通信,以达到智能化识别、定位、跟踪、监控和管理的目的。互联网实现了人与人、服务与服务之间的互联,而物联网实现了人、物、服务之间的交叉互联。物联网的核心技术包括传感器技术、无线传输技术、海量数据分析处理技术、上层业务解决方案、安全技术等。物联网的发展将经历相对漫长的时期,但可能会在特定领域的应用中率先取得突破,车联网、工业互联网、无人系统、智能家居等都是当前物联网大显身手的领域。

物联网主要解决人对物理世界的感知问题,而要解决对物理对象的操控问题则必须进一步发展信息物理系统(CPS)。信息物理系统是一个综合计算、网络和物理环境的多维复杂系统,它通过3C(Computer,Communication,Control)技术的有机融合与深度协作,实现对大型工程系统的实时感知、动态控制和信息服务。通过人机交互接口,信息物理系统实现计算进程与物理进程的交互,利用网络化空间以远程、可靠、实时、安全、协作的方式操控一个物理实体。从本质上说,信息物理系统是一个具有控制属性的网络。物联网发展的聚焦点在于研发深度融合感知、计算、通信和控制能力的网络化物理设备系统。从产业角度看,信息物理系统的涵盖范围小到智能家庭网络、大到工业控制系统乃至智能交通系统等国家级甚至世界级的应用。更为重要的是,这种涵盖并不仅仅是将现有的设备简单地连在一起,而是会催生出众多具有计算、通信、控制、协同和自治性能的设备,下一代工业将建立在信息物理系统之上。随着信息物理系统技术的发展和普及,使用计算机和网络实现功能扩展的物理设备将无处不在,并推动工业产品和技术的升级换代,极大地提高汽车、航空航天、国防、工业自动化、健康医疗设备、重大基础设施等主要工业领域的竞争力。信息物理系统不仅会催生出新的工业,甚至会重塑现有产业布局。

信息栅格技术与物联网技术集成创新采用"云、边、端"分布式网络架构。通过信息栅格"可视化集成平台"大客户端系统,提供已建、在建、未建各行业级平台及业务系统的边缘计算、雾计算、认知计算、实时计算和云端"4S云服务"的各行业级平台的系统集成。采用线上"云计算4S服务",线下信息栅格分布式"可视化集成平台"大客户端系统(虚拟机+Web服务器+镜像服务器)的运行模式,为智慧城市的管理者和领导者提供各行业级专业平台及业务系统的功能、运行、操控、设置、修改、管理等功能。通过"可视化集成平台"大客户端系统的数据、信息、页面、服务等系统化、结构化、标准化的应用封装和跨平台及跨业务的"数据孪生""系统孪生""应用孪生"的映射、镜像和调用。

5. 信息栅格技术与大数据技术集成创新

大数据的价值生成有其内在规律。只有深刻认识并掌握这些规律,才能提高自觉运用、科学运用大数据的意识与能力。大数据的价值主要通过大数据技术来实现。大数据技术是统计学方法、计算机技术、人工智能技术的延伸与发展,是正在发展中的技术。当前的热点方向包括区块链技术、互操作技术、存算一体化存储与管理技术、大数据操作系统、大数据编程语言与执行环境、大数据基础与核心算法、大数据机器学习技术、大数据智能技术、可视化与人机交互分析技术、真伪判定与安全技术等。大数据技术的发展依赖一些重大基础问题的解决,这些重大基础问题包括大数据的统计学基础与计算理论基础、大数据计算的软硬件基础与计算方法、大数据推断的真伪性判定等。

信息栅格技术与大数据技术集成创新的核心是在信息栅格分布式数据库系统的基础上,分别由智慧城市大数据库系统、智慧城市可视化大数据库系统、智慧城市网络开源大数据库系统三部分组成,综合利用了统计学方法、模式识别技术、人工智能应用、神经网络技术、模糊数学、机器学习、专家系统和相关信息技术等,从海量的空间数据、过程数据、服务数据、管理数据中,通过对大数据的分级分类、聚类、特征值提取、关联、降维、规则发现等方法,归纳各领域、各行业、各业务的元数据、元数据类、数据集、要素数据、目标数据等。通过人工智能神经网络深度学习,实现对数据训练的知识规集、解释、评价和深度融合应用,以指导对客观事物、事情、事态、事件做出科学化的决策或预测。

6. 信息栅格技术与人工智能技术集成创新

智能化反映信息产品的质量属性。信息产品是智能的,通常是指这个产品能完成有智慧的人才能完成的事情,或者已经达到人类才能达到的水平。智能一般包括感知能力、记忆与思维能力、学习与自适应能力、行为决策能力等。所以,智能化通常也可定义为使对象具备灵敏准确的感知功能、正确的思维与判断功能、自适应的学习功能、行之有效的执行功能等。

智能化是信息技术发展的永恒追求,实现这一追求的主要途径是发展人工智能技术。人工智能技术诞生60多年来,虽历经三起两落,但还是取得了巨大成就,产生了在一些领域具有重要应用价值的专家系统,基于统计学习和知识表示产生了各种各样的神经网络系统。近几年开始的基于环境自适应、自博弈、自进化、自学习的研究,正在形成一个人工智能发展的新阶段——神经网络深度学习和方法论学习阶段,这构成新一代人工智能。新一代人工智能主要包括大数据智能、群体智能、跨媒体智能、人机混合增强智能和类脑智能等。

深度学习是新一代人工智能技术的卓越代表。由于在人脸识别、机器翻译、棋类竞赛等众多领域超越人类的表现,深度学习在今天几乎已成为人工智能的代名词。然而,深度学习拓扑设计难、效果预期难、机理解释难是重大挑战,还没有一套坚实的数学理论来支撑解决这三大难题。解决这些难题是深度学习未来研究的主要关注点。此外,深度学习是典型的大数据智能,它的可应用性是以存在大量训练样本为基础的。小样本学习将是深度学习的发展趋势。新一代人工智能的热潮已经来临,可以预见的发展趋势是以大数据为基础、以模型与算法创新为核心、以强大的计算能力为支撑。新一代人工智能技术的突破依赖其他各类信息技术的综合发展,也依赖脑科学与认知科学的实质性进步与发展。

信息栅格技术与人工智能技术集成应用,采用人工智能卷积神经网络多层结构化神经网络,通过卷积层、采样层、全连接层实现。智慧城市大数据也是一个结构化的体系,分为元数据、元数据类、数据集、要素数据、目标数据。将智慧城市大数据分析处理和卷积神经网络应用分为元数据阶段、元数据类阶段、数据集阶段、要素数据阶段、目标数据阶段,这五个阶段构成了智慧城市大数据卷积神经网络深度学习的系统化、结构化、标准化的智慧城市大数据人工智能深度学习的完整体系。通过对智慧城市全数据链的深度挖掘、分析、封装和人工智能融合应用,实现新型智慧城市各领域、各行业、各业务的元数据集、要素数据、目标数据的信息互联、数据共享、业务协同。当发生突发事件时,可根据相关预案和人工智能分析,实现跨平台、跨系统、跨业务等关联场景可视化联合分析展现。

2.4.2 信息栅格技术与 SOA 技术架构集成创新

信息栅格技术的核心是基于 SOA(Service Oriented Architecture,面向服务的体系结构)资源集成技术架构。将已建业务系统与新建业务系统通过信息栅格分布式、点对点、去中心化与 SOA 资源集成架构深度融合为统一的技术集成创新。通过信息栅格系统集成将数据、信息、页面(系统)、服务等各独立系统、各业务层面、各应用要素统一整合在系统集成平台上。

SOA 实质上是一个组件模型，它将应用程序的不同功能单元（称为服务）通过这些服务之间定义良好的接口和契约联系起来。接口是采用中立的方式进行定义的，它应该独立于实现服务的硬件平台、操作系统和编程语言。这使得构建在各种系统中的服务可以以一种统一和通用的方式进行交互。它可以根据需求通过网络对松散耦合的粗粒度应用组件进行分布式部署、组合和使用。服务层是 SOA 的基础，可以直接被应用调用，从而有效控制系统中与软件代理交互的人为依赖性。SOA 是一种粗粒度、松耦合服务架构，服务之间通过简单、精确定义接口进行通信，不涉及底层编程接口和通信模型。SOA 可以看作是 B/S 模型、XML（标准通用标记语言的子集）/Web Service 技术之后的自然延伸。SOA 不但能够帮助软件开发站在一个新的高度理解企业级架构中的各种组件的开发、部署形式，还能帮助企业系统架构者更迅速、更可靠、更具重用性地架构整个业务系统。较之以往，以 SOA 架构的系统能够更加从容地面对业务的急剧变化。

1. SOA 技术架构

SOA 来源于早期的基于构件的分布式计算方式，在 OMG 和 IONA 的推动下，成为一个大家所广泛认可的规范。90 年代，CORBA 和微软的 COM 编程模式促进了 SOA 的发展。随着 Java 编程语言、EJB 构件模式的发布以及 J2EE 应用服务市场的成熟，SOA 得到了进一步发展。

SOA 技术架构具有可从系统外部访问、随时可用、粗粒度的服务接口分级、松散耦合、可重用的服务、服务接口设计管理、标准化的服务接口、支持各种消息模式、精确定义的服务契约等技术特征。

SOA 技术架构是基于面向服务的体系结构。这种思想，在其简易性上能够用定义很好的机构封装应用，就有可能将一个单一的应用加入一个服务的集合中。封装的过程创建了一个抽象的层，屏蔽了应用中复杂的细节（用户不需要用关心用的是哪一种编程语言，什么操作系统，应用程序用的是什么数据库产品），唯一相关的就是服务所描述的接口。

SOA 技术架构面向服务的集成可以减少不同类型的 IT 系统的依赖性，降低费用和 IT 操作的复杂性，提高已部署系统的灵活性。这个新的方式超出了传统集成的范围，能够合理化地将有用的技术进行合并，同时排除了抑制业务创新的障碍。应用集成通过基于 BEPL 的流程实现对流程的建模、调度、监控，实现新流程的开发以及流程集成的支持；同时支持基于 SOA 方式的应用及适配器的集成。

SOA 技术架构建模过程分为业务建模、需求建模、服务建模和执行建模。将建模过程分为三个层次进行，首先是业务建模，通过梳理业务了解业务组织、角色、职责执行步骤以及业务之间的协同关系，参与者是业务人员、管理人员、软件人员。第二个层次是功能需求建模，通过对业务模型的分析完成功能化建设，为可执行模型提供依据，得到业务流程所需的最适粒度功能，并在此基础上进行服务建模，得到服务编排模型，参与者是软件技术人员。最后一个层次是联通服务/流程服务的执行建模，在服务平台上将系统服务编排成可执行流程。

SOA 技术架构在业务架构、业务模型和业务服务三个层次上均做到了服务流程化控制和部署，不但保证单业务系统的开发，也为多业务系统的互联互通和协同进行了系统级的准备，如图 2-1 所示。

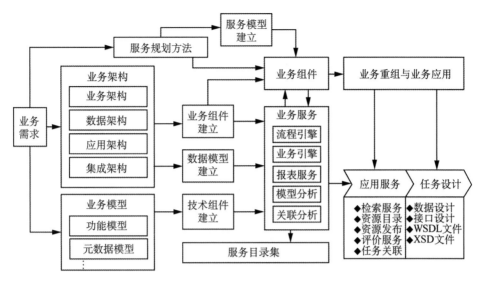

图 2-1　SOA 技术架构

（1）业务架构

业务架构由业务架构、数据架构、应用架构、集成架构，以及网络硬件、系统软件与开发支撑平台组成，支持跨系统、跨平台的系统环境，服务封装层。按照 SOA 的理念和 SCA/SDO 的技术，平台支撑把系统内部的各种应用统一封装成服务构件。服务构件具备 Web Service、JAVA、RMI、JMS 和 BPEL 标准接口和规范。

（2）业务模型

业务模型由功能模型、平台模型、业务模型、元数据模型组成。功能模型主要包括业务活动功能、任务组成和任务执行的人力资源、财力资源、物力资源、信息资源、知识资源、指令资源，以及指标资源和业务规则资源。业务活动通过业务建模工具描述，其资源依据业务模型导图通过模型解析器和资源编目服务部署。目的是保证资源的业务回溯性，在正确的业务中，通过正确的手段获取、消费正确的资源。资源的获取将屏蔽底层各种不同的资源访问接口，实现对系统的各种资源和外部系统统一的访问逻辑。

① 平台模型：平台模型建模理念是"全程一体化精细建模"。平台组成结构模型、功能执行模型、业务协作模型和数据关系模型，称之为"一树三图"。"一树三图"具有相互映射、参照的特点，保证业务模型在正确性前提下，做到完整和一致，具有其他任何建模工具不可替代的优势。业务模型管理就是对业务模型的导入/导出、交换、存储、解析、转换的管理和服务提供。

② 业务模型运行态管理：业务流程以及与规则流程、指标体系关联的综合管理，包括与 KPI、日志的整合。

③ 元数据管理服务：所有的资源编目均依据元数据实施。SOA 应用开发框架平台的元数据基于都柏林核心标准，并可以自由组合设计。元数据元素支持复合节点、整型/实型节点、字符节点、文档节点、图像节点、视屏/银屏节点、通信节点、WS 服务节点、数据库节点、业务规则节点等，是完全按照业务模型的需求量身定制的元数据框架。

④ 平台服务：主要提供基于 OWL 规范的资源关联性支撑服务，为业务模型概念的语义之上的资源关联、知识关联、指标关联、规则关联关系提供依据。保证通过语义对指标、业务

规则进行快速定位和调整,以及保证资源的有效获取。

(3) 业务服务

① 流程引擎:基于业务协作模型,以业务流程控制为主的流程操作。业务流程也是关于业务单据生命周期的控制,并作为 SOA 的构件可以与其他业务有效协同,实现规则与流程引擎的匹配。

② 业务引擎:规则包括业务规则、指标评价规则和服务规则的编辑、评价和发布的服务。

③ 报表引擎:综合报表、指标评价、指标关联的预警,以及 OLAP 决策支持的服务;表单设计、页面设计、权限字典设计;直接参照业务模型数据的数据库表单设计、页面和页面流转设计,以及业务主体的角色的权限系统导入和维护。

④ 模型分析:基于业务模型的分析与统计,以及运行时的系统监控。为顶层设计、系统需求分析、指标项确定以及资源配置等提供决策依据。

⑤ 关联服务:提供页面流、规则流、业务流以及服务编排的总线服务。联通服务基于 BPEL 规范,通过浏览器设置部署实现。

(4) 应用服务

交互服务、页面服务、报表服务、检索服务以及指标阈值服务和门户服务是展现服务的组成部分。以上服务可以独立展现,也可以通过 Portalet 的形式在门户上展现。门户具有 SSO、业务导航的统一认证与授权的功能,而且作为业务模型管理的综合门户系统,具有基于业务模型的资源、服务、管理的展现特点。

① 检索服务:为资源编目索引服务和全文检索服务,并为资源的参照与标引提供服务支撑。

② 资源目录:基于定制元数据的资源编目服务。

③ 资源发布:资源、指标、规则发布服务,以目录发布为主,支持检索和本体发布。

④ 评价服务:构建基于业务模型的指标体系,定义指标的产生依据和评价规则。评价规则与应用服务关联,通过接口提供服务。

⑤ 任务设计:任务设计是数据、接口与业务分离的保证,也是迅速调整和重组任务,对应任务需求变化的保证。任务设计规则采用 WSDL 规范和 XSD 文件,通过服务构件提供任务设计服务。

⑥ 服务注册管理:服务的统一注册和管理,保证服务的有效利用。

2. SOA 技术架构特点

(1) 简约化:毫无疑问,相比于传统的集中式解决方案,Web 服务更便于设计、开发、维护和使用。既然开发和使用 Web 服务的平台框架已经准备好了,创建跨越多个应用程序的商务流程处理将变得相对简单。

(2) 标准化:不像集中式解决方案,Web 服务基于开放标准诸如 UDDI、SOAP、HTTP。这个可能是导致 Web 服务被广泛接受的最重要的因素。事实上基于现存的开放标准,消除了企业潜在的为了支持新出现的 Web 技术而进行投资的需要。

(3) 灵活性:集中式解决方案采用资源的集中管理和应用,资源端的改变必须告知应用端,这自然使集成变得非常生硬,同时也浪费开发人员的时间。基于 Web 服务的集成是非常灵活的,因为这是建立在发布服务的应用程序和使用服务的应用程序之间的松散耦合之上的。

（4）性价比：集中式解决方案，诸如消息中介，其实施是非常昂贵的。而 Web 服务的实施则会变得便宜而快速。

（5）集成化：集中式解决方案，诸如消息中介，把应用程序作为一个单个的实体来集成。然而 Web 服务允许把大的应用划分为小的独立的逻辑实体并且加以包装。举例来说，企业可以为一个 ERP 应用的不同的商业组件进行包装，如订单管理、接受购买订单、订单情况、订单确认、账户接受、账户支付，等等。

（6）高效性：已在前面几点提到，Web 服务允许将应用程序划分为一些小的逻辑组件，因为在小粒度基础上集成应用程序，集成将变得更容易。这也使 Web 服务的 EAI 解决方案比传统的 EAI 解决方案更有效率。

（7）动态化：Web 服务通过提供动态的服务接口来实施一个动态的集成。传统的 EAI 解决方案都是静态处理的。

3. 信息栅格技术与 SOA 技术架构集成

信息栅格与 SOA 分布式架构模型如图 2-2 所示。

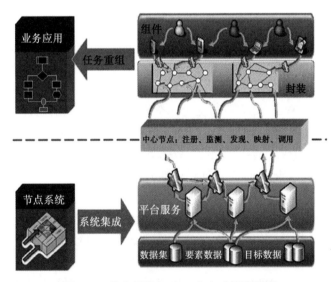

图 2-2　信息栅格与 SOA 分布式架构模型

（1）业务流程重组

通过信息栅格技术提供的注册、监测、发现、映射、调用等功能实现用户请求的任务分解和业务应用服务动态重组。将简单的基本的服务集成为复杂的组合业务应用服务、服务链、服务流或服务包，形成一体化的解决方案。基于平台的统一注册和调用的服务建构各种应用，从而避免重复建设和信息孤岛的形成，实现信息融合与共享以及服务的互操作。业务操作只需在屏幕上拖放元素就能完成流程的设计。流程设计使用熟悉的流程图。设计元素（指节点）代表端到端业务流程的各种元素，包括"开始""任务""事件""决策""加入"和"执行完毕"等，这样有利于快速脱机流程开发和后续优化。

（2）业务流程任务重组

根据执行任务需求，进行系统集成和业务重组，将各分布式资源整合在统一的操作环境中,自动排序和执行预定流程组件和要素,并借助信息栅格组件封装技术和人工智能深度学习,通过中心节点注册、监测、发现、映射、调用等节点共识机制。对于以业务应用重组为中心的业务视图,流程行为所涉及的资源将业务和任务分配给各个执行分布式节点完成统一的任务执行。操作人员可以根据当前的任务执行清单,通过中心节点实现对各个分布式节点的统一指挥、控制、调度和操作。

(3) 业务流程监控与管理

使用户能跟踪业务流程状态,实时查看业务运行流程,并收集统计数据形成报告。并可以根据这些数据评估业务流程,提高性能和业务组合应用能力。无须中断业务流程就可进行必要的修改。同时提供分布式集成一体化的远程统一部署、监控、跟踪、日志和测试功能,适应平台分布式部署和逻辑集中管理的需求。

2.4.3 信息栅格技术与 Web Service 技术集成创新

1. Web Service 技术

Web Service 技术是近几年产生的一种新的分布式计算技术,是对象和组件技术在互联网上的延伸,是一种部署在 Web 中的对象和组件。Web Service 结合了以组件为基础的开发模式及 Web 的性能。一方面,Web Service 和组件一样,可以在不关心功能如何实现的情况下重用;同时与传统的组件技术不同,Web Service 可以将不同平台开发的不同类型的功能模块集成在一起,提供相互之间的互操作。因此,Web Service 被普遍认为是新一代分布式系统开发和应用的主流技术。

国际标准化组织将 Web Service 定义为一个通过 URL 识别的软件应用程序,其界面绑定能用 XML 文档来定义、描述和展现,并且基于互联网协议上的消息传递,使用 XML 支持和其他软件应用程序的直接交互。微软将 Web Service 定义为 Web Service 是为其他应用提供数据和服务的应用逻辑单元,应用通过标准的 Web 获得 Web Service,如 HTTP、XML 和 SOAP 等,每一个 Web Service 如何实现是完全独立的。

Web Service 具有基于构件的开发和 Web 两者的优点,是信息系统集成程序设计模式的核心。Web Service 技术应用的重点是信息系统集成自包容设计、模块化设计,实现网络化的描述、发布、展现、查找和调用。

从技术的角度来看,Web Services 可以被认为是一种部署在 Web 上的对象(WebObject),因此具有对象技术所承诺的所有优点。同时,Web Services 的基石是以 XML 为主的、开放的 Web 规范技术,因此,它具有比任何现有对象技术更好的开放性。

Web 服务有两个层次的含义,首先是一种技术和标准,然后才是一种软件或者说功能。采用这种软件组件技术可以让信息系统易于弹性组装,随时通过网络增减组件以调整系统功能,使得应用系统开发及维护更为容易,客户需求亦可快速满足。另外一方面,Web 服务也是一种可通过网络存取的软件组件,它使得应用程序之间可通过共同的网络标准相互联结使用。比如,用户也可通过各种平台,包括桌上型电脑、手提电脑、手机或掌上型装置(PDA)来联结使用各种 Web 服务。以上两个方面结合起来就是 Web 服务。

2. Web3.0 技术

互联网的技术日新月异,互联网不断深入人们的生活,Web3.0 将是彻底改变人们生活的互联网形式。Web3.0 不是技术的创新,而是思想的创新,进而指导技术的发展和应用。

Web3.0 使所有网上用户不再受到现有资源积累的限制,具有更加平等地获得财富和访问的机会。

Web3.0 区别于 Web 2.0 中最重要的一点是语义网络,语义网络甚至被人们认为会持续研究至下一个网络时代,直至出现类似人类思维方式的思辨网络。它主要包括了智能网络(智能主体)和智能应用(智能个体)。实现语义网络,即实现了初级的智能网络,它包括了垂直搜索,机器的学习、推理和自主代理,智能个体的个性化等等一系列变化。

Web3.0 支持信息可以直接与第三方信息系统相关信息进行交互,能通过第三方信息平台同时对多系统的信息进行整合使用。用户在互联网上拥有自己的数据,并能在不同信息系统上使用。完全基于 Web,用浏览器即可实现复杂系统程序才能实现的系统功能。用户数据审计后,同步于网络数据。

Web 3.0 多层含义,用来概括互联网发展过程中某一阶段可能出现的各种不同的方向和特征,包括将互联网本身转化为一个泛型数据库,跨浏览器、超浏览器的内容投递和请求机制,人工智能技术的运用,语义网,地理映射网,运用 3D 技术搭建的网站甚至虚拟世界或网络公国等。Web3.0 具有以下三个特点:

(1) Web3.0 的 API(应用程序编程接口)是基于全球范围的,也就是 Web Services;
(2) Web3.0 的速度能够达到 10 G,所有的应用都可满足速度要求;
(3) Web3.0 是一个技术框架或平台。

Web3.0 将应用 Mashup 技术对用户生成的内容信息进行整合,使得内容信息的特征性更加明显,便于检索。将精确地阐明信息内容特征的标签并进行整合,提高信息描述的精确度,从而便于互联网用户的搜索与整理。同时,对于 UGC 的筛选性过滤也将成为 Web3.0 不同于 Web2.0 的主要特征之一。对于互联网用户的发布权限经过长期的认证,对其发布的信息做不同可信度的分离,可信度高的信息将会被推到互联网信息检索的首项,同时提供信息的互联网用户的可信度也会得到相应的提高。聚合技术的应用将在 Web3.0 模式下发挥更大的作用,TAG/ONTO/RSS 基础聚合设施、渐进式语义网的发展也将为 Web3.0 构建完备的内容聚合与应用聚合平台。将传统意义的聚合技术和挖掘技术相结合,创造出更加个性化、搜索反应迅速、准确的"Web 挖掘个性化搜索引擎"。

Web3.0 的网络模式将实现不同终端的兼容,从 PC 互联网到 WAP 手机、PDA、机顶盒、专用终端,不只应用在互联网这一单一终端上。现有的 Web2.0 只能通过 PC 终端应用在互联网这一单一的平台上,而现在层出不穷的新的移动终端的开发与应用都需要新的技术层面和理念层面的支持。Web3.0 将打破这一僵局,使得各种终端的用户群体都可以享受到在互联网上应用的便捷。

Web3.0 同样以人为本,将用户的偏好作为设计的主要考虑因素,具有良好的人性化用户体验及基础性的个性化配置。Web3.0 在对 UGC 筛选性过滤的基础上同时引入偏好信息处理与个性化引擎技术,对用户的行为特征进行分析,既寻找可信度高的 UGC 发布源,同时对互联网用户的搜索习惯进行整理、挖掘,得出最佳的设计方案,帮助互联网用户快速、准确地搜索到自己想要感兴趣的信息内容,避免了大量信息带来的搜索疲劳。个性化搜索引擎以有效的用户偏好信息处理为基础,以用户进行的各种操作以及用户提出的各种要求为依据来分析用户的偏好。通过偏好系统得出的结论再归类到一起,在某一内容主题方面(如体育方面)形成一种内容搜索的聚合、推送,达到更好地满足用户搜索、可视化的需要,为支持

IPTV、WebTV 的推广提供了更好的聚合推送业务。

3. Web Service 技术架构

Web 服务的三个基本操作包含了三个标准技术：发布操作使用通用描述、发现和集成（UDDI）；查找操作使用 UDDI 和 Web 服务描述语言（WSDL）的组合；绑定操作处理 WSDL 和简单对象访问协议（SOAP），为服务提供者与服务请求者解决了无缝互操作的问题。

为了实现这些需求需开发一系列的协议规范，由此构成了 Web 服务栈。Web 服务的发布、查找和绑定三种交互操作是基于 Web 服务协议栈实现的。每一层都包含业界的标准协议。如图 2-3，上一层是基于下一层所提供的功能来实现的，垂直框中的内容是每一层都需要的功能支持。左边的文字是对应的一层所采用的标准技术。

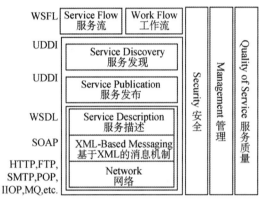

图 2-3 Web 服务体系结构

（1）网络层：Web 服务必须是可访问的，这样才能被请求者调用。Web 服务使用 Internet 协议 HTTP,SMTP 等以及 Intranet 协议的 CORBA 等。

（2）XML 消息层：使用 XML 作为信息通信协议的基础。简单对象访问协议（SOAP）定义了信息交换的轻量协议，既定义了 XML 表达数据的一套规则，又定义了扩展的消息格式、远程调用规则和绑定机制。

（3）服务描述层：实际上是一个描述文档栈。Web 服务描述语言（WSDL）是微软和 IBM 共同开发的基于 XML 的和约语言，是支持 Web 服务的最小服务描述。

（4）服务发布层：服务发布层是服务提供者让服务请求者在生命周期的任何阶段都能够访问 WSDL 文档的操作。通用描述、发现与集成规范（UDDI）定义了一套机制支持服务提供者发布其开发的 Web 服务以及查找其他服务。

（5）服务发现层：服务发现依赖于服务发布，不同的服务发现机制对应不同的服务发布机制。服务发现是让服务请求者访问某项服务描述并且使应用程序在运行时能够使用该项服务。在设计与运行阶段，可以通过本地 WSDL 注册库、私有 UDDI 或者 UDDI 操作点实现服务发现。

（6）服务组合层：Web 服务的实现是一种软件模块。可以通过 Web 服务组合生成新的 Web 服务。Web 组合有几种表现形式：系统内的 Web 服务可以协同作业向外部提供一个单一接口，或者不同 Web 服务可以协同作业实现机器到机器、商业到商业的流程。工作流程管理在业务流程中可以调用每一项 Web 服务。协议栈最上层的服务流描述了服务到服务的通信、协同和流程的实现。Web 服务流语言（WSFL）描述这种交互。

4. 基于 Web Service 的业务流程管理

对于基于 Web 服务技术的工作流，业界提出了基于 XML 的 Web 服务集成语言来描述 Web 服务流程模型，它可作为一种可执行语言供 Web 服务流程解析引擎执行。WSBPEL 是一个新出现的并得到广泛支持的服务流程描述语言，实际上就是为了 Web 服务组合而制定的一项规范标准，目前已成为业界标准。

BPEL 定义的服务集成方式有两种。一种是抽象流程，即它是不可执行的。通过使用抽象流程概念，WSBPEL 流程可以定义服务集成的角色。另外一种方式是执行业务流程，即可以定义可执行的服务集成。它的流程的逻辑和状态决定了在每个业务伙伴那里进行的 Web 服务交互的性质和顺序，从而也就决定了交互协议。一个 BPEL 描述的服务集成流程使用了一个或多个 WSDL 服务，还通过 Web 服务接口提供流程实例相对于它的合作伙伴和资源的行为和交互的描述。它引入了以下几种结构来支持服务的集成过程。

(1) 合作伙伴链接(PartnerLinks)：描述了流程涉及的参与者，即伙伴，每个合作伙伴链接由 PartnerLinkType 来描述。

(2) 变量(Variables)：用于存储合作伙伴发出或者接受的 WSDL 消息的变量容器。定义了服务集成过程中使用的数据变量，根据 WSDL 消息类型、XML Schema 简单类型或 XMLSchema 元素来提供它们的定义。变量可以根据被交换的消息来保存状态数据。

(3) 相关集(CorrelationSets)：因为系统中可能存在同一流程的多个实例，相关集用于指明消息关联到哪个流程实例。

(4) 异常处理的机制(FaultHandlers)：提供处理业务流程中的错误和从错误恢复的手段。

(5) 补偿处理机制(CompensationHandler)：对于活动的补偿处理机制，允许服务集成设计者为某些不可逆的动作实现一些补偿动作的机制。

(6) 事件处理机制(EventHandlers)：允许服务集成流程以及每个作用域与一组在相应的事件发生时并发调用事件处理程序相关联。包括消息事件、警告事件、禁用事件以及启用事件。

(7) 活动(Activity)：服务集成中具体执行的操作，包括与服务进行交互、操作传输数据或者处理异常等。

将基础应用功能按照 Web Servie 规范进行封装，建立一系列可复用的基础功能组件。基于这些基础功能组件，根据不同阶段、不同用户的实际需求，通过可视化的建模环境，将基础功能组件自由组合相互衔接，快速构建业务处理流程，并对整个业务流程的生命周期进行维护，同时监控其执行过程，从而提高业务流程的自动化水平，达到各种业务环节整合的全面管理模式。数据路由也可按业务规则进行流转，支持动态灵活地连接和构建新的业务系统。

5. 信息栅格技术与 Web Service 技术集成

Web Services 是自包含的、模块化的应用程序，它可以在网络(通常为 Web)中被描述、发布、查找以及调用。

Web Services 是基于网络的、分布式的模块化组件，它执行特定的任务，遵守具体的技术规范，这些规范使得 Web Service 能与其他兼容的组件进行互操作。

所谓 Web 服务，是指由企业发布的完成其特别商务需求的在线应用服务，其他公司或应用软件能够通过 Internet 来访问并使用这项应用服务。

Web 服务的一个主要思想就是未来的应用将由一组应用了网络的服务组合而成。只要两个等同的服务使用统一标准和中性的方法在网络上宣传自己，那么从理论上说，一个应用程序就可以根据价格或者性能的标准，从两个彼此竞争的服务之中选出一个。除此之外，一些服务允许在机器之间复制，因而可以通过把有用的服务复制到本地储存库，来提高允许运行在特定的计算机(群)上的应用程序的性能。

Web Services 体系结构是面向对象分析与设计(OOAD)的一种合理发展,同时也是电子政务解决方案中面向体系结构、设计、实现与部署而采用的组件化的合理发展。这两种方式在复杂的大型系统中经受住了考验。和面向对象的系统一样,封装、消息传递、动态绑定、服务描述和查询也是 Web Services 中的基本概念,而且 Web Services 另外一个基本概念就是所有东西都是服务,这些服务发布一个 API 供网络中的其他服务使用,封装了实现细节。

Web Services 以技术的形式规范了 Web Services 体系中的各类关键技术,包括服务的描述、发布、发现以及消息的传输等。

(1) XML 和 HTTP。这是 Web Services 最基本的平台。HTTP 是一个在 Internet 上广泛使用的协议,为 Web Services 部件通过 Internet 交互奠定了协议基础,并具有穿透防火墙的良好特性。XML 是一种元语言,可以用来定义和描述结构化数据,它是 Web Services 得以实现的语言基础。Web Services 的其他协议规范都是以 XML 形式来描述和表达的。XML 语言具有的自描述性、可扩展性、可校验性、层次结构、丰富的链接定义等特点使得 XML 适合在 Internet 的多点数据交换环境下使用,成为一种优秀的商务信息交换技术。特别是 XML Schemas 标准的提出更是为 Web 服务的广泛使用奠定了基础。应用集成采用基于 XML 的配置技术,确保各种业务都可定制,可配置。对于大多数表现多样、要求各异的相似系统,采取配置的方式以实现多样化的表现形式,并支持模板技术。

(2) SOAP(Simple Object Access Protocol)。SOAP 协议最先由 Microsoft 公司提交给 W3C 组织,并于 2000 年 4 月通过 1.0 版本。它是 SOA 架构实现的线缆级协议,定义了服务请求者和服务提供者之间的消息传输规范。SOAP 用 XML 来格式化消息,用 HTTP 来承载消息。SOAP 包括三部分:定义了描述消息和如何处理消息的框架的封包(SOAP 封包)、表达应用程序定义的数据类型实例的编码规则(SOAP 编码规则)以及描述远程过程调用和应答的协定(SOAPRPC 表示)。

(3) WSDL(Web Service Description Language)。WSDL 由 Microsoft,IBM,Ariba 三家公司在 2000 年 9 月推出。它是 Microsoft 公司的 SDL(Services Description Language)、IBM 公司的 NASSL(Network-Accessible Services Specification Language)合并后被 W3C 接纳所形成的标准。WSDL 为服务提供者提供以 XML 格式描述 Web Services 请求的标准格式,将网络服务描述为能够进行消息交换的通信端点的集合,以表达一个 Web Services 能做什么,它的位置在哪里,如何调用它等。

(4) UDDI(Universal Discovery,Description,Integration)。UDDI 规范由 Microsoft,IBM,Ariba 三家公司在 2000 年 7 月提出。它是在原有 Microsoft 提出的 DISCO(Discovery of Web Services)和 IBM 的 ADS(Advertisement and Discovery of Services)的基础上发展而来的。UDDI 是 Web Services 的信息注册规范,以便被需要该服务的用户发现和使用。UDDI 规范描述了 Web Services 的概念,同时也定义了一种编程接口。通过 UDDI 提供的标准接口,企业可以发布自己的 Web Services 供其他企业查询、调用;也可以查询特定服务的描述信息,并动态绑定到该服务上。通过 UDDI,Web Services 可以真正实现信息的"一次注册,到处访问"。

6. 基于信息栅格的服务注册中心

服务注册中心提供对按照信息栅格规范封装的基础构件的注册、管理以及发布功能。在典型情况下,服务提供者提供可通过网络访问的软件模块。服务提供者定义 Web

Services 的服务描述,并把它发布给服务请求者或服务注册中心。服务请求者使用查找操作从本地或服务注册中心搜索服务描述,然后使用服务描述与服务提供者进行绑定,并调用相应的 Web Services 实现交互,如图 2-4。

服务注册中心遵循 UDDI 规范,在逻辑功能实现上主要具有下述功能:

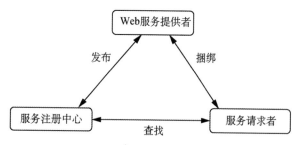

图 2-4 信息栅格服务注册结构

(1) Web Services 的注册功能。WebServiecs 注册功能模块除了提供对资源节点 Web Services 接口的注册、添加功能外,同时还提供 Web Sevrices 接口的修改、删除等管理功能。

(2) 用户进行信息资源的查询检索功能。信息查询模块为用户提供多种方式的信息检索服务,用户可以在服务注册中心查找到相对应该操作服务的 Web Services 相关信息。

(3) 服务注册中心的系统维护管理功能。对整个系统参数进行配置,包括注册模块的参数配置、信息查询模块的参数配置以及 Web Services 的静态和动态方式的选配等。

7. 基于信息栅格的数据交换与共享

数据交换与共享平台利用消息传递机制实现信息的沟通,采用成熟的商业软件 BEA WebLogic JMS Server 消息中间件,实现基础数据、业务数据的数据交换以及控制指令的传递,数据支持以 XML 格式在交换节点之间采用端对端对等的方式直接交换,数据路由可根据数据内容自动分发,包括节点地址信息、业务数据信息等,为跨地域、跨部门、跨应用系统不同数据库之间的互联互通提供包含提取、转换、传输和加载等操作的数据集成服务,如图 2-5 所示。

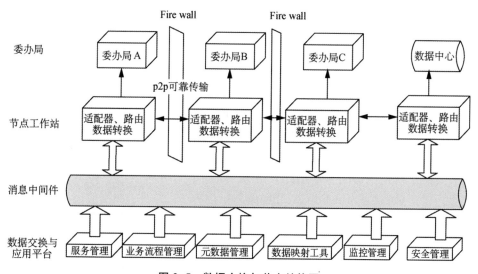

图 2-5 数据交换与共享结构图

消息中间件是一种由消息传送机制和消息队列模式组成的中间件技术,通过消息(一个消息就是由应用发送到另一个应用的请求或某种类型的通知)的形式收发应用程序数据,连接运行于不同系统上的应用程序,从而使得应用程序可利用高效可靠的消息传递机制进行平台无关的数据交流,并基于数据通信来进行分布式系统的集成。一个功能完善的消息中间件系统所提供的服务不仅仅包含消息的传送,而且还包括数据翻译服务、安全性、向多个应用程序广播数据、错误恢复、网络中的资源定位、路径选择开销、消息及请求的优先级设置等。通常它还提供丰富的可视化部署管理工具,有一个简单而直接的 API 编程接口。

消息中间件属于中间件的一类,拥有中间件的主要特点,但是自身的工作机制又具有特殊性,主要特点包括以下几个方面:

(1) 存储和转发通信。消息中间件能使应用程序向那些没有正在运行或不可达的应用程序发送请求。它提供存储中介来暂存消息,并能确保一旦网络连通或者接受方应用程序开始处理消息就能被发送。

(2) 防御通信。应用程序间的通信的任何失败都有可能导致严重问题。通过向消息中间件发送请求,应用程序将能被保护起来以防在网络失败时造成通信损失,能够容忍正常的需求波峰和波谷,可伸缩性强。

(3) 并发执行。在 RFC 等紧密耦合机制中,请求者在向多个不同的接收方发送请求前必须等待接收方逐一返回响应。通常,开发人员通过同时发出多个同步调用(线程机制)来实现。但是这需要很复杂的编程技术。使用消息中间件不需要特殊的编程技术(开发成本和复杂性已经包含在其中),应用程序可以将请求以消息的形式发出,然后立刻转向其他工作。这一通信类型通常叫作"雇佣和遗忘"(fire-and-forget),很难用那些需要发送线程等响应的通信技术实现。这样,应用程序可以向许多不同的接受方发送请求而不必等待响应,可等待接受方平行地处理请求,当所有的响应消息都到达时,或无论什么时候,只要方便就进行消息处理。

(4) 灵活的多种通信方式。在复杂的应用场合中,通信程序之间不仅可以是一对一的关系,还可以是一对多和多对一的方式,甚至是上述多种方式的组合。利用消息中间件,应用程序可根据自身需要选择通信方式,多种通信方式的构造并不增加应用程序的复杂性。

(5) 应用程序与网络复杂性相隔离。利用消息中间件,程序不直接与其他程序通话,不涉及网络通信的复杂性。程序将消息放入目的地或从消息存放的目的地中取出消息来进行通信,与此关联的全部活动,比如维护消息队列、维护程序和队列之间的关系、处理网络的重新启动和在网络中移动消息等都是消息中间件的任务。

(6) 安全性支持。XML 包装的消息是易于阅读的文本信息,如果这些数据是敏感的数据,其安全性就尤其重要。消息队列使用访问控制、身份认证、加密来获得安全性。访问控制用于限制用户对消息队列对象的访问,并通过为对象指派安全描述符来实现。安全描述符列出被授予或拒绝访问对象的用户和组,以及指派给那些用户和组的特定权限。身份认证通过建立 CA(Certification Authentic)认证中心来实现。加密使用公钥(不对称)和密钥(对称)两者来实现,消息队列应用程序使用密钥来加密消息队列计算机之间发送的消息。

(7) 通信日志。在系统中,公文流转日志是一项很重要的功能,它不仅对于系统的维护、诊断、故障恢复有积极的意义,而且还可以进行统计、查询、分析。在业务逻辑上,它往往也是商业过程中重要的组成部分,具有重要的法律意义。在分布式的网络应用中,因为大多数的通信机制并不保留任何通信记录,日志的实现有很大的难度,通常需要手工编写代码进行维护。导致的后果一是工作量大,二是大家各行其是,缺乏统一的标准。但在消息中间件环境下,通信的日志功能是可选的功能,当选定时,消息中间件自动地将每一个消息都做一个备份。

(8) 数据交换与共享平台通过消息中间件来保证数据交换和 Web 服务调用的可靠性。整个消息通信机制包括以下三个部分,如图 2-6 所示。

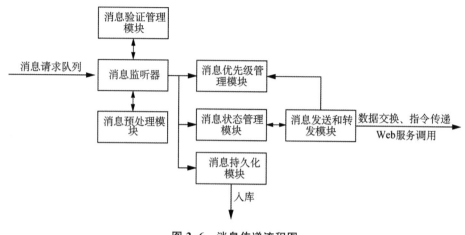

图 2-6 消息传递流程图

① 消息解析:消息解析模块负责从消息中间件传来的消息对象中解析出 SOAP 消息及目标 Web 服务的信息,同时也负责将 Web 服务响应信息(SOAP 消息)封装为消息。

② Web 服务引擎:该模块的功能是根据消息解析模块传入的目标 Web 服务的信息动态构造 Web 服务调用的引擎,该服务引擎类似于远程方法提供的本地接口,由不同的 Web 服务提供商提供具体的实现。

③ Web 服务调用:在得到 Web 服务引擎后,根据 SOAP 消息调用相应的 Web 服务提供的方法,将得到的执行结果返回给消息解析模块。

8. 基于信息栅格的数据加密与解密

考虑到部分政务信息对保密性的高要求,数据交换平台提供加解密功能就非常重要。加解密算法一般分为对称和非对称两种。对称算法使用相同的密钥来加密和解密数据。对称密钥密码算法所用的加密密钥和解密密钥通常是相同的,即使不同也可以很容易地由其中的任意一个推导出另一个。在此算法中,加、解密双方所用的密钥都要保守秘密。非对称算法则使用到两个密钥,公开密钥和私有密钥,分别用于对数据的加密和解密。如果用公开密钥对数据进行加密,只有用对应的私有密钥才能进行解密;如果用私有密钥对数据进行加密,只有用对应的公开密钥才能解密。

智慧城市大数据交换与共享平台使用非对称算法进行加解密。与此同时系统还具有数据合法性验证功能,能够对交换平台与应用系统之间以及交换系统之间的两类合法性进行验证,确保数据可信交换。

2.4.4 开放栅格服务体系集成应用创新

开放栅格服务体系架构(Open Grid Services Architecture, OGSA)是全球信息栅格(GIG)最基本的体系架构之一,是目前最新的一种信息栅格体系架构,也被称为第三代互联网资源服务的体系架构。OGSA 是以服务为中心的服务架构,这里的服务是指具有特定功能的网络化实体。在 OGSA 框架中,将一切都抽象为服务,包括计算机资源、程序、数据库等。OGSA 中，实现的是对服务的共享与协同。从资源到服务，这种抽象将资源、信息、数据等统一起来，十分有利于灵活、一致、动态的共享与协同机制的实现，使得分布式的栅格系统有了标准的接口和行为。

为了使服务的思想更加明确和具体，OGSA 定义了"栅格服务"(Grid Service)的概念。栅格服务基于 Web 服务，该服务提供了一组接口，使得它可以支持服务发现、动态服务创建、生命周期管理、通知机制等。从某种意义上说栅格可以看作是可扩展的栅格服务的集合。在 OGSA 中，将一切都看作是栅格服务，因此栅格就是可扩展的栅格服务的集合。栅格服务可以以不同的方式聚集起来满足虚拟组织的需要，虚拟组织自身也可以部分地随着它们的操作和共享的服务来定义。

1. 栅格服务模型

由于栅格环境中所有的组件都是虚拟化的(virtualized)，因此，通过提供一组相对统一的核心接口，所有的栅格服务都基于这些接口实现，就可以很容易地构造出具有层次结构的、更高级别的服务，这些服务可以跨越不同的抽象层次，以一种统一方式来看待。

虚拟化也使得将多个逻辑资源实例映射到相同的物理资源上成为可能，在对服务进行组合时不必考虑具体的实现，可以以底层资源组成为基础，在虚拟组织(Virtual Organization，VO)中进行资源管理。通过栅格服务的虚拟化，可以将通用的服务语义和行为无缝地映射到本地平台的基础设施上。

2. 统一的 Web Service 框架

Web 服务描述了一种新出现的、重要的分布式计算模式，是在因特网上进行分布式计算的基本构造块，通过开放的标准和基于 XML 的信息交换，Web 服务成为应用集成的平台。Web 服务定义了一种技术，用户描述被访问的服务、访问服务的方法以及找到相关服务提供者的发现方法，Web 服务使应用程序可以用与平台无关和与编程语言无关的方式进行相互通信。

Web 服务提供了一种基于服务的框架结构，但是 Web 服务面对的一般都是永久服务，而在栅格应用环境中，大量的是临时性的短暂服务，比如一个计算任务的执行等。考虑到栅格环境的具体特点，OGSA 在原来 Web 服务概念的基础上，提出了"栅格服务"的概念，用于解决服务发现、动态服务创建、服务生命周期管理等与临时服务有关的问题。OGSA 符合标准的 Web 服务框架。

2.4.5 开放栅格服务体系支撑技术

开放栅格服务体系结构通过构建动态的虚拟组织来达到数据和计算资源的共享。虚拟组织可以由地理上分布且使用不同平台的不同资源提供者，共享与协同的资源可以是计算资源、数据资源、信息资源和存储资源等。虚拟组织的目的是通过无缝地集成跨实际组织的资源来协同完成某一项工作(任务)。虚拟组织是动态可伸缩的，面向用户透明的。开放栅格服务体系结构使得不同虚拟组织之间的协同成为可能。

OGSA 两大支撑技术是栅格技术(即 Globus 软件包)和 Web 服务。Globus 是已经被科学与工程计算广泛接受的栅格技术求解方案，Web 服务是一种标准存取网络应用的框架。

1. Globus

栅格技术 Globus 软件包是一种基于组件的、开放的结构，是开发源码的服务集合，也是支持栅格和栅格应用软件的构件库，该工具构件解决了安全、信息注册、监测、发现、资源管理、数据管理、通信、错误检测以及可移植等问题。

和 Globus 关系密切的 Globus 组件是栅格资源分配与管理协议（GlobusResource Allocation Manager,GRAM）和安全服务,它们提供了安全可靠的服务创建和管理功能。元目录服务通过软状态注册、数据模型以及局部注册来提供 Security Infrastructure,支持单一登录点、代理和信任映射。这些功能提供了面向服务结构的必要元素,但是比 OGSA 中的通用性要小。

2. Web 服务

Web 服务在网络上实现了特定的任务或者是一系列任务的接口的集合。它基于 XML 技术来对服务进行访问、描述和传递消息。如果说 Web 是为了程序和用户的交互,那么 Web 服务的目标是实现程序和程序的交互。

（1）Web 服务模型

Web 服务体系结构是基于三种角色之间的交互,分别是服务提供者、服务注册中心和服务请求者。交互涉及发布、查找绑定等操作。这些角色和操作仪器作用于 Web 服务构件——Web 服务软件模块及其描述。服务提供者提供 Web 服务、定义服务描述并发布到服务注册中心,服务请求者使用查找操作从本地或服务中心检索服务描述,然后使用服务描述与服务提供者进行绑定并调用 Web 服务实现或同它交互。图 2-7 显示了这些操作、提供这些操作的组件及它们之间的交互。

（2）Web 服务的协议栈

为了实现上述 Web 服务模型中的发布、查找、绑定等操作,需要定义一系列分层的协议规范。Web 服务的协议栈结构如图 2-8 所示。

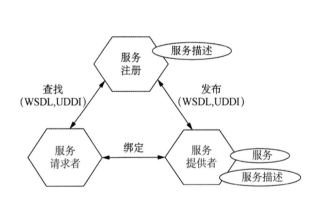

图 2-7　Web 服务模型

图 2-8　Web 服务的协议栈

① 服务发现:这一层用来发现 Web 服务,来满足自己的需求。通常由 UDDI 来处理。

② 服务描述:对 Web 服务进行自我描述,常用 WSDL 来进行服务描述。

③ 服务调用:这一层的实质是基于 XML 的消息传递。当前基于 XML 消息传递的行业标准是 SOAP。SOAP 是一种简单的、轻量级的基于 XML 的机制,用于应用程序之间进行结构化数据交换。SOAP 可以和各种网络协议结合使用。

④ 传输层:用来传送客户端和服务器之间的消息。这一层使用的协议通常是 HTTP 协议。理论上,可以使用热核网络协议,如 SMTP,IOP 等,但是目前使用最广泛的是 HTTP 协议。

（3）Web 服务的相关标准与技术

在 Web 服务协议栈中，涉及了数据、消息服务和注册库的描述定义，这些要用到具体的标准技术，包括 XML、SOAP、WSDL、UDDI 等，如图 2-8 所示。

XML 用来描述不同层次的数据，它使得不同平台、不同环境中的数据和消息得以互通；SOAP 协议用来交换 XML 消息；WSDL 用来统一描述服务；UDDI 提供了统一的框架和编程接口，与 WSDL、SOAP 相互结合来管理 Web 服务，提供服务发布和服务发现能力。

扩展标记语言 XML 是对信息进行自我描述的一种新语言，也是一种元语言。XML 包含一组基本规则，任何人都可以利用这种规则创建针对特定应用领域的标记语言。这些标记不是描述信息的方式，而是描述信息本身，因此，XML 实际上是一种开放式的标准体系。XML 是 Web 服务的核心技术，它为 Web 服务提供了统一的数据格式，包括消息、服务描述以及工作流描述等不同层次协议都采用 XML 作为定义语言。因此，常常把 Web 服务称为 XML Web 服务。在一定程度上可以说，是 XML 奠定了 Web 服务革命的技术基础。

简单对象访问协议 SOAP 是基于 XML 的 RPC（Remote Process Call）协议，以描述通用的 WSDL 目标。通过将 SOAP 进行扩展，比如数字签名、加密等支持 Web Service 框架的安全性。借助 XML 和 SOAP，集成和交互的问题将从层次上被简化。XML 提供了跨平台的数据编码和组织方法；SOAP 建立在 XML 之上，定义了一种跨系统平台的信息交互的简单包装方法。绑定于 HTTP 之上的 SOAP 协议可以跨平台、跨操作系统进行远程过程调用，实现了编程语言和系统平台的无关性，从而大大简化了不同企业系统之间的交互问题。

Web 服务描述语言 WSDL 和 SOAP 一起构成了 Web 服务的核心结构单元。WSDL 基于 XML 格式，描述了 Web 服务可以执行的操作以及 Web 服务可以发送或接收的消息格式。WSDL 文档可以看成是客户端和服务器之间的一个协约。使用 WSDL 工具，系统可以自动处理这个过程，几乎不用手工编写代码就能够让应用程序整合新的服务。WSDL 是 Web 服务体系结构的基础，它提供了一个通用语言，用来描述服务和整合这些服务的平台。WSDL 文档将 Web 服务定义为服务访问点或端口的集合。在 WSDL 中，由于服务访问点和消息的抽象定义已从具体的服务部署或数据格式绑定中分离出来，因此可以对抽象定义进行再次使用：消息指对交换数据的抽象描述；端口类型指操作的抽象集合。用于特定端口类型的具体协议和数据格式规范构成了可以再次使用的绑定。将 Web 访问地址与可再次使用的绑定相关联，可以定义一个端口，而端口的集合则定义为服务。

统一描述、发现和集成协议（UDDI）是一套基于 Web 的、分布式的、为 Web 服务提供的信息注册中心的实现标准规范，同时也包含一组使企业能将自身提供的 Web 服务注册以使得别的企业能够发现的访问协议的实现标准。其标准包括了基于 OAP 消息的 XMLSchema 和 UDDI 规范的描述，它们两者集合在一起，具有发布各种 Web 服务描述信息的能力。UDDI 的核心组建是 UDDI 商业注册，它使用 XML 文档来描述企业及其提供的 Web 服务。

2.4.6 开放栅格服务集成应用

OGSA 为建设基于栅格的服务集成应用，定义了一个公共和标准的体系结构。OGSA 的核心是定义了栅格服务的概念，但 OGSA 并不涉及技术细节和规范，这些细节和规范是由开发栅格服务基础设施（Open Grid Service Infrastructure，OGSI）定义的。OGSI 是一个正式的技术规格说明书，它用来实现 OGSA 中所定义的包括栅格服务在内的各种概念。

1. 开放栅格服务规范

根据 OGSI 规范,一个栅格服务是一个符合 OGSI 标准的 Web 服务,通过 WSDL 来表现自己的接口、行为和扩展。因此,这种意义上的栅格服务可以被视为一种满足栅格环境下需求的 Web 服务。基于栅格服务的概念,OGSA 将整个栅格看作是栅格服务的集合,但是这个集合不是一成不变的,是可以扩展的,这反映了栅格的动态特性。栅格服务通过定义接口来完成不同功能,服务数据是关于栅格服务实例的信息,因此栅格服务可以简单地表示为"栅格服务=接口/行为服务数据"。栅格服务示意图如图 2-9 所示。

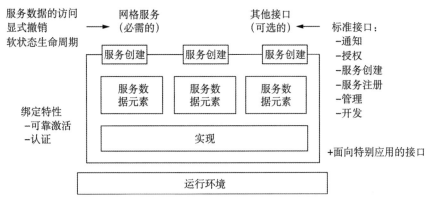

图 2-9 栅格服务示意图

应该说,服务的概念并不陌生,如 CORBA(Common Object Request Broker Architecture)和 J2EE 中都有服务的概念。栅格服务和这些服务的不同在于栅格服务没有提供一个大而完整的服务,而是提供一些具有基本行为和属性集的组件服务,再用这些组件服务区构建其他高级服务。这种设计保证了所有的栅格服务都有一组公共任务的行为,可以被其他的系统基础设施服务和元数据类服务所操纵。

2. 开放栅格数据服务

栅格服务是一些表示服务实例状态的元数据的集合。服务数据声明是一种通过已知模式公开表达服务的可用状态信息的机制。这一概念并不仅限于栅格服务,任何有状态的 Web 服务都可以通过服务数据概念声明其公共可用的状态信息。栅格服务规范为每一个栅格服务接口定义了多个服务数据元素(SDE),为的是服务请求者能够容易对数据进行操作。

服务数据元素包括两种类型,一类是静态的 DE,这种元素作为服务的接口(GWSDL PortType)定义的一部分进行声明;另一类是动态的 SDE,这类元素被动态地添加到服务实例。该行为是特定于实现的,例如,为了处理动态 SDE 值,用户可能需要从远程位置获取 SDE 的模式。

3. 开放栅格数据接口

OGSI 规范中定义的标准接口(WSDL 中表示为 PortType 端口类型)构成了 OGSI 的核心。接口主要包括栅格服务、通知 OGSI、句柄映射、服务信息平台和注册中心接口。现将这些标准接口阐明如下。

(1) 栅格服务接口

Grid Service 是 OGSA 服务接口中唯一必需的接口。它有 Find Service Data、Set

Termination Time 和 Destroy 三个操作,其中 Find Service Data 用来查询栅格服务实例的各种信息,包括一些基本的内部信息、大量关于每个接口的信息以及与特定服务有关的信息,另外两个操作分别用来设置并得到栅格服务实例的终止时间以及终止栅格服务实例,主要用于实现服务实例生命周期的软状态管理。

(2) 通知机制接口

栅格服务的状态信息(Service Data)会随着系统的运行而变化。栅格服务之间的许多交互要求动态地监控状态变化。通知把一种传统的发布和订阅方式应用于这种监控。如果一个服务向外提供消息通知,它必须支持 Notification Source 接口,对消息的订阅行为进行管理。一个服务如果要接受消息通知,必须支持 Notification Sink 接口,通过该接口可以获取通知的消息。

(3) 句柄映射接口

当信息平台创建栅格服务的一个新实例时,信息平台会返回新实例化的服务标识。这个标识由两部分组成:一个栅格服务句柄(Grid Service Handle,GSH)和一个栅格服务引用(Grid Service Reference,GSR)。GSH 保证无限期地引用该栅格服务,而 GSR 可以在该栅格服务的生命周期内发生改变。Handle Map 接口提供一种在给定 GSH 的情况下获得 GSR 的途径。

(4) 服务信息平台接口

OGSA 更强调的是临时服务,而不是像 Web Service 那样的永久服务。OGSA 定义了一类栅格服务,专门用于创建新栅格服务实例的接口,它们被称为 Factory 接口,实现这一接口的服务就是 Factory。

Factory 接口的 Create Service 操作将创建一个栅格服务并返回 GSH 以及初始化的 GSR。Factory 接口并不规定如何创建服务实例,一种常见的方法是以具体的运行环境提供的标准机制来创建(并管理)新的服务实例。如何实现的细节对 OGSA 的服务请求是透明的,服务请求者能看到 Factory 接口。

(5) 注册中心

支持服务发现的栅格服务叫作注册(Registry)。一个注册服务定义根据有两个:一是注册接口,负责提供 GSH 的注册操作;二是相关的服务数据元素,包括注册的 GSH 的信息。可见,Registry 接口主要用于注册一个 GSH,Grid Service 接口的 Find Service Data 操作用于检索已注册的 GSH 的消息。

注册接口通过返回一组栅格服务的 GSH 来支持发现服务。发现服务收集这些服务信息并将信息结构化,用于有效地发现服务的请求。注册接口允许栅格服务的软状态注册,栅格服务实例周期性地刷新 GSH 注册以保持其存活。

由于服务属性值可能是动态的,并且由多种获取属性值的方式 GSH 注册接口和 GSH 相关服务属性定义是分开的。

2.4.7 开放栅格服务集成应用的特点

开放栅格服务集成应用是 Web 服务的扩展,OGSI 中指出了栅格服务对 Web 服务的改进:
(1) 储存状态并且支持临时服务;
(2) 数据服务;

(3) 通知机制；

(4) 生命周期管理；

(5) GSH&GSR。

第一个改进是最具有意义的。如果打算访问远程的集群服务器执行一个复杂的数学运算，大概不会只执行一步操作就可以完成，而是要执行一连串的彼此相关联的运算。然而 Web Service 是无边界和非临时的，"无边界"意味着 Web Service 不会记住你从一个调用到另一个调用之间做过什么。如果想要执行一串相关的操作就必须将一次操作的结果作为下一次操作的参数发送出去。此外，即使在解决无边界问题后，由于 Web Service 还是"非临时"的，这意味着 Web Service 都比其客户端的持续时间长。这点就说明当一个客户端使用完 Web Service 后，所有 Web Service 记录的信息都能被下一个客户端访问。事实上当一个客户端正在使用 Web Service 时另一个客户端也能访问 Web Service，这就潜在地妨碍第一个客户端的操作。可以肯定的是，这不是一个非常好的解决方案。

栅格服务用信息平台/实例解决了以上两种问题。实际上用一个中心服务信息平台代替被所有用户共享的无边界的服务，这个服务信息平台负责管理一系列的服务实例。当一个客户端需要调用服务操作时它会通知这个实例而不是服务信息平台，当客户端需要创建（撤销）一个实例时才会与信息平台通信。

客户端与实例不是一一对应的关系。一个实例可以同时被两个客户端共享，同时一个客户端可以访问两个服务实例。这些实例都是暂时存在的，因为他们的生命期都是有限制的，当用户不再使用时，该实例将被销毁。栅格服务也可以支持永久服务，并不是所有的栅格服务都需要使用信息平台/实例。

表 2-1 给出了 Web 服务与 Grid 服务在概念上的对应关系，有利于进一步认识 Grid 服务。下面通过介绍一个具体的例子来体现栅格服务与现有的 Web 服务的区别。

表 2-1 Web 服务和 Grid 服务在概念上的对应关系

Web 服务	Grid 服务
WSDL 文档	GSR
统一资源定位器 URI	GSH
WSDL 端口类型	栅格服务接口
W3C 标准	OGSA 标准
J2EE,EJB……	信息栅格操作系统
E(Enterprise)AR/J(Java)AR/C(CORBA)归类文档	GAR(Grid Service)

在 Web 服务下，如果需要在搜索引擎上搜索信息，比如在百度上搜索虽然会得到结果，但是这些并不是想要的信息，要想进一步获得需要的信息，还要对列表上的网站进行一一访问，然后在进入的每个网页上继续搜索需要的信息。这就好像用电时候还要先指定一家发电厂一样，很不方便。栅格对现有的互联网进行了非常好地管理，它把分散在不同地理位置的资源虚拟成一个空前强大的信息系统，实现各种资源的全面共享。栅格的这种能力是通过栅格服务平台来实现的。

一方面，栅格服务平台起到综合集成栅格中各种资源的作用。这些资源包括计算机应用平台、分布式数据库、网络融合、信息基础设施等。所有的资源都以统一的标准描述其功能和访问接口，然后在栅格注册中心进行规范化登记，这样栅格注册中心就能对外提供信息服务了。分布式计算机节点间交互的信息格式和内容，也经过了很好的规范，就像大家都讲普通话一样，这样，分布式计算机节点之间就能互相理解信息的含义，自动完成信息的融合，这也就是前面所说的"互操作"的业务协同。不仅如此，栅格还有一整套集成资源的管理、错误检测和安全保障机制，确保系统能安全高效地运行。任何一台分布式计算机节点都可以到栅格注册中心自动检索所需的服务，然后把它们集成起来，形成一个满足应用需求的工作流程，面向用户提供前所未有的超级应用服务。另一方面，栅格服务平台还提供了一些支持各种类型应用的常用工具应用程序，如协同工作工具、数据管理工具和分布式仿真及人工智能深度学习工具等，这些工具让基于栅格的应用开发变得更加容易。栅格服务平台在栅格环境中的作用如图 2-10 所示，它向应用屏蔽了资源的地理位置以及资源的类型。

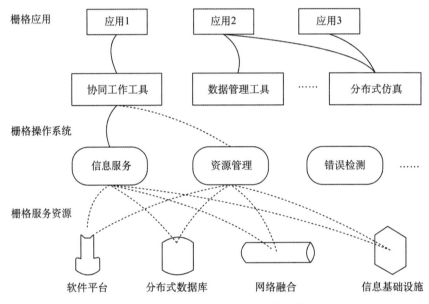

图 2-10　软件平台在栅格应用环境中的作用

栅格服务实现以后，若想获得各类应用服务等数据与信息，只需要登录栅格门户，输入指令即应用需求的内容，此时的计算机就会把需求转告给栅格服务平台，平台在接收到指令后发现这是一个应用服务（任务协同）需求，于是安排运行于栅格网上相关的分布式应用节点服务器，为需求应用服务器提供栅格服务。这个栅格服务平台会根据应用需求，自动地与各相关应用需求的分布式信息栅格节点服务器分别进行业务或任务协同，为需求筛选符合任务需求的应用服务（服务组件）。栅格服务平台还会采用端到端的通信方式，实现需求服务器与这些分布式信息节点服务器的"交谈"，查询应用需求的各相关数据与信息等，然后栅格服务平台将筛选出的所有数据与信息通过栅格网传递给所在的需求节点计算机并加以显示。需求用户不必知道栅格网背后收集和传送了多少次的数据与信息，做了多少次的业务协同的操作。栅格服务平台在 Web 服务下所要求的任务和工作都可以自动完成，这就是信息栅格服务的优势所在。

2.5 信息栅格基于 SOA 资源集成架构

信息栅格理论、知识和技术通过其框架体系结构来加以描述。实际上框架体系结构是信息栅格分别对框架、体系、结构的统称,在信息栅格框架、体系、结构三者之中,框架系指信息栅格建设的总体技术框架,即总体构架、技术路线和实施路径。由总体技术框架导出信息栅格建设的知识和建设两大逻辑与物理的支撑体系,在遵循信息栅格框架体系的指导目标、规范原则和约束条件下,制定网络互联、信息互通、数据共享、业务协同的大平台、大数据、大网络的结构构成。因此,框架是信息栅格建设理念、思路和策略的顶层之"顶",重中之"重",众策之"首"。为此我们在讨论信息栅格框架体系结构设计时,必须首先讨论信息栅格的总体技术框架。在本文中结合美军军事信息栅格(C4ISR/GIG)的框架体系结构进行信息栅格框架体系结构的研究、借鉴和应用。

2.5.1 基于 SOA 的资源集成框架的概念

信息栅格应用和发展是"军转民"最好的教科书和可借鉴的思路与策略。对于军事信息栅格的研究和学习,借鉴军事信息栅格的技术框架、体系、平台、系统的思路、策略、规划、设计、建设对应用是大有帮助、大有好处的。本文提出的信息栅格总体技术框架和美军军事信息栅格框架体系结构在原则上,特别在基于 SOA 的资源集成框架,以及资源共享策略和资源集成架构与方法的概念、思路、策略是完全一致的。

基于 SOA 的资源集成框架其基本核心内容是信息系统集成中的资源共享策略和资源共享架构与方法。资源共享策略实际上是指资源共享的接口,即定义如何将资源以一种通用接口的方式接入到一体化信息系统平台中来。资源共享接口是信息系统集成架构中的重要部分,解决了如何接入资源,但在其上层还要对这些资源提供有效的发现以及管理的机制。在资源共享接口定义的基础上,进一步提出了信息栅格信息系统集成的总的架构和实施的方法。结合美军军事信息栅格信息系统共享策略与集成架构和实施方法,对信息栅格基于 SOA 框架的行为描述、信息系统共享策略、信息系统集成架构与实施方法进行介绍和探讨。

根据军事信息栅格框架行为描述"栅格是为多个个人、组织及资源的动态集合提供灵活、安全、协同的资源共享的一种框架",军事信息系统集成实际上是该框架的一个具体实例,其中动态集合包括全军的作战单元、不同的作战组织以及不同的信息系统资源,目的则是为作战单元、作战组织提供信息资源共享的平台。

军事信息栅格框架行为描述与信息栅格框架理念、思路、策略是一致的,其目的也是为信息栅格政府、管理、民生、经济建立一个信息资源共享的公共信息一级平台。

2.5.2 基于 SOA 框架物理资源描述

根据军事信息栅格框架行为描述的最终目的是实现互联网上所有资源的共享与集成。物理资源包括网络资源、计算资源、存储资源、软件资源和监控设备与传感器资源等。所有物理资源的集合可以表示为接入军事信息栅格的各种资源的子集合。每个资源可以通过资源标示、资源描述、QoS 性能描述、资源使用权限加以定义。

军事信息栅格框架行为描述的最终目的与信息栅格框架行为目的是一致的,其目的也是为信息栅格实现互联网上所有资源的共享与集成。物理资源包括网络资源、计算资源、存储资源、软件资源和监控设备与传感器资源等。

2.5.3　基于SOA框架虚拟资源描述

虚拟资源是军事信息栅格技术描述中的核心,物理资源通过栅格核心中间件WSRF被包装成服务部署到相应的资源上,形成了所有资源类组成的整个"资源池"。之所以叫作虚拟资源,是因为其中的资源并不是真正的物理资源,而是虚拟资源到物理资源的一个映射。一般来说,一个虚拟资源对应于物理资源中的一类资源。

军事信息栅格框架行为描述中关于虚拟资源的技术描述与信息栅格框架行为描述关于共享组件和中间件层的描述是一致的,将物理资源通过共享组件和中间件被包装成服务部署到相应的资源上,形成了所有资源类组成的整个虚拟资源服务层,为上层专业信息二级平台提供标准的数据和资源的应用服务。

2.5.4　基于SOA框架有效资源描述

有效资源是军事信息栅格技术描述中对应于用户实际选择的资源。用户依据资源发现在虚拟资源层找出目前可用的虚拟资源,提供QoS协商完成由虚拟资源层到物理资源层的映射过程。用户可以通过访问机制请求某个虚拟服务的功能,也可以是多种虚拟服务的组合功能。栅格资源通过WSRF封装后可以将之抽象为虚拟服务,达到对之有效应用的目的。当用户发出请求时,以虚拟服务为基本单元,并与用户请求相匹配,在用户找到与之匹配的虚拟服务后,再以QoS为依据找到与之符合的实际资源。

信息栅格框架行为描述中关于有效资源的技术描述与信息栅格框架关于公共信息一级平台和行业级二级平台层的描述是一致的。行业级用户实际选择业务级三级平台及应用系统的服务资源时,依据资源发现通过共享组件和中间件层虚拟资源层的映射,找出与本行业用户所需的虚拟资源。通过统一接口和访问机制,请求业务级三级平台某个虚拟服务的功能,也可以是多种虚拟服务的组合功能,使之达到对应有效应用的目的。即当用户发出请求时,以虚拟服务为基本单元,并与用户请求相匹配,用户找到与之匹配的虚拟服务后,再以QoS为依据找到与之符合的实际服务资源。

2.6　信息栅格资源共享策略

2.6.1　基于SOA框架资源共享策略

信息栅格通过对物理资源、虚拟资源、有效资源统一的组织管理,减低了系统组织管理和应用的复杂性。因此,在军事信息栅格信息系统集成中,通过统一的接口将底层的信息系统物理资源进行封装,可以屏蔽底层的异构性,从根本上消除"信息孤岛"所造成的信息系统之间的互联互通互操作的困难。基于什么样的接口实现屏蔽信息系统资源的目的是基于栅格技术的信息系统集成的关键。

军事信息栅格关于信息系统共享的策略与信息栅格信息系统共享的策略是相同的。信息栅格框架体系结构的核心就是围绕网络互联、信息互通、数据共享、业务协同,最根本的就是信息系统共享的思路和策略。其基本思路和策略就是通过统一的接口将底层的信息系统（业务级三级平台及应用系统）和物理数据资源（应用级数据库）通过"共享组件和中间件层"统一进行封装，在数据层面上形成统一标准的共享经验数据（行业主题数据库）。将物理资源转换成虚拟数据的映射，完全屏蔽了底层系统的属性，对应于虚拟资源来讲也就不存在系统异构性的问题，从根本上消除了"信息孤岛"所造成的信息系统之间互联互通互操作的障碍。

2.6.2 资源的注册与发现

资源的注册及监测是资源发现的基础，其主要功能是将资源接口信息、QoS 相关信息、服务策略等注册到上层的资源发现模块之中，从而为底层应用提供一个全局的资源视图。资源注册及监测模块注册的信息是动态的信息，即能够实时地将资源动态的信息反映到上层节点，从而使得上层对底层资源的信息获取是动态的和有效的。

军事信息栅格的资源发现与注册通过层次关联注册到上层的资源发现模块之中，这种结构的优势是便于管理，容易扩展，层次越高的节点其对系统的重要性也越高。因此，框架体系结构的合理性、可靠性、可扩展性是非常重要的。

信息栅格框架体系结构的资源注册和发现，是通过信息栅格框架体系结构六层之间的统一接口，实现底层网络层、设施层、数据层与高层共享组件和中间件层、平台层、应用层之间不同层次逐步的注册和发现。其高层次的注册和发现的节点是平台层及应用层。

2.6.3 资源管理

军事信息栅格资源管理的主要功能是提供给用户服务的需求，任务提交以及进行相关配置的接口，通过该接口管理层可以满足用户的需求并提交任务到资源上运行。资源管理的关键是统一接口的确定，即规定一个统一的接口，通过这个接口能够实现对任何资源的需求、配置以及资源的调动。军事信息系统集成中必须对 QoS 提供有效的保障措施，必须基于 QoS 对资源进行控制和管理。制定 SLA 服务层协议是保证服务质量的一个有效的手段。在信息系统集成中信息系统资源针对 QoS 要有对 SLA 协议签署和保障的措施。

信息栅格框架体系结构在资源管理方面，是通过信息栅格框架体系结构六层之间的数据资源层、共享组件和中间件层、一级平台支撑系统共同协同完成。提供给用户服务的需求，任务提交以及进行相关配置的统一接口。通过统一接口可以满足用户的需求并提交任务到资源上运行。资源管理的关键是统一接口的确定，即规定一个统一的接口，通过这个接口能够实现对任何资源的需求、配置以及资源的调动。

2.6.4 数据管理

军事信息栅格的数据管理的主要功能是提供对数据进行有效访问、更新和移动的接口，通过该接口管理可以对资源进行相关的数据操作。数据管理的基本功能包括以下几点：①透明性和虚拟性，即系统隐藏底层数据资源的复杂性，提供一个简单的访问方式；②多维可扩展性，即系统支持数据类型的增加、数据量的扩大、数据源的增多以及操作方法的扩展等；③数据定位管理，即系统为了提高数据的可用性以及数据接入的效率，需要复制多个数据副本，这时需要数据定位管理；④数据接入与查询，即系统支持以一种通用的手段对虚拟化的数据进行查询、读写与更新等功能;⑤数据的一致性与持续性,即当系统中数据改变的时候,数据相应的元数据以及数据副本要与数据保持一致。数据管理的数据类型包括以下几种:①普通的数据文件,能够以普通的读写对之进行访问并且包含一些相关文件属性;②数据库数据,各种类型的异构数据库,可能的关系数据库,XML 数据库以及面向对象的数据库等;③元数据,即关于数据的数据,为了对数据进行有效的管理往往与之相对应存在着元数据;④数据服务,能产生数据的传感器设备或者程序也能作为一种数据服务发布。针对结构性的数据资源包括异构数据库和结构化数据,提供统一标准的数据访问接口,其目的为高层服务提供一个基础。目前基于 XML 的数据库的集成已经是一个成熟的技术,提高统一基于 XML 的映射方式访问异构数据库,可以对异构数据库进行集成。

信息栅格框架体系结构在数据管理方面,是通过信息栅格框架体系结构六层之间的数据层、共享层、一级平台支撑系统共同协同完成。提供数据管理的基本功能,数据的透明性和虚拟性,为底层数据资源的复杂性业务应用数据提供一个简单的访问方式;实现多层多节点和多维的可扩展性,以满足数据类型的增加、数据量的扩大、数据源的增多以及操作方法的扩展等。

2.6.5 安全管理

在军事信息系统集成中,安全管理的主要目的是保证资源节点的访问安全,主要包括以下两点:访问控制服务,用来保护各种资源不被非授权使用;通信安全服务,用来提供认证、数据保密性与完整性和各通信端的不可否认性服务。

军事信息系统安全管理主要目标是:

(1) 支持在栅格计算环境主体之间的安全通信,以防止主体假冒和数据泄密。

(2) 支持跨虚拟组织的安全,这样就不能采用集中管理的安全系统。

(3) 支持栅格计算环境中用户的单点登录,包括跨多个资源和地点的信任委托和信任的转移等。提供一系列的安全协议、安全服务、通信保密、安全 SDK 和命令程序。

(4) 安全服务认证和访问控制能够确保端到端的消息安全传递,可以穿越中介者,并透过中继点调节消息路由,使得传输的数据可以从基础传输层中独立出来;支持多种加密技术。

(5) 通过安全管理策略可以调整所需安全保护的级别以满足 QoS 的要求,要求安全管理对客户端透明,直接由各级平台提供安全性保障。

信息栅格框架体系结构在安全管理方面,是通过信息栅格框架体系结构依据各层的功能特点提供安全管理策略。根据国家关于网络与信息安全管理与控制要求,分别制定信息栅格框架体系结构全面的安全管理,保证资源节点的访问安全,提供访问控制服务,用来保护各种资源不被非授权使用。提供通信安全服务,用来提供认证、数据保密性与完整性和各通信端的不可否认性服务。

2.7 信息栅格系统集成

信息系统的共享策略,通过统一的接口将底层的信息系统资源进行封装,接入到一体化信息平台之中,实现了最基本的接入功能,一体化信息平台支持对接入的系统进行组织和管理功能。通过军事信息系统的集成架构,对信息系统资源进行接入、组织和管理。军事信息系统集成平台的主要目的是能够集成军事所有的信息系统,如 GIS 系统、气象系统、监测系统、决策指挥系统、数据分析系统。每个系统又包括很多子系统,每个子系统又包括许多不同功能的模块。

信息系统集成的资源十分复杂,真正地实现涵盖任何信息资源的一体化信息平台是一个系统的长期的任务。对于每个将要集成的信息系统,其自身要有一个规范化的管理机制,而该过程是一个复杂的过程。

信息栅格信息系统集成采用与军事信息系统共享完全相同的策略。信息栅格是一个开放性复杂巨系统,涉及政府、管理、民生、经济各行各业的方方面面。信息栅格框架体系结构将政府、管理、民生、经济各信息系统分解为城市级一级平台、行业级二级平台、底层业务级三级平台及应用系统,以及与平台结构对应的城市级大数据库、行业级主题数据库、业务级应用数据库。通过信息栅格各级平台及各级数据库统一规范的接口将底层的信息系统资源进行封装,通过各级平台和各级数据库汇集到城市级公共信息一级平台和城市级大数据库之中,实现了自下而上的信息采集和数据共享,实现最基本的接入功能。城市级公共信息一级平台和城市级大数据库具有对接入的各级平台和各级数据库进行组织和管理的功能。通过信息栅格信息系统的集成架构,对信息栅格信息系统资源进行全面地接入、组织和管理。

2.7.1 信息系统集成架构

信息系统集成架构如图 2-11 所示,该架构为不同信息系统标准的管理提供一个灵活的机制,能够有效地对资源进行组织和管理,同时提供互联互通、共享和协同机制保证其提供的 QoS,简化不同信息资源的接入,以及如何提高系统的抗毁性和可扩展性等公共问题。军事信息系统集成的架构采用层次化四层结构,即资源层、接入层、管理层和应用层,以及整个架构的安全模块。安全模块对应于每个层次都具有相应的安全要求。对于接入层而言,实

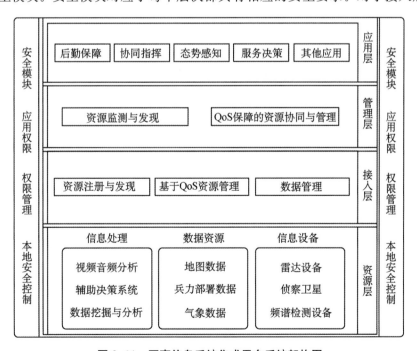

图 2-11 军事信息系统集成平台系统架构图

际对应于军事信息系统集成中信息系统共享策略中的安全管理模块,主要资源本身对资源接入进行访问控制,并且保障其通信安全。对应于管理层的安全主要是对全局的权限控制和管理,如统一身份认证(CA 认证中心)。对应于应用层的安全主要是各个应用对其用户的权限限制。

2.7.2 信息系统集成资源层

军事信息系统集成架构能够支持军事信息系统集成中的任何信息资源,为其提供一个有效的管理和发现机制。信息系统集成资源层从整体上可以分为三类:信息设备资源、信息处理资源和数据资源。

(1) 数据资源是信息化处理平台的基础。其中的数据主要是静态数据,包括地图数据、气象数据、兵力分布数据以及后勤保障数据等。各种数据的存储方式各不相同,有的数据存储于数据库之中,有的数据以文件目录进行组织。数据库可能包括 mySQL,Postgresql,Oracle 等。文件系统可能是 Fat32,NTTS,EXT2 和 EXT3 等。

(2) 信息设备资源的功能是提供基本的动态信息。但是与数据资源相比,其提供的主要是动态的实时信息。其集成的信息设备可能是雷达设备、卫星设备和频谱监测设备。这些设备自身有其控制和管理模块,接入一体化信息平台后能够以一种标准的格式提供数据流服务。

(3) 信息处理资源实际上是对上述的数据资源和信息设备资源产生的数据进行分析和处理。其从本质上来说是数据密集型计算,这些资源能够提供接口调用数据的分析和处理的能力。

信息栅格信息系统集成架构融入信息栅格总体技术框架中,如图 2-11 所示。对应军事信息系统集成架构的资源层,信息栅格资源层分别由网络层、设施层、数据资源层构成。网络层实现互联网、政务外网、视频专网、物联网、无线网的互联。设施层实现信息与数据的互联、汇集、分类、清洗、抽取。数据资源层实现多级分时数据、实时数据、多媒体数据,涵盖政府管理、行政管理、民生服务、经济企业的各个领域、各行业、各业务的数据集合,涉及政府行政数据、城市管理数据、民生服务数据、企业经济数据。从政府行政管理数据共享的角度,涉及政府管理与政务、城市监控与管理、社会民生服务、公共服务、商业服务、企业经济等信息与数据,以及保证城市常态和非常态(应急)下运行的基本数据挖掘、分析、汇集、共享、交换的功能。

2.7.3 信息系统集成接入层

军事信息系统集成架构接入层的主要目的是在资源层的资源上部署通用的服务,将底层信息的信息系统资源进行封装,可以屏蔽底层资源的异构性,从根本上消除信息孤岛造成的信息系统的互联互通互操作的问题。对于资源层中的数据资源,可以通过共享策略中数据管理服务对其进行封装和组织管理。对于信息设备资源以及信息处理资源,则可以通过资源管理服务来封装,由于不同功能的资源其接口的调用也各不相同,可以通过资源注册与发现服务将本地资源的调用接口以及服务质量相关信息注册到上层的资源发现模块之中,以便用户发现和调用。

信息栅格信息系统集成架构对应军事信息系统集成架构的接入层,信息栅格接入层主要由共享组件与中间件层构成。共享组件与中间件层起到数据资源层与专业平台应用层之间信息与数据标准化封装的作用,以满足各专业平台应用层的信息与数据的调用和组织管理。共享组件与中间层可以采用统一开发的方式,并根据城市级公共信息一级平台与行业级二级平台、业务级三级平台互联互通和数据共享交换的要求,将统一开发的共享组件与中间件部署在各专业平台接入层中。

共享组件及中间件层(虚拟服务层)主要由两个层次构成,包括支撑共享组件层和基于SOA架构基础中间件层。支撑组件由七个部分组成:数据交换组件、统一认证组件、门户组件、报表组件、系统管理组件、资源管理组件和分析(OLAP)展现组件。基于SOA架构基础中间件包括MOM、J2EE、LDAP、PORTAL等基础运行环境。

2.7.4 信息系统集成管理层

军事信息系统集成架构管理层用于对底层的各种资源进行管理与分类,提供透明的访问资源和有效的发现资源,主要包括以下两个模块:

(1)资源监视与发现。该模块采用一种灵活的、可扩展的以及抗摧毁的架构支持对服务元数据进行分类管理,对服务的描述进行标准化;能够根据用户请求将其与目前系统中的资源相匹配,支持多种匹配能力,包括功能匹配和基于QoS的服务协同的匹配等功能,匹配后将用户映射到具体的资源上去;同时能够提供面向客户端的语言规范,使得用户能够方便地进行调用和查询。

(2)QoS保障的资源协同与管理。该模块能够有效地支持客户端和资源提供者的服务质量的协同;基于SLA对QoS进行保障,能够提供协同、签署和动态部署SLA合同的功能,能够根据用户的请求,协同多个资源来满足用户的要求;该模块还提供用户的语言规范,以方便用户调用该模块完成复杂任务。

信息栅格信息系统集成架构对应军事信息系统集成架构的管理层,信息栅格管理层功能主要由共享组件与中间件层来完成。实现对底层的各种资源的管理与分类,以及资源监视与发现和QoS保障的资源协同与管理的功能。考虑到军事信息系统集成架构中的接入层和管理层都属于信息系统集成的共性功能,同时也考虑到信息栅格是一个矩阵型多平台和多数据库的框架体系结构,因此将共性组件和中间件作为一个共性软件包进行统一开发、统一部署、统一应用,可以大大降低重复开发和重复部署的费用和成本。

2.7.5 信息系统集成应用层

军事信息系统集成架构应用层是针对各种不同的情况开发的具体应用,它需要提供应用及集成中间件、具体应用及用户接口。应用是直接面向指挥员提供服务。由于底层的基础平台将资源提供的功能进行了封装,因此对于应用的开发只需要关注应用本身的逻辑功能,对于应用本身所需的底层服务,可以直接通过底层基础设施提供的接口获取,这样在很大程度上避免了重复开发底层的资源浪费。

信息栅格信息系统集成架构对应军事信息系统集成架构的应用层而言,信息栅格应用层由平台层(城市级一级平台、行业级二级平台)和应用展现层构成,其实现功能与军事信息系统集成架构中应用层功能完全一致。信息栅格应用层与军事信息系统集成应用层功能的不同点是将应用和中间件进行了分离,使得应用专注于任务和功能,而将中间件部署在虚拟层（共享组件和中间件层），以便于统一信息与服务的虚拟封装，以及共性软件程序的统一开发和调用。信息栅格应用层是直接面向城市的各级管理者（市长、区县领导等）提供信息与服务。底层的业务级三级平台和其应用系统功能已经通过虚拟层进行了标准化的封装，因此对于行业级专业平台的开发只需要关注其行业级管理和服务的逻辑功能就好。对于各行业底层的业务应用本身所需的底层服务，可以直接通过底层业务级三级平台和其应用系统基础设施提供的互联互通接口获取，这样在很大程度上避免了重复开发底层的资源浪费。

2.7.6 信息栅格系统集成即插即用

资源管理是信息栅格系统集成平台的管理层中的核心组件，其功能是对信息系统平台中的信息系统进行统一调度和管理。在接入层，通过对军事信息系统进行封装提供了统一提交作业的接口，而对这些接入的系统需要通过管理层进行调度和管理，特别对于一些大型应用需要协调多个信息系统协同完成，这就需要通过管理层的资源管理系统将任务有效地分配到合理的信息系统上运行。

1. 资源监测与发现

信息系统集成中封装的信息系统资源都有大量的元数据信息，这些元数据描述了信息系统资源如何调用、功能如何、使用策略以及能够提供的服务质量（QoS）等。如何对这些信息进行有效的组织和管理是服务调用的基础，该功能通过军事信息系统的资源发现来实现。军事信息系统集成中的资源发现与一般系统的信息服务不同，除了具有发布和获取信息这一基本功能之外，还需要保证信息是当前可用的，信息系统的动态退出和动态加入需要通过信息服务器来管理。资源发现是军事信息系统集成中管理层的核心组件。

信息系统集成中信息系统以资源的形式对之进行封装，对这些信息系统资源进行调用需要得到该资源的服务策略、服务接口等元数据信息。因此，需要对信息系统资源的这些元数据信息进行收集和组织，并支持用户查询。信息栅格服务大部分将服务的注册发现与资源及服务的监测管理相结合。虽然目前已经有这些信息服务技术，但仍然存在着如下的问题需要解决。

（1）信息一致性问题。为了提高用户发现资源的效率以及尽量减少通信负载，一般资源发现服务都具有有效期管理机制，当有效期值较小时，会频繁地发送信息至信息服务器，使得资源发现相关信息的准确性得到保证，但是其负载必然会增加。当有效期值较大时，信息服务器内的信息就比较陈旧，使得信息的有效性不能够得到保证，特别是一些分层的监测系统（比如 MDS）在较高层次信息的有效性会变得更差。

（2）扩展性的问题。当注册信息的资源数目增大到某个限度时，所有的资源都会实时地更新其元数据信息，这使得资源管理组件的负载会急剧增大。因此需要一种机制，能够灵活地提高系统的服务能力，使系统具有可扩展性。

（3）元数据组织的问题。在计算栅格向服务栅格过渡的过程中，目前这些信息服务系统的元数据的内容类似于大部分还属于计算栅格的信息服务系统，主要用于表示计算资源信息，而对于更普遍的服务信息还不能够提供一种灵活的可扩展的机制。

目前栅格事实标准，基于其资源发现组件 MDS 提出军事信息系统集成中资源发现的体系结构。MDS 是一组 Web 服务，用来监视和发现栅格中的可用资源和服务。MDS 包括如下特点：访问有关系统组件的静态和动态信息；统一灵活地访问信息，访问多个信息源；异构动态环境中进行配置和调整的基础；分散维护。但是 MDS 本身采取的是分层的结构。

资源聚集节点可以将本地的信息聚集到更高层次的聚集节点上去，从而形成层次化的信息组织结构。但在军事信息系统集成中，通过该结构收集信息存在着如下的缺点：

（1）信息有效性问题。由于整个资源信息以层次结构形式进行组织，当资源节点的个数较多的时候，层次也会相应地较多。这样层次较高的聚集节点的信息必然反映的是较旧的资源信息情况，这很难适应动态变化的网络环境下的需求。

（2）节点瓶颈问题。层次分层的结构必然会导致高层节点的信息处理量远远大于底层节点，高层节点的处理能力便会形成整个系统性能好坏的瓶颈。

（3）抗摧毁性问题。采取层次结构的信息组织方式，高层节点的重要程度明显高于底层节点，所以当某一信息聚集节点出现故障，其底层资源的信息就无法被其他资源节点发现。

2. 信息系统集成资源发现架构

虽然存在上述问题，但采取这种层次结构来组织信息对于信息的组织和信息的收集必然存在许多便利之处。基于上述考虑，本文提出一种新的军事信息系统集成的资源信息组织架构，该架构将 P2P 技术与目前栅格的资源监测技术相结合，在集成了目前栅格资源发现技术的优点的同时，有效地克服了其存在的问题。

上述架构中，不同的组织域分别通过一个组织节点来收集域内其他节点的信息，当服务节点数较多的时候，也可以通过多层结构进行各个不同组织域之间的相互访问。如果某一组织域的节点需要访问其他组织域的节点信息时，需要通过访问基于 P2P 的全局信息服务来获取。因为每个组织域的组织节点将本域内的公开信息注册到全局信息服务之中并定期更新。全局信息服务则维护所有元数据信息，由于其是基于 P2P 的结构，因而不存在系统瓶颈，并提高了系统的可扩展性、可靠性及抗摧毁性。并且，这种分层与 P2P 查询相结合的方式可以方便对组织域进行权限管理。当某客户端需要通过资源发现服务搜索相应的元数据信息时，先从本虚拟组织搜索相关信息，如果没有则直接通过全局信息服务的任何节点服务器来搜索。上述架构可以看出其具有如下特点：

（1）以不同的组织域对资源元数据进行管理，这样符合信息系统集成中的安全性要求，而且有效地减小了网络数据流量。

（2）顶层基于 P2P 的架构提供全局信息服务，这样能够有效地消除系统瓶颈，同时提高系统的可扩展性和抗摧毁性。

（3）能够从某种程度上提高信息的一致性，首先以组织域为单位减小了组织内的元数据量，从而使分层量大大减小；其次上层基于 P2P 的结构组织减小了整个系统的层次结构，提高了信息的有效性。

（4）方便元数据的组织，各个组织域首先可以组织其内部元数据，然后统一汇到全局，这样有效地减小了全局信息服务的负担。

3. 信息栅格资源监测与发现机制

资源监测与发现在栅格研究中具有重要意义，从某种角度上来讲，栅格系统的信息服务还包括资源管理的功能。而在动态多变的战场环境中，要求实时发现目前可用的资源，监测资源目前的状态，最终形成统一的资源视图，而且为适应战场环境，对系统的可靠性、抗摧毁性及可扩展性都有严格的要求。信息栅格的这种集中式的资源发现系统很难满足复杂环境的要求，需要一种更加灵活的架构对其进行扩展。

信息栅格资源的发现与监测是栅格系统的核心功能之一。基于 Web Service 技术实现了信息服务组件——监控和发现是一组 Web 服务,用来监视和发现栅格中的可用资源和服务。资源发现的过程就是发现系统中目前可用的资源,从而能够进一步确定哪些信息栅格资源最适合完成某个任务的过程,要求时间最短,利用资源的效率最高。MDS 包括如下特点:访问有关系统组件的静态和动态信息;统一灵活地访问信息;访问多个信息源;异构动态环境中进行配置和调整的基础;分散维护。通过 MDS 提供的有关资源的信息,可以制定智能的调度决策,最好且最有效地利用可用资源。MDS 同时可以监视资源,在状态发生变化时通知感兴趣的团体,并根据预先定义的条件采取行动。

MDS 可以通过两种服务对信息进行收集监视。第一种是索引服务,此服务是主动收集资源信息。MDS 的工作方式与注册表非常相似。它搜集信息,然后将其作为资源属性发布。它通过一个 Web 服务接口将所搜集的信息提供给客户机。客户机可以向 MDS 查询信息,或者订阅所感兴趣的资源属性,即表明如果这些属性的值发生了变化,它们将及时地得到通知。这些信息代表了资源属性的配置和状态。第二种与触发服务类似,都要从资源中搜集数据,但是它同时还要对所搜集的数据进行监视,这样就可以在数据到达某个极限值时执行某些预定的操作,其配置就是订阅某些属性,并指定当某个属性值达到某个预定的极限值时应该采取什么操作。

但基于 MDS 建立的栅格资源监测与发现功能是通过一个集中的信息服务器充当资源发现代理来解决的。虚拟组织通过资源注册接口向服务器注册资源信息,用户通过其发布的查询接口进行资源信息查询。但随着栅格技术的发展和动态虚拟组织的出现,对资源发现系统的扩展性、健壮性、可靠性及容错性的要求越来越高。特别是在复杂环境下,各种资源错综复杂,对系统的可扩展性及可修复性要求更高,这种集中式的资源发现系统越来越不能满足栅格发展的需求,因此需要一种新的体系结构。

4. 信息栅格基于 P2P 的资源检索

P2P 是近些年出现的一种新的分布式体系结构,该结构通过灵活加入新的节点从而有效地提高系统的性能,具有很好的扩展性、抗毁性及可靠性,克服了集中式系统对中心服务器的依赖。通常 P2P 系统主要是针对静态的资源,本书提出基于 P2P 架构模型来构建信息系统集成中动态的资源监测与发现方法。

在信息系统集成环境中,资源的动态发现对于 P2P 系统来说是一个极大的挑战。首先,资源的动态属性的变化导致的数据在 P2P 节点间的移动使得资源管理和维护的代价增加;其次,资源查找一般是多维范围查询。虽然目前 P2P 领域出现了一些多维检索技术,但是这些成熟 P2P 系统对这种多属性范围动态查询并不能给予很好的支持。

以下首先对目前 P2P 领域的多维检索技术进行概述,然后提出了一种新的适用于信息系统集成的 P2P 多维属性搜索算法,该算法能够适用于军事动态环境中信息系统资源的发现与监测。

高维数据索引"非常多的领域具有很大的应用价值,一直是数据库领域研究的热点。特别是在数据挖掘、多维体领域及分子生物学领域中,一个共同的关键问题为相似性检索,即在对象集中查找与某个给定对象"相似"的对象。而高维索引技术则是解决相似性检索的关键。原理是可以用高维空间的点(或特征矢量)表示特征相似性,特征矢量之间的接近程度反映了对象内容的相似度大小,因此内容检索的主要问题转化为空间中多维数据点的快速索引问题。但随着数据库中数据量的增大,对系统的扩展性、健壮性、可靠性及容错性的要求越来越高。这种集中式的多维数据管理系统越来越不能满足发展的需求,因此需要一种新的体系——完全分布的P2P系统,根据不同的拓扑结构可以分为结构化/非结构化拓扑结构对之进行实现。其中,非结构化拓扑网络采用类似泛洪的盲目搜索机制,虽然可以支持灵活的查询,支持多维查询,但搜索的效率和可扩展性都较低。特别是准确性和可扩展性是非结构化网络面临的两个重要问题。信息系统集成环境下对可靠性及有效性要求都很高,所以本书主要针对结构化对等网络研究其对多维数据的索引。

结构化P2P系统具有很强的自修复性,当节点或者网络出现故障时,系统具有很强的健壮性和可靠性。所以基于P2P模型来架构栅格环境中的资源管理系统能够有效地克服集中式系统中存在的问题。但是基于P2P模型对多维数据进行索引是一种挑战,这是因为传统的基于分布式哈希函数构建P2P模型,不但打乱了数据的顺序性,而且主要是针对一维的数据情况。如何使得P2P系统支持多维数据搜索是目前研究的热点。通过将数据库领域的高维索引技术与P2P索引相结合的思路,可以提高数据库搜索的有效性。许多数据库领域普遍采用一种多维数据索引结构,并且出现了许多改进的结构,这些结构采用限制框或者限制球的结构进行索引。它们能支持多维的点查询、区间查询及最近邻查询等。它们的主要问题是这种结构的限制框会发生重叠,因此当维度增加的时候会导致性能的降低。近些年出现了新的多维数据的索引技术。这些技术一个共同的趋势是利用一维数据对多维数据进行检索,这样能够方便地与P2P技术相结合,实现基于P2P的多维检索技术。

2.7.7 信息栅格系统集成特点

信息栅格基于SOA的资源集成架构融于信息栅格框架体系结构之中。信息栅格基于SOA的资源集成架构借鉴了军事信息系统框架体系结构(C4ISR+GIG),并创新地将军事信息系统集成四层架构提升为六层结构,以满足信息栅格框架体系结构属矩阵型多平台多数据库和多重应用的开放性复杂巨系统规划设计的需求。特别注重信息栅格整个框架体系结构设计中的网络互联、信息互通、数据共性、业务协同,同时强调了统一规划、统一标准、统一开发、统一部署、统一应用的原则,将消除"信息孤岛"和避免重复建设作为信息栅格项目实施的根本要求。

信息栅格基于SOA的资源集成具有以下特点:

(1) 采用分层结构模式:信息栅格资源集成架构采用分层集成的模式,从满足整体需求出发,根据系统建设的设计原则和技术路线,采用SOA面向应用、面向服务、面向数据的系统架构设计方法作指导,重点是共享组件与中间层和平台层的设计创新。协同集成架构将以系统业务服务为核心,形成信息栅格系统集成架构中各层级之间的信息互联互通、数据共享交换、业务功能协同。

(2) 统一框架结构易于扩展和部署:信息栅格资源集成架构采用统一组件结构,简化了应用服务的结构,避免了因为存在不同异构的应用服务可能引起的不易集成的可能性。采用统一的组件结构封装底层的应用服务便于将来增加新的应用。采用统一开发的标准接口,便于高层应用服务通过标准接口调用底层应用服务,降低重复开发成本,保证新应用的兼容性和集成性。

（3）统一大数据易于利用：信息栅格资源集成架构基于城市级公共信息一级平台和城市级大数据库，以及行业级二级平台及主题数据库的分布式集成模式，为相关决策提供一体化的信息与数据的支撑，满足信息栅格全面社会管理和民生公共服务的需求。

以上提出的信息栅格信息系统集成及信息平台结构与数据库结构，只是资源接入和组织管理的一个框架，而真正地实现信息一体化平台和大数据库是一个系统工程，还有很长的路要走，需要多个集成商、组织和研究机构的共同努力来完成。

第 3 章 军事信息栅格系统工程

3.1 信息栅格在军事领域的应用

3.1.1 军事信息栅格在信息化战争中的重要作用

自海湾战争以来,一场比一场信息化程度更高的战争陆续被搬上了人类历史的舞台,反复诠释着信息制胜的道理。随之,以信息化为核心的新军事变革浪潮席卷全球,夺取信息优势成为各国军队竞相追求的目标。然而,如何才能实现军队的信息化,如何才能夺取信息优势,如何才能实现信息制胜的目标,却没有现成的答案。即使是作为新军事变革"领头羊"的美军,也在信息化的道路上走过许多弯路。20 世纪 90 年代中期,第三代互联网技术——栅格(Grid)的出现,为世人提供了建设信息系统的新视角、新理念和新技术。栅格技术就像是专为建设一体化信息系统而生的一样,其目标是要将互联网上的所有资源动态集成起来,形成一个有机整体,"在动态变化的多个组织间共享资源和协同解决问题"。正因为栅格技术这种先进理念与一体化联合作战的思想不谋而合,所以一经出现就引起了一些军事家的注意,他们纷纷将目光投向栅格技术的军事应用。1999 年,美军正式提出了建设全球信息栅格(GIG)的设想,并迅速转入实施阶段,计划用全球信息栅格将美军甚至其盟军的军事力量融为一个有机整体,实现网络中心战的设想并拉大与其他国家军队的"时代差"。

不同的作战方式和战争形态对信息系统有不同的要求。随着机械化战争向信息化战争的迅速转变,信息已成为作战行动的主导性要素,影响着战争的进程和结局。而伴随工业时代成长发展起来的适用于机械化战争的传统信息系统,已越来越不适应信息化战争的新要求,甚至成为制约其效能发挥的瓶颈。因此,寻找一种新的手段,研制新型一体化信息系统来融合各种资源,已成为军队信息化建设的当务之急。

1. 现代战争离不开信息系统的支撑

人类战争形态在经历了冷兵器战争、热兵器战争、机械化战争之后,正在迅速进入信息化战争阶段。纵观整个战争历史的演变过程不难发现,每一次战争形态的变迁无不留有当时科学技术发展水平的深深烙印。在农耕时代,由于社会生产力低下,军队的武器主要是大刀、长矛,军队的机动主要依靠人力、畜力,作战的样式多以步兵、骑兵、车兵直接对阵为主,通过冲击格斗来决定胜负。在那个时代,信息获取主要通过耳闻目睹来实现,信息的传递主要通过言语、文书、金鼓、号角、旌旗、信鸽、烽火、驿站等来实现,信息的处理则主要依靠统帅和谋士的脑力来完成。这些利用信息的手段虽然非常原始,但也基本能保障当时军队功能的正常发挥。随着工业时代的来临,在能量驱动下的汽车、坦克、飞机、军舰和潜艇等使部队获得了前所未有的机动能力和作战能力,军队数量和兵种不断增加,战争规模日趋扩大,作战样式、战斗编组和后勤保障等越来越复杂,原始的信息手段已经无法保障军队的正常运转。幸运的是,这时人类获取、传递和处理信息的能力已经有了较大进步。雷达、声呐等成了军队的"千里眼",电台、电话等成了军队的"顺风耳",电子计算机则延伸了人脑的功能,成为处理军事信息的重要工具。于是,从20世纪50年代初期开始,美国和苏联等国开始着手研制各种信息系统,逐步将指挥、控制、通信和情报这四个基本要素紧密地联成一体,使军队指挥进入人机结合的半自动化阶段。

20世纪后期,随着科学技术特别是信息技术的飞速发展,人类战争开始逐步进入信息化战争形态,原来作为配属要素的信息越来越成为决定战争胜负的主导性要素,信息系统也成为保障战争机器正常运转的重要设施。一方面,战争形态的变化离不开信息系统的支撑。在信息化战争中,作战空间从原来的局部空间发展成为陆、海、空、天、电一体的全维空间;作战方式从平面、线式作战发展为全纵深和全空域的立体作战;作战形式从以兵力、火力为主的攻防作战发展为情报战、电子战、心理战、空袭战、导弹战,甚至核战等多种手段综合运用;作战编成由原来的树状静态配置,发展成为扁平化动态配置。由于作战的突然性增大,军队机动迅速,战局转换频繁,仅靠传统的组织形式和指挥手段已难以完成任务,必须依靠信息系统的全面支持,指战员才能做到快速反应、准确判断、果断决策、精准实施。另一方面信息技术的迅猛发展又为建设功能齐备的信息系统提供了物质基础。星联网、侦察卫星、气象卫星、导弹预警卫星、航天侦察、红外遥感、热成像、雷达探测、技术侦听、夜视等技术,构成了全方位信息获取体系,使战场空间变得空前透明;卫星、光纤、电缆、短波、超短波、架空明线、微波接力、散射、流星余迹、大气激光、空间激光等多种传输手段,以及电路交换、分组交换和异步转移模式等多种信息交换技术,构成了战场上多样化、高速度的信息传递体系;同时,各种电子计算机软硬件系统、云计算、物联网、大数据、人工智能还可以对信息进行自动综合、转换、加工、存储、智能分析和可视化展现。

1991年爆发的海湾战争吹响了信息化战争的号角。信息化武器装备在多国部队一方得到了广泛的使用,除了信息化的作战平台和信息化的弹药外,还使用了上百套C3系统。美联合参谋部通信电子部J.S.卡西蒂中将说:"各军兵种90天内投入海湾地区的电子通信设备超过了美国40年内投入欧洲的设备。"信息优势为多国部队迅速取胜奠定了基础。同年,美国在原来C3系统的基础上加了一个"C",扩展为C4ISR系统。这个"C"代表计算机(Computer),强调了计算机在作战指挥过程中的地位。在后续的科索沃战争、阿富汗战争、伊拉克战争中,不仅作战平台信息化程度越来越高,信息化弹药使用比例越来越高,信息系统的一体化程度越来越高,心理战、情报战、电子战、网络战、媒体战等多种信息作战手段使用得更加频繁。这充分表明了信息及信息系统在现代战争中的重要性,表明了围绕信息进行斗争的激烈性。夺取信息优势已成为现代战争的制高点,成为合成军队首要作战任务,谁掌握了信息优势,谁就拥有更大的把握赢得战争。

2. 一体化军事信息系统集成的重要性

在海湾战争及之后的几场高技术局部战争中,美军各种CI系统曾发挥了巨大的作用,但同时也暴露出了"烟囱林立"的问题。"烟囱"指的是信息系统纵向畅通、横向隔绝的现象。在"烟囱式"系统内部,信息处理是高速、高效的,但在"烟囱式"系统之间,信息的传递就变得低速、低效,甚至根本就无法连通。"烟囱式"系统带来了战争机器的低效运作。海湾战争中,由于信息系统之间无法直接联通,空军不能把轰炸目标清单直接传送给在红海和波斯湾军舰上的海军飞机,只得通过人工中转;由于缺乏信息融合的手段,美军往往需要花上3天时间用人工分析信息,然后才能发射一枚"战斧"巡航导弹打击伊军目标;由于传感器与打击武器分别属于不同的 CI 系统控制,经常是发现了目标却无法立即调动打击武器,只能让目标伊军从眼皮底下溜走。在世界各国军队中,目前"烟囱式"系统的存在几乎是不可避免,因为军事信息系统和各种武器装备都处在不同的阶段,是根据不同的需求、由不同的部门逐步发展起来的,因而出现缺乏统一规划、独立运行的局面。"烟囱"造成了服务器类型、网络结构、程序设计语言、文电格式、数据交换与信息传递方式的标准不统一,致使各军兵种的网络系统互联互通困难,难以适应联合作战的要求。在美军历史上,"烟囱"问题一直是挥之不去的阴影。例如,越战时,由于美空军装备 UHF 电台,美陆军装备 VHF 电台,执行近程火力支援的美空军飞行员无法直接与地面部队联络;1983 年美国入侵格林纳达时,因设备、编码、密钥、程序存在很大不同,使得美陆军、空军、海军陆战队通信不畅导致空军误伤地面部队等。

  海湾战争后,美军深感必须结束信息系统独立运行的局面,开始了一系列建设一体化信息系统的努力。1992 年 6 月,美国参谋长联席会议(以下简称参联会)颁发了名为"勇士 CI"的计划,提出了全新的建设全局性信息系统的构想。"勇士 CI"计划要求在世界任何地方的美国作战部队,都可以在任何时间从任何级别的 CI 系统或信息融合中心获取所需作战数据。"勇士 CI"计划要求各军兵种的 CI 系统建设都必须严格按照制定的技术体系结构标准来实施,以实现陆、海、空三军最大限度地互通和系统综合。为此,美国各军兵种基于"勇士 CI"的规划,建立了各自的体系架构,即美陆军"企业计划"、美海军"哥白尼"计划、美空军"地平线"计划。

  1993 年 1 月,美国批准了国防信息基础设施(DII)的建设计划,要求统一建设国防信息系统网(DISN)和全球指挥控制系统(CCS)。建设国防信息基础设施的目标是对范围内的各个独立的信息管理系统进行综合,从而革新范围内的信息交换方式,加强有效应用计算机、通信以及信息的能力,有效减轻作战参谋人员和专业参谋人员在信息技术方面的负担,使他们能以最低限度的通信和计算机技术知识实现在全世界范围访问、共享和交换信息。美军希望通过国防信息基础设施向用户无障碍地提供安全的信息,从而支持他们做出决策和完成任务,确保适当的机构能够在适当的时机统筹适当的资源、采取适当的行动。

  1995 年,美国提出了一体化 C4I 联合作战信息平台(指挥、控制、通信、计算机、情报)的概念,并成立了由参联会主席领导的一体化系统建设协调组,设立了一体化 CI 系统综合工作组。1997 年,监视(Surveillance)和侦察(Reconnaissance)功能也被纳入一体化 C4I 系统中,统称为 C4ISR。美国希望借助 C4ISR 来打破"烟囱"的屏障,基本实现不同信息系统的互联、互通,确保信息获取、处理、传输、存储和使用的时效性,使作战人员在任何时间、任何地点都能够准确掌握实时的战场态势。C4ISR 是整个军队的"神经和大脑",它把战场上的各个作战单元充分联系在一起,通过指挥、控制和协调发挥出整体效能。需要说明的是,一体化的 C4ISR 是一个努力目标,是一个不断发展的概念,其最终实现还需要经过多年的努力。到了 2001 年,美军又在 C4ISR 中加了一个新要素——杀伤(Kill),变成 C4KISR,希望将 C4ISR 系统中的各要素与武器系统的杀伤过程更紧密地结合,最终达到将各种传感器、指挥控制系统与武器系统连接成为一个有机整体的目标。

3. 现有军事信息基础设施存在的问题分析

  虽然世界各国为建立一体化的信息基础设施付出了巨大的努力,但由于缺乏强有力的技术支撑,目前的信息系统还存在许多问题,无法完全满足信息化战争的需求,最突出的问题是无法实现任意作战单元之间的广泛互联、互通、互操作。所谓互联,是指物理上连通;所谓互通,是指通信双方能够按照约定的格式传输信息;所谓互操作,是指通信双方的计算机能够理解对方的含义,并自动完成相应的操作。20 世纪 90 年代后期,美军通过总结波黑战争和科索沃战争的经验认识到,经过几年对一体化 C4ISR 系统的探索,虽然在互联、互通、互操作方面有一定进展,但离未来联合作战的要求还有很大差距,通信带宽不足,多军兵种信息共享能力差,难以实现信息的融合与综合集成,这些都不能满足未来战争从"以武器平台为中心"向"以网络为中心"转变的要求。

从互联角度看,现有通信设施的带宽严重不足。美国国防科学委员会特别工作组对几次重大军事行动中的通信需求进行了调查,并测算到 2010 年,如要同时打两场大规模的地区战争,美军所需的峰值通信容量约为 35 G bit/s,几乎是 1997 年美军在波黑战争所用容量的 20 倍。尽管这是一个保守的估算,但已大大超过现有的和未来 10 年内计划中的通信总量。今天,一架无人机发回图像所用带宽就是美军在"沙漠风暴"行动中所用总带宽的 3 倍。

从互通角度看,现有各种信息系统的信息格式互不兼容,信息存储缺乏统一的索引和管理,搜索和检索受到数据标准不统一的阻碍,寻找和访问特殊信息既耗时间又不准确。由于缺乏准确的信息表示和检索手段,查询得到的信息量肯定是过量的,需要用户花费时间从大量不相关或重复的数据中去挑选,同时传输这些过量的数据也不必要地耗费了网络的带宽。由于系统无法自动确定哪些信息是指战员需要的,只好把所有相关信息都转发给他们。面对如此众多的信息,指挥员往往茫然无措。美军发现现有的国防信息系统网不能满足未来作战对通信服务质量、带宽可用性和传输优先权管理的许多要求。在军事网络上传输的信息有的非常紧急,需要信息接收者立即响应、采取打击或防御行动,如导弹预警信息;而有的信息对时间不敏感,有效期可以是几小时甚至几天,如地形数据。如果网络没有对不同类别的信息加以区分,会造成非紧急信息抢占紧急信息带宽的情形,贻误战机。

从互操作角度看,由于信息的语义未被统一定义,大量的功能无法让机器自动完成而需要人工参与,严重影响了系统的工作效率和军队的快速反应能力。

传统军事信息基础在信息互联、互通、互操作方面存在的主要问题体现如下:

(1) 体现在信息采集方面:因为没有互操作能力,来自传感器网、计算机网和作战平台网的信息不能自动融合相互理解,导致显示屏上的可视化信息不是一目了然,延长了决策时间。

(2) 体现在信息传输方面:因为通信网络缺乏在多种通信手段中进行自适应调整的能力,网络的抗毁性低,通信质量难以得到保障。

(3) 体现在信息处理方面:计算机之间因为缺乏互操作能力而不能协同工作,不能把计算任务分解成若干小任务由多台分布式计算机共同完成,其结果是有些计算机非常繁忙,而有些计算机却非常空闲。

(4) 体现在信息存储方面:因为缺乏互操作能力而不能把海量数据分解到许多台计算机上进行分布式存储,造成资源的浪费。

(5) 体现在信息使用方面:现有信息的表示大多是"人机交互"型的文字或多媒体信息,只能由人工阅读理解,不能够由计算机根据信息的含义自动完成操作,降低了决策效率。

(6) 体现在信息安全方面:当前的信息系统缺乏多层次的安全策略,对于外界的攻击缺乏自适应调整能力,不能对全范围内的信息威胁进行有效保护,信息泄露的风险比较大,同时降低了信息系统的可用性。

3.1.2 军事信息资源总体架构

多年来,世界各国军事强国尤其是美国通过建立高效的管理机制,及时总结经验教训,不断深化军事信息资源架构体系结构技术理论的研究,大力推广军事信息化架构体系结构设计方法的应用,使得架构体系结构设计方法更加科学和完善,通过实战逐渐成熟和系统化,开发工具更加实用和高效,军事信息资源架构体系结构的设计效率和水平不断提高。

现代战争的特点是网络化、信息化、数据化、自动化、智能化、集成化科技的综合应用。面对信息化战场并赢得战争的胜利,必须建立一体化的信息化联合作战指挥体系。信息化联合作战指挥作战体系分别有中央(国防部)级信息化作战指挥与展现一级平台、战区(兵团)信息化联合作战通信集成二级平台、战场(作战单元)武器协同控制与互操作三级平台,实现"网络互联、信息互通、数据共享、武器协同",在未来信息化战争中争取主动和先机,进而赢得战场的胜利。美军信息化军队应用于实战的C4ISR(指挥、控制、通信、计算机与情报、监视、侦察)一体化信息化联合作战指挥平台是信息化应用于联合作战指挥的一个成功案例。

军事信息资源总体架构,是指军事技术和信息系统的组成的架构、体系、结构及相互之间的关系,是指导军事系统规划与设计和发展的原则。军事信息资源总体架构是用于规范架构体系结构设计的指南,是规范化描述架构体系结构的方法。美军的"军事信息资源总体架构"规定采用作战、系统和技术三种视图的方法,即通过格式化的图形和文本把作战需求(任务)、系统构成和技术标准完整清晰地描述出来,这些图形和文本叫作体系结构产品,每种视图又由若干个产品构成。军事信息栅格架构体系结构技术是用于开发体系结构产品和设计工具、知识库及相关参考资料和用于验证评估体系结构产品技术的总称。

美军联合作战平台信息资源架构(C4ISR)具有以下特点:

(1) 网络融合:网络融合是信息化联合作战指挥体系的重要支撑,其建设的目标就是要实现天(无线)、地(有线)、空(卫星)一体化,即互联网、作战信息专网(包括无线通信专网、有线通信专网)、集群通信网、武器协同控制网、卫星通信及监测网,通过信息化联合作战通信集成二级平台,实现天地空网络之间互联互通和通信设施之间的无缝连接。

(2) 信息交互:在现代信息化战场上,信息瞬息万变,情报、监视、侦察的信息采集、交互、综合、分析、共享、统一身份认证、GIS地图标绘、可视化展现等是实现各军兵种之间,集团作战组织中军、师、旅、团之间联合协同作战指挥的基础平台。中央(国防部)级信息化作战指挥一级平台通过采用系统集成、信息集成、软件集成、应用集成等现代信息化的整体应用方能实现。

(3) 武器协同:在现代信息化战场,充分共享武器和作战设施资源,即武器协同是现代信息化作战的重要手段,是现代信息化、网络化、数据化、自动化、智能化、集成化技术的综合应用。美军信息化军队未来作战的战略就是以单兵、无人控制火器、无人移动作战单元、多武器协同为信息化战场作战体系。信息化战场以单兵信息化头盔为单兵作战平台,通过信息化战场武器协同控制三级平台的支撑,实现战场端到端的信息共享、战场实时通信、战场实时监控图像显示、作战指挥调度、战场武器协同等一体化集成功能,有效控制战场态势,协同打击敌方目标。

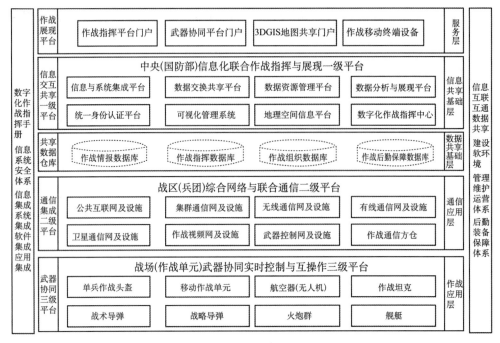

图 3-1　军事信息资源架构体系（C4ISR 参考架构图）

信息化战场武器协同实时控制与互操作三级平台必须建立在"信息化联合作战指挥与展现一级平台"和"综合网络与联合通信二级平台"的基础上。通过一级平台的网络互联、信息互通、数据共享、武器协同，汇集作战信息和监视与侦察数据，并进行战场态势实时分析与展现、作战地理空间地图（3DGIS＋BIM＋VR＋VA）可视化实时标绘、统一身份认证、战场态势实时视频监控图像管理、作战应急指挥预案管理等；通过二级平台天地空通信一体化的互联互通和通信设施的无缝连接，方能实现三级平台协同作战单兵、移动作战单元、飞行器（无人机）、作战坦克、舰艇、地对地、地对空、空对地、空对空导弹、巡航飞弹、火炮群等之间的远程指挥调度和集中攻击敌方战略或战术目标。

美军将信息化战场武器协同作为远程遥控和实时打击的重要手段。据了解目前信息化武器协同控制的实时性已经达到毫微秒级，这对于控制战场态势至关重要，同时这也是信息化战场武器协同控制的难点。

目前美军在 C4ISR 的基础上，正在进一步研发新一代的全球信息栅格信息化联合作战指挥体系 GIG。GIG 可以实现互联网上所有资源，包括网络、计算、存储、数据、信息、平台、软件、知识、专家等资源的互联互通，消除信息孤岛和资源独岛，实现网络虚拟环境上的资源共享和武器协同。

3.1.3　信息栅格技术应用

我们面临的是一个信息爆炸的时代，各种信息呈指数地快速增长，而现在互联网上的信息服务器只能分别独立面对用户，相互之间不能进行信息交流和融合，就好像一个个孤立的小岛。对于拥有者而言，物质和能量是用掉一份就少一份的，但信息却不会因为用户多而耗尽，如果像使用物质与能量一样使用信息，把信息局限在一个个孤岛范围内，就会造成极大的浪费，解决这一问题的最佳途径是建立信息栅格。信息栅格是利用现有的网络基础设施、协议规范、万维网技术和数据库技术，为用户提供一体化的智能信息平台。在这个平台上信息的处理是分布式、协作式和智能化的，用户可以通过单一入口访问所有信息。信息栅格追求的最终目标是让用户按需获取信息。

1. 信息栅格应用案例

虚拟天文台是信息服务栅格的一个典型例子。天文观测产生了大量数据，这些数据分布在世界各地，未能得到很好的利用。目前，全球天文学界正在试图用栅格技术将其融为一个整体，使互联网成为世界上最好的望远镜：它拥有天空在不同光谱下的信息，比用世界上任何单个的最好的天文望远镜所观察到的还要全面。2004年3月，由此形成的全世界最大的天体数据库"史隆数字巡天"第二版数据库正式在互联网上发布。"史隆数字巡天"由全球各地13个天文研究所、200多位天文学家共同完成，它包含了数亿星体的精确数据，如亮度、位置等信息。公众可在因特网上自由查询其影像及天体数据，他们可以使用不同波段从不同角度观看一个天体，而不需要到一个中心观看红外波段观测结果，再到另一个实验室看可见光波段的观测结果。2004年1月，欧洲天文学家利用天体物理虚拟天文台提供的工具综合分析X射线、光学等多波段观测数据发现了68个2型AGN候选体，在GOODS区找到40个被光学掩盖了的2类星体。这些成果初步显示了虚拟天文台的科学价值和威力。由英国五所大学和欧洲生物信息学研究所建立的生物信息学myGrid，综合集成了散布于互联网上的多个不同格式的数据库，为生物学研究人员提供了一个全新的实验环境。当研究人员在myGrid网站界面上提交了一种蛋白质成分数据，myGrid就能够自动将其与已知的各种蛋白质成分相匹配，找到最相近的答案，并画出其三维结构图像。这种强大的工具将大大提高研究人员的效率。

2. 信息栅格与互联网

栅格不是某一种可有可无的技术，而是网络技术必然的发展方向。我们暂时不考虑它是不是叫作"栅格"这个名称，先来思考一下互联网将向什么方向发展。一方面，网络的带宽将更宽，网络的地址将更多，网络上的资源将更丰富。就像从普通公路发展到高速公路一样，更多的地址意味着允许更多的车上路，更多的资源就像在路边修建更多的服务设施——这就是宽带互联网（称作下一代因特网）正在做的事情。另一方面，网络上的资源多了，跑的"车"多了之后，这时最重要的问题就是如何管理好它们，让它们形成一个有机的整体，发挥出最大化的效益——这就是栅格所要做的事情。这两件事情是互相依存促进的，缺一不可。

对于栅格而言，在技术实现上没有硬瓶颈，因而最关键的问题是它究竟是不是未来发展的方向。通过前面的分析，我们已经知道，把互联网管理好，形成一个有机整体，是必然的趋势，因而信息栅格必然是我们的未来。既然方向问题解决了，它在技术上又是可行的，那就根本不用担心它的成熟和普及问题。它完全可能出现"忽如一夜春风来，千树万树梨花开"的场面。第一台个人计算机是20世纪70年代末期问世的，而我们现在的环球网也不过20世纪90年代初期才问世，由此可以看出方向正确的技术，其普及速度是惊人的。

3. 信息栅格网络虚拟化技术

网络虚拟化把各地的人接入相同的虚拟现实环境中。网络虚拟化是信息栅格一种特殊的网络化虚拟现实环境。这个环境可以是对现实或历史的逼真反映，可以是对高性能计算结果或数据库的可视化，也可以是个纯粹虚构的空间。"沉浸"的意思是人可以完全融入其中：各地的参与者通过网络聚在同一个虚拟空间里，既可以随意漫游，又可以相互沟通，还可以与虚拟环境交互,使之发生改变。打个比方,网络虚拟化是一部观众可以进入其中的科幻电影。网络虚拟化可以广泛应用于科学、教育、训练、艺术、娱乐和工业设计等许多领域。目前,美国伊利诺伊州大学芝加哥分校的电子可视化实验室已经开发出几十个网络远程虚拟化应用,包括虚拟历史博物馆、协同开发环境、协同学习环境等。网络虚拟化使分布在各地的使用者能够在相同的虚拟空间协同工作,就像是在同一个房间一样,甚至可以将虚拟环境扩展到全球范围内,创造出"比亲自到那儿还要好"的环境。更重要的是它将"人—机交互"模式扩展成为"人—机—人协作"模式,不仅提供虚拟化协同环境,还具有对数据库进行实时访问、数据挖掘和高性能计算等能力,为科技工作者提供了一种崭新的协同研究模式。

3.1.4 信息栅格技术未来的发展前景

未来智慧城市。信息栅格通过分布式架构,可以将城市和乡村所涉及的政务、管理、服务、企业的各个要素整合为一个虚拟化的整体。人们可以通过信息栅格网和虚拟化平台获取个人需求的任何信息,享用信息栅格网和虚拟平台提供的智能化和智慧化的各项服务,实现"不出门,行千里路"的愿景,把全世界所有的商店、医院、娱乐场所、旅游景点链接成为实时交换信息的有机整体。例如,供货单位可以通过栅格获取商品每时每刻在全球的销售情况和订单,从而极其精准地安排生产,避免原料的浪费和产品的积压,实现全社会的精确生产。未来的网上购物虚拟化可以带领消费者进入虚拟商店,消费者可以通过点击获取商品丰富的多媒体信息,并通过视频交互来获得千里之外的店员的帮助,甚至可以在三维的计算机屏幕上试穿衣服。

未来的学校。在格技术会带来全新的协同式教学模式,让分布在世界各地的学生和老师可以在一个虚拟的"班"上课。虚拟化式的交互环境可以让人彻底忘记距离。"信息随手可得"的信息栅格还能提供许多想象不到的功能,学生的大部分疑问甚至可以由信息栅格自动解答。

未来的文化娱乐。网络游戏突飞猛进地发展,已经让许多年轻人到了不能自拔的地步。在栅格的支持下,网络游戏的真实感和协同性还会大大增强。结合网络虚拟化技术的网络游戏,将使人更加难以区分虚幻与真实。

未来的科学。协同式的大科学研究必将成为未来的主流。栅格可以让全世界的天文望远镜形成一个整体,对采用不同手段、从不同角度观测到的天体数据进行融合,从而得到更深入的研究结果。栅格可以将远程的实验设备、超级计算机、高级可视化设备连接起来,让科学家在三维的图形界面实时观看和控制数据,并与国际同行进行无缝的协同工作。

这些信息栅格未来应用目标是不是离我们很遥远? 其实,栅格技术的研究开发早已不是停留在概念阶段,在部分领域已经进入了开发甚至布置实用型系统的阶段。例如,2003年9月29日,欧洲粒子物理研究中心(CERN)与全球13个国家和地区同步宣布大型强子对撞机计算栅格LCG第一阶段的栅格服务正式上线。该系统利用栅格技术将分散于全世界10余个研究单位的计算机资源整合成为虚拟的单一系统,共同满足大型强子对撞机(LHC)实验对大量计算、物理分析、数据管理与系统维护的需求。再如,国际商业机器公司(IBM)、加拿大平台公司等为美国JP摩根大通银行研发了具有业务整合、资源共享、协同工作特征的银行栅格应用系统,该系统的一部分已经投入生产型运行。还有,美国的游戏栅格"蝴蝶网络"给游戏开发商、发行商和服务提供商提供了一种可扩展的、具有自恢复能力的基础设施来运行多人参与的游戏。该系统能支持100万游戏人员同时在线。在使用的两年时间内,利用传统的集中式服务器模型部署的一个游戏产生了160万美元利润,而在基于信息栅格的基础设施上提供同样的游戏能产生1 280万美元的利润,达到原来的8倍。在我国,2004年1月6日,国际商业机器公司与中国石油化工股份有限公司石油勘探开发研究院宣布将共同合作建立中国第一个企业应用网络系统。该项目的实施大致分为三个阶段:数据共享、数据库整合和计算力共享。此前,国际商业机器公司已经在全球部署了数十家企业应用栅格的成功案例。2004年8月,解放军理工大学军事栅格研究中心与上海电信技术研究院正式签约,共同为上海市这个具有2 000万人口的城市开发面向全市的下一代视频网络系统。这将是栅格技术在我国电信行业的第一个实用系统。

"信息栅格正在到来,但我们还没有准备好。如果我们不能很快做好准备的话,我们可能就不得不等到2020年,去访问德国的法兰克福或者中国的上海,去看我们失去的机会",2001年9月10日,《福布斯》杂志曾这样警告美国人。

3.2 全球信息栅格 GIG

信息栅格技术的快速发展为信息化战争提供了崭新的理念和全新的手段,尤其是它能够将所有的资源融为一个协调一致的整体,与军事上的一体化联合作战思想高度吻合,军事信息栅格由此应运而生。

3.2.1 全球信息栅格的提出

全球信息栅格 GIG(Global Information Grid)是军事信息栅格的第一个实例。1999年9月,美军首席信息官发布了关于GIG的备忘录。2000年3月,参联会下属的联合参谋部向国会正式提交了启动全球信息栅格建设的报告。该报告指出:"GIG将把世界各地的美军指战员连接起来,在未来的信息化战争中,为他们提供联合作战所必需的数据、应用软件和通信能力,以获取信息优势和决策优势,支持网络中心战和联合全域作战。"联合参谋部有关负责人强调:"建设与部署全球信息栅格是一项战略性的决策,而不是战术性的决策。"

2000年5月,美参联会公布了指导美军未来建设和作战的纲领性文件《2020年联合构想》。它延续了1996年发布的《2010年联合构想》的提法,指出美军应该在取得信息优势的前提下,具备"主宰机动、精确打击、集中后勤、全维防护"的能力,以取得"全面作战优势"。有所不同的是,《2010年联合构想》虽然强调"我们必须拥有信息优势",但并没有给出获取信息优势的方法,而《2020年联合构想》文件中明确提出了建设全球信息栅格是美军赢取信息优势的关键所在。

2001年7月,在美国呈交国会的《网络中心战》报告中,反复强调了全球信息栅格是美军获得信息优势的前提和基础。该报告认为,只有在 GIG 的支持下,才能实施网络中心战和联合全域作战,从而获得信息优势、决策优势,并最终获得全谱优势。

美军规划中的 GIG 建设分为三个阶段:第一阶段截止到2003年,主要是按照已有的 GIG 初步设想对现有的网络和设施进行集成;第二阶段截止到2010年,在各军兵种内部实现 GIG 的功能;第三阶段截止到2020年,实现三军的互联、互通、互操作,完全建成全球性的信息栅格。美军已分别于2001年和2003年发布了《GIG体系结构》1.0版和2.0版,目前已处于实施阶段。美军希望完成军事栅格建设后,比其他国家的军事能力领先15年以上。

全球信息栅格是世界上第一个应用于军事领域的栅格,也是迄今为止全球规模最大的栅格项目。由于栅格是20世纪90年代中期才发展起来的一种全新技术,美军早在1999年就提出要用栅格技术来构筑未来的联合作战信息平台,究其原因,是美军自海湾战争以来,一直陷入"烟囱式"系统的困扰之中,采用一套全新的技术体系迫在眉睫,而栅格的思想和技术正好能够解决这一系列的问题。因特网的发展史上有句名言:"我们不预测未来,我们创造未来。"这也许是美军当时在信息栅格技术尚未完全成熟时就全力投入的原因之一。

在2003年的伊拉克战争中,GIG第一阶段建设的成效开始显现,包括后勤人员在内的30万大军的行动已经表现出较强的协同性和适应性。巴格达时间2003年3月18日,美国命令特种部队于次日晚上9点进行侦察,并计划于3月20日晚上发动大规模空中攻击,21日凌晨地面部队发动全面进攻。但3月19日晚上在特种部队出发两个半小时后,突然得到萨达姆行踪的情报,作战计划马上变更,进行"斩首行动",大规模空中攻击则顺延一日,各部队立即收到取消任务的命令。20日凌晨一点半发布新命令,清晨五点半40枚巡航导弹与2架F-117A飞机便命中目标。扣除飞到目标所需的时间,F-117A飞机只有2小时,"战斧"导弹只有一个半小时用来设定目标,这包括利用卫星网络数据链下载目标图像数据及输入目标数据的时间,而且这还是跨军兵种的协同攻击任务:在"战斧"导弹炸毁地面建筑后,紧接着才由携带穿地型激光导向炸弹的F-117A飞机进行投弹。在4月7日的另一次"斩首行动"中,从白宫获知萨达姆及其两个儿子为首的30名伊拉克高官集合地点,到B-1飞机丢下4枚联合直接攻击弹药(JDAM)为止,只有12分钟。而为了保证攻击地点的正确,这12分钟内还经过了3次交叉确认。

3.2.2 全球信息栅格的定义

美军全球信息栅格的概念自1999年9月首次提出后,经过2000年3月的修改和2001年5月的补充,最终形成的定义如下:"全球信息栅格具有一组端到端的信息能力、相关过程和人员组成,旨在收集、处理、存储、分发和管理信息,以满足作战人员、决策人员和支援人员的需要。"全球信息栅格包括实现信息优势所必需的、现有的和租用的通信系统与业务、计算系统与业务、软件(包括应用程序)、数据、安全业务以及其他相关业务,还包括1996年克林格—科恩法案第5142节所定义的国家安全系统。全球信息栅格支持各门、国家安全部门和相关的情报机构在战时及和平时期完成各种任务和职能(战略级、战役级、战术级和事务处理级)。它提供的信息能力来自各作战单元(包含军事基地、指挥所、军营、台站、军事设施、移动平台和已部署的阵地等)。它能为联军用户与系统提供接口。

军事信息栅格的技术定义如下:"军事信息栅格是军事信息系统综合集成的新兴技术,其核心是一个庞大的、分布于军事信息网络各个节点的、协同工作的软件系统,它能够在现有信息传输、处理设施的基础上,对所有软硬资源进行一体化资源整合,实现高度共享和全面协同。"由于军事栅格一定是信息栅格,因此它也常被称作军事信息栅格。军事信息栅格由各种通信卫星、通信飞机、数据传输链路、微波中继站、地面光缆、无线电台、作战地域网等信息与通信基础设施,以及各种计算机、存储器、信息软件平台、数据库系统、地理信息系统等计算信息应用设施组成,具有广域分布、无缝连接、动态扩展和高度集成的特点。

军事信息栅格主要负责在整个战场范围高效共享各种情报信息、指挥信息、协同信息、保障信息等。能够在上至太空、下至海洋底部的广阔立体空间内，在跨军兵种、跨作战平台的任意两点或多点之间，实现直接或间接的互联、互通、互操作。能够将信息进行自动融合，并向所有经授权的使用者提供按需获取恰当信息的能力；能够将所有传感器和交战武器连接成为一个协同互操作的整体，建立从控制信息到武器装备的高速实时操作链。军事信息栅格有一套完整的安全体系，提供信息安全保证，尽可能确保系统的抗干扰性、抗毁性和顽存性。

3.2.3 全球信息栅格的效能

军事信息栅格将全部军事力量和作战能力融合成一个有机整体，提供支持一体化联合作战的信息平台，是军事力量的倍增器。军事信息栅格相当于人的神经系统，把人的眼、耳等感知器官（相当于传感器），大脑（相当于指挥部）与人的手脚等行动器官（相当于武器装备）进行有机互联、互通、互操作。让人（相当于整个军队体系）的各部分能够敏捷地、协调一致地应对外界的各种情况。

军事信息栅格是依靠栅格技术实现网络上综合资源的整合与系统集成的"系统之系统"，它可以实现所有信息节点之间的互联、互通、互操作，大大提高了信息获取、处理、分发和使用的自动化，克服"信息孤岛"和"数据烟囱"的局限。军事信息栅格用计算机通信网和指挥控制系统，将传感器网和武器控制平台进行综合集成，使天基、空基、陆基、海基中的所有武器系统形成一个实时反应、时空一致的有机整体，达到一体化联合全域作战的目标。信息栅格通过规范的数据与信息封装标准，屏蔽各种信息系统在数据管理、数据存储格式和数据查询方式上的差异，解决数据"有了不能用、能用不好用"的问题，实现信息的按需集成，从而打破信息壁垒，实现三军共享信息与专用信息的融合与共享。军事信息栅格提供了联合作战的运行平台、接口标准和交互流程等，任何软件系统、信息资源、武器平台、数字化单兵等，只要符合军事信息栅格的数据与信息封装规范，就可以向军事信息栅格提供信息或从军事信息栅格获取信息，自动实现与其他系统的互联、互通、互操作。

军事信息栅格将侦察遥感系统、通信传输系统、信息处理系统、部队行动系统、火力打击系统、后勤保障系统等综合一体化系统集成。融预警探测情报侦察、指挥控制、通信与电子对抗于一体，融战略、战役、战术于一体，使各级指挥员能够快速全面地共享战场信息，从而加速信息在传感器和打击兵器之间、在各级指挥机构和各类作战单元之间的流动，大幅度提高一体化联合全域作战的整体效能。军事信息栅格可以强化预警、识别、测定、侦察监视的能力，并对各军兵种侦察情报系统所获取的情报信息进行一体化快速处理，既能保证情报信息的全面性，减少对情报判断的失误，又能保证情报处理、传递的实时性，从而获得情报优势。在军事信息栅格支撑下，联合作战指挥机构可对各军兵种作战部队进行整体控制和协调，使各军兵种对战场出现的新情况做出快速反应，减少协调的滞后性。由此，作战部队变得耳聪目明，对战场情况了如指掌，对指挥官的意图一清二楚。这样的部队能实施自我协同行动，自觉与其他部队配合。在军事信息栅格支持下，部队作战效能的发挥将不再受地理条件的制约，哪些武器方便就用哪些武器打击，不必"集中兵力"就能"集中火力"。在军事信息栅格的支持下，可以对各项后勤保障进行一体化计划和协调，为战争机器的运转提供全面、及时、精确的保障。

军事信息栅格将呈现一个融合的、实时的、真实的三维战场空间，使拥有它的军队保持信息优势。美军认为:"新的信息系统将对今后的军事行动方式产生多大的影响才刚刚开始认识,更加重大的变革还只是开始。"在美军的计划中,未来的系统将完全基于 GIG 建设,并融入网络中心战、联合全域作战、作战云战略等新一代信息技术集成创新和深度融合应用。有了 GIG 的支撑和所包含的这些新技术应用和作战功能要素,一个强大的信息栅格能提供作战空间的战场态势感知能力,一个联合的信息栅格能向战场指战员快速提供相关信息。一种先进的指挥控制过程能够比过去更快、比潜在的作战对手更敏捷、更灵活地调配全球的部队,能实现从传感器到控制器再到武器装备的一体化过程,能使分散的作战部队、武器装备、战场态势在目标指示、协同作战、综合防空、快速评估以及不断的后续打击等方面进行协同一致的联合全域作战体系。它具有信息防御能力,能保护分布在全球的传感器、通信系统和信息处理网络免受敌方的干扰和利用;它具有进攻性信息作战能力,能侵入和控制敌方的信息系统,并使敌方丧失对作战空间态势感知的能力,或者使敌方无法自由地调配其作战部队。

3.3 军事信息栅格基本形态

信息化战争催生了军事信息栅格。美军 1999 年提出的 GIG 引起了各国军队的密切关注和广泛研究。军事信息栅格是一种理念,也是一个信息系统,是 20 世纪 C4ISR 系统的扩展,是新一代的军事信息基础设施,是关于信息系统的结构架构,还是一种标准规范。要弄清这些问题,首先要对军栅格的基本形态进行借鉴和研究。

3.3.1 消除信息孤岛

军事指挥自动化平台是指挥手段变革的重大标志。随着各种指挥自动化系统的应用日益广泛,指挥员和参谋人员逐渐从大量繁重的手工劳动中解放出来,指挥效率和指挥质量大幅度提高。这种非枪非炮的信息系统在历次战争中都发挥了重要作用,被称为"战斗力的倍增器"。从 20 世纪 50 年代开始,各国军队经过 50 年的指挥自动化建设,已拥有了大量信息资源:复杂的网络、庞大的数据库、各种支持作战指挥和业务管理的应用软件。但由于历史和体制的原因,这些信息资源是由各军兵种在不同时期各自建设的,在布局上基本是条块分割、自成体系,或称为"信息孤岛""数据烟囱"。美军通过对现有信息体制进行分析后认为,当前的信息网络很难满足一体化联合作战的要求。从物理上看,现有网络基础设施是为支持线性信息传递而建,只是确保信息按照编制序列的上下级关系传递,结果是不同部队对上对下的通信尚可应付,但对其他部队则无法实现全面互联互通的要求。从逻辑上看,各部门的信息资源之间相互独立,形成了"烟囱式"的信息"孤岛",限制了信息的横向流动和共享。这种"烟囱式"系统的现象不仅表现在不同时期、由不同部门主持研制的系统和软件上,也表现在一个大型系统的各个分系统、子系统上。为了把这些分系统、子系统集成为一个整体,往往要耗费大量时间进行测试、试验和修改。有些项目尽管从其组成的分系统、子系统看已达到了预期的要求,但由于存在着信息互联、互通、互操作性能差,信息(数据库、文件等)不能共享等问题,使整个系统无法顺利地运行。从使用效果上看,"烟囱式"系统无法解决系统和系统之间的集成和互操作问题,因而影响了不同部队之间的协同作战能力。所谓"态势综合显示"问题就是这样的一个典型例子。从作战指挥和情报处理角度看,迫切需要把敌、我、友、天、地、海各类战略、战役、战术信息以可视化图形形式显示在一个统一的地图背景上。目前研制的各类指控系统、情报处理系统也大都有把态势信息以态势图形式加以显示的能力，但如果想把所有系统提供的态势信息同时在一个显示屏上以分层叠加的形式显示，大概就很难做到了。更不用说把各个系统得到的态势信息进行综合（包括信息融合、图形综合等），并显示出综合后的可视化图形了。

信息化战争是陆海空天电一体的战争，它的一个突出特点是作战要素高度一体，信息主导体系对抗，信息成为指挥的关键要素。在联合作战中分析战场态势，制定作战方案，实施对陆、海、空诸军兵种部队的指挥，以及发挥武器系统的效能等，都需要大量信息的支持，需要夺取信息优势。只有充分利用信息资源，使信息顺畅、自由地在各作战空间、作战力量、武器装备、作战平台间流动，将它们交链成一个有机的整体，才能形成完整的作战体系，从而凝聚成最大合力，发挥出最大作战效能。因此，将"数据烟囱"和"信息孤岛"互联互通，已经成为支持信息化联合作战的一体化指挥平台的核心需求。做到作战信息的充分共享和各种资源的有效利用，是信息化战争对指挥自动化提出的更高要求。同时，在信息时代的今天，实现跨部门、跨领域、跨应用系统之间的信息交换、信息共享、信息协同处理，成为十分普遍的迫切要求。在更大范围内形成统一的信息系统集成平台，并在此基础上开发与提升新的应用，成为军队信息化建设中各军事部门、各军兵种十分现实和迫切的愿望和要求。

实现上述要求和愿望便是军事信息栅格的目标。从理念上来说，军事信息栅格把一个个信息孤岛连接起来，形成一个硕大无比的交叉纵横的网状栅格。信息孤岛便是这网状栅格的分布式节点，它可以是计算机网络系统，是数据库系统，也可以是地理信息系统；它可能位于陆地的某个指挥所，可能位于海上的航空母舰，也可能位于太空的某颗卫星上。一旦某个信息孤岛连入军事信息栅格，那它就不再是"孤独"的了，而能与其他信息节点互联互通，形成更大的一体化信息平台。同样，对用户来说，他可以对军事信息栅格"即插即用"，像一个电力网一样，只要插入自己的终端或电源插座，就能以合适的方式得到自己所需要的信息，再也分不出信息来自何方。

传统的"烟囱"式数据库系统和"信息孤岛"式信息平台通过信息栅格将所有"烟囱"和"孤岛"融为一个整体。为什么信息栅格会这样神奇，而网络却做不到呢？这是因为，栅格是传统网络的进一步发展，或者说是网络的更高境界。一般的网络技术可以解决互联互通，但无法解决信息资源的高度共享问题，无法解决软件共用和协同计算的问题，无法解决网上资源的动态发现、动态重组问题。而解决这些难题，正是信息栅格的目标和任务。

3.3.2 掌握正确信息

古往今来，信息对于战争的重要性是不言而喻的。无论是烽火台、信号旗、消息树，还是雷达站、无线电、GPS系统，尽管手段不一，但目的相同，那就是为指战员们"通风报信"。在古代，信息技术的原始落后造成信息稀少，形式简单，将帅们用双眼直接观察战场，通过口记心算做出决策，靠摇旗呐喊指挥战斗。信息匮乏使指挥员们很难了解战场的真实情况，这也才使得诸葛亮能唱成"空城计"。克劳塞维茨在他的《战争论》中写道："所有信息通常的不确定性代表了一个特殊的问题。所有的军事行动发生在某种黄昏，像迷雾一样。战争是不确定性的王国。战争所依据的四分之三的因素或多或少被不确定性的迷雾包围着，指挥官必须在这样的环境中工作：他的眼睛无法'看见'，他的最佳推断力并不总是很彻底，并且由于环境的变化,他几乎无法洞察周围的环境。"可以说克服战争迷雾,掌握制胜信息,是千百年来所有指挥员们的共同愿望。

从19世纪末期开始,电报、电话的发明使信息传递速度得以加快。雷达、夜视仪、红外探测器的发明使战场逐渐变得透明。火炮、坦克、飞机、潜艇、航母等武器装备的问世使战场范围逐步扩大。计算机技术是20世纪最辉煌的科学成果之一,它的发明使人类敲开了进入信息时代的大门,找到了继化学能、物理能之后的信息能,使信息成为战争的主导因素。

在技术高度发达的信息时代,指挥员们有理由也有可能把克服战争迷雾、掌握制胜信息的愿望变成现实。1996年,美参联会发表的《2010年联合构想》中提出要能创造和充分利用信息优势来取得作战的全域优势,就必须构建一体化的、复合的武器装备系统,特别是建立通用的C4ISR系统,在全球的任何地区、在任何情况下都能够搜集、处理和不间断地发送准确、可靠的信息。美军认为:全球联网有助于实现"四个任何",即在任何时刻任何地点将任何信息送到任何人手中,从而有助于消除战争迷雾。

"四个任何"目标的背后也有着新军事变革的驱动因素。信息技术的飞速发展在军事领域引发了一系列深刻的变革,美军走在新军事变革的前列。20世纪90年代以来,美军通过广泛研究信息技术革命给武器装备、作战理论和建军方式带来的深刻影响,产生了一批带有一定变革因素的理论成果,在1996年颁布了《2010年联合构想》之后,各军兵种都提出了转型计划。陆军将建成网络化的"目标部队",海军将为联合作战提供一支以海基为主的远征打击力量,空军将实现航天航空一体化,成为以天军为主导的全球(星联网)远征打击力量。为了谋求"全球主宰",实现全球范围的联合全域作战,需要作战力量的全球到达,需要为联合部队提供"四个任何"的信息支持。

卫星、光纤、传感器和计算机网络技术的发展为"四个任何"的实现提供了物质基础。目前,星载可见光侦察系统的地面分辨率已达到0.1米,激光、红外和电视制导的圆概率偏差已达到1米左右。2002年,单根光纤的速率已达到1.2万亿字节/秒,用它传输国家图书馆的全部图书信息(约500太比特)只需40秒,相当于上亿部电话的速度。预警卫星的红外探测器可探测、跟踪数千公里外的战略导弹发射,无人机载合成孔径雷达的侦察分辨率可达0.3米,声呐的作用距离可达数十至上百千米。以因特网为代表的信息网络缩短了时空距离,使地球变成"小村庄"。

"四个任何"牵引着军事信息基础设施的建设。美军开始着手实现"勇士C"中提出的"信息地球"的设想,各种卫星通信网、数据通信网、信息栅格网、战术物联网、综合业务信息网纷纷建成,各种地理信息、气象信息、后勤保障信息的开发被提上了重要日程。军事信息"高速公路"越修越宽,上面"跑"的各种信息越来越多。各类监控指挥控制信息(安全、道路、环境、能耗、基础设施等)面临着呈指数增长的趋势。在海湾战争中,高峰期卫星的通信量达到每秒68兆比特,相当于1 100条报话线路。在伊拉克战争中,仅其卫星的通信容量就达到海湾战争的10倍。指战员从来没有像今天这样,感受到信息的丰富多彩。但是,指战员手中的信息并非越多越好,并非所有的数据都要全球共享。一旦"信息地球"的设想成为现实后,"勇士"们可能处于一种尴尬的局面:面对过多的信息和大数据不知所措,决策者会感到没有足够的时间分析判断、定下决心。过去,指挥员常抱怨信息匮乏、情报利用率低,今天,他们则担心信息泛滥。他们希望能有一目了然的决策显示屏,能直接从GIS地图、报表和文件中获取信息、感知和判断。因此,美军参联会在2000年发表的《2020年联合构想》中,将

"谋求信息优势"的目标改为"谋求决策优势",相应地将手段从"四个任何"改为"五个正确",即在正确的时间正确的地点将正确的信息以正确的形式送交给正确的接收者,同时要压制敌方谋求同样能力的企图。此外,要将技术创新能力最大限度地转化为对作战能力的改进。

全球信息栅格 GIG 为实现"五个正确"提供了条件和基础。它本质上是一种深层次的信息加工和处理,不再强调信息的数量,而是更加重视信息的质量,并希望实现全球范围内的信息共享,谋求全信息链、全维的信息优势。在由多军兵种参加的联合作战中,GIG 既能使各参战部队"各尽所能"地为形成共用战场图像提供情报,又能够按"各取所需"原则,有目的地筛选、截取其中的信息。这就是区分 GIG 与一般信息网络的关键所在。通信网络只能把远距离的情报信息传过来,只有信息栅格才能把各种有用的情报信息提取出来,经过信息融合和分析后,发送到相关的射击(火控)系统中。这中间还需解决信息的按需分发,指挥员的决策等一系列工作和步骤。其中深层的问题仍然是如何把各军兵种、各单位的 C4ISR 系统有机地、动态地集成在一起。

3.3.3 发现即摧毁

进入 20 世纪 80 年代后,以信息技术为核心的高新技术的广泛应用,促进了武器装备的根本性变革,精确制导武器、智能武器、隐性武器大量出现,火力、命中率、反应速度、机动性、防护能力大大改进,作战效能大幅度提高。从根本上讲制导武器是依靠目标信息工作的武器,是在非制导武器上应用信息技术和自动控制技术的产物,精确制导就是精确探测、正确识别和精确控制。目前,精确制导武器已发展到第四代,其命中精度已达米级甚至分米级,对作战效能的提高发挥了巨大的作用。美国兰德公司的研究表明,对于大多数目标来说,一枚精确制导武器可获得等于 35 枚非制导武器的毁伤效果。信息技术正在推动着精确制导武器向进一步提高命中精度及智能化方向发展,如美海、空军正在为联合直接攻击弹药研制主动合成孔径雷达导引头和非制冷红外成像焦平面阵列导引头。前者可将联合直接攻击弹药的精度从 10 米提高到 3 米,后者可将其精度提高到 2.6 米。

武器装备的根本性变革彻底改变了战场面貌。战场空间从以往的陆地、海洋和空中扩展到外层空间。它往往涉及纵横数百千米甚至上千千米的范围,扩展至作战双方的深远地区乃至整个国土。以战役战场纵深为例,一次大战为几十千米,二次大战为几百千米,而现在美军的集团军战役攻击纵深达到 720 千米,防御纵深达到 80 千米至 120 千米甚至 480 千米。对战略性作战行动来说,各种战略武器的攻击纵深可达 100 000 000 千米以上,以至地球上的各个角落都可能遭到战略袭击,战略防御也将发展成为全国乃至全球防御。在科索沃战争中,北约在太空动用了 50 多颗卫星,在空中参战 1 200 多架飞机,海上有 40 多艘舰艇(含 4 艘航母),发射"战斧"巡航导弹 1 000 余枚,投掷各种弹药 23 000 多枚,地面上有 6 万多部队,整个战场相关空间涵盖美国本土和南联盟接壤的巴尔干地区,还频频在战区外发射武器,打击目标遍及南联盟全境。

武器装备的根本性变革给作战方式带来了革命性的变化。精确制导武器将成为未来战争的基本毁伤手段,精确打击开始取代火力覆盖、地毯式轰炸,精确作战成为信息化战争的重要样式。巡航导弹、弹道导弹、远程防区外空地导弹等远程打击武器具有威慑与实战双重功能,对战争的爆发具有明显的遏制作用,对战争进程具有重大影响。精确作战有以下特点。

第一，强调充分发挥精确制导武器的特长，重点攻击坚固和防卫严密的目标，如地下指挥设施、飞机掩体、作战指挥机构和导弹高炮阵地等。

第二，攻击方式多样，力避损伤，增大效果。其攻击目标的方法主要有三种：在防空区外超视距发射，攻击纵深目标；在距目标相对较远的位置投掷精确制导炸弹，实施精确定点攻击；多种导弹配合使用，实施诱惑攻击，专打防空配系。在20世纪90年代以来的几场局部战争中，精确作战已初露锋芒，显示出令世人瞩目的作战效能。例如，在1991年初的海湾战争中，精确制导武器大显身手，充当了战场的主角。多国部队使用了大约20种精确制导武器，如"战斧"巡航导弹、"爱国者"防空导弹、"斯拉姆"空对地导弹、"哈姆"反辐射导弹等。以8%的精确制导弹药摧毁了伊拉克被毁目标的80%，显示了超常的作战能力。在对阿富汗实施的军事打击中，美军在开战后3天就摧毁了85%的预定目标。精确作战的实现需要利用先进的探测系统、精确的导航定位系统，能够精确地对目标开火的指挥控制系统、能产生所期望目标破坏效果的精确制导武器。将信息探测能力、指挥控制能力和火力打击能力融为一体，就是著名的"从传感器到射手"问题。这里的传感器通常是指远距离、不同单位的多个传感器。如果打击的目标属于机动目标，还要处理打击时间敏感目标问题，即在敌方进行机动决策的周期内及时完成检测、决定、执行的打击过程，以夺取决策优势。在移动式导弹发射架的射击之后和转移之前，完成分析和打击目标的任务是一个典型的打击时间敏感目标例子。

2001年，美国国防高级研究计划局提出了C4KISR的创新概念，即将K(Kill，杀伤、摧毁)能力嵌入C4ISR系统之中，通过将地(海)面、空中和太空的各种传感器、指挥控制中心和武器平台集成为一体化网络，实现侦察—决策—杀伤战损评估过程的一体化，使C4ISR系统的各个要素与主战武器的杀伤过程更紧密地结合，实现最佳的作战效果。这样，无论何时、何地，都可以对各类型的目标实施发现、打击与杀伤，做到发现即摧毁。实现从传感器到射手的一体化，首先必须很快识别并摧毁目标，这一功能强烈依赖于不同传感器间数据的有效相关和融合；其次，在战场和火力支援单元(空基、陆基或海基)之间需要提供近实时的通信能力，否则摧毁时间敏感目标就成了问题。

第三，在空射或海射的巡航导弹打击武器被发射之后，如果通过持续的目标监视，发现最初的目标被其他的武器所摧毁，或是发现了另外更重要的关键目标，则应该为攻击武器重新指定目标。

当前，在解决"从传感器到射手"问题方面，C4ISR存在一些不足。例如，指挥员和参谋人员利用指挥控制系统进行任务规划时，由于信息量不断增加，处理速度要求越来越快，使得在目标活动周期内不能正确决策和分配资源，在拥挤的任务空间中难以发现高度机动目标，融合各军兵种目标信息的过程缓慢，获取战损信息和评估既耗时又不完善。传感器探测系统的不足则是不能同时满足对传感器的信息需求，部分传感器捕获和跟踪多目标的能力有限，传感器信息协调不充分。武器运用方面，武器达不到全天候/昼夜的精确能力(圆概率误差小于3米)，射程不够远(防区外)，飞向目标(时间敏感)的时间长，缺少成本更低的精确制导弹药和成本更低、可靠性更好、生存能力更强的攻击飞机。

为了实现发现即摧毁的作战能力，需要发展快速、准确地识别目标和选择目标的能力，这就必须优先发展有利于在作战区和分散的指挥机构实现实时协同规划的技术。为了支持改进规划，指挥员和参谋人员需要跟踪部队的状态和任务执行情况，增强根据任务需求、目标位置和物理特性来快速寻求相匹配的武器系统的能力,并改进精确攻击的时效性。

军事信息栅格为实现以上要求提供了崭新的途径。军事信息栅格基于陆、海、空、天等各级各类信息平台,能够搜集、处理、存储、管理和分发各级战斗员、决策者和支援人员所需的信息,保障参战人员在正确的时间、需要的地点可以按照需要和权限,获得整个系统所能提供的准确信息,并且使各类平台具有信息共享和从传感器到射手(武器)端对端的能力。通过军事信息栅格,分布在不同位置的多个传感器搜集到的信息可以进行准确的战场情报融合、分析和综合,定位目标和收集这些目标的各种特征信息。对各军兵种部队指挥与控制组织实施远程联合打击,为各种导弹、飞机、舰艇等武器系统进行远程打击提供实时的目标指示、攻击等功能。利用军事信息栅格的互通性和灵活性,建立栅格网上的"虚拟参谋机构"。该机构分布在不同地点,可通过异地制定协同计划,来扩大和增强作战部队的战斗力。另外,通过数据挖掘、信息仓库等先进技术,能为指挥员的正确决策和各种作战评估、战损评估提供各种自动化、智能化的辅助手段和验证方法,以缩短决策时间,提高决策的正确度。

从20世纪90年代中期开始,美军利用信息栅格思想开发了数个先进的战场信息系统,以支持C4KISR的能力。所用到的信息栅格概念非常宏大,不仅要集成通信和计算资源,还要与传感器、武器平台相连接,以灵活、按需要定制的方式来满足不同的使命目标。例如,1995年提出的高级战场信息系统构想(ABIS),描述了支持C4KISR能力的信息服务、技术和工具的集合,其"战场管理"和"传感器到射击器"这两个组件,建立在被称为信息栅格的通信与计算基础设施之上。1995年的"勇士C4I"系统(C4IFTW)提出了"信息地球"的设想,把21世纪的全球信息基础设施看作全球信息栅格,连接了指挥员、传感器、武器平台,可根据"勇士C4I"的要求在任何时间提供任何两个地方的通信连接。1998年,"信息地球"提升为"数字地球"(IBM提出),进一步推动和发展为全球信息栅格GIG。它把传感器网和交战武器网紧密地交互在一起,使C4KISR系统与武器装备系统形成一个完整的作战体系,为实现发现即摧毁的理念,为实施网络中心战、联合全域作战、作战云战略等数字化、信息化、智能化、智慧化联合作战体系奠定了理论与物质基础。

"发现即摧毁"是新一代的作战形态,是在先进的精确制导武器之后的一种全新的战争样式。"发展即摧毁"的实质是"目标链"与"打击链"之间的无缝链接。发现是前提,摧毁是目的,不能发现就谈不上摧毁。现代战场上的"发现"已不再是传统的"眼观六路",而是精准实时地掌握目标情报、科学分析信息、善于运用数据。无论是阿富汗战争空中精确打击与地面特种作战的联合行动;还是伊拉克战争的"斩首行动"、"震慑行动"等。掌握作战主动权的一方,无不牢牢掌控着"制信息权"。拥有绝对的"制时间权",再加上高精尖的武器装备、通过"发现即摧毁"强有力的军事行动才可能成为胜战现实。在"发现即摧毁"的战争样式下,只要目标被发现,就会被精确锁定,随即就会被精确制导武器所摧毁。也就是说新一代现代战争对于目标信息的掌握和武器协同与互操作至关重要。一旦控制了"发现即摧毁"的优势,对方就会陷入完全的被动。

"制时间权"是继"制空权、制海权、制兵力权、制信息权、制网络权、制空间权"之后一个全新军事制权的理念。"制时间权"已经成为新军事理论的重要内容。现代战争形态关键在于对"时间"决定性要素的控制。美军在全球信息栅格(GIG)一体化联合全域作战平台的基础上,充分利用网状分布式端到端(P2P)的指挥控制体系,代替以往C4ISR树状集中式的网络拓扑架构,提高作战即时响应能力和指挥控制效率。充分认识到"时间"的重要性,并力图摆脱传统军事理论造成的人员和物质消耗的战争模式。美军提出基于全球信息栅格"发现即摧毁"的作战样式,充分体现了"制时间权"在现代战争中的核心地位。从30年前的海湾战争"发现即摧毁"需要100分钟,到20年前的"伊拉克战争"将摧毁时间缩短到100秒,而目前已经可以将"发现即摧毁"的时间缩短到微秒级。完全体现了现代战争进程的时间"压缩",展现出战争的胜负成败关键取决于"时间"的要素,取决于谁"发现即摧毁"在时间响应上的快慢和即时打击能力。"制时间权"结合"制信息权"、"制网络权"、"制空间权"将是下一场现代战争的核心控制权。

在现代战争中美军将"发现即摧毁"作为全球信息栅格(GIG)的基本作战形态。这是美国自1990年海湾战争以来几十年来研发的核心军事技术。早在第二次大战时期,美军从诺曼底登陆以后,就为陆地部队配属了大量的空地联络员。平时将战区划分为若干空域,每个空域都配属一定的攻击机。一旦地面需要空中支援,立即有联络员进行联络,后方进行无线电协调,再引导飞机去攻击。由于当时联络系统落后,无线电经常出现联系不上的情况。同时,后方还要根据众多联络员的报告,判断谁的目标比较重要,再进行攻击。这又需要时间。一般来说,二战空中掩护用于大的战术掩护,攻击德军大部队或者坚固防御工事,难以攻击单个或者零散的目标。所以,这种"发现即摧毁"不可靠,很多时候要碰运气。朝鲜战争这方面就有很大改进。美军认为,自己的空中力量最低造成敌方10万左右的伤亡,这个数字是很可怕的。越南战争时期,"发现即摧毁"已经有很大发展。基本上,美军遭遇北越军队以后,立即要求空中协同。而空中协同也会相对迅速赶到!越南战争很多战役,美军都是依靠不间断的空中掩护才获胜,比如杜朗河谷战役。然而,它的效率仍然比较低下,只掩护至少营团一级的部队。

到了海湾战争时期,一切发生巨大变化。美军从C4ISR到GIG建立了一整套的网状分布式端到端(P2P)的作战体系。从太空卫星的星链网到陆基的信息栅格网(天地一张栅格网),从空中的侦察机到地面的侦察车形成一个完整的情报信息链。同时,还有高效的作战指挥控制协调中心。在30年前的海湾战争中,"沙漠风暴"行动前30个小时,美国海军陆战队第一远征军的指挥机构就收到130万份电子文件,在短时间内全部处理完毕。这一阶段,美军已经尝试"发现就摧毁"的作战样式,不但可以对付敌人大群目标,还可以对付敌人小股目标,比如一个机械化连甚至几辆卡车。1991年的海湾战争,"发现即摧毁"的时间是45分钟,这是非常了不起的。正常来说,敌人发动攻击或者进行抵抗到最后的撤退或者转移,至少需要60分钟以上。所以在海湾战争中,伊拉克军队几乎无法有效作战。在海湾和海夫吉战斗中,伊拉克军队可以打赢科威特、沙特、卡塔尔地面部队,但随时随地遭遇美军空中打击,被迫丢弃大部分坦克溃逃。

随着科技的发展,尤其是信息化技术的大幅度进步,这个能力更是大大提高。20世纪90年代,美军用于海空协同的4号数据链,要求其最小时间单元是32毫秒。后来,美军用于三军联合作战的16号数据链,其最小时间单元缩小到只有7毫秒多。10年后对阿富汗塔利班的战争已经可以在微秒级实现"发现即摧毁"。微秒级是什么概念?美军地面部队发现塔利班分子以后,只需要跟踪或者开火进行拦阻,后者根本没有逃走的机会,就被空中打击消灭了。美军整个作战体系经由指挥信息系统联结实现了高度一体化。RQ-1"捕食者"无人机、RC-135V/W电子侦察机、U2高空侦察机、E-8"联合星"飞机以及RQ-4"全球鹰"无人机等,通过全球信息栅格(GIG)指挥信息系统链接起来,可实现战场信息的互联互通互操作。

美军空间、空中、地面"三位一体"的信息栅格网,通过全球信息栅格(GIG)有效的信息链路,将信息获取与指挥控制有机地整合起来,近实时地构建出整个作战地区的可视化全景画面,使中央战区总部的数十个大型屏幕,每隔2.5分钟就更新一次战场数据和场景。所以在美军高效的空中掩护下,反塔利班联盟轻而易举地占领全国百分之九十的地区。塔利班在当时抵抗是微弱的,也是不堪一击的,他们无法有效抵抗,随时随地挨打。2006年6月7日美军在得到情报后,一架F-16型战斗机在战术系统的指挥下发射两枚500磅的精确制导炸弹,将伊拉克头号恐怖分子、"基地"组织三号人物 扎卡维炸死,前后用时不过数分钟。再到利比亚战争、叙利亚战争,"发现即摧毁"武器系统互操作的响应时间已经可以达到秒级以下。可以这么说,早在阿富汗战争时代,对付敌人正规军的作战方法,已经可以逐步脱离传统步兵。美军在打塔利班的时候主要采用分布式作战的特种部队,只是负责协调空中即时打击而已。

在今天,美军的技术又有很大提高。基本实现了"陆基信息栅格网+空基卫星星链网"的互联互通互操作的天地一张栅格网和太空攻击武器,可以实现万分之一秒(100 微秒以下)的即时打击。如果不可能打破美军"发现即摧毁"的一体化新一代作战体系,任何同美军交战的军队就难以形成有效的战斗力,更别谈获胜了。

未来战争的精确性要求更加突出,在作战筹划中不能大而化之,要把在什么时机、什么地域、什么情况下,使用什么力量、采取什么方式、谁来组织指挥、怎么搞好协同等问题,搞得很具体很清楚。这一重要思想对研究作战行动控制问题提出了具体要求,是推进现代作战行动控制研究的强大思想武器和科学指南。开展作战行动控制研究,既是打赢信息化战争的本质要求,也是把握现代战争制胜机理,完善管用实用的作战方案体系和训练体系,打造一支攻必克、守必固的尖兵劲旅的必然要求。

以强军思想为指引,认清使命、强化担当。要充分认清强国强军的时代要求,加强党的集中统一领导,适应战争形态和作战样式发展趋势,加快构建强大的现代化陆军、海军、空军、火箭军和战略支援部队,建设科学完备的联合作战体制机制。要紧盯前沿紧盯对手,加快提高基于网络信息体系的联合作战能力、全域作战能力。必须适应国家安全环境深刻变化,扎实做好各战略方向军事斗争准备,统筹推进传统安全领域和新型安全领域军事斗争准备,整体运筹备战与止战、维权与维稳、威慑与实战、战争行动与和平时期军事力量运用,坚决打败一切来犯之敌,以强大的战略支撑切实担当起党和人民赋予的新时代使命任务。

现代战争的作战样式是新一代现代战争指挥控制艺术的至高境界,是"你打你的、我打我的"。筹划和指导作战行动控制,不能异想天开,过于理想化,需要对敌我综合作战能力进行分析和研究,着眼交战双方的基本战法和主要作战样式。要把思维之光聚焦在军事斗争准备的重难点问题上。军队在战斗力建设把握系统控制基本原理,根据当前和今后一段时期的物质技术基础和部队战技术水平,着眼把弱点转变为强点、把弱项转化为强项,强化适应我军作战要求的作战行动控制理论研究,以实现"保存自己,控制战场,消灭敌人"的目标。关键是处理好对作战行动目标的控制,目标体现着作战行动所要达到的预定目的和企图,一经确定,部队作战行动的基本走向和预期最终状态必须与之基本吻合。同时,作战行动控制不仅要对照作战行动目标,而且还要考虑作战计划、方案和实战地形地貌及其他偶然因素造成的偏差,明确纠正作战行动偏差量的标准。只有当偏差量超过其标准时,才必须进行调整。这有利于发挥部队灵活机动的潜能,保持作战行动的整体连续和稳定。做到有备而战,克敌制胜。

3.3.4 借鉴与启示

信息化条件下的联合作战具有作战空间多维、作战节奏快捷、作战情况多变等特点。因此,需要由基于陆、海、空、天等各级各类信息平台提供全面、综合的信息,以拨开战场上各种复杂条件造成的迷雾,全面监视和了解整个战场态势和与其相关的各种情况;需要联合全域作战的传感器网、指挥控制网、交战武器网实现横向贯通、纵向相连、多向融合,使各级指战员能在一体化环境中有效地获取权限内的信息,快速做出决策,实时高效地实施作战指挥。

建成一体化的传感器网(物联网)、指挥控制网(栅格网)、交战武器网(控制网),其基本条件就是通过信息栅格技术实现综合系统集成,把自成体系、条块分割、分散独立的各类军事信息基础设施有机融合,整合成为一体化的通用平台。在结构上形成纵向衔接、横向贯通、资源共享的栅格网状结构,便于各级指挥机构随时随地接入;在业务上,支持各级、各类指挥机构的话音、数据、图像、视频等各项业务;在功能上,提供分布式计算、信息查询、态势标绘、定位、导航等,以支持作战、指挥的各项应用,从而最大限度地满足联合全域作战的需要。

目前军事信息基础设施的主要缺陷有以下几点:在计算能力方面,不能保障作战人员的分布式处理要求,协同处理能力非常有限,各级指战员不能迅速地检索、分类、存储、搜索和应用所要求的信息等;在通信能力方面,传输带宽不足;在表示能力方面,人—机交互严重依赖文本文电格式,不能提供多媒体可视化显示能力,不能处理语音及应用多种语言等;在网络运行能力方面,网络的互联、互通和互操作能力较差。就美军来说,目前虽然已经具有很多高科技的情报、探测、监视手段,投入了巨额资金,却仍然感到不能及时了解战场态势,整个战场仍然散布着迷雾。其主要原因不是缺乏感知手段,而是缺乏将各种探测手段和信息平台获得的信息进行综合、分析和共享的能力。

信息栅格技术的发展为解决这些问题提供了强有力的手段。首先,军事信息栅格可以综合利用各种通信资源、计算资源,实现全军天地一张网。这既能减少对专用网络、专用连接手段的需要,也可使高度分散而自主的作战单元在最短时间内完成从传感器到射手全过程的协同作战任务,还能通过综合收集、存储相关军用数据,统一自动处理、检索、分析和传送有针对性的战时信息,使指挥员既不被大量无关的信息海洋所淹没,又不至于错过或漏掉与其指挥控制相关的重要情报,使部队对战场的反应趋于即时。

其次,军事信息栅格将提供宽带大容量和端到端分布式的信息传输能力。它通过提供公共的通信系统,建设基于太空的、连接军用卫星(星联网)、飞机和地面站的激光通信系统,建设陆基的光纤网络,提供以网络为中心的数据链的共享和复用,大大提高信息带宽和信道使用效率,满足新的或改进的任务对通信的需求。

第三,军事信息栅格运用信息综合与融合技术,对网内多部雷达及其他信息源搜集的多目标情报,自动进行综合处理,能提高系统整体的探测效能,提高对隐身目标的探测概率,提高目标航迹计算的精度。网内信息采用集中式与分布式相结合的组成方式,以多种通信手段互补使用,提高信息传递的速度和可靠程度。

军事信息栅格是军事信息基础设施的综合集成,它充分体现了不求所有但为所用的理念。军事信息栅格提供了公共的信息传输平台,部署在战场的联合部队可以通过卫星提供的战略战术接入点/远程接入点加入,做到通信的无缝隙连接。军事信息栅格提供了通用的信息处理平台,集成了各级计算设施,从提供全球/区域服务的国防计算中心,到各个战区司令部、军兵种司令部、联合作战部队的计算机局域网的服务器和工作站,直至单兵的野战便携式终端。在军事信息栅格这个信息平台的支撑下,各作战部队可以完成机动部署、精确打击、特种作战、指挥控制、信息作战、情报侦察预警、集中后勤、全域防护等各种作战任务。

在军事信息栅格时代,各军兵种、各业务部门仍然建设、拥有自己的数据库和计算设施,但相互之间不再割裂,而是互联互通,信息资源可以为他人所利用。各军兵种仍然建设、拥有自己的情报探测源,这些探测源不仅向其所属的军兵种指控系统提供情报信息,而且可以同时为其他系统所利用,可以进行一体化的综合处理,形成统一的战场综合态势信息。武器装备虽然仍然分别属于不同的建制单位,但在军事信息栅格指挥控制网的调度下,也可以被其他部队所运用,以其最有利的地理位置、最合适的爆炸当量对敌方发起攻击。

3.4 军事信息栅格顶层设计

建设军事信息栅格是一项全新的、复杂的系统工程。没有科学实用的顶层设计方案,就无法对军事信息栅格的建设进行规范和统一。不进行规范和统一,只会产生更多的无法互联互通的信息孤岛,也就无法实现具有一体化信息支持能力的军事信息栅格。GIG 是建设最早、最具代表性的军事信息栅格体系。美军在实施 GIG 计划的过程中投入很大的精力研究与开发军事信息栅格顶层需求,并制订和发布了一系列涉及军事信息栅格顶层设计的文件,其中最重要的是 2001 年 6 月发布的《GIG 体系结构》1.0 版和 2001 年 8 月发布的《GIG 顶层需求文档》,以及 2016 发布的《全球信息栅格系统集成总体规划》。这些顶层设计文档反映出像 GIG 这样复杂的大系统是如何经过从不同角度分解透析来达到其整体设计目标的。

3.4.1 多层分布式总体架构

全球信息栅格 GIG 包括许多系统:通信系统包括美军国防信息系统网、卫星通信网、光纤通信网、无线电台网、联合战术信息分发系统、移动用户设备、战术数据链等;计算设施包括国防计算中心,各个战区、军兵种、联合部队的计算机局域网的服务器和工作站,以及野战便携式终端。这些系统提供了一系列在全球范围内互操作的功能,如信息处理、存储、传输,人与GIG交互、网络管理、信息分发管理和信息安全保障功能等。这些功能之间是密切相关集成和彼此相互作用的,从而实现整体的互操作和协同的能力。

由于 GIG 的复杂性,美军在设计 GIG 的总体架构时,将它划分成为五个不同的层次。这样做的好处是每一层实现一种相对独立的功能,只需要考虑它本身的功能及它与上下层之间的逻辑关系和互联接口。当任何一层发生变化时,只要互联接口关系保持不变,则上下各层均不受影响。这样,就可以将一个难以处理的复杂问题分解为若干个较容易处理的更小一些的问题。

全球信息栅格 GIG 的五个层次是基础、通信、计算、全球应用和使用人员。

第一层是基础层,包括体系结构、条令、政策、标准、工程、频谱分配、分布式作战指挥控制中心等。

第二层是通信层,以国防信息系统网为核心的通信网络基础设施。包括遍及世界各地的无线电通信系统、卫星通信系统、移动用户系统、联合信息分发系统、战术数据链等各种通信系统等。

第三层是计算层,以联合作战数据与计算为核心的数据分布式存储与算力基础设施。包括各级计算设施,从提供全球/区域服务的国防计算中心,到各个战区司令部、军兵种司令部、联合作战部队的计算机局域网的服务器和工作站,直至单兵的野战便携式终端。

第四层是全球应用层,通过部署在世界各地的全球指挥控制系统、全球战斗支援系统等,为部队提供战场态势感知、决策支持、情报支援、数据共享、消息传递、电子商务/电子数据交换、办公自动化等多种应用服务。

第五层是使用人员层,为指挥员、战斗员和支援人员在机动作战、精确打击、战略威慑、特种作战、指挥控制、通信/计算环境、信息作战、情报侦察预警、集中后勤、全方位防护、武器实验/部队训练、多国作战行动协调等12个领域提供应用支持。

GIG 的设计目标是具备以下五种基本能力:

(1) 计算能力,即处理和存储信息的能力。"处理"主要是用计算机将数据、信息、知识处理成需要的形式,以直接支持决策或被 GIG 其他部分调用;"存储"主要是对数据、信息或知识进行保存、组织和排列,以利于信息的共享和检索。

(2) 通信能力,即信息的传输能力。在信息生产者和使用者之间,以端对端的方式传送数据、信息或知识。

(3) 信息的表示能力。以适当的方式对人机接口的输入和输出信息进行表示,以实现人与 GIG 之间的可视化交互。

(4) 网络操作能力。包括网络管理、信息分发管理和信息保障三种功能。"网络管理"主要是对网内和网间各部分进行监视和控制;"信息分发管理"主要是以最有效的方式提供信息的感知和访问,并根据战场的作战环境和通信能力动态地及时调整信息的优先级等,从而更有效地使用网络带宽;"信息保障"是指通过保证信息的可用性、完整性、确定性、保密性和抗抵赖性,保护信息和信息系统,增强信息作战能力。

(5) 系统集成能力。通过信息栅格系统集成平台,实现信息资源、各作战空间、作战力量、作战系统间数据与信息互联互通、共享交换和武器协同。实现跨部门、跨领域、跨应用系统之间的信息交换、信息共享、信息协同处理,形成一个有机的联合作战的整体和完整的 C4KISR 的指挥、武器、战略、战役、战术的作战体系,从而凝聚成最大战力,发挥出最大作战的效能。

GIG 正是通过以上五种基本能力在全球范围内将各种军事信息系统连接成为一个公共的"系统之系统",使信息得以通畅、及时地流向任何需要它们的用户。

3.4.2 构建军事信息栅格视图

美国军队素以信息化程度高而著称,但在信息化建设过程中,由于起初没有完善的顶层设计和统一规范,也曾走过一条从各军兵种和各厅局独立开发"烟囱式"系统,再到逐步发展满足联合作战要求的一体化系统的弯路。近十几年来,美军不断总结 C4ISR 发展的经验教训,深切感到加强顶层设计、统一系统规范的重要性。如果继续按传统的方法,由各总司令部、各军兵种和有关厅局各自按照自己规定的词汇、表示方法和技术体制规范,独立开发只适合自己特殊需要和特殊目标的应用系统,则仍然会使新的 C4ISR 系统以"烟囱"或"孤岛"

的形式出现,并且结构复杂,占用资源多,很难实现令人满意的高效一体联合作战能力。

为了适应一体化联合作战的需要,1997年,美军提出了建立统一的C4ISR系统体系结构的开发方法,以此来保障C4I系统间的综合系统集成和互联、互通、互操作。美军用三类视图来描述C4ISR系统的体系结构架构,即作战视图、系统视图和技术视图。这里的"视图"其实是指观察角度。例如,作战视图从作战的角度描述了作战所需要的每种信息交换的特性,其详细程度应达到足以确定需要何种程度的信息交换的要求。系统视图确认了应由哪些系统保障上述要求的实现,把要求的互操作性转换成所需要的一系列系统能力和性能,并将现已具备的和计划中的能力同所有新要求的能力进行比较。技术视图则把实现这些系统必须遵守的准则和标准集合在一起,以控制每个系统的实现,保证系统能实现联合作战时的"即插即用"。

今天,这种用三类视图描述体系结构架构的方法在对军事信息栅格(如美军的GIG)进行顶层设计的过程中已被广泛采用,任何一个组成单元的设计和实现首先涉及的内容就是其架构体系结构,也就是要搞清楚该单元在军事信息栅格中的地位、作用、与其他系统的关系,以及该系统内部的结构,各组成部分的关系等顶层内容。这种描述方法通过规范化的研究方法和统一格式的视图,使军事信息栅格各个构成单元的架构体系结构都使用统一的术语和数据与信息模型,采用一致的描述方式和方法,遵守通用规则。这样,一方面便于各方面人员之间理解和沟通,另一方面也使军事信息栅格的各个构成单元能以联合作战为功能目标,将彼此的体系结构综合集成在一起,形成用于描述整个军事信息栅格的统一有序的架构体系结构模型。三类视图各有重点地确定了数据与信息、数据与系统之间和系统与系统之间的复杂关系,需要遵循的技术准则与规范,以指导实际系统的进一步设计与实现。前面已经讲过,军事信息栅格是各级各类信息系统的综合集成。实际上,这个综合集成首先是架构体系结构的综合集成,也就是通过三类视图对各信息系统进行统一的描述,然后再把它们集成为一个完整的架构体系结构。这样的顶层设计才能起到协调军事信息栅格全局建设的作用。

1. GIG作战视图

在这三类视图之中,作战视图是形成系统视图和技术视图的基础,是系统研制和实施的依据。通过作战视图的描述,应能清晰地说明目标对象的如下情况:赋予它的任务及要执行的行动;为完成或支撑规定的任务所需要的数据流和信息流。对信息流的描述应明确信息交换的类型和交换的频度,信息交换的支援对象和信息交换特征,信息交换应满足的特定互操作要求等。简而言之,从作战视图中可以找到以下三个问题的答案:在作战行动中,谁(即各指挥实体)干什么(即各指挥实体的任务)?谁和谁发生联系(即各指挥实体间的信息交换关系)?发生什么样的联系、多少联系(即各指挥实体之间的信息交换格式、内容、频率和信息量)?作战视图必须能按上述原则,明确其研究的特定领域和主要目的,研究的依据是条令和赋予它的作战任务,描述的内容主要是作战的需求(功能)而不是现在有什么样的信息系统。它主要以图形方式来规范化地表示和描述谁需要交换信息、需要交换什么样的信息、这些信息如何使用、需要何种等级的互操作要求等。通过作战视图,系统需要什么功能,不需要什么功能,都要一清二楚。

在GIG的作战视图中,其军事需求主要是进行资源动态规划,作战部队可以少量的兵力、更高的作战节奏实施作战;在规定的时间范围内,向联合指挥员及其所属部队传递有关目标、部队机动、装备状况、支援等级及资源配置等信息；从广泛分散的资源中获取、使用作战信息和指挥控制支援信息。在遍及整个作战空间的各组成单元之间，横向或纵向地收集、处理、存储、分发和显示信息；在全球范围内快速不中断地传输和交换信息，规划和实施广阔地域内不同层次（包括战略、战役和战术级等）的协同作战；确保决策者及参谋人员及时沟通信息，便于有效决策；为国家指挥当局及战略部队提供综合战术告警、打击评估等信息。

GIG 作战视图是指系统设计之初，定量、清晰和准确地描述出作战任务需求和行动、作战要素以及完成或支援军事作战所需要的信息流，往往起到决定性的作用和效果。作战视图有助于研制方、管理方、用户等不同部门之间的沟通交流。作战视图规定了信息交换的类型、交换频度、信息交换支援何种任务和行动，以及详细的足以与特定互操作要求相适应的信息交换特征，而且往往是用图来表示的。美军确定的九种作战视图产品（见表 3-1），可以从不同侧面描述作战需求，包括作战任务、作战节点、作战活动、作战指挥关系、作战信息流程、作战节点之间需交换的信息等。作战视图不仅有助于理清现有组织关系，优化作战流程，而且能更准确、定量、清晰地描述各种作战需求，从而为确定系统组成和功能提供依据。

表 3-1 作战视图产品

视图编号	名称	描述
OV-1	高级作战概念图	对作战概念的高级图形/文本描述
OV-2	作战节点连接描述	描述作战节点、连接关系以及各节点之间信息交换
OV-3	作战信息交换矩阵	描述各节点之间交换的信息及信息属性
OV-4	组织关系图	描述组织、角色或组织之间的其他关系
OV-5	作战活动模型	描述能力、作战活动以及作战活动与输入、输出之间的关系；相关的覆盖图可以表示费用、任务节点或其他相关信息
OV-6A	作战规划模型	明确约束活动的业务规则
OV-6B	作战状态转换描述	明确对事件响应的业务流程
OV-6C	作战事件跟踪描述	跟踪在某个或一系列事件中所采取的行动
OV-7	逻辑数据模型	从作战的角度对数据要求以及组织的业务流程规则进行正式的文件表述

作战视图描述了所关心的任务和行动以及要求的信息交换，这些描述的内容对推进军队的许多行动和评估是有用的。作战视图通常包括以下几个方面的内容：

（1）作战视图直观、形象地描述系统所支持的作战任务，包括作战地理环境、作战方式、参与作战节点、主要作战活动和要达到的目的等。有些产品采用图形、文本，甚至视频或虚拟现实（VR）的方式，概要地描述作战地理环境、参与作战单位、敌我双方态势等。有些产品用于具体地表示作战要素，如作战节点、各节点作用、各节点之间的关联关系等。

（2）作战视图描述作战活动及作战规则，包括作战活动、活动的优先顺序和因果关系、约束作战活动的规则等。有些作战视图产品用于对作战活动进行层层分解，并对每一层的作战活动及其具体流程进行详细描述。有些产品用于规范某一个作战任务、某个作战行动或某个组织机构的作战规则或业务规则，规定应该"怎么做"，必须"怎么做"和禁止"怎么做"等。有些产品用于描述作战节点及作战活动如何通过改变自身状态对多个事件进行响应。

（3）作战视图系统、形象地描述作战活动的组织关系，既可能是上下级关系，如监督报告关系、指挥控制关系等；也可能是平级组织之间的协调、协作、协同的关系；还可能存在着物理或逻辑上的关系。主要通过关系图来进行描述。

（4）作战视图清晰、详细地描述作战节点的连接关系，包括详细交换关系、信息交换类型等。有些产品用于定性说明作战节点之间的连接关系，包括有哪些连接、需要什么类型的信息。有些产品用于详细描述作战节点之间有哪些需要共享和交换的信息。

2. GIG 系统视图

GIG 系统视图是指系统研制之初，通常应明确系统支持什么作战活动、具备什么功能、能提供什么能力和服务、系统之间应具备什么样的关系等，是对提供或支持作战功能的系统及其相互关联的一种描述，通常用图形的方式表示。美军确定的 16 种系统和服务视图产品（见表 3-2）可以在作战视图产品所确定的作战需求牵引下，定量地描述系统的功能，清晰明确地表示系统内外的相互的物理与逻辑关系，使得研制系统能紧贴作战需求，发现系统的能力差距，减少系统的重复建设，从而提高建设效率。

表 3-2 系统视图产品

视图编号	名称	描述
SV-1	系统接口描述	描述系统节点、节点内的系统以及在节点内和节点间系统之间的连接关系
SV-2	系统通信描述	描述系统节点、系统部件之间的链路或网络配置
SV-3	系统相关矩阵	描述各种系统间关系
SV-4A	功能描述	描述系统不同层次的功能，以及各种系统功能之间的数据流
SV-4B	服务功能描述	描述服务所实现的功能，以及各种服务功能之间的服务数据流
SV-5A	作战活动与系统功能的映射矩阵	描述作战活动与系统功能的映射关系
SV-5B	作战活动与系统的映射矩阵	描述能力与作战活动与系统功能、系统功能与系统的映射关系
SV-5C	作战活动到服务的映射矩阵	描述服务与作战活动的映射关系
SV-6	系统数据交换矩阵	描述系统之间交换的系统数据元素的详细情况，以及这些交换数据的属性
SV-7	系统性能参数矩阵	详细说明系统及其硬件、软件、接口、功能的现有性能参数，以及在未来特定时期的性能参数
SV-8	系统发展描述	描述更新某个已有系统或者开发某个新系统，以满足未来需求的步骤
SV-9	系统技术预测	预测在给定时期可能使用并将影响体系结构未来发展的新技术和硬、软件产品
SV-10A	系统规则模型	描述由于系统设计或实施对系统功能的约束
SV-10B	系统状态转换描述	描述某个系统对改变其状态的不同事件所做出的响应
SV-10C	系统事件跟踪描述	描述作战视图中关键事件序列所需要的系统具体功能
SV-11	物理模型	定义各种类型的系统数据结构，如消息格式、文件结构、物理模型等

一个整体的系统视图,可以按照"全局域""组织域"和"节点域"来划分。对于一个"域"而言,系统视图用于说明多个系统如何连接和互操作,并且可以描述在这个体系结构中的特定系统的内部结构、功能和操作。对单个系统而言,系统体系结构视图包括实体连接、位置和关键节点、电路、网络、作战平台等的标识,并可指定系统与组成单元的性能参数的标识。系统视图把物理资源及其性能特征与作战视图以技术体系结构定义的标准所提出的要求连接了起来。系统视图描述作战视图所关心的系统和这些系统间的连接,可以用于许多目的,包括系统集成,进行投资决策,寻求满足作战要求的费效比合适的方法,评估互操作的改进等。系统视图针对特定的技术和"系统",这些技术可以是现有的、新出现的、计划中的或是概念中的。技术应用应取决于体系结构试图达到的目的。系统视图通常包括以下几个方面的内容:

(1) 系统视图定量描述系统功能,包括系统内部功能、外部功能、人机接口功能、图形用户接口功能和服务功能等。有些系统视图产品可定性系统内、外部功能等,利用功能分解图逐层分解系统功能,也可以利用数据流图描述系统功能之间以及系统功能与外部系统功能之间的数据流。有些产品用于定量描述系统功能,据此可以了解系统的所有技术性能特征,包括每一种系统、接口或系统的当前性能特征,以及未来特定时间点所期望或要求具备的性能特征。有些产品用于描述系统的服务功能,在日益强大的网络中心战环境中,通常需要利用多种服务来提供某种作战需求所需的功能。

(2) 系统视图直观地描述系统之间的多种物理和逻辑关系,包括系统节点之间的接口关系、系统与外部以及外部环境之间数据共享与交换的关系等。有些系统视图用于确定需要交换信息系统的接口关系,明确接口外所传输的系统数据。有些产品可用于确定系统之间的数据交换关系,包括交换数据的类型、数据交换的特征以及实现数据交换的具体通信方式,如波形、带宽、频率、加密方法和相关通信标准等。

(3) 系统视图描述系统的发展变化,主要包括系统在各种外界条件影响下的未来发展和变化,以及系统的变化特征。有些系统视图产品用于直观地描述系统的发展情况。有些产品用于描述造成系统发展变化的外部条件,确定未来特定时期内可能影响系统的潜在技术,尤其是最可能影响系统能力的支持性技术。有些产品可清晰地描述系统的变化特征,可以描述系统变化受到的限制和约束,可以表示系统对外界事件进行响应而改变自身状态的时间和先后顺序。

3. GIG 技术视图

GIG 技术视图是指系统需要采用技术标准、惯例、规范和准则等,它是决定系统部件或组成要素的安排、相互关系、相互作用和相互依存的最低的一组规则,其目的是确保组成的系统满足一组特定的需求。技术标准视图产品有两种,如表 3-3 所示。提供技术标准视图可以保证系统从设计之初,就能够实现系统内部之间及与外部系统之间的集成和互操作。

技术视图提供了系统实现的技术指南,据此可以制定工作范围,建立通用的构成部件,开放产品基线。它包括一批技术标准、惯例、规则和准则,它们组成了轮廓来决定特定系统视图的系统服务、接口和相互关系,并与特定的作战视图建立联系。技术视图的合理使用将会增进效率和互操作性,并确保研制人员恰当地规划系统的演进。目前也有些技术参考资源进行裁减来实现。技术视图的内容可以包括以下方面:

(1) 技术视图通过技术标准配置产品,确定约束具体系统的各种技术标准和规范。技术标准配置产品明确约束了各系统视图产品和作战视图产品的标准。技术标准通常对系统的数据格式、通信协议等进行限制,是实现系统开放式设计和互操作的重要条件。

(2) 技术视图通过技术标准预测产品,来描述未来特定时期内可能新出现的技术标准,及其对体系结构中系统要素的潜在影响。

表 3-3 技术视图产品

视图编号	名称	描述
TV-1	技术标准配置	列举了某一给定体系结构中适用于所有视图的标准
TV-2	技术标准预测	描述了特定时间内,新技术标准及其对给定体系结构中所有视图的潜在影响

4. GIG 架构体系结构全视图

GIG 架构体系结构是指军事技术和信息系统组成的架构、体系、结构及相互之间的关系,是指导军事系统规划与设计和发展的原则。美军 GIG 架构体系结构规定采用作战、系统和技术三种视图的方法,即通过格式化的图形和文本把作战需求(任务)、系统构成和技术标准完整清晰地描述出来。世界各军事强国不断深化军事信息栅格架构体系结构技术理论的研究,大力推广军事信息化架构体系结构设计方法,通过实战逐渐成熟和系统化,使得军事信息栅格架构体系结构的设计和水平不断提高。

GIG 架构体系结构全视图是一个经典的体系结构,它的主要特点是从作战、系统、技术的核心要素的各个不同角度描述系统体系结构,从而形成对系统体系结构整体的描述。将三方面各元素通过矩阵模型与架构模型对应起来,关键在于保证系统所有元素都被很好地组织并且它们之间的关系被很好地展现出来,不管哪个元素先建立,都能保证整个系统的集成和完整性。GIG 架构体系结构是一个通用的模型,它明确了该模型设计中要描述的内容,是一种通用的分级分类的方法,能够用于对任何复杂对象的描述。GIG 架构体系结构全视图定义了条理的体系结构设计原则,允许设计人员与建设者对系统进行合理的分解和综合,将系统体系结构分解与综合成定义清晰的全视图。

GIG 架构体系结构全视图描述方法是体系结构的核心内容,为了研究全视图描述方法,有必要首先对体系结构进行了解。架构体系结构是用于提供一种通用的、统一的文档、表格或图形对 GIG 功能、系统、技术标准进行综合的描述。它可以为 GIG 的使用方、研制方和管理方表述系统需求、设计系统体系结构、验证与评估系统提供统一、规范的系统工程方法论。其作用在于架构作战人员、技术人员、管理人员之间沟通的桥梁,实现作战、系统、技术三方面的综合,保证所开放的系统可集成、可互操作、可验证、可评估,从而提高系统的一体化水平。

5. GIG 三视图之间的逻辑关系

GIG 作战、系统、技术这三种体系用三视图描述体系结构的方法,在对军事信息栅格进行顶层设计的过程中已被广泛应用。在军事栅格中,任何一个组成单元的设计和实现,首先涉及的内容就是其体系结构,也就是要弄清楚该单位在军事信息栅格中的地位、作用与其他系统的关系,以及该系统内部的结构、各组成部分的关系等顶层总体的内容。这种描述方法通过规范化的研究方法和统一格式的视图,使军事信息栅格各个构成单元的体系结构都使用统一的术语和数据模型,采用一致的描述方式和方法,遵守通用规则。这样,一方面可以便于各方面人员理解和沟通,另一方面也使军事信息栅格的各个构成单元能以联合作战为目标,将彼此的体系结构综合集成在一起,形成用于描述整个军事信息栅格的统一有序的体系结构模型。三类视图各有重点地确定了系统之间和系统内部的复杂关系、需要遵循的技术准则与规范,以指导实际系统的进一步设计和实现。军事信息栅格是各级各类信息系统的综合集成。实际上这个综合集成首先是体系结构的综合集成,也就是先通过三类视图对各信息系统进行统一的描述,再把它们集成为一个完整的体系结构。这样的顶层设计才能起到协调军事信息栅格全局建设的作用。

  作战视图、系统视图和技术视图是从需求、功能与物理实体、规则三个不同的侧面来描述一个系统的体系结构,这三个视图在逻辑上结合在一起就能全面地描述一个系统的体系结构。作战体系结构视图用来描述任务与行动、作战要素,以及完成或支持军事作战所要求的信息流;系统体系结构视图是对提供或支持作战功能的系统及其互联的一种描述;技术体系结构视图是决定系统部件或要素的安排、相互关系和相互依存的最低限度的一组规则。三个视图之间相互关联、互为补充。作战视图为系统视图或技术视图确定作战人员的需求,提出各作战要素之间的信息处理和交换关系;技术视图为作战视图或系统视图确定一系列强制性的标准、规则与惯例,在系统建设各阶段提供技术指导并引入新技术以满足作战和系统能力需求;系统视图在已确定的标准基础上叠加满足系统能力和作战体系人员要求所需的软硬件设备,组成系统的完整体系。三视图之间的关系如图3-2所示。

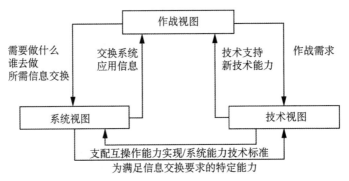

图 3-2　三视图之间关系图

3.4.3　共享数据资源

  在近期几场局部战争中,"战斧式"巡航导弹是实施远程精确打击的重要武器。在"战斧式"巡航导弹被发射之前,有关地面目标的经度和纬度数据被编入弹载的计算机系统,包括导弹飞行初始、中途和最终阶段的数据。在其飞行过程中,至少有4颗导航卫星为它导航,弹载GPS接收机系统随时接受卫星信号,确定其飞行状况;如果偏离了预定的飞行轨道,弹载计算机系统会自动对比预存的目标地图和实际地形,自动进行纠正。试想,如果导航卫星发送的定位信息的数据格式,与巡航导弹计算机系统能识别的数据格式不一致,那么巡航导弹就无法判断其所处的位置,更谈不上精确打击指定目标了。从上面的例子可以看出,数据资源的统一表示是战场上各作战单元获取准确信息,实现作战目标的基本保证。作为负责提供信息保障的各级各类信息系统,更应重视数据资源的统一表示。以往,指挥自动化系统的信息处理与信息表示缺乏统一规范,很难提供一体化的信息支持与信息共享,从而造成"烟囱"林立的状况。因此,在建设军事信息栅格中,要为用户提供一体化的信息支持服务,其前提就是要实现信息的统一表示,即信息一体化。

信息一体化，即陆海空天各类信息统一的分类、标准及表示规范，这是实现一体化信息支持的基础。信息一体化首先强调信息来源全面，要通过战场各个层面的搜集手段获得全方位的作战情报信息；其次，信息一体化强调所搜集信息种类的全面性，尽可能获取各级各类的作战信息，满足各种信息用户对作战信息的需要；最后，信息一体化也着重强调各种信息需要按照统一的标准和规范进行分类、处理和表示，从而能够提供全方位的信息支持服务，使合法的信息用户都能够方便、快捷地获取并使用所需的作战信息。

数据资源的统一表示，是实现一体化信息支持服务的基础。军事信息栅格的目标是实现信息支持与应用的一体化，即各类信息的收集、传输、处理、存储、管理、分发、应用的一体化。信息支持一体化，要求对各级各类作战信息进行一体化的信息搜集、信息处理、信息存储与管理、信息分发以及信息传输。一体化的信息搜集与处理可以提供更为全面、准确的作战信息，尽量减少甚至消除信息搜集的盲区。一体化的信息存储和管理为一体化的信息分发提供了必要条件。一体化的信息分发是一体化信息支持的核心，是指在要求的时限内将各种作战信息可靠无误地分发到需要它们的合法信息用户。一体化的信息传输为一体化信息分发的实现提供了硬件基础，为同一信息分发任务提供了广泛的多路由传输手段，既充分利用了有效的通信线路，又提高了信息分发的可靠性。在这种情况下，只有采取措施对数据资源进行统一表示，才能实现各类信息的收集、传输、处理、存储、管理和分发的一体化。另外，统一表示的数据资源使用户之间进行信息交互时，不必费时费力地进行数据格式的转换，而是采用信息栅格各分布式节点数据、信息、系统（页面）、服务组件封装的方式，保证了数据与信息在传递过程中的标准化、及时性和准确性。

在军事信息栅格中，只有标准化了的数据与信息才能被各信息系统识别，从而实现信息系统的交互操作。为此，在信息建模和信息标准化方面，必须强制性地建立标准数据模型和定义数据格式。目前，对数据资源实行统一表示的常用手段是为信息系统建立相应的"数据词典"。数据词典类似于我们常用的各种词典，其主要功能就是统一名称规范，它可将各种不同格式的数据"翻译"成统一表示的数据。数据词典是一个信息管理系统，它集中了各种数据标准化的标准和协议，包括信息处理、信息传输、信息建模、信息安全和人机接口等一系列的标准，专门用来对系统内的数据元素进行标准化和格式化。在军事信息栅格内，为了避免不符合数据词典标准的数据通过词典转换成标准数据的复杂流程，而采用系统底层技术服务方式，即采用组件封装技术，然后再在系统内进行的数据处理、挖掘、分析和人工智能深度学习。

3.4.4 综合系统集成要素

1. 统一身份识别

想实现各级各类指控系统以及传感器、武器平台等各种用户"随遇入网"，作战时灵活编成，要求军事信息栅格提供系统级的"即插即用"服务。计算机部件级的即插即用技术已经很成熟，它主要靠硬件、软件及标准规范来支持。例如，USB 存储器、活动硬盘、数码相机等外设产品在 Windows2000、WindowsXP 操作系统支持下，可以随时接入计算机中的 USB 接口插槽，从而访问计算机资源。计算机系统级的即插即用技术虽然没有明确的定义，但从局域网中可以找到它的雏形。例如，一台新的计算机接入局域网后，能立即成为局域网的一个新成员，网络中的其他计算机也能马上发现它，并与其进行通信联络、交换信息。

军事信息栅格系统级的即插即用，是指在用户应用层面上的即插即用。这要求信息栅格能够自动识别接入用户（包括各级各类指控系统、各类传感器和具有联网能力的武器装备等），自动建立与用户在应用级别上的联系，使接入用户能够方便快捷地从军事信息栅格获得所需要的信息支持服务。为此，需要解决接入用户的身份描述与身份认证的问题。进行用户身份描述与身份认证，不但是基于军事信息栅格的信息安全考虑，而且是用户从军事信息栅格获取所需信息服务，并且向军事信息栅格中的其他用户提供信息共享的必要条件。为解决这一问题，可以在军事信息栅格中建立用户身份认证中心，即可对用户身份资料进行存储和核对的单元。当用户初次申请加入栅格时，需向身份认证中心提供详尽的身份描述，由身份认证中心确认该用户权限级别，生成动态防伪的用户身份认证码和数字签名，并将该用户的注册信息分发到所有能够提供即插即用服务的栅格节点。此过程类似于我们到银行某一网点办理开户手续，我们得到一个由银行统一分配的账户号码（相当于用户身份认证码）及密码（相当于数字签名），以后即可凭这个账户及密码到该银行的任何一个网点去存取款，银行则通过账户和密码对用户的身份进行确认以提供存取款服务。

2. 信息平台建设

在构建军事信息栅格时，不同种类信息系统的无缝接入可通过构建通用信息平台的途径实现。平台一词原指火车站内的站台，是为方便旅客上下车而使用的一块宽阔、平坦、牢固的地方。信息领域形象地借用这种概念，将方便用户运行应用软件的，具有一定功能、规模、易用且可靠的信息系统称为信息平台。开发建设各类信息系统的经验告诉我们，军事信息栅格的建设应基于现有的各种信息系统，其目的是将各类信息系统综合集成到栅格之中，使它们发挥最大的效能。完全放弃原有的信息系统，从头开始建设军事信息栅格是不切实际的。但由于各信息系统采用的硬件、软件不尽相同，单纯采用"叠加"的方式将这些信息系统堆砌在一起，是无法实现系统间的无缝连接的。要达到互联、互通、互操作的要求，不同的栅格节点之间必须在通信层面、信息层面和应用层面采用统一的协议、格式和机制。通用信息处理平台是一种在网络环境下综合计算机硬件、软件和网络系统的集成平台，它以统一的规范来集成多种技术和多厂商产品，方便使用新技术和产品更新换代。通用信息处理平台采用"即插即用"的、开放式的层次结构，是实现互操作、缩短开发时间、提高运作能力、实现系统很大程度自动无缝集成的软件基础设施。

3. 信息系统集成

在构建军事信息栅格时，对于新建的系统或者传感器，可以在研发时考虑系统级即插即用的要求，在整个军事信息栅格内确定规范的硬件接口和软件接口标准，并按标准设计新建的信息系统和传感器的软、硬件接口。这样可使信息系统和传感器无论处于军事信息栅格的哪一个节点，都可以通过硬件接口方便地实现连接，并可通过软件接口迅速被节点识别。

对于军队已装备的大量各级各类指控系统以及传感器而言，它们都在稳定地运行并承担相应的职责，不能轻易进行改动，应本着"继承与创新兼顾"的原则对其进行改造。可以针对不同的系统和传感器开发相应的转换接口，尽可能地将这些已有的系统和传感器接入军事栅格，并且提供系统级的即插即用支持。转换接口在原理上类似于电源转接器，它提供软、硬件接口的转接功能。它一端符合原有系统的连接标准，另一端则可与军事信息栅格中的标准接口相连，从而将原先具有非标准接口的系统及传感器无缝地接入军事信息栅格中。这类似于日常所用的接线板，可方便地实现不同插头和插座之间的连接。所不同的是，转换接口不但提供硬件的接入功能更要提供标准软件接口，使接入栅格的信息系统能够迅速获得所需的信息服务。

实践证明,实现军事信息栅格系统集成的无缝连接将是一项十分庞大而困难的工程。其中,最大的挑战在于如何改造已建的旧系统和旧设备,使之能够在新的栅格中工作。由于当初建造这些设备时,只考虑到本部门的需要,没有考虑不同部门之间设备的互联、互通、互操作的要求,因此必须对这些旧系统和旧设备进行调整、改造、替换,才能使之与军事信息栅格相兼容,以获得更强的互操作性。对旧设备的管理和改造存在着固有的困难,一旦改造失败就意味着旧系统和旧设备向新技术及新能力的转型过渡无法实现。美国曾用"越南战争"来比喻这种改造的难度,为此,美军参联会提出了关键接口(KIP)的概念。关键接口使得GIG在建设过程中,只需考虑较少的管理接口,从而使GIG的建设具备了有序性、可见性和稳定性。GIG系统集成应具有以下关键性要素:

第一,系统必须通过系统集成实现互操作性,否则将危及实现任务的能力。

第二,该系统集成跨越了部门机构的界限。

第三,该系统容易遭受攻击,须具有非常重要的安全功能。

第四,可对多项采办项目计划产生影响。

据此,在美军的GIG体系结构1.0版中,已经确定了17类系统集成关键性接口要求。

3.4.5 信息栅格多网融合

取得战争胜利的关键在于速度。换句话说,如果在感知、决策和打击等方面始终都能赶在敌人前面一步,就能取得战争的胜利。在1991年的海湾战争中,伊拉克的"飞毛腿"导弹一直是美军的一块心病。为摧毁这种装载在卡车上打了就跑的导弹,美军总共出动了2 400架次战机,效果却很不理想。原因是当时从发现目标到发动袭击一般需要一天时间。在这么长的时间内,任何移动目标都能逃之夭夭。10年以后,在阿富汗战争中,美军面临的是类似的作战对象,他们面对的敌人不是具体固定的碉堡、工事,而是随时移动的"基地"组织和塔利班的车队、在地下工事洞口出没的恐怖分子和在阿富汗山区游荡的小股武装人员。这些目标的位置从不固定,要从空中命中他们,最重要的就是快速,从发现目标到战机飞临头顶发动攻击的时间不能超过10分钟。凭借先进的技术,美军做到了这一点,在阿富汗出现了大规模空中打击力量和小股地面部队的有机组合。美军地面部队只携带轻武器,骑着毛驴、马匹在阿富汗山区游荡。但和以往不同的是,他们都携带着最先进的通信系统,随时报告在地面侦察中的发现。中央控制指挥中心随后综合各方面信息,命令游弋在天空的B-52重型轰炸机投下精确制导炸弹。

没有信息优势和决策优势,就没有速度上的优势。为了获得信息优势和决策优势,军事信息栅格包含三个交织在一起的业务栅格网构成,即传感器栅格网(物联网)、交战栅格网(控制网)和信息栅格网,如图3-3所示。指挥控制中心与通信网络一起构成了信息传输与处理网络平台,是一种集成栅格网。传感器栅格网和交战栅格网本身都是通过信息栅格网把传感器、指挥控制中心、武器平台连接起来,这是栅格网的综合集成网络。区别只是传感器栅格网和交战栅格网分别更强调传感器或射击武器的数据与传输实时性作用。由三个业务栅格网组成了一个更大的信息栅格,使各作战单元之间紧密相连,达到情报互通、信息共享、密切协同、快速反应、精确打击的目的。数字化部队利用全方位、多手段的战场传感器系统感知和收集战场各种信息,对这些信息进行判读、分析与综合后,制定战场控制计划,然后依据控制计划,运用各种通信手段下达命令,实施对战场的控制。通过通信信息的反馈与监督,以及按照部队作战行动的目标,在对战场信息实现有效的偏差分析和决策追踪的基础上修正和完善控制计划和方案,以控制作战部队和武器系统对敌目标实施精确打击。由此可见,军事信息栅格体现了数字化部队侦察手段多样化、作战指挥实时化、火力打击精确化、作战力量综合化等特点。军事信息栅格通过信息收集、处理、传递、利用的流程,使部队能实时地感知态势、透视战场、快速地全程决策、锁定目标,高效地协调部队、精确打击,从而实现"传感器—指挥控制射击武器"一体化的作战过程。

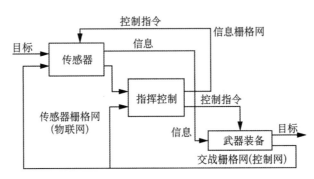

图 3-3　军事信息栅格多网融合结构图

1. 传感器栅格网

传感器栅格网由设在卫星、飞机、舰艇和地面上的所有传感器及其操作软件组成,它利用这些分散的传感器收集数据并快速生成战场感知信息。

美国战略与国际研究中心的一份研究报告指出:"数百年来,战争的基本问题,即其基本制约因素就是模糊不清,也就是所说的战争迷雾。指挥官总是不能完全搞清敌我双方每时每刻所在的位置,而且即使他们获得了有关的信息,也会因为向部属下达命令的系统靠不住而蒙受损失。然而,部队使用信息技术之后,通过先进的监视与指挥系统,每个指挥官都可以观察到整个战场情况,从而也就能自如地指挥部队作战了。"传感器栅格的作用就是先"看见",即确保获得战场感知优势,力求最大限度地获取战场信息,掌握战场形势,实现战场的"单向透明"。

传感器栅格网的基础是传感器的物联网。单个传感器的侦察监视能力有限,只能在一定的时间内对一定的区域实施侦察监视。若能将各个传感器联为一体,建立全方位、全频谱、全时段的多维侦察监视预警体系,就能弥补单个传感器侦察监视能力的不足,对敌实施实时的全时空侦察监视。例如,美国国防高级研究计划局正在研制一些低成本的自动地面传感器(包括声音传感器、电光学传感器和红外传感器等),这些传感器可以迅速散布在战场上并与作战平台和单兵连成网络,它们充当士兵的"眼睛"和"耳朵",提供大大增强的战场态势感知能力。通过联网的传感器,传感器栅格实现了情报、监视和侦察信息的分布式获取。

大量的传感器将搜集大量的信息。这些信息在分送之前必须进行处理,以把原始数据转换成可以储存或能够与其他数据融合的形式,这就是传感器融合。传感器融合可以将不同来源、不同模式、不同媒质、不同时间、不同表示形式的信息加以有机组合,最后得到对被感知对象的更精确的总体性描述。融合多个传感器的信息可以得到单个传感器所不能得到的信息。传感器融合对提高精度、消除冗余和合并同一目标的信息非常重要,它可以降低系统负荷,并使客户端获得更有用更全面的信息。传感器融合的主要步骤如下:一是基于集成的通信网络从多个传感器收集信息;二是在收集的信息间建立联系,避免信息成为烟囱式的,使信息可以为全军利用;三是给出收集的信息的含意(例如形成作战态势图),这是最重要的步骤,以保证信息尽可能快地转换为起作用的信息。如何对来源广泛的传感器输出进行一致而有效的融合,以及如何通过适当的融合来产生具有统一数据形式的准确有效信息,这些是传感器栅格必须解决的难题。

与以前的传感器网络不同,传感器栅格网不仅强调传感器联网和传感器融合,而且强调传感器的互操作能力。传感器可以按照一定的方式被分散放置在战场当中,但不一定要收集所有的传感器的输出数据。例如导弹的精确制导,在导弹飞行到不同的位置时,该区域的传感器就可以发挥作用。同一传感器感知的信息也可以为不同的接收者使用,例如某一地区的传感器信息可以同时为经过该地区的导弹、装甲车辆和士兵使用。由于传感器可以根据需要组合在一起形成战场感知,一个传感器的输出数据可以为其他传感器、各种指挥控制系统和交战武器系统所接受,这就要求传感器有很好的互操作能力,能和不同的对象以双方都能理解的方式交换信息。

美国海军的协同作战能力系统(缩写为CEC)是一个传感器联网系统,它是一种革命性的技术,可以被看作是传感器栅格的雏形。CEC的思路很简单,但实现的机制并不简单。CEC由传感器、无线网络和战斗单元组成,它能在受到干扰的复杂环境下提高战场透明度。CEC网络上传输的数据是原始雷达数据,原始雷达数据由一个航母战斗群内的军舰和飞机上的计算机进行处理之后,形成一个复合图像。CEC有许多优点,它不仅为集体协作提供了更高的可靠性、生存能力、精度和指挥速度,而且为将来的应用开辟了广阔的道路,具体地说来有以下几点。

首先,CEC使整个系统的可靠性比任何单个平台都高得多。通过传输原始雷达数据就相当于每个参战的单元都拥有了多个传感器,也就是说,只要目标被战斗群内的任一单元或平台发现,那么每艘装有CEC的军舰就都能看到并射击这个目标。每艘军舰不仅依靠自己的雷达,而且能利用其他所有军舰上的雷达,甚至装有CEC设备的飞机上的雷达。机载传感器能鸟瞰战场,可以大大扩展对高度很低目标的探测距离。

其次,CEC使整个系统的生存能力提高了。从概念上讲,一个单元可以没有发射电磁波的雷达,只需有网络监视器,就具备了攻击目标的条件。这样的单元难以被敌方发现,因为与装有发射电磁波的雷达和通信系统的单元相比,静默的单元被探测到的可能性小得多。

再次,就任一目标而言,由多个平台从不同方向对其进行探测十分有助于抑制干扰和确保发现。多部雷达从不同方向与目标接触,由于相对视点和雷达频率的不同,反映在雷达能量上是有差异的,因此由许多不同频率的雷达所获得的数据经过实时处理后,不仅能形成较佳的战术图像,而且能通过集体力量,提供清晰的作战空域。由此获得的复合图像非常精确,精确到仅用CEC数据就能对武器进行火控发射。因为雷达测距精度很高,方位精度略差,而将若干个单元上的多部雷达从不同方向探测一个目标所提供的原始数据进行融合,所获得的精度比单个雷达的精度高得多。

有了CEC就可以实现在混战中对战术飞机,或是在干扰环境下对导弹进行快速精确跟踪。凭借CEC的精度,军舰可以击落多个掠海超声速目标,不管它们是在视距内或视距外。CEC高精度的特点实现了稳定的识别,一经识别,即准确无误,不需人工介入,从而提高了指挥速度。

CEC还为先进的雷达集成、联合应用以及军兵种间的交互作战能力开辟了广阔的发展道路。原始雷达数据都有用，不管它来自何方。目前基本雷达数据已经成功地在一艘宙斯盾舰和一个陆军战区高空防空连接之间传递。美军的其他系统，如爱国者导弹、远程对空搜索雷达、球载雷达以及预警飞机也可应用CEC。这些将提高美军联合作战部队反弹道导弹的能力。

2. 交战栅格网

交战栅格网由各种空基、陆基和海基武器系统和用于指挥控制这些武器系统的软件组成，它的任务是有效利用战场感知信息达成预定的作战效果。

交战栅格网的基础是武器系统的联网。武器系统联网以后，性能将得到巨大提升。例如，美军正在研制的"战术战斧"导弹，其主要改进之一就是导弹上安装了卫星数据链，从而使其具备了新的能力。其新的能力之一是"战术战斧"不再像以前的"战斧"那样只能攻击预定目标，它可以在飞行途中改变攻击目标。"战术战斧"发射后，如果目标或任务发生变化，它能够根据指令在飞行距离不超过400千米的战场上空盘旋2~3小时，实时接收从卫星、预警机、无人飞机和岸基通信设备上发出的重新确定的打击目标命令和数据，然后在飞行过程中迅速改变方向，攻击新的目标。另外"战术战斧"还有"最后看一眼"的功能，能够进行损伤效果评估。"战术战斧"弹头顶端安装了前视电视摄像机，能随时将导弹探测到的目标状况传递到控制中心，指挥官通过观察导弹接近目标的情况和碰撞前的最后一帧画面，可以确认是否命中目标，并能迅速决定是否进行第二次攻击或转而攻击其他目标，而且第二枚导弹还可以检测第一枚导弹的攻击效果。"战术战斧"的这一功能，可以极大地减少打击统一目标时所使用的导弹数量。

交战栅格网不只是将武器系统联网，它能发挥整体合力，无论是这艘战舰上的火炮，还是那架飞机上的炸弹，所有的武器都被看作一个整体，从而寻求最好的攻击方式。单个武器系统通常都是结构体系比较完整，内部要素比较齐全，具有相对独立作战能力的系统。但是如果在战场上只是单个武器系统作战，其效果不一定是"1+1＞2"。例如，海湾战争中，伊军虽然拥有当时先进的米格-29战斗机，但由于缺乏预警指挥机的有效引导，升空后只能成为美军战机的"活靶子"。

交战栅格网通过把作战单元链接成一个有机的整体，推动了作战力量的一体化，将使作战样式发生深刻变化。在未来信息化战场上，尽管各种作战力量在空间上更为分散，但通过交战栅格网却可以实现更紧密地连接在一起的作战要求。不论是装甲突击部队，还是分散在方圆数百千米乃至数千千米广阔海洋上的庞大战舰群；不论是正在天空飞行的战机，还是正在地面执行特种作战任务的小分队，每一个作战单元既处于不停地运动之中，同时又紧密地连接在一起。

交战栅格网使各作战单元之间的配合高度协调。在交战栅格网中，各作战单元在多维战场上，既能及时掌握与其密切相关的局部战场情况，也能实时了解战场的全局信息，并可根据战场情况的实时变化，及时进行作战判断、决策和行动，实现相互之间的适时、主动协同。这种以自适应、自协调为主的协调方式，形式上更为宽松，但协调程度却更高。正如美军参联会前副主席欧文斯上将所说："美国能否成功地推行军事革命取决于综合利用已开发的新技术的能力。未来军事优势的基础是由多个系统组成的大系统，这个大系统基本上是一个军事联合体。任何一个军兵种都无法单独建设它，只有各军兵种密切协作才能建成。

当这个系统完全建成时,各军兵种的作战效能将有极大的提高。"

交战栅格网使火力打击有了可靠的依托。指挥控制中心能够根据被打击目标的特点,精选打击力量,让处于最佳攻击位置或是最佳攻击时机的作战要素来完成任务。有关资料显示,目前一架 F-117 隐形轰炸机飞行一个架次,扔一颗炸弹,相当于越南战争中一架 B-17 轰炸机飞行 95 个架次,扔 190 颗炸弹的水平。这种精确打击依靠的正是集指挥、控制、通信、侦察、预警于一体的信息网络与各种打击平台之间的无缝链接。

美军在交战栅格网的建设方面走在其他各国的前面。目前美军海陆空各军兵种中有一半以上的武器装备在战场上构成了互联、互通的网络环境。比如美陆军中的数字化单兵可随时获取来自各方面的信息与火力支援。又如美空军各型一线作战飞机都安装了快速战术图像系统和目标数据实时接收与修正系统,目前美军约 2/3 的飞机在起飞前不被赋予明确任务,而在战场上空待命,在空中接收目标情报,而后发起攻击,这使战机从发现目标到实施打击的时间由过去的几十分钟缩短为几分钟。

3. 信息栅格网

信息栅格网由通信网络和计算机系统组成,它将传感器栅格和交战栅格紧密结合起来,提供所需要的信息传输能力和计算能力。

信息栅格网力求提供最大的互联互通性,以保证信息的安全高速传输。所谓最大的互联互通性,就是所有的传感器、指挥控制系统和武器系统都能通过信息传输系统连入信息栅格中。信息传输系统包括陆基信息传输系统、海基信息传输系统、空基信息传输系统和天基信息传输系统。这些信息传输系统采用有线或无线技术高速度、大容量和低损耗地安全传输信息。

当前,建设信息栅格网面临的问题之一是带宽问题。现代战争对于通信网络的带宽需求越来越大。在 2003 年的伊拉克战争中,美军对通信的需求量大约是 1991 年海湾战争的 10 倍,战场上几乎所有的美军坦克、飞机、军车及精确制导炸弹和导弹都通过卫星数据传输接受作战指挥部的指令。由于战争通信数据量超过了五角大楼军事卫星的传输能力,五角大楼只好花钱租用商业卫星,即便如此,美军仍感到吃紧。因此,2003 年,美国信息系统局启动了全球信息栅格带宽扩展项目(GIG-BE),计划耗资 8.86 亿美元。GIG-BE 项目将建成具备 10G 带宽以上的、基于 IP 协议的快速、安全、全覆盖光纤网络,初期工程将为美国全球 100 个关键站点的用户提供支持。利用这一网络,美军作战和分析人员可以更快地收发情报和数据。

信息栅格网将提高通信网络的互操作能力。目前在作战中的通信方式过于复杂,例如目前美国陆军驻阿富汗和伊拉克的营地里天线林立,为的是适应 6 个不同的卫星波段以及 4 种无线电频段,天线过多导致系统之间相互干扰。而理想的作战设想是,陆军每一名作战人员都能利用手持的无线计算机接入一个全球网络。美国军队将使用一种新的名为联合战术无线电系统(JTRS)的通信系统。JTRS 的可编程无线电系统将提供多通道的语音、数据、图像和视频通信,它将取代 25 种以上的正在部队使用的无线电系统。除了提供信息传输能力之外,信息栅格网还提供计算能力。所谓计算能力,也就是数据处理能力。信息栅格网的层次如图 3-4 所示,最内两层是信息传输系统层和分布式计算资源层,它们通常是设备,如光纤、计算机

图 3-4 军事信息栅格层次结构图

等。由外向内数的第二层是应用软件层,它包括各种信息栅格应用软件系统,如全球指挥控制系统(缩写为 GCCS)和全球作战支持系统(缩写为 GCSS)等等。应用软件层使用其内部的信息栅格服务层提供的服务来获得最里面两层提供的信息传输能力和计算能力。

从软件的角度来看,建设信息栅格网时,关键的层次是中间的信息栅格服务层。美军将已经在其全球信息栅格立项中实现的这一个层次的软件称之为"网络中心战管理平台",其结构如图 3-5 所示。

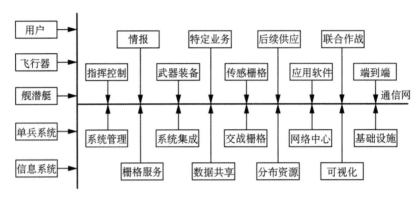

图 3-5　全球信息栅格网络中心战管理平台结构图

3.4.6　信息栅格网的运作与管理

1. 面向资源的栅格网管理

信息栅格资源运营与管理的基本功能有网络监视、信息收集、信息统计、网络操作、数据发送与转发、数据库查询等内容。网络管理随着计算机、网络和通信技术的发展而发展。从网络管理的内容来分类,首先是对"网路"的管理,即针对交换机、路由器等主干网络进行管理。"网路"相当于公路中的主干道,信息要异地传送,则必须通过"网路"。第二是对接入设备的管理,即对内部的计算机、服务器等的管理。第三是对行为的管理,即针对用户的使用进行管理。第四是对资产的管理,即针对信息资源进行管理。

栅格网管理主要依靠网管软件实施。网管软件的发展经历了三代。第一代网管软件是命令行方式,还结合了一些简单的网络检测工具。它不仅要求使用者精通网络的原理及概念,还要求使用者了解不同厂商的不同网络设备的配置方法。第二代网管软件有着良好的图形化界面。用户无须过多了解设备的配置方法,就能以图形化的方式对多台设备同时进行配置和监控,大大提高了工作效率,但仍然存在由于人为因素造成的设备功能使用不全面或不正确的问题,容易引发误操作。第三代网管软件相对来说更为智能,是真正将网络和管理进行有机结合的软件系统,具有"自动配置"和"自动调整"功能。对网管人员来说,只要把用户情况、设备情况以及用户与网络资源之间的分配关系输入网管系统,系统就能自动建立图形化的人员与网络的配置关系,并自动鉴别用户身份,分配用户所需的资源,如电子邮件、Web、文档服务等。

军事信息栅格建立在网络基础之上,它依附于网络而存在,是网络的更高境界,对于网络管理的要求更高。一个突出的内容即是对众多信息资源的管理。军事信息栅格覆盖陆海空天,大量分布式的资源不断更新与扩展,各信息系统之间的关联关系不断动态变化。如何在这样一个不断成长的网络环境中,为完成用户任务确定所需的资源集合,进行有序的组织和管理,保证所需资源及其关联关系的相对稳定,是实现栅格的前提。在栅格环境中,如何准确简便地用程序设计语言等方式描述应用问题和资源需求,如何使软件系统能够适应异构动态变化的环境,保证网络系统的可靠性,使用户能够便捷有效地开发和使用系统聚合的效能,是实现栅格的关键问题。

由于军事信息栅格地理空间的广阔性,信息资源的异构性,需要采用分级、分布式的网络管理方法。拿 GIG 来说,它是一个全球性的集成网络,分为全球级、区域级和本地级三种网络管理中心。全球级网络管理中心为国防信息基础设施提供管理与运行监督,确保系统与网络安全的策略、标准得到应用与执行。区域级网络管理中心为特殊的地理责任区提供系统与网络的管理以及运行控制,它为战区信息战、国防文电系统、全球指挥控制系统提供支持。本地级网络管理中心包括基本控制中心和合并的局部地区控制中心,它提供区域级的网络与系统管理以及运行控制,涉及单项或多项业务、系统设施或设备,以及众多的计算机工作站。

在军事信息栅格的管理中,可视化非常重要。可视化用图形表示网络状态,可以清楚直观地展现网络的情况,使得管理员很容易明了整个网络的运行情况,从而做出决策,调整或更改信息的路径。

栅格网管理的另一项内容是智能化。网络规模的不断扩大,加大了网络管理维护的难度。即使是一个上千台网络设备的网络,对其中每一个设备进行直接管理也是非常复杂的,即使每 1 分钟查看一个设备的状态和配置也需要 1 000 分钟,也要将近 17 个小时,相当于两个工作日。可见,对于大型网络,直接对设备进行管理实现起来非常困难。在栅格中,智能化指网管软件要能依据管理员制定的规则,对一些不是很复杂的情况进行自动监测、自动上报和网络故障解决,迅速地诊断网络错误及故障定位,以减轻管理员的工作并大大提高管理效率。

2. 按需分配的信息发布

在信息化战争中,作战双方的对抗首先表现在对信息优势的争夺。一方面需要掌握信息获取与感知优势,具有很强的侦察与监视能力、情报搜集与评估能力,以期比敌方更全面地掌握战场空间情况。这种能力包括战时对敌、友、中立各方的位置和运动以及所处地理环境(如地形、天气、水深条件)等各方面信息的获取能力,还包括向所有作战部队和支援部队,从指挥员到士兵,提供共用的战场态势图像的能力。另一方面,在获取信息后,必须在适当的时间以有助于态势了解和决策的可用形式提供相关的信息,使指挥员比对手更清楚地了解战场,从而把握战争的主动权。在恰当的时间,恰当的地点,拥有正确的信息,对实现决策优势是必不可少的。要完成这些任务,及时、高效的信息分发起着至关重要的作用。

可靠的通信网络服务是及时、高效的信息分发的基础。通过快速灵活配置的网络服务,使作战人员及其系统不受连通性、语言和位置的限制而交换并理解信息,通过网络连接的全部资源,在适当的时间和地点,得到自己所需要的信息。在 GIG 中,通信网络服务的定量目标包括:在 10 分钟内建立起可靠而坚固的作战网络,在 10 秒到 1 分钟内建立起战术通信信道及网络;在 3 分钟内完成多域数据库搜索和检索,30 分钟完成整个网的分布式资源的搜索和检索;在 1 分钟内即可传送关键态势变化信息,并可在 10 秒钟内将特定目标、威胁和部队配置的更新信息,传送给方圆数百平方千米战区的用户。

军事信息栅格具有多传感器的信息来源,存在着大量的诸如雷达跟踪、空中交通管制、武器制导、实时仿真、作战指挥等信息,信息种类多,信息量巨大。这么多的信息如果没有选择地全部发给各级作战单位,一来通信线路带宽可能承受不了这么大容量信息的传送,就如城市里涌出大量汽车,大多数情况下会堵车;二来各作战人员收到太多信息也会变得无所适从,不知哪些信息真正有用。因此,必然要对军事栅格中的信息进行分类,有的放矢地发送,这就是按需分配的信息发布所要完成的任务。

按需分配的信息发布,要按照信息的重要性、时间的紧迫性分发信息。现有的大多数军事信息系统的设计目的,是支持搜集、分析、存储和分发非极端时间重要的规划信息,而不是极端时间重要的生存信息。这会严重阻碍生存信息流向那些该信息对其可能意味着生与死的人员。而在 GIG 中,作战信息分为生存信息和规划信息两类。生存信息是需要信息接收者立即响应、采取打击或防御行动的信息,以免己方被摧毁或误伤。例如导弹预警信息对小于 12 千比特的生存信息,在 0.5 秒内分发出去的概率应大于 95%。规划信息是为进一步采取行动而准备的信息,一般来说对时间不敏感,有效期可以从几秒到几小时甚至几天,可存储在数据库中。例如,敌军、友军的作战命令、天气图,对作战地形的研究等。这种信息必须从多个信息源中提取,通常不能简单地加以过滤或筛选。这两种信息的分类是根据决策者所需时间来决定的,它与信息种类、作战态势、用户使命、所处位置等因素有关。同样的信息,对一些用户是生存信息,而对另一些用户则可能是规划信息。以"飞毛腿"导弹为例,有三类用户需要"飞毛腿"导弹的信息。一类是作为可能目标的师司令部,需要接收这种信息,以阻止或减少来袭"飞毛腿"导弹对自身的伤害。另一类是"爱国者"导弹连需要这种信息,以便与"飞毛腿"交战并试图将其消灭在飞行之中。第三类用户,海上作战群,需要这种信息作为规划信息,以使其在规划未来行动时,将"飞毛腿"的发射考虑在内。

为了做到按需分配的信息发布,军事信息栅格需要提供需求识别功能。也就是说,栅格应具有识别用户关于信息的时间性、数量、可信度等级等需求的信息分发管理能力。这种能力便于快速了解能够满足信息需求的已有信息,也将触发收集新信息,使通信资源的利用达到最优化。另外,还要能调整相关信息的分发,让某些信息优先传递,甚至调整整个辖区内的信息发送方案。栅格提供给用户的信息,应保证 95% 以上是可用、所需信息。

在某些情况下,信息分发不能完全满足各作战单位的需求。还应该让指挥员能主动获取信息,给他们发挥才能留下足够的空间。用户访问信息栅格的基本方式将是浏览和查询,如同我们今天流览因特网的主要方式一样。基于用户的查询,要求搜索结果中 85% 以上是可用、所需的信息。

3. 栅格网的安全保障

信息化战争中,军事信息栅格将各种作战、支援力量聚合成一个整体,形成一体化的联合作战力量。由于军事信息栅格是由天基、空基、海基和陆基信息基础设施与系统组成,分散部署在全球各处,必然存在很多弱点与漏洞;另一方面,信息作战技术的发展,也使得军事信息栅格面临严重的安全问题。例如,GIG 的计算机系统、操作系统和应用软件面临着计算机网络攻击的威胁;GIG 的无线部分面临着电子战攻击的威胁;GIG 的人员和设施面临着物理攻击的威胁。比如电磁脉冲(EMP)和定向能武器(DEW)等射频武器,可用于物理破坏电子线路。因此,信息安全防护是军事信息栅格赖以生存和发挥应用效益的根本保障,是军事对抗双方夺取信息优势的焦点。建立技术先进、管理高效、安全可靠的信息安全保障体系,增强防护能力,是军事信息栅格运作的重要内容。

保护军事信息栅格的信息安全,就是要确保其可用性、完整性、鉴别性、机密性和不可抵赖性。可用性指的是及时、可靠地为授权用户提供访问数据和信息服务。栅格化环境中的可用性,不仅涉及用户可以访问硬件和软件资源,也涉及用户能够获得所期望的服务质量(如合理吞吐量的网络带宽)。完整性是指对抗对手的主动攻击,防止信息被未经授权地篡改,即保证信息在存储或传输的过程中不被修改、破坏及丢失。鉴别性能确保使用者可以提出与宣称的身份相符的证明而接收者能据此判断信息的发送者。机密性是阻止信息泄露给非授权的个人和实体,或被其利用。机密性可通过对信息进行加密使信息得到保护,使用对称密钥技术或公开密钥技术都能实现这一目标。不可抵赖性保证行为人不能否认自己的行为,例如确保曾经发出过数据、文电、信号的发方事后不能否认。

GIG 的信息安全保障策略是建立纵深防护体系,在网络、链路和信息基础设施的每一级,都配备防火墙、入侵检测系统等安全设备,使得在信息深层防护架构内,各级信息安全设施和手段能互相支持,达到整体的信息安全效果。其功能是规划和调整对于信息分发操作和信息网络操作的信息安全需求,支持一线作战部队的计算机网络防护,保持其安全态势感知,对系统异常、失效和不测事件(非法进入、网络攻击)做出反应,降低数据和网络风险。

与网络管理一样,GIG 信息安全体系结构也分为三个层次,即全球级、区域级和本地级。在全球级网络安全中心,实现监视国防通信系统和计算机网络状态,提供信息安全报告、分析和支援,制定通信和信息安全战略计划;评估不测事件对国防信息基础设施的威胁,查找安全隐患,及时制定和实施反击措施;确定和解决计算机安全异常,在系统和网络受到攻击后进行修复。在区域级网络安全中心,要向上级报告网络运行状态及当前的问题,管理本区域内的网络、系统、应用和服务的信息安全保障;进行入侵检测,对不测事件做出反应;进行软件对抗,修补安全漏洞;进行系统安全易损性评估。在本地级安全中心监视、控制和维护一线作战部队的系统、网络和应用,处理信息安全保障的有关问题,向区域级传送有关信息安全保障的信息。在物理构成上,各级网络管理中心和网络安全中心共同构成网络运作和安全中心。

为了实现信息安全保障,GIG 提供攻击探测、响应与恢复的能力。攻击探测是指对计算机和网络资源上的恶意使用行为进行识别和响应的过程。它不仅能检测来自外部的入侵行为同时也能检测内部用户的未授权活动,其目的是提供潜在攻击的早期预警,以便采取行动和措施来减少或消除攻击效果。例如,2001 年美军研制出了网络快速攻击侦测系统、"网络狼"等网络攻击探测系统。其中,网络快速侦测系统将确认黑客入侵的时间从 4 小时缩短到了 4 分钟,从而为防御攻击行动争取了时间。美国空军计算机应急小组(AFCERT)在 148 个站点安装了安全事故检测系统(ASIMS),用来监视空军各部队计算机网络的运行情况,尤其是与国际互联网相连的保密 IP 路由网(SIPRNE)的运行情况。美国信息系统局大约控制了 150 个入侵探测装置,这些装置装在与国际互联网连接的非保密 IP 路由网(NIPRNET)中,以监视来自因特网的攻击。美国计算机网络战特遣部队(约 40 名军人)每周 7 天、每天 24 小时值班,在全球网络运作与安全中心监视和保护美国的网络。根据美军网络防御的计划,4 年后将实现网络防御"通用作战全景图像"信息的共享。

在受到信息攻击后,军事信息栅格应该有能力隔离故障、重组资源、恢复受到破坏的信息和数据,以继续支持关键功能的运行。2000 年夏天,美国首次模拟演习了发生信息攻击之后的实时信息恢复能力。在演习中,美国的战斗管理系统受到攻击,并发生了故障,几分钟之后,安装在网络上的恢复程序查出了问题并迅速修复了故障。美国空军研究实验室已研究出能恢复丢失或被更改信息的工具。美国陆军为加强 IG 的多级安全能力,也在开发自适应、自修复网络技术。信息化战场上,军事信息栅格被攻击的可能性越来越大,这就需要对信息安全保障进行固定的投资,不断发展升级信息安全技术。

3.5 军事信息资源管理规划

美国防部为了执行美军网络中心战的战略目标,制定了美国防部信息资源管理的战略规划。该《信息资源管理规划》(2019—2023)提出了与信息技术相关的现代化目标,为未来国防战略提供了必要的中期实施计划。同时提出了美国防部首席信息官的责任和内容,即实现美国防部在未来十几年中涉及网络中心战、联合全域作战和作战云战略等的战略性目标,并创建更安全、更协调、更无缝、更透明,以及具有更低成本效益的 IT 体系结构,能够将数据转换为可操作的信息,并确保在持续的网络威胁面前可靠地执行作战任务。

美国防部信息资源管理优先规划的事项如下:
(1) 网络安全;
(2) 人工智能(AI);
(3) 云战略;
(4) 指挥、控制和通信(C3);
(5) 现代数字化目标;
(6) 创新以获得竞争优势全御;
(7) 优化效率和改进能力;
(8) 发展网络安全,形成灵活、有弹性的防御态势;
(9) 现代数字化战略培养人才。

《信息资源管理规划》(2019—2023)这项战略规划,符合美国防部信息资源管理和预算办公室的要求,即说明信息资源管理活动如何帮助完成各机构任务,并确保信息资源管理决定与组织规划、预算、采购、财务管理相结合,并为人力资源管理和项目决策提供有价值的信息。其中包括对部门 IT 现代化方法的描述,重点是联合全域作战信息环境框架,并描述如何加强网络安全。这些努力支持实现美国防部首席信息官的现代数字化的愿景,以及本战略规划中确定的目标。最后,提供《信息资源管理规划》(2019—2023)的战略实施目标和首席信息官的职责和任务。

3.5.1 《信息资源管理规划》的背景

如果将美国防部比喻为一家公司,它将是在财富 100 强中名列前茅,在世界范围内,很难再有哪一个组织比美国防部有更广泛的使命或利益范围。美国防部也是美国最大的组织团体之一,拥有 130 万现役军人、74.2 万文职人员和 82.6 万国民警卫队和预备役部队。它管理着数十万个相对独立运行的实体单位,分布在 5 000 多个不同地点,占地 3 000 多万英亩。美国防部在几乎每个业务领域开展重大活动,从采购到指挥和控制、全球后勤、医疗保健、情报、空间行动、设施管理等,每一项都有重度的信息技术和网络安全依赖性。

美国防部在网络规模上也同样庞大,它运营着世界上最大、最复杂的军事互联网和信息栅格网。以下是美国防部的一些基本信息技术统计数据:2019 财政年度超过 464 亿美元的预算、数千个数据中心、数万台服务器、数百万台计算机和信息技术设备,以及数十万台移动设备。美国防部的网络必须非常重视可移动性,以支持世界各地的任务,并足够灵活以促进与任何合作伙伴的任务。

《信息资源管理规划》(2019—2023)强调了美国防部首席信息官的意图,这些努力是更有效和高效完成美国防部任务的关键因素。美国防部首席信息官负责与美国防部信息部门有关的所有事宜。该战略中的大部分工作都属于联合信息环境框架,该框架提高了固定和移动用户的网络能力,建立了新的美国防部范围内的 IT 服务,通过协调的更新工作使技术得以创新和现代化;提高了新的互联互通网络的安全能力,并改进了对数据的访问和共享。联合作战信息环境框架还提供了一种网络设计,可以提高对恶意网络空间活动的防御能力,并通过网络操作和安全中心的分层结构进行管理。

3.5.2 首席信息官的作用

美国防部首席信息官是美国防部长信息技术(包括国家安全系统)、信息资源管理的首席参谋助理和高级顾问。美国防部首席信息官负责与美国防部主管信息化部门有关的所有事宜,包括通信,频谱管理,网络政策和标准,信息系统,网络安全,定位、导航和定时政策,以及支持美国防部指挥和控制。美国防部首席信息官的任务是确保美国防部将信息视为战略资产,并确保美国防部所有支持作战、业务和情报任务的领域都具备创新信息的能力,从而提高美国防部的战斗力及其安全性和效率。美国防部首席信息官是美国防部长办公室的重要成员,通过履行相应的职责来指导美国防部实现更加灵活、高效和有效的信息技术体系。

美国防部首席信息官与美国防部其他部门密切合作,履行其职责。一般而言,与美国防部首席信息官密切合作的部门有美国防部首席管理官、美国防部政策副部长办公室、美国防部采购与维持副部长办公室、美国防部研究与工程部、美国防部情报司副司长办公室。除此之外,还包括各军种部、联合参谋部和作战司令部。

3.5.3 信息资源管理的定位

美国防部的现代数字化战略,也称美国防部信息资源管理战略规划,必须与美国防部的高层指导一致,并对其做出回应。与美国防部的现代数字化战略相一致的其他战略包括总统的国家安全战略、美国防部的国防战略、美军参谋长联席会议国家军事战略、国防商业行动计划、美国防部网络战略和国防规划指南。美国防部现代数字化战略也将通过美国防部四个首席信息官优先事项和其他适当的关键主题的从属战略得到支持。

具体而言,美国总统的国家安全战略处于最顶层。第二层为美国防部的国防战略。第三层为国防商业行动计划、美国防部网络战略和国防规划指南。第四层为美国防部现代数字化战略。第五层为抵御网络风险战略、人工智能战略、云战略、IT 改革战略和 C3 现代化战略。其中,处于上一层的战略对下一层的战略具有指导作用。换言之,处于下一层的战略必须与其上一层的战略相对应,不允许突破上一级战略所规定的范围。需要说明的是,处于第五层的抵御网络风险战略、IT 改革战略和 C3 现代化战略目前正在制定中,尚未公布。

美国防部确立了核心战略目标,并为军队结构部队现代化、业务运作、基础设施和所需资源的规划提供指导。国防规划指南为每个军事部门的项目目标备忘录(POM)和预算估算报告(BES)的制定提供了目标、优先事项以及财政约束。

国防商业行动计划是管理和预算办公室授权的美国防部机构战略计划(ASP),也是美国防部管理和改革维持作战人员所需的业务运作和基础设施建设的路线图。国防商业行动计划的2018—2022财年战略目标反映了美国防部对国防战略的优先事项和战略方针:建立一支更具杀伤力的部队是国防商业行动计划的主要目标。为实现这个主要目标,国防行动计划应当向美国防部提供必要的军事力量以阻止或赢得战争,并为美国提供安全保障。国防行动计划的战略目标有助于提高军事作战的能力和杀伤力,确保作战人员获得最佳支持,为其战时任务做好准备。国防行动计划还将加强美军的联盟,它强调联盟和伙伴关系为和平提供了途径,为同一愿景的国家的经济增长创造了条件。

美国防部现代数字化战略支持国家发展战略和国家发展政策。美国防部现代数字化战略的每个目标都包含一组子目标和战略要素。许多目标和战略要素都是基于联合信息环境框架的倡议。

3.5.4 信息资源管理战略目标

1. 一级战略目标

(1) 建立一支更具有杀伤力的联合部队,重建军事准备状态。
(2) 加强美军的联盟并吸引新的合作伙伴。
(3) 改革国防部的业务模式和流程,以提高效率、业绩和能力。

2. 二级战略目标

(1) 通过资源重组、创新和现代化,为未来战争准备奠定基础。
(2) 增强信息技术和网络安全能力。
(3) 确保为国防部行动提供最佳情报、反情报和安全支持。
(4) 采取主动行动,招募和保留最佳的总兵力,以增强能力和战备。
(5) 通过国防部转型或向其提供共享服务,改善和加强业务运作,减轻行政和监管负担。
(6) 接受审计,提高预算和财务质量,管理国防部最有价值的信息。

3.5.5 首席信息官信息资源管理目标

1. 创新创造竞争优势

(1) 建立联合人工智能中心,加速采用和集成人工智能,以实现大规模任务要求。
(2) 提供国防部战略云环境,以利用云计算技术集成创新。
(3) 将数据视为战略资产。
(4) 加强合作、国际伙伴关系和联盟互操作性。
(5) 确保国家领导指挥能力的连贯性。
(6) 加强定位、导航和定时的交付和保护。
(7) 国防信息系统网络运输基础设施现代化。
(8) 国防部部门网络和服务现代化和优化。
(9) 提供端到端机载情报、监视和侦察数据传输。

(10) 改善对移动用户的信息共享。

2. 优化效率和改进能力

(1) 从以组件为中心转变为联合军种范围的作战和防御模式。
(2) 优化国防部数据中心。
(3) 优化国防部企业协作与生产力服务 ECAP 能力集 1。
(4) 优化国防部语音和视频能力(国防部企业协作与生产力服务 ECAP 能力集 2 和 3)。
(5) 改进快速技术部署流程。

3. 发展网络安全，形成灵活、有弹性的防御态势

(1) 改造国防部网络安全架构，以提高灵活性和增强应变能力。
(2) 部署端到端身份、凭据和访问管理基础架构。
(3) 保护国防部敏感信息以及 DIB 非保密网络和信息系统上的关键程序和技术。
(4) 改革国防部网络安全风险管理政策和实践。

4. 为实现现代数字化培养人才

(1) 加强网络功能社区劳动力。
(2) 加强 IT 采购员工队伍。
(3) 加强网络员工的招聘、保留、教育、培训和专业发展。

3.5.6 信息资源管理愿景、目标与战略实现

信息技术是指挥和控制执行作战行动的部队，是管理和保护信息资源以及与联军部队进行协作的关键要素。美国防部现代数字化战略强调利用创新技术，加强网络安全，培养人才等，以提高效率，提升美国防部范围内的信息共享服务能力，增强美军在冲突和应对自然灾害期间与任务伙伴合作的能力，并改进业务流程和方法。更有效和更安全的信息技术将有助于保持和扩大美军的军事竞争优势，并为联合作战部队腾出更多资源。

1. 美国防部未来数字环境展望

现代作战空间扩展到外层空间和网络空间，在未来的战略环境中，美军潜在和现实的对手都将在这些领域进行规划和发展。因此，在所有领域以及跨领域中的竞争都将加剧。为了在这种新的数字作战环境中保持和扩大美军的军事优势，联合部队必须具备适应能力、创新能力，以及在多个地区和所有领域的运用能力。

信息基础设施和服务必须具备灵活、有弹性、透明、无缝和安全的特点，能够将数据转换为可操作的信息，并确保可靠的任务执行。现在和将来的网络安全威胁将持续存在，这是至关重要的。美国防部及其任务合作伙伴之间的更密切合作，将有助于美国防部决策者了解 IT 支出的重点，并为支持这一愿景提供更好的解决方案。

然而，由于美国防部业务部门众多，其国防费用支出具备分散性，有必要对信息技术投资进行更有效的监督。国会已认识到这一需要，在《美国法典》第 10 编第 142 节中修订了美国防部首席信息官的权限和职责，美国防部首席信息官的权限和职责得到扩展，现已包括对军事部门和国防机构预算的年度认证，自 2019 年 1 月 1 日起生效。美国防部首席信息官现在将通过一个全面的管理系统(包括年度和多年过程)监督美国防部的 IT 预算申请和现代化工作。年度首席信息官能力规划指南将提供支持该系统的规划和预算编制，并为首席信息官的预算认证职能提供主要依据。

2. 美国防部首席信息官工作目标

美国防部首席信息官管理系统分为四个部分,即战略规划、指南(如年度首度信息官能力规划指南)、记录卡,以及为预算认证职能提供主要依据。

美国防部首席信息官管理系统的四个部分中,记录卡是由美国防部首席采办官统管,美国防部首席信息官只是在自己的职权范围内管理所属领域的记录卡。2018年,美国防部已经开始分析有关质量交付、承包商绩效评估报告和业务系统的数据。这些数据都将被计入记录卡,美国防部在与工业部门交谈时就能知道它们哪些方面运行得好,哪些方面还需要提升。各军种将共享合同签约数据,确保拥有综合数据来表征承包商绩效。这项工作将使美国防部了解支出的回报、交付的及时性和产品性能的优劣。收集充足数据并不是个难题,困难在于综合和凝练数据。国防采办数据多且分散,要将它们整合到一页有意义的记录卡中仍是挑战,这要区分大项目和小项目,还不能忽略了服务项目。这些信息将使美国防部更加了解工业基础的能力和脆弱性。另外,数据驱动的记分卡将使整个采办和合同管理队伍了解承包商绩效,为新合同授予和奖励金的确定提供依据。

美国防部首席信息官管理系统将以一种共同的、协调的方式实现整个部门的持续,全面实现IT现代化。结合政策和发展策略的变化,它将使该部门更加突出企业级的服务。利用美国防部各机构之间的共性,使美国防部许多重叠的IT系统、计划、项目、服务、能力、运作和治理结构更有效地同步、整合和集成。

这一转变的好处包括:

(1) 提高速度和减少重复劳动——提高IT投资回报率。

(2) 一致性和标准化的IT体系结构——支持更快地部署新功能,提升互操作性、可用性,以及降低网络安全风险。

(3) 提高美国防部信息技术支出的预算透明度。

(4) 突出网络基础设施的收敛性——降低复杂性和成本。

(5) 消除部署不必要的能力和服务——减少业务程序开销。

3. 美国防部数字化战略实现

未来美国防部的数字化战略实现,将提供无缝、灵活、弹性、透明和安全的基础设施和服务,提高美国防部的信息优势,简化与任务执行的信息共享。在实现这一目标的过程中,未来的数字化环境将利用更多的技术集成创新和深度融合应用。这些新技术集成创新可以提供全面的智能化与智慧化互操作的能力,提供更高的运作效率和系统的安全性。

3.6 军事信息栅格系统集成总体规划

3.6.1 军事信息栅格系统集成总体规划的背景

《军事信息栅格系统集成总体规划》由美国信息系统局主管空军中将罗尼·D. 霍金斯主编,美国防部网站公开发布(https://media.defense.gov),本书作者做了编译和注释。

当前的政治、经济和技术创新推动着美国寻求利用更少的资源,以更安全的方式向其用户提供更多的信息技术能力。为了实现这些高端目标,美国国防信息系统局(Defense Information Systems Agency,DISA)必须转化交付IT服务的方式。为了强调这个需求,

《"全球信息栅格"系统集成总体规划》(GIG Convergence Master Plan,GCMP)详述了美国国防信息系统局的技术战略并提供了一个目标技术架构。《"全球信息栅格"集成总体规划》也包括了"全球信息栅格"技术基准,这个基准记录了业已批准的一套信息系统局技术方案。《"全球信息栅格"系统集成总体规划》2012版是以往年《"全球信息栅格"规划》版本为基础进行修改而成的。

美国国防信息系统局的技术战略由长期、中期和短期目标,以及用于实现这些目标的计划组成。计划的一个核心要素是目标技术架构,与早期版本的区别就在于该技术架构是以云中心模式为基础,而早期版本中的架构是以网络中心模式为基础。采用这种云中心模式也扩展了集成的概念,囊括了少数定义良好的接口,不断增长的不同的终端用户设备类型可以利用这些接口来向全世界范围内的用户交付服务。

《"全球信息栅格"系统集成总体规划》2012版也扩展了早期版本中建立的组织表示法,从而可以使用一个组合管理结构来管理服务。在目标架构中服务层由IT服务组合构成,服务组合包含了一组服务供应。项目或工程管理人员递送服务,从而向组件和利益共同体提供能力。文件对信息系统局系统工程过程、用于枚举技术方案的基于模型方法以及服务供应的技术文件标准也进行了概述。

美国国防信息系统局领导层将使用《"全球信息栅格"系统集成总体规划》阐述的组件管理和控制过程。DISA总工程师委员会将使用《"全球信息栅格"集成总体规划》作为工具对技术基准和技术路线图进行技术控制和管理。DISA组件采购执行委员会将使用《"全球信息栅格"系统集成总体规划》来确保如下事项的进行:在项目中确认集成点,同步能力发布,确保服务供应支持信息系统局的目标。《"全球信息栅格"系统集成总体规划》的后续版本将根据信息系统局技术战略的升级陆续发布。每年,目标技术架构将随着平台的升级进行更新。标准技术文件模板中的可读文件将在电子资料馆予以发布,也会经常进行更新。

1. "总体规划"摘要

《"全球信息栅格"系统集成总体规划》是DISA用于技术控制和管理的最高层次文件。《"全球信息栅格"系统集成总体规划》可分为两卷。第一卷主要从战略层面定义了信息系统局的技术战略,并描述了目标技术架构(顶层规划)。卷二更多地关注战术层面,并提供了全面的技术参数资料(专项规划),包括服务供应所用的标准技术文档模板、完整的服务供应与能力之间的映射、完整的信息系统局技术基准以及"全球信息栅格"技术指南(GIG Technical Guidance,GTG)。

作为其信息技术有效性举措的一部分,构建了联合信息环境(Joint Information Environment,JIE)以达成如下三个总目标:一是向用户提供对任务完成更有帮助的信息技术能力;二是增加安全性;三是提高效率。信息系统局实现上述总目标的技术战略可以划分为长期目标、中期目标、短期目标以及达成这些目标的计划。

长期目标,一是从传统环境转移到商用及政府网络的云计算环境,同时保持供应商身份;二是在核心、中继和战术前沿环境中增强服务互联互通性。

中期目标,一是当使用商用云服务供应商时,要采取恰当的措施以保护数据(处于传送或静止状态),并对用户进行身份验证以及适当的访问控制;二是提供虚拟化技术,该技术可以支持更加多样化的准入终端用户设施在安全的非保密操作环境中运行;三是扩展平台以便为联盟国基地提供服务。

短期目标,一是通过对组件已购基础设施和现存软件许可证的合并,提供一套更加高效可靠的公共用户服务和平台服务;二是提供两种私有云,即非保密平台和保密平台;三是通过将终端用户应用迁移到基于Web界面和将终端用户转移到虚拟桌面可视化界面环境,来改善终端用户设备的访问。这些目标将通过实施IT服务组合和相应管理控制来实现。

这些IT服务组合将执行目标技术架构,该架构包括三个云服务层:公共用户服务(可视化集成平台)、平台服务(信息共享一级平台及行业级二级平台)和基础设施服务(信息基础设施"三中心一平台")。除此之外,目标架构还包括了任务保证服务和业务服务管理,二者也向三个云服务层提供服务。

2. "总体规划"前言

"总体规划"是2012年《"全球信息栅格"系统集成总体规划》两卷中的第一卷。《"全球信息栅格"系统集成总体规划》是信息系统局用于控制和管理技术发展的三个顶层文件之一。第一个文件是《信息系统局战略规划》。该规划阐述了信息系统局如何划分作战的分级分类(Lines of Operation,LoO)和联合作战战略与策略,如何定义战略目标,如何确立主动权以及怎样配置资源等。第二个文件是《"全球信息栅格"系统集成总体规划》。该规划定义了信息系统局技术战略,阐述了目标技术架构,并记录了信息系统局服务供应的技术基准。第三个文件是《项目目标备忘录》(Program Objective Memorandum,POM)。该备忘录描述了所要执行的服务供应及执行这些服务供应所需要的财力资源。

3. "总体规划"编制目的

与《"全球信息栅格"系统集成总体规划》主要相关的单位是信息系统局总工程师委员会(Chief Engineers Panel,CEP),该委员会成员用《"全球信息栅格"系统集成总体规划》进行技术控制和管理。总工程师委员会定期更新信息系统局技术战略和目标技术架构,从而保持技术上的前瞻性和创新性。另外,对于项目和工程,总工程师委员会要审批它们对技术基准的改变能否通过,以确保项目和工程在技术层面的合理性,并审验它们能否与该局的技术战略保持一致。

还有一个主要相关单位是信息系统局组件采购执行委员会(Component Acquisition Executive,CAE)。组件采购执行委员使用《"全球信息栅格"系统集成总体规划》来支持对能力(由服务供应提供)的集成和协调以满足服务组合需求。

其他相关单位包括:信息系统局服务组合委员会(Service Portfolio Board,SPB),负责掌管IT服务组合;信息系统局信息技术服务组合管理员,使用《"全球信息栅格"系统集成总体规划》的服务供应与能力之间的映射来识别IT服务组合中存在的缺口和冗余之处;信息技术服务项目与工程管理员,使用目标技术架构和GIG技术指南来引导服务供应的开发,一旦被总工程师委员会批准,该服务供应将被加入技术基准当中。

4. "总体规划"概述

《"全球信息栅格"系统集成总体规划》2012版是第三代集成总体规划。

第一代《"全球信息栅格"规划》于2006年3月出版,着重阐述了"如何将应用、服务和网络迁移到基于IP的公用基础设施,从而能够支持网络中心系统"。

第二代《"全球信息栅格"集成规划》(1.0版)于2011年3月出版,扩展了"集成"这个概念,除了基于IP的服务之外,还包括应用、服务和数据、通信、信息安全、网络作战与业务管理、计算基础设施。

《"全球信息栅格"系统集成总体规划》2012版以旧版为基础,阐述了信息系统局的技术战略,并提供了一个目标技术架构。新架构以云计算中心模式为基础,旧版本是以网络为中心,二者有明显区别。新架构也着重集成了一些定义明确的接口,从而通过不断增加的多样终端用户设备类型为在世界各地的用户提供服务。

5. "总体规划"文档结构

《"全球信息栅格"系统集成总体规划》共分两卷。卷1关注战略层面(顶层规划)。它定义了信息系统局技术战略,描述目标技术架构。技术战略可分为长期、中期和短期目标,以及用于实现这些目标的计划。计划包含一个用于加强组合管理的结构、一个用于定义技术架构的基于模型系统工程(Model-based System Engineering,MBSE)的方法论、系统工程过程(包含用于描述服务供应的说明文件,是技术基准的一部分内容)以及标准与技术管理。

卷2更多地关注战术层面(专项规划)。它包含标准技术文件模板、完整的服务供应与能力之间的映射和对整个信息系统局技术基准中的每个服务供应的简述,并注明了上述内容在电子资料馆的相应链接。卷2的附件包含了GIG技术简介(GIG Technical Profiles,GTP)完整目录及相应的链接,整套GTP被称为GIG技术指南。这些附件也说明了《"全球信息栅格"系统集成总体规划》与其他重要文件(比如信息系统局战略计划)之间的联系。

3.6.2 军事信息栅格系统集成总体规划目标

1. "总体规划"长期目标

在长期目标中,组件和利益共同体(Community of Interest,COI)将完成从在内部网络提供公共用户服务到在平台提供整套云基础服务供应的转变,云基础服务供应在下面的短期目标中有详述。信息系统局将从数量更少的战略位置上执行和管理平台及其所有服务,所以要继续合并基础设施。网络将使用标准化配置以便从标准配套的聚合与对等点分发IT服务,聚合与对等点将提供一套联合安全边界,并提供行为监控。另外,安全的重点将从边界保护转向交易型信息保护与颗粒级端对端安全控制,从而在可变信任环境中保护信息交换。

第一个长期目标要实现的是将多个安全保密环境缩减为一个保密环境和一个非保密环境。鉴于信息系统局将继续提供一个平台用于处理保密信息,所以非保密平台将使用商业与政府云网络,同时保持政府的供应商身份。一个或更多的商业云服务供应商会执行和管理一个用于非保密数据的联邦政府的社区云,竞争机制将被引入以确保在提供可扩展、有效及安全服务的前提下尽量降低成本。成本的降低将通过如下措施来实现:信息安全(Information Assurance,IA),集中管理,减少可信任平台的数量,提高服务器采购的规模经济效益,扩展虚拟服务器的使用。能否成功地将平台迁移到商业供应商取决于安全管理和聚合类别方面的考虑(参考下文的第一个中期目标)。

第二个长期目标是在核心、中继和战术前沿环境中增强服务互联互通性。这个目标将通过拟定和实施如下战略来实现:将平台服务迁移到适合的应用和服务,该应用和服务可以动态调整以适应终端用户设备以及与终端用户设备之间的连接。这样的应用将因地制宜地进行自我调整,为终端用户提供环境优化后的体验质量。

为了支持该方法,将开发两个架构:一个终端用户设备(End-User Device,EUD)架构和一个前沿架构。终端用户设备架构对应用程序可以适应的终端用户设备进行了分类。前沿架构包含了为核心、中继和战术前沿用户设置的服务环境,涵盖了所有类型的用户,包括从连接稳定的基地用户到那些部署在最具挑战性战术环境中的用户。

作为这个战略的一部分,有必要使用通用开发环境(类似苹果和其他多种安卓平台)来研发将来的应用,这样就允许应用在当前操作环境中以 B/S 瘦客户端或 C/S 胖客户端模式运行。这个方法使战术前沿用户或者其他联网性能差的用户可以在需要的时候就地运行应用程序。这个设计方案巧妙地利用了状态应用服务器交互作用来克服断开、断续连接及(或)有限频宽(Disconnected state, Intermittent connectivity, and/or Limited bandwidth, DIL)等在战术前沿环境中普遍存在的问题。在恶劣环境中,储存和转送会被视为程序状态信息交换的扩展。

2. "总体规划"中期目标

首个中期目标是要研发可行的方法在使用商业云服务供应商时来保护数据(中转和静态)和认证用户,并进行适当的访问控制。这就需要信息系统局长期支持商业云供应商。当应用可以在一个商业云环境中安全地运行时,这个目标就与解决过渡时期挑战直接相关,能否解决这些挑战对最终目标的达成有重要的影响。在商业云环境中,主要有两个数据管理方面的安全顾虑,一是无法确认数据在网络服务器的最终位置,二是与数据聚合有关的分类问题。对于第二个问题而言,一个比较好的方法是使用商业云来管理加密数据。

第二个中期目标是提供虚拟化技术(第二个短期目标支持该技术的实现),其目的是为更多不同的终端用户设备提供安全的非保密操作环境。所以,用户可以被允许在非保密国防环境中使用自己的终端用户设备。

第三个中期目标是扩展平台从而为联盟国家的基地提供服务。战斗指挥官主要与联盟国基地实施作战,因此,为这些基地提供平台服务是恰当的。

3. "总体规划"短期目标

"总体规划"业务组件被要求合并它们的 IT 能力,并且在某些时候需要使用信息系统局提供的设施和 IT 服务。第一个短期目标就是要通过合并组件已经购买的软件许可证来提供一套更加高效的公共用户与平台服务。一套更加完整的公共用户服务和平台服务将为组件提供经过改进的、以促进任务完成为目的的 IT 能力,相比当前的内部网络,这套服务性价比更高。这种合并允许组件将更多资源投入到它们各自的核心任务中。

美军信息系统局也将减少其内部基础设施存在的冗余。信息系统局内部的合并包括对计算管理、存储、网络和设施等资源的通盘考虑和处理,其目的是达成账户配置和系统配置的自动化。劳动力成本在信息系统局信息技术服务的支出中占了较大的比重,而自动化将减少劳动力成本。通过在非保密互联网协议路由网(Non-classified Internet Protocol Router Network, NIPR)和保密互联网协议路由网(Secret Internet Protocol Router Network, SIPR)上的云计算,可以实现合并和自动化,也就是说,云计算具备解决一些低效率问题的潜力。所以,对于信息系统局而言,第二个短期目标是要在非保密互联网协议路由网和保密互联网协议路由网上为政府自身或租借的资源提供私有云。这两种私有云被称作业务信息环境平台,或简称为平台。

为了支持 IT 技术向 B/S 瘦客户端和虚拟化技术发展的趋势,第三个短期目标是通过将终端用户应用迁移至云环境和将终端用户迁移至虚拟化分布式桌面可视化集成界面环境下,来改进终端用户设备的访问。这将会允许用户的应用和数据不依靠本地设备而驻留在中心服务器,这样用户就可以通过 B/S 瘦客户端、C/S 胖客户端或者移动设备来访问其工作。采用虚拟化应用可视化显示服务可以提供一个更加便于管理和效益更高的可视化环境。分布式软件更新和备份会降低管理成本,增加可靠性。对于中期目标而言,应用和数据的逻辑集中为虚拟化技术的实现提供了必需的基础设施支持(采用镜像服务器或虚拟服务器)。B/S 瘦客户端的大量增加也会降低运营成本。一些商业应用可以重新设计以支持 B/S 瘦客户端(包括瘦客户端的子类客户端,被称作"零客户端"或"超薄客户端",这些客户端的操作系统更加受限,只提供必要的网络连接设备、显示驱动和输入输出操作)。瘦客户端应用将根据终端用户设备和前沿架构进行开发。

3.6.3 军事信息栅格系统集成总体规划

美军信息系统局《"全球信息栅格"系统集成总体规划》主要内容包括使用组合管理、系统工程和标准与技术管理等,达成长期、中期和短期目标。

1. 系统集成组合管理

平台沿用国家标准与技术协会(National Institute of Standards and Technology,NIST)的云计算参考架构,目标技术架构中对该平台进行了描述,为平台的运行和维护定义了组合组织结构。在这个目标技术架构中,平台由服务层组成,服务层包含了一些 IT 服务组合。反之,IT 服务组合由诸多单个服务组成,部分单个服务供应是已经提供或计划要提供的 IT 服务。每个服务供应将由一个项目或工程办公室提供,执行由相应服务供应说明所列举的功能。信息系统局服务供应提供一个或多个必需能力,这些能力为用户和(或)其他 IT 服务提供"执行某些功能的能力"。

换而言之,信息系统局组合组织架构组成了服务供应,信息系统局需求架构组成了 IT 能力。平台的服务供应(以及他们的功能)与所需求的能力之间的映射是用于确保信息系统局向组件和 COI 提供恰当能力的主要方法。管理架构就是所需求的能力(能力区域所列的能力)与信息系统局正在或将要提供的服务供应(诸多服务供应被分组为数个服务组合)之间的映射。对于每一种需求的能力,目标架构中应当至少有一种服务供应与之对应。如果没有,那就说明服务供应存在缺口。如果不止一个服务供应可以提供同一种能力,那就意味着存在冗余或者说有待提高效率的空间。如果存在服务供应无法与任一种能力映射的情况,那就说明该服务供应可以取消或者说必需的能力在种类上存在缺口。《"全球信息栅格"集成总体规划》2012 版的第 2 卷包含了平台服务供应与能力之间的所有映射。

基于服务供应的组合管理在信息系统局组织界限内为确定服务组合职责提供了一个直截了当的方式。对于大多数信息系统组合而言,信息系统的多重组织在为其提供服务。例如,负责任务保障(Mission Assurance,MA)的项目执行办公室(Program Executive Office,PEO)提供公钥基础设施(DoD Public Key Infrastructure,DoD PKI),业务服务理事会(Enterprise Services Directorate,ESD)提供业务级别的身份验证和访问控制服务,上述服务均属于身份验证和访问管理(Identity and Access Management,IdAM)服务组合的一部分。此外,一些信息系统局机构也可以提供完整的服务供应组合,比如网络服务理事会就可以提供完整的网络服务组合。

一个端对端服务可以涉及多重服务组合或者多个机构的范畴,因此可能需要内部与外部服务水平协议共同作用来阐明配置控制的协作与管理。另一方面,一个单独的信息系统局机构也可能提供一个完整的能力区域。比如,负责指挥与控制能力的项目执行办公室就是信息系统局唯一一个提供指挥与控制能力的机构。

能力和服务是在采购过程中被开发和提供的。IT服务需求由信息系统局服务组合委员会控制,服务组合委员会与所有合适的利益相关者协调服务供应上的变化,并向信息系统局执行委员会提交建议。在分析各类与设计、操作及测试相关的独立评审的基础上,信息系统局适当地进行复核并实施关键决策,从而在采购过程中对服务执行进行控制。信息系统局总工程师委员会对服务设计和技术方案进行评估从而确保恰当地进行集成和配置架构。网络启用审查委员会和联合测试司令部对战备完好性视情进行评估,以确保服务的有效性。

2. 系统工程过程和基于模型的系统集成

信息系统局系统工程过程的目的是确保信息系统局服务和应用程序在共同的工程学的方法和正确的方法论基础之上进行设计和建立模型(系统工程、系统工程方法论、系统工程模型),该工程学方法和方法论符合系统工程最优方法并且与采购需求相一致。系统构造过程是系统工程过程的一部分,也验证了系统工程过程在平台技术方案发展中的必要性。在一个基于模型的系统工程方法论和基于标准的系统建模语言(Systems Modeling Language,SysML)的共同作用下,这些技术方案得以生成,系统建模语言的对象主要是模型中的底层数据。信息系统局基于模型的系统过程流程反映了系统构造流程与基于标准的系统建模语言数据流图之间的映射,而数据流图组成了模型。模型精准地描述了系统如何工作,并包括了明确定义的接口,通过接口可以将现有模型合并到端对端服务;组成这些端对端服务的模型就可以以此模式来发展新服务。信息系统局系统工程过程指南也将更新以便描述这些方法。

模型架构以总体系统功能区分为基础来划分组件,并将更低层次职责赋予下级单位。这些模型可以进行模拟操作以助于理解系统的行为和性能,或者可以生成执行代码用于执行一个服务供应或应用程序。这些模型也包含了测试实例,用于验证需求是否得到满足。

总工程师委员会批准的技术方案将会记录到技术基准,可以分为三种类型,每种都有一个标准模型,简洁地描述了各个文件类型,各个文件类型与信息系统局基于模型的系统工程过程相对应。文件以通俗易懂的方式描述了技术方案,同时模型也使方案变得形象化,模型将被存储到电子资料馆。自动化工具将用于从模型中批量生成产品和文件。例如,技术架构说明和工程设计规范可以使用此类工具批量自动化生成。核准的技术方案集合构成了GIG技术基线,技术基线在《"全球信息栅格"集成总体规划》卷二已经发布,并会经常更新。

3. 信息系统集成基础服务设计

信息系统集成基础服务设计规定了IT实践控制、过程和策略,其目的是便于实现IT战略,促进新的IT服务更好地融入产品环境,以及在确保服务实施的质量和保持服务成本效益的情况下提高用户的满意度。服务设计包括新的IT服务设计和对现有IT服务的修改。服务设计按照系统工程方法论进行工作:确认服务需求,将其与综合服务需求相映射,为提供服务所需要的服务设施创建设计规范。服务设计过程属于信息系统局系统工程和服务管理过程的一部分。

(1) 设计协调(项目管理):要协调所有的服务设计活动、过程和资源。设计协调能够确保如下内容在设计过程中保持一致性和有效性:新增IT服务或IT服务改动、服务管理信息系统、架构、技术、过程、信息和衡量标准。

(2) 服务目录管理：确保服务目录在生成和维护过程中包含所有操作服务（包括将要准备实施的服务）的准确信息。服务目录管理为其他所有服务管理过程提供重要信息：服务细节、当前状态以及服务之间的相互依赖关系。

(3) 服务层管理：与用户协商服务层协议和按照约定的服务层目标设计服务。服务层管理也要确保执行层协议和支持合同的恰当性，并在服务层监控和报告。

(4) 风险管理：确认、评估和控制风险。包括分析资产的商业价值，确认这些资产面临的风险以及评估每个资产在风险来临时的薄弱点。

(5) 容量管理：确保 IT 服务和 IT 基础设施的容量在控制成本情况下有能力及时执行约定服务层目标。容量管理要考量所有用于执行 IT 服务的必需资源，并为短期、中期和长期商业需求制定计划。

(6) 可用性管理：定义、分析、计划、测量和改进 IT 服务可用性的所有方面。可用性管理要负责确保所有的 IT 基础设施、过程、工具和角色等都适用于约定的可用性目标。

(7) 可持续管理：要管理可能会严重威胁 IT 服务的风险。可持续管理要确保 IT 服务供应商时刻能够提供最低限度的协定服务水平，将灾难性事件的风险降低至可接受水平，并为 IT 服务恢复拟定计划。IT 可持续管理设计成为能够支持商业可持续管理的模式。

(8) 信息安全管理：确保一个机构在信息、数据和 IT 服务方面的保密性、完整性和可用性。信息安全管理通常是安全管理组织方法的一部分内容，安全管理所涵盖的范围要远远大于 IT 服务供应商。

(9) 合规性管理（质量保证）：确保 IT 服务、过程和系统符合业务政策和法律规定。

(10) 架构管理：定义未来发展蓝图，在此过程中要考虑服务战略和新增可用技术。

4. 系统集成标准与技术管理

系统集成设计技术目标的实现依赖于使用不断升级的标准（系统工程系列标准、总体规划导则），这些标准将被继续记录到信息技术标准注册库（DoD IT Standards Registry，DISR）中。信息技术标准注册库以业务工程方法论的模式进行执行和质量控制。DISA 首席技术官（Chief Technology Officer，CTO）审查 DISA 的技术管理活动，技术官运用技术管理架构（Technology Management Framework，TMF）来辅助制定和维护 DISA 的技术路线图。DISA 的项目和工程在生成和升级它们的技术方案时，要使用与路线图相符合的技术。对于关键的技术问题而言，有的与大量用户有关，有的跨项目和领域，还有的与战术环境相关，这些技术问题都在业务级系统工程（Enterprise Wide Systems Engineering，EWSE）责任范围之内。业务级系统工程执行技术评估，研究合适的技术问题，并以 GIG 技术简介的形式发布设计指导。完整的 GIG 技术简介被称为 GIG 技术指南，被记录到了《"全球信息栅格"集成总体规划》卷 2 当中。

5. 系统集成的 IT 问题和挑战

前面所述的标准与技术管理的三个方面为解决 IT 问题和挑战提供了方法。下面所列的就是目前已经发现且必须解决的国防 IT 问题和挑战。

(1) 信息安全。与风险管理有关，涉及信息的使用、处理、储存和传输，以及为达成上述目的所使用的系统和过程。

(2) 战术前沿通信和计算机处理方面的限制。与战术和中继环境有关（连通中断或断续、带宽不足、高延迟与大误差以及低功耗需求）。

(3)移动通信与计算机以及在工作场所和各类场所终端用户自有设备数量的激增。

(4)各类网络、计算、应用和终端设备激增而导致 IT 基础设施费用的增加,随之而来的是在业务层次对加强基础设施建设的需求。

(5)在迁移至云平台应用时,如何支持传统应用成为一个挑战,传统应用必须在当前环境得以维持、退役或迁移至云平台应用(可以改造为业务级分布式节点)。这个问题很重要,为此应避免投资数额巨大。

(6)信息安全方面,当对非保密信息进行数据融合时,非保密信息也比较敏感或者变为保密信息。

(7)全方位提供实时态势感知与分析、防护和作战管理(网络中心战)。

3.6.4 军事信息栅格系统集成技术架构

目标技术架构的建立将达成第二个短期技术目标,从而能够使用政府自身资源或租借资源来提供非保密和保密的私有云。这些私有云是业务信息环境平台(信息共享一级平台及行业级二级平台),或者统称为平台。平台的结构沿用美国国家标准与技术协会云计算基准体系架构(开放复杂巨系统架构体系结构),并且会定期进行更新以便与该体系架构保持一致。但是,在这个目标架构中服务层有更多的通称,也更加适合。另外,平台做了部分调整用于提供传统服务供应和满足 COI 的特殊需求。比如,一些 COI 目前提供他们自己的服务供应,也有可能在所有的服务层消费服务。信息系统局提供服务以支持一个 COI——指挥控制与信息共享 COI。平台架构将以一致的方式在非秘密互联协议路由网和保密互联协议路由网上实现。

系统集成是《"全球信息栅格"集成总体规划》中的一项重要内容。在本方案中,"集成"意味着将用多样而复杂的通信协议来提供语音、影响和数据的应用。更确切地说,"集成"表现了云环境下的范例——在多级平台中从各自服务层向相邻更高级服务层提供服务。这个结构将平台集成一些定义明确的接口以提供服务。此外,本方案中的"集成"还体现了一个概念:一个服务应当被设计成能够适应所有的相关终端用户设备和前沿环境,为终端用户设备和前沿环境(从核心到战术前沿)设置的架构正是服务消费层(封装组件和 COI)中不可分割的一部分。这也强调了当设计服务时对于所有相关终端用户设备和前沿环境的考虑至关重要。

平台也没有忽视其他短期技术目标的实现。第一个短期目标的达成需要设置更加完整的公用用户服务和平台服务。所以,公共用户服务层已经升级,包含了更加完整的 IT 服务组合,能够同时提供实时和非实时用户服务。同样,平台服务层也已经升级,能够提供更加完整的服务组合。

第三个短期目标是要改进终端用户设备的访问,这需要提高移动性和弹性。因为前沿和终端用户设施架构是每个平台必不可少的部分,所以针对服务供应的技术方案可以进行适当修改以便在战术或非战术环境下向终端用户提供服务。这一点给终端用户增加了移动性。弹性的增加则要取决于以设计指南为基础的每个服务供应,而设计指南将会在一个或多个 GIG 技术配置文件中予以发布。总工程师委员会在核准技术方案时必须考虑到技术方案是否具有合适的弹性。

1. 系统集成公共用户服务层设计

信息系统局将术语"公共用户服务"归类为目标架构中的最顶端服务层。这个服务层为信息环境中的共同利益用户提供面向用户的联合服务,与美国国家标准与技术协会对于云"软件即服务"(Software as a Service,SaaS)的定义一致。一般来说,公共用户服务的分类与两个因素有关,第一个因素是服务是否为实时服务。实时服务是统一通信与协作服务(Unified Communications and Collaboration Services,UCCS)的组合的一部分;非实时服务则是业务用户产品服务(Enterprise User Productivity Services,EUPS)组合的一部分。第二个因素是服务供应的执行是否是分布式的或者说应用属性或技术状态是否需要服务供应的集中执行。

2. 系统集成业务用户产品服务组合设计

业务用户产品服务组合是一套非实时 IT 服务供应。2011 年,信息系统局实施了两个重要的业务用户产品服务 IT 项目——国防业务电邮服务(Defense Enterprise E-Mail,DEE)和国防业务门户服务(Defense Enterprise Portal Service,DEPS)。另外,业务用户产品服务组合包括内容发现服务,该服务由情报部门的情报环管理办公室提供——根据用户的访问权限向用户提供可现平台数据。信息系统局计划实施额外的业务用户产品服务的IT 服务供应,包括用户存储和基于网络的办公应用。最后,业务用户产品服务组合将包含用于分发的小工具与移动软件应用服务供应。

国防业务电邮服务能够提供三种基本能力:电子信息(电子邮件)、日历以及以全球人物名录形式提供的人员发现服务。这说明这种应用可以作为分布式系统来执行,因为用户通常与他们的邮箱服务器建立一对一关系。所以,终端用户可以预先分配到离其位置最近的服务器,这一点相当重要,因为绝大多数机构之间的大量电邮传输是在国内进行的。邮箱服务器远离用户聚集区会影响到广域网资源和用户体验。国防业务电邮服务作为分布式系统来执行的另外一个因素是电邮客户端用户邮箱服务器发现机制。邮件客户端有自动发现功能,这个功能会自动判断用户邮箱服务器是否存在,若不存在则会寻找备用邮箱服务器。这就允许不同的用户拥有不同的基于用户的主服务器和备份服务器。因此,国防业务电邮服务可以作为一个分布式系统来执行。

相反,国防业务门户服务是作为集中式系统来执行的。国防业务门户服务提供多种功能,包括文档库、团队空间与日历、维客、博客、用户配置文件和个人网站。这些功能在服务器上得以实现,通常用户和服务器之间是多对一关系。另外,数据储存在数据库和文件系统中,应采用分布式数据存储和数据备份。目前同步在地理上分布的数据存储和数据处理技术已经可以实现。国防业务数据资源服务技术应用还在升级和演变中。当前国防业务数据资源服务主要以集中式系统来提供,下一步的目标是分布式存储和分布式数据资源服务(见3.11:军事信息栅格+区块链应用研究)。

3. 系统集成平台服务层设计

作为公共用户服务层的一部分,统一通信与协同服务是一整套服务供应,能够在多种设备和多类型媒体之间提供完整的实时通信服务(实时通信服务需要使用统一用户界面)和用户体验(可视化集成展现)。这些服务将包括拨号服务(包括 IP 电话)、视频会议、即时通信(聊天)、状态信息、实时数据共享(包括网络会议)、呼叫控制和语音识别。此外,这些服务是分布式或集中式要决定于技术、任务需求和影响终端用户体验的性能需求。平台集成为少量用于执行服务的明确定义界面(接口)。每个服务层都向其他层提供服务。平台服务层有两套接口,第一种主要为国内用户提供平台服务,这些服务包括公共用户服务、任务保障服务（Mission Assurance Services，MAS）以及业务服务管理（Enterprise Service Management，ESM）。第二种接口为机构和 COIs 提供平台服务。平台服务遵循国家标准与技术协会对于云"平台即服务"的定义。

平台服务层共有三种平台服务组合——应用托管服务组合（Application Hosting Services，AHS）、身份验证和存取管理服务组合以及面向设备公共设施服务组合（Machine Facing Utility Services，MFUS）。

（1）应用托管服务组合。应用托管服务组合提供标准平台（比如 Windows 和 Linux 系统）上的用户服务和应用托管。应用托管服务组合消费其他平台服务组合的服务，包括身份验证与访问管理服务和面向设备公共设施服务。它也消费基础设施服务层的计算、储存、网络和设施服务。计算和储存资源都被纳入可配置容量的扩展存储块，并且通过适合的网络服务与广域网连接，具体内容参考以下基础设施服务层描述。

应用托管服务供应被交付到两个中心，两个中心各自与平台生产中心和预生产中心有关，平台生产中心包含了平台环境，预生产中心包含了用于验证技术方案和测试更新的预生产环境。每个预生产环境将包括相应平台和其全部服务的完整复制副本，但是预生产中心是一个独立的环境，在规模上也适当缩小。对于信息系统局提供的每个服务供应和信息系统局托管的每个组件或者 COI 服务供应（微服务应用），在预生产环境中对其进行验证和测试都是必不可少的步骤。另外，针对单个应用程序提供完整的功能开发与测试环境，并将载入代表性数据和用户进行测试。以上可归纳为生产、预生产、开发测试基地及环境等要素。

文件存储严重影响着大部分服务供应的性价比。当前的文件存储通常分别由每一个 IT 服务供应各自提供。在平台中，业务存储服务（Enterprise Storage Service，ESS）将这些不相干的存储服务集成为应用托管服务平台服务必不可少的一部分。在多层次结构中，业务存储服务由集中管理与分布式目标存储组成。

备份服务和记录管理将作为业务存储服务的一部分提供给所有使用应用托管服务的公共用户服务、任务保障服务与业务服务管理应用和组件与 COI 应用。故障恢复、操作连续性和备份恢复能力属于特定应用，因此必须成为每个 IT 服务供应设计和执行的一部分。

（2）身份验证和存取管理服务组合。身份验证和存取管理服务组合提供了两种不同而有联系的功能设置：一是身份验证及其关联数据，二是如何使用身份验证及其关联数据来管理访问。对于信息环境内部和外部所有业务资源，建立了通用标准来管理用户身份验证与关联数据的点对点寿命周期。该通用数据设置包括非保密互联网协议路由网和保密互联网协议路由网上的标准用户名、显示名称和电子邮件地址，此外还包括了附加的身份验证、联络方式和访问控制数据。整体上这些数据被称作"业务用户账户数据"，由美国国防人力数据中心（Defense Manpower Data Center，DMDC）管理；通过信息系统局提供的非实时身份同步服务（Identity Synchronization Services，IDSS）或者国防人力数据中心提供的实时业务身份属性服务（Enterprise Identity Attribute Services，EIAS），组件可以在非保密互联网协议路由网和保密互联网协议路由网上获取业务用户账户数据。

访问控制使用下面两种方式之一进行管理：基于账户或者基于属性管理。对于基于账户的系统而言，IDSS 将业务用户账户从国防数据资源中心同步到信息系统局提供和托管的 IT 服务供应。IDSS 直接同步到业务应用与服务森林（Enterprise Application and Service Forest，EASF）以及业务身份认证网关服务（Enterprise Authentication Gateway Services，

EAGS)。对于其他自身具备访问控制系统的基于的账户网络、IT 设备、系统、应用和服务，IDSS 人机界面（IdSS Machine Interface，IdMI）直接提供和（或）从身份同步服务中同步业务用户账户数据。

对于信息系统局提供的公共用户服务，EASF 向其提供基于账户的身份验证与访问控制以及全球人物名录。由于部分信息系统局托管应用无法使用公钥基础设施来直接验证用户，业务身份认证网关服务为这部分应用提供认证服务来选择用户。使用业务身份认证网关服务的系统将使用它们自己的访问控制。

使用用户实时源数据的访问控制在术语上称为基于属性的访问控制（Attribute-Based Access Control，ABAC）。基于属性的访问控制可用于基于账户的系统，但是当一个系统不使用账户（不保存用户状态）时也可以使用基于属性的访问控制。国防数据资源中心为基于属性的访问控制系统内的访问控制提供实时业务身份属性服务。

（3）面向设备公共设施服务组合：面向设备公共设施服务组合为多种数据（比如可扩展标记语言 XML 和元数据 metadata）提供注册、发现和媒介服务。该组合还提供服务发现和设备对设备的消息服务。

3.6.5　军事信息栅格系统集成信息基础设施

1. 系统集成信息基础设施设计

基础设施服务层由三种 IT 服务组合构成——计算与存储容量服务组合（Computing & Storage Capacity Services，CS2）（大数据资源中心）、网络服务组合以及设施服务（Facilities Services，FS）（网络融合与安全中心）组合。这些服务组合将基础设施资源捆绑到能够被平台其他服务层所应用的服务供应。基础设施服务与国家标准与技术协会对云"基础设施即服务"（Infrastructure as a Service，IaaS）（通用功能服务平台）的定义保持一致。

信息系统局提供服务来支持 COI——指挥控制与信息共享 COI。有时候，直接向组件和 COI 提供基础设施服务供应是比较合适的。比如，指挥控制与信息共享 COI 包括一些在其他基地被托管和管理的应用，这个情况下就适合由信息系统局提供基础设施服务供应来支持它们。另外一个例子与组件内部网和 COI 网络有关，虽然领导层已经决定放弃这些内部网，但也需要几年的时间来实施，所以，当组件和 COI 向平台迁移时，信息系统局就有必要提供能够支持内部网的基础设施服务供应。也有不适合提供基础设施服务的例子，当某个组件打算使用信息系统局设施来托管他们操作的硬件和软件时，尤其是使用资源来复制某个平台 IT 服务供应时，这个时候信息系统局就无须提供基础设施服务。

基础设施服务层是分层设置的。在最顶层，平台通过少量高层聚合点（High-Level Aggregation，HLA）（中心节点）与对等点（Peering Points，PP）（分布式节点）连接到外部环境，高层聚合点与对等点也提供安全边界和集中的基础设施服务。聚合点、对等点与网络访问点搭配使用，网络访问点（Internet Access Points，IAP）将非保密平台连接到网络，并提供额外的任务保障服务。中层聚合点（Mid-Level Aggregation，MLA）（区域节点）与高级聚合点数量相对较多，它们提供安全边界和分布式基础设施服务，也包括对组件内部网络和 COI 网络的支持。某些中层聚合点与对等点也包括战术和无线环境下的网关服务。终端用户通过端点（End Points，EP）连接到平台，端点分为战术和非战术两种。战术端点（Tactical End Points，TEP）相当于前沿架构中的中继节点或战术前沿节点。这种分层布置为对每个基础设施服务组合更详细地阐述提供了分布式多层组合的结构。

作者为了让读者更好地了解美军军事信息栅格有关高层聚合点（HLA）、中层聚合点（MLA）、对等点（PP）之间的链接关系，并结合智慧城市表述省、地、市中心节点（HLA）、区县区域节点（MLA）、各业务部门分布式节点（PP）之间的链接关系，提供了智慧城市分布式多层组合结构（三层结构）分布式节点之间链接图（图3-6）作为参考。图中各个分布式节点之间采用"信息栅格＋区块链"点对点通信机制。实现各个分布式节点之间的数据、信息、页面、服务等组件资源的调用、协同、共享、交换。

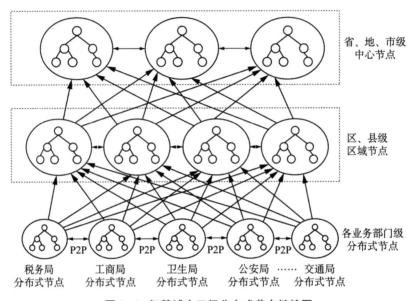

图3-6　智慧城市三级分布式节点链接图

2. 计算与存储容量服务组合设计

计算与存储容量服务组合（算力基础设施）的计算和存储容量由国防业务容量中心（Defense Enterprise Capability Centers，DECC）提供，该中心也是高层聚合点与对等点和网络访问点所在的位置。各分层分布式节点包括计算与存储容量资源，这些资源被组成可扩展实用程序块，称作PODs，按需要配置以提供如下服务供应：公共用户服务、平台服务、业务服务管理以及任务保障服务。大型主机容量也由国防业务容量中心提供。

中层计算与存储容量由中级聚合点与对等点提供。中级聚合点与对等点也有计算与存储资源，也可以被组成与高层聚合点及对等点类似的可扩展实用程序块，只是在容量上要少一些。这些小型计算与存储容量资源数据块被称为Mini-Pods。

在前沿架构中定义的战术网络与前沿架构中连接到高层中心节点上的网络有根本的区别，这是因为战术网络使用通信基础设施中的无线资源以便为处于断开、断续连接及（或）有限频宽状态的环境服务。此外，中继网络和战术网络在使用卫星通信（Satellite Communications，SATCOM）资源与广域网连接时都存在高延迟。因此，战术Mini-Pods需要放置在战术基地的合适位置。无论是否与广域网连接，这些战术Mini-Pods都要向战术基地提供公共用户服务和平台服务。

所有的公共用户和平台服务将从各自位于高层聚合点与分布式对等点、中层聚合点与对等点或战术端点Pods、Mini-Pods或者战术Mini-Pods进行分发。高层聚合点与分布式对等点和中层聚合点与分布式对等点具有安全边界,并可以提供基地网关功能。因此,独立基地中的组件内部网络和COI网络必须与中、高层聚合点与分布式对等点上的产品基地对应。

3. 通信网络基础设施服务组合设计

通信网络基础设施服务组合(通信网络基础设施)中的服务供应在整体上通常被称作国防信息系统网络(Defense Information Systems Network,DISN)。军事信息系统网络由自身和租用的电子通信网络及其子系统组成。军事信息系统网络由信息系统局提供和操作,服务覆盖所有的任务区域。军事信息系统网络包括多套服务供应,涉及很多能力区域。服务供应被分解到子组合中,包括传输、数据、卫星通信和无线网络。

军事信息系统网络体系结构为多层设置,由一个高速光纤传输中心、一个全球分组交换主干网和一个多协议服务前沿组成。多协议标签交换(Multi-Protocol Label Switching,MPLS)提供虚拟连接和流量工程,二者均支持组件内部网络和COI网络。主干网在所有保密层传输信息,高层聚合与对等点处有多协议网关前沿设备,可采用集中式网关,而在中层聚合与对等点的网关前沿设备属于分布式网关,各自位于高层聚合点与分布式对等点和中层聚合点与分布式对等点的网络服务和计算与存储容量服务组合之间有明显区分。区别在于广域网资源由网络服务组合提供,局域网(物联网)资源由计算与存储容量服务组合提供。另外,"全球信息栅格"内容发送服务(GIG Content Delivery Services,GCDS)包括协议优化、压缩和缓存等功能,在高级聚合点与对等点、中级聚合点与对等点和战术端点提供端到端的实时、互操作的服务。(注:以上内容是云、边、端的概念,文中提及的"网关"即是"边缘计算网关"。)

多协议服务前沿提供战术节点点、非战术节点点、聚合点与分布式对等点(高层聚合点与分布式对等点、中层聚合点与分布式对等点)、组件内部网络、COI网络以及终端用户设备之间的连接。在前沿网络,不同等级的安全保密网络可以用IP加密机以密码加以区分。网络组合为确保性能稳定提供服务质量(Quality of Service,QoS),为点对多点数据通信提供IP组播传输,还能提供第2层和第3层虚拟专用网络能力。另外,数据能力包含网络定时、用于自动化IP地址解析的域名系统(Domain Name System,DNS)以及IP加密机发现。

网络服务组合也包括固定和移动卫星通信服务供应,该服务供应可能包含网关功能。网关架构正在施行标准化,也将在适合的中级聚合与对等点予以提供。无线服务供应包括对新的手持移动设备、应用和协议的支持。实施移动设备管理服务供应将有助于信息系统局管理移动设备,这些移动设备通过商业无线网络访问国防信息系统网络。

4. 信息基础设施服务集成设计

为了提高效率、增加弹性和用户容量,信息基础设施服务集成设计(通用功能集成平台)使用的设施必须被作为单独的服务供应来实施和管理。这个服务供应由"功率、空间和散热"组成,为计算与存储容量服务和网络服务组合提供服务,设施包括了国防业务容量中心和其他拥有平台计算与存储容量服务和网络服务能力的场所。

信息栅格系统集成信息基础设施("三中心一平台"信息基础设施),支持多个平台(信息共享一级平台及行业级二级平台),并包含一个资源抽象与控制层及一个物理资源层。区别就在于抽象与控制层可以将多种物理资源虚拟化,并为之提供一些标准接口。顾名思义,物理资源层指的是实体资源,包括国防业务容量中心、硬件、设施、网络、系统和技术。

5. 业务服务集成管理设计

业务服务集成(新技术基础设施)管理组合提供一系列能力以用于服务监控和管理、服务状态报告、任务保障及服务执行与维护自动化。业务服务管理是一种业务能力,作为一种通用工具集来执行,适用于所有资源类型(网络服务以及计算与存储服务)和体系架构(基础设施、平台、公共用户和任务保障)中所有服务层上的全部服务供应。通用工具集为平台安装设备并自动化操作,这会明显降低劳动力成本。通用工具集会为不同的帮助桌面、服务桌面、操作中心和终端用户组织提供合适的状态视图菜单。另外,业务服务管理能力还将包括基于策略的方法。

6. 任务保障服务组合设计

任务保障服务组合要做到防患于未然,从而维护平台的保密性、可用性、完整性和不可抵赖性。另外,平台可以根据任务技术需求和优先顺序来动态分配资源。当前,任务保障服务的执行是通过交叉而重复的角色与职责集进行的。联合信息环境中单一安全架构(Joint Information Environment Single Security Architecture,JIE-SSA)是一个用于处理这个情况的多相方法。

单一安全架构集成了重叠的网络安全边界,减少了外部攻击面积,并将管理以及操作与技术安全控制进行标准化,其目的是确保信息设施在所有需要的任务环境中的保密性、完整性和可用性,同时也有助于快速攻击侦测、诊断、遏制和反应。联合信息环境中单一安全架构中的另外一个高优先级目标是要实现与其任务合作者的动态信息共享,其方式是工作重心由保护系统与网络转移到保护数据及其使用。

信息集成环境中的单一安全架构通过如下方式来提高效率:减少操作的重叠率,在COI中建立联合防卫职责,利用其他IT集成与业务级能力,推进网络的扁平化。互操作性和信息共享的改善会提高效益,联合信息环境中的单一安全架构能够在多重区域的网络上叠加COI和支持非传统用户,比如移动用户和嵌入式用户。可通过如下方式来增强安全性:将网络划分为符合业务规格要求的可控与安全区域,并强制执行一致而明确的准则和程序;将传感器移至最易于提高效率的位置以便于流量的采集和监控;对操作中心、工具和人员进行集中管理和集成,以更好地监控和保护网络。

3.7 军事信息栅格云战略规划

在《信息栅格系统集成总体规划》的基础上,美国防部网站于2019年2月4日公开发布了《军事信息栅格云战略规划》。

3.7.1 基于信息栅格的云战略构思

现代战争已经进入一个数字化和信息化的时代,战场既存在于现实世界,也存在于数字世界。数据和随时处理数据的能力是确保任务成功的关键。云计算是全球基础设施的一个基本组成部分,它将为作战人员提供数据,对保持军队的技术优势至关重要。

现代战争云战略体现了对云计算技术应用的高度重视,以及从全局的角度看待云战略并使之更有效地发挥作用的必要性。总结了以往的经验,根据作战任务和战术优势的需要,以及为人工智能应用做准备的要求,同时考虑保护和效率,美军确定了七项战略目标以及制定实施云战略的指导原则。

云战略推动全局性云环境的实现,这是一个由通用云组成的生态系统。它通过两种基本类型的工作得以实现:第一种是准备好接收数据和应用程序的云平台;第二种是正在进行迁移的现有应用程序,以及在云中开发新应用程序。

云战略目前是美军的优先事项。在执行云战略时,美军将继续寻求所有部门的积极参与和承诺,以实现在 21 世纪战场上通过云计算技术获益。

1. 战略环境

美军认为信息对国家安全至关重要,对了解新威胁、在全球投射力量、开展行动、支持外交努力和保持全球经济活力的能力至关重要。美国防部拥有多个分布全球的信息系统(GIG),它们有的建立在现代化信息基础设施之上,有的建立在传统基础上,而且是"孤岛式"或"烟囱式"的,这导致了一系列问题,影响了作战人员、决策人员和工作人员组织、分析、安全、扩展,并最终利用关键信息做出及时的、数据驱动决策的能力。美军在很大程度上受困于人力、物力、技能、不断上涨的采购经费压力、不断增加的存储和计算能力要求以及承包过程。而网络空间领域的竞争日益激烈,为了保持军事的战略优势,需要为作战人员和支持部队提供适当的能力和技术以取得成功。

鉴于此,商业界在处理类似挑战方面取得了重大进展。商业云计算是一种基于订购的服务,提供基于网络的存储和计算资源。它允许用户通过互联网存储和访问数据与程序,而不是在本地计算机硬盘上。它还允许用户随时随地访问信息,有效地消除了将用户与存储数据的硬件捆绑在相同物理位置的必要。美军认为必须充分利用这项技术。

2. 信息技术的效率和安全性不足

美军的物理信息技术(IT)基础设施是基于"最大使用"理念采购的。换言之硬件应当支持最大预期需求,不论此情况发生的频率有多低。这导致采购的大多数物理信息基础设施在多数时间处于空闲状态。商业云基础设施的工作方式不同,它可以动态伸缩以支持资源需求,并且只支付实际使用的费用。在大多数情况下,系统可以缩小规模以支持最小的流量。

由于拥有和操作与现场数据中心有关的物理硬件有可能承担不必要的安全风险,并为此分流本应用于支持作战和其他任务的工作人员和其他资源。而过于严格的政策和采购程序难以确保硬件和软件得到适当更新。因此过去一直在应对信息基础设施的网络安全威胁方面受到挑战。

3. 不同的云服务相互脱节

美军在云计算、采用和迁移方面没有明确的指导意见,无法形成统一的指导或计划,使其难以接受现代信息技术能力,难以从商业云服务提供的效率和能力中获益,也难以跟上持续更新的技术发展速度。缺乏指导使得部门工作效率低下,并妨碍了部门的 IT 现代化工作。它导致了"烟囱式"团队的不同工作、有限功能的相互脱节,各自"烟囱"里的数据无法实现规模经济优势。

4. 缺乏云适应性

美军已经建立了一些云设施,但没有被设计成联合使用。因此必须有一个云战略,以确保应用程序在迁移到云上之前对其进行重新架构,以利用云提供的数据、安全性、弹性和应用程序优势。此外应独立测试和评估云网络安全,以验证安全遵从性和事件响应,并审查所有承包商和第三方测试结果,以确保性能和安全监控是充分的。

未能"云部署"的系统很可能会使用过多的云基础设施资源,这意味着它们的效率不会提高,而且肯定会增加实施成本。这就是为什么系统的合理化设计是至关重要的,但如果没有适当的指导,许多部门可能无法正确地完成它。

目前还没有关于如何使系统合理化设计的全局性指导,也没有关于评估系统"云部署"情况的总体指导。这种差距进一步导致了前面提到的"烟囱式"数据行为,限制了部门共享信息的能力。这种全局范围的指导对于任何云战略(全局或局部)的成功都是必不可少的。

随着持续推进独立云平台建设工作,本已有限的云计算专业知识将越来越捉襟见肘。全局级云战略为优化对云人才的使用提供了架构。到目前为止,经常依赖外部承包公司进行这些评估,从未建立起能带入未来的组织知识体系。高层决策目前是在没有内部技术专家作为顾问的情况下做出的,必须通过在内部建立组织知识体系来投资未来。

5. 为人工智能做好准备

建立一个联合人工智能中心(JAIC)需要一个全局级云基础设施能力,能够提供公共数据和基础设施平台,使人工智能能够充分发挥优势。

目前美军已经制定了这一云战略,以配合更大的网络中心战略,加强网络和系统的安全和弹性,以保持军事优势。

3.7.2　军事信息栅格云战略目标

美军将继续依靠云战略从事军事行动、收集情报和相关活动信息。为确保这一点,必须通过多云、多供应商的策略来解决这个独特的任务需求,其中包含了一个通用云,并与目标云相匹配。为此云战略将制定如下战略目标来解决这些挑战。

1. 实现指数增长目标

数据增长的速度正在加快。在过去的两年里全世界产生的数据占全部数据的90%,这一趋势已经持续了十年,并且将继续下去。但在需要的时间、需要的地点访问所有这些数据的能力并没有以同样的速度发展。现代计算能力能够以机器速度访问、检索、操作、合并、分析和可视化数据,在战场上提供巨大的决策优势。为了适应不断增长的数据环境,需要一个可扩展和安全的云环境,该云环境跨越国土和全球战术优势,并能够快速访问计算和存储能力,以相关的速度应对军事挑战。

依靠关键情报做出重要的国家安全决策。情报信息的数量和质量一直是众多冲突的引爆点。随着原始信息产量的增加,组织、分析和分发这些信息以做出关键决策的难度也在增加。

必须继续保持云战略在全球的战略优势。在当今世界,如果不为利用自身数据和信息系统的能力构建必要的关键基础,就无法实现这一点。即云计算必须做到组织、分析、安全、扩展并最终利用关键信息使其在数字时代保持作战的能力。这些功能必须是无所不在的,并且对所有部门的决策者、士兵和工作人员都是可用的。

2. 可伸缩基础设施

通过实现可伸缩的解决方案,用户可以完全采用分布式云架构的动态弹性,在执行任务功能和网络操作方面获得显著的效率提升。云基础设施将允许自动配置和卸载资源。与持续使用的传统信息基础设施相比,这提供了最佳的资产利用率,即使在需求最小的情况下也是如此。通过为所有用户提供详细的资源使用报告,这种效率还将最终改进政府的预算、计费和支付实践。这种透明性将进一步提高未来构建应用程序的效率。

此外,按使用付费的云模型将提供灵活性,以优化整个信息化投资的成本,并允许适应不断变化的优先级、预算条件和行业发展。为了实现这种成本透明性,需要对应用程序的构建、数据的传输和存储方式实施强有力的治理。当云设施开发、实现这些标准,并随后学习和更好地将服务和数据与全局性解决方案结合起来时,可以使用自动化工具和技术,以便更好地跟踪云资源的实时执行。

3. 主动应对网络挑战

必须创建一个标准的云网络架构,以满足分布式和内部的云需求,包括基础设施、应用程序和数据。还必须具备在安全和技术方面抵御环境变化的适应能力。

制定统一的网络安全架构,解决云计算以及机密、非机密任务和数据的需求。这些能力将被独立和频繁地测试和评估,以确保网络安全属性对发展中的威胁保持有效。

采用内置于信息栅格分布式业务系统的现代化安全机制,以确保这些大量数据的安全,并保护信息,这需要将安全的焦点从网络的边缘转移到主动控制数据本身的使用。除了内置于分布式云服务中的现代加密算法和密钥管理之外,适当的数据标签将允许在必要的级别上跟踪和保护数据。

除了数据安全,每个云服务商都将是应对网络挑战和保障云安全的重要组成部分。云服务提供商将自动扫描基础设施资源和生成的日志,这些资源和日志将用于及早识别漏洞,并在大部分企业中实现近乎实时的入侵检测和应对。随着硬件漏洞的增多以及内部威胁的增加,必须同时关注软件和硬件。它们的变化速度惊人,跟上这些变化是困难的,但跟不上步伐已经造成了重大的安全风险,而且在未来几年风险只会增加。对此云服务商再次解决了这个问题。利用软件和硬件更新的快速推广将基础设施从管理的本地设施转移到云。云服务商能够在他们的数据中心内转移工作负载,这样更新对客户来说就是无缝的。有缺陷或漏洞的硬件不断被剔除,而软件补丁则以安全和容错的方式充满活力地应用。

虽然云战略对美军有很多安全优势和机会,但向云环境的过渡也带来了新的安全挑战。从传统 IT 管理到托管云服务模型的转变改变了可视化和控制之间的平衡,并使其易于使用、自动化并采用前沿技术和优化其信息领域。

定义云环境中的安全指南。在云环境中执行安全性的风险和责任由云服务提供商和系统所有者共同承担。确定和云服务商之间共享网络安全责任模型的指挥和控制(C2)要求,以确保信息在商业云中的 C2 职责的标准执行。保护云环境的特定需求将使传统的技术人员感到压力,他们需要优先提升目前的专业知识和专门技能。过去,信息安全主要集中在周边防护:限制外界的网络访问。这种模型对于商业云环境是具有挑战性的,因为在商业云环境中,数据是远程访问的,并在部署、区域之间以及从每个云服务商到其他数据位置(如军事设施的现场数据中心)之间共享。因此将把安全重点从周边防护转移到保护数据和服务上来。

这一转变将首先通过对人和机器加强身份验证,以及在静止和传输过程中的安全加密机制来实现。为了便于远程访问,云环境将提供内置加密技术,使组织默认加密通信。由于信息安全责任在部门及其云服务提供商之间分担,因此在所有云计算合同中设置条款,指导云服务商监视其云基础设施,并维护安全相关事件经由身份验证的加密日志,这些事件生成审计跟踪,并经过防篡改设计。为了解决这些新安全措施的工作人员的问题,云服务商合同中还将包括云服务的帮助以及对员工的专业培训。

4. 使 AI 和数据透明化

必须使决策者能够使用现代数据分析技术,如 AI 和机器学习技术(ML),以相关的速度在该领域迅速做出关键决策,以支持致命性和提高作战效率。用于决策的算法依赖于在公共环境中组织安全和可见的部门数据和信息。数据存储在多个不同且不连接的"烟囱"中降低了部门的效率和速度。为了最大限度地发挥云计算技术的效用,必须对数据进行妥善管理,并遵循云技术加速和放大的数据池和数据中心等现代技术。

存储在军事云设施中的数据将是高度可用的、治理良好的和安全的。这些关键的决策数据将通过现代云网络、访问控制和跨域解决方案提供给需要访问的人。公共数据标准将以信息标记、存储、访问和处理方法为关键。确保全局性云环境,增加数据的透明性,并推动数据分析、处理和决策的速度。利用先进的云安全技术将确保信息得到保护。

军事云设施提供了扩展和保护存储在全局云环境中的数据收集和分析的能力,这使用户能够使用关联性最大的信息做出决策。云计算的分布式特性允许更灵活的执行环境,同时提供更高的信息安全性。这允许扩展和分布数据存储库存储,同时维护安全状态,并提供通过数据协作获得任务洞察力的新机会。类似地,分析大量数据所需的计算能力可以在几秒钟内无缝伸缩。这种扩展能力将确保任务的执行不受计算和存储能力不足的阻碍,并得以建立过去无法实现的新信息模型。

5. 支持一线作战人员

云环境将服务于军事行动范围内的所有领域,从战场优势到后方,无论是美国本土(CONUS)或是之外(OCONUS),以及所有密级和传播方式,无论是禁止外传(NOFORN)或是公开传播(REL)。必须制定解决方案,使作战人员能够在云环境中作战,而不是强迫他们遵守"烟囱式"数据和遗留应用程序的当前环境。无论系统的分类级别如何,计算解决方案的集成和操作都是简单和可重复的。这将使作战人员能够做出数据驱动的决策,增强共享数据的能力,并作为一支联合部队开展行动。机密环境的安全性将支持任务所要求的级别。

通用云和目的适用云将利用这些努力为作战人员提供最新的技术,无论何时何地何种环境,他们都需要这些技术。作战人员在前线使用的云设备将被加固并具有适应性,一旦带宽足够或建立新的连接,将自动同步到更大的云。虽然某些项目不能立即迁移到云上,但其中一些系统可能最终被桥接到云,而其他系统可能通过单独的非云解决方案来解决。但总的来说,这种信息的自动同步将确保作战人员保留数据,将其反馈到模型中,并使用最新的算法作战。在一个安全的环境中这样做将是一个力量倍增器,并直接支持云环境的主要目标:保持信息优势。

6. 云计算分布式

全局性云环境允许在发生危机和操作中断时,保持操作的连续性和有效的故障转移。云计算由于其分布式、可伸缩和冗余的特性,是克服这些挑战并确保全面执行任务的关键组件。执行此云策略将结合标准方法来利用云实现任务弹性。全局性云环境将在基础结构退化时提供故障转移支持,以及从操作中断和重大网络事件中恢复。

云计算的分布式、冗余特性克服了另一个网络挑战,即具备在危机时刻进行故障转移的能力。军事云解决方案将使用先进的技术自动故障转移,解决整个部门的一个主要缺陷。在确保数字服务业务的连续性之外,利用主要云提供商内部固有的多区域和多可用性区域(AZ)架构,并将其与安全云接入点(cap)的有效部署结合起来以增强弹性。

云战略架构将允许工作负载在单个云提供商内并从一个区域转移到另一个区域,几乎在检测到主数据中心故障时立即转移。对于大面积的人为或自然破坏,这一点至关重要。自动故障转移的配置本身并不是自动的,要完全实现此功能,需要为云重新设计应用程序的体系结构。这可以绕过当前部门的成本和人工操作,在不同的云供应商或数据中心中维持相同数据,这和商业云提供的故障恢复级别不一样。

7. 推动军事信息化改革

云计算将进一步巩固其庞大的数据中心资产,理顺数据中心。云将提供加速和扩展这些整合机会的机会,以及交付集成防御网络操作(DCO)和通过快速部署公共服务实现效率的机会。全局性云视角将使云管理更加集中,并为更广泛地采用云提供更广泛的安全服务选项,包括那些由更小的实现人员组成的组件。

3.7.3 军事信息栅格云战略实施原则

1. 战略思想和指导原则

云战略需要一个可扩展的、安全的云环境,该环境能够覆盖从国土安全到全球优势,具备快速访问计算和存储的能力,并以相关的速度应对挑战。人工智能和机器学习等技术有可能从根本上改变战争的性质。将采用利用多个云服务的方法,这些云服务可以提供通用的适合于通用云的服务。多供应商和多云环境的互操作性将由一个总体的全局性云策略控制。为达到上述目标,将推行一套指导原则,为日后有关云计算的决策提供指引。

2. 云服务

在云服务过渡的整个过程中,需要不断测试云解决方案的构建方式是否不会将士兵及其任务置于风险之中。这将要求"红队"部门严格地对云环境进行独立评估,并利用战术分布式计算挑战自己。在任何时候,都需要确保云计算能够满足提高军事杀伤力的需要。通过不断挑战"红队"的杀伤力,可以确保云环境能够支持全球环境的挑战。

3. 云智能

为达致上述目标,必须推行"云智能、数智能方法"。该方法包括:

(1) 云智能:采用云解决方案的一种云策略,可以简化转换,并为多个云和任务提供现代功能。

(2) 数智能:由全局性基础设施、应用程序标准和数据标记支持的数据透明和可见。

寻求利用人工智能和机器学习实现战场决策优势。该部门将通过执行这一简洁、集成和自适应的云战略来最大限度地利用这些能力,该战略涵盖整个的多个云和任务。可以在设计系统/应用程序时考虑云计算,以简化采用,并允许跨部门集成。将开发与在云中执行操作相关的公共数据和应用程序标准,如数据规范化/标记、传输协议和接口,以支持并鼓励采用脱离定制方法的企业解决方案。这些标准,再加上云计算提供的计算能力,将以前所未有的速度运作,以机器速度做出明智的分析和决策。

4. 利用商业界的优秀案例

除了云智能、数智能,还必须在其方法中利用商业行业的最佳实践。

(1) 尽可能利用商业技术、能力和创新。

(2) 最大化竞争,确保得到最好的技术和价值。

(3) 利用行业开放标准和最佳实践,避免锁定,并提供最大的灵活性为未来云进步。

(4) 独立评估服务交付确保数据安全。

将利用商业云计算和存储中可用的关键基础技术,在尽可能实现创新的同时消除大量技术债务和安全风险。其定位是在当今的云计算能力市场中获得最大的价值,以支持作战和业务需求,并随着行业的发展提高能力。此外,寻求最大限度的竞争,不仅授予开创者通用云服务,而且确保各种软件即服务(SaaS)功能的访问,作为通用云和目的适用云的补充。必须利用美国私营企业所取得的进步。所有这些都将被纳入商业定价机制,如果能够采用这种面向云计算的商业思维,就能够将商业行业的经验教训融入未来决策中。

5. 营造更适合现代科技的文化

最后,通过这一战略,寻求创造一种更适合现代技术的文化。

(1) 营造一个持续创新的环境。

(2) 拥抱全局性解决方案并远离自定义方法。

(3) 营造可持续的文化和员工队伍,可以有效地使用云服务。

(4) 营造能够持续地向云合作伙伴学习的文化。

迭代创新对于以演进方式不断适应现代技术至关重要。为了实现这一目标,将迅速采用先进的现代技术,并对新系统进行更快速的原型设计。如在云环境中实现"开发安全运维"(DevSecOps)一体化,以便安全地开发和测试用于云中的软件,以及使用商业云使中小型公司能够更有效地保护受控非机密信息(CUI)。为了实现这一创新并创造更适合现代企业的技术和文化,必须培养一批专业技术骨干,并提高整个部门的技术熟练程度,帮助企业开始学习和开发技术云。

3.7.4 军事信息栅格云战略实现路径

正在努力开发一个由通用云和多用途云组成的全局性云环境。此外应该认识到,对于不适合云的应用程序,仍然需要非云的数据中心功能。随着时间的推移,采用持久的全局性云策略的范围扩大,非云环境应该会变得更小。在任何云实现中都必须考虑两种基本类型的工作。第一个是正常的活动,这些活动需要建立一个云平台,准备接收用于云部署的应用程序、数据或基础设施。第二个是正在进行迁移的现有应用程序,或在云平台上构建新应用程序的工作。信息是21世纪战场优势的根本,将使一支更具杀伤力、弹性和创新性的联合部队成为可能。当前的信息环境是由分布在全球现代和遗留基础设施上的多个脱节和"烟囱式"系统组成的。流经这些系统的数据正以指数速度增长。这造成了一系列问题,影响了作战人员、决策者和工作人员利用关键信息做出及时、数据驱动决策的能力。为了应对这些挑战,已经实施了一些云解决方案,但它们相互之间是脱节的。此外开始利用人工智能等新兴技术,以帮助管理对所有数据的理解。但人工智能正在构建的关键基础设施是完全不同和脱节的。

为了克服挑战,将利用本指导战略,进一步开发详细的企业方法来管理其数据、基础设施和应用前景。商业云的出现为解决这些问题提供了一个强大的机会。为了更好地利用商业云带来的机会,必须实施全局性云战略,利用通用云和目的适合云的组合,以及多个商业云提供商的优势,为此必须立即创建一个全局级云环境。

3.7.5 "作战云"与人工智能技术集成创新

云计算是大数据人工智能分析处理的基础支撑平台,提供强大的存储能力和高速计算能力,以支持海量数据资源的动态管理和软件模型的高性能学习。其技术实现是基于互联网对相关服务的推送、使用和交付,通常涉及由互联网提供的虚拟化的、动态扩展的各种资源。通过这种方式,云中共享的软硬件资源和信息可以按需提供给各用户计算机、各种物联网终端和设备。而作战云则是一张覆盖整个战场空间的巨型复杂网络,其中每个合法用户都能实时贡献、接受和利用重要信息,充分了解掌握战场全局态势,从而加快指挥决策、作战行动的速度。智能化时代的基础设施和核心架构将基于物联网、云计算、大数据和人工智能"四位一体"规划设计。犹如人体一样,物联网构造了"眼""耳""鼻""舌"等感官,主要功能是负责各类数据的自动采集;大数据是各种物联感官所获取的信息,数据规划太大之后,就需要云计算进行记忆和存储,云计算的并行计算能力又促进了大数据的高效智能化处理;人工智能就是最终获得的认知经验、价值规律和知识智慧。

1. "作战云"战略

美军目前在"云战略"的推动下,将建立一个庞大的云计算系统,由互联网上的远程服务器网络存储并处理数据。"作战云"基于全球信息栅格(GIG),充分利用云计算、大数据、人工智能技术集成创新和深度融合应用,同时通过提升云计算能力,以适应基于人工智能的无人作战的战场环境。

事实上,作战云概念最早由美国空军于 2013 年 1 月首次提出,直接动因是解决当前五代机与四代机的互联互通问题。目前作战云成为引领美军发展的未来作战概念,它以信息栅格、云计算、大数据、人工智能等技术为支撑,核心是作战空间所有可能信息的快速集聚、即时响应、智能调遣,实质是对己方透明的一种战场网络,具备"自组织、自愈合、逐步降级和冗余"的特性。美军在 2018 年的一份战略文件中就概述:"'云'是全球基础设施的一个基本组成部分,它将使官兵拥有数据,对保持军队的技术优势至关重要。"具体而言,"作战云"概念有助于战场信息联合与共享,将为未来一体化联合全域作战样式带来深刻变革,部分平台将同时担负作战、侦察监视、网关节点等多重角色,同时作战方式也将由固定计划模式向网络化、信息化、智能化、智慧化随机化打击模式转变。

美军在作战云方面研究由来已久。2014 年 8 月,美海军投资 1 230 万美元启动了为期 5 年的"海军战术云"项目,2016 年在"三叉戟勇士"演习中完成了对"战术云"的信息共享和分析处理能力的测试。目前的"战术云"软件已进入战场测试阶段,已实现快速共享前线作战单元的最新影像、地图及其他关键信息。

作战云与其他云计算系统类似,它将数据和计算机处理器存放在远离实际使用地点的远程数据中心。尽管它将通过一系列防火墙与普通互联网完全分离,它使用的技术很可能与亚马逊网络服务公司或微软 Azure 云服务平台使用的技术类似。美国国防高级研究计划局正在开展"体系集成技术与试验"项目,目的就是发展和验证一种能将飞机、传感器、任务系统等有机融为一体的新型架构,为美军实现"作战云"提供技术可能。

美军方确信,其作战云系统将使作战部队能够直接接触到为战场策略提供帮助的极其强大的人工智能计算机,从而大大提高部队地面行动能力。士兵们还可以获得大量机密信息,这些信息将被严格加密,以防落入敌人手中。当然,这样的作战云系统设想也面临着一系列技术挑战,这些技术挑战主要包括:如何能够在高度剧烈的对抗中可靠工作,如何能够确保安全保密,如何与各个军种旧有的通信链路兼容,如何进行前瞻性的设计等。美国支持的"面向任务的弹性云"项目就旨在开发检测、诊断和应对网络攻击的技术,解决云计算的安全挑战问题。而列入美国国防预算的"加密数据的编程计算"项目,则针对那些在使用过程中保持加密状态的数据,开发实用的计算方法和编程语言,从而克服云计算环境中的信息安全挑战,由于无须在用户端解密数据,因此网络间谍的图谋就难以得逞。

2. 美军人工智能战略

美国在2018年成立人工智能国家安全委员会。该委员会关注的重点是使美国成为人工智能、机器学习和量子计算领域的全球领导者。其工作的另一项任务是对美国安全风险进行评估,风险源于军事人工智能的发展及其在敌对军队中已经推广使用。

美军未来作战的主要战略家之一,前副部长罗伯特·沃克主张把人工智能和机器人系统推广运用到军队中去,制定太空战争战略和在反介入/区域拒止的环境下实施联合作战。现实表明,美国正在努力成为人工智能、机器学习和量子计算领域的全球领导者。为此美军制定了"第三次抵消"战略,人工智能成为重点。美国制定"第三次抵消"战略旨在确保美国对军事斗争对手的技术优势。众所周知,自二战结束以来,美国共提出过三次带有"抵消"性质的战略。美军第三次"抵消战略"的核心是通过综合集成创新发展颠覆性先进技术武器。具体体现为四大突破:

(1) 作战概念创新突破。突出信息主导,推出"作战云"概念、"水下作战"概念以及"全球星联网监视和打击"概念等。

(2) 技术发展创新突破。以云计算、大数据、人工智能等技术为代表的科技创新,推动定向能武器、电磁轨道炮、自动化无人武器系统、智能武器、高超声速武器等新概念武器的开发与发展。

(3) 组织形态创新突破。以新技术、新作战概念与新作战样式引领编制体制优化,建设一支更加精干、高效的联合部队,采取更多组合模式,以科技装备创新发展催生更多的新生作战力量。

(4) 军事人工智能技术创新。2017年4月,美国海军陆战队在西海岸举行了历史上首次演习,演习代号为S2ME2 ANTX。演习演示验证了用以支持海军陆战队在海上及登陆作战的无人机、移动网络和无人艇等约50项新军事技术。其中也包括地面无人机器人平台,能向敌人开火、自动装填弹药,以及负责海军陆战队登陆的物资保障。

3. 美军人工智能"算法"策略

2017年4月26日,美军成立了"算法战"跨职能小组,统一领导美军"算法战"相关概念及技术应用研究。目的是加快集成人工智能与机器学习技术的速度,将海量数据快速转换为切实可用的情报。罗伯特·沃克认为,正在做同样事情的还有潜在的敌人——俄罗斯和中国,以及盟国以色列。后者的行动和将人工智能用于军事目的可能会导致整个中东地区不稳定。据美国"防务一号"网站估计,目前世界上拥有284个军事系统,它们或多或少地已经应用了人工智能。因此,无法保证美国在这场新的竞赛中成为赢家。罗伯特·沃克称:"尽管我们在采取预先措施来研究人工智能、大数据和深度学习的潜力,但我仍然相信,需要做更多的事情,并且行动得更快。"

美军"算法战"首要任务是利用人工智能分析在叙利亚和伊拉克获得的数据和视频图

像。目前,无人机传回美国军事分析中心的所有数据中,大约95%的数据正是来自这两个国家。美国空军希望看到空军、太空部队和网络部队在人工智能的帮助下形成一个整体。飞机驾驶员和指挥人员在2030年不必分心去分析信息。各兵种战场态势和目标情况的所有信息都会自动地出现在电子地图和显示器上,目标被自动锁定,飞机本身可对付电子战设备,自身能恢复被压制的通信信道并寻找替代方案等。接下来将会特别关注的是信息传输的速度和安全性。

4. 美军人工智能部署与实施

决策及预测与人工智能是一种完美的结合。美军希望看到对未来作战行动更准确的决策及预测能力。按照设想,人工智能在未来作战和新军事技术的应用需要士兵们牢记所有的鼠标键和电脑按键,并转化为经过人工智能分析后可以更好地了解人员在战场上行动情况的信息,从而减轻研发负担、加快研发速度、降低研发成本和向部队交付实用的军事装备。在智能作战场景下,首先要研究和开发在战斗中使用作战机器人的课题。美国海军研究办公室主任马修·科隆德海军少将称,美国正在开发可以安装到任何一艘艇上的便携式装置CARACaS。借助这个和手掌差不多大小的装置,将来任何一种现有军事装备(船、汽车、飞机)都可以廉价而快速地变为自动化"蜂群"的成员。与此同时,美国空军在研发ALPHA系统,该系统在6.5毫秒内读取传感器的数据、处理和分析信息,并能够为4架飞机提供最佳行动方案。美国"算法战"跨职能小组负责人杰克·沙纳汉将军相信,美军不仅将人工智能用于分析来自无人作战系统的视频图像,而且美军不再购买任何一种没有内置人工智能技术平台的时代已经到来。

3.8 网络中心战体系

当今迅猛发展的信息技术正在迅速改变着人类社会的方方面面,军事领域也面临着一场从以"平台为中心"向以"网络为中心"的深刻变革。早在2002年8月,美军在向国会提交的《国防报告》中,第一次把网络中心战视为美军信息时代的主要作战样式和实施新军事变革的指导理论。认为要实现美军的信息化转型,就必须使陆、海、空军部队实现无缝隙的横向联合,就必须有一种共同的作战理论指导全军的信息化建设,能指导或牵引军队信息化建设的作战理论,不是信息战或精确战,而是网络中心战。同时,美军也认识到实现网络中心战的一个重要的先决条件,就是战场信息的高度共享和各作战平台的广泛协同。而现有的"烟囱式"数据系统和"孤岛式"信息系统无法担负起这一重任,必须充分借助蓬勃发展的信息栅格技术另辟蹊径,建立以功能强大的军事信息栅格作为基础平台和分布式底层技术服务支撑的新型信息体系。全球信息栅格(GIG)就是美军目前正在全力打造的全球化国防信息基础设施,它将以全球互联、互通、互操作的信息能力为实现网络中心战提供强有力的支撑。

众所周知,战争形态正在经历着由机械化战争形态向信息化战争形态的迅速转变,而这场转变的具体战场特征就是平台中心战向网络中心战的转变。美军《网络中心战》报告指出:网络中心战是指战争,是指信息时代的战争;战争带有其所处时代的特征,网络中心战也是如此,它是信息时代的挑战和机遇在军事上的反映。由此可见,美军认为网络中心战既是一种作战理论,又是信息时代的基本战争形态。从平台中心战到网络中心战既是新军事变革过程中的一次重要的飞跃,也是机械化战争向信息化战争转变的具体体现。美军参联会副主席欧文斯上将的论述更是入木三分:"新军事革命实质上是一种将我们的注意力从作战平台引开的革命,即改变那种认为军事力量主要是军舰、坦克和飞机的概念,而把我们的注意力放在思考数据、信息和通信技术所能提供的军事力量上来。"

3.8.1 从平台中心战到网络中心战

网络中心战与平台中心战相比较而存在,二者之间的根本区别就在于作战中心从平台(这里指的平台是物理平台)向"网络"(这里指的"网络"是信息网络)的转移,即通过战场各作战单元的网络化,把信息优势变为作战行动优势,使各分散配置的部队共同感知战场态势,从而协调行动,发挥最大作战效能的作战样式。事物的发展都具有其历史演变的轨迹可循,从以"平台为中心"到以"网络为中心"的转变也并不是人类战争形态变化过程中的偶然现象,而是科学技术、作战方式发展到一定阶段的必然产物,它的形成有一个从量变到质变不断积累的过程。因此,为了准确把握网络中心战的内涵,必须追溯到它的起源——平台中心战。

1. 机械化战争时代的平台中心战

在机械化战争时代,由于信息技术的相对落后和军队信息化程度相对较低,各作战单元之间信息交流的能力十分有限,武器平台主要依靠自身装备收集和处理战场信息并为自身的作战需求服务。作战的各个流程(包括侦察、预警、探测、指挥、控制、机动、火力打击)都以独立的武器平台为中心形成一个自闭的环路,不同的闭合环路之间信息交互的功能十分薄弱,导致平台与平台之间的协同作战能力很低,从而呈现出一种以武器平台为中心的战争形态。平台就是指装载各种兵器、传感器、电子装备的武器平台,如各型战舰、战机、坦克等,这些武器平台把机动力、火力、防护力等融为一体,充分体现了机械化的本质特征。

苏联的"光荣"级导弹巡洋舰就是一个典型的海上作战平台,其反舰装备包括 8 座远程超音速反舰导弹发射装置、1 架用于导弹中继制导的直升机、一座双管 130 毫米炮;防空装备包括远程舰空导弹、近程防空导弹、6 座 6 管 30 毫米炮可用于末端防御;反潜装备包括 2 具五联装 533 毫米鱼雷发射管、2 座射程为 6 千米的反潜深弹发射器;电子战装备包括对空对海搜索三坐标雷达、各型火控雷达、光电指挥仪、卫星数据系统、数据链系统、电子对抗装备、电子侦听装备、箔条发射器、声呐等。可以说,从反舰、防空、反潜到各种电子战装备一应俱全,平台的战斗力十分强大,作战功能十分完备。

由此可见,在平台中心战方式下,作战行动主要以各自平台为中心而展开,一个平台就是一个完备的作战系统,往往要同时具备侦察、进攻、防御、电子战等多种作战功能,非常强调武器平台自身在多种条件下的独立作战能力,而较少能够与其他作战平台进行自主式协同,相互之间缺乏信息、火力、控制等互操作能力。因此,基于以平台为中心的发展思路,机械化时代作战平台的基本风格就是体型庞大、系统复杂、功能齐备,而相互之间缺乏有效的信息交换和嵌入式协同能力。

2. 平台中心战向网络中心战转变的客观原因

20 世纪 90 年代,随着人类社会步入信息时代,在美国等西方发达国家首先出现了以网络为中心充分利用先进信息技术的新型经济运作模式,信息经济学成为影响社会生产和生活的重要理论。与社会生产方式相适应,战场也日益呈现出系统与系统、体系与体系的整体对抗态势。平台中心战作为机械化战争时代的产物,已不能适应信息时代作战的新要求,而网络中心战则充分体现了信息时代的基本特征,是一种更为先进的作战理论和作战方式,因而从平台中心战向网络中心战转变是历史发展的必然。

网络中心战的提出是多种因素推动的必然结果,这些因素表现在以下方面。

(1) 军事需求的牵引。平台中心战曾一度在军事领域中占据主导地位,但信息技术的快速发展和高度灵活性、适应性的作战需求使平台中心战的弊端日益显露。首先,上级与下级之间难以实现充分的沟通、平台与平台之间信息共享的水平很低、作战体系的战斗力难以充分发挥,这些都使得作战中的"观察—判断—决策—行动"流程要靠指挥员自上而下在各个环节之间进行协调,作战过程无法真正实现无缝链接,整体战斗力水平受到限制,作战效能不能充分发挥。

(2) 工业革命已经将机械化对单个要素功能的扩展推向了极限。靠提高平台的物理性能提高作战能力,不仅耗费巨大、与时代发展不协调,而且从技术上讲也已经没有太多潜力可挖。因此,实现作战效能大幅度提高的最现实、最廉价的途径就是充分发挥各作战要素、各作战平台的互动效应,从系统的角度提高整体作战效能。

(3) 冷战结束后大规模军事对抗的可能性降低,取而代之的是全球范围内多层次、多领域、多手段的安全威胁,对参战部队的灵活性和适应性方面的要求不断提高。按照平台中心战思路开发设计的作战平台虽然功能齐备,但在特殊的作战环境里对特殊的作战需求来说,大量的冗余功能反而可能成为制约灵活性和适应性的累赘。处理复杂多变的战场情况必须强调跨平台间的协同,为完成特殊的作战任务设计特殊的作战能力、构成特殊的作战编组、采取特殊的战略战术,以满足灵活性和适应性的新军事需求。我们看到,作战需求的转变为网络中心战的形成提供了重要的牵引,使得战场力量的重心由一个个的单一作战平台向多个平台间高度互联的协同网络转移。

(4) 网络技术的推动。技术决定战术,这是亘古不变的真理。历史上任何一次军事理论的变革,背后必然有与其相应的科学技术的支撑和推动,网络中心战也概莫能外。正当军事需求发生转变的同时,信息技术领域也发生着从以"平台为中心"到以"网络为中心"的根本性转变。人类社会进入20世纪后期,以因特网为代表的网络技术开始飞速发展,网络技术逐步向社会生活的各个领域深入渗透。网络技术的广泛应用使信息互通、资源共享成为可能,改变了人们的时空观念,对传统军事理论产生了强烈冲击。目前信息栅格技术的快速发展使基于信息栅格的新一代信息基础设施能打破单机计算能力的限制、打破地理位置的限制,向用户提供所需的信息服务。以网络为中心的作战模式能实现不同的作战单元之间战场信息的充分交互,将不同的作战系统有效地连接起来,大大扩展战斗力的附加值,从而有可能使军队的整体作战效能成倍增长。

(5) 以网络为中心的经济运作模式的示范效应。信息网络的高速发展带来了以网络为中心的运作模式,并且从技术领域迅速向人类社会生活的方方面面广泛渗透。其中,经济领域的反应最为灵敏。为追求股东权益最大化和公司的竞争优势,大量的公司向以网络为中心的运作机制转变。著名的网络设备生产商Cisco公司就是一个典型的例子。美国Cisco公司从销售和经营到人才招聘,各个环节都使用互联网,75%的客户订单通过网络处理,从订单登录、信用审查、生产进度安排,直到计划传送到生产厂,整个过程的绝大部分都无需人工参与。网络将全公司遍布在50多个国家中的17 000名员工融为一个整体,同时将它的各个合作伙伴紧密地联系在一起,由供应商、外包商和组装厂组成的联合体从外表到运行都像是一个没有任何业务缝隙的公司。信息时代商业运作的基本特征就是采用以网络为中心的运行结构,从而有效地形成和保持竞争优势。处于领先地位的公司充分利用以网络为中心的计算资源,以高度信息共享实现更为灵活的网络作业。同样,作战方式是生产方式在军事领域的体现。经济领域以网络为中心的运作模式所获得的巨大成功,为军事领域实现网络中心战提供了宝贵的实践经验。美国认为,在创建21世纪的美国军队时,必须充分利用信息时代的概念和技术,尤其是新"商业模式"中所使用的信息技术。信息技术带来的创建"新经济"的新的商业活动方式也促进了主要以平台为中心的部队,使之转化成一支以网络为中心的部队,一支可以创造和利用信息优势大幅度提高战斗力的部队。

3. "网络中心战"的提出过程

20世纪90年代初的海湾战争中,虽然美军以无可争议的胜利成为最大的赢家,但同时也暴露出许多问题。战争结束后,美军在反思中开始推行新军事变革:建设数字化战场和数字化部队,先后颁布了一系列纲领性文件,如陆军的《21世纪陆军》《21世纪部队》《2010年陆军构想》《后天的陆军》和《美国陆军构想》等;空军则提出《全球力量,全球到达》《全球参与——21世纪空军构想》《航空航天部队——保卫21世纪的美国》等;海军陆战队也提出了《海军陆战队21世纪战略》等。经过近10年的努力,美军的信息化建设取得了长足的进步。不过这些进步与上万亿美元的投入相比,效费比仍然显得过低,并且仍然存在着许多没有克服的问题:各军兵种信息互操作能力不够,造成各作战单元协同困难;信息处理不及时,按需分发能力不够,造成大量信息浪费和信息泛滥;从传感器到射击器中间环节多,信息延迟比较大;战场信息融合不够,潜在战斗力得不到充分发挥等。

1997年4月,美国海军作战部长杰伊·约翰逊上将在详细考察了以网络为中心的新型经济运作模式和美军近年来的信息化建设后认为,造成上述现象的根本原因就在于信息化建设的思路和方法有问题,没有摆脱机械化战争以平台为中心的思维束缚,只注重纵向发展而忽视了横向联合。他创造性地提出了以网络中心战理论牵引信息化建设的概念。1998年1月,美海军军事学院院长阿瑟·塞布罗斯基中将在《海军学院杂志》上发表了题为《网络中心战:起源与未来》的论文,在美国军界产生了很大的影响。1999年6月,美国军事理论家大卫·艾伯茨、约翰·加斯特卡和弗雷德里克·斯坦合著了《网络中心战:发展和利用信息优势》一书,这部专门论述"网络中心战"的理论著作引起美国上层的高度重视。美国组织专人认真研究了这些相关著作和论文,得出了"网络中心战是信息时代的战争形态"的结论,指出以网络中心战这种全新的理念为牵引来全面推行军队信息化、网络化建设,提出用30年左右的时间在世界各国中率先建成信息化军队的构想。至此,美国将各军兵种的作战思想最后统一到了网络中心战的协同作战思想中,并在2017年7月向美国国会正式提交了《网络中心战》报告,将其正式确立为实施新军事变革的指导理论。因此,网络中心战是美军在实施新军事变革的过程中提出的一项重要的、具有里程碑意义的军事理论成果。它系统总结了美军近10年来在军队转型和战争实践中的经验教训,借鉴了信息时代经济活动中以网络为中心的新商业运作模式的经验,提出了一整套信息化建设的发展思路,指明美军今后的发展目标和实现途径。网络中心战的提出使美军信息化建设进入一个新阶段,力图使美军的作战能力以更快的速度提升,进一步加强与其他国家特别是发展中国家相比的优势地位。

3.8.2 网络中心战的核心思想

网络中心战是指导美军整体变革的全局性军事理论,是实现军队转型的重要推进器。不能将它简单地理解为一般字面意义上的"网络战",更不能仅仅理解为一个技术性方案。实际上,"网络中心"概念作为信息时代的产物,已经广泛渗透到人类社会生活的方方面面和军事斗争的各个领域。它强调的不仅是信息网络还强调要使各个职能部门、各个作战要素以网络为中心来运作。美军在向国会提交的《网络中心战》报告中多次明确指出,网络中心战是信息时代的挑战和机遇在军事上的反映,是信息时代的战争形态。同时网络中心战也是一种崭新的作战理论、作战样式和对作战问题的崭新思维方式。如果要想从网络中获取最大的效益,就要打破只以序列协作的方式,以信息网络把军队各部门紧密融合起来,成为网络中心团队,使部队能按新的更有活力、协同性更佳的工作方式运作。

1. 网络中心战的基本内涵

按照一般的军事理论研究方法,提出一个新概念或者新名词时要给出一个规范的定义。然而美军《网络中心战》报告从头至尾都没有一段文字给出一个明确的定义,其中最接近"网络中心战"定义的阐述为:"网络中心战是一个很有用的术语,它用来描述多种军事行动的实施途径,这些军事行动是通过部队网络化来实现,网络中心战主要指战争——运用信息时代的概念提高战争中的战斗力和非战争活动中的任务效能。网络中心战的所有概念有一个共同的特性,即都是通过将军队各组成部分网络化来实现的。"至于网络中心战为什么没有一个完整而明确的定义,美国部队转型办公室主任、海军退役中将、曾任美海军军事学院院长的阿瑟·塞布罗斯基是这样解释的:"网络中心战是一种观念,作为一种观念,它不可能有明确定义,因为观念和定义是相互独立的。观念是抽象而笼统的,而定义则是实在而具体的。如果一种观念可以对其下定义的话,那么它也就不再是观念了。这就是迄今为止网络中心战只有'功能性定义'的原因。"

网络中心战就像一个万花筒,从不同的角度观察可能就会得出不同的结论。有的人认为网络中心战是一种作战样式;有的人则认为网络中心战是一种作战理论和战争理论;还有的人认为网络中心战是21世纪信息化战争的基本形态,也就是我们常讲的信息化战争;甚至有人认为网络中心战是一种关于作战手段的构想和新的作战思维方式。应该说,以上观点都是对网络中心战不同侧面的描述,都有其合理和正确的成分。综合分析美军近年来发表的有关文章和报告,可以看出美军的网络中心战就其本质来讲是使战场上的各作战单元和各作战职能系统网络化。特别是将各种分散配置的侦察探测系统、指挥控制系统和火力打击系统集成为一个统一高效的信息网络体系,使各级作战人员能共享战场态势信息,再由信息的共享实现认知的共享,从而使各作战单元自下而上地实现自同步的协同作战,高效率地遂行各种军事行动,从而大幅度提高整体作战效能。

2. 军事信息栅格是网络中心战的关键基础设施

美军认为支持网络中心战的理论是通过将传感器网络、指挥控制网络和火力打击网络连接起来,就能同时共享通用操作环境中的信息,进行最佳协同,高效地遂行所有军事行动。网络中心战理论的核心假设即信息共享是创造价值的源泉。具备网络中心战能力的部队能通过以下手段提高战斗力:通过部队网络化,提高信息共享水平;通过实现信息共享,提高信息质量,增强共享的态势感知;通过共享的态势感知,实现作战协同和自同步,并提高连续作战能力和指挥速度;通过上述因素的改善大大提高作战任务效能,改善战场同步,加快指挥速度,提高杀伤力、生存能力和响应能力。由此可见,实现网络中心战就是将传感器、通信系统和武器系统连接到支持互操作的军事信息栅格中,实现信息无缝地流向作战人员、政策制定者和支持人员。在军事信息栅格中,传感器信息栅格能快速生成战场感知信息,保证指挥官看到真实的战场态势图。信息栅格将传感器信息栅格和交战信息栅格紧密结合起来,提供所需要的信息传输能力和处理能力。交战信息栅格则保证达成一体化精确作战,使得使用最精确的打击力量获得最大的作战效果成为可能。同时,军事信息栅格将传感器、作战平台等聚合为一个完备的整体,能够最大限度实现防护的整体联动,提高各个作战单元和武器平台的生存能力。

可以用一个空战的例子来说明军事信息栅格在网络中心战中的价值。现代化的战机都携带机载雷达,用以预警探测和火力制导。在传统的空战中,飞行员只能看到自己的雷达所发现的目标,而不能完全了解其他战机的情况,战机与战机之间靠语音通信来互相通报情况、协同作战。如果采用以网络为中心的作战模式,传感器信息栅格将使得各个战机的预警探测实现信息共享,飞行员不仅可以在雷达显示屏上看到自己的雷达发现的目标,同时可以看到其他战机的雷达发现的目标,就能对战场情况有更全面更准确的了解。同时,军事信息栅格使得各架战机携带的雷达、导弹等融为一个整体,任何一架战机既可以用自身雷达发现并引导攻击,也可以使用其他战机、预警机以及地面雷达等进行制导攻击,从而实现根据战场态势灵活地选择最合适的兵器实施火力打击的效果,而不用考虑这个兵器是自己战机携带的还是其他战机携带的。这意味着以军事信息栅格为核心的信息体系为战机之间提供了实现高度信息共享和互操作的能力,飞行员可以减少冗余的语音通信,从而在作战中更加集中精力。同时由信息共享达成认知共享,在对战场态势取得共同的理解和认知之后,飞行员将积极主动地采取最有利于己方的行动,甚至可以调用和引导其他战机携带的导弹对敌人目标实施攻击,从而实现无缝、高效的协同作战。

美军近年来进行了一系列初步的网络中心战试验。例如,对配备了 F-16 数据链的 F-15C 战机与传统的只使用语音通信的同类型战机的比较结果显示,使用 F-16 数据链的 F-15C 战机在白天和夜间的作战效能分别提高 2.61 倍和 2.59 倍。这个评估项目的最后结论是数据链的使用实现了对己方战机和敌方战机所处位置的连续感知,显著提高了共享态势感知,减少了无线电通信需求;共享态势感知使战术运用更加灵活,作战编队可以更为分散,并在必要的时候又可以快速集结,大大降低了误伤己方战机的概率。

除了空战之外,美军对陆军机动作战、特种作战、战区导弹防御等多种作战样式也都进行了评估和演练。结果表明,以军事信息栅格为支撑的"网络中心"作战模式由于实现了网络化信息共享,大大提高了态势感知能力,同时也大大提高了指挥速度、作战节奏和部队的整体战斗力。

3. 网络中心战的优势

网络中心战作为信息化战争的基本作战形态,与传统的机械化战争以平台为中心的作战方式相比,发生了根本性的变化。归纳起来,网络中心战具有以下明显的特点。

(1) 具有广阔的兼容整合性。从理论上讲,网络中心战是根据系统集成的构成法则而具有兼容整合特性的。从结构上看,网络中心战的基础是以计算机系统为核心的高度智能化综合网络,由三个互联互通的无缝隙链接的网络即信息栅格网、传感器栅格网和交战栅格网组成。从空间上看,这种网络系统可以把广域分散部署在陆地、海洋、空中和太空的各种武器平台、探测监视和侦察设备甚至单兵连接为一个整体。从历史发展看,网络中心战的综合网络能把经过信息化改造的新武器装备整合入网,将现有的各种高技术武器装备网络化,充分发挥具有"1+1>2"的倍增效益的整体作战能力,大幅度提高联合作战效能。

(2) 具有指数倍增作战效应。美军《网络中心战》报告论证了其产生无限潜力的基本原理,即称之为"梅特卡夫法则"的网络工作原理:一个安全可靠的、具有操作互通性的网络总能力的提高遵从指数倍增原理。在军事领域,过去在以垂直的互相隔绝的"烟囱式"部队指挥结构和以武器平台为中心的作战环境中,部队整体战斗力的发挥受到很大限制,而在成熟的网络中心战的作战环境中,部队战斗力的总和是各个作战单元的乘积,总战斗力的增加遵从的是乘法原理。因此,网络中心战是部队战斗力的倍增器。曾经多次组织指挥海军网络中心战反潜作战实验和演习的美国海军太平洋舰队司令部前司令布莱尔指出:网络中心战概念激活了联合特遣部队的潜在战斗力,过去由于战场分割,这些潜在战斗力都被浪费掉了。美国的报告得出这样的结论:迄今为止,网络中心战理论的应用仅仅只触及了其全部可能能力的"皮毛"。由此看来,从理论上说,网络中心战具有无限的作战潜力和发展前景。

(3) 具有提高联合作战整体质量与水平的效能。一体化的传感器网络就可提供共享的战场空间态势感知图,摆脱特定地理位置观察视野的限制,驱除"战争迷雾",使战场在一定程度上透明化。动态的网络化的通信系统促使决策循环和战斗转换过程加快,几乎可以实现"瞬时一体化",用信息时代连续式的指挥控制过程取代工业时代循环式的指挥控制过程,做到实时决策、实时行动,在敌人决策指挥的周期内做出反应,提高部队行动的同步性,变传统的顺序作战方式为同时运用各种力量同步进行全纵深打击的并行作战方式,从而大大提高信息时代联合作战的质量与水平。

(4) 具有极大提高作战灵活性的效能。网络中心战的灵活性来自其独特的体系结构。依托强大的信息栅格将分布在广阔区域内的各种传感器、指挥中心和各种武器平台凝聚为一个统一高效的作战大系统,不仅实现了整个战场的信息高度共享,而且能够实现包括武器装备在内的所有作战资源的共享。所有战略、战役和战术级的传感器、通信部门、其他情报部门以及侦察部队所得到的信息,由传感器信息栅格通过数据融合技术迅速合成整个战场空间的态势图,其完整性和精确程度远远超过任何单个传感器所能达到的水平。与此同时,交战栅格网能够对分散在战区内的各平台上的武器进行统一控制,作战指挥人员可根据战场态势的目标性质进行通盘考虑,并借助军事栅格经过精确计算提供的优选方案迅速选择并发射打击目标效果最佳的武器,这些武器可以是本平台的,也可以是其他平台的。高质量的信息信息栅格为传感器信息栅格和交战信息栅格提供所需要的信息传输能力和计算能力支撑。

3.8.3 网络中心战顶层设计

进入21世纪,随着新军事变革的不断深入,美军为保持并继续扩大与其他国家军队的"时代差",确保其世界霸主的地位,不断加大了以提高网络中心战能力为核心的部队转型力度和步伐,认为网络中心战能力将成为美军实现转型战略的基础,网络中心战与美国的业务革命一起,构成了美军转型的全部内容,其基本发展思路是:走"创新革命"的道路,制定网络中心战的总体规划和实施计划,确定网络中心战的优先发展目标(重点是实现部队、平台、设备、传感器、武器系统的互操作),借助建模和仿真积极研究网络中心战相关概念和能力(如信息质量、将信息转化为可共同理解的态势感知及利于实现同步作战的方式等),并制定切实可行的衡量计划发展进度的方法。

1. 树立创新性思维,进行军事"创新革命"

美军认为,网络中心战是在军事革命发展到一个崭新阶段后提出的新概念、新理论。它强调以网络为中心来考虑和处理问题,并将这一理念应用于军事行动。美军《网络中心战》报告指出,让人们理解网络中心战的基本思想远比强迫人们接纳某个名称或术语重要。目前,网络中心战这一深奥的新理论仍只露出了冰山一角,还有很大一部分需要探索和发掘,因此以网络中心战理论带动军队信息化建设需要开拓创新精神。为了发展和实践网络中心战理论,深入推进新军事革命,美军非常注重营造有利于创新的军事文化氛围。2001年5月25日,布什总统在美国海军军事学院毕业典礼上讲话时指出:"丰富的创造力和富有想象力的思维是美国和美国军队的巨大竞争优势。今天,我要求你们掌握这种创造力,并继承这种创新传统。作为总统,我保证营造一种军事文化氛围,鼓励而不是打击那些勇于承担风险、拥有超前思维的人,我保证让那些喜欢想象又敢于承担风险的领导得到赏识与提升。"

美军认为,实践网络中心战理论有两条路可选择:一是"渐进改革",二是"创新革命"。在分析了大量历史上的经验教训后,美军决定采用"创新革命"的方式。在美军多次引用的经验教训中,最引人注目的是英国和德国对坦克两种截然不同的态度导致的两种截然不同的结果。本来,英国人发明并在第一次世界大战中首先使用了坦克,但由于他们当时采用了"渐进式改革"方式,坦克的作战潜能没能在短时间内充分发挥出来,以致未能对战争产生革命性影响。德国人则实施"创新革命",创新性地运用了"闪击战"战术,将坦克部队与战术航空兵结合使用,将坦克的作战潜能发挥得淋漓尽致,在二战初期取得了辉煌战绩。在网络中心战的应用上,美军想仿效德军采用"创新革命"的方式,直接将网络中心战理论付诸实践,组建网络化部队,将美军作战能力"提高几个数量级"。

2. 进行"网络中心战"顶层设计,启动全球信息栅格建设

军队的信息化建设是一项非常浩瀚复杂的大系统工程,特别需要搞好顶层设计。为此,美国成立了直接向防长负责的军事转型办公室,制定了发展"网络中心战能力的协调战略",其主要内容是:依据统一标准,开发共用软件,建设安全保密、可靠、通用、无缝系统集成信息基础设施;制定国防科学技术发展规划文件,确保关键"网络中心技术"的成功开发和利用;明确"实现网络中心战的必要因素",规定实施"成熟网络中心战"的必要条件;协调各直属机构工作,确定网络中心战的建设重点和战略。在美国制定的"网络中心战能力的协调战略"中,全球信息栅格建设扮演着举足轻重的角色。

美军认为,要实现网络中心战必须具备许多必要条件,但其中最紧迫的就是要建立支持信息共享和信息协同的安全可靠的网络化信息基础设施,即全球信息栅格,如图3-7所示。美参联会发表的《2020年联合构想》和《网络中心战》报告中多次指出"全球信息栅格是实施网络中心战的基础"。全球信息栅格在网络中心战中的作用是使各军兵种部队共享信息,具有共享态势感知能力,使美军掌握"信息优势"和"决策优势",从而拥有作战"全谱

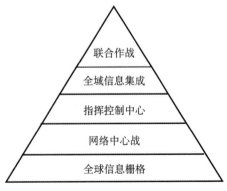

图3-7 全球信息栅格网络中心战结构图

优势"。为建设"全球信息栅格",美国做了大量工作:

(1) 制定和颁发了一项顶层政策和七项支撑政策。

(2) 设计了 1.0 版、2.0 版"全球信息栅格体系结构"。

(3) 成立了"全球信息栅格高级指导委员会"和"全球信息信息栅格建设执行办公室",负责监督、协调与管理有关政策、规划的实施。

(4) 对信息系统局进行了大幅度调整,以保证全球信息栅格建设的顺利实施。

3. 创建"网络中心战"部队,推进军队的信息化转型

美军认为要实施网络中心战就必须有"网络中心部队","创建"网络中心部队"是实施网络中心战的先决条件。他们提出了"网络中心部队"必须具备的五项标准:具有连通性,各单元之间都有数据连接,信息交换的优裕度大、协同能力强;具有技术互操作性,各设备或装备之间有"互操作能力",能相互传送信息、直接利用信息和更新通用作战态势图数据库;具有语义学互操作性,即各单位能对相同信息具有相同理解的能力,这是因为"网络中心部队"的作战能力取决于在认知域具备的共享态势感知能力,这就要求不同单位的人员必须对相同信息产生相同的理解;具有一体化协同能力,能将信息共享的过程转化为各作战单元协调一致地采取作战行动的过程;具有一体化防护能力,各种系统特别是信息系统具备内在的安全保密能力,网络系统中即便是最脆弱的节点或链接都要有这种能力。

目前在美国防部军事转型办公室的统一协调下,各军兵种都成立了相应的领导机构,制定了"网络中心战"部队建设规划。例如,美海军建立了"网络化部队"办公室,"网络化部队"的负责人海军作战副参谋长丹尼斯·麦克吉尼中将指出,新办公室的首要目标是"使海军力量全面网络化"。美海军制定的形成网络化部队的三个阶段如下:

2002 年—2004 年,海军和海军陆战队将重点改进传感器、网络、人员和武器,提高现有作战能力,并设定 2004 年—2010 年的科学和技术目标。

2004 年—2010 年,重点是基础设施、训练和平台的集成,满足海军 2007 年—2015 年的作战需求,为 2010 年及 2010 年后做好准备。

2010 年—2020 年,海军所有的资产都将加入网络,形成未来 10 年的不对称优势。

4. 构建网络中心战"任务组件"

美军认为网络中心战能力将涉及与作战相关的指挥、条令、机构设置、人事、信息流动、物资、训练和后勤等各个功能领域,必须通过技术与装备、条令与战术和编制体制等的共同发展与变革,实现网络中心战的各种潜能,提高战斗力;需要定期进行评估、分析与鉴定,以掌握网络中心战建设的进展情况,及时了解这一建设过程中的经验教训。为此,美军提出了"任务组件"(MCP)的概念,并建立了网络中心战成熟度评估模型,即采取"提出概念—改进—验证"的方法,不断改进网络中心战所涉及的概念,并通过分析、建模与仿真、演示验证、实验、演习等手段,使这些概念结合起来,共同发展,最终将概念转变为作战能力。

"任务组件"是实现网络中心战的重点。它为作战概念、战斗条令、编制体制、教育训练、后勤保障、领导才能、人事管理、装备体系以及国防基础设施等提供了一个进行整体描述的工具和结构。"任务组件"主要包括两大要素:一是作战概念;二是实现该作战概念的必备条件,例如指挥理论、条令、组织机构、人事、信息流、系统、物资、教育训练和后勤等。网络中心战的"任务组件"开始也只是"任务能力包概念",经过发现和实验、初步假设、改进假设和最终演示验证,才能逐步形成新的作战能力。

"任务组件"从概念的提出到能力的实现需要经过三个阶段：提出概念模型、改进概念模型、实现"任务组件"。在提出概念阶段，要进行概念分析，提出基本的军事需求，建立相应的组织机构，确立指挥方案和作战原则，进行建模和仿真；在改进概念阶段，要实施开发，进行演示验证和效能评估，修改和完善作战概念；在实现阶段，要动用实际的武器系统进行模拟演习和实兵演习。在这个过程中将会不断发现问题，然后返回前面的阶段进行调整。

3.8.4 网络中心战联合协同能力

网络中心战理论针对网络中心战协同能力这个关键问题，将其分为物理域、信息域和认知域三个层面，认为网络中心战将在这三个域同时展开，任何一个域出现问题都会影响网络中心战效能的发挥。其中，物理域是客观物质真实存在的有形领域；信息域是创造、采集、处理、传输、共享信息的领域；认知域存在于作战人员的思想中，包括人的知觉、感知、理解、信仰和价值观，等等。在战争中，物理域、信息域和认知域相互之间有密切的关系。物理域中的实体和行为通过信息域中的系统转化为特定的数据、信息和知识，结合人的世界观和作战经验等，最终在作战人员思想意识中形成认知。网络中心战正是强调通过这一流程实现信息共享和认知共享，从而使部队具有自我同步的协同作战能力。

1. 网络中心战物理域协同

物理域是在陆地、海洋、空中和太空实施打击、保护和机动的领域，是物理平台和连接物理平台的通信网络存在的领域。相对而言，物理域中的作战要素最便于评估，对传统战斗力的评估就是在物理域中进行的。军事信息栅格的传感器栅格网、交战栅格网和信息栅格网构筑成了网络中心战的物理域。军事信息栅格以信息栅格为传输纽带、传感器信息栅格为前提、交战信息栅格为打击工具，构成了陆海空天全维的作战空间。信息栅格不仅是动态开放的网络，也是个保密网络，整个信息栅格通过指挥控制程序进行管理。军事信息栅格联系的所有战略、战区和战术级传感器，诸如卫星、飞机和舰艇的雷达，潜艇的声呐，以及其他情报部门和侦察部队所得到的信息等，由传感器网络通过数据融合后，迅速合成整个战场空间的态势图，为远程精确打击和部队作战行动提供信息支持。交战网络能够对分散在战区内的各平台上的武器进行全方位的实时控制，迅速选择并确定打击效果最佳的武器。在整个战场范围内实现了包括各种情报信息和软硬打击武器的高度融合。

网络中心战可通过军事信息栅格把信息优势转变为作战行动优势，使各作战单元共同掌握和了解战场态势，实现真正意义上的协调行动，从而发挥最大作战效能。它在强调信息"软杀伤"作用的同时，也充分肯定了火力"硬摧毁"的地位和作用。战争是系统与系统的对抗，从远古时代的冷兵器战争到今天的信息化战争无不如此。但军事信息栅格的系统是由各种作战平台构成的，既包括坦克、飞机等装备，也包括作战指挥机构、后方援助部队等组织。以往的战争都是以平台为中心的战争，而网络中心战是用军事信息栅格联系这些平台的战争。这种战争以网络为基础，通过信息把各作战单元有效地连接起来，结"网"行事，增加了作战的灵活性和适应性。

基于军事信息栅格的网络中心战变多级层次式指挥为扁平式指挥，使战争变得更加迅速和富有成效。在以往的战争中，指挥官为了在与敌人交火时集中必要的兵力和火力，往往采取自上而下的指挥方式，由于被指挥的各部队有自己的作战节奏，自上而下的指挥往往造成指挥周期过长，延误战机。而在网络中心战中，军事信息栅格的实现使得精确、全面地掌握敌我双方的信息成为可能,指挥官可以采取"扁平式"的指挥机制,通过快捷的指挥,保证与部队之间的同步行动,使战斗变得极其快速而连续。在美国对阿富汗的军事打击中,每个军人都可以从便携式电脑迅速了解各地与他们有关的情况,"捕食者"无人机等侦察系统能在极短的时间内将其"看到"的敌方阵地情况通过网络传给地面部队,指导地面部队准确高效地行动。

2. 网络中心战信息域协同

信息域是网络中心战中创造、处理并共享信息的领域,是作战人员进行信息交流、传送指挥控制信息和目标信息、传递指挥官作战意图的领域。信息域的信息既可能反映真实的情况,也可能反映虚假的情况。战场信息的交流都是通过信息域来完成的,争夺信息优势的斗争异常激烈。实现网络中心战主要有三个阶段:信息共享、认知共享和自同步。在商业上,信息共享是潜在的价值源泉,在战场上,信息共享就是潜在战斗力的源泉。所以说,信息共享是基础性的第一步,同时也是以网络为中心的信息环境的核心内容,它将主要在信息域完成,具体就是依托军事信息栅格来实现。军事信息栅格支持陆海空天全维的信息处理、存储与传输,可实现人与信息栅格的交互、网络管理、信息分发管理和信息保证,它支撑起了网络中心战的信息域。

目前制约信息共享能力的一大障碍就是各军兵种长期独立建设所积累下来的"烟囱式"数据系统和"孤岛式"信息系统。美军建设全球信息栅格的一个主要目的就是用它实现各大"烟囱式"数据和"孤岛式"系统之间的融合,将陆、海、空、天所有的信息系统集成为一个能为各军兵种所共用的一体化信息栅格,把全球分散配置的美军部队连接起来,为联合作战提供必需的战场数据、通信传输和计算能力,实现在恰当的时间、恰当的地点,将正确的信息,以正确的方式,传送给正确的用户,从而获得信息共享所带来的信息优势。军事信息栅格的基本设想是"按需提供信息服务",从根本上解决数据格式不一致、协议标准不统一等问题,实现信息的共享。用户只要接入信息栅格,他所需要的信息服务就将以透明的方式被直接提供,使"烟囱式"或"孤岛式"结构向以网络为中心的结构过渡。

信息共享最生动的体现就是战场通用可视化态势图。战场上所有的作战单元采集到的信息在军事信息栅格上实现信息共享,经过信息处理、数据融合等环节,最后生成一张通用可视化态势图,清晰直观地展示敌我双方的战场态势以及地形、气象等各种战场信息。这张图不是静态的,能根据战场情况的变化随时刷新,它将广泛分发给各级各类作战人员,帮助指战员全面准确地把握战场态势。

美军各军兵种实施的全球信息栅格建设项目都已全面支持信息共享和战场通用态势图的生成。同时,美军还强调这些系统要支持多种语言环境,为今后的多国部队联合作战做准备。正如美国国防大学国家战略研究所的研究报告中提出的观点一样,美军的全球信息栅格将不仅仅为自己的作战而设计,同时也为与联军一起进行的作战而设计。

3. 网络中心战认知域协同

认知域存在于指战员的思想中,包括人的知觉、感知、理解、信仰和价值观等。它是通过对信息的正确理解,进而做出决策的领域。在网络中心战的实施过程中,信息共享只是第一步,紧接着还要在共享基础上,实现对战场态势的一致理解。只有这样,才能实现各单位作战行动的协调同步。

信息不等于认知(知识),拥有信息不等于拥有认知。因为信息只是对客观世界的描述,而认知就包含了主观理解的内容。传统的网络基本上可以实现信息的互联和互通,而互操作是难以做到的,因为实现互操作必须加入对信息的正确统一理解。只有建立了正确的理解,才可能产生正确的互操作行为,也就是说互操作已经上升到了认知域。军事信息栅格的重大突破就在这一点——实现互操作,进而实现认知共享。这也是军事信息栅格与军事网络的根本区别所在。

美军最初提出的全球信息栅格概念就是源于对信息系统的互操作性和端对端一体化的考虑,互操作性是全球信息栅格设计中一项基本的技术指标。实际上,全球信息栅格就是一个信息环境,它由两大部分组成——可互操作的处理部分和通信部分。对互操作性的考虑在全球信息栅格中占有很大的分量。

美军2001年提出的全球信息栅格顶层需求文档对军事信息栅格的互操作性制定了详细的技术标准,它将整个信息流程分为存储、传输、管理、分发和保证这五个环节,并逐一按照互操作性的要求提出具体的技术规范。例如信息搜索查询,它要求系统能够根据用户的需求实现高效的信息搜索,最后提供给用户的搜索结果中无用的或无关的信息不能超过20%。而在目前的情况下,诸如Yahoo、Google等著名的网络搜索引擎所提供的信息搜索查询服务还远远达不到这一标准,搜索的结果大多只能提供网址,用户必须逐一根据这些网址链接到它们的网站来继续寻找自己需要的信息。在整个过程中,用户接触的大量信息都是无用的或者是无关的,搜索效率十分低下。这不仅浪费了用户宝贵的时间,而且网络上大量传输的都是无用信息,浪费了宝贵的带宽资源。军事信息栅格之所以能大大改变这一状况,是由于它对信息进行了很好的规范,对数据打上了标记(数据封装),能够更为准确地理解用户的信息需求,从而为用户提供更为精准的信息服务。

目前,美军的全球信息栅格正在建设之中,互操作的问题尚未得到完全解决。在信息存储的环节,美军尚未建立联合信息交换需求数据库,严格的数据规范还没有完全落实。没有数据规范的统一,互操作是无法实现的。在信息传输的环节,传统的各军兵种单独建设的多路复用设备也限制了互操作性,比如战术卫星多路复用设备,陆军、海军和空军之间还无法实现互操作。不过这些问题都是暂时的,美军计划在未来不远的时间里逐步解决这些制约互操作性的难关。

全球信息栅格的互操作性将不仅仅体现在美军内部,同样要体现在美军与外部的交互过程中。这对于多国部队联合作战是十分必要的,因为各个国家都有自己独特的军事信息系统,为了能实现充分的联合,全球信息栅格必须是一个开放式系统,可以实现跨系统的互操作能力。同时,这种跨系统的互操作不能影响美军全球信息栅格的安全性和完整性,也同样不能影响盟军信息系统的安全性和完整性。

军事信息栅格与人之间的交互过程非常生动形象地反映出它对认知域的支撑作用。美军的全球信息栅格对这一部分也做了充分的考虑,它强调要综合地使用视觉、听觉、触觉或其他独特的感觉方法给人提供信息或者从人那里接收信息,包括使用先进的图形显示、动画甚至虚拟现实的远程沉浸技术,帮助指战员以最直观的方式对从战场上获取的信息建立起准确、全面的认知;全球信息栅格还要具备很强的适应性和可学习性,能适应不同环境、不同语言和不同技能水平的用户,并在与用户的交互中积累历史数据,自动进行学习,最大程度地适应作战任务的变化、用户的爱好和经验水平;按照人机工程学的要求,全球信息栅格与人交互的硬件和软件要素以及各种视觉、听觉、触觉界面还要尽量减少用户的疲劳感和不舒适感,由于人总是会发生遗漏或者其他无意识的错误,全球信息栅格要能最大限度地发现这些错误,对人进行提醒,同时支持错误恢复功能。

军事信息栅格所体现出来的技术优势为网络中心战的认知域提供了有力的支撑。它帮助指战员在拥有了共享的战场信息之后,能以最直观的方式从这些信息中获得准确的态势认知,使各个作战单元能积极主动地根据自己在战场上所处的位置迅速采取最有利于我方的军事行动,而无需上级机关的人工协调,自下而上地实现与友邻部队的同步作战。这样就完整地实现了网络中心战所要求的信息共享、认知共享和自同步三个阶段。

美军认为目前的网络中心战还是初级的、逐步成熟的,到完全成熟的网络中心战应该具备以下能力:在物理域要能把部队的各构成部分都安全可靠地网络化,实现无缝隙连接;在信息域要具备搜集、共享、接入和保护信息的能力,具备信息协同能力,能够取得对敌人的信息优势地位;在认知域,各部队能生产和共享高质量的态势感知信息,共同了解指挥官的作战意图,具有自我同步作战能力。而要实现这种成熟的网络中心战能力,不仅需要建立完善的全球信息栅格,还涉及军事领域的各个方面,如编制体制、作战理论乃至思维方式等的变革。

3.9 网络中心战指挥体系

虽然网络中心战概念提出才短短几年,军事信息栅格建设更是处于建设阶段,但作为一种应用最新网络技术、最具创新思维的作战方式和理论,网络中心战一经提出就表现出了极强的生命力,其雏形在近期几场局部战争中也展现出巨大的作战威力。可以预见,随着军事信息栅格建设的不断深入和网络中心战的不断成熟,未来的战场必将呈现出一幅完全不同的战争场景。

3.9.1 网络中心战指挥控制中心

机械化战争的一个典型特征就是大规模的合成军队按照严格的程式进行逐次投入型顺序作战。因此机械化作战特别强调参战部队要在作战的各个阶段、各个环节保持紧密衔接,环环相扣,节点相连,在信息技术还不发达的情况下,进行随机战场调控难度很大,要做到这种流水线式合同作战的有序运转,就必须在战前进行严密的组织计划,把作战中可能出现的情况尽可能考虑周全,并在战场情况发生变化时,尽可能快速地汇集战场信息分析判断情况,定下处置决心,下达作战指令,这一切在缺乏有效的信息处理手段时将主要靠手工和人脑来进行。如此复杂艰巨的任务单靠指挥员个人是无法完成的,这就必然要求建立一个庞大的指挥机关,集中在一个固定的物理场所共同分析战场态势,制定作战计划,实施作战指挥,以尽可能缩短指挥决策过程,适应战场的快速变化。随着军事信息栅格的出现和网络中心战的逐步成熟,未来军队的组织构成和行动方式都将"以网络为中心"来运作,战场明显呈现出快节奏、高速度、大空间和广分布的特征,在这种情况下,信息大循环的高度集中型指挥部已无法适应网络化战场的发展趋势,必然面临着根本性的变化,并最终形成新型的"物理分散、逻辑集中"的指挥控制中心。

指挥控制中心的物理分散是指在军事信息栅格的连接下,将构成指挥部的人员、装备、器材等物理性实体尽量分散化配置,以减小其战场规模,增强其抗毁性和指挥效能。首先,指挥部物理分散的必要性源于生存的需要。现代战争表明，指挥控制中心作为"五环打击理论"的头号目标已经成为被攻击的首要对象，其生存面临着巨大威胁。2003年3月20日伊拉克本地时间凌晨5时30分，美军首先以代号"斩首行动"的外科手术式空中打击拉开了伊拉克战争的序幕，矛头直指萨达姆及其指挥机构。"斩首行动"是美军发动伊拉克战争后的第一个重要作战行动，也是整个战争期间自始至终的作战思想，一旦成功就可直接使作战对手的战争机器陷于瘫痪。而且，在机械化战争中，高度集中的各级指挥部作为部队的核心和中枢，自然也就是汇集情报信息和分发指挥信息的中心，因此具有明显的战场可识别特征。例如，指挥车辆多，电磁信息密集，通信、工程、防空等人员多、装备多等。而随着现代侦察技术的快速发展和远程精确打击能力的不断提高，大型指挥部的明显可识别特征很容易被敌人发现并准确定位，从而招致毁灭性打击。因此，传统的集中式指挥部面临着日益严重的战场威胁。同时，这种物理上高度集中的指挥控制中心，其开设和撤收都需要大量时间，无法实施灵活的战场机动，面对威胁不能快速转移。而且，这种物理集中的指挥部一旦遭到打击，带来的损失也将是毁灭性的，因为军队最核心的指挥员和参谋人员全部集中在这里。所以，物理分散的目的首先就是为了生存。其次，指挥部物理分散的必要性也体现在作战行动的快速反应需要。网络中心战使部队的作战空间迅速扩大，作战节奏明显加快，部队部署更加分散，这必然要求作战指挥应具有更强的实时性和准确性，各级指挥员应具有更强的积极性和主动性，能够随时出现在战场最需要的位置，对瞬息万变的战场态势做出最迅速的反应。指挥部物理分散使得指挥员能够摆脱指挥位置的地理限制，随时出现在官兵之中，以鼓舞作战士气，这也是美军所极力强调的一点。

网络中心战指挥控制中心的逻辑集中是指在指挥实体要素高度物理分散的情况下，通过军事信息栅格提供的完全虚拟化的协作空间，进行远程资源的共享、信息的交流、决策的形成、指令的下达，实现指挥功能的高度集中。集中是一条最为古老的军事原则，集中统一的指挥是保证军事行动有效实施的先决条件，信息时代的网络中心战由于部队高度分散和情况瞬息万变，因此更要强调作战的高度协调与一致。与以往的不同之处在于，网络中心战强调的是指挥部逻辑功能的集中，而不是物理存在的集中。在未来作战中，部队在物理上是广泛分散的，战场上的集中更强调的是作战能力的集中，包括作战目的的集中、作战时间的集中、火力打击的集中和信息攻防的集中等。而所有这些集中，都离不开指挥的集中，离不开所有参战部队思想上的集中。因此，在高度分散、瞬息万变的信息化战场上，只有通过迅速集中各级指挥员的思想，对共享的态势信息达成一致的理解，对下一步的军事行动所应达到的作战目的和需要采取的手段取得一致的观点，以思想上的集中统一达成行动上的集中统一，才能使各级部队实现同步作战、密切协同。所以，指挥部实施作战指挥的逻辑功能必须集中统一，做到"形散而神不散"，使全军的作战行动看上去像是一个人在指挥那样协调一致。

由此可见，在未来作战中，实现指挥部的物理分散、逻辑集中是非常必要的，但如果仅有需求而没有相应的技术支撑，就只能是不切实际的空想。军事信息栅格的出现为实现网络中心战环境下指挥部的物理分散和逻辑集中提供了强大的技术支撑，给指挥领域带来了深刻影响，指挥部的编组方式、决策方式以及指挥控制方式将发生根本性的变革。

（1）网状结构的"指挥点"式虚拟指挥编组。军事信息栅格的普及和完善将给各级指挥人员创造一个完全虚拟的协作空间。他们不必再集中于一个固定的物理场所，而是分布在战场任何需要的地点,通过信息栅格在虚拟空间内进行资源的共享、信息的交流和指令的下达,完成所有的指挥控制工作。这样一来,机械化战争时期宝塔树状结构的集团指挥所式固定实体指挥编组模式,将彻底被扁平网状结构的"指挥点"式虚拟分布指挥编组模式所取代。也就是说,根据具体作战规模、作战样式和战场空间范围的实际情况,所有的指挥人员分散配置于战场上任何位置,根据指挥任务的需要任意游动,不断变换指挥位置。通过各种终端接口和自己独有的网络账号及密码,将其所携带的各种类型计算机随时随地"插"在战场信息栅格的节点上即可实施作战指挥。战场最高指挥员到了哪里,哪里就是一个虚拟的基本指挥所。参谋人员到了哪里,哪里就是一个虚拟的参谋部。所有指挥人员既可以在各自的指挥平台上,也可以在下级或左右邻的指挥平台上实施指挥,只要使用不同指挥权限的特定账号和密码,就能进入他的虚拟指挥空间,与指挥机构的其他人员相互协商,共同制定作战计划,实时下达作战指令,从而极大地提高作战指挥的稳定性和高效性。

(2)"专家会诊"与"面对面"临机自主相结合的指挥决策。军事信息栅格的出现,还将对指挥决策的模式产生重大影响。以往战争中仅依靠少数指挥人员单独进行经验型指挥决策的模式将被"专家会诊"与"面对面"临机自主相结合的指挥决策模式所取代。也就是说,在不同的指挥层次上,针对不同的作战行动,利用军事信息栅格的资源共享、信息联通、要素融合、虚拟协作、并行计算和智能辅助等强大功能,既可以通过信息栅格,将与本部队有关的指挥员和参谋人员虚拟"集中"在一起,也可以将与本次作战行动有关的其他军事指挥专家、军事技术专家、军事工程专家,甚至政治家、外交家、科学家等各类专家虚拟"集中"在一起,通过集体智慧,利用群体优势,对作战行动实施集体会诊和专家决策,最终拿出一个更为科学和更为合理的决策方案。战场最高指挥员还可以根据全域透明的战场实际,对临时出现的紧急情况灵活实施面对面、端到端的现场直接决策,从而大大提高指挥决策反应速度,使指挥决策的科学性和快速性有机地融为一体。

(3)基于分布式节点的移动指挥方式。新的指挥控制方式往往产生于新的科学技术发展和新的战场形态之中。信息的传递与交流方式是决定指挥控制方式的基本条件之一。军事信息栅格的出现和普及,不仅可以实现各种战场信息的快速传递,战场资源的全面共享,更重要的是可以实现"想指挥人员所想,急指挥人员所急",指挥人员只需要告诉信息栅格"做什么",而不必告诉信息栅格"怎么做"。这样,传统的指挥方式就受到彻底冲击,取而代之的将是集各种指挥控制方式优点于一身的基于信息栅格节点的移动指挥方式,即主要通过指挥者在战场上的移动随时随地与被指挥者相结合,来完成指挥控制活动的一种方式。指挥人员在战场上的移动,包括利用战场交通工具进行真实的移动和利用越级军事信息栅格进行虚拟移动两个方面。通过随时随地不断自主的互访移动,战场指挥员可以"看见"不断变化的战场全貌,牢牢掌握战场动态,既可以实施集中统一指挥,又可以根据需要随时随地实施分散指挥,以确保战场所有作战单元整体作战效能的充分发挥。通过随时随地不断自主的互访移动,下级指挥员可以随时随地了解上级的总体作战意图,从而在统一的意图下实施更加灵活、主动的协调行动。

3.9.2 网络中心战神经中枢

现代信息化战争围绕信息优势的争夺已经成为贯穿作战始终的重中之重。切断了对方的信息大动脉,也就等于卡住了对方的咽喉,扼住了对方的致命要穴。从近期几场局部战争看,无论是海湾战争、科索沃战争还是伊拉克战争,美军首选的攻击目标不再是敌方的重兵集团,而是对方重要却又薄弱的指挥控制系统。在网络中心战模式下,军事信息栅格作为三军共用的信息传输、处理基础设施,担负着整个战场范围的端到端信息互联、互通、互操作的重任,网络中心战的一切行动无不以此为基础,因此其重要性远非现有任何信息系统所能比拟。正因为如此,军事信息栅格的抗毁性能也就显得异常重要了。

(1) 军事信息栅格节点要具有一定的"可牺牲"性。军事信息栅格与现有系统的一个显著区别就在于节点的广泛性、无级别性和相互之间的连接方式多样性。从体系结构上看,军事信息栅格一改过去大多数C4ISR系统纵向一条线,或组网一个面的链接模式,而是按照联合作战体系结构科学地连接成一体化的跨军兵种扁平式信息系统,建立信息栅格网状的信息网系,以便从结构上为实现整个战场范围内任意节点、不同需求之间的信息沟通提供环境条件。采用这种网状结构体系彻底改变了以往情报信息、指挥信息等首先自上而下逐级下达,然后自下而上实施反馈的信息流动方式,实现了扁平化、网状、多路由、可控制、多方式、端到端的有序流动。因此,军事信息栅格的结构特点决定了有些节点被破坏并不会影响其他节点信息的传输。从全局来看,任何一个接入信息栅格的武器平台、指挥中心、情报中心、计算机、通信设备、传感器、作战物资、作战人员和保障人员,都是军事信息栅格的分布式节点,而且这些分布式节点相互平等,没有"高低贵贱"之分。可以说,军事信息栅格是一个没有"中心"的网络,任何节点遭摧毁都只能降低军事信息栅格的功能,而不会造成军事信息栅格的全局崩溃。军事信息栅格这种无等级结构设计决定了其节点具有一定的"可牺牲"性。战斗计划中有多达80%的节点具有无损于任务的潜在的"可牺牲"性。

(2) 军事信息栅格提供了能够抗干扰、抗摧毁的快速通信能力。军事信息栅格与传统信息系统的另一个主要区别就是通信资源的融合与优化,当前的系统不允许信息动态选路到可用的最有效率的通信路径上,几乎没有区分信息优先权的自动化手段存在,以确保高优先权信息请求首先被处理。而在军事信息栅格中,由于实现了有线、无线、卫星通信、散射通信、卫星通信等多种通信资源的高度融合,信息栅格技术在选择两点间通信线路时,能够自动判断各传输渠道是否被干扰、破坏以及多方权衡是否为最佳路径,即使某些网络节点被摧毁,网络也可以通过自动寻找备用通信路径来保持信息畅通,从而大大增强信息系统的抗电子干扰、抗电子欺骗和抗火力打击能力,保证信息传输的稳定。事实上,由于这些通信手段波段不同、传播方式不同以及通信体制不同,敌人要想完全干扰和摧毁也是不可能的。在军事信息栅格环境下,用户只要能采取某种手段(直接或回)将信息发送至军事信息栅格,就不用再关心其具体传输路径,军事信息栅格会自动安排最合适的传输途径到信息接收方,至于其中部分线路被摧毁或干扰不会影响信息的传输。另外,军事信息栅格还能够自动监视、控制和动态分配带宽,能够按照指挥官的策略和用户所分配的优先权,使得某些信息在传输过程中得到加速处理,以支持高价值战场信息的优先传输和大容量的数据和图像传输,优化带宽资源,避免因信息阻塞贻误战机。

(3) 信息的分散处理和分散存储便于指挥员和指挥机关采取分散式组织指挥,使得以往高度集中的信息中心得以分散,大大提高了信息系统的抗毁性。在军事信息栅格中,由于计算能力的获得是融合了不同位置的众多计算机的合力,因此,用户所使用的计算能力不会因为某一台计算机被摧毁而丧失,就像全国多家火电、水电和核电等电厂联网运营以后,电力资源实现了整合,任一电厂被破坏都不会造成整个电力瘫痪一样。另外,军事信息栅格的数据资源是高度分散的,而且留有备份可以迅速恢复,任一数据源遭破坏都不会影响整体作战效能的发挥,能够保证所有必须数据的访问和使用,并阻止由火灾、水害、地震、恐怖袭击、停电、自然灾害、突发事件以及电磁脉冲攻击等物理威胁引起的已存数据的丢失。因此,在网络中心战中,军事信息栅格卓越的信息管理、分布计算、分散存储、网上协作以及资源统一调度能力,能够实现指挥中心的物理分散和逻辑集中,情报中心的广域分布式协作处理,战场信息传输的自动合理调度和统筹安排,从而避免大规模指挥中心、情报处理中心等在战场局部的过于集中,形成了整个网络的信息平衡,其战场可识别特征大大降低,战场生存能力大大提高。从这个角度讲,军事信息栅格处处是"中心",又处处不是"中心",这就彻底改变了目前系统所存在的关键节点一旦被摧毁,轻则瘫痪一片重则整网俱毁的致命弊端,大大提高了信息系统的顽存性。

当然,无"中心"的网络中心战也只是一种修饰性的词语,任何系统或物体要保持平衡,就必然有其"重心",失去"重心"就会失去平衡,那么有"重心"就会有"中心"。在军事信息栅格中,各节点的分布和作用也不是均衡的,如服务器、程控交换器、通信卫星和侦察卫星等都是重要的战场目标,对这些目标的摧毁必然会有效降低网络中心战的效能发挥,但与以往作战或信息系统相比,对这些目标的摧毁只能造成功能性下降,而不会造成全局性瘫痪。

3.9.3 网络中心战动态虚拟化部署

相对于机械化战争中实体性区域集中部署,动态虚拟化部署是一种新型战场力量部署形式和使用方式,是军事信息栅格在作战领域应用的必然结果。这种崭新的力量部署和使用方式将引发战场的深刻变化,成为未来网络中心战的一道新景观。

以往作战由于受信息传输技术和部队机动能力、打击范围等限制,作战力量的战场使用和整体效能的谋取主要依靠编组相应的作战实体和物理上的集中或相对分散配置,亦即通过一定的"作战队形或限制性战场几何图形等物理手段"来实现。可以说,这种严格分工、周密计划、集中配置、逐次投入的力量运用方式,在战场动态调控能力低下的情况下,是凝聚整体合力、发挥整体效能的有效途径。随着近年来部队机动能力不断提高,打击范围不断扩大,靠这种强制性的几何图形来规范作战行动的方式越来越不适应网络化战场的需要,甚至成为影响部队作战积极性和创造性、制约整体作战效能发挥的障碍。在未来军事信息栅格支撑下的网络中心战中,所有作战单元、保障单元、武器装备、传感器无论其隶属关系、空间位置如何,都是军事信息栅格的平等用户或资源,都可以通过覆盖和渗透于整个战场空间的信息栅格系统实现信息资源的共享,都具有全息化的作战能力,都能通过军事信息栅格实时获取情报、领受作战任务、快速进行机动、灵活实施打击和申请作战支援等。同时,军事信息栅格广泛的资源融合与高度的互操作性,也为各种作战资源充分发挥其最大潜力创造了条件。在军事信息栅格中,所有通信设备、信息处理设备、各种数据库、传感器都是共用的战场资源,都可以为所有部队和人员提供服务,即便是火力打击装备,在完成自身任务的情况下,也可以根据战场态势需要,在军事信息栅格的统一协调下被其他部队所使用,以最有利的地理位置、最合适的时间和打击方式对敌发起攻击。因此,军事信息栅格的应用极大地增强了各作战单元的战场信息共享能力、彼此协同作战能力,使得多维空间、不同位置的所有作战资源实现了空前的融合。在这种背景下,由于作战空间和领域变得更加模糊不清,强制性的作战队形和限制性的几何图形不仅不利于各作战力量作战效能的发挥,反而成为影响效能发挥的桎梏。在这种大背景下，传统的固定编组、区域配置、任务单一的力量运用方式显然不能最大限度发挥各个作战单元的潜力，势必造成巨大的作战资源浪费，同时还容易丧失稍纵即逝的战机。

未来以网络为中心的作战将是高度分散的作战力量在多维空间同时进行的作战，所有作战单元都是在高速的机动过程中，根据战场态势临时组合、临时受领任务，其力量部署将由以往的实体编组、集中配置方式改变为分散配置、虚拟编组方式，即作战力量不再像以往那样于战前预先编组成具有不同功能和可遂行各种任务的作战实体，并把他们相对集中和规则地配置在一起，然后一起去执行任务；而是战前尽可能以分散的、不规则的、动态的形式部署于战场的多维空间，作战过程中依据战场临时态势和完成作战任务的需要，依托军事信息栅格，实时实现部署于不同空间、具备不同功能的多种作战力量和保障力量之间的行动一致和效能聚合。相对于以往作战力量的实体编组部署形式，这种部署在空间上是高度分散的。其编组不是在空间上有机联系的有形实体，而是根据战场需要，随机赋予相关作战单位具体任务，在机动中按指令投入交战，各作战单元之间通过网络形成一个虚拟的临时编组，这和以往机械化作战的预先部署先在某一固定的地区摆兵布阵，再投入交战完全不同。同时，这种编组也不像以往那样固定不变，它可以随着战场态势的变化和作战任务的需要，临时进行"拼装"和灵活"拆卸"，而且这种临时性的变更不需要进行任何实体上、技术上的调整，只是一种军事信息栅格逻辑上的划分，这就极大提高了各作战单元运用的灵活性。在未来作战中，采用这种虚拟编组方式，不仅可以进行单军兵种内部的临时编组，也可以进行多军兵种的混合编组，如根据作战任务需要，将不同地理空间的海军、陆军、空军、海军陆战队、导弹部队以及特种作战部队等临时编为一特混部队，一旦任务完成就可以迅速解散。这种虚拟编组部署力量的形式，将使被部署于多维空间的作战力量运用更加灵活、使用更加方便，能充分发挥各作战单元作战潜力，实现真正意义上多维一体联合作战和最大程度上的节约战。

3.9.4　网络中心战自适应协同作战

网络中心战自适应式协同作战是指相对于以往主从式、计划型协同作战的一种新型协同作战方式，是军事信息栅格在战场应用的必然结果。其本质是各作战单元根据战场环境的变化自我做出判断、决策进而采取行动，以适应快速变化的战场态势。即在发现并确定攻击目标之后，各作战单元能够着眼实现"最佳效益"，自主地决定用什么力量、以什么方式去遂行攻击任务，从而确保整体作战效能得到最大限度的发挥。"自适应"协同作战是网络中心战的一个基本特征，也是与机械化作战方式的又一个显著区别。

在机械化作战中，由于各军兵种、各作战单元之间信息互联互通能力比较差，难以实现对战场实时情况的透彻了解和把握，为避免相互之间的冲突和作战行动的脱节，往往需要根据作战任务和参战力量的能力，明确区分相互间的主次地位、支援与配合关系，在协同方式上则表现为主从式协同，强调以计划协同时间协同为主，以战时随机协同、任务协同为补充。这就造成了在机械化作战中，作战方案一旦实施，协同作战的各军兵种、部（分）队，往往只能严格地按此执行，而少有灵活改变和创新的余地。然而，在信息化战场上，作战节奏明显加快，战场情况瞬息万变，战前计划再严密也不可能对所有情况都预先有充分的考虑，而一旦情况发生变化，只能遵循合同作战中统一指挥与控制的原则，由下而上地逐级报告情况，再由上而下地逐层下达指令,如此一来容易延误战机,造成被动挨打局面。军事信息栅格的应用大大提高了各作战单元实时的信息共享水平和互联互通能力,解决了制约作战协同的关键问题——战场信息共享,必将促进协同方式发生革命性变化。在未来作战中,协同方式将由以往计划协同为主转向临机协同为主,由上级指令协同为主转向平级自协同为主,由兵种协同为主转向多军兵种临机协同紧密结合。

在军事信息栅格环境下,各作战单元无论其属于哪个军兵种、哪个部队,也不论处于何维空间、什么位置,都不仅能够了解自己局部的战场情况,也能统揽战场全局,并通过交战信息栅格与其他各作战单元链接成一个有机的整体。在战场上,尽管各种作战力量在空间上是分散的,但通过交战信息栅格却能够更紧密地连接在一起,并可根据战场情况的实时变化,借助军事信息栅格强大的计算能力、智能化的信息检索能力,迅速做出判断、决策和行动,实现相互之间的适时、主动协同,这种以自适应、自协调为主的协调方式,形式上更为宽松,但协调程度却更高,能够适应信息化战场对时间、速度的要求。在伊拉克战争中,尽管美军还不具备完全的网络中心战能力,但其协同形式已初步表现出了自适应特征。例如,参与轰炸的大部分战斗机和轰炸机都安装了目标数据实时接收和修正系统,可在赴目标区的飞行途中,根据地面作战的紧急需要对导弹的制导数据进行适时的修正和更新,大大提高了空地协同作战能力。据统计,在伊拉克战争中,每天赴伊拉克执行轰炸任务的战斗机和轰炸机中,大约有 1/3 的飞机是按起飞前的轰炸计划赴目标区进行轰炸,而有 2/3 的飞机是在升空之后根据随机收到的目标指令去执行临时性轰炸任务。由此可见,美军各军兵种临时协同能力已有了大幅度提高,这不能不归功于其近年来的网络中心战建设。

3.9.5 网络中心战灵活有效精确打击

人类进入信息化时代,任何以大规模破坏为代价实现作战目的的作战方式都越来越受到更大的限制,而以投入兵力少、附带毁伤低、持续时间短为特征的精确作战越来越受到世界各国的重视。虽然近年来,就单件武器而言,其打击精度、打击范围都有了快速的发展,但精确作战(Precision Engagement)并不等于精确打击(Precision Strike),更不等于精确武器,有了精确武器也不等于就可以进行精确作战。美军认为,所谓精确作战,就是指联合作战力量在各类军事行动中,实时而精确地发现、定位、识别并跟踪监视目标,选择并组织相应的作战力量和作战系统对目标实施精确打击,达到预想的作战效果,并对目标打击效果进行精确评估,在必要时以决定性的速度和快节奏对目标再次实施打击。由此可见,精确作战作为一种基于效果的信息化战争新样式,它不仅涉及打击武器本身的精度,还涉及侦察、定位、识别、评估等多个环节,任何一个环节出现问题都不可能达到精确作战效果。因此,虽然美军目前还没有达到精确作战的要求,但随着军事信息栅格的出现和网络中心战的逐步成熟,人们似乎看到了实现精确作战的希望。

精确作战是一种基于效果的作战,其最主要的特征是传感器、投送系统和打击效果的相互衔接,成功的关键在于对目标的准确定位与识别。因此,实施精确作战需要两方面的客观条件——精准的目标信息、恰当的武器系统和作战力量。在以前的信息系统支持下要同时做到这两点绝非易事。随着军事信息栅格在战场的应用,传感器、指挥控制和打击武器将实现无缝衔接,由此产生的集成系统可以提供适应任何作战态势的最广泛的能力(包括了解态势、确定期望的打击效果,以及必要时以最小的附带毁伤再次实施打击),军事信息栅格提供的这些能力将使在整个战场、多维空间实施广泛的精确作战成为可能。

首先,战场上的目标一般都经过严密的伪装,甚至处于高速机动状态,要获得精准的目标信息仅靠单一的传感器是做不到的,必须将多个传感器探测的信息进行共享,并通过有效数据融合获得最终的火控信息,网络中心战的传感器信息栅格恰好完成了这项功能。传感器信息栅格通过将分布在陆、海、空、天的各类电子、雷达、光学等专用侦察设备和各种武器平台上的嵌入式侦察设备以及各类情报部门、侦察部队等无缝连接起来,实现了多种不同类型的探测器高度融合,可以有效抵御对方采取的各种隐形、伪装、欺骗等反侦察措施。因为目标有可能骗过一种传感器,但无法骗过所有采取不同工作原理的传感器,如电磁、声响、重力、雷达、微波、可见光、微光、红外,此外还有无处不在的特种部队、数字化士兵等。这种高度互联、互为补充的传感器信息栅格,能够为精确作战提供准确、实时、不间断的目标定位、识别和毁伤评估等信息。

其次,在瞬息万变的多维战场上准确、灵活地选择武器系统和作战力量,这在以前也是难以实现的。以往作战中经常出现这样的情况,某作战平台(或传感器、侦察分队等)在某地区发现敌军目标,可是由于平台自身武器系统不便于实施攻击或根本就没有攻击能力,只好向上逐级报告,而在快速机动的战场上,指挥员短时间内也不清楚此时在该地区哪支部队或武器系统最适合对敌发起攻击,其结果要么丧失战机,要么匆忙决策出现打击效果不理想的情况(或勉强攻击,对敌威胁甚微,或"杀鸡用牛刀",产生巨大的附带损伤),都达不到精确作战效果。而网络中心战却能够很好地解决这个问题,军事信息栅格实现了传感器到武器平台的无缝衔接,实现了武器装备的网络化运作。在未来战场上,传感器(或武器平台)一旦发现敌目标,指挥员就可以通过军事信息栅格迅速选择位置最佳、打击效果最佳的武器系统,在第一时间对敌实施攻击,甚至地面平台或地面分队也可以通过军事信息栅格直接呼唤并引导最适合打击的武器系统实施打击,从而极大提高打击效果的精确性和实时性。

在过去的几场局部战争中,精确武器虽然已被广泛使用,但还存在明显的局限性,没有实现真正意义上的精确作战效果。如打击的目标都很明显,并且大多数处于静止状态,无论是传感器还是武器系统都还没有完全实现网络化,目标信息的精度和武器选择的灵活度仍然很有限等。近年来,随着美军不断加大网络中心战的建设力度,按照军事信息栅格的标准不断改进武器系统,使精确作战能力又有了新的提高。如美军正在研制的"战术战斧"导弹,由于加装了卫星数据链,使其不仅具有攻击固定目标的能力,也具有了攻击移动目标的能力,这种导弹可以在飞行途中随时根据情报改变路线和攻击目标。可以肯定,随着军事信息栅格的不断完善,网络中心战的精确作战能力将在现在的基础上实现更大的飞跃。

3.9.6 网络中心战整体联动战场防御

进攻与防御从来都是不可分割的整体,攻中有防、防中有攻是所有作战行动的基本特征,没有任何一个战争指导者只考虑进攻而不考虑防御。军事信息栅格的应用实现了所有作战单元、传感器和软硬打击装备的整体联动,形成了整个战场范围的跨空间、跨地域、跨编制的全方位优劣互补。这些不仅可以大大提高进攻作战能力,也可以使部队整体防御能力得以大幅提升。因此,军事信息栅格支撑下的网络中心战,一方面能使进攻之剑更加锋利,给对方实施战场防御带来更大的挑战;另一方面,网络中心战也为我方的战场防御提供了更为有效的手段,使防御之盾更加坚固。网络中心战的优势不仅表现在"以网络为中心"的进攻作战,同样体现在"以网络为中心"的防御作战。

在传统的防御作战中,由于信息共享能力和武器装备融合不够,往往把整个防御体系划分成若干固定的、由前至后、责任明确的"包干区",各个作战部队主要把精力都投向了各自的"责任区",而很少有能力关注整个战场和友邻的情况,防御体系呈现出明显的区域分割、相互独立、各自为战。部队与部队之间、武器平台与武器平台之间的协防与配合明显不足。这实际上是把整个部队的防御力量分散化了,难以凝聚成巨大的合力,从而导致战场上有的部队面对敌人的猛烈进攻承受着巨大的压力,而其他部队却无所事事,白白浪费了兵力。出现这种情况的根本原因,就在于信息的共享程度不够,各作战部队只了解局部情况,缺乏对战场宏观的把握,而且各个打击平台之间由于缺乏有效的互操作,难以在最佳时间和位置形成最佳的整体效果。军事信息栅格的出现将大大改变这种状况。

在未来战场上由于军事信息栅格的应用,所有防御力量将凝聚成一个完备的整体。一方无论从哪个方向进攻都将面对另一方来自不同方向、不同单位的全力抗击。首先,高度互联的传感器信息栅格能够更准确、更全面、更及时地发现各个方向、各个区域随时出现的各种威胁,信息栅格借助强大的信息处理能力对这些威胁进行多视角的综合评估。根据威胁的性质和特点,在第一时间预警相关部队和作战平台,并迅速达成共享的态势认知。交战信息栅格将在最短的时间内选择处于最佳位置、最佳状态和能够达成最佳效果的武器平台和部队进行有目的的机动和打击。因此,军事信息栅格支撑下的战场防御将是整体联动、同步进行、更为主动的防御,而不是由哪一支部队单独完成防御任务。兵力的使用也将不再受建制、队形和分界线等几何图形的制约,而是本着任务的需要和能力的特点合理运用。这样就将防御的负担分布化,战场压力由整个部队共同承担,同时也将防御的力量进行了逻辑集中,凝聚全军的能力共同消除局部威胁。这种整体联动的防御将能够为整个部队提供更有效的保护,一旦哪支部队、哪个地区陷入危险境地,其他部队将高度自同步地采取行动弥补它的缺口,进行有效的掩护,或者对敌要害实施主动进攻,分散敌人兵力。

美军的"战区导弹防御"系统就充分体现了网络中心战这种整体联动的防御能力。在信息探测环节,由于战场上各个独立的传感器单元(例如空中的 E-2 预警机、海上的"宙斯"系统等等)受到各种战场环境因素影响和自身工作条件的制约,可能都不足以完成对来袭导弹的准确探测预警,必须充分发挥它们各自系统的优势,通过取长补短和相互引证,最终获取来袭导弹准确的飞行轨迹。多种传感器高度融合的信息其精确程度足以引导反导兵器实施打击;在火力摧毁来袭导弹的环节,单一的武器系统也是不足以完成任务的,必须使天基、空基、海基、陆基的反导武器系统以网络为中心运作,在来袭导弹飞行的不同阶段选择最恰当的武器系统实施打击,构成层层相扣、整体联动的防御体系,从而确保拦截成功。目前,美军的战区导弹防御系统和国家导弹防御系统都已初具规模,随着网络中心战的逐步实现,美军的反导作战能力还会有很大程度的提升。

3.10 军事信息栅格联合作战体系研究

随着信息技术的快速发展及其在军事技术领域的广泛应用,现代及未来战争形态正在从以武器平台为中心转向以信息网络为中心转变,战争样式由单军兵种独立作战发展成为联合作战的全方位体系对抗,战场空间由区域地理空间逐渐转变为信息网络立体空间。各种转变带动了海、陆、空、天、电五维空间的复杂战场环境下的联合作战体系的全面对抗,为适应这种体系对抗的发展需要,各军事强国及其信息化联合作战军事指挥部门均在谋求基于军事信息栅格技术的信息化、智能化、智慧化转型升级,将联合作战平台基于信息栅格网络的分布式协同能力建设作为重点研究及建设方向,使各军兵种及武器装备从机械化向信息化、智能化、体系化转变,加快实现并提升分布式自适应联合作战的能力。

3.10.1 军事信息栅格联合作战体系研究的紧迫性

当前国际形势日益复杂,现实威胁充满了不确定性,给区域稳定、国家安全及未来战争带来多种多样的挑战。传统的基于威胁、以特定任务需求牵引装备建设的方式将难以适应现实威胁的复杂性与不确定性。为了保证在合适的时间、合适的地点均有合适的火力应对这种复杂的不确定性威胁,联合作战体系与武器装备必须面对复杂战场环境下的不确定性需求,开展信息化联合作战体系建设,加强信息化条件下的分布式联合作战能力,快速适应战场态势、环境变化与战术要求变化,并具备快速响应能力。面对复杂的战场环境及稍纵即逝的战机,开展信息化联合作战与武器控制装备的研究,对于提升军事快速打击能力具有重大意义。通过基于信息栅格技术在联合作战与武器装备中的应用,可以有效利用信息栅格基础网络资源,提升决策优势和行动优势,实现战场内分布式作战人员和武器火力资源的敏捷协同及战斗能力生成模式转变。

基于信息化联合作战体系提供的信息支撑,开展基于信息栅格网络中心战体系结构设计与优化技术研究,构建栅格化信息化交战网络,实现一体化指挥与火力控制,寻求联合作战指挥控制样式的转变,提升武器协同打击能力,实现武器系统与军队综合电子信息系统的有效接入,使武器交战信息的协同能力达到互操作、互依赖等级,推动信息化武器精确打击能力建设,并最终为陆、海、空、天一体化的联合指挥与火力控制形成奠定基础。

3.10.2 对美军基于信息栅格网络中心战体系的研究

美军在 20 世纪末针对信息时代网络化部队作战需求,为提高信息共享程度、态势感知质量、协作和自我同步能力,首先提出了"网络中心战"的概念,其后逐渐被其他军种接受,并在阿富汗、伊拉克等局部战争中得到初步的实战验证。在广阔空间实施高度同步的联合作战,极大地提高了完成任务的效率。美军"网络中心战"作战理论指出,信息化作战体系由"传感器网络""信息网络"和"交战网络"三个无缝连接的网络构成。

美军于 1999 年首次提出了建立"全球信息栅格 GIG"的计划,并于 2000 年 3 月向国会正式提交了启动 GIG 项目的报告,2001 年 9 月,美军提出了建设 GIG 的总体规划。规划中提出了全空间、全方位的网络化作战样式,改变之前纵向一条线或组网一个面的链接模式。在 GIG 中,各种平台上的所有武器系统在信息栅格中作为分布式的人员部署和火力协同节点,构成交战栅格,利用传感器栅格提供的感知信息,在交战栅格内完成火力协同,快速转变为精确打击能力,提高武器作战效能。美军全球信息栅格 GIG 概念的提出至今历经 20 余年发展,体系结构不断完善。

为了使美军 GIG 发展与作战需求、技术发展同步,确保其发展的延续性,在联合作战使用中不断完善,目前已经形成了 3.0 版本。GIG 强调对战场态势、敌我情况的迅速、精确感知,以及对态势信息的智能处理、分发和无缝覆盖,作战部队能在精确、实时的战场信息支持下,快速反应、机动部署和精确打击。这一目标实现后,美军的网络信息化水平将达到一个新的高度,彻底完成由传统的"平台中心战"向高度一体化的"网络中心战"的转变。近年来,基于全球信息栅格的"网络中心战"已经上升为指导美军转型、作战的重要理念,其核心就是在任何时候对任何地点的突发事件能够做出及时反应,强调从传感器到武器的全程信息一体化兼容,从而提升整体战斗力水平。栅格中各单元能够以"即插即用"方式接入网络,形成端到端的无缝连接及互操作,提升火力协同能力,缩短观察、判断、决策和行动周期,实现"发现即摧毁"。

美军以网络为中心的信息化指挥控制体系结构经过20余年的不断发展、优化,目前已经形成了信息应用与行动优势,主要特点分析如下:

(1) 具备端到端互操作能力,任意平台上的武器系统均能够作为栅格节点接入GIG网络,在网络内具备按需获取信息与利用其他节点资源的能力,并为其他节点共享服务,端对端的互操作能力为分布部署的部队装备提供了广泛的适用性,能高效地完成各类作战任务。

(2) 具备分布式协同作战能力,各级武器火力控制基于信息协同能力拥有更大的信息获取与应用自主权,分散的部队在统一任务下充分利用已有信息自主选择时间与地点进行武器协同交战。

(3) 具备灵活的自组织能力,能够根据不同战场环境及任务需求,基于"即插即用"的能力基础,自适应的武器火力编组、武器火力与目标配对。

3.10.3 军事信息栅格武器协同系统的研究

随着信息技术在作战装备领域中的快速发展与应用,面对复杂战场环境及稍纵即逝的战机,传统的信息探测与传输体制将难以适应未来日益复杂的战场环境和网络中心战的需求,不能为快速发展的远程精确打击武器提供实时匹配的信息保障,最终导致武器装备作战效能不能充分发挥。为提升信息保障与联合作战能力,当前把各项信息基础设施建设作为信息化武器装备能力提升的基础,同步牵引各项武器装备的信息化建设,综合集成论证、验证与实施工程随之快速推进。随着信息化指挥控制体系建设的深入开展,以网络为中心开展信息栅格化信息基础网络建设,逐步构建信息栅格,将会为武器装备信息化体系作战能力建设提供可靠的基础支撑,并有效提升武器装备信息资源开发利用效率。

在信息化联合作战体系与武器协同系统的研究过程中,面对信息基础设施建设以及信息保障能力,重点从联合作战由上级指挥系统下发,武器系统基于特定威胁及信息支持,围绕各自的情报信息与态势图,按照作战任务完成火力打击。该模式下联合作战过程"观察判断决策和行动"表现出自上而下的树状信息关系,分布式各军兵种及武器系统之间横向的扁平化火力联合作战能力。为满足战场态势或作战任务的实时变化,需要纵向组织武器打击部署和启动联合作战流程,因此,信息化武器装备体系建设必须针对武器作战使用全流程的信息应用与指挥控制环节开展扁平化体系结构优化。在传统作战模式下,位于战场末端的武器火力控制装备面向武器发射平台以及武器的作战使用需求,接收上级指挥信息以及战场态势信息,对配套于该平台的武器进行任务规划、火力分配,执行预定任务的火力打击计划。随着武器装备的信息化、通用化发展,在传统火控基础上完成武器火力控制装备体系的通用化设计,并在一致的技术体制和标准体系下开展设计优化,逐步实现跨平台的分布式火力控制,在战场末端形成以网络为中心的信息化武器交战能力,构成栅格化武器交战网络。

栅格化武器交战网络系统可有效利用信息基础网络资源,在广阔的网络空间内完成火力控制,把信息优势直接转化为行动优势,提升复杂环境下快速的武器协同交战能力。

信息栅格网络化指挥与火力控制的最终目的是实现复杂战场环境下的行动与打击优势,为此,在战斗能力生成模式上必须走出传统的"烟囱式"和"孤岛式"研制模式,从信息化作战体系全局出发,重点从武器系统构成、各武器交战控制节点之间的关系、交战控制节点与战场环境之间的信息交互关系以及交互协同机制等方面开展信息化武器装备指挥控制模式总体设计与优化。复杂战场环境下武器装备体系交战能力生成模式紧密结合军队现代化建设的发展方向,从武器交战能力的"主导要素、控制关系、作战方式、构建方法"四个方面及其相互关系入手,按照"建设信息化装备,打赢信息化战争"的目标开展武器交战能力生成模式研究,采用"信息主导、扁平控制、协同作战、综合集成"的模式。

武器协同系统与联合作战体系的作战能力生成紧密围绕以信息栅格网络为中心的作战模式,把武器系统对战场信息的全面把控能力作为主导要素,通过面向联合作战服务的体系架构实现信息资源的服务化,通过传感器、指挥、武器之间的互操作实现信息资源的共享与按需获取。在作战方式上,采用多平台、多武器火力协同的方式,加强武器协同系统之间的互操作和实时联动能力;在控制关系上,通过端到端的实时互操作能力实现多平台、多武器火力控制的扁平化,拓宽战场火力范围及其联动能力;在武器协同能力的构建方法上,基于军队信息化武器装备建设,充分应用信息基础设施提供的信息保障能力,采用综合系统集成的模式,实现武器协同系统与联合作战体系之间的互联、互通、互操作。

3.10.4 军事信息栅格联合全域作战体系研究

美军通过制定《空军条令说明美国空军在联合全域作战中的作用》作战条令,首次将联合全域作战(JADO)、联合全域指挥与控制(JADC2)写入空军条令,标志着美国空军在JADO/JADC2发展上进入了新的阶段。

JADO是美军继全球信息栅格和多域联合作战之后,最新提出的作战概念,旨在陆、海、空、太空和网络空间的所有五个战争领域展开新型的协同作战,与全球性竞争军事斗争对手在各种烈度的冲突中竞争。美参联会副主席约翰·海顿表示,JADO是美军未来整体预算的重点,将赋予美军无法比拟的作战优势,美军应努力实现该概念,以在未来冲突和危机中无缝集成该能力,有效指控全域作战。

JADC2是实现JADO概念的核心。JADC2计划于2019年由美国联合参谋部发起并成立。JADC2联合跨职能团队的目标是通过实现传感器、通信系统和数据的融合,让陆海空各平台与武器之间共享目标数据,确保美军做出最有效、最致命的威胁响应,将美军的"联合能力"提升到一个新的水平。

JADC2联合跨职能团队的首要任务是集中管理各个军种的JADC2工作,确保所有军种朝着同一个方向努力。联合参谋部认为,JADC2仍处于起步阶段。美军当前的目标是确定如何从概念进展到制定政策、联合条令、联合需求、顶层研究和开发战略以及一致的采办战略,以最终实现JADC2并服务于作战司令部的联合作战人员。

美国空军条令是空军作战理论体系的重要组成部分,作战条令的更新与发展有赖于作战概念的稳定与成熟。自2019年夏季以来,在联合参谋部下属的联合需求监督委员会(JROC)授权下,美国空军牵头各军种在内利斯空军基地的影子作战中心开展与JADC2相关的联合技术测试,并于 2019 年 12 月中旬组织开展了名为"跨域 1 号"的 JADC2 能力实验。从研究、军事演习和收集到的观察结果表明,美国空军认为有必要为进行联合全域作战提供明确而全面的条令架构。本次的条令说明为美国空军制定联合全域作战条令提供指导,建立了制定联合全域作战条令的工作定义和架构。

1. 美军从多域战到联合全域作战

美军联合全域作战理论提出在目前新一代信息技术进步和全面融合应用的时期,大国竞争的重新出现削弱了美军的相对军事优势。由于军事斗争对手的各种能力和作战方法在不断发展和进步,为了保持美军在军事斗争中的优势,为了制止对手并在必要时击败对手,美军必须为 JADO 做出研究、部署和实施,以在所有作战领域迅速感知、指挥与控制、选取目标以及支持各种作战行动。

而从军事理论的角度看,"多域战"概念之所以能够获得美陆军和其他军种的支持,还在于这一概念符合现代多军种联合作战的基本原则。从《多域战:21 世纪合成兵种的发展(2025—2040)》《美国陆军多域战(2028)》等重要文件看,"多域战"概念要求打破军种、作战域之间的界限,在陆、海、空、天、网络、电磁频谱、信息环境和认知维度各领域实现作战力量的全域机动和跨域协同,综合运用情报收集、实体摧毁、网络电磁攻击及认知诱导、胁迫等手段,打时间差、空间差、认知差,一举击败强敌。简言之,就是要实现从"军种联合"向"跨域协同"、再向"多域融合"的深层次发展,确保美军联合部队在多个领域的机动和行动自由。可见,"多域战"概念在维护美国陆军军种利益的同时,又体现出很强的包容性和先进性。因而,这个概念一经提出,便得到其他军种的广泛认同。面对中、俄等国军队不断增强的军事实力,美国各军种都希望"多域战"理论能够成为新的历史条件下美军推动多军种联合作战深入发展的有力抓手。

总之,"多域战"本质上是一种深度的联合作战思想。正如"多域战"概念的主要推动者,时任美国陆军训练与条令司令部司令帕金斯上将所指出的,"多域战是一种(联合作战思想的)演进,而不是一种革命性思维方式"。从这个意义上讲,"多域战"概念尽管是美国陆军提出来的,但如果去掉美国陆军的"军种标签",将"多域战"说成"联合全域作战"似乎并没有什么不妥,反而显得更加透彻明了:坚持多军种深度联合作战,加强陆、海、空、天、网、电、认知全领域跨域融合与多域协同。

美军认为成功的联合全域作战需要比对手更有效地适应战场瞬息万变的应对能力,同时降低对手的适应能力。OODA 环(侦察、情报、判断、决策、行动)最初是由制空权理论家约翰·博伊德(John Boyd)提出的,是一种取得空战胜利的决策过程。博伊德的理论见解着重于身体和认知因素如何创造优势,在战争中对抗思维、适应能力俱强的对手。OODA 环描述了控制认知和行动过程的节奏,并在最适当的时机正确选择适当的行动来击败对手。这种自适应反馈循环的理念是联合全域作战不可或缺的,虽然提高适应和行动的步伐很重要,但提高速度并不是唯一的目标。联合全域作战的一个主要挑战是将大量搜集的多源数据转换为支持行动的侦察与情报,通过侦察收集到的数据和情报绘制行动攻击目标的空间地理分布图,从而使作战指挥人员可以根据这些可视化信息进行观察、判读、判断、决策并正确采取行动来推动联合全域作战。

美军认为:"未来作战的胜利将更少地取决于个人能力,而更多地取决于作战指挥人员利用侦察获取情报信息和网络的综合实力。一种完全网络化的力量,其中每个平台的传感器和操作员均互相连接,目标是(进行组合)使对手陷入多重困境,从而彻底击败对手。更好的结果是通过联合全域作战理论给对手带来如此多的困境,以至于他们从一开始就选择不与我们作战。"

美军认为联合全域作战的重要性体现在跨多个领域正确地应用协调各个领域军队所产生的效果会大于单独应用各个领域军队的效果(空军条令第 1 卷,基本条令)。通过对全球信息栅格的研究、军事演习和收集情报得到的观察结果表明,有必要进一步强调进行联合全域作战,并提供明确而全面的条令架构。

该条令说明为空军制定联合全域作战条令提供指导,建立了制定联合全域作战条令的工作定义和架构(参谋长联席会议主席手册第 5120.01 A 号,联合条令制定过程)。该条令说明包含了不断演变的条令主题概述,并为空军人员提供在连续冲突中编纂最佳实践的起点。空军各部门主要在空中、太空、赛博空间(Cyberspace)和电磁频谱(EMS)领域开展全面侦察,收集敌方攻击目标的位置数据与情报信息来支持联合全域作战,以实现所有领域作战的效果融合。

联合全域作战关键术语的定义如下:

(1) 领域:具有共同和独特特征活动或影响领域,部队可以在这种领域中发挥联合职能。

(2) 联合全域作战:包括海、陆、空、赛博空间、太空领域以及电磁频谱领域的作战。联合部队在所有领域中采取的作战行动,已整合到作战规划中并在执行过程中以所需的速度和规模同步开展,以占据优势并完成任务。

(3) 联合全域指挥控制:关于决策的艺术和科学,可将决策迅速转化为行动,并利用各个领域的信息集成与分析能力,以及与任务合作伙伴的协同,在竞争和冲突中均占据作战和信息优势(基于 JADC2 跨职能团队章程/参考术语)。

(4) 信息优势:应用信息能力,包括空中、太空、赛博空间、电磁频谱和侦察与信息分析的能力,产生支持全域作战的相对优势。它包括密集瞄准对手的指挥控制、情报、监视、侦察和攻击目标选取。在决策周期中,信息优势提供了从所有领域获取、处理和呈现与背景相关情报信息的能力,从而比对手更快地采取行动。

2. 制定联合全域作战条令的意义

所有领域的作战都变得越来越相互关联、相互依存和富有挑战。反介入和区域拒止威胁、机动自由减少以及先进技术的迅速普及,对空军未来有效作战的能力构成了挑战。美国空军将需要在多个领域中基于信息栅格信息系统集成与融合整合效果,以使对手反应复杂化或无效化的节奏,让对手陷入困境,并促使联合部队能够在对手的决策周期内作战。

空军目前已参与联合全域作战。但是,此类作战主要是在宽松的环境中开展的,并且不受持续对抗过程中竞争作战环境可能存在的压力影响。支援能力无法充分互操作,并且流程不够敏捷,无法以所需的规模和速度来满足预期的未来作战环境需求。

3. 联合全域作战目标

美国空军对联合全域作战的贡献使得这一军种内部的作战行动协同配合,并确保空军各部门以可以在所有领域有效整合的方式向联合部队展示能力。联合全域指挥控制在概念上等同于单一军种的指挥与控制,但为所有领域的指挥与控制提供架构、连通性和基础结构。本条令说明将使用 JADC2 来指代 JADO 的指挥与控制(C2)。

联合是指两个或两个以上军事部门的人员参与的活动、作战、组织等。联合作战由联合部队指挥官(JFC)领导。从历史上看,每个军种都积累了专业知识,并在某个主要领域内作战。在当前的条令中,通常为每个领域(海、陆、空以及越来越多的太空和赛博空间领域)任命一名指挥官,以监督在该领域中、从该领域以及通过该领域产生的效果。这确保了在每个领域内实现统一指挥和统一工作,但是也倾向于在该领域下级指挥节点中开展"烟囱式"作战。这会使指挥官和参谋人员主要集中于他们的指定领域。目前,空军向联合部队指挥官提供对其作战极为重要的领域专业知识。联合部队指挥官通常是从在主要作战领域中占优势的军队部门中选出,他们根据各自领域的专业知识制定一种作战方法,以创造并维持联合部队取得成功的条件。然后,在联合部队指挥官的指导下,各部门将根据各自领域的专业知识制定综合计划,为联合部队指挥官的作战提供支持。最初的"烟囱式"作战可能会延迟整合,从而限制各个领域活动之间的协同作用,产生漏洞并降低动态利用机会的能力。

联合全域作战需要一种不断发展的方法,以在出现机会时能充分利用机会,并提供灵活、快速响应的防御。指挥官应该从开始规划过程时就考虑所有领域,并有权在整个执行过程中协调动态的全域任务再分配。这需要转变规划和执行模式。无论军种或领域隶属关系如何,指挥官都应有效利用所有领域的部队力量和攻击能力。

领域的整合不足在部门规划和作战中也很明显。在历史上,空军主要通过空中领域使用空中力量,而太空和赛博空间的能力则处于辅助地位。美国空军对联合全域作战的成功贡献取决于所有作战领域对整合后空中力量的使用。"通过控制和利用空中、太空和赛博空间所搜集对手作战要素节点的位置、行动数据和作战情报信息,来支持和提升美军联合全域作战军事力量或影响力,以具有精确打击对手的战略、战役或战术攻击目标的能力。"

美国空军为联合部队提供空中、太空、赛博空间和电磁频谱领域的协同效果来对抗对手。这种能力必须可扩展以对抗均势对手。联合全域作战应支持数百小时内与数千个目标交战。

4. 联合全域作战感知栅格(侦察和判断)

在联合全域作战中,感知(侦察)是一项持续不断的工作,为多个决策环提供馈送。当前的流程无法在所有领域感知活动中充分整合。各个领域之间的交叉提示和融合侦察收集活动将能够构建作战环境的全貌。例如,从空域侦察收集的情报可用于塑造赛博空间收集活动,反之亦然。目前,跨所有领域感知战场的能力依赖于数量相对较少的昂贵高科技专用系统。美军利用更广泛的侦察收集平台和方法来改善情报状况。联合全域指挥控制系统的基础是一个由各种网络组成的网络,再加上对数据和系统进行侦察收集和管理的良好理论基础。

在作战环境中,判断涉及将数据处理为支持行动的侦察信息与情报,以实现信息优势。联合全域指挥控制系统将使决策者了解来自不同领域的数据之间的相互关系及其对联合部队活动的影响,从而大大改善感知和判断阶段。但是,判断能力不仅仅需要技术解决方案。空军官兵将需要利用当前的空天侦察系统将侦察数据快速处理为情报信息,并实现信息发布的扁平化。以一种一体化但又分散的方式进行战斗需要鲁棒、韧性的通信结构。传统的通信结构依赖于高度集中的通信节点,而这些节点还充当指挥控制节点。现代通信结构依赖于多个同步路径。这种分散的性质使他们在面对攻击时更加鲁棒、更有韧性,但可能会与传统的军事等级制决策和通信产生冲突。联合全域作战要求访问所有作战层面的信息。只有当领导者能够确定哪些行动适合战役和战略目标,并且可以检测到何时场景变化导致支撑指挥官意图的假设无效时,动态全域适应才能成为可能。

5. 联合全域作战指挥与控制(决策)

逻辑集中指挥与分散控制执行是美军条令的重要宗旨,也是联合空中作战指挥与控制(C2)的重要宗旨。这是联合美军通过任务型命令执行任务式指挥的方式,与否定式指挥类似。在以往的作战中,通常强调集中控制以分散执行为代价。二十年来相对无可争议的优势和不断增强的通信能力导致大多数军队在分散作战方面经验不足。即使是强大的联合全域指挥控制系统,也无法保证在对抗环境中持续提供反馈。联合全域作战需要更广泛地应用分散执行,更多地下放权限并且更少地依赖对任务集中规划和指导。在未来的军事冲突中,联合部队肯定会在竞争环境中作战。要做好准备在低级别的指挥与控制环境中执行任务,在这种环境中,必须提供清楚描述且具有前瞻性的指挥官意图。至关重要的是,高级指挥官必须提供有条件的授权,将权限下放到能够胜任的最低级别,并允许进行否定式指挥来承担适当的风险,同时努力争取实现明确指挥与控制。

一种能够实现分布执行的工具是有条件的权限矩阵,其中指定了在作战之前将权限下放给下级的必要条件。有条件的权限矩阵包括诸如工作优先级、持续时间和资源之类的考虑。有条件的权限让指挥与控制过程能够在竞争、低级别的条件下发挥作用。但是,即使是最强大的有条件权限矩阵也无法涵盖所有可能的情况。为了实现分布执行,指挥官必须清楚地传达意图,并且应授权下级在没有进一步指导的情况下根据该意图采取行动。任务式指挥、任务型命令和否定式指挥都是执行联合全域指挥控制的有效策略。

在联合全域作战中,支援/被支援的关系可能会在一次交战中在不同部队之间以及跨领域之间快速轮换。当前对相对静态的支援/被支援关系的条令层面的理解可能不足以应对未来的作战。当前在各部门和各领域之间嵌入联络元素的做法尚不能实现联合全域作战所需的作战速度或范围。在联合全域作战中,各领域的部队应派遣永久性成员到联合全域作战中心。这将促进各领域部队中支援/被支援角色之间的快速过渡。

6. 联合全域作战融合效果(行动)

联合全域作战的目标是融合所有领域的效果,以获得持续优势。这会给对手带来多重困境(在这种情况下,无论对手做出什么选择,我们都能占据优势)。联合全域作战目标确定应利用动能和非动能能力,在时空关键点上融合致命和非致命效果。目前,各职能部门(陆、海、空)在联合部队指挥官级别同步其目标确定周期,而太空和赛博空间部队执行各自独立的目标确定周期。联合全域作战将需要融合规划周期,以集成和同步各领域中的感知、目标选取和执行。为了保持节奏,参谋人员必须具备作战灵活性,以观察和判断出现的新机遇,迅速做出决策,然后在所有领域采取行动。

为了实现联合全域作战,空军必须具有支援流程,以在竞争战场上持续保障作战,这是全球一体化作战的组成部分。随着对手掌握更强的感知能力并提高对任何固定位置发动进攻的能力,友军的人身防护将变得更加困难,这包括从高超音速武器等尖端能力到相对简单的武器(例如无人机)等一系列威胁。

在战场上掩藏部队的身体和数字特征将越来越困难,即使是不成熟的对手也将能够利用无处不在的感知能力(通过单独持有的手机、传感器的分布式网络、商业通信网络以及社交媒体报告),包括远程导弹和无人作战系统在内的威胁系统越来越有能力使前沿基地的资产面临风险。这些挑战需要对伪装、隐蔽、军事欺骗的经典实践进行重新构思,并将这些原则扩展到所有作战领域。

敏捷基地是一种至关重要的防护能力。未来的冲突要求空天部队从需要时的分布式部队部署、编组、集结开始,然后分散进行重组、重新武装和修复。空军目前以这种方式从有限数量的固定基地遂行作战。增加分散选项而不限制资源有效性是联合全域作战的关键推动力。赛博空间和电磁频谱战防护仍然是关键推动力。失去机密性、完整性和数据可用性将对联合全域作战造成阻碍。联合全域作战资产的人身防护、赛博空间和电磁防护必须在作战之前进行规划,并且可能需要专门的防护能力。

7. 联合全域作战后勤服务(保障)

联合全域作战的另一个挑战是持续保障部队以不断让敌军陷入困境的规模和范围进行作战的能力。空中力量必须能够迅速攻击对手的弱点并利用各种机会。由于预测将在何处发生机会的能力有限,后勤灵活性必须反映作战的灵活性。

联合全域作战能力应使用强度较低的持续保障流程和资源来发挥作用。系统必须简单、模块化且可在前沿阵地进行维护。联合全域作战要求转变当前对静态基础结构、集中控制的高效后勤,高度专业化的维护设备和材料以及大型承包商和支援性人力的依赖。空军需要能够在不依赖大型固定基础设施的情况下,从远距离提供持续保障的能力。

必须优先考虑效能而不是效率,以产生不依赖于集中式后勤的自适应能力。分布式作战需要物资供应分配有冗余,并有计划地规划供应物流链的松弛程度,从而使作战独立于集中式物流链和枢纽。当前依赖于承包商专有解决方案的持续保障、维护和后勤模型在竞争作战条件下将不可行。开发和使用敏捷、响应迅速且可快速部署的机动后勤至关重要。有持续保障的作战将需要预先交付的在前沿基地隐藏的关键物资以及在作战区域内移动和补给所需的基本基础设施。局部行动自由将需要有局部后勤保障。

从一开始就整合所有领域规划的工作会受到线性后勤现实的限制,所以执行将始终取决于后勤的位置。这将包括让指挥官有时间了解相互竞争的优先级,并在为其提供支援的资源有限的情况下,在多个同步作战之间做出分配决策。

联合全域作战需要改变美军的思维和作战方式。美军联合全域作战条令将为相关的和具有前瞻性的美军联合全域作战条令提供信息,并提供一种机制,快速发展美军全域联合作战的理论体系、知识体系、系统体系、技术体系和实施条令,以适应不断变化的现代战争基于信息化、网络化、全域化的作战环境。

3.10.5 军事信息栅格分布式联合作战体系的借鉴与启示

在以网络为中心的战场环境下,广泛分布于陆、海、空、天等战场空间内各层级及发射平台上的武器协同控制是信息化联合作战体系中指挥控制领域的核心,应用于复杂战场环境下以网络为中心的分布式各军兵种及武器协同控制,基于信息基础网络及专用数据链共同构成信息栅格化武器协同网络。基于信息栅格网络化武器系统中的指挥与火力控制系统作为分布式火力控制节点,一方面,与传感器网络纵向连接,完成与侦察预警体系之间信息资源服务的交互,按需通过侦察获取情报、态势、指挥等作战信息,另一方面,各个武器控制节点之间横向连接,直接面向舰载、潜载、陆基、空中等各类平台武器系统,共享武器资源,在端到端互操作技术达到的信息协同基础上直接完成协同任务规划、武器控制等一系列指挥与火力协同决策、打击活动。

基于联合全域作战体系与武器协同系统的信息栅格化网络指挥与武器协同系统，把战场中各个分布式的平台级武器控制系统作为信息栅格中的一个联合与协同的分布式节点，呈现为信息栅格化网络综合协同的分布式架构。在信息化联合作战过程中，武器协同过程涉及侦察和情报信息获取、发送、转换、处理、应用等环节。各分布式节点之间在信息基础设施及专用数据链提供的互联互通的环境下，实现端到端的武器协同信息系统集成。在作战应用方面，信息栅格化指挥与武器协同系统在互操作的环境下，充分应用资源共享优势，注重网络化、扁平化、层次化信息与武器协同效果。对武器协同信息流栅格化处理，实现武器协同作战使用的交战过程优化。在信息流的基本结构方面，一方面，存在武器协同系统与上级指挥部门之间的递阶指挥协同关系，另一方面，处于同一层级的各个分布式武器系统之间共同构成交叉协同关系，通过这种交叉递阶式体系结构实现并优化各个子协同节点之间的分布式武器协同能力，以适应动态战场环境的不确定性，满足复杂战场环境下分布式武器系统协同作战的敏捷性需求。联合全域作战体系建设是一项跨作战领域、跨军兵种、跨武器平台的联合作战任务的协同建设模式，在信息栅格化联合作战指挥与武器协同实时互操作系统总体设计与优化过程中，各军兵种围绕提升武器协同打击效能的核心，充分利用各军兵种的武器优势，在统一的开放式信息栅格技术体制下协同开展武器装备协同能力建设，实现即插即用，共同推进信息化联合作战能力建设。在武器协同系统建设领域，面向联合作战并基于武器协同能力开展信息栅格化网络指挥与武器协同控制系统总体设计与优化技术研究，将信息保障系统、指挥系统、任务规划系统、武器控制系统、武器发射平台、武器进行全面的系统集成优化，减少信息传递环节，简化指挥层次，提供从接收作战任务、武器射前任务规划、火力协同控制、武器射后管理、打击效果评估全域作战过程闭环解决方案，完成对多种目标全方位协同打击的信息栅格化网络指挥控制与管理任务，推动信息化联合作战体系研究与快速发展，提升复杂战场环境下联合全域作战与武器装备分布式协同交战的能力。

3.11 军事信息栅格＋区块链应用研究

信息栅格＋区块链是一项可能产生颠覆性影响的新一代信息技术集成创新。近年来，随着对信息栅格＋区块链技术认知的不断加强，美国、俄罗斯、北约、韩国等世界主要军事强国与组织纷纷加紧研究信息栅格＋区块链军事化应用，并开始在通信、网络、装备、后勤、信息管理、技术融合等领域着手构建实验性区块链网络，以期积累经验，在新一轮军事变革中占据先发优势。

3.11.1 区块链的基本涵义

区块链（Block Chain）被称为第五次技术革命，是一种可能具有颠覆性影响的新一代信息技术，从产生开始便决定了其必将应用于军事领域。近年来，随着对区块链的认知不断深入，美国、俄罗斯、北约、韩国等国家和组织的防务部门纷纷加速区块链军事化应用研究和开发实验。其中美军早在2016年就开始研究区块链的潜力，对将其融合到一些军事行动中特别感兴趣。在美国政府问责办公室发布的《2018—2023年战略计划》中，美国官方将区块链列为有潜力改变社会的五种新兴技术之一，并着手研究如何利用这项新技术保持美军的军事优势。可以肯定的是，未来区块链将在军事领域发挥更大的作用，甚至可能成为标准化军事行动的组成部分。

关于区块链的含义,美国陆军网站在文章中这样表述:区块链技术是一种经数字签名和时间标记的数据集,这些数据以分布式链式结构进行发布和链接,允许多个用户在多个网络位置通过设定的安全算法同时发布多个数据,避免数据伪造风险。在区块链上发布的数据只有一种版本,所有用户都拥有一个相同的副本,可以单独查看并确认交易的真实性,而不能更改此前经过验证的数据。

也就是说,区块链是按照预先定义的逻辑、历史、安全和不可变方式,对信息进行组合和存储,所记录和存储的数据并非存在中央服务器的数据库中,而是经过加密后在相关网络的每个节点产生一个副本,形成一个体量巨大、分散记账、数据信任、可对等共享的分布式数据库。因此,区块链可以被看作是一个"巨大的文件",能够存储数据,所存储的数据通过加密后进行分类记账,确保数据的机密性和完整性。此外,它也可以被定义为一种技术协议(共识机制),允许在分散的网络环境中与基于信任的分布式用户进行端到端的数据共享,而不需要中央部门的批准或控制,其被设计成注册表的形式来保存数字数据或所有操作,一旦数据被注册到区块链中心节点内,就很难进行更改。

3.11.2 军事信息栅格+区块链应用研究

由于信息栅格+区块链所具有的技术特性和构架优势,国外军事防务专家认为基于区块链开发的代码不易受到攻击,安全可靠,最适合在军事领域应用。目前,美、俄、欧盟等已着手对区块链军事化应用——侦察、情报、通信、网络、装备、后勤、新型作战等多个领域进行探讨和实验。美国更是将区块链作为保持军事优势的一个重要选项,计划利用区块链对美军的作战平台、通信、网络、关键装备进行保护,对军事装备和物资进行高效的全流程管理。

1. 军事通信与情报安全

通信与情报安全是执行任何军事行动的核心,任何军事组织,特别是在战争时期,最基本的要求之一是能够安全地在各单位之间进行信息的通信。为了保证通信和侦察情报的安全性,从2019年起,美国就一直在探索区块链技术,原因之一就是区块链的分布式、端到端通信机制、去中心化、分布式数据库、不可伪造、加密等技术特点,为解决军事领域内存在的问题提供办法,降低通信和情报被窃取的可能,敌方和黑客窃取信息不得不花费更多的资源。

2019年7月美国发布了《数字现代化战略》报告,将其列为优先发展的技术之一,探讨了美国如何努力"推进数字环境,以在现代战场为联合部队提供竞争优势"。国防高级研究计划局(DARPA)希望用区块链技术创建一个"更高效、更健康和更安全的多功能通信应用平台",允许信息进行安全传输,既可以保障与情报官员之间的通信,也可以保障作战部队与上级司令部之间的安全通信。

2020年2月,美国空军与Fluree区块链公司签订了一份合同,该公司将利用区块链技术,为空军开发指挥与控制通信系统。根据合同,美国空军将与Fluree公司共同合作,利用开发的平台,为美国及全球盟友伙伴提供多域指挥与控制(MCC 2)作战能力。同年2月,美国海军将一份价值950万美元的合同授予Simba区块链公司,委托该公司为海军信息战系统司令部部署一个基于区块链的、安全的信息传输与交换平台,目的是使舰船和飞机能够更好地进行通信,最终实现数据共享和信息溯源,确保信息来源正确且没有被篡改。而在此前,Simba区块链公司已经与美国在相关领域进行了合作。

北约对区块链的军事应用也在加紧筹划。2016年北约通信与信息局(NCI)举办创新竞赛,将"区块链军事应用"列为其中之一,希望借助区块链解决跨国通信等问题,促进北约29个成员国更好地进行合作。2018年4月,北约宣布当年为创新解决方案年,"目的是加快利用现代化转型技术,满足北约在C4ISR和网络方面的需求",为此北约正寻找可以推进区块链军事应用方面的初创企业。

此外,据塔斯社报道,俄罗斯正在开发基于分散技术的加密算法,它们将被用于部队之间的情报交流。

2. 网络安全与数据管理

随着网络的迅速普及和新兴技术(诸如人工智能、机器学习、机器人、无人体系等)的迅速发展,各国军队越来越依赖及时准确的网络数据和安全稳定的网络环境。然而,技术发展也使各国的军事网络在数字空间受到严峻挑战。

2013年,五角大楼国防科学委员会对美国国防网络抵御攻击的能力进行了重要研究,认为军方的网络系统是脆弱的。美国在其国家安全战略中也认为,美国的军事网络正不断遭受敌对国家和黑客组织的攻击威胁。因此,美国军界、政界和商界希望利用区块链技术,保护美国军事网络和数据安全。美国价值技术基金会创始人杰森·布雷特称:"网络战可能已成为美国国家安全的最大威胁,当前美国比以往任何时候都需要进行物质投入,对防御技术进行研究开发,比如区块链技术。"作为对《2018年国防授权法案》的补充解释,美国曾向国会提交了一份关于区块链研究的概要性报告,论述了区块链在军事网络安全中的意义和价值。2020年3月,包括IBM、亚马逊、Accenture、Deloitte和CGI Federal在内的众多美国承包商联合撰写了一份长篇报告——《美国对区块链的潜在利用》,重点探讨了区块链未来的影响力,同时指出中国和俄罗斯正在快速发展区块链技术,建议美国利用区块链技术保护军事数据免受网络攻击。

2020年5月,美国授予了Simba区块链公司一份价值20万美元的合同,要求该公司基于区块链技术,对450万份研究文件报告和4 000名用户进行管理,以提高其安全性、融合性和可审计性。美国还表示,如果Simba成功开发了该系统,将继续授予其100万美元的第二阶段合同。

俄罗斯也非常重视区块链军事应用方面的研究。2018年俄罗斯宣布,俄罗斯军事技术促进机构——ERA建立了一个防范网络威胁实验室,研究区块链能否识别和防止网络攻击行为,并对关键基础设施进行保护。该实验室的首要任务之一是建立一个基于区块链技术的安全平台,发现隐蔽的网络入侵者,追踪网络攻击的痕迹,防止黑客对其重要数据库和武器系统进行网络攻击,同时利用区块链技术使网络攻击行为变得更加困难。

此外,爱沙尼亚虽然是一个综合实力较弱的国家,但在2007年遭受大规模的网络攻击后,从2012年开始,就一直基于区块链对数字安全技术进行持续投资和研究,以确保其网络系统安全。

3. 军事装备与后勤物资指挥管理

目前,相对于其他军事领域,装备与后勤在区块链军事化应用中处于领先位置。在这两个领域,区块链的优势是可以全面及时掌握装备与物资的数量、质量、分配、部署等情况,提高交付速度、安全性、可追溯性,并能够降低管理成本。未来,基于区块链技术构建的"综合保障资源链"能够嵌入整个作战指挥链,各作战部队、装备、后勤等在各个网络节点及时对装备和物资信息进行采集、上传、管理、更新,指挥员可以同步掌握保障物资的动态变化情况,及时对装备和后勤物资进行采购、补给、调配,能够更加科学迅捷地制订和调整作战计划,满足作战需求。

早在2015年,美国就发布了一份报告,指出美国军队现有后勤体系的所有弱点,认为利用区块链可以消除这些漏洞。尤其在美军的主要战略方向——亚太地区,报告认为"高效率的后勤链将是作战任务成功的一个关键组成部分"。因此,2018年美国国防后勤局(DLA)就区块链如何提高快速增援能力和人员、装备的流动效率进行了研究。同时,美军也探讨战场上食品安全和医疗健康问题,希望利用区块链技术建立军人健康数据共享平台,掌握官兵健康状况,提高治愈效率;希望对食品供应链进行跟踪,预防爆发与食物有关的疾病;同时希望对重要的和对温度敏感的作战物资进行跟踪,比如药品、食品,以便进行更加有效的管理。

在武器系统和军事装备制造领域,美军认为区块链可以密切跟踪单个零部件的来源,确保所有军事装备的零部件和子系统真实可信并能满足美军要求。而且尤为重要的是,通过区块链,美军能够防止其国防供应链被篡改或者被破坏,发现和禁止不合规的供应商以某种方式进入该供应链。2018年美国海军航空系统司令部(NAVAIR)与印第安纳科技制造公司(ITAMCO)开展了数据链合作研发协议,该项目的重要目的是对F-18"大黄蜂"多功能战斗机的零部件进行全寿命周期追溯,改变传统的数据信息人工记录模式,采取自动化流程,进行合同验证、装备采购、物流跟踪、质量管理、智能分配等全流程管理,同时通过智能化底层协议,对材料和物流进行管理,确保外国制造商没有参与制造任何材料,避免敌对国家进入供应链。2019年,美国空军与Simba公司签订合同,为其开发可追溯飞机零部件的区块链技术,帮助验证战场中飞机零部件的3D打印数据。与此同时,美国也正在进行区块链项目,以保护其芯片不被篡改。此外,美国空军正在与Xage公司合作,以保护空军物联网和其他军事设备。

北约认为,将区块链应用于后勤和采购领域,能够对物资与供给情况进行管理和记录,核查登记所有的财务往来,提高北约的作战与保障效能。2016年,北约通信与信息局在举办创新竞赛时即呼吁在后勤、采购、财务以及"军方感兴趣的其他应用"方面使用区块链。近年来,北约开始在军事后勤、采购和财务管理方面更广泛地使用区块链,据称Maersk和BlockFreight两家公司已经在为北约开发后勤区块链。

2019年7月,韩国国防采购计划管理局(DAPA)宣布与国防科学研究所、国防技术质量局、韩国国防工业促进会等机构进行合作,为武器部门建立一个可互操作的区块链系统。

韩国武器采购部门希望通过区块链分布式分类账技术(DLT),跟踪装备物资的整个招投标过程,为军事管理创造一个更加透明和公平的平台;同时,武器采购部门也计划将涉及弹药运输和交付的敏感文件一起由区块链技术进行管理,防止国防业务数据受到黑客非法入侵,同时可以为采购计划管理局提供真实可信的数据。

4. 重要武器系统的保护完善

2018年,美国政府问责局(GAO)操作测试发现,美国DOD在86个处于开发状态的重要武器系统中发现漏洞。2018年1月伦敦皇家国际事务研究所在一份报告中警告称,美国、英国和其他国家的核武器系统越来越容易受到攻击。此外,美国、日本、西班牙等国战舰配备的"宙斯盾"战斗系统也引起了美军的担忧,美军认为该系统虽然融合集成了导弹发射器、鱼雷发射器、防空发射器、侦察传感器等各种平台与技术,能够利用复杂的雷达系统和强大的计算机瞬间做出打击决策,但该系统过于集成化和中心化,战时如果发生故障或遭到打击将是非常致命的。

鉴于以上这些威胁,美军认为需要采取一种全新的方法解决重要武器平台存在的弱点,并相信区块链可以弥补这些不足,能够为美国国防武器系统管理提供一个新的范例。因此,美军正考虑利用区块链技术,通过将加密计算能力分散到多个节点,优化核武器、"宙斯盾"等重要武器平台的控制系统,为其提供一个安全的、分散的数据环境和自动化智能协议,消除存在的潜在威胁。众所周知的是,2016年美国高级研究计划局即开始研究区块链,以保护各种武器数据,其中包括可以发射核弹头的洲际弹道导弹的代码。

5. 无人机与智能防空作战等领域

近几年来,无人机已逐渐成为军事发展的主流之一,美国、俄罗斯、以色列等国都在大力发展军用无人机,用于执行侦察、预警、空袭等多样化任务,同时保护军事人员,非必要不进入充满威胁的战场。然而,到目前为止,无人机仍然需要人工进行远程操作,无人机蜂群作战更是众多国家面对的重要课题。

人工智能和区块链与无人机技术的融合,为区块链军事应用创造了巨大的可能性。美军研究认为,区块链技术可以为无人机蜂群提供一种安全机制,对群内通信与协调进行保护。在这个集体而又分散式的作战管理系统中,每个无人机都是一个独立的节点,不间断地记录所收集的数据,实时记录无人机的飞行状态,并将这些信息安全地同步存储于各个网络节点上。虽然每架无人机仅是一个独立执行任务的分散网络节点,但由于嵌入了区块链技术,即使被摧毁,其收集的数据仍然被记录在其他无人机节点上,可以供军事指挥人员和情报分析人员共享和决策使用。同时,借助区块链共识机制,还可以杜绝恶意节点进行身份伪装或发动欺骗式网电攻击。更具发展潜力的是,美军认为将区块链和人工智能技术一起用于无人机作战,既能对电子数据、实物影像、飞行状态进行实时分析和报告外,还可以自主为无人机提供动力,使其能够完全独立飞行,不需要进行任何人工干预或控制。

信息栅格+区块链技术军事化应用的另一个领域是综合防空系统。美军认为,利用区块链技术可以识别敌人伪造的虚假弹道轨迹,防止美军的防空系统遭到攻击,而且在区块链网络中使用智能协议,防空系统可以自主决定在什么情况下、用什么武器进行反击。这样,虽然没有人为干预,但防空系统可以自动选择最佳的时间进行最精确的防御。

信息栅格+区块链技术集成创新作为一项新兴科技被深度融合应用。目前人们对其认知、开发和利用尚处于初期阶段。但是,信息栅格+区块链由于其分布式、端到端通信机制、去中心化、分布式数据库、不可伪造、全程留痕、安全共享等的技术特性与潜在优势,被看作是一种颠覆性的信息技术,被认为是互联网运作方式的一场可能性革命,并有无限的可能。因此,各国军队对其军事化应用寄予很高期望,希望借此弥补网络中心化的局限和不足,为本国军事变革带来突破性成效。虽然信息栅格+区块链永远不应该被视作解决一切问题的良方,但是有理由相信,信息栅格+区块链军事化应用潜力巨大,今后包括全域作战、军事侦察与情报、网络与通信、网络安全、装备保障、后勤物资管理、重要武器系统防护、新型作战方式在内的方方面面,均将从信息栅格+区块链技术中受益,其在改变和优化军事指挥链、军事供应链、军事情报链、军事管理链的同时,也可能促使作战样式发生新的变化。因此,可以预见,信息栅格+区块链技术广阔的军事化应用前景将吸引越来越多的国家进行筹划、研究、开发和实战化应用,一场新的前沿军事技术竞争或许已经开始。

第4章 智慧城市信息栅格系统工程

4.1 军事信息栅格对智慧城市的启示与借鉴

军事信息栅格是至今为止人类军事史上改变最为广泛、发展最为迅猛、影响最为深刻的一场新军事变革。军事信息栅格为军队信息化建设提供了新视野、新理念、新技术。目前国际上普遍认为信息栅格是第三代互联网技术,是"技术中的智慧技术,系统中的智慧系统"。为了更好地将军事信息栅格技术应用与我国智慧城市在信息化、智能化、智慧化领域的技术应用结合在一起,本书第3章中有关军事信息栅格研究与开发思路、顶层设计、联合作战(治理)体系、系统集成、云战略(云平台)、指挥控制中心(运营管理中心)等的重要论述,将作为智慧城市建设总体规划、工程设计、系统工程建设时的启示和借鉴。

4.1.1 智慧城市建设思想的启示与借鉴

1. 军事信息栅格研究与开发思路的启示

军事信息栅格建设思想是以"网络中心战"为核心思想提出的。军事信息栅格是指导美军整体变革的全局性军事理论,是实现军队转型的重要推进器。不能将它简单地理解为一般字面意义上的"网络战",更不能仅仅理解为一个技术性方案。实际上,"网络中心"概念作为信息时代的产物,已经广泛渗透到人类社会生活的方方面面和军事斗争的各个领域。它强调的不仅是信息网络,还强调要使各个职能部门、各个作战要素以网络为中心来运作。美国国防部在向国会提交的《网络中心战》报告中多次明确指出,"网络中心战"是信息时代的挑战和机遇在军事上的反映,是信息时代的战争形态。同时"网络中心战"也是一种崭新的作战理论、作战样式和对作战问题的崭新思维方式。要想从网络中获取最大的效益,就要打破只以序列协作的方式,以信息网络把军队各部门紧密融合起来,成为网络中心团队,使部队能按新的更有活力、协同性更佳的工作方式运作。

美军认为支持"网络中心战"的思想是"通过军事信息栅格将传感器网络、指挥控制网络和火力打击网络连接起来,就能同时共享通用操作环境中的信息,进行最佳协同,高效地遂行所有军事行动"。网络中心战理论的核心假设是信息共享是创造价值的源泉。具备网络中心战能力的部队能通过以下手段提高战斗力:通过部队网络化,提高信息共享水平;通过实现信息共享,提高信息质量、增强共享的态势感知;通过共享的态势感知,实现作战协同和自同步,并提高连续作战能力和指挥速度;通过上述因素的改善大大提高作战任务效能,改善战场同步、加快指挥速度、提高杀伤力、生存能力和响应能力。由此可见,实现网络中心战就是将传感器、通信系统和武器系统连接到支持互操作的军事信息栅格中,实现信息无缝地流向作战人员、政策制定者和支持人员。在军事信息栅格中,传感器信息栅格能快速生成战场感知信息,保证指挥官看到真实的战场态势图。信息栅格将传感器信息栅格和交战信息栅格紧密结合起来,提供所需要的信息传输能力和处理能力。交战信息栅格则保证达成一体化精确作战,使得使用最精确的打击力量获得最大的作战效果成为可能。同时,军事信息栅格将传感器、作战平台等聚合为一个完备的整体,能够最大程度实现防护的整体联动,提高各个作战单元和武器平台的生存能力。

美军认为,网络中心战是在军事革命发展到一个崭新阶段后提出的新概念、新理论。它强调以网络为中心来考虑和处理问题,并将这一理念应用于军事行动。

美军认为要实现"网络中心战"必须具备许多必要条件,但其中最紧迫的就是要建立支持信息共享和信息协同的安全可靠的网络化信息基础设施,即全球信息栅格(GIG)。(本小节摘自3.8节"网络中心战体系")

2. 智慧城市建设思路的借鉴

关于军事信息栅格研究与开发思路的论述对智慧城市建设思路的启示与借鉴主要体现在以下几个方面:

(1) 智慧城市建设要从全局性来进行顶层设计。不能将它简单地理解为一般字面意义上的"智慧城市",更不能仅仅将智慧城市顶层设计理解为一个技术性方案。"智慧城市"是信息时代的挑战和机遇在城市治理和民生服务上的反映,是信息时代的城市运营形态。同时"智慧城市"也是一种崭新的理论体系与建设样式和对规划设计崭新的思维方式。要从信息化、智能化、智慧化技术集成创新和深度融合应用中获取最大的效益,就是要打破"烟囱式"协作的方式,通过通信网络基础设施把智慧城市各管理部门和要素横向紧密融合起来,以使智慧城市能按新的更有活力和协同性更佳的方式进行城市的运营和治理。(详见4.4节"智慧城市信息栅格云平台规划")

(2) 军事信息栅格研究与开发思路强调:通过网络化,提高信息共享水平;通过信息共享,提高信息质量、增强共享的态势感知;通过共享的态势感知,实现工作任务的协同和自同步,并提高连续实施的能力和指挥速度;通过上述因素的改善大大提高智慧城市治理和民生服务各项任务的效率和效能。(详见4.4节"智慧城市信息栅格云平台规划")

(3) 军事信息栅格是在军事革命发展到一个崭新阶段后出现的新概念、新理论。它强调以网络为中心来考虑和处理问题,并将这一理念应用于军事行动。对于智慧城市的启示与借鉴最紧迫最重要的就是要建立支持信息共享和信息协同的安全可靠的网络化信息基础设施。正如习近平总书记指出的"要加强信息基础设施建设,强化信息资源深度整合,打通经济社会发展的信息'大动脉'"。(详见4.3节"智慧城市信息栅格架构体系规划")

4.1.2 智慧城市顶层设计的启示与借鉴

1. 军事信息栅格顶层设计的启示

建设军事信息栅格是一项全新的、复杂的系统工程。没有科学实用的顶层设计方案,就无法对军事信息栅格的建设进行规范和统一。不进行规范和统一,只会产生更多的无法互联互通的信息孤岛,也就无法实现具有一体化信息支持能力的军事信息栅格。GIG是建设最早、最具代表性的军事信息栅格体系。美军在实施GIG计划的过程中投入很大的精力研究与开发军事信息栅格顶层需求,并制订和发布了一系列涉及军事信息栅格顶层设计的文件,其中最重要的是2001年6月发布的《GIG体系结构》1.0版和2001年8月发布的《GIG

顶层需求文档》，以及 2016 发布的《全球信息栅格系统集成总体规划》。这些顶层设计文档反映出像 GIG 这样复杂的大系统是如何从不同角度分解透析，来达到其整体设计目标的。（摘自 3.4 节"军事信息栅格顶层设计"）

军事信息栅格顶层设计应满足以下五种能力目标：

（1）计算能力。即处理和存储信息的能力。"处理"主要是用计算机将数据、信息、知识处理成需要的形式，以直接支持决策或被 GIG 其他部分调用；"存储"主要是对数据、信息或知识进行保存、组织和排列，以利于信息的共享和检索。

（2）通信能力。即信息的传输能力。在信息生产者和使用者之间，以端对端的方式传送数据、信息或知识。

（3）信息的表示能力。以适当的方式对人机接口的输入和输出信息进行表示，以实现人与军事信息栅格之间的可视化交互。

（4）网络操作能力。包括网络管理、信息分发管理和信息保障三种功能。"网络管理"主要是对网内和网间各部分进行监视和控制；"信息分发管理"主要是以最有效的方式提供信息的感知和访问，并根据战场的作战环境和通信能力动态地及时调整信息的优先级等，从而更有效地使用网络带宽；"信息保障"是指通过保证信息的可用性、完整性、确定性、保密性和抗抵赖性，保护信息和信息系统，增强信息作战能力。

（5）系统集成能力。通过信息栅格系统集成平台，实现信息资源、各作战空间、作战力量、作战系统间数据与信息互联互通、共享交换和武器协同，实现跨部门、跨领域、跨应用系统之间的信息交换、信息共享、信息协同处理，形成一个有机的联合作战的整体和完整的 C4ISR 的指挥、武器、战略、战役、战术的作战体系，从而凝聚成最大战力，发挥出最大作战的效能。

军事信息栅格正是通过以上五个顶层设计目标，在全球范围内将各种军事信息系统连接成为一个公共的"系统之系统"，使信息得以通畅、及时地流向任何需要它们的用户。（摘自 3.4 节"军事信息栅格顶层设计"）

军事信息栅格架构体系结构是指军事技术和信息系统的组成架构、体系、结构及相互之间的关系，是指导军事系统规划与设计和发展的原则和要求。美军 GIG 框架体系结构规定采用作战、系统和技术三种视图的方法，即通过格式化的图形和文本把作战需求（任务）、系统构成和技术标准完整清晰地描述出来。世界各国军事强国不断深化军事信息栅格架构体系结构技术理论的研究，大力推广军事信息化框架体系结构设计方法，通过实战逐渐成熟和系统化，使得军事信息栅格架构体系结构的设计和水平不断提高。（摘自 3.4 节"军事信息栅格顶层设计"）

2. 智慧城市顶层设计的借鉴

上述关于军事信息栅格顶层设计方面的论述对智慧城市顶层设计的启示与借鉴主要体现在以下几个方面：

（1）美军认为建设军事信息栅格是一项全新的、复杂的系统工程。没有科学实用的顶层设计方案，就无法对军事信息栅格的建设进行规范和统一。不进行规范和统一，只会产生更多的无法互联互通的信息孤岛，也就无法实现具有一体化信息支持能力的军事信息栅格。这对于智慧城市的启示和借鉴就是让我们明确了智慧城市是一个复杂巨系统工程，必须制定统一规范的标准，重点是解决信息孤岛互联互通的问题。（详见本章第 4.3 节"智慧城市信息栅格架构体系规划"）

（2）美军提出军事信息栅格顶层设计应满足五种能力目标，即计算能力、通信能力、信息表达能力、网络操作能力、系统集成能力，重点是系统集成能力。指出通过信息栅格系统集成平台，实现信息资源、各作战空间、作战力量、作战系统间数据与信息互联互通、共享交换和武器协同，实现跨部门、跨领域、跨应用系统之间的信息交换、信息共享、信息协同处理，形成一个有机的联合作战整体和完整的C4ISR的指挥、武器、战略、战役、战术的作战体系，从而凝聚成最大战力，发挥出最大作战的效能。指出军事信息栅格正是通过以上五个顶层设计目标，将全球范围内各种军事信息系统连接成为一个公共的"系统之系统"，使信息得以通畅、及时地流向任何需要它们的用户。美军认为军事信息栅格顶层设计系统集成能力目标是设计的重中之重，而我们绝大部分的智慧城市顶层设计中缺乏系统集成能力设计的内容，这是一个非常大的缺失。因此军事信息栅格顶层设计关于系统集成能力目标的设计内容给了我们关于智慧城市顶层设计的重要启示和借鉴。（详见本章第4.4节"智慧城市信息栅格云平台规划"）

（3）美军同时强调军事信息栅格架构体系结构是军事技术和信息系统组成的架构、体系、结构及相互之间的关系，是指导军事系统规划与设计和发展的原则和要求。即通过格式化的图形和文本把作战需求（任务）、系统构成和技术标准完整清晰地描述出来。智慧城市顶层设计要将智慧城市架构体系结构设计作为顶层设计的重点。国家标准《智慧城市顶层设计指南》中也对智慧城市架构体系设计提出了具体要求。而智慧城市架构体系结构的顶层设计恰恰是我们在智慧城市顶层设计中的短板，必须予以高度重视。（详见4.3节"智慧城市信息栅格架构体系规划"）

4.1.3 智慧城市综合治理体系的启示与借鉴

1. 军事信息栅格联合作战体系的启示

美军认为当前国际形势日益复杂，现实威胁充满了不确定性，给区域稳定、国家安全及未来战争带来多种多样的挑战。传统的基于威胁、以特定任务需求牵引装备建设的方式将难以适应现实威胁的复杂性与不确定性。为了保证在合适的时间、合适的地点均有合适的火力应对这种复杂的不确定性威胁，联合作战体系与武器装备必须面对复杂战场环境下的不确定性需求，开展信息化联合作战体系建设，加强信息化条件下的分布式联合作战能力，快速适应战场态势、环境变化与战术要求变化，并具备快速响应能力。面对复杂的战场环境及稍纵即逝的战机，开展信息化联合作战与武器控制装备的研究，对于提升军事快速打击能力具有重大意义。基于信息栅格技术在联合作战与武器装备中的应用，有效利用信息栅格基础网络资源，提升决策优势和行动优势，实现战场内分布式作战人员和武器火力资源的敏捷协同及战斗能力生成模式转变。（摘自3.10节"军事信息栅格联合作战体系研究"）

美国防部提出了建设军事信息栅格的总体规划。规划中提出了全空间、全方位的网络化作战样式，改变之前纵向一条线或组网一个面的链接模式。在军事信息栅格中，各种平台上的所有武器系统在信息栅格中都作为分布式的人员部署和火力协同节点，构成交战栅格网，利用传感器栅格网提供的感知信息，在交战栅格网内完成火力协同，快速转变为精确打击能力，提高武器作战效能。（摘自3.9节"网络中心战指挥体系"）

美军近年来基于军事信息栅格的"网络中心战"已经上升为指导美军转型、作战的重要理念，其核心就是在任何时候对任何地点的突发事件能够做出及时反应，强调从传感器到武器的全程信息一体化兼容，从而提升整体战斗力水平。栅格中各单元能够以"即插即用"方式接入网络，形成端到端的无缝连接及互操作，提升火力协同能力，缩短观察、判断、决策和行动周期，实现"发现即摧毁"的联合作战模式。（摘自 3.10 节"军事信息栅格联合作战体系研究"）

美军以军事信息栅格的信息化联合指挥控制体系结构，经过 20 余年的不断发展、优化，目前已经形成了信息应用与行动优势，具有以下特点：

（1）具备端到端互操作能力，任意平台上的武器系统均能够作为栅格节点接入 GIG 网络，在网络内具备按需获取信息与利用其他节点资源的能力，并为其他节点共享服务，端对端的互操作能力为分布部署的部队装备提供了广泛的适用性，能高效地完成各类作战任务。

（2）具备分布式协同作战能力，各级武器火力控制基于信息协同能力拥有更大的信息获取与应用自主权，分散的部队在统一任务下充分利用已有信息自主选择时间与地点进行武器协同交战。

（3）具备灵活的自组织能力，能够根据不同战场环境及任务需求，基于即插即用的能力基础、自适应的武器火力编组、武器火力与目标配对。

军事信息栅格联合作战体系建设是一项跨作战领域、跨军兵种、跨武器平台的联合作战任务的协同建设模式，在信息栅格化联合作战指挥与武器协同实时互操作系统总体设计与优化过程中，各军兵种提升武器协同打击效能是联合作战体系的核心。充分利用各军兵种的武器优势，在统一的开放式信息栅格技术体制下协同开展武器装备协同能力建设，实现即插即用，共同推进信息化联合作战能力建设。在武器协同系统建设领域，面向联合作战并基于武器协同能力开展信息栅格化网络指挥与武器协同控制系统总体设计与优化技术研究，将信息保障系统、指挥系统、任务规划系统、武器控制系统、武器发射平台、武器进行全面的系统集成优化，减少信息传递环节，简化指挥层次，提供接收作战任务、武器射前任务规划、火力协同控制、武器射后管理、打击效果评估全域作战过程闭环解决方案，完成对多种目标全方位协同打击的信息栅格化网络指挥控制与管理任务，推动信息化联合作战体系研究与快速发展，提升复杂战场环境下联合作战与武器装备分布式协同交战的能力。（摘自 3.10 节"军事信息栅格联合作战体系研究"）

2. 智慧城市综合治理体系的借鉴

上述关于军事信息栅格联合作战体系方面的论述对智慧城市综合治理体系的启示与借鉴主要体现在以下几个方面：

（1）美军认为当前国际形势日益复杂，现实威胁充满了不确定性，给区域稳定、国家安全及未来战争带来多种多样的挑战。传统的基于威胁，以特定任务需求牵引装备建设的方式将难以适应现实威胁的复杂性与不确定性。要加强信息化条件下的分布式联合作战能力，快速适应战场态势、环境变化与战术要求变化，要具备快速响应能力。开展信息化联合作战与武器控制装备的研究，对于提升军事快速打击能力具有重大意义。要实现战场内分布式作战人员和武器火力资源的敏捷协同及战斗能力生成模式转变。我国社会与城市综合治理中也存在不确定性给社会稳定和国家安全造成多种多样的挑战。军事信息栅格关于联合作战的理论和具体方法是智慧城市精细化综合治理的重要借鉴。智慧城市综合治理要学习军事信息栅格在联合作战的经验，包括加强信息化条件下分布式综合治理的能力，快速适应综合治理的态势、环境变化与任务要求的变化，具备非常态下快速应急响应的能力，进行信息化分布式综合治理体系的研究，实现综合治理从集中式管理模式向分布式管理和信息资源集成模式，以及敏捷协同与精细化治理能力转变。（详见4.5节"智慧城市信息栅格区块链技术集成创新"）

（2）美军提出在军事信息栅格中，各种平台上的所有武器系统在信息栅格中都作为分布式的人员部署和火力协同节点，构成交战栅格网，利用传感器栅格网提供的感知信息，在交战栅格网内完成火力协同，快速转变为精确打击能力，提高武器作战效能。在军事信息栅格联合作战体系中提出了交战栅格网和传感器栅格网与信息栅格网的融合，强调了网络融合在联合作战中的重要作用。对于智慧城市综合治理也存在互联网、物联网、5G无线网络融合的需求。国家发改委提出"新基建"信息基础设施中的通信网络基础设施的要求就是要实现多网融合的目标。（详见4.3节"智慧城市信息栅格架构体系规划"）。

（3）美军近年来基于军事信息栅格的"网络中心战"已经上升为指导美军转型、作战的重要理念，其核心就是在任何时候对任何地点的突发事件能够做出及时反应，强调从传感器到武器的全程信息一体化兼容，从而提升整体战斗力水平。目前已经形成了信息应用与行动优势，具有端到端互操作能力、分布式协同作战能力、灵活的自组织能力。军事信息栅格具有联合作战的三个能力，对于智慧城市综合治理是非常重要的启示和借鉴。我们要充分利用信息栅格+区块链技术集成创新和深度融合应用，集成创新智慧城市信息栅格区块链技术，掌握信息栅格分布式架构和区块链点对点（即端到端）分布式节点之间的通信机制，提升智慧城市精细化综合治理的现代化水平。（详见4.5节"智慧城市信息栅格区块链技术集成创新"）

（4）军事信息栅格联合作战体系建设是一项跨作战领域、跨军兵种、跨武器平台的联合作战任务的协同建设模式。在信息栅格化联合作战指挥与武器协同实时互操作系统总体设计与优化过程中，各军兵种提升武器协同打击效能是联合作战体系的核心。军事信息栅格联合作战强调的是任务的协同，同时要推进技术融合、业务融合、数据融合，实现跨层级、跨地域、跨系统、跨部门、跨业务（三融五跨）和信息栅格化联合作战指挥与业务协同的实时性和互操作性。这是目前我国智慧城市综合治理的短板，缺乏社会与城市综合治理"三融五跨"的体系与机制，以及实时互操作的综合治理平台，这也是智慧城市综合治理的难点和出发点。（详见4.8节"智慧城市信息栅格系统集成分析"）

4.1.4 智慧城市信息基础设施的启示与借鉴

1. 军事信息信息基础设施的启示

军事信息栅格定义的要点是军事信息栅格是一种信息基础设施，它包含所有与信息相关的通信设施、计算机、存储器及各种信息系统等。在军事信息栅格的支撑下，可以开发各种新型应用系统，如一体化的指挥自动化系统、数字化战场信息系统等。栅格软件平台是军事信息栅格的核心，它是一个庞大的、分布于军事信息栅格各个节点的、协同工作的软件系统。栅格技术所特有的技术特征包括信息自动融合、按需获取信息、实现机器之间的互操作等，这些特征是传统的互联网所不具备的。由于这些特征，指挥员就不需要直接面对潮水般涌来的信息，从而能够用最短的时间根据最恰当的信息形成决策优势，而野战士兵甚至可以获得以前连高级指挥员都难以获得的态势信息。军事信息栅格纳入了所有侦察探测系统、指挥控制系统以及综合保障系统等,是建立在各种系统之上的大系统。完善的安全保障体系是军事信息栅格发挥正常作用的前提。

军事信息栅格信息基础设施运营与管理的基本功能有网络监视、资源管理、信息收集、信息统计、网络操作、数据发送与转发、数据库查询等内容。网络管理随着计算机、网络和通信技术的发展而发展。从网络管理的内容来分类,首先是对"网路"的管理,即针对交换机、路由器等主干网络进行管理。"网路"相当于公路中的主干道,信息要异地传送,必须通过"网路"。第二是对接入设备的管理,即对内部的计算机、服务器等的管理。第三是对行为的管理,即针对用户的使用进行管理。第四是对资产的管理,即针对信息资源进行管理。(摘自3.8节"网络中心战体系")

在军事信息栅格的管理中,可视化非常重要。可视化用图形表示网络状态,可以清楚直观地展现网络的情况。使得管理员很容易明了整个网络的运行情况,从而做出决策,调整或更改信息的路径。军事信息栅格网管理的另一项内容是智能化。网络规模的不断扩大,加大了网络管理维护的难度。即使是一个上千台网络设备的网络,对其中每一个设备进行直接管理也是非常复杂的,即使每1分钟查看一个设备的状态和配置也需要1 000分钟,也就是16个多小时,相当于两个工作日。可见,对于大型网络,直接对设备管理,实现起来非常困难。在军事信息栅格中,智能化指可视化管理软件要能依据管理员制定的规则,对一些不是很复杂的情况进行自动监测、自动上报和解决系统故障,迅速地诊断系统错误及故障定位,以减轻管理员的工作并大大提高管理效率。(本小节摘自3.9节"网络中心战指挥体系")

2. 智慧城市信息基础设施的借鉴

上述关于军事信息栅格信息基础设施方面的论述对智慧城市信息基础设施建设的启示与借鉴主要体现在以下几个方面:

(1) 军事信息栅格被定义为一种信息基础设施,其建设的内容包括通信设施、存储和计算设施、各种信息系统,并在信息基础设施的基础上开发各种新型应用系统,其中信息栅格软件平台是核心。军事信息栅格信息基础设施建设的内容与国家发改委提出的"新基建"信息基础设施建设的内容和要求完全一致,即"新基建"信息基础设施建设内容包括通信网络基础设施、算力基础设施、新技术基础设施。智慧城市信息基础设施建设要将信息栅格化的可视化集成软件平台开发作为核心和重点。因此军事信息栅格信息基础设施建设的经验和方法是智慧城市信息基础设施建筑的重要启示和借鉴。(详见4.3节"智慧城市信息栅格架构体系规划")

(2) 军事信息栅格信息基础设施运营与管理的基本功能有网络监视、资源管理、信息收集、信息统计、网络操作、数据发送与转发、数据库查询等内容。军事信息栅格信息基础设施的功能内容是智慧城市信息基础设施建设的重要启示和借鉴。智慧城市信息基础设施要通过网络融合与安全中心、大数据资源中心、运营管理中心和可视化集成平台("三中心一平台"),实现智慧城市信息基础设施的上述功能和内容,以及可视化的运营管理。(详见4.3节"智慧城市信息栅格架构体系规划")

(3) 在军事信息栅格的管理中,可视化非常重要。可视化用图形表示网络状态,可以清楚直观地展现网络的情况,使得管理员很容易明了整个网络的运行情况,从而做出决策,调整或更改信息的路径。军事信息栅格网管理的另一项内容是智能化。智能化指可视化管理软件要能依据管理员制定的规则,对一些不是很复杂的情况进行自动监测、自动上报和解决系统故障,迅速地实现系统错误诊断及故障定位,以减轻管理员的工作并大大提高管理效率。军事信息栅格信息基础设施运营管理着重提出了可视化和智能化的要求,这对于智慧城市信息基础设施运营管理中心(城市智慧大脑)的建设是非常重要的启示和借鉴。我们要将智慧城市信息基础设施运营管理中心可视化展现和智能化操作作为重点开发的内容。(详见 4.4 节"智慧城市信息栅格云平台规划")

4.1.5 智慧城市系统集成的启示与借鉴

1. 军事信息栅格系统集成的启示

美军认为现代战争的特点是网络化、信息化、数据化、自动化、智能化、集成化科技的综合应用。面对信息化战场并赢得战争的胜利,必须建立一体化的信息化联合作战指挥体系,在未来信息化战争中争取主动和先机,进而赢得战场的胜利。美军信息化军队应用于实战的 C4ISR(指挥、控制、通信、计算机与情报、监视、侦察)一体化信息化联合作战指挥平台是信息化应用于联合作战指挥的一个成功案例。(摘自 3.1 节"信息栅格在军事领域的应用")

军事信息栅格用计算机通信网和指挥控制系统,将传感器网和武器平台网进行综合集成,使天基、空基、陆基、海基中的所有武器系统形成一个实时反应、时空一致的有机整体,达到一体化联合作战的目标。信息栅格通过规范信息格式,屏蔽各种信息系统在数据管理、数据存储格式和数据查询方式上的差异,解决数据"有了不能用、能用不好用"的问题,实现了信息的按需集成,从而打破信息壁垒,实现三军公用信息与专用信息的融合与共享。军事信息栅格提供了统一的运行平台、接口标准和交互流程等,任何软件系统、信息资源、武器平台、数字化单兵等,只要符合军事信息栅格的规范,就可以向军事信息栅格提供信息或从军事信息栅格获取信息,自动实现与其他系统的互操作。(摘自 3.4 节"军事信息栅格顶层设计")

军事信息可以将传统的"烟囱式"数据与信息平台融为一个整体。为什么信息栅格会这样神奇,而传统网络却做不到呢?这是因为,信息栅格是传统网络的进一步发展,或者说是网络的更高境界。一般的网络技术可以解决互联互通,但无法解决信息资源的高度共享问题,无法解决软件的协同计算和信息处理的问题,无法解决网上资源的动态发现、动态重组问题。而解决这些难题,正是信息栅格的目标和任务。(摘自 3.4 节"军事信息栅格顶层设计")

美国国防部信息系统局认为军事信息栅格系统集成是《"全球信息栅格"集成总体规划》中的一项重要内容。在方案中,"集成"意味着将以多样而复杂的通信协议来提供语音、影响和数据的应用。更确切地说,"集成"表现了云环境下的系统集成,即在多级"国防部平台"中从各自服务层向相邻更高级服务层提供服务。这个结构为"国防部平台"集成一些定义明确的接口,以提供服务。此外,本方案中的"集成"还体现了一个概念:一个服务应当被设计成能够适应所有的相关终端用户设备和前沿环境,为终端用户设备和前沿环境(从核心到战术前沿)设置的框架正是服务消费层(国防部组件和 COI)中不可分割的一部分。这也强调了当设计服务时,对于所有相关终端用户设备和前沿环境的系统集成考虑至关重要。(摘自 3.4 节"军事信息栅格顶层设计")

2. 智慧城市系统集成的借鉴

上述关于军事信息栅格系统集成方面的论述对智慧城市系统集成的启示与借鉴主要体

现在以下几个方面：

(1) 美军认为要赢得战争的胜利，必须建立一体化的信息化联合作战指挥体系。信息化联合作战指挥作战体系分别由中央(国防部)级信息化作战指挥与展现一级平台、战区(兵团)信息化联合作战通信集成二级平台、战场(作战单元)武器协同控制与互操作三级平台组成，实现"网络互联、信息互通、数据共享、武器协同"。军事信息栅格系统集成给智慧城市系统集成的启示和借鉴，就是必须建立智慧城市一体化的公共信息一级平台，以及各行业级二级平台的系统集成，实现"网络融合、信息互通、数据共享、业务协同"。(详见 4.8 节"智慧城市信息栅格系统集成分析")

(2) 军事信息栅格是依靠栅格技术实现网络上综合资源的整合与系统集成起来的"系统之系统"，它可以实现所有信息节点之间的互联、互通、互操作，大大提高了信息获取、处理、分发和使用的自动化，克服"烟囱式"系统的局限。智慧城市系统集成要借鉴军事信息栅格，将所有分布式信息节点进行互联、互通、互操作。采用信息栅格＋区块链技术集成，实现分布式信息获取、处理、分发和使用的自动化，消除信息"孤岛"和打通数据"烟囱"。(详见 4.8 节"智慧城市信息栅格系统集成分析")

(3) 军事信息栅格建成一体化的传感器网(物联网)、指挥控制网(栅格网)、交战武器网(控制网)，其基本条件就是通过综合集成，把自成体系、条块分割、分散独立的各类军事信息基础设施有机融合，整合成为一体化的通用平台，在结构上形成纵向衔接、横向贯通、资源共享的栅格式结构，便于各级指挥机构随时随地接入；在业务上，支持各级、各类指挥机构的语音、数据、图像、视频等各项业务；在功能上，提供分布式计算、信息查询、态势标绘、定位、导航等，以支持作战、指挥的各项应用，从而最大限度地满足联合作战的需要。

军事信息栅格系统集成首先实现多网融合，并通过系统集成将已建、在建、未建的自成体系、条块分割、分散独立的各类信息系统(平台)和基础设施有机融合，整合成为一体化的通用平台。在结构上形成纵向衔接、横向贯通、资源共享的栅格式结构，便于各级城市管理指挥机构随时随地接入。在业务上，支持各级政府部门的语音、数据、信息、图像、视频等各项业务的协同处理。在功能上，提供分布式计算、信息查询、态势 GIS 标绘、事件定位、页面导航等功能。(详见 4.4 节"智慧城市信息栅格云平台规划")

(4) 美国国防部信息系统局定义了"系统集成"的概念，说明"系统集成"表现了云环境下的系统集成，即在多级"国防部平台"中从各自服务层向相邻更高级服务层提供服务。这个结构为"国防部平台"集成一些定义明确的接口，以提供服务。智慧城市"系统集成"就是将智慧城市多级平台(一、二、三级平台)和多级数据库系统(大数据库、主题数据库、应用数据库)在逻辑上集成为一个一体化的"单一云平台"，提供多平台及多数据库系统相互之间的数据、信息、关联的应用服务。(详见 4.4 节"智慧城市信息栅格云平台规划")

4.1.6 智慧城市云战略的启示与借鉴

1. 军事信息栅格云战略的启示

美国国防部信息系统局的技术战略由长期、中期和短期目标，以及用于实现这些目标的计划组成。计划的一个核心要素是目标技术架构，与早期版本的区别就在于该技术架构是以云中心模式为基础，而早期版本中的架构是以网络中心模式为基础。这种云中心模式扩展了集成的概念，囊括了少数定义良好的接口，可以利用这些接口通过不断增长的不同的终端用户设备类型来向全世界范围内的国防部用户交付服务。

美国国防部信息系统局认为军事信息栅格实施的短期目标有以下几点：一是通过对国防部组件已购基础设施和现存软件许可证的合并，提供一套更加高效可靠的公共用户服务和平台服务；二是提供两种私有云，即非保密"国防部平台"和保密"国防部平台"；三是通过将终端用户应用迁移到基于 Web 界面和将终端用户转移到虚拟桌面可视化界面环境，来改善终端用户设备的访问。这些目标将通过实施 IT 服务组合和相应管理控制来实现。这些 IT 服务组合将执行目标技术架构，该架构包括三个云服务层：公共用户服务（可视化集成平台）、平台服务（信息共享一级平台及行业级二级平台）和基础设施服务（信息基础设施"三中心一平台"）。除此之外，目标架构还包括了任务保证服务和业务服务管理，二者也向三个云服务层提供服务。

美国国防部信息系统局认为，为了支持 IT 技术向 B/S 瘦客户端和虚拟化技术发展的趋势，第三个短期目标是通过将终端用户应用迁移至云环境和将终端用户迁移至虚拟化桌面可视化集成界面环境下，来改进终端用户设备的访问。这将会允许用户的应用和数据不依靠本地设备而驻留在中心服务器，这样用户就可以通过 B/S 瘦客户端、C/S 胖客户端或者移动设备来访问其工作。分布式虚拟化应用可视化显示服务可以提供一个更加便于管理和效益更高的可视化环境。分布式软件更新和备份会降低管理成本和增加可靠性。对于中期目标而言，应用和数据的分布式为虚拟化技术的实现提供了必需的基础设施支持。分布式 B/S 瘦客户端的大量增加也会降低运营成本。一些商业应用可以重新设计以支持 B/S 瘦客户端（包括瘦客户端的子类客户端，被称作"零客户端"或"超薄客户端"，这些客户端的操作系统更加受限，只提供必要的网络连接设备、显示驱动和输入输出操作）。瘦客户端应用将根据终端用户设备和前沿框架进行开发。

军事信息栅格全局性云环境允许在发生危机和操作中断时，保持操作的连续性和有效的故障转移。云计算由于其分布式、可伸缩和冗余的特性，是克服这些挑战并确保全面执行任务的关键组件。执行此云策略将结合标准方法来利用云实现任务弹性。全局性云环境将在基础结构退化时提供故障转移支持，以及从操作中断和重大网络事件中恢复。云计算的分布式、冗余特性克服了另一个网络挑战，即在危机时刻进行故障转移的能力。商业云解决方案将使用先进的技术自动故障转移，解决整个部门的一个主要缺陷。国防部将只确保数字服务业务的连续性，利用主要云提供商内部固有的多区域和多可用性区域（AZ）架构，并将其与安全云接入点（cap）的有效部署结合起来以增强弹性。

美国国防部正在努力开发一个由通用云和多用途云组成的全局性云环境。此外应该认识到，对于不适合云的应用程序，部门仍然需要非云的数据中心功能。随着时间的推移，随着采用持久的全局性云策略，非云环境应该会变得更小。在任何云实现中都必须考虑两种基本类型的工作。第一个是正常的活动，这些活动需要建立一个云平台，准备接收用于云部署的应用程序、数据或基础设施。第二个是正在进行迁移的现有应用程序，或在云平台上构建新应用程序的工作。（摘自 3.7 节"军事信息栅格云战略规划"）

2. 智慧城市云平台的借鉴

上述关于军事信息栅格云战略方面的论述对智慧城市云平台建设的启示与借鉴主要体现在以下几个方面：

（1）美国国防部信息系统局认为军事信息栅格的核心要素是目标技术架构，其全球信息栅格早期版本是以网络为中心模式，而最新版本的技术架构是以云中心模式为基础。采用这种云中心模式也扩展了集成的概念。美军最新的全球信息栅格目标技术架构采用云中心模式。智慧城市总体架构体系结构应借鉴军事信息栅格云中心架构模式,将智慧城市云平台架构作为其目标技术架构。智慧城市信息栅格云平台规划基于信息栅格分布式云平台的建设是智慧城市建设的重点。(详见 4.4 节"智慧城市信息栅格云平台规划")

（2）军事信息栅格云平台着重通过将终端用户应用迁移到基于 Web 界面和将终端用户转移到虚拟桌面可视化界面环境,来改善终端用户设备的访问。智慧城市云平台要借鉴信息栅格云平台基于 Web 可视化界面设计,并将用户访问和应用场景体验转移到虚拟化桌面可视化界面环境中。(详见 4.4 节"智慧城市信息栅格云平台规划")

（3）军事信息栅格云架构包括三个云服务层,即公共用户服务层、平台服务层和基础设施服务层。智慧城市云架构包括可视化集成平台、信息共享一级平台及行业级二级平台,和信息基础设施"三中心一平台"。(详见 4.4 节"智慧城市信息栅格云平台规划")

（4）军事信息栅格云平台强调分布式虚拟化应用和可视化显示服务,可以提供一个更便于管理和效益更高的可视化环境。分布式软件更新和备份会降低管理成本,增加可靠性。军事信息栅格云平台的分布式虚拟化应用和可视化展现是云平台重要的服务功能。智慧城市云平台应借鉴信息栅格云平台分布式虚拟化和可塑性展现的功能。(详见 4.4 节"智慧城市信息栅格云平台规划")

（5）军事信息栅格全局性云环境允许在发生危机和操作中断时,保持操作的连续性和有效的故障转移。云计算由于其分布式、可伸缩和冗余的特性,是克服这些挑战并确保全面执行任务的关键组件。执行此云策略将结合标准方法来利用云实现任务弹性。美国国防部正在努力开发一个由通用云和多用途云组成的全局性云环境。对于不适合云的应用程序,美国防部门仍然需要非云的数据中心功能。军事信息栅格云平台强调了建设全局性、分布式、可伸缩和冗余性。要求云平台可以实现与非云架构的系统(平台)和数据中心信息与数据的互联互通。智慧城市可以采用"云、边、端"分布式架构,使得云平台通过边缘计算与地端物联网非云结构的系统(平台)和数据库系统进行互联互通和集成应用。(详见 4.4 节"智慧城市信息栅格云平台规划")

4.1.7　智慧城市运营管理中心的启示与借鉴

1. 军事信息栅格指挥控制中心的启示

随着军事信息栅格的出现和网络中心战的逐步成熟,未来军队的组织构成和行动方式都将以"网络为中心"来运作,战场明显呈现出快节奏、高速度、大空间和广分布的特征,在这种情况下,信息大循环的高度集中型指挥部已无法适应网络化战场的发展趋势,必然面临着根本性的变化,并最终形成新型的"物理分散、逻辑集中"的指挥控制中心。指挥控制中心的物理分散,是指在军事信息栅格的连接下,将构成指挥部的人员、装备、器材等物理性实体尽量分散化配置,以减小其战场规模,增强其抗毁性和指挥效能。

"网络中心战"指挥控制中心的逻辑集中,是指在指挥实体要素高度物理分散的情况下,通过军事信息栅格提供的完全虚拟的协作空间,进行远程资源的共享、信息的交流、决策的形成、指令的下达,实现指挥功能的高度集中。集中是一条最为古老的军事原则,集中统一的指挥是保证军事行动有效实施的先决条件,信息时代的网络中心战由于部队高度分散和情况瞬息万变,因此更要强调作战的高度协调与一致。与以往的不同之处在于,"网络中战"强调的是指挥部逻辑功能的集中,而不是物理存在的集中。在未来作战中,部队在物理上是广泛分散的,战场上的集中更强调的是作战能力的集中,包括作战目的的集中、作战时间的集中、火力打击的集中和信息攻防的集中等。而所有这些集中,都离不开指挥的集中,离不开所有参战部队思想上的集中。因此,在高度分散、瞬息万变的信息化战场上,只有通过迅速集中各级指挥员的思想,对共享的态势信息达成一致的理解,对下一步的军事行动所应达到的作战目的和需要采取的手段取得一致的观点,以思想上的集中统一达成行动上的集中统一,才能使各级部队实现同步作战、密切协同。所以,指挥部实施作战指挥的逻辑功能必须集中统一,做到"形散而神不散",使全军作战行动看上去像是一个人在指挥那样协调一致。

由此可见,在未来作战中,实现指挥控制中心的物理分散、逻辑集中是非常必要的,但如果仅有需求而没有相应的技术支撑,就只能是不切实际的空想。军事信息栅格的出现,为实现网络中心战环境下指挥部的物理分散和逻辑集中提供了强大的技术支撑,给指挥领域带来了深刻影响,指挥控制中心的编组方式、决策方式以及指挥控制方式将发生根本性的变革。

军事信息栅格卓越的信息管理、分布计算、分散存储、网上协作以及资源统一调度能力,能够实现指挥中心的物理分散和逻辑集中,情报中心的广域分布式协作处理,战场信息传输的自动合理调度和统筹安排,从而避免大规模指挥中心、情报处理中心等在战场局部的过于集中,形成整个网络的信息平衡,其战场可识别特征大大降低,战场生存能力大大提高。从这个角度讲,军事信息栅格处处是"中心",又处处不是"中心",这就彻底改变了目前系统所存在的关键节点一旦被摧毁,轻则瘫痪一片重则整网俱毁的致命弊端,大大提高了信息系统的顽存性。(摘自 3.9 节"网络中心战指挥体系")

2. 智慧城市运营管理中心的借鉴

上述关于军事信息指挥控制中心方面的论述对智慧城市运营管理中心(城市智慧大脑)建设的启示与借鉴主要体现在以下几个方面:

(1) 美军认为"网络中心战"的新型指挥控制中心应采用"物理分散、逻辑集中"的方式。指挥控制中心的物理分散,是指在军事信息栅格的连接下,将构成指挥部的人员、装备、器材等物理性实体尽量分散化配置,以减小其战场规模,增强其抗毁性和指挥效能。指挥控制中心的逻辑集中,是指在指挥实体要素高度物理分散的情况下,通过军事信息栅格提供的完全虚拟的协作空间,进行远程资源的共享、信息的交流、决策的形成、指令的下达,实现指挥功能的高度集中。智慧城市运营管理中心采用美军联合作战指挥控制中心"物理分散、逻辑集中"的模式。通过信息栅格+区块链分布式架构,实现物理上分布的多中心(去中心化),通过移动终端或分布式桌面系统实现信息、数据、系统、服务的逻辑集中和指挥控制。(详见4.5节"智慧城市信息栅格区块链技术集成创新")

(2)军事信息栅格的出现,为实现"网络中心战"环境下指挥部的物理分散和逻辑集中提供了强大的技术支撑。智慧城市通过信息栅格+区块链分布式架构,可以提供完全虚拟化的智慧城市运营管理和非常态下应急的指挥控制调度功能,实现高度集中统一的资源共享、决策指挥和命令发布。(详见 4.5 节"智慧城市信息栅格区块链技术集成创新")

(3) 军事信息栅格卓越的信息管理、分布计算、分散存储、网上协作以及资源统一调度能力,能够实现指挥中心的物理分散和逻辑集中,情报中心的广域分布式协作处理,战场信息传输的自动合理调度和统筹安排,从而避免大规模指挥中心、情报处理中心等在战场局部过于集中。军事信息栅格指挥控制中心主要依赖信息栅格分布式的信息管理、分布式计算、分布式存储、网上虚拟化集中管理和业务协同以及资源统一调度能力。因此智慧城市运营管理中心(城市智慧大脑)应该采用信息栅格技术,以实现智慧城市物理分散、逻辑集中的运营管理模式。(详见4.4节"智慧城市信息栅格云平台规划")

4.2 智慧城市新一代信息技术应用

4.2.1 云计算技术应用

智慧城市云计算技术应用就是通过信息栅格＋云计算4S服务(IaaS、DaaS、PaaS、SaaS),综合集成智慧城市所有的信息、数据、基础设施,包括所有的通信设施、计算机软硬件系统、信息平台、数据库系统和应用系统等。通过信息栅格＋云计算4S服务能够提供端到端的能力,这意味着信息与数据任意两个节点之间能够进行直接的信息交互,包括网络、计算、存储、数据、信息、平台、软件、知识、专家等资源的互联互通,消除信息孤岛和资源独岛,实现网络虚拟环境上的资源共享和协同工作。

智慧城市信息栅格＋云计算技术应用的核心要素是目标技术架构。以"云计算中心"(虚拟化中心节点)模式为基础,采用信息栅格＋云计算中心"4S云服务"模式可以进一步扩展系统集成的概念。同时着重强调通过将终端用户应用迁移到基于Web界面和将终端用户转移到虚拟桌面可视化界面环境,来改善终端用户对资源的访问。这些目标将通过实施IT服务组合和相应资源管理控制来实现。

4.2.2 信息栅格区块链技术应用

信息栅格区块链技术架构,基于SOA的分布式资源集成架构,以资源共享策略和资源集成架构为核心。信息栅格区块链技术应用是包含多个组织、信息平台、应用系统及资源的动态集合,提供灵活、安全、协同的资源共享的一种架构。利用信息栅格区块链技术架构可以通过以资源为中心来实现更广泛的资源组织和管理,这在传统分布式技术框架中是很难做到的。以军事信息栅格技术为例,其技术架构中动态集合包括联合作战单元、不同的作战组织,以及不同的作战信息系统资源,目的则是为作战单元、作战组织提供作战信息资源的共享平台。因此信息栅格区块链技术架构对于智慧城市信息栅格技术架构的建设具有指导意义。

4.2.3 物联网技术应用

智慧城市智能化物联网技术应用采用"云、边、端"分布式网络架构,通过物联网可视化集成平台大客户端系统,提供智慧城市已建、在建、未建各行业级平台及业务系统的边缘计算、雾计算、认知计算、实时计算和云端4S云服务的各行业级平台的系统集成。采用线上云计算4S服务,线下可视化集成平台大客户端系统(虚拟机＋Web服务器＋镜像服务器)的运行模式,通过可视化集成平台大客户端系统的数据、信息、页面、服务等系统化、结构化、标准化的应用封装和跨平台及跨业务的"数据孪生""系统孪生""应用孪生"的映射、镜像、调用、为智慧城市的管理者和领导者提供各行业级专业平台及业务系统的运行、操控、设置、修改、管理等功能。

4.2.4 大数据技术应用

智慧城市大数据技术应用的核心是在分布式数据库系统的基础上,由智慧城市大数据库系统、智慧城市可视化大数据库系统、智慧城市网络开源大数据库系统三部分组成。综合利用统计学方法、模式识别技术、人工智能应用、神经网络技术、模糊数学、机器学习、专家系统和相关信息技术等,从海量的空间数据、过程数据、服务数据、管理数据中,对大数据的分级分类、聚类、特征值提取、关联、降维、规则发现等,归纳出各领域、各行业、各业务的元数据、元数据类、数据集、要素数据、目标数据等。通过人工智能神经网络的深度学习,实现对数据训练的知识规集、解释、评价和深度融合应用,以指导对客观事物、事情、事态、事件做出科学化的决策或预测。

4.2.5 人工智能技术应用

智慧城市"智慧大脑"人工智能技术应用采用人工智能卷积神经网络多层结构化神经网络,通过卷积层、采样层、全连接层,使人工智能深度学习成为一个整体。智慧城市大数据也是一个结构化的体系,分为元数据、元数据类、数据集、要素数据、目标数据。将智慧城市大数据分析处理和卷积神经网络应用分为元数据阶段、元数据类阶段、数据集阶段、要素数据阶段、目标数据阶段,五个阶段构成了智慧城市大数据卷积神经网络深度学习的系统化、结构化、标准化的智慧城市大数据人工智能深度学习的完整体系。通过对智慧城市全数据链的深度挖掘、分析、封装和人工智能融合应用,实现智慧城市各领域、各行业、各业务的元数据集、要素数据、目标数据的信息互联、数据共享、业务协同。当发生突发事件时,可根据相关预案和人工智能分析,实现跨平台、跨系统、跨业务等关联场景可视化联合分析展现。

4.3 智慧城市信息栅格架构体系规划

4.3.1 智慧城市架构体系规划要求

根据 GB/T 36333—2018《智慧城市 顶层规划指南》国家标准,智慧城市架构设计包括业务架构、数据架构、应用架构、基础设施架构、安全体系、标准体系、产业体系等内容和要求。

1. 智慧城市业务架构规划要求

(1) 考虑智慧城市的战略定位和目标、经济与产业发展、自然和人文条件等因素,制定出符合本地区特色的业务架构。

(2) 依据智慧城市建设的业务需求,分析业务提供方、业务服务对象、业务服务渠道等多方面因素,梳理、构建形成智慧城市的业务架构。

(3) 业务架构一般为多级结构,宜从城市功能、政府职能、行业领域划分等维度进行层层细化与分解。

2. 智慧城市数据架构规划要求

(1) 依据智慧城市数据共享交换现状和需求分析,结合业务架构,识别出业务流程中所依赖的数据,数据提供方,数据需求方,对数据的操作、安全和隐私保护要求等。

(2) 在分析智慧城市数据资源、相关角色、IT 支撑平台和工具、政策法规和监督机制等数据共享环境和城市数据共享目标基础上,开展智慧城市数据架构的设计。

(3) 数据架构设计的内容包括但不限于:

① 数据资源架构:对来自不同应用领域、不同形态的数据进行整理、分类和分层;

② 数据服务:包括数据采集、预处理、存储、管理、共享交换、建模、分析挖掘、可视化等服务;

③ 数据治理:包括数据治理的战略、相关组织架构、数据治理域和数据治理过程等。

3. 智慧城市应用架构规划要求

(1) 依据智慧城市现有应用系统建设现状和需求分析,结合城市业务架构及数据架构要求等,对应用系统功能模块、系统接口进行规划和设计。

(2) 应用系统功能模块的设计应明确各应用系统的建设目标、建设内容、系统主要功能等,应明确需要新建或改建的系统,识别可重用或者共用的系统及系统模块,提出统筹建设要求。

(3) 应用系统接口的设计应明确系统、节点、数据的交互关系。

4. 智慧城市基础设施架构规划要求

(1) 依据智慧城市基础设施建设现状,结合应用架构的设计,识别可重用或者共用的基础设施,提出新建或改建的基础设施,依据"集约建设、资源共享、适度超前"的原则,设计开放、面向服务的基础设施架构。

(2) 根据 GB/T 34678—2017,针对以下四种基础设施进行设计:

① 物联感知层基础设施:包括地下、地面、空中等全空间的泛在感知设备;

② 网络通信层基础设施:包括城市公共基础网络、政务网络及其他专用网络等网络;

③ 计算与存储层基础设施:包括城市公共计算与存储服务中心等;

④ 数据与服务融合层基础设施:包括城市数据资源、应用支撑服务、系统接口等方面的基础设施。

5. 智慧城市安全体系规划要求

(1) 依据智慧城市信息安全相关标准规范,结合国家政策文件中有关网络和信息安全治理要求,从规则、技术、管理等维度进行综合设计。

(2) 结合城市信息通信基础设施的规划,设计网络和信息安全的部署结构。

(3) 安全体系设计内容包括但不限于:

① 规则方面:提出应遵循的及建议完善的安全技术、安全管理相关规章制度与标准规范;

② 技术方面:可依据 GB/T 34678—2017 第 7 章规定的 ICT 技术参考模型,明确应采取安全防护保障的对象,及针对各对象需要采取的技术措施;

③ 管理方面:可对从事智慧城市安全管理的组织机构、管理制度及管理措施等方面提出相应的管理要求。

6. 智慧城市标准体系规划要求

（1）从智慧城市总体基础性标准、支撑技术与平台标准、基础设施标准、建设与宜居标准、管理与服务标准、产业与经济标准、安全与保障标准等维度开展本地区标准体系的规划与设计工作。

（2）结合智慧城市特点，注重实践经验的固化，在遵循、实施现有国家行业及地方标准的基础上，规划、设计可支撑当地智慧城市建设与发展的标准。

7. 智慧城市产业体系规划要求

（1）围绕智慧城市建设目标，结合新技术、新产业、新业态、新模式的发展趋势，基于城市产业基础，提出城市智慧产业发展目标，规划产业体系。

（2）通过定位智慧城市的细分产业领域，从基础设施服务商、信息技术服务商、系统集成商、公共服务平台企业、专业领域创新应用商、行业智慧化解决方案商等角度梳理、提出重点发展培育的领域方向。

（3）从创业服务、数据开放平台、创新资源链接、新技术研发应用等角度设计支撑产业生态的智慧产业创新体系。

4.3.2 智慧城市信息栅格总体架构规划原则

智慧城市总体架构基于信息栅格技术体系和体系结构，以智慧城市"六个一"核心要素，构建一个"开放的架构体系结构"。智慧城市是一个复杂巨系统，需要遵循体系建设规律，以军事信息栅格体系架构为蓝本，运用信息系统工程方法论，构建智慧城市开放的架构体系结构，通过"强化共用、整合通用、开放应用"的思想，指导智慧城市的建设和发展。

智慧城市信息栅格体系架构是构筑智慧城市的关键性技术，是智慧城市顶层设计的重要内容，是智慧城市组成的总体架构体系，也是智慧城市各组成部分之间的物理和逻辑的关系以及指导信息系统规划设计与发展的标准和指南。它对智慧城市规划设计和实现具有指导和规范性的作用。智慧城市信息栅格架构体系结构是指智慧城市大平台、大数据、大网络、大系统的组成结构及其相互之间的物理和逻辑关系，是指导数据与信息系统设计和系统工程实施的原则。智慧城市信息栅格是用于规范架构体系结构规划设计的指南，是规范化描述智慧城市架构体系结构的方法论。信息栅格架构体系结构规定了智慧城市总体的业务架构、数据架构、应用架构、信息基础设施架构，以及安全、标准、产业体系的设计方法，即通过格式化的图形和文本把智慧城市业务与功能需求、系统总体方案和采用的技术标准完整清晰地描述出来。这些图形和文本叫作架构体系结构模型，每种模型视图又由若干个子模型构成。智慧城市信息栅格架构体系结构规划数据是用于智慧城市系统开发与系统工程建设的蓝图、知识库及技术工具和相关参考资源，以及用于验证评估架构体系结构模型的评估标准和方法论等相关技术的总称。

4.3.3 智慧城市信息栅格总体架构规划

智慧城市信息栅格基于 SOA 面向资源集成的分布式架构，使用广泛接受的标准（如 XML 和 SOAP）和松耦合设计模式，基于 SOA 的分布式架构和开放标准将有利于整合来自相关系统的信息资源，并为将来与新建第三方系统平台应用和信息资源进行整合提供手段，构建易于扩展和弹性可伸缩的大平台、大数据、大网络、大系统。

智慧城市总体架构由十一个方面构成,如图 4-1 所示。

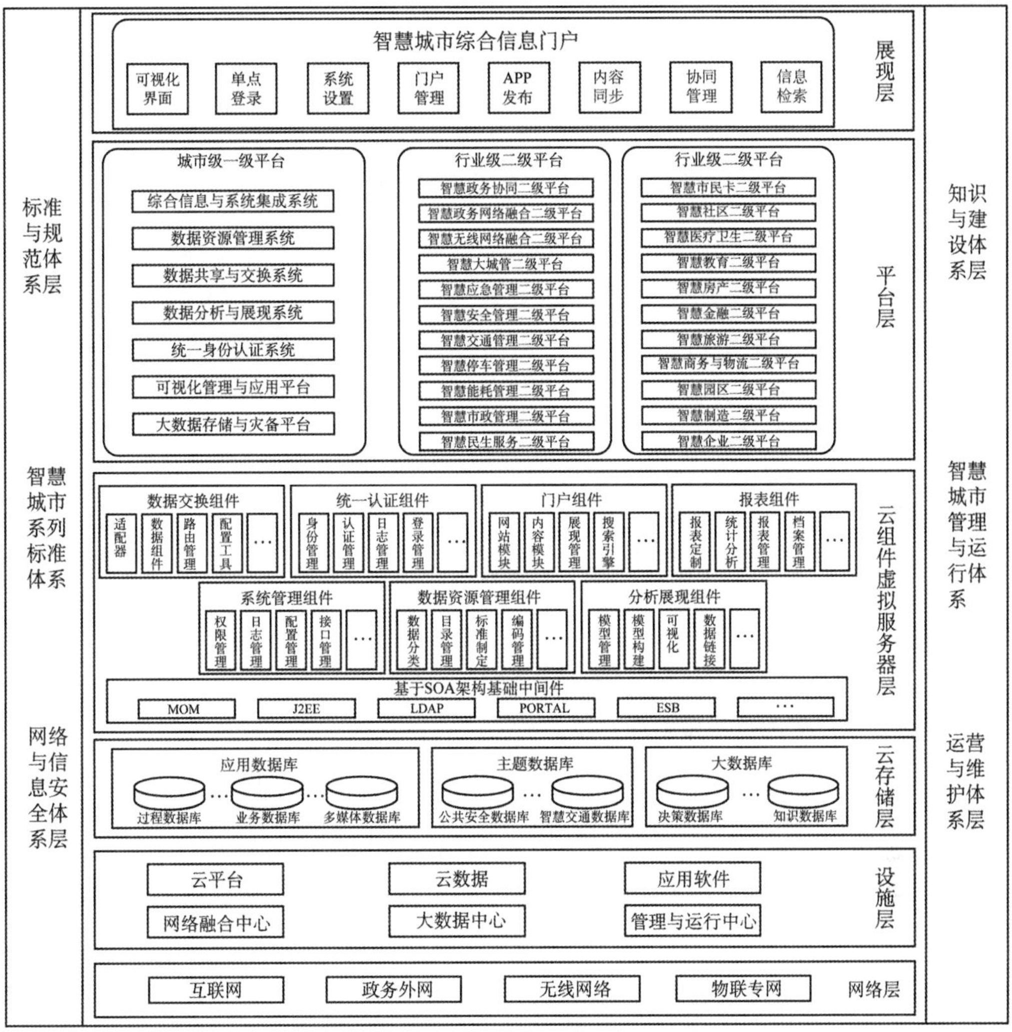

图 4-1 智慧城市信息栅格总体架构图

1. 网络层

包括互联网、电子政务外网、无线网络、物联网。

2. 设施层

包括云平台、云数据、应用软件、信息与数据机房、基础设施、其他设备等。

3. 云存储层

包括应用数据库、主题数据库、大数据库。

4. 云组件虚拟服务器层

主要由两个层次构成,包括支撑云组件层和基于 SOA 架构基础的中间件层。云支撑组件由七个部分组成:数据交换组件、统一认证组件、门户组件、报表组件、系统管理组件、资源管理组件和分析(OLAP)展现组件。

(1) 数据交换组件:提供数据适配器、数据组件、路由管理、配置工具等应用支撑服务。

(2) 统一认证组件:提供身份管理、认证管理、日志管理、登录管理等应用支撑服务。

（3）门户组件：提供门户网站模板、内容管理、展现组件、协同办公应用支撑服务。

（4）报表组件：提供报表定制、统计分析、展现管理、报表管理等报表工具的应用支撑服务。

（5）系统管理组件：提供权限管理、日志管理、配置管理、接口管理等系统管理的应用支撑服务。

（6）资源管理组件：提供数据分类、目录管理、标准管理、编码管理、元数据等应用支撑服务。

（7）分析（OLAP）展现组件：提供模型管理、模型构建、展现组件、数据连接等应用支撑服务。

5. 基于 SOA 架构基础中间件层

包括 MOM、J2EE、LDAP、PORTAL 等基础运行支撑环境。

6. 平台及系统业务应用层

由城市级一级平台、二级平台专项工程、应用级三级系统组成。

7. 展现层

提供了智慧城市统一平台应用门户（含 APP），为用户进行信息查询和信息互动提供统一的入口和展示。

8. 标准与规范体系层

标准与规范层包含了系统的标准规范体系内容。

9. 法律法规及标准规范体系层

法律法规及标准规范体系贯彻于整个体系架构，是整个项目建设的基础，并指导其他平台系统的建设。

10. 运营与维护体系层

是智慧城市一级平台的两个支柱之一，贯穿于整个体系架构各层的建设过程中，并指导其他平台系统的建设。

11. 网络与信息安全体系层

智慧城市总体架构的安全规范，并指导其他平台系统的建设。

智慧城市总体架构顶层规划，就是以信息技术为支撑，以智慧城市运营管理中心"和二级平台专项工程建设为中心，以智慧城市现代化的科学的综合管理和便捷与有效的民生服务为目标，大力促进智慧城市政府智慧政务、智慧城市社会治理化、智慧民生、智慧企业经济。结合智慧城市在新城区的规划、安全、交通、道路、海绵城市、综合管廊、环境、绿化、经济、人口、街道、社区、企业、金融、旅游、商业等各种数据形成一体化统一的网络融合与安全中心、大数据资源中心、运营管理中心，建设智慧城市信息互联互通和数据共享交换的公共信息一级平台，建立起智慧城市综合社会治理和公共民生服务要素的数字化与智能化二级平台专项工程。

4.3.4　智慧城市信息栅格总体架构全视图

智慧城市架构体系结构（Smart City Architecture，SCA）是指智慧城市功能、系统、技术、信息系统、数据库系统组成的架构、体系、结构及相互之间的关系，是指导智慧城市规划与设计和发展的原则。SCA 架构体系结构规范了智慧城市的总体功能体系、系统体系（大平台结构、大数据结构)、技术体系、标准体系和信息基础设施体系。

1. 军事信息栅格架构体系结构全视图

军事信息栅格架构体系结构是指军事技术和信息系统组成的架构、体系、结构及相互之间的关系,是指导军事系统规划与设计和发展的原则。军事信息栅格架构体系结构规定采用作战、系统和技术三种视图的方法,即通过格式化的图形和文本把作战需求(任务)、系统构成和技术标准完整清晰地描述出来。

军事信息栅格架构体系结构全视图是一个经典的体系结构,如图4-2所示。它的主要特点是从作战、系统、技术的三个核心要素的各个不同的角度描述系统的架构体系结构,从而形成对系统体系结构整体的描述。将三方面各元素通过矩阵模型与架构模型对应起来,关键在于保证系统所有元素都被很好地组织并且它们之间的关系被很好地展现出来,不管哪个元素先建立,都能保证整个系统的集成和完整性。军事信息栅格架构体系结构是一个通用的模型,它明确了该模型设计中要描述的内容;是一种通用的分级分类的方法,能够用于对任何复杂对象的描述。军事信息栅格架构体系结构全视图定义了条理的体系结构设计原则,允许工程设计人员与建设者对系统进行合理的分解和综合,将系统体系结构分解与综合成定义清晰的全视图。

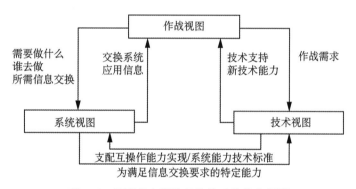

图4-2 军事信息栅格架构体系结构全视图

军事信息栅格架构体系结构全视图描述方法是体系结构的核心内容。想研究全视图描述方法,首先要对体系结构进行了解。架构体系结构可以提供一种通用的、统一的文档、表格或图形对军事信息系统的功能、组成、技术标准进行综合描述。它可以为军事信息系统的使用方、研制方和管理方表述系统需求、设计系统体系结构、验证与评估系统提供统一、规范的系统工程方法论。其作用在于架构作战人员、技术人员、管理人员之间沟通的桥梁,实现作战、系统、技术三方面的综合,保证所开放的系统可集成、可互操作、可验证、可评估,从而提高系统集成一体化的水平,以此保障系统间的综合集成和互联、互通、互操作。

军事信息栅格采用三类视图来描述C4ISR系统的架构体系结构,即作战视图、系统视图和技术视图。军事信息栅格的"视图",其实是指观察角度。例如,作战视图从作战的角度,描述了作战所需要的每种信息交换的特性,其详细程度应达到足以确定需要何种程度的信息交换的要求。系统视图确认了应由哪些系统保障上述要求的实现,把要求的互操作性转换成所需要的一系列系统能力和性能,并将现已具备的和计划中的能力同所有新要求的能力进行比较。技术视图则把实现这些系统必须遵守的准则和标准集合在一起,以控制每个系统的实现,保证系统能实现联合作战时的"即插即用"。

2. 智慧城市信息栅格架构体系结构全视图

智慧城市架构体系结构视图的表现方法,完全参照军事信息栅格 C4ISR 架构体系结构的规划设计与开发的方法,即通过格式化的图形和文本把功能需求(任务)、系统构成、技术、标准、信息基础设施完整清晰地描述出来。目前全国都在进行智慧城市或智慧城市的顶层设计和工程项目实施。因此,进行智慧城市架构体系结构技术理论的研究和实践,大力推广开放的复杂巨系统架构体系结构设计方法,通过智慧城市的实战逐渐成熟和系统化,智慧城市架构体系结构的设计和水平才能不断提高。

SCA 全视图是智慧城市一个经典的架构体系结构,它的主要特点是从功能、系统、技术、标准、信息基础设施的核心要素的各个不同的角度描述智慧城市的架构体系结构,从而形成对架构体系结构整体的描述。将五体系各元素通过矩阵模型与架构模型对应起来,关键在于保证 SCA 所有元素都被很好地组织并且它们之间的关系被很好地展现出来,不管哪个元素先建立,都能保证整个系统的集成和完整性。SCA 架构体系结构是一个通用的模型,它明确了该模型设计中要描述的内容;是一种通用的分级分类的方法,能够用于对任何复杂对象的描述。SCA 架构体系结构全视图定义了条理的体系结构设计原则,允许设计人员与建设者对系统进行合理的分解和综合,将系统体系结构分解与综合成定义清晰的全视图。

SCA 架构体系结构采用视图描述方法,是智慧城市顶层设计的关键和核心内容。智慧城市架构体系结构用于提供一种通用的、统一的表述智慧城市功能、系统、技术、标准、设施之间物理与逻辑的关联关系的信息方法,为智慧城市的需求、规划、设计、建设、运营、管理提供统一、规范的软硬件产品的集合,其作用在于构架使用人员、建设人员、管理人员之间沟通的桥梁,实现功能、系统、技术、标准、设施五方面的综合,以保证所开发的智慧城市各种实现功能和应用的可集成、可协同、可互操作、可验证、可评估,从而提高共享信息平台和大数据的一体化水平。

SCA 架构体系结构全视图是智慧城市总体逻辑模型,该视图(模型)表述知识与建设体系、标准体系、平台与数据结构、信息平台、数据库、应用系统的组成及各组成软硬件部分之间的物理与逻辑关系。总体架构全视图对智慧城市顶层规划具有指导性、规范性、统一性、约束性的作用。

SCA 架构体系结构全视图以智慧城市网络融合与安全中心、大数据中心、运营管理中心和一、二级平台建设为总体架构,以智慧城市现代化科学的综合管理和便捷与有效的民生服务为目标,大力促进政府信息化、城市信息化、社会信息化、企业信息化,建立起智慧城市基础数据管理与存储中心和各级信息平台及各级数据库的智慧城市顶层规划模式。结合智慧城市规划、交通、道路、地下管网、环境、绿化、经济、人口、街道、社区、企业、金融、旅游、商业等各种数据,形成一体化统一的云计算与云数据中心,建设智慧城市级的信息互联互通和数据共享交换的超级信息化系统,建立起智慧城市综合社会治理和公共服务要素的城市级一级平台、二级平台专项工程和应用级三级平台及应用系统,如智慧政务、智慧大城管、智慧社区、智慧应急、智慧民生、智慧产业等。

3. 智慧城市信息栅格架构体系结构逻辑关系视图

智慧城市架构体系结构全视图对功能体系、系统体系、技术体系、标准体系、信息基础设施五体系视图进行描述(如图 4-3 所示),在进行顶层设计的过程中已被广泛采用。

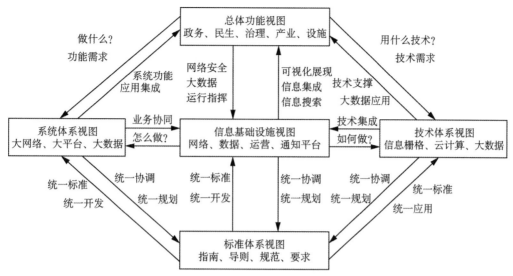

图 4-3　智慧城市信息栅格架构体系结构关系视图

在智慧城市架构体系结构中,任何一个组成单元的设计和实现,首先涉及的内容就是其体系结构,也就是要弄清楚该单元在架构体系结构中的地位、作用、与其他系统的关系,以及该系统内部的结构、各组成部分的关系等顶层规划的总体内容。这种视图描述方法通过规范化的研究方法和统一格式的视图,使得智慧城市各个构成单元的体系结构使用统一的术语和数据模型,采用一致的描述方式和方法,遵守通用规则。这样,一方面可以使各方面人员之间容易理解和沟通,另一方面也使智慧城市的各个构成单元能以系统集成、信息互联、数据共享、业务协同为目标,通过架构体系结构综合集成在一起,形成用于描述智慧城市的统一有序的架构体系结构模型。

智慧城市五体系关系视图各有重点地确定了系统之间和系统内部的复杂关系,遵循一套统一的技术标准与规范,以指导智慧城市各级信息平台、数据库系统、网络融合与安全等实际应用系统的统一设计、开发和实现。智慧城市是各类信息系统的综合集成。实际上,这个综合集成首先是体系结构的综合集成,也就是先通过五类体系视图对各信息系统进行统一的描述,再把它们集成为一个完整的架构体系结构全视图,这样的智慧城市顶层设计才能起到智慧城市全局建设的作用。

4. 智慧城市信息栅格架构体系结构全视图产品

智慧城市信息栅格架构体系结构全视图产品(表 4-1),以军事信息栅格体系架构视图产品的描述方式,以中央网信办提出的智慧城市建设"六个一"要求,构建一个"开放的架构体系结构"作为核心要素。依据智慧城市系统工程复杂巨系统,遵循体系建设规律,运用系统工程方法论,构建开放的框架体系,通过"强化共用、整合通用、开放应用"的思想,指导智慧城市的规划设计和建设与可持续发展。

表 4-1　智慧城市架构体系结构全视图产品

视图编号	名称	描述
SC-1	总体框架全视图	描述新型智慧城市知识与建设体系、总体功能、信息基础设施,以及大网络安全、大平台、大数据之间的逻辑关联关系

续　表

视图编号	名称	描述
SC-2	知识体系视图	描述新型智慧城市标准体系、指标体系、信息体系、运营与管理之间的相互关系
SC-3	建设体系视图	描述新型智慧城市功能体系、系统体系、技术体系、信息基础设施、保障体系之间的相互关系
SC-4	总体功能体系视图	描述新型智慧城市总体功能、分项功能、子功能之间的逻辑关系
SC-5	信息基础设施结构视图	描述新型智慧城市网络融合与安全、大数据资源、大平台、运营管理之间的物理与逻辑的关联关系
SC-6	网络安全结构视图	描述新型智慧城市互联网、电子政务外网、物联网、无线网、专网之间的物理与逻辑的关联关系
SC-7A	大平台结构视图	描述新型智慧城市城市级共享信息一级平台、行业级二级平台、业务级三级平台之间的物理与逻辑的关联关系
SC-7B	大平台业务视图	描述大平台业务视图的标准化、平台化、组件化。总体业务结构主要反映系统的业务功能结构,描述大平台结构中的城市级共享信息一级平台与行业级二级平台中主要业务系统之间的相互作用关系。大平台业务视图产品共分为三大部分：新型智慧城市公共信息应用门户、城市级共享信息一级平台业务应用、行业级二级平台业务应用
SC-7C	大平台逻辑视图	描述大平台应用系统的组成结构,反映满足应用系统业务和系统需要的软件系统结构,明确应用系统的基本构成及功能
SC-7D	大平台接口视图	大平台接口即为基于 SOA 的基础服务中间件所开放的、统一的公共接口,该公共接口是构成新型智慧城市城市级共享信息一级平台的总体接口。可以采用多种形式的接口标准,如支持基于栅格技术应用的服务封装接口等
SC-8	大数据结构视图	描述大数据结构,分别由人口基础数据库、法人基础数据库、宏观经济基础数据库、地理信息基础数据库、智慧政务基础数据库、智慧民生基础数据库、智慧治理基础数据库、智慧企业经济基础数据库八大基础数据库构成。并汇集各行业级二级平台主题数据库数据资源,与智慧城市综合治理与公共服务具有全局性、战略性、决策性相关联的数据,经数据挖掘和智能分析后汇集到大数据库中。支撑决策管理和优化服务的数据称为城市级大数据库的知识类数据
SC-9	信息与数据流描述	描述新型智慧城市大平台信息流与大数据流之间的物理和逻辑关联关系
SC-10	网络、信息、数据互联互通描述	描述新型智慧城市大网络安全、大平台、大数据之间的信息互联互通、数据共享交换、业务功能协同相互之间的物理和逻辑关联关系

4.3.5　智慧城市业务架构规划

　　智慧城市建设遵循习近平总书记关于"分级分类推进新型智慧城市建设,打通信息壁垒,构建全国信息资源共享体系"的指示和要求,智慧城市通过分级分类的大平台、大数据、大网络的总体结构支撑智慧政府、智慧治理、智慧民生、智慧产业的可持续建设和发展。智慧城市一体化整合业务平台在智慧城市治理与服务运行中的作用至关重要,通过智慧城市各级信息平台的互联、集成、共享、应用,实现科学和合理的深度综合开发和信息资源的高效集成应用。

1. 城市级一级业务平台

城市级一级业务架构或称城市级公共信息平台,是智慧城市最顶层的信息交互和数据共享的平台,城市级一级业务平台由政府信息、城市治理信息、社会民生信息、企业经济信息各行业级二级架构组成。实现城市级一级业务架构与各行业级二级业务架构和三级业务架构之间的信息互联互通和数据共享,促进智慧城市信息资源的开发与利用。避免在一个城市范围内政府各部门之间,政府与社会、企业、公众之间形成"信息孤岛",造成网络融合、信息交互、数据共享、业务协同领域的障碍和瓶颈以及信息资源的浪费。

2. 行业级二级业务平台

行业级二级业务平台架构分别由政府信息化、城市治理信息化、社会民生信息化、企业经济信息化各业务信息平台及应用级应用平台(系统)组成。各行业级二级业务平台架构通过信息、系统、网络集成和通信协议接口,实现与城市级一级业务架构的信息互联互通和数据共享交换。行业级二级业务架构平台同时实现对应用级三级业务架构(系统)的信息与数据的汇集、存储、交互、优化、发布、浏览、显示、操作、查询、下载、打印等功能。

3. 应用级三级业务平台

应用级三级业务平台(系统)架构是各行业级二级业务平台架构信息管理、应用和功能的底层平台,提供所属各应用系统在执行任务和实现功能过程中的信息和数据。应用级三级业务架构(系统)可以实现确定的应用功能,将相互关联又彼此独立的子系统、功能模块、装置(部件)进行组合和集成,按一定秩序和内部联系集成为一个可应用的功能系统。

智慧城市运用信息栅格开放的体系架构采用以"平台为中心"的分级分类的总体结构。以城市级一级业务架构平台为核心,形成与行业级二级业务架构平台、应用级三级业务架构平台的分级和政府政务、城市社会治理、社会民生、企业经济的分类数据与信息紧密相连的智慧化信息应用的整体,全面提升智慧城市高效、互联、共享、协同管理与服务的能力。智慧城市大平台的分级分类架构体系可以有效消除"信息孤岛",打通信息壁垒,避免重复建设,大大减低投资成本和缩短智慧城市建设周期。智慧城市三级业务平台架构如图4-4所示,完美体现了智慧城市信息化与智能化建设的蓝图。

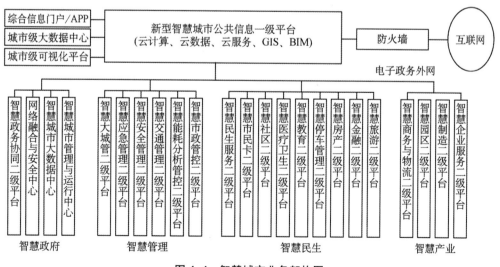

图4-4 智慧城市业务架构图

4. 智慧城市业务架构视图产品

智慧城市业务架构是智慧城市总体架构体系结构的重要组成部分和内容。业务架构视图产品(表4-2)是指在业务系统研制之初,应明确业务平台及各级信息系统支持总体功能及各级功能的实现,明确具备什么样的系统功能,能提供什么能力和服务,大平台与各级信息平台及应用系统之间应具备什么样的关系等,大平台结构视图是对提供或支持总体功能以及各分级功能的系统和其相互关联的一种描述,通常以视图的方式进行表示。

智慧城市业务架构视图还包括业务应用视图、业务逻辑视图、业务接口视图。业务架构视图可以在总体功能视图产品所需确定的功能需求牵引下,定量描述大平台及各级分平台的功能,清晰明确地表示大平台及各级信息分平台内、外的物理与逻辑的相互关系,使得大平台及各级信息分平台功能满足总体功能及各级功能的需求,并发现大平台的能力差距,减少平台系统的重复建设和避免"信息孤岛"的产生,从而提高大平台建设的效益。

表4-2 智慧城市业务架构视图产品

视图编号	名称	描述
PT-1A	大平台结构视图	描述大平台结构视图对提供或支持总体功能以及各分级功能的系统和其相互关联,通常以视图的方式进行表示。新型智慧城市大平台结构视图还包括大平台业务视图、大平台逻辑视图、大平台接口视图。大平台结构视图可以在总体功能视图产品所需确定的功能需求牵引下,定量描述大平台及各级分平台的功能,清晰明确地表示大平台及各级信息分平台内、外的物理与逻辑的相互关系,使得大平台及各级信息分平台功能满足总体功能及各级功能的需求,发现大平台的能力差距,减少平台系统的重复建设和避免"信息孤岛"的产生,从而提高大平台建设的效益
PT-1B	大平台业务视图	描述大平台业务视图的强调标准化、平台化、组件化。总体业务结构主要反映系统的业务功能结构,描述大平台结构中的城市级共享信息一级平台与行业级二级平台中主要业务系统之间的相互作用关系。新型智慧城市大平台业务视图产品共分为三大部分:新型智慧城市公共信息应用门户、城市级共享信息一级平台业务应用、行业级区二级平台业务应用
PT-1C	大平台逻辑视图	描述大平台逻辑视图产品描述应用系统的组成结构,反映了满足应用系统业务和系统需要的软件系统结构,明确了应用系统的基本构成及功能
PT-1D	大平台接口视图	描述基于SOA的基础服务中间件的相关接口与其他系统进行相应的业务交互和信息交换,因此大平台结构的总体接口即为基于SOA的基础服务中间件所开放的、统一的公共接口。该公共接口是构成新型智慧城市城市级共享信息一级平台的总体接口。可以采用多种形式的接口标准,如支持基于栅格技术应用的服务封装接口等
PT-2	共享信息城市级一级平台视图	城市级共享信息一级平台或称一级平台,是智慧城市最顶层的信息交互和数据共享的平台,城市级一级平台由政府信息、城市治理信息、社会民生信息、企业经济信息的各行业级二级平台集成。实现城市级一级平台与各行业级二级平台和应用系统之间的信息互联互通和数据共享,促进智慧城市信息资源的开发与利用,避免在一个城市范围内政府各部门之间,政府与社会、企业、公众之间形成"信息孤岛",造成网络融合、信息交互、数据共享、业务协同领域的障碍和瓶颈以及信息资源的浪费

续 表

视图编号	名称	描述
PT-3	共享信息行业级二级平台视图	行业级二级平台分别由政府信息化、城市治理信息化、社会民生信息化、企业经济信息化各业务信息平台及应用级应用平台(系统)组成。各二级平台通过信息、系统、网络集成和通信协议接口,实现与城市级一级平台的信息互联互通和数据共享交换。二级平台同时实现对应用级三级平台(系统)的信息与数据的汇集,存储、交互、优化、发布、浏览、显示、操作、查询、下载、打印等功能
PT-4	共享信息业务级三级平台视图	业务级三级平台(系统)是各行业级二级平台信息管理、应用和功能的底层平台,提供所属应用系统在执行任务和实现功能过程的信息和数据。业务级三级平台(系统)可以实现确定的应用功能,将相互关联又彼此独立的分系统、功能模块、装置(部件)进行组合和集成,按一定秩序和内部联系集成为一个可应用的功能系统

4.3.6 智慧城市应用架构规划

智慧城市应用架构采用统一组件结构,简化了应用的结构,避免了因为存在不同的应用结构所可能引起的不易集成的可能性。采用统一组件结构,使得将来容易增加新的应用。统一开发新应用可以降低开发成本,保证应用的兼容性和集成性。

智慧城市应用架构的规划强调标准化、平台化、组件化。总体业务结构主要反映系统的业务功能结构,描述一级平台与二级平台中主要业务系统平台间的相互作用关系。智慧城市总体业务结构共分为三大部分:智慧城市公共信息应用门户、智慧城市一级业务平台业务应用、智慧城市行业级二级业务平台业务应用,如图 4-5 所示。

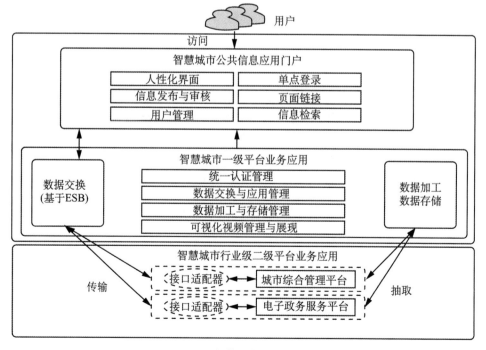

图 4-5 智慧城市应用架构图

1. 智慧城市城区级应用门户

智慧城市城区级应用门户提供了信息发布和信息交换等功能,并将管理平台业务应用系统集中到管理网站中。

2. 智慧城市一级业务应用

智慧城市信息采集共享一级业务平台业务应用包含信息与系统集成、统一数据管理、统一认证、数据交换分析、管理和数据加工等。这些业务应用构成了用户进行具体业务操作的应用支持。

3. 智慧城市二级业务应用

智慧城市二级业务平台业务应用是指数据的来源系统和未来可能进行数据交换的系统,包括城市综合管理平台、应急指挥平台和电子政务应用平台等。

4.3.7 智慧城市逻辑架构规划

智慧城市总体逻辑架构描述应用系统的组成结构,反映了满足应用系统业务和系统需要的软件系统结构,明确了应用系统的基本构成及功能,如图 4-6 所示。

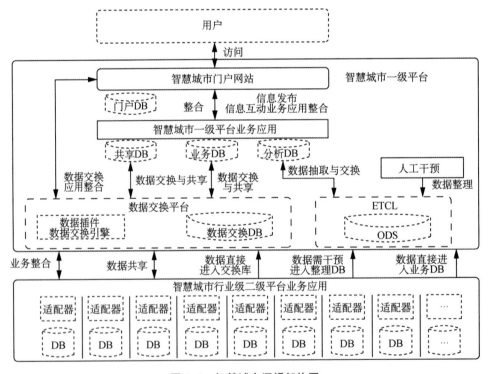

图 4-6 智慧城市逻辑架构图

1. 总体逻辑架构基本构成

(1) 数据库系统

智慧城市一级业务平台数据资源主要来源于行业级二级业务平台业务应用系统和其他业务系统的数据交换,包括数据整理数据库、业务数据库、数据交换数据库等。

(2) 数据交换平台

数据交换平台基于 ESB 技术提供了与智慧城市行业级二级业务平台及其他相关应用

系统间数据交换的接口管理和交换实现。

(3) 智慧城市一级业务平台业务应用

智慧城市一级业务平台业务应用进行相应的业务操作和业务管理,并进行数据分析和数据抽取。

2. 总体逻辑架构优势与特点

(1) 总体逻辑架构优势

智慧城市一级业务平台采用基于浏览器门户、应用服务器、数据库的三层架构。该种架构目前已经成为业界开发应用系统的主流模式。在这种架构模式下,整个系统的资源分配、业务逻辑组件的部署和动态加载、数据库操作等工作均集中于中间层的应用服务器上,能够实现系统的快速部署,降低管理成本。

(2) 总体逻辑架构特点

面向服务的体系结构提供了实现的透明性,并将基础设施和实现发生的改变所带来的影响降到最低限度。通过提供基于完全不同的应用系统构建的现有信息与数据资源的服务规范,集成变得更加易于管理。

4.3.8 智慧城市接口架构规划

智慧城市总体架构是基于 SOA 资源集成的规划思路,各系统内部通过 ESB 总线实现信息集成整合,系统接口关系总体上可以分为智慧城市信息共享一级业务平台和智慧城市行业级二级业务平台及业务应用系统之间与相关系统之间三个部分。

智慧城市平台系统可以分为公共信息应用门户、数据抽取和数据管理部分、智慧城市一级业务平台业务应用、基于 SOA 的基础服务中间件、基础应用支撑、分析数据库和业务数据库、交换数据库和整理数据库、智慧城市二级业务平台业务应用系统等几大逻辑系统部分,各逻辑系统部分均通过接口调用基于 SOA 的基础服务中间件的相关接口与其他系统进行相应的业务交互和信息交换,因此平台系统的总体接口即为基于 SOA 的基础服务中间件所开放的公共接口,该公共接口是构成智慧城市一级业务平台的总体接口,如图 4-7 所示,可以采用多种形式的接口标准,支持基于栅格技术应用的服务封装接口等。

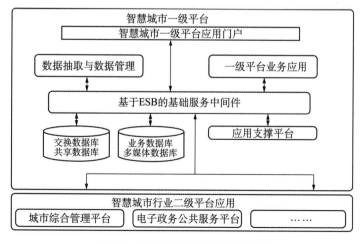

图 4-7　智慧城市总体接口架构图

4.3.9 智慧城市数据架构规划

智慧城市大数据资源的开发和综合应用已经成为智慧城市规划与建设的核心需求。智慧城市大数据通过对政府政务、城市治理、社会民生、企业经济的管理、服务、生活、生产运行中所产生的海量、重复、无关联的过程数据进行数据采集、清洗、抽取、汇集、挖掘、分析后获取具有经验、知识、智能、价值的数据和信息。智慧城市大数据具有全局性、战略性、决策性的特点。

1. 城市级一级大数据库

智慧城市一级大数据由知识类数据构成。知识类数据也可称为概念数据。城市级大数据库分别由人口基础数据库、法人基础数据库、宏观经济基础数据库、地理信息(GIS)基础数据库、电子政务基础数据库、智慧民生基础数据库、智慧治理基础数据库、智慧企业经济基础数据库八大基础数据库构成,并汇集各相应行业级二级业务平台主题数据库数据资源,将与智慧城市综合管理及公共服务具有全局性、战略性、决策性相关联的数据,经数据挖掘和智能分析后汇集到城市级一级业务平台大数据库中。支撑智慧城市决策管理和优化服务的数据称之为城市级大数据库的知识类数据。

2. 行业级二级主题数据库

智慧城市行业级二级主题数据库由经验类数据构成。经验类数据也可称为逻辑数据,指从应用系统数据库中,将与本行业二级业务平台管理和服务有关联的数据,经数据清洗、抽取和加工后汇集到行业级主题数据库中。经验类数据支撑行业管理与服务,建立相互之间逻辑关系的数据称之为行业级主题数据库的经验类数据。

3. 应用级三级业务数据库

智慧城市应用级三级数据库由过程类数据构成。过程类数据也可称为物理数据,指在管理、服务、生活、生产现场应用系统运行和控制、生产等过程所产生的大量分散、重复和无关联性的数据,由内部模式描述的操作处理的位串、字符和字组成。过程类数据是用于生产和运营加工的对象。

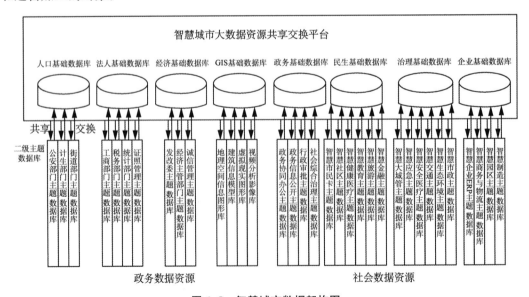

图4-8 智慧城市数据架构图

智慧城市数据架构形成智慧城市大数据共享交换和数据服务体系,实现数据资源的高效采集、有效整合,政务数据共享开放及社会大数据融合应用取得突破性进展,形成以数据为支撑的治理能力,提升宏观调控、市场监管、社会治理和公共服务的精准性和有效性。

智慧城市数据架构运用信息栅格开放的体系架构,是以"智慧城市大数据资源共享交换平台"为中心的分级分类的总体结构。以城市级一级大数据为核心,形成与行业级二级主题数据库、应用级三级数据库的分级,与政府政务、城市社会治理、社会民生、企业经济的政务数据资源与社会数据资源的分类数据与信息紧密相连的一体化大数据开发应用的整体。

4. 智慧城市数据架构视图产品

智慧城市数据架构是智慧城市架构体系架构的重要组成部分和内容。数据架构视图产品(表4-3)是指在智慧城市数据库系统研制之初,明确大数据及各行业主题数据库支持城市级共享信息一级平台功能及各行业级二级平台功能的实现,明确具备什么样的数据共享交换的能力和数据服务,各级数据库系统与各级信息平台及应用系统之间应具备什么样的关系等,大数据结构视图是对提供或支持城市级共享信息一级平台及行业级二级平台功能及其相互关联的一种描述,通常以视图的方式进行表示。智慧城市数据架构视图产品还包括行业级主题数据库视图、业务级三级平台视图。大数据结构视图可以在业务架构视图产品所需确定的数据服务需求的牵引下,定量描述大数据库、主题数据库、应用数据库的数据共享、交换、服务的功能,清晰明确地表示大数据库及行业级主题数据库内、外的物理与逻辑的相互关系,使得大数据及行业级主题数据库满足智慧城市业务一级平台的数据需求及行业级二级平台的数据需求,发现数据服务的能力差距,减少数据库系统的重复建设,避免"数据孤岛"的产生,从而提高大数据建设的效益。

表4-3 智慧城市数据架构视图产品

视图编号	名称	描述
SG-1	城市级大数据视图	描述新型智慧城市大数据库,由知识类数据构成。知识类数据也可称为概念数据。城市级大数据库分别由人口基础数据库、法人基础数据库、宏观经济基础数据库、地理信息基础数据库、智慧政务基础数据库、智慧民生基础数据库、智慧治理基础数据库、智慧企业经济基础数据库八大基础数据库构成,并汇集各行业级二级平台主题数据库数据资源,将与智慧城市综合管理及公共服务具有全局性、战略性、决策性相关联的数据,经数据挖掘和智能分析后汇集到城市级大数据库中。支撑智慧城市决策管理和优化服务的数据称之为城市级大数据库之知识类数据
SG-2	行业级主题数据库视图	描述新型智慧城市行业级主题数据库由经验类数据构成。经验类数据也可称为逻辑数据,指从应用系统数据库中,将与本行业级二级平台管理和服务有关联的数据,经数据清洗、抽取和加工后汇集到行业级主题数据库中。支撑行业管理与服务,建立相互之间逻辑关系的数据称之为行业级主题数据库之经验类数据
SG-3	业务级应用数据库视图	描述新型智慧城市业务级数据库由过程类数据构成。过程类数据也可称为物理数据,指在管理、服务、生活、生产现场应用系统运行和控制、生产等过程所产生的大量分散、重复和无关联性的原始数据,由内部模式描述的指令操作处理的位串、字符和字组成。过程类数据是用于生产和运营加工的对象

4.3.10 智慧城市网络架构规划

1. 智慧城市网络架构

智慧城市安全可控大网络遵循智慧城市"六个一"核心要素中关于构建共性基础"一张网",运用信息栅格开放的体系架构,以网络为中心,实现城市的精确感知、信息系统的互联互通和惠民服务的无处不在,构建一张天地一体化的城市信息服务栅格网,夯实智慧城市建设基础的要求,实现电子政务外网、公共互联网(包括电信、移动、联通等运营商网络)、智慧城市辖区内无线网、物联网(包括公安视频专网)之间的网络互联和传输信息及数据的互通,以及网络与信息的安全保障。智慧城市"网络融合与安全中心"的建立,是实现政府各部门之间办公协同,以及政府与社会、企业、公众之间信息的互通和数据资源共享的网络融合与统一集中的安全防护体系,如图 4-9 所示。凡不需要在电子政务涉密内网上运行的业务系统和政务公开信息及数据,以及社会民生的行业应用都应通过"网络融合与安全中心"进行互联、交换、共享,同时对互联网公众提供政务和公共信息的发布、展示和应用服务。

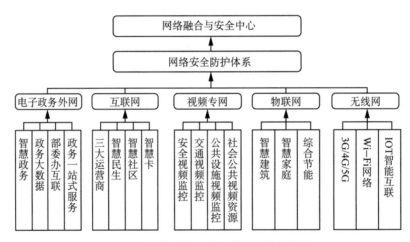

图 4-9 智慧城市安全可控大网络结构图

2. 网络融合

智慧城市安全可控大网络能够实现不同厂家、不同类型的传输,能够对业务应用设备进行统一管理,在内外网之间构建单向传输光闸物理隔离,通过统一网管平台实现业务管理、安全管理、路由管理、配置管理、物联网管理、流量管理、故障管理、运维管理,实现网络融合与自动化监测和高度的网络互联与集成,提供高质量业务分级的 QoS 保障。承载综合网络语音、数据、视频、多媒体、无线(3G/4G/5G/Wi-Fi)等网络的互联和网络传输数据与信息的互通。

3. 网络安全

智慧城市安全可控大网络满足《政务云安全要求》的规范和要求,按照国家第三级等级保护的要求进行建设。采用万兆自免疫防火墙、单方向传输光闸物理隔离、万兆入侵检测(IDS)、安全扫描、互联网接入口检测、账号集中管理与安全审计、数据库审计、数据库运维管理、数字证书及统一身份认证、智能安全管控(SOC)、虚拟化 Web 应用防护(WAF)、大数据安全综合管理、万兆防病毒网关等,构建全方位立体化、多手段多技术的信息与网络安全防护体系。

4. 智慧城市网络架构视图产品

智慧城市网络架构视图产品(表 4-4),以建设智慧城市"网络融合与安全中心"为核心,以构建智慧城市天地一张栅格网(通信网络融合)为核心要素,通过智慧城市网络架构视图产品,实现 5G 通信网络、物联网(包括公安视频网)、工业互联网、北斗卫星互联网、电子政务外网、公共互联网(包括电信、移动、联通等运营商网络)之间的网络互联和传输信息及数据的互通,以及网络与信息的安全防护和保障。智慧城市"网络融合与安全中心"的建立,将有效避免各大网络运营商各自独立建设各自的网络中心(机房),造成各个网络运营商网络之间无法通过各自网络中心实现互联和融合的弊端。

智慧城市网络架构视图产品能够实现不同厂家、不同类型的传输、业务应用设备进行统一管理,在内外网之间构建单向传输光闸物理隔离,通过统一网管平台实现网络配置、网络融合、自动化监测和高度的网络互联与融合,提供高质量通信业务分级的 QoS 保障。承载综合网络语音、数据、视频、多媒体、无线(3G/4G/5G/Wi-Fi)等无线通信网络,物联网,工业互联网,北斗卫星互联网,以及电子政务外网,公共互联网之间的互联互通,并确保网络传输数据与信息的高度安全。

表 4-4 智慧城市网络架构视图产品

视图编号	名称	描述
WL-1	网络互联视图	描述新型智慧城市"天地一张栅格网"的网络融合与安全平台。运用信息栅格开放的体系架构,采用以"网络为中心"的分级分类的总体结构。以城市级互联网为基础,形成各级政府电子政务内网及电子政务外网的分级和政府政务、城市社会治理、社会民生、企业经济的分类的数据与信息紧密相连的网络融合与安全的一体化大网络体系
WL-2	电子政务外网视图	智慧城市网络架构视图以电子政务外网为核心应用。电子政务外网是政务及所属各部门互联互通的业务协同和信息资源共享的网络平台,凡不需要在电子政务涉密内网上运行的业务系统均应接入电子政务外网;电子政务外网同时对互联网公众提供政务公共信息服务
WL-3	互联网视图	智慧城市网络架构互联视图实现三大运营商公共互联网的互联互通。互联网视图包括智慧民生、智慧医疗卫生、智慧社区、智慧教育、智慧文化体育的业务平台的互联互通。各级业务平台和应用系统与互联网络接入时,均应满足互联网络安全接入的规范要求,达到《信息系统安全等级保护实施指南》中所规定五等级中第二级保护级安全规范的要求
WL-4	物联网视图	智慧城市网络架构物联网视图是网络架构规划的重要内容,涉及智能化物联网与政务外网、公共互联网、视频专网的互联互通和综合网络的融合。智能化物联网在智慧城市中广泛应用于智慧建筑、智慧社区、智慧家庭,以及智慧安全、智慧交通、智慧市政、综合管治等需要传输监测、监控、监管等实时信号和数据的应用场合
WL-5	无线网视图	智慧城市网络架构无线网视图以 5G 无线网为主,通过 5G 无线网络可以实现卫星互联网、工业互联网、公共互联网网络的互联互通。无线网视图包括移动通信、IoT 网络、Wi-Fi 网络等。各网络平台与 5G 无线网络互联时,均应满足无线网络安全接入的规范要求

4.3.11 智慧城市信息基础设施架构规划

1. 智慧城市信息基础设施架构

智慧城市信息基础设施架构遵循中央网信办关于智慧城市建设"六个一"核心要素和构建天地一张栅格网、一个数据"总和"架构体系、一个管理与运行中心、一个通用的功能平台（简称"三中心一平台"）的建设要求。智慧城市"三中心一平台"信息基础设施创新地将网络融合与安全中心、大数据资源中心、运营管理中心和信息共享一级平台融合为一体化的新型信息基础设施，实现国家"新基础"信息基础设施建设中所涉及的所有要素，即通过"三中心一平台"将通信网络基础设施（网络融合与安全中心）、新技术基础设施（信息共享一级平台）、算力基础设施（大数据资源中心）集成为一体化的、综合的新型信息基础设施。将智慧城市中的5G通信网络、物联网、工业互联网、卫星互联网的网络资源，将人工智能、云计算、区块链等为代表的新一代信息技术，将数据中心资源、智能计算中心资源、数据存储资源、信息集成资源、软件平台资源、知识深度学习资源、专家研判资源等统统集成为一体化综合的新型信息基础设施，实现智慧城市的网络融合、信息互联、数据共享、业务协同，如图4-10所示。

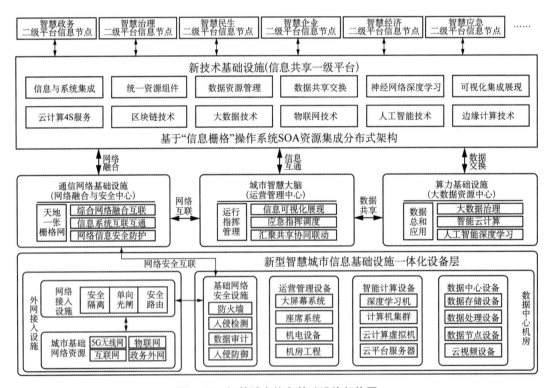

图4-10 智慧城市信息基础设施架构图

2. 智慧城市信息基础设施架构视图产品

智慧城市信息基础设施架构视图产品（表4-5）以国务院印发的《政务信息系统整合共享实施方案》（国办发〔2017〕39号文件）中"五个统一"为总体原则，以"统一工程规划"为核心建设内容，建设"大平台、大数据、大网络、大系统"。形成覆盖整个智慧城市、统筹利用、统一接入的一体整合大平台;建立物理分散、逻辑集中、资源共享、政企互联的政务信息资源与社会数据资源的共享共用大数据;形成万物互联、人机交互、天地一体安全可控大网络;构建深度应用、上下联动、纵横协管的协同联动大系统。统筹规划构建一体整合信息共享一级业务平台,共享共用大数据资源中心、安全可靠网络融合与安全中心、协同联动运营管理中心的信息基础设施;全面推进智慧城市解决互联互通难、信息共享难、业务协同难的问题,将"大平台、大数据、大网络、大系统"建设作为较长一个时期内指导智慧城市建设的发展蓝图。

表 4-5 智慧城市信息基础设施架构视图产品

视图编号	名称	描述
JC-1	网络融合与安全中心视图	描述"网络融合与安全中心"以构建新型智慧城市一体化栅格网为核心要素,实现电子政务外网、公共互联网(包括电信、移动、联通等运营商网络)、新型智慧城市无线网、新型智慧城市物联网(包括公安视频专网)之间的网络互联和传输信息及数据的互通,以及网络与信息的安全防护和保障。新型智慧城市网络融合与安全中心的建立,将有效避免各大网络运营商各自独立建设各自的网络中心(机房),造成各个网络运营商网络之间无法通过各自网络中心实现互联和融合
JC-2	大数据资源中心视图	描述"大数据资源中心"以形成新型智慧城市大数据的"总和"为核心要素,建立一体化的数据存储环境,将分析决策所需的大量数据从传统的操作性环境中分离出来,将分散的、重复的、难于访问的操作数据转换成集中统一的、有价值的知识数据。大数据中心为不同来源的数据提供了一致的数据视图,将不同介质、不同组织方式的数据集成转换成为一个一致的分析型数据环境。大数据库中的数据量是巨大的
JC-3	运营管理中心视图	描述"运营管理中心"以新型智慧城市综合资源的汇聚共享和跨部门的协调联动,以及高效精准管理与安全可靠运行为核心要素,实现智慧城市网络、数据、信息的集成与应用的展现、监控、管理、运营、服务的功能。智慧城市"运营管理中心"与"网络融合与安全中心"和"大数据资源中心",实现网络互联、信息互通、数据共享、业务协同。实现信息资源共享和新型智慧城市管理与运行的指挥及调度
JC-4	信息共享一级平台视图	描述"共享信息一级平台"以新型智慧城市各类信息资源的调度管理和服务化封装,支撑新型智慧城市管理与公共服务的智慧化功能为核心要素。应用信息栅格技术,构建新型智慧城市一体化信息服务平台。即"一级平台"的建设目的,就是实现新型智慧城市涉及政府政务信息、城市治理信息、社会民生信息、企业经济信息各行业级二级平台、业务级三级平台和应用系统(包括智慧政府、智慧治理、智慧民生、智慧产业)之间建立信息互联互通、数据共享交换、业务功能协同,促进新型智慧城市全社会信息资源的开发与利用。避免在一个城市范围内政府各部门之间、政府与社会、企业、公众之间形成一个个的"信息孤岛",造成网络融合、信息交互、数据共享、功能协同时的障碍和瓶颈,以及资源上重复配置的浪费

4.3.12 智慧城市系统集成架构规划

1. 智慧城市系统集成架构

智慧城市系统集成架构规划和建设的过程就是建立信息互联互通、数据共享交换、业务功能协同的过程。智慧城市大网络、大平台、大数据是智慧城市信息化建设的一个整体。大数据是大平台的信息源和提供有价值知识数据的支撑;大平台提供大数据的加工、处理、应用、展现与共享的环境;大网络是信息与数据传输的通道和安全保障。智慧城市大数据结构体现了数据、信息、网络相互之间的物理与逻辑互联互通的关系和应用及功能协同的关系。智慧城市大数据分级分类结构由城市级大数据库、业务级主题数据库、应用级数据库分级和知识决策类、经验管理类、过程应用类分类数据构成,如图4-11所示。

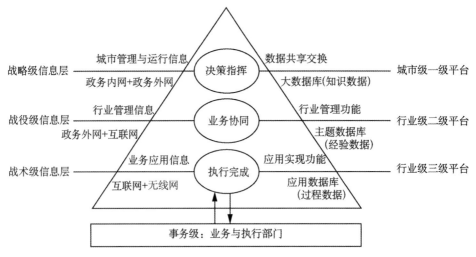

图4-11 智慧城市系统集成架构图

2. 安全可控大网络

安全可控大网络是构成智慧城市"天地一张栅格网"的网络融合与安全平台,运用信息栅格开放的体系架构,采用以"网络为中心"的分级分类的总体结构。以城市级互联网为基础,形成各级政府电子政务内网和电子政务外网的分级和政府政务、城市社会治理、社会民生、企业经济的分类的数据与信息紧密相连的网络融合与安全的一体化大网络体系。

3. 一体整合大平台

一体整合大平台是构成智慧城市政务信息资源和社会信息资源互联互通的共享平台。运用信息栅格开放的体系架构,采用以"平台为中心"的分级分类的总体结构。以城市级共享信息一级平台为核心,形成与行业级二级平台、业务级三级平台的分级和政府政务、城市社会治理、社会民生、企业经济的分类的数据与信息紧密相连的智慧化信息资源共享体系。

4. 共享共用大数据

共享共用大数据是构成智慧城市政务大数据和社会大数据采集、存储、应用的共享交换平台。运用信息栅格开放的体系架构,采用以"数据为中心"的分级分类的总体结构。以城市级大数据库为核心,形成与行业级二级主题数据库、业务级三级应用数据库的分级和政府政务、城市社会治理、社会民生、企业经济的分类的数据与信息紧密相连的一体化大数据共享交换体系。

5. 智慧城市系统集成架构视图产品

智慧城市系统集成架构视图产品(表4-6),以跨部门、跨地区协同治理大系统协同联动为智慧城市建设的主要形态,建成执政能力、民主法治、综合调控、市场监管、公共服务、公共安全等大数据共享的大系统工程,形成协同治理新格局,满足跨部门、跨地区综合调控、协同治理、一体服务需要。协同联动大系统分级分类结构分别由城市级信息共享一级业务平台、行业级二级业务平台、应用级三级平台、城市级大数据库、行业级主题数据库、应用级数据库,以及互联网、无线网、政务外网、政务内网共同构成。

表 4-6 智慧城市系统集成架构视图产品

视图编号	名称	描述
HL-1	网络互联视图	描述新型智慧城市"天地一张栅格网"的网络融合与安全平台。运用信息栅格开放的体系架构,采用以"网络为中心"的分级分类的总体结构。以城市级互联网为基础,形成各级政府电子政务内网和电子政务外网的分级,与政府政务、城市社会治理、社会民生、企业经济的分类的数据与信息紧密相连的网络融合与安全的一体化大网络体系
HL-2	信息互联视图	描述新型智慧城市政务信息资源和社会信息资源互联互通的共享平台。运用信息栅格开放的体系架构,采用以"平台为中心"的分级分类的总体结构。以城市级共享信息一级平台为核心,形成与行业级二级平台、业务级三级平台的分级,与政府政务、城市社会治理、社会民生、企业经济的分类的数据与信息紧密相连的智慧化信息资源共享体系
HL-3	数据互联视图	描述新型智慧城市政务大数据和社会大数据采集、存储、应用的共享交换平台。运用信息栅格开放的体系架构,采用以"数据为中心"的分级分类的总体结构。以城市级大数据库为核心,形成与行业级二级主题数据库、业务级三级应用数据库的分级,与政府政务、城市社会治理、社会民生、企业经济的分类的数据与信息紧密相连的一体化大数据共享交换体系

4.3.13 智慧城市安全体系规划

智慧城市安全体系遵循习近平总书记在 2016 年 4 月 19 日在《在网络安全和信息化工作座谈会上的讲话》关于"网络与信息安全"的重要指示和要求,依据 GB/T 34678—2017 规定的 ICT 技术参考模型,参照国家标准《信息安全技术 信息系统安全等级保护基本要求 云计算要求》,以及国家电子政务外网管理中心发布的相关标准(含征求意见稿),包括《政务云平台功能规范》《政务云安全要求》《政务云平台互联实施指南》《国家电子政务工程项目应用软件第三方验收测试规范》《国家电子政务外网安全等级保护基本要求》等涉及"网络与信息安全"的标准规范,明确应采取安全防护标准的对象,及针对各对象需要采取的技术措施。智慧城市安全体系包括以下要素。

1. 树立正确的网络安全观

当今的网络安全,有几个主要特点。一是网络安全是整体的而不是割裂的。在信息时代,网络安全对国家安全是牵一发而动全身,同许多其他方面的安全都有着密切关系。二是网络安全是动态的而不是静态的。信息技术变化越来越快,过去分散独立的网络变得高度关联、相互依赖,网络安全的威胁来源和攻击手段不断变化,那种依靠装几个安全设备和安全软件就想永保安全的想法已不合时宜,需要树立动态、综合的防护理念。三是网络安全是开放的而不是封闭的。只有立足开放环境,加强对外交流、合作、互动、博弈,吸收先进技术,网络安全水平才会不断提高。四是网络安全是相对的而不是绝对的。没有绝对安全,要立足基本国情保安全,避免不计成本追求绝对安全,那样不仅会背上沉重负担,甚至可能顾此失彼。五是网络安全是共同的而不是孤立的。网络安全为人民,网络安全靠人民,维护网络安全是全社会共同责任,需要政府、企业、社会组织、广大网民共同参与,共筑网络安全防线。这几个特点,各有关方面要好好把握。

2. 信息基础设施安全保障

金融、能源、电力、通信、交通等领域的关键信息基础设施是经济社会运行的神经中枢,是网络安全的重中之重,也是可能遭到重点攻击的目标。"物理隔离"防线可被跨网入侵,电力调配指令可被恶意篡改,金融交易信息可被窃取,这些都是重大风险隐患。不出问题则已,一出就可能导致交通中断、金融紊乱、电力瘫痪等问题,具有很大的破坏性和杀伤力。我们必须深入研究,采取有效措施,切实做好国家关键信息基础设施安全防护。

3. 全天候全方位感知网络安全监控

知己知彼,才能百战不殆。没有意识到风险是最大的风险。网络安全风险具有很强的隐蔽性,一个技术漏洞、安全风险可能隐藏几年都发现不了,结果是"谁进来了不知道、是敌是友不知道、干了什么不知道",长期"潜伏"在里面,一旦有事就发作了。维护网络安全,首先要知道风险在哪里,是什么样的风险,什么时候发生风险,正所谓"聪者听于无声,明者见于未形"。感知网络安全态势是最基本最基础的工作。要全面加强网络安全检查,摸清家底,认清风险,找出漏洞,通报结果,督促整改;要建立统一高效的网络安全风险报告机制、情报共享机制、研判处置机制,准确把握网络安全风险发生的规律、动向、趋势;要建立政府和企业网络安全信息共享机制,把企业掌握的大量网络安全信息用起来,龙头企业要带头参与其中。在数据开放、信息共享方面存在着部门利益、行业利益、本位思想。这方面,要加强论证,该统的可以统起来,发挥"1+1大于2"的效应,以综合运用各方面掌握的数据资源,加强大数据挖掘分析,更好感知网络安全态势,做好风险防范。这项工作做好了,对国家、对社会、对企业、对民众都是有好处的。

4. 增强网络安全防御能力和威慑能力

网络安全的本质在对抗,对抗的本质在攻防两端的能力较量。要落实网络安全责任制,制定网络安全标准,明确保护对象、保护层级、保护措施。哪些方面要重兵把守、严防死守,哪些方面由地方政府保障、适度防范,哪些方面由市场力量防护,都要有本清清楚楚的账。人家用的是飞机大炮,我们这里还用大刀长矛,那是不行的,攻防力量要对等。要以技术对技术,以技术管技术,做到魔高一尺、道高一丈。

4.3.14 智慧城市标准体系规划

智慧城市建设总体设计是智慧城市建设的起始点,是智慧城市建设思路、策略和实施行动的总路线。智慧城市总体设计引用文件和系列标准则是智慧城市总体设计的"顶",是智慧城市科学化、集约化、可持续建设的基础。没有智慧城市系列标准体系的指导性、规范性和约束性,就不可能编制一个科学的、可行的和可持续发展的《智慧城市总体设计方案》。

(1) 智慧城市建设是一个复杂巨系统工程,所涵盖的范围之大、体系之复杂、系统类型之多、应用及功能之广,不是一般管理信息系统(MIS)可以相比拟的。建立智慧城市标准体系的目的,就是从标准的角度确定智慧城市在管理与服务的信息架构、分类与集成,以及与信息平台及应用系统的信息属性、边界、接口、应用。从以往一些智慧城市建设的教训中得知,以往由于没有通过智慧城市标准体系来指导和规范智慧城市总体设计和应用系统的设计,没有从智慧城市信息互联互通和数据共享交换这一根本原则的顶层高度来考虑,更不具备从信息集成、系统集成、软件集成、应用集成等实际需求出发的基本认识,因而忽略了智慧城市标准体系规划这项基本而重要的工作。

(2) 如果没有科学和全面的智慧城市标准体系规划,将会导致智慧城市各领域、各行业、各业务、各应用信息平台及应用系统在整个信息体系中的逻辑位置和相互之间信息需求的不明确,信息平台与应用系统的边界不清晰,各信息平台与应用系统在系统及信息集成时的通信接口方式不确定。这也是为什么一些智慧城市建立了那么多的"信息孤岛",业务应用功能重复叠加,不但影响了信息资源的合理利用,也造成了智慧城市建设成本大大增加,以及城市可用信息资源的浪费。

(3) 智慧城市采用深圳市地方团体标准《智慧城市系列标准》的标准体系。《智慧城市系列标准》由四级四类标准构成,这四类标准之间存在相互之间的关联性,信息与数据接口的一致性,技术应用的统一性,应用与功能的协同性。

第一级:指导类标准,由"指南"等组成,对智慧城市行业信息化建设和总体设计具有指导性的作用。

第二级:规范类标准,由"实施规范""规划导则"等组成,对智慧城市行业或业务平台规划与设计具有规范性和约束性的作用。

第三级:应用类标准,由"设计规范""应用导则"等组成,对智慧城市业务信息化应用系统的工程设计具有规范性和约束性的作用。

第四级:技术类标准,由"技术标准""技术要求"等组成,为智慧城市应用系统的产品选型提供标准化和技术要求的规范。

4.3.15 智慧城市信息与数据体系规划

随着智慧城市信息化的深入推进,信息资源规划在智慧城市运行中的作用日益巨增,信息资源的深度开发和综合利用已经成为智慧城市建设的核心内容。信息管理的过程已经经历了传统管理时期、技术管理时期、信息资源管理时期,现在正逐渐向网络信息资源管理即大数据的阶段演进。这种演进和发展势必引发信息管理工作模式和服务模式的巨大变化。对智慧城市信息资源进行统筹规划,有利于搭建大数据的应用环境,促进信息资源的深度开发和高效应用。

(1) 信息体系建立涉及政府各部门、各行业、各业务、各应用之间信息互联互通、数据共享、业务协同的长效机制,打破了部门壁垒造成的"信息孤岛",为智慧城市大平台和大数据建设提供了基础,为现有政府各部门,各行业业务应用系统数据及未来共享大数据提供元数据管理、数据质量管理、主数据管理、数据生命周期管理、数据安全管理等制定了信息管理准则。

(2) 信息体系的建设是智慧城市建设规划的重要内容。为了避免在智慧城市建设中产生"信息孤岛",必须建立信息资源管理基础标准。信息资源规划过程就是开始建立数据标准的过程,为整合信息资源,实现应用系统集成奠定坚实的基础。同时信息体系规划也是智慧城市云计算和大数据中心建设的基础。信息资源规划成果主要包括信息模型(功能模型、数据模型、架构模型)和数据标准体系(概念数据模型、逻辑数据模型、数据元素、信息分类编码、用户视图),可以在实施云计算中心之前勾画云计算模式下城市信息化的蓝图,并建立确保云计算提供的软件系统之间能够集成化、标准化和一体化的数据标准体系,提供信息平台与数据系统之间相应的关系的模型,很好地补齐当前智慧城市建设缺乏解决"信息孤岛"手段的短板。

(3)信息体系架构可以根据智慧城市一级、二级业务平台,三级应用系统与大数据库、主题数据库、应用数据库架构,来组织信息资源支撑智慧城市决策、协同、应用的信息体系,以此可以将信息资源分为战略信息、战术信息、业务应用信息,对应与信息互联互通数据共享"分级集成"。实质上就是通过一、二、三级平台(系统)实现在决策、管理、应用不同层级"横向"系统的信息集成与数据共享交换。

(4)对所涉及的所有管理与服务信息进行分级分类、汇集和集成,是智慧城市规划与建设重要的内容和要求。智慧城市建设的实质是建成一个支撑现代城市运营、管理、服务的超大型信息系统。涉及范围涵盖政府信息化、城市信息化、社会信息化、企业信息化各领域的信息平台、行业管理平台、业务应用系统等各种类型的信息和数据。涉及这些不同的领域和行业主要是政府职能、城市治理、社会服务、企业经济。从公共信息信息互联互通数据共享的角度,信息分类涉及政府管理与政务信息、城市监控与管理信息、社会政务服务、公共服务、商业服务信息、企业管理、生产、市场、财务、人事等信息。从城市治理与公共服务的需求出发,信息与数据流向有纵向、横向、甚至斜向。要实现这些错综复杂,功能各异的信息系统分类、汇集和集成,需制定相应的信息分类原则和方法。

(5)信息体系建设的目的就是确定智慧城市信息分级分类与集成,从而由信息体系导出与之相适应的平台体系和数据体系,如信息与系统集成平台及大数据库、业务管理平台及主题数据库、业务应用系统及应用数据库的信息范围、信息集成边界和数据接口等。从以往一些智慧城市建设的教训中得知,由于没有从智慧城市的总体设计信息体系,没有从城市信息互联互通数据共享这一根本任务的高度,没有从信息集成、系统集成、软件集成、应用集成的实际需求出发,因此忽略了信息体系规划这项基本而重要的工作。如果没有科学和全面的"信息体系"规划,将会导致智慧城市各领域、各行业、各业务、各应用信息平台及系统在智慧城市整个信息体系中的逻辑位置和相互之间信息需求的不明确,平台及系统的边界不清晰,系统与信息集成时的接口方式不确定。这也是为什么一些智慧城市建立了那么多"信息孤岛",业务应用功能重复叠加,不但影响了信息资源的合理应用,也造成了智慧城市建设成本的增加和城市可用信息资源的浪费。

4.3.16 智慧城市管理与运行体系规划

城市是一个复杂的组织,具有复杂的各种功能和业务需求,这些需求涉及政府、城市治理、社会民生、企业经济方方面面。城市需要一个具有秩序而有效的城市治理与公共服务体系,来实现城市复杂功能和业务之间跨领域、跨部门、跨业务平台的协同。智慧城市将通过城市治理与公共服务体系来有效提高城市日常运营效率,及时处理突发事件。

(1)管理与公共服务是智慧城市建设的重要内容。为了满足智慧城市现代化管理和公共服务的需求,智慧城市管理与公共服务体系涉及功能、任务、职责、工作相关联的所有政府部门、政府有关机构,根据其职责分工确定各分管行业在城市治理与公共服务中的角色,梳理城市治理运行的业务及信息,构建统一的数据库和应用平台,进一步规划和完善城市治理与公共服务信息系统建设,最终实现整个城市的管理与运行数字化、信息化和智能化。

（2）管理与公共服务要以智慧城市电子政务二级业务平台与上一级政府已经建立的信息基础设施、数据库、数据交换平台、应用支撑平台、视频监控系统、公共视频会议系统信息互联、数据共享、业务协同为基础，要以在智慧城市总体设计架构下以实现智慧城市管理与公共服务为目标。因此，必然要考虑设计科学合理的管理和公共服务的流程，这些流程在覆盖性、有效性、时效性以及安全性上都需要进行细致的分析和论证。

（3）智慧城市建设对城市治理与公共服务体系以城市治理创新和社会民生为出发点和立足点。智慧城市通过管理体制创新和服务模式转变来提升城市综合服务能力。智慧城市管理与公共服务体系，实质是通过对现有管理与公共服务流程的梳理和优化，以适应智慧城市城市治理与公共服务复杂功能和业务之间跨领域、跨部门、跨业务平台协同的新需求。智慧城市管理创新就是应用现代技术手段建立统一的城市综合管理平台，充分利用信息资源，实现科学、严格、精细和长效管理的新型城市现代化管理模式。目前智慧城市管理已经从前几年的"数字城管"扩大到一个城市综合管理"大城管"的概念，"大城管"涵盖了城市的市政管理、市容管理、公共安全管理、交通管理、公共及基础设施管理、水电煤气供暖管理、城市"常态"下事件的处理和"非常态"下事故的应急处置与指挥等。实行智慧城市管理后，城市的每一个管理要素和设施都将有自己的数字身份编码，并纳入整个数字化城市综合管理平台数据库中。智慧城市综合管理平台通过监控、信息集成、呼叫中心等数字化技术应用手段，在第一时间内将城市治理下的"常态"和"非常态"各类信息传送到城市综合监督与管理中心，从而实现对城市运行的实时监控和科学化与现代化的管理。

（4）智慧城市管理创新以建设公共信息综合监控与管理信息中心为基础，重点实现城市在市政、城管、交通、公共安全、环境、节能、基础设施等方面信息的互联互通与数据共享，以在一个城市范围内建立数字化与智能化的城市综合管理体系为目标，以此来大力推进城市信息化的建设和发展。

（5）智慧城市服务创新以智慧城市智慧社区建设为前导，以建立城市公共服务平台为基础，整合智慧社区、智慧医疗、智慧教育、智慧房产、智慧商务、智慧金融、智慧旅游，以及网络增值服务、现代物流、连锁经营、专业信息服务、咨询中介等新型服务业的信息资源，实现信息互联互通与数据共享，打造以智慧城市为代表的现代服务业新模式和新业态。

4.3.17 智慧城市产业体系规划

智慧产业体系，以智慧建设目标和"互联网＋"产业发展为基础，结合新技术、新产业、新业态、新模式的发展趋势，基于城市产业基础，提出城市智慧产业发展目标，规划产业生态体系。在智慧民生产业、智慧服务产业、智慧园区产业等涉及"互联网＋"的智慧产业，要结合智慧城市建设的创新性、融合性、引领性、集聚性、信息化、互联化和现代化的建设模式。

智慧产业体系，以生态优先为前提，科学处理保护与开发的关系；以科技创新为原则，运用全球领先的生态规划、低碳环保、智慧园区、智慧建筑等关键科技；以"互联网＋"电子商务和"互联网＋"高端物流产业发展为导向，以国际化的规划视野和前瞻性的发展理念，高起点规划、高标准建设智慧产业园区。

智慧产业体系，以建立智慧产业基础数据库为基础，实现与智慧产业各新型产业业务主题数据库中的管理数据、企业生产数据、经验数据的汇集、共享、交换，为智慧产业大数据提供应用环境。智慧产业基础数据库提供数据挖掘、分析、应用、展现与共享的环境。智慧城市智慧产业基础数据库分别由智慧民生产业主题数据库、智慧服务产业主题数据库、智慧商务与物流产业主题数据库、智慧园区产业主题数据库组成。智慧产业大数据资源的开发和综合应用已经成为智慧城市总体设计与建设的核心需求。智慧产业基础数据库对企业经济的管理、生产、制造、商务、物流运行中所产生的海量、重复、无关联的过程数据进行数据采集、清洗、抽取、汇集、挖掘、分析，最终获取具有经验、知识、智能、价值的数据和信息，全面支撑智慧产业大数据应用。

智慧产业体系，以智慧民生为智慧城市建设目标的细分产业领域。智慧民生产业是智慧产业的新应用，引导传统民生服务企业与智慧城市涉及智慧市民卡、智慧社区、智慧医疗健康、智慧养老、智慧旅游、智慧电子商务与物流等企业的资源整合，支撑民生服务链协同转型和生产制造企业面向个性化，根据民生消费需求深化电子商务应用。支持设备制造企业利用电子商务平台开展民生服务，支持中小微企业扩大民生服务和电子商务在市场化和现代化服务方面的应用。

智慧产业体系，以智慧服务为智慧城市建设目标的细分产业领域。智慧服务产业是智慧产业的新应用，构建智慧城市政务服务、公共服务、商业服务的信息与数据共享互通的体系。发挥互联网信息集聚优势，聚合各类服务信息资源，整合骨干服务型企业和政府服务机构，搭建面向社会综合服务平台和综合服务大数据基础数据库。整合电子商务、现代物流、仓储、运输和配送信息，开展综合服务全程监测、预警，提高综合服务安全、环保和诚信水平，统筹优化社会综合服务资源的配置。

4.3.18 智慧城市架构与体系规划特点

智慧城市架构体系结构顶层规划涉及一个城市中的政府、管理、民生、经济的各领域、各行业、各业务、各应用的方方面面，通过现代云计算、物联网、大数据、无线通信、自动化、智能化等高新科技，整合城市所涉及的综合管理与公共服务信息与数据资源，包括地理环境、基础设施、自然资源、社会资源、经济资源、教育资源、旅游资源和人文资源等，以数字化的形式进行采集和获取，通过智慧城市大平台和大数据进行统一的存储、优化、管理、展现、应用，实现城市综合管理和公共服务信息的互联互通、数据共享交换、业务功能协同。智慧城市内涵和要素涉及自然、经济、社会、人文、科技、系统、工程等各个学科领域，同时智慧城市建设具有全局性、长期性、可行性、先进性、可持续性、动态性、开放性、稳定性的特性。智慧城市架构体系结构对于智慧城市建设的重要意义和关键性、必要性有以下几点。

1. 智慧城市规划与建设的蓝图

智慧城市架构体系结构是智慧城市规划和建设的有效办法，在智慧城市总体设计阶段，通过架构体系结构可以极大地指导、规范、约束智慧城市所涉及各行业、各业务、各要素之间的网络互联、信息互通、数据共享和业务协同，全局系统化地满足智慧城市的需求、功能、任务，从而为智慧城市信息平台和应用系统的重点工程与工程设计奠定一个坚实的基础。同时，架构体系结构是认识已建现有信息系统的最佳途径，通过架构体系结构，分析已建系统相关被集成的数据、信息、应用，可以从各自功能需求的角度对现有系统进行全面充分的认识，并选择正确集成的策略。架构体系结构是指导智慧城市平台系统进行演化的最佳手段，通过架构体系结构可以有效地对平台与数据系统的演化进行规划，使得智慧城市平台与数据系统在随时间和技术进步而演进的同时，其总体性能满足可持续发展的需求。因此架构体系结构在智慧城市建设过程中,既起到了指导新平台系统规划与设计蓝图的作用,又起到了为已有平台与数据系统提供可集成策略与方法的作用。

2. 智慧城市信息互联与数据共享

智慧城市规划与建设的核心是网络互联、信息互通、数据共享、业务协同。智慧城市是一个开放性复杂巨系统工程,信息化的程度越来越高、功能结构日趋复杂、新信息平台和新应用系统不断涌现,解决平台与数据系统间的互联互通互操作是至关重要的问题。智慧城市互联互通互操作要求所有新建平台与数据系统要实现数据与信息无障碍的流动。通过架构体系结构产品提供的统一、一致的体系建设"蓝图",可以明确平台与数据系统之间的物理和逻辑的关系。智慧城市架构体系结构是根据智慧城市建设的理念、思路、策略构造出来的,描述了网络层、基础设施层、数据资源层、共享组件层、平台层、应用层之间相互关联和集成应用之间的关系,提供架构体系结构之间统一的互联互通标准和通信接口规范,为实现平台系统之间的互联互通和业务功能的协同提供了根本的保障。因此,架构体系结构作为智慧城市建设总体设计,依据任务需求,统筹和明确智慧城市整个架构、体系、结构之间的分级、分类、互联的关系,从而确保智慧城市涉及政府、管理、民生、经济的网络互联、信息互通、数据共享、业务协同。

3. 智慧城市避免重复建设的重要措施

如果智慧城市总体设计缺乏架构体系结构的设计,必然造成智慧城市信息系统大多处于独立运行的"信息孤岛"状态。各独立的信息系统都追求系统的完备性,这就难免在建设过程中造成重复建设,浪费大量资源,而且各系统之间的业务信息无法互联互通,系统标准化程度很低。为了彻底解决智慧城市信息系统标准化程度低、业务功能和数据资源严重重复、缺乏有效协同的机制等问题,应以智慧城市架构体系结构顶层规划为手段,提供架构体系结构描述业务的主要任务、系统所需功能、系统之间的物理与逻辑关系,以及各专业信息平台及业务系统所采取的技术标准等,如信息类型、信息流动、用户类型、访问方式类型等。明确专业平台及业务系统中诸要素之间的关系,理顺业务共性和个性化的流程,掌握好"共性"与"个性"之间的逻辑关系。没有"共性",也就没有"个性",系统之间存在着非常重要的"共性"的关联关系,在基于"共性"的基础上,解决好各自系统"个性"的问题,这就需要对信息平台和应用系统的业务与功能进行梳理。平台是"共性"的、基本的,可以通过统一开发、部署来建设,而"个性"的应用则要依据各实际的业务与功能需求,从最迫切需要解决的问题入手,定制开发各自的业务应用系统,从而避免"共性"与"个性"重复与叠加,系统之间无法互联互通的弊端。智慧城市架构体系结构的总体设计可以有效地对智慧城市各专业信息平台和业务应用系统的建设进行统一规划设计、统一标准、统一开发,统一部署,实现了系统建设的完备性,又避免了重复投资带来的资源浪费。

4.4 智慧城市信息栅格云平台规划

4.4.1 智慧城市信息栅格云计算技术集成创新

智慧城市云平台采用信息栅格+云计算技术集成创新(以下简称信息栅格云计算)。智慧城市云平台是以信息栅格 SOA 面向资源管理的和云计算的分布式架构,使用广泛接受的标准和松耦合设计模式。智慧城市云平台基于信息栅格 SOA 分布式和云计算技术,整合来自相关智慧城市系统集成的信息资源,并为将来与新建第三方系统平台、应用和信息资源进行整合提供手段,构建易于扩展和可伸缩的弹性系统。

智慧城市云平台规划借鉴军事信息栅格分布式技术架构。美军在《信息栅格系统集成总体规划》中指出,美国国防部信息系统局的技术战略由长期、中期和短期目标,以及用于实现这些目标的计划组成。计划的一个核心要素是目标技术架构,与早期版本的区别就在于该技术架构是以云中心模式为基础,而早期版本中的架构是以网络中心模式为基础。采用这种云中心模式也扩展了集成的概念,囊括了少数定义良好的接口,利用这些接口通过不断增长的不同的终端用户设备类型,可以向全世界范围内的国防部用户交付服务。同时又提出了信息栅格系统集成云架构的三个服务层的概念,即该架构包括三个云服务层,包括公共用户服务层、平台服务层、信息基础设施服务层。除此之外,目标架构还包括了任务保证服务和业务服务管理,二者也向三个云服务层提供服务。

军事信息栅格云计算技术集成创新的思路是信息栅格分布式架构和云计算网络资源服务功能。军事信息栅格云计算强调系统集成和云服务。传统的云计算制约信息共享能力的一个障碍就是军事信息系统长期独立建设所积累下来的"烟囱式"系统。美军建设全球信息栅格的一个主要目的就是用它实现各大"烟囱式"系统之间的融合,将陆、海、空、天所有的信息系统集成为一个能为各军兵种所共用的一体化信息栅格,把全球分散配置的美军部队连接起来,为联合作战提供必需的战场数据、通信传输和计算能力,实现在恰当的时间、恰当的地点,将正确的信息,以正确的方式,传送给正确的用户,从而获得信息共享所带来的信息优势。军事信息栅格的云计算基本设想就是按需提供信息服务,从根本上解决数据格式不一致、协议标准不统一等问题,实现信息的共享。用户只要接入信息栅格云计算平台,他所需要的信息服务就以透明的方式直接提供给他,使"烟囱式"结构向以信息栅格云计算平台为中心的结构过渡。

4.4.2 智慧城市信息栅格云平台总体架构

智慧城市云平台基于信息栅格 SOA 面向资源管理的分布式架构和云计算服务的计算使用广泛接受的标准和松耦合设计模式。智慧城市云平台基于 SOA 的架构和云计算技术整合来自相关智慧城市行业级二级信息平台的数据信息资源,并为将来与新建第三方系统平台应用和信息资源进行整合提供手段,构建易于扩展和可伸缩的弹性系统。

信息栅格分布式技术基于 SOA 的资源集成架构,以资源共享策略和资源集成架构为核心。信息栅格技术应用包含多个组织、信息平台、应用系统及资源的动态集合,是提供灵活、安全、协同的资源共享的一种架构。智慧城市云平台基于信息栅格技术架构可以通过以资源为中心来实现智慧城市更广泛的资源组织和管理,这在传统分布式技术框架中是很难做到的。以军事信息栅格技术为例,其技术架构中动态集合包括联合作战单元、不同的作战组织,以及不同的作战信息系统资源,目的则是为作战单元、作战组织提供作战信息资源的共享平台。因此军事信息栅格对于智慧城市云平台信息栅格技术架构的建设具有指导意义。

智慧城市信息栅格云平台由展现层(SaaS)、平台层(PaaS)、数据层(DaaS)、设施层(IaaS)构成,如图 4-12 所示。

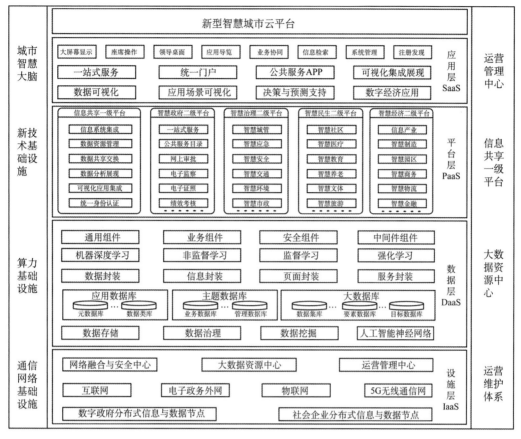

图 4-12 智慧城市云平台总体架构图

(1) 应用层(SaaS)：提供智慧城市云平台与桌面和门户(APP)，提供智慧城市云平台综合信息的浏览、查询和信息交互的入口和浏览及展示。

(2) 平台层(PaaS)：为智慧城市云平台提供业务支撑服务，主要由两个层次构成，包括智慧城市云平台、智慧城市云平台业务级二级平台及业务支撑系统。

(3) 数据层(DaaS)：采用云存储技术。智慧城市云平台云存储包括基础数据库、主题服务数据库、应用数据库等，经人工智能深度学习(算力)组成智慧城市数据集库、智慧城市要素数据库、智慧城市目标数据库，以及共享组件及中间件层(基于 SOA 云架构的中间件、基础共享组件、业务组件等组成)。

(4) 设施层(IaaS)：网络融合与安全中心、大数据资源中心、指挥控制中心，以及云计算、边缘计算、互联网＋物联网组成，提供智慧城市云平台各业务应用系统间的协同，实现智慧城市云平台与各二级平台及业务应用系统信息的互联互通与数据共享交换。

4.4.3 智慧城市云平台信息栅格总体技术路线

智慧城市云平台采用信息栅格分布式技术路线，满足智慧城市信息栅格总体逻辑视图的规范。智慧城市云平台由知识与建设体系、标准体系、平台与数据结构、信息平台、数据库、应用系统和各组成软硬件部分之间的物理与逻辑关系构成。智慧城市云平台信息栅格总体技术路线对智慧城市顶层规划具有指导性、规范性、统一性、约束性的作用。

智慧城市云平台总体技术路线的理念、思路与策略，是以信息栅格技术为支撑，以智慧城市网络融合与安全中心、大数据中心、运营管理中心和一、二级平台建设为信息基础设施，以智慧城市现代化科学的综合治理和便捷与有效的民生服务为目标，大力促进政府信息化、乡村信息化、社会信息化、企业信息化，建立起智慧城市基础数据管理与存储中心和各级信息平台及各级数据库的智慧城市顶层规划模式。结合智慧城市规划、交通、道路、地下管网、环境、绿化、经济、人口、街道、社区、企业、金融、旅游、商业等各种数据形成一体化统一的云计算与云数据中心，建设智慧城市级的信息互联互通和数据共享交换的超级信息化系统，建立起智慧城市综合社会治理和公共服务要素的城市级云平台、二级平台专项工程和应用级三级平台及应用系统，如数字经济、科技创新、绿色环保、网络文化、智慧治理、惠民服务、在线培训、智慧扶贫、城乡融合等。

智慧城市云平台信息栅格总体技术路线，其基于SOA的资源集成架构融于智慧城市框架体系结构之中。智慧城市框架体系结构应满足分级分类，即多平台、多数据库和多重应用的开发的复杂巨系统规划的要求。特别体现智慧城市整个框架体系结构规划中的网络互联、信息互通、数据共享、业务协同，遵循信息栅格统一规划、统一标准、统一开发、统一部署、统一应用的原则，将消除"信息孤岛"，打通信息壁垒和避免重复建设作为智慧城市项目实施的根本要求。

智慧城市云平台信息栅格总体技术路线采用分层的结构模式，从智慧城市云平台整体的智慧政务、智慧民生、智慧治理、智慧经济、智慧网络安全五大领域的需求出发，确定智慧城市云平台的总体技术路线。服务信息平台采用面向对象、面向服务、面向应用的系统架构的规划与设计。

1. 智慧城市云平台信息栅格技术路线

（1）统一的信息栅格分布式架构和云计算技术，易于扩展和部署。

（2）统一数据的交换、管理、共享、分析、展现。

（3）统一智慧城市云平台、身份认证、服务APP、应用门户。

（4）统一智慧城市云平台的数据、信息、处置、预案、指挥、调度、救援等的业务应用。

（5）统一采用标准化、平台化、组件化。

2. 智慧城市云平台信息栅格技术路线的特点

（1）为了实现智慧城市云平台大数据整合，消除"信息孤岛"，避免重复建设，在智慧城市云平台上，分别建立城市级平台、业务级平台和应用级系统。实现智慧城市云平台业务平台及应用系统的网络融合、信息互联、数据共享、业务协同。

（2）智慧城市云平台总体结构分别由城市级平台、业务级平台及应用级系统构成。城市级及业务级平台均采用共性的技术路线，可有效消除"信息孤岛"和避免重复建设。

（3）智慧城市云平台基本设置应包括门户网站、数据库系统、网络中心、基础网络、服务器组、应用软件、网络安全、系统与数据通信协议接口等。

（4）智慧城市云平台的Web技术架构和采用开放的TCP/IP网络通信协议、标准规范的信息与数据的接口和通信协议，实现各级平台与第三方三级应用系统间的互联互通和数据共享交换，以及基于云计算的浏览器/服务器(B/S)和边缘计算客户机/服务器(C/S)相结合的计算机系统结构模式。

（5）用户通过统一的浏览器方式访问智慧城市云平台各级信息平台，对智慧城市云平台级及业务级平台的信息、图片、视音频进行显示、操作、查询、下载、打印。

（6）智慧城市云平台二级业务平台功能实现对业务级平台信息及数据的汇集、存储、交互、优化、发布、浏览、显示、操作、查询、下载、打印等功能，重点实现基础设施监控与管理、综合管网监控与管理，以及社区社会民生综合服务等。智慧城市云平台级平台是实现智慧城市云平台综合管理和公共服务等应用系统间的信息互联互通、数据共享交换、服务应用功能的协同的技术支撑。

（7）智慧城市云平台大数据库系统分别由城市级大数据库、业务级主题数据库和应用级数据库构成，采用云存储方式，实现各级数据库系统之间的数据交换、数据共享、数据业务支撑、数据分析与展现、统一身份认证等。各业务级主题数据库在物理上相互独立，在逻辑上则形成一体化的共享大数据库系统。

4.4.4　智慧城市云平台业务支撑系统

智慧城市云平台是城市级平台与各业务级平台及应用系统与信息集成的统一平台，是智慧城市云平台统一信息平台的核心信息枢纽。城市级云平台位于整个智慧城市云平台统一平台信息化应用的最顶层，各个业务级平台与城市级云平台相连接形成一个星型结构的分布式系统体系，各业务应用系统与业务级二级平台相连接，从而形成一个以城市级平台为核心的"雪花"型结构。城市级云平台作为智慧城市统一信息与数据的乡村中心节点，承担业务级二级平台及应用系统节点的系统集成、数据交换、数据共享、数据支撑、数据分析与展现、身份统一认证、可视化管理等重要功能。智慧城市云平台由以下业务支撑系统组成：

1. 云平台系统与信息集成系统

智慧城市云平台综合信息集成门户网站，定位为智慧城市云平台级 APP。其功能是将城市级平台和各业务级平台相关的应用系统的管理和服务信息，通过系统与信息集成和 Web 页面的方式连接到门户网站上来。网络注册用户（实名制）可以通过网络浏览器方式，对整个智慧城市云平台管理与综合服务信息进行浏览、可视化展现、查询、下载。城市级平台综合信息门户网站是全面提供智慧城市云平台管理与服务的人机交互界面。

2. 云平台数据资源管理系统

智慧城市云平台数据资源管理系统实现信息资源规划相关标准的管理、元数据管理、数据交换管理等功能，是实现智慧城市云平台数据共享的前提和保证。数据资源管理系统是对信息资源规划提供辅助作用，并方便普通用户使用、维护规划成果、数据的工具平台。提供用户直接浏览和查询的界面，并将该成果进一步规范化管理，将数据元目录、信息编码分类、信息交换标准等进一步落实，以指导支持云平台的大数据建设，以及智慧城市云平台管理与民生服务三级平台的建设。

智慧城市云平台数据资源管理系统可实现元数据管理功能、编码管理功能和数据交换管理功能。

3. 云平台数据共享交换系统

数据共享交换系统可实现和保障智慧城市云平台共享数据库之间，以及城市级平台与业务级平台之间数据交换与共享的功能，能够在其应用系统之间实现数据共享和交换。数据交换与业务级平台利用面向服务的要求进行构建，通过 WS 和 XML 为信息交换语言，基于统一的信息交换接口标准和数据交换协议进行数据封装、信息封装、页面封装、服务封装,利用消息传递机制实现信息的沟通,实现基础数据、业务数据的数据交换以及控制指令的传递,从而实现智慧城市云平台与各业务级平台及应用系统的数据、信息、页面、服务的集成。

4. 云平台数据分析与展现系统

智慧城市云平台数据加工存储分析系统,主要由数据仓库(DW)和数据清洗转换装载(ETL)以及前端展现部分组成。通过 ODS 库(主题数据库),将智慧城市云平台涉及已建、在建和未建的各个应用系统中的数据、信息、页面、服务,按照要求集中抽取到业务级主题数据库中;然后再进一步挖掘到智慧城市云平台大数据库系统中,为数据挖掘、数据分析、决策支持等高质量的数据来源,为智慧城市云平台"管理桌面"和各级业务领导及部门提供可视化信息展现,为领导管理决策提供支撑和服务。数据加工存储分析功能主要是对从数据源采集的数据进行清洗、整理、加载和存储,构建智慧城市各业务级主题数据库。针对不同的分析主题进行分析应用,以辅助智慧城市云平台管理决策。数据加工管理过程包含 ETCL,即数据抽取(Extract)、转换(Transform)、清洗(Clear)和加载(Load),是大数据库系统,数据集成实现过程中,将数据由应用数据库到主题数据库系统,再向城市级平台的 ODS 加载的主要过程,是智慧城市云平台建设大数据库知识数据过程中数据整合、挖掘、分析的核心技术与主要手段。

5. 云平台统一身份认证系统

智慧城市云平台统一身份认证系统采用数字身份认证方式,符合国际 PKI 标准的网上身份认证系统规范要求。数字证书相当于网上的身份证,它以数字签名的方式通过第三方权威认证有效地进行网上身份认证,帮助各个实体识别对方身份和表明自身的身份,具有真实性和防抵赖功能。

6. 云平台可视化管理系统

智慧城市云平台可视化应用包括地理空间信息 3D 图形(GIS)、建筑信息模型 3D 图形(BIM)、虚拟现实(VR),以及视频分析(VA)的可视化技术应用集成。各业务级平台及应用系统的数据和信息可通过可视化集成展现,形成数据和信息可视化的集成、共享、展现的场景综合应用。

7. 云平台共享大数据系统

智慧城市云平台共享大数据系统分别由城市级大数据库、业务级主题数据库、应用级数据库构成,具有大数据管理的环境和能力。采用城市级、业务级、应用级多级数据云存储结构。数据存储采用集中数据存储和网络化分布式数据存储相结合的云存储模式。智慧城市云平台共享大数据库采用集中云数据存储的方式,业务级和应用级数据存储数据库可采用网络化分布式数据云存储方式。各级数据存储数据库具有数据存储、管理、优化、复制、防灾备份、安全、传输等功能。云存储数据库采用海量数据存储与压缩技术、数据仓库技术、网络化分布式数据云存储技术、数据融合与集成技术、数据与信息可视化技术、多对一的远程复制技术、数据加密和安全传输技术、数据挖掘与分析技术、数据共享交换技术、元数据管理技术。智慧城市云平台监控与管理数据存储采用分布与集中的云数据管理和云数据防灾备份。各级数据存储系统在物理上相互独立、互不干扰,逻辑上形成一体化的共享数据云存储仓库。

4.4.5 智慧城市云平台技术特点

智慧城市云平台基于信息栅格 SOA 的分布式系统集成架构,融于智慧城市总体框架体系结构之中。智慧城市云平台基于 SOA 的系统集成架构借鉴了军事信息栅格信息系统集成框架体系结构(GIG),并创新地将军事信息栅格信息系统集成四层架构提升为多层结构,以满足智慧城市框架体系结构矩阵型多平台多数据库和多重应用的开放性复杂巨系统框架体系结构的要求。特别注重智慧城市整个框架体系结构规划设计中的网络互联、信息互通、数据共性、业务协同,同时强调了统一规划、统一标准、统一开发、统一封装、统一部署、统一应用的原则,将消除"信息孤岛"和避免重复建设作为智慧城市项目实施的根本要求。智慧城市云平台具有以下特点:

1. 采用分层结构模式

智慧城市云平台采用分层集成的模式,从满足整体需求出发,根据系统建设的设计原则和技术路线,采用 SOA 面向应用、面向服务、面向数据、面向系统集成的体系架构设计方法作指导,重点是共享组件、业务组件与中间层和平台层的数据、信息、页面、服务"四大"封装的创新设计。协同和联动系统集成的体系架构将以系统业务服务为核心,形成智慧城市云平台技术架构中各层级之间的信息互联互通、数据共享交换、业务功能协同、系统统一调用。

2. 统一共享组件(中台)易于扩展和部署

智慧城市云平台采用统一共享组件、业务组件、中间件组件的系统化、结构化、标准化,简化了应用服务的结构,避免了因为存在不同异构的应用服务可能引起的不易集成的问题。采用统一的组件封装结构,封装底层的数据、信息、页面、服务,使得将来易于增加新的应用。采用统一开发的以容器封装技术的标准化结构模型和调用接口(API),易于高层应用服务通过标准接口调用底层的数据、信息、页面和应用服务,降低重复开发成本,保证新应用的兼容性和集成性。

3. 统一大数据易于利用

智慧城市云平台基于智慧城市一级云平台及大数据库、业务级二级平台及主题数据库的分布式集成模式,为相关决策提供一体化的信息与数据的支撑,满足智慧城市全面社会管理和公共服务信息互联互通、数据共享交换、业务协同联动的需求。

4.4.6 智慧城市云平台"4S 云服务"模式

随着云计算生态圈的逐步完善,云计算应用不断发展壮大,推动了云计算"4S 云服务"的快速发展。云计算"4S 云服务"包括设施即服务(IaaS)、数据即服务(DaaS)、平台即服务(PaaS)、软件即服务(SaaS)。"4S 云服务"是基于"云、边、端"新一代信息技术集成创新和深度融合应用,并提供云计算服务的一种新商业模式。云计算"4S 云服务"统一部署在网络融合与安全中心、大数据资源中心、智慧城市智慧大脑、信息共享云平台,即"三中心一平台"信息基础设施上,智慧城市用户可以根据自身智慧城市运营管理的实际功能需求,通过"云、边、端"向云计算服务商定购所需的设施服务(IssS)、数据服务(DaaS)、平台服务(PaaS)和软件服务(SaaS)。智慧城市用户采用"购买服务"的方式向"4S 云服务"运营商支付服务费。

1. 智慧城市云平台"4S 云服务"创新模式

根据深圳北斗智慧城市科技有限公司近 20 多年来在国内外规划与建设智慧城市的经

验和信息栅格技术集成应用以及新加坡电子科技集团在"智慧岛"大数据综合体建设成果的基础上,率先提出了《智慧城市大数据云服务中心》"4S云服务"的新商业模式。智慧城市通过统一的云计算"4S云服务"技术集成创新模式,可以有效消除智慧城市"信息孤岛",打通数据共享交换的"数据壁垒";同时可以将智慧城市各业务平台及应用系统统一部署和综合系统集成在"4S云服务"智慧城市大数据一体化综合体的总体架构中,为智慧城市用户提供快速部署、缩短建设周期、节省建设投资、大数据与人工智能应用,提供网络融合、系统集成、数据共享、业务协同的高效、可靠、安全的全面服务。

"4S云服务"通过智慧城市云平台设施服务(IaaS)、大数据存储与分析处理服务(DaaS)、平台及应用系统服务(PaaS)、人工智能深度学习等软件应用服务(SaaS),以"云、边、端"网络体系架构为核心,采用面向"云端"海量大数据的分布式"地端"边缘计算"可视化集成平台"客户端系统,以及人工智能神经网络大数据深度学习和实时处理分析技术集成创新,实现了"云、边、端"三者之间的互联互通和安全融合。

采用基于 IPv9 的物联网通信协议(或称十进制网络),构建"云、边、端"网络互联的"时空安全通道",实现云平台、边缘计算及物联网客户端之间高安全性和高可靠性的信息与数据传输。采用边缘计算技术解决了"云端"与"地端"、互联网与物联网的互联互通,以及云端"4S云服务"(B/S)与地端智慧城市"可视化集成平台"客户端系统(C/S)之间信息与数据的实时处理和系统间联动控制互操作。智慧城市"三中心一平台"信息基础设施"云端"配置 IPv9 国家自主可控的智慧城市物联网根域名服务器(深圳北斗智慧城市科技有限公司是智慧城市物联网 IPv9 根域名服务器的总代理商)和 IPv9 路由器+物联网双栈路由器,如图 4-13

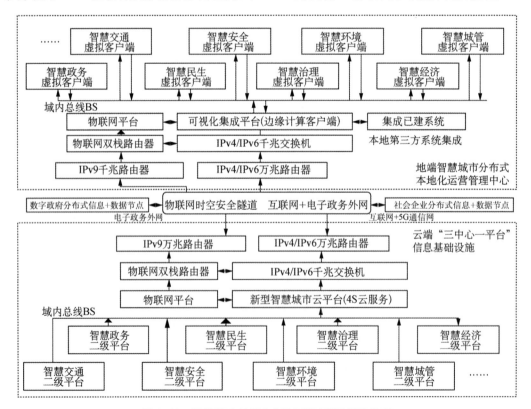

图 4-13 智慧城市云平台"4S云服务"网络结构图

所示。在本地智慧城市用户"运营理中心"的"地端"配置 IPv9 路由器、物联网双栈路由器和域名服务器。通过"云地"两端网络节点之间构建的"时空安全隧道",实现了"天、地"两端网络节点的 IPv9 地址加密、IPv9 通信协议加密和 IPv9 路由及域名管理,确保接入"云端"的互联网节点与本地智慧城市用户"地端"互联网节点之间互联互通的网络、数据、信息、监视、控制、系统、平台之间传输信号的绝对安全性。"天、地"两端网络节点均可以无缝接入 IPv4 和 IPv6 网络和连接相应网络协议的网络路由器和网络交换机,充分发挥了 IPv4、IPv6、IPv9 三网之间网络设备的复用和融合(注:IPv9 兼容 IPv4 和 IPv6,而 IPv4 和 IPv6 不兼容 IPv9,使得 IPv9 在互联网上被"隐身")。"云、边、端"通过 IPv9 物联网通信协议完美解决了"云、边、端"三者之间的互联互通和网络安全的大问题,同时也解决了万物互联时代云计算服务所涉及带宽及流量的瓶颈和实时性、安全性、可靠性等不足的问题。

2. 智慧城市云平台"4S 云服务"特点

从智慧城市的运营管理和技术应用的特点来看,"4S 云服务"完全不同于传统集中式云中心系统结构,是采用"区块链+信息栅格"去中心化的分布式架构。智慧城市"4S 云服务"分布式架构采用"云端"(中心节点)和"地端"(智慧城市分布式节点)线上云计算和线下边缘计算(B/S+C/S)相结合的技术模式,为智慧城市提供全面的"4S 云服务",即信息基础设施(IaaS)、大数据应用(DaaS)、各级业务平台(PaaS)、软件应用(SaaS)和本地化智慧城市运营管理可视化集成平台客户端系统和集成已建业务系统的运行、监控、管理、操作、设置与实时场景展现等业务应用功能。

为了实现智慧城市云计算"4S 服务"中各业务级平台在区县级智慧城市本地化的运行、操作、设置、修改、管理、展现,采用在"云端"通过地市级智慧城市"4S 云服务"的方式,在区县级智慧城市"地端"客户端系统采用"虚拟机+Web 服务器+镜像服务器"的运行方式。实质上,地市级智慧城市"4S 云服务"也是"数字孪生""系统孪生""应用孪生"技术的应用,是虚拟化数字镜像和数字映射等技术集成的复制应用过程。将地市级智慧城市云平台上的物理实体内容(IaaS、DaaS、PaaS、SaaS)复制到区县级智慧城市"地端"的边缘计算客户端系统中,从而实现虚拟化的对应"云端"系统物理实体全生命周期的运行过程和可视化应用场景,同时通过物联网和 5G 通信网络将区县级智慧城市"地端"采集的监控传感器信号、摄像机视频图像、系统运行实时信息与数据等通过"云、边、端"网络传递到地市级智慧城市"云端"进行大数据分析和人工智能深度学习。区县级智慧城市用户通过"数字孪生"按需获取"4S 云服务"和本地化运行操作,使智慧城市涉及信息基础设施、业务平台、大数据及人工智能应用的软硬件部署、运营、应用、升级、功能实现及系统集成等方面更加灵活和便利。

3. 智慧城市云计算"4S 云服务"优势

基于云平台"4S 服务"的智慧城市将充分基于政务、民生、治理、经济各个领域的应用需求,设计开发可配置、可伸缩、可扩展的区县级智慧城市可复制、可扩展的应用架构。区县级智慧城市用户无须再建设各业务级平台及应用系统软件以及部署软件所需的软硬件设备资源,只需使用移动终端和本地化"智慧大脑"运营管理中心可视化集成平台客户端系统即可随时随地使用"4S 云服务"上所有的业务级平台(PaaS)和软件应用服务(SaaS),区县级智慧城市用户能以低成本、低门槛和低风险的方式接入地市级智慧城市云平台和提供"4S 云服务"。

智慧城市"4S云服务"的建设模式可以有效解决已建系统、在建系统和未建系统的智慧城市业务平台及应用系统的系统集成、大数据共享交换和人工智能应用。智慧城市云平台"4S服务"建设模式具有可复制、可推广、可扩展、可迭代、可持续、消除"信息孤岛"、打通"数据壁垒"、可避免重复投资、可支撑智慧城市可持续建设和发展的强大优势。因此云平台"4S服务"具有目前任何一种智慧城市建设模式所不可比拟的明显优势：

（1）大大节省智慧城市建设成本。基于智慧城市的云计算"4S服务"采用共享共用模式，各区县级智慧城市只需要建设本地化的智慧城市"智能大脑"运营管理中心和可视化集成客户端系统平台，而网络融合与安全中心、大数据资源中心等信息基础设施，以及各行业级平台及应用系统均可以采用共享服务或购买服务的方式。智慧城市"4S服务"创新服务模式可以节省70%区县级智慧城市的建设费用。

（2）大大缩短智慧城市建设周期。传统智慧城市建设是一期一期地建设云平台和各业务级平台及应用系统，再进行系统集成和数据共享交换。通常最快见到地市级智慧城市建设成效也需要3～5年的时间。而采用"4S云服务"共享共用"租用云服务"的模式，只需建设区县级智慧城市本地化的"智慧大脑"运营管理中心和"可视化集成平台"客户端系统，而无须建设网络融合与安全中心、大数据资源中心等信息基础设施，以及智慧城市各业务级平台及应用系统。采用智慧城市云计算"4S服务"模式，可以在一年内建成，并见到智慧城市建设的成果和实效。

（3）实现智慧城市系统集成和大数据开发与人工智能应用。基于智慧城市云计算"4S服务"的共享共用的模式。智慧城市各业务级平台及应用系统采用统一部署和系统集成与大数据共享交换，完全实现了智慧城市网络融合、信息交互、数据共享、业务协同。在智慧城市各业务级平台及应用系统集成的基础上，通过智慧城市大数据的采集、清洗、挖掘、开发，通过人工智能深度学习与神经网络应用，为智慧城市提供数字经济和乡村综合治理精准化的知识数据和智慧化的决策与预测信息。

（4）促进智慧城市、大数据、人工智能深度融合应用。2018年10月31日，中共中央政治局就人工智能发展现状和趋势举行第九次集体学习，习近平总书记在主持学习时强调智慧城市、大数据、人工智能"三位一体"，加强人工智能在社会治理、民生保障、政务服务、企业经济等领域的深度融合应用。智慧城市与智慧城市城乡融合的共享机制的核心，就是将智慧城市、大数据、人工智能等物理的、逻辑的、虚拟的资源整合在"4S云服务"的软硬件应用环境中。智慧城市既是产生海量数据的源泉，又是大数据和人工智能应用的实际场景。智慧城市"4S云服务"将有力支撑各个智慧城市在大数据、人工智能在各个领域的深度融合应用。

（5）为智慧城市提供"共享经济"云服务。基于智慧城市"4S云服务"的共享共用模式可以为智慧城市各行各业提供"共享经济"云服务，包括各类企业"ERP云平台"共享服务、智慧园区"综合管理云平台"共享服务、物流企业"智慧物流云平台"共享服务、商贸服务企业"智慧商务云平台"共享服务、旅游企业"智慧旅游云平台"共享服务、制造业企业"智能制造云平台"共享服务、化工企业"智慧环保云平台"共享服务、金融企业"智慧金融云平台"共享服务、学校教育单位"智慧教育云平台"共享服务、卫生部门和医疗医院"智慧卫生医疗云平台"共享服务、健康养老服务企业"智慧健康养老云平台"共享服务等。可以为企业提供共享经济"4S云服务"商业模式，是实现社会资源合理配置，落实国家关于社会公共服务与共享经济的创新经济模式。

(6) 实现本地化智慧城市运营管理。通过本地化智慧城市"智慧大脑"运营管理中心和"可视化集成平台"客户端系统,采用线上"4S云服务"(B/S)和线下"可视化集成平台"客户端系统(C/S)的"虚拟机"＋Web服务器＋镜像服务器(B/S＋C/S)的"数字孪生""系统孪生""应用孪生"的技术深度融合应用。可以根据本地智慧城市租用"4S云服务"的各行业级平台及应用系统的功能、运行、操控、设置、修改、管理等的需要,通过本地化"可视化集成平台"客户端系统可视化"四界面"的数据、信息、页面、服务等系统化、结构化、标准化的应用封装和跨平台及跨业务的调用和推送,更好实现智慧城市综合态势、应急管理、公共安全、公共交通、市政设施、生态环境、宏观经济、民生民意等所涉及多领域、多方面、多维度的有效监测、监控、监管,并在"乡村智慧大脑"的全面掌控与实时管理之中,实现智慧城市资源的汇聚共享和跨部门的协调联动。根据本地智慧城市的业务协同和事件决策的需求,展现所需的可视化应用场景,为智慧城市高效精准管理和安全可靠运行提供支撑。

(7) 集成已建业务平台及应用系统。通过智慧城市本地化"可视化集成平台"客户端系统,可以实现本地智慧城市已建业务平台及应用系统的系统集成和数据共享交换。通常市县一级都已建有政务服务(一站式服务)、数字城管、公共安全、交通管理、雪亮工程、社区服务等业务平台及应用系统,通过本地化"可视化集成平台"客户端系统,可以实现上述智慧城市各已建业务系统的集成管理和综合业务应用。本地智慧城市"4S云服务"建设模式的特点就是充分利用智慧城市现有资源,且建设周期短、见效快、投资少。

4.5 智慧城市信息栅格区块链技术集成创新

4.5.1 概述

信息栅格＋区块链(以下简称信息栅格区块链)技术的集成创新在新的技术革新和产业变革中起着重要作用。把区块链作为核心技术自主创新的重要突破口,明确主攻方向,加大投入力度,着力攻克一批关键核心技术,积极推动区块链技术和产业创新发展。区块链技术应用已延伸到数字金融、物联网、智能制造、供应链管理、数字资产交易等多个领域。目前,全球主要国家都在加快布局区块链技术发展。我国在区块链领域拥有良好基础,要加快推动区块链技术和产业创新发展,积极推进区块链和经济社会融合发展。

(1) 信息栅格区块链技术集成创新和深度融合应用。发挥区块链在智慧城市数据共享、优化业务流程、降低运营成本、提升协同效率、建设可信体系等方面的作用。在智慧城市社会治理和公共服务中,区块链有广泛的应用空间,将有力推动社会治理数字化、智能化、精细化、法治化水平。随着大数据、云计算、5G技术的广泛应用,人与人的联系拓展到人与物、物与物的万物互联,数据已成为数字时代的基础要素。信息栅格区块链将为智慧城市多个领域的管理者和服务者提供可靠数据和决策信息。

(2) 信息栅格区块链提升智慧城市社会治理智能化水平。信息栅格区块链中的共识机制、智能合约,能够打造透明可信任、高效低成本的应用场景,构建实时互联、数据共享、联动协同的智能化机制,从而优化政务服务、城市管理、应急保障的流程,提升治理效能。依托信息栅格区块链分布式架构建立跨地区、跨层级、跨部门的监管机制,有助于降低监管成本,打通不同行业、地域监管机构间的信息壁垒。

（3）信息栅格区块链助推智慧城市社会治理精细化。数字时代，社会治理须透过海量数据发现真问题。区块链能有效集成经济、文化、社会、生态等方面的基础信息，并通过大数据进行深度挖掘和交互分析，将看似无关联的事件有序关联起来，从而提升实时监测、动态分析、精准预警、精准处置的能力。深度分析单位时间物资、资本的集中流向，可以对经济社会发展的热点领域进行提前预判，为推进供给侧结构性改革、防范化解重大风险等提供决策参考。

（4）信息栅格区块链推动智慧城市社会治理法治化。在司法、执法等领域，区块链技术与实际工作具有深度融合的广阔空间。运用区块链电子存证，解决电子数据"取证难、示证难、认证难、存证难"等问题。例如，将信息栅格区块链技术与执行工作深度融合，把区块链智能合约嵌入裁判文书，后台即可自动生成未履行报告、执行申请书、提取当事人信息、自动执行立案、生成执行通知书等，完成执行立案程序并导入执行系统，有助于破解执行难。此外，信息栅格区块链有助于更好厘清开放共享的边界，明确数据产生、使用、流转、存储等环节和主体的权利义务，实现数据开放、隐私保护和数据安全之间的平衡，进而促进科技与社会治理的深度融合。

4.5.2　区块链基本概念

区块链（Blockchain）最早的描述性文献是中本聪所撰写的文章 *Bitcoin：A Peer-to Peer Electronic Cach System*，该文章重点在于讨论比特币系统，实际上并没有明确提出区块链的定义和概念。文章指出，区块链是用于记录比特币交易账目历史的数据结构。另外，Wikipedia 上给出的定义中将区块链类比为一种分布式数据库技术，通过维护数据块的链式结构，可以维持持续增长的、不可篡改的数据记录。区块链技术最早的应用出现在比特币项目中。作为比特币背后的分布式记账平台，在无集中式管理的情况下，比特币网络稳定运行了八年时间，支持了海量的交易记录，并且从未出现严重的漏洞，这些都与区块链技术结构分不开的。

因此从狭义上来理解，区块链是一种按照时间顺序将数据区块以顺序相连的方式组合成的一种链式的数据结构，并以密码学方式保证的不可篡改和不可伪造的分布式账本。从广义上来理解，区块链技术是利用块链式数据结构来验证与存储数据、利用分布式节点共识算法来生成和更新数据、利用密码学的方式保证数据传输和访问的安全、利用由自动化脚本代码组成的智能合约来编程和操作数据的一种全新的分布式基础架构与计算范式。

区块链技术的传统应用包括以下三个基本功能：

（1）交易（transaction）：一次对账本的操作，导致账本状态的一次改变，如添加一条转账记录；

（2）区块（block）：记录一段时间内发生的所有交易和状态结果，是对当前账本状态的一次共识；

（3）链（chain）：由区块按照发生顺序串联而成，是整个账本状态变化的日志记录。如果把区块链作为一个状态，则每次交易就是试图改变一次状态，而每次共识生成的区块，就是参与者对于区块中交易导致状态改变的结果进行确认。

区块链技术要点包括分布式数据存储、点对点传输、共识机制、加密算法等计算机技术的新型应用模式。区块链本质上是一个去中心化的数据库系统。区块链传统的应用是作为比特币的底层技术,是一串使用密码学方法相关联产生的数据块,每一个数据块中包含了一批次比特币网络交易的信息,用于验证其信息的有效性(防伪)和生成下一个区块。

区块链的核心技术优势是去中心化、分布式数据存储、点对点网络互联与访问、加密算法和数据加密、分布式共识等。区块链技术应用也存着安全风险,频频发生的安全事件为业界敲响了警钟。目前区块链技术主要应用于金融领域和比特币,应用场景单一有一定的局限性;同时区块链应用系统与第三方系统集成和技术融合也存在一定的壁垒。因此区块链技术的发展趋势是要推动区块链底层技术服务和智慧城市建设相结合,探索区块链与智慧城市、物联网、云计算、大数据和人工智能的集成创新和深度融合应用,实现区块链技术在政务、治理、民生、经济的全领域、全社会、全行业可持续深度融合应用的战略思维。

区块链归纳起来主要有以下核心技术应用:

1. 点对点分布式技术

点对点技术(Peer-to-Peer,简称 P2P),又称对等互联网络技术,它依赖网络中参与者的计算能力和带宽,而不是依赖较少的几台服务器。P2P 技术优势很明显。点对点网络分布特性通过在多节点上复制数据增加了防故障的可靠性,并且在纯 P2P 网络中,节点不需要依靠一个中心索引服务器来发现数据。在后一种情况下,系统也不会出现单点崩溃。

2. 非对称加密技术(加密算法)

非对称加密(公钥加密)指在加密和解密两个过程中使用不同密钥。在这种加密技术中,每位用户都拥有一对钥匙:公钥和私钥。在加密过程中使用公钥,在解密过程中使用私钥。公钥是可以向全网公开的,而私钥需要用户自己保存。这样就解决了对称加密中密钥需要分享所带来的安全隐患。非对称加密与对称加密相比,其安全性更好:对称加密的通信双方使用相同的密钥,如果一方的密钥遭泄露,那么整个通信就会被破解;而非对称加密使用一对密钥,一个用来加密,一个用来解密,而且公钥是公开的,私钥是自己保存的,不需要像对称加密那样在通信之前要先同步密钥。

3. 哈希算法(信息与数据转换)

哈希算法又叫散列算法,是将任意长度的二进制值映射为较短的固定长度的二进制值,这个小的二进制值称为哈希值。它的原理其实很简单,就是把一段交易信息转换成一个固定长度的字符串。

4. 共识机制(中间件封装技术)

由于加密货币多数采用去中心化的区块链设计,节点是各处分散且平行的,所以必须设计一套制度,来维护系统的运作顺序与公平性,统一区块链的版本,并奖励提供资源维护区块链的使用者,以及惩罚恶意的危害者。这样的制度必须依赖某种方式来证明,是由谁取得了一个区块链的打包权(或称记账权),就可以获取打包这一个区块的奖励;又或者是谁意图进行危害,就会受到一定的惩罚,这就是共识机制。

4.5.3 分布式架构与集中式架构

信息系统架构分为物理架构与逻辑架构两种,物理架构是指不考虑系统各部分的实际工作与功能结构,只抽象地考察其硬件系统的空间分布情况。逻辑架构(或称为虚拟化)是指信息系统各种功能子系统的综合集成体。按照信息系统硬件在空间上的拓扑结构,其物理架构一般分为集中式架构与分布式架构两大类,如图 4-14 所示。

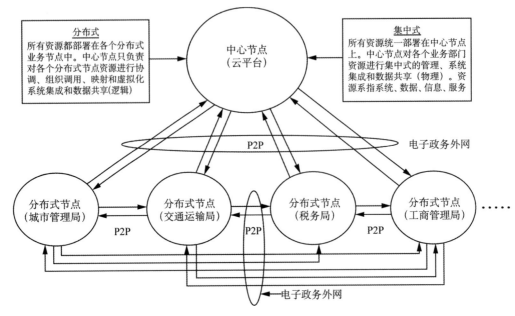

图 4-14 分布式与集中式架构图

1. 集中式架构

集中式架构是指物理资源在空间上集中配置。早期单机系统是最典型的集中式结构，它将软件、数据与主要外部设备集中在一套计算机系统之中。由分布在不同地点的多个用户通过终端共享资源的多用户系统，也属于集中式架构。集中式架构的优点是资源集中，便于管理，资源利用率较高。但是随着系统规模的扩大，以及系统的日趋复杂，集中式架构的维护与管理越来越困难，也不利于用户在信息系统建设过程中发挥积极性与主动性。此外，资源过于集中会造成系统的脆弱性，一旦主机出现故障，就会使整个系统瘫痪。在大型信息系统（如智慧城市、大数据）建设中，一般很少使用集中式架构。

2. 分布式架构

随着数据库技术与网络技术的发展，分布式架构的信息系统开始产生。分布式系统是指通过计算机网络把不同地点的计算机硬件、软件、数据等资源联系在一起，实现不同地点的资源共享。各地的计算机系统既可以在网络系统的统一管理下工作，也可以脱离网络环境利用本地资源独立运作。由于分布式架构适应了新一代信息技术发展与应用的趋势，即信息化系统组织架构朝着扁平化、网络化方向发展，分布式架构已经成为信息系统的主流模式。分布式架构的主要特征是可以根据应用需求来配置资源，提高信息系统对用户需求与外部环境变化的应变能力，系统扩展方便，安全性好，某个分布式节点所出现的故障不会导致整个系统的停止运作。然而由于资源分散，且又分属于各个子系统，分布式系统需采用统一的分布式节点之间的共识机制，如信息栅格采用基于 SOA 分布式资源集成架构，统一分布式资源的注册、监测、发现、协调、调用、协同。分布式架构又可分为一般分布式与客户机/服务器模式。

（1）一般分布式系统中的服务器只提供软件与数据的文件服务，各计算机系统根据规定的权限存取服务器上的数据文件与程序文件。

（2）客户机/服务器结构中，网络上的计算机分为客户机与服务器两大类。服务器包括文件服务器、数据库服务器、打印服务器等;网络结点上的其他计算机系统则称为客户机。用户通过客户机向服务器提出服务请求,服务器根据请求向用户提供经过加工的信息。

3. 信息系统的逻辑架构

信息系统的逻辑结构是其功能综合体和概念性框架。由于信息系统种类繁多,规模不一,功能上存在较大差异,其逻辑结构也不尽相同。例如一个工厂的管理信息系统,从管理职能角度划分,包括供应、生产、销售、人事、财务等主要功能的信息管理系统。一个完整的信息系统支持组织的各种功能子系统,使得每个子系统可以实现事务处理、操作管理、管理控制与战略规划等各个层次的功能。在每个子系统中可以有自己的专用文件,同时可以共用系统数据库中的数据,通过接口文件实现子系统之间的联系。与之相类似,每个子系统有各自的专用程序,也可以调用服务于各种功能的公共程序,以及系统模型库中的模型。

4. 信息系统综合集成

人们可从不同的侧面对信息系统进行不同的分解。在信息系统研制的过程中,最常见的方法是将信息系统按职能划分成一个个功能子系统,然后逐个研制和开发。显然,即使每个子系统的性能均很好,也不能确保整个系统的优良性能。切不可忽视对整个系统的全盘考虑,尤其是对各个子系统之间的相互关系应做充分的考虑。因此,在信息系统开发中,强调各子系统之间的协调一致性和整体性。要达到这个目的,就必须在构造信息系统时注意对各种子系统进行统一规划,并对各子系统进行综合集成。

(1) 横向集成:将同一管理层次的各种功能综合在一起,使业务处理一体化。

(2) 纵向集成:把某种功能的各个管理层次的业务组织在一起,这种综合沟通了上下级之间的联系。

(3) 纵横综合:主要是从信息模型和处理模型两个方面来进行综合,做到信息集中共享,程序尽量模块化,注意提取通用部分,建立系统公用数据库和统一的信息处理系统。

5. SOA 分布式架构

SOA 面向服务的分布式架构可以根据需求通过网络对松散耦合的粗粒度应用组件进行分布式部署、组合和使用。服务层是 SOA 的基础,可以直接被应用调用,从而有效控制系统中与软件代理交互的人为依赖性。SOA 是一种粗粒度、松耦合服务架构,服务之间通过简单、精确定义接口进行通信,不涉及底层编程接口和通信模型。SOA 可以看作是 B/S 模型、XML(标准通用标记语言的子集)/Web Service 技术之后的自然延伸。SOA 将能够帮助软件工程师们站在一个新的高度理解企业级架构中的各种组件的开发、部署形式,帮助企业系统架构者更迅速、更可靠、更具重用性地架构整个业务系统。较之以往,以 SOA 架构的系统能够更加从容地面对大型信息系统业务的急剧变化。

6. 信息栅格分布式架构

信息栅格基于 SOA 分布式资源集成架构采用分层结构模式,满足信息系统整体的需求,根据信息系统建设的设计原则和技术路线,采用 SOA 面向应用、面向服务、面向数据、面向分布式系统集成的体系架构设计方法作指导,重点是底层技术通用服务的共享组件与中间层和平台层的数据、信息、页面、服务"四大"封装的创新设计。协同和联动系统集成的体系架构将以系统业务服务为核心,形成大型信息系统或复杂巨系统分布式集成架构中各层级聚合点、分布式节点之间的信息互联互通、数据共享交换、业务功能协同、系统集成调用。

信息栅格基于 SOA 分布式资源集成架构是信息系统集成的关键。资源（包括数据、信息、页面、服务）共享与系统集成实际上是指资源共享的接口，即定义如何将资源以一种通用接口的方式接入到一体化信息系统平台上来。资源共享接口是信息系统集成的重要部分。信息栅格与传统的分布式系统不同，其将资源与节点分离，可以以资源为依据对之进行有效管理，而如何将资源与节点分离成为信息栅格技术的关键。信息栅格技术制定一系列相应的通用服务，通过这些服务完成资源封装的功能，这些服务包括资源封装、资源注册、资源监测、资源发现、资源调用、资源管理、安全管理等功能模块。这些模块正是信息栅格基于 SOA 分布式资源集成架构的核心技术和基础。

7. 大数据集中式与分布式技术性能

大数据集中式与分布式技术性能比较列表如表 4-7 所示。

表 4-7 大数据集中式与分布式技术性能比较一览表

序号	性能	集中式	分布式
1	数据存储方式	数据集中存储	数据发布存储
2	存储技术应用	SAN、NAS	区块链+信息栅格
3	软件技术应用	C/S（客户端/服务器）	B/S（浏览器/服务器）
4	技术应用要求	低	高
5	数据安全性	低（防火墙）	高（安全密钥）
6	抗硬摧毁性	低（物理集中）	高（逻辑分布）
7	可维护性	低（维护成本高）	高（维护成本低）
8	可扩展性	低（场地+硬件）	高（网络+节点）
9	建设成本	高（100%）	低（30%）
10	数据访问带宽	高（数据流瓶颈）	低（数据流 P2P）
11	数据共享方式	物理共享	虚拟共享
12	数据存储容量	受限	无限
13	数据处理	难（海量数据集中清洗）	易（业务节点分布清洗）
14	数据实时性	高延时（历史数据）	低延时（实时数据）
15	数据底层服务	数据接口（API）	数据封装（中台）
16	数据孪生	低（物理复制）	高（虚拟映射）
17	数据关联应用	低（物理关联）	高（逻辑关联）
18	数据自治性	低（数据与硬件紧耦合）	高（数据与硬件松耦合）
19	系统集成性	低（数据与系统无关）	高（数据与系统相关）

4.5.4 信息栅格区块链深度融合应用

信息栅格区块链的技术核心是分布式架构、点对点通信、去中心化。区块链核心技术自主创新的突破口是区块链技术的集成创新。区块链技术集成创新的实施路径,就是加快区块链和人工智能、大数据、物联网等前沿信息技术集成创新的深度融合应用。将区块链底层技术服务和智慧城市建设相结合,落实在智慧城市各个行业级领域,如信息基础设施、智慧交通、能源电力等领域的推广应用,提升城市管理的智能化、精准化水平。推动区块链分布式数据共享模式,实现政务数据跨部门、跨区域共同维护和利用,促进业务协同办理,深化"最多跑一次"改革,为人民群众带来更好的政务服务体验。区块链技术集成创新发展和深度融合应用的趋势必然是新一代信息技术战略性发展的方向。

信息栅格技术是第三代互联网的核心技术,它具有完整的理论体系、知识体系、技术体系、应用体系。21世纪由于互联网科技的高速发展,人们面临的是一个信息爆炸的时代,各种信息呈指数快速增长,而现时的互联网上的信息服务器只能分别独立地面对用户,相互之间不能进行信息交流和融合,就好像一个个孤立的小岛。信息的特点与物质和能量不同,信息不会因为使用量和用户的增加而被消耗,因此如果将信息当成物质和能量一样使用,把信息局限在一个个孤岛范围里,就会造成极大的浪费。信息栅格是20世纪90年代中期发展起来的下一代互联网科技。信息栅格技术的核心就是能对现有互联网进行分布式节点化的应用和管理,消除"信息孤岛"。信息栅格将分散在不同地理位置上的资源虚拟为一个空前的、强大的、复杂的、巨大的单一系统,以实现网络、计算、存储、数据、信息、平台、软件、知识和专家等资源的互联互通和全面的共享,从而大大提高资源的利用率,使得用户获得前所未有的互联网应用能力。

信息栅格已成为人类社会至今为止最强的互联网应用工具,它支持各种信息平台、数据库系统、应用功能、应用软件和程序系统综合集成为单一平台和技术设施,包括支持信息系统综合集成的网络平台、数据平台、信息平台、安全防护平台、共性基础设施、基础共性软件等。信息栅格是在信息技术和互联网技术迅速发展的背景下,基于网络化技术推进国家信息化、国防信息化、城市信息化建设的新概念、新模式、新科技、新举措。

信息栅格技术框架基于SOA分布式的资源集成框架,以资源共享策略和资源集成架构为核心。信息栅格是包含多个组织、分布式节点、信息平台、应用系统及资源的动态集合,提供灵活、安全、协同的资源共享的一种框架。信息栅格技术框架与传统分布式技术框架的根本区别在于资源与节点的关系。信息栅格技术框架是将资源与节点分离,也就是实现了分布式节点与底层技术服务的逻辑分离,以满足信息栅格全网全域内任意资源快捷与便捷的调用、映射、交换、集成、共享。传统的分布式技术框架是将资源与节点在逻辑上绑定在一起,从而增加了分布式点对点资源访问和调用的难度。利用信息栅格技术框架可以对分布式资源实现更广泛、更有效的资源组织、调用和管理,这在传统分布式技术框架中是很难做到的。

信息栅格是一种信息基础设施,它包含所有与信息和数据相关的网络及通信设施、计算机设备、感知传感器、数据存储器和各种信息平台及数据库系统。信息栅格技术应用的技术特征主要体现在网络自动融合、分布式、按需获取信息、实现机器之间的互操作等方面。信息栅格一体化综合资源集成SOA开放的体系架构是其技术应用的核心。信息栅格开放的体系架构将分布于互联网、物联网上信息栅格的各个信息节点集成为一个统一的互联、互通、共享、协同的复杂巨系统。

信息栅格与区块链在分布式节点、去中心化、分布式数据库、共识机制、加密算法等技术特征上具有同一性和一致性。从技术的角度信息栅格和区块链就像一对"孪生兄弟"。信息栅格更强调系统集成、资源共享、业务协同、按需获取信息;区块链则注重在金融行业的应用、分布式数据库(分布式记账)、数据安全、加密算法等。如果从技术应用的角度来看,信息栅格和区块链就是一个家族"父子情深"。区块链与信息栅格技术集成创新具有广阔的发展前景。其技术集成与深度融合应用具有以下特点:

1. 增强区块链系统集成能力

区块链与信息栅格技术集成创新系统集成应用信息栅格在互联网和物联网各种链路的互联互通的机制,实现了区块链各个分布式节点之间的互联互通,为区块链的系统集成应用和协同工作提供了通路与带宽的保证。同时通过制定基于信息栅格各节点之间的信息交互标准规范,确保点对点之间以相互能够理解的方式交互信息。网络的互联及信息互通的规范是信息互操作的基础,信息栅格为区块链提供了统一的开放式平台、接口标准以及交互流程,实现了不同节点应用系统之间的信息互联互通,使得区块链各分布式节点之间可以自动完成系统集成的互操作,同时保证了整个区块链各个节点内部信息的一致性、整体性、完整性、安全性。

2. 增强区块链节点资源共享能力

区块链与信息栅格集成创新节点资源共享主要包括多传感器数据融合、异构数据库、分布式数据库(包括结构化数据库、非结构化数据库、多媒体数据库)的数据共享交换、应用程序的共享共用。多传感器数据融合包括两个层次:一个是指区块链节点内传感器之间的实时集成;另一个是指不同区块链节点传感器之间的实时集成,在同一个信息栅格开放式平台下的传感器数据集成可以通过 API 接口定义来实现。各节点异构数据库共享交换根据数据库多源性、异构性、空间分布性、时间动态性和数据量巨大的特点,提供数据存储标准、元数据标准、数据集(数据封装)的交换标准,数据存储与管理、远程数据传输的策略。应用程序共享共用根据信息平台和应用系统具有共性需求的封装组件及中间件、平台支撑模块、平台接口模块、应用数据挖掘分析和协同操作等软件程序,在区块链格中共享已开发、已拥有和已运行的共性软件程序,使得区块链中其他节点信息平台和应用系统都可以通过远程共享共同使用或下载安装这些软件程序。

3. 增强区块链分布式资源处理能力

区块链与信息栅格集成创新分布式资源处理主要体现在有效的方式资源注册、资源发现、节点资源组织与协同,处理各种应用请求,为执行远程应用和各种活动提供有力的区块链底层技术服务支持。面向服务是区块链底层技术服务集成创新的关键,它把一切分布式节点资源(数据、信息、页面、应用)均表达为节点服务,这些节点服务通过协同实现分布式节点自治、自处理、自适应、自学习,最终发布到统一的信息栅格区块链云平台开放式分布式节点集成服务平台上。服务请求者通过访问服务、接口服务、业务流程服务、资源管理服务等与一体化分布式节点集成服务平台实现交互。一个分布式节点资源服务可以包含一个或多个接口,每个接口上定义一系列因消息程序或封装组件的调用、映射、交换、共享而产生的操作,不仅包括接口地址发现、动态服务创建、生命周期管理、消息通知、可管理性、规则地址命名、可升级性,还包括地址授权和并发控制。为了实现节点资源服务提供者与服务请求者之间的交互,信息栅格区块链云平台开放式资源服务平台还提供安全防护、服务质量(QoS)服务等功能。

4. 实现区块链自适应信息传输能力

区块链与信息栅格集成创新自适应信息处理的特点是采取了信息栅格的传输机制,使得区块链具备信息传输的自适应性。在信息栅格环境中,不再需要把数据全部下载到本地节点再使用,而是针对不同用户应用的需要,采用相应的传输策略。常用的传输包括并行传输、容错传输、第三方控制传输、分布传输、汇集传输。这些传输策略可以保证在互联网或物联网环境上可靠地传输数据以及实现大量数据的高速移动、分块传输和复制、可重启、断点续传。栅格文件传输协议 GridFTP 是保证信息节点中不同传输方式的兼容性,提供安全、高效的数据传输功能的通用数据传输协议,该协议通过对 FTP 协议的栅格化扩展,侧重于在异构的存储系统之上提供统一的访问接口,以及解决大量数据传输的性能和可靠性问题。

5. 实现区块链即插即用按需服务能力

区块链与信息栅格集成创新即插即用按需服务的特点主要体现在能够集成所有的信息系统,如智慧城市级一级平台、行业级二级平台、业务级三级平台,以及各种各类应用系统如监测监控系统、决策指挥系统、可视化系统、数据分析系统等,而每个独立的信息节点又包括很多应用系统(或子系统)。使得区块链通过信息节点和应用系统的共性策略和统一的技术服务接口将底层的各种应用程序资源进行封装。区块链用户对各种底层技术服务的使用是完全透明的,对资源的访问、数据的存储、作业的提交就像使用本地节点资源接入一样方便、快捷、高效。因此只要符合区块链底层技术服务的标准和权限,任何区块链用户都可以方便地接入各个节点和应用系统,按需提取自己所需的信息与服务。

6. 实现区块链去中心化信息集成能力

区块链与信息栅格集成创新去中心化信息集成改变了以往树形、集中式、分发式的信息共享方式,取而代之的是网状、分布式、按需索取式的信息共享模式。信息栅格为满足去中心化信息集成应用,采用信息节点和资源分离的分布式技术,改变了传统分布式技术将节点和资源绑定在一起的做法。通过各个节点的信息、数据、页面(URL)、服务的封装组件(中间件),实现了信息栅格全域内的需求调用、映射、交换、集成、共享。区块链与信息栅格技术集成创新,不再强调集中式的信息中心,取而代之的是无中心或多中心和分布在各个信息节点中具有不同应用的信息系统。这些信息节点或信息系统的访问接口是统一的,所提供统一封装的信息、数据、页面(URL)、服务等组件和中间件也都是经过严格规范的。一方面,传感器、过程数据、应用信息可以把不同种类的信息汇集到各自信息节点中;另一方面,任何一个信息节点上的用户都可以按照需求点对点自动访问不同信息节点的底层技术服务,包括信息、数据、页面(URL)、应用等,并将各个节点来源的底层技术服务自动集成为针对某一目标和任务的虚拟化应用与服务。除了按需获取信息以外,还可以按需预定信息。区块链所采用的去中心化信息集成的共享机制克服了传统集中式信息共享机制的弱点。

7. 提高区块链综合安全防护能力

区块链与信息栅格集成创新综合安全防护区别于一般传统安全防护的模式,在区块链无中心或多中心以网络为中心的条件下具有顽强抗毁的能力。信息和网络安全渗透于区块链的各个信息节点、平台、应用系统和各组成部分、信息流程的各个环节,信息获取与感知、传输与分发、分析与处理、开发与利用都存在着激烈的对抗,这些激烈的对抗始终都是围绕区块链信息节点的安全防护系统展开的。因此安全防护能力既可提高信息节点及应用系统的运行效率、精度和反应能力,同时又面临着电子干扰与破坏的威胁,安全防护能力一旦遭到破坏,整个区块链系统将失去原有的功能甚至完全瘫痪。为此区块链与信息栅格综合安全防护技术的集成创新,必然会增强区块链安全防护能力并采用有效措施,使之具备良好的抗毁性、抗干扰性和保密性能。

4.5.5 智慧城市信息栅格区块链应用集成

智慧城市信息栅格区块链应用集成采用面向资源管理的区块链技术、信息栅格技术和云计算 IaaS、DaaS、PaaS、PaaS 4S 服务的总体架构,使用广泛接受的标准和松耦合设计模式。智慧城市区信息栅格+块链云平台基于区块链技术和信息栅格架构,以区块链和人工智能、大数据、物联网等前沿信息技术的深度融合为技术总路线,推动集成创新和融合应用。要探索"区块链+"在民生领域的运用,积极推动区块链技术在教育、就业、养老、精准脱贫、医疗健康、商品防伪、食品安全、公益、社会救助等领域的应用,为人民群众提供更加智能、更加便捷、更加优质的公共服务;要推动区块链底层技术服务和智慧城市建设相结合,探索在信息基础设施、智慧交通、能源电力等领域的推广应用,提升城市管理的智能化、精准化水平;要探索利用区块链数据共享模式,实现政务数据跨部门,跨区域共同维护和利用,促进业务协同办理,深化"最多跑一次"改革,为人民群众带来更好的政务服务体验。采用云计算、大数据、互联网、物联网、边缘计算、人工智能技术集成应用,整合来自智慧城市各行业级平台的信息资源,并为将来与新建第三方系统平台、应用和信息资源节点进行系统集成提供手段,构建易于节点扩展和可伸缩的弹性系统。

4.5.6 智慧城市信息栅格区块链总体架构

智慧城市信息栅格区块链总体架构由信息栅格区块链分布式节点设施层、区块链底层技术服务层、信息栅格区块链云平台层、虚拟化应用层构成,如图 4-15 所示。

图 4-15 智慧城市信息栅格区块链总体架构图

1. 分布式节点设施层

智慧城市信息栅格区块链总体架构分布式节点设施层分别由网络融合与安全物理平台和区块链分布式节点物理平台构成。网络融合与安全物理平台由互联网络、5G无线网、物联网络、电子政务外网的软硬件组成，提供区块链各分布式节点之间，以及各分布式节点与信息栅格区块链云平台之间的通信和带宽的网络基础设施。区块链分布式节点物理平台由节点内部的网络、数据、信息、安全的软硬件设施设备组成，提供各分布式节点内部的底层技术服务。

2. 底层技术服务层

智慧城市信息栅格区块链总体架构底层技术服务层分别由分布式节点资源平台和分布式节点接入平台构成。分布式节点资源平台由分布式数据库系统、分布式业务应用系统、分布式密钥系统、分布式共识系统组成，提供分布式节点各自的数据、信息、安全、服务等资源。分布式节点接入平台由节点数据封装、节点信息封装、节点页面封装、节点服务封装组成，对分布式节点资源进行分类组装，并进一步采用容器技术对数据类、信息类、页面类、服务类进行组态（俗称"打包"），形成区块链底层技术服务的组件（或称"构件"），包括业务组件、通用组件、安全组件、中间件组件，为信息栅格区块链云平台上层功能在需求时提供调用、映射、交换、集成、共享等底层技术服务。

3. 云平台层

智慧城市信息栅格区块链总体架构云平台层根据智慧城市应用需求，结合区块链底层技术服务，提供区块链各分布式节点之间的信息交换、数据共享、业务协同、服务调用等底层服务功能；同时集成创新构建智慧城市虚拟网络中心、虚拟数据中心、虚拟运营管理中心和信息共享集成平台，实现对区块链各分布式节点进行有效管理和集成应用。通过信息栅格区块链云平台实现与智慧城市政务服务、城市治理、社会民生、企业经济等领域第三方已建、在建和未建的行业级业务平台及应用系统的集成和深度融合应用，实现区块链和人工智能、大数据、物联网等前沿信息技术的深度融合。通过集成创新和融合应用，为社会民生涉及医疗健康、养老、教育、就业、食品药品安全、社会救助等领域的广泛应用提供更加智能、更加便捷、更加优质的公共服务。

4. 虚拟化应用层

智慧城市信息栅格区块链总体架构虚拟化应用层通过区块链底层技术服务和智慧城市的结合，以及信息栅格区块链云平台的服务支撑，将智慧城市分散在不同地理位置上的分布式节点资源虚拟为一个空前的、强大的、复杂的、巨大的单一系统，以实现智慧城市网络、计算、存储、数据、信息、平台、软件、知识和专家等资源的互联互通和全面的共享融合应用，提供智慧城市公共服务APP、政务服务网站、可视化集成展现、大数据分析展现、决策与预测信息、城市治理综合态势场景、应急指挥调度救援、人工智能深度学习等功能集成应用。为人民群众提供更加智能、更加便捷、更加优质的公共服务，为城市综合治理提供智能化、精准化的超能力，实现政务服务协同办理，给群众带来更好的政务服务体验。

4.5.7　智慧城市信息栅格区块链云平台技术结构

智慧城市信息栅格区块链云平台总体架构技术路线，基于智慧城市总体框架所表述的知识与建设体系，标准体系、平台与数据结构、信息平台、数据库、应用系统的组成，各组成软硬件部分之间的物理与逻辑关系。信息栅格区块链总体技术结构对智慧城市顶层规划具有指导性、规范性、统一性、约束性的作用。

智慧城市信息栅格区块链云平台总体技术结构的理念、思路与策略，以区块链和信息栅格技术为支撑，以智慧城市网络融合与安全中心、大数据资源中心、运营管理中心和一、二级平台（"三中心一平台"）信息栅格区块链信息基础设施为总体框架，以智慧城市现代化科学的综合管理和便捷与有效的民生服务为目标，大力促进政府信息化、城市信息化、社会信息化、企业信息化，建立起智慧城市基础数据管理与存储中心和各级信息平台（信息节点）及各级数据库（分布式数据库）的智慧城市顶层规划模式。结合智慧城市规划、交通、道路、地下管网、环境、绿化、经济、人口、街道、社区、企业、金融、旅游、商业等各种信息与数据形成一体化的、统一的（物理的）、虚拟化的（逻辑的）、去中心化的云计算与云数据体系。建设智慧城市级的信息互联互通和数据共享交换的复杂巨系统，建立起智慧城市综合社会治理和公共服务的城市级一级平台、行业级二级平台和业务级三级平台及应用系统，如智慧政务、智慧大城管、智慧社区、智慧应急、智慧民生、智慧产业等。

智慧城市信息栅格区块链云平台总体技术结构基于信息栅格 SOA 的资源集成架构融于智慧城市框架体系结构之中。智慧城市框架体系结构应满足信息栅格分级分类，即多平台、多数据库和多重应用（即无中心）开发的复杂巨系统规划的要求。特别体现智慧城市整个框架体系结构规划中的网络互联、信息互通、数据共享、业务协同，遵循信息栅格统一规划、统一标准、统一开发、统一部署、统一应用的原则，将消除"信息孤岛"，打通信息壁垒和避免重复建设作为智慧城市项目实施的根本要求。

智慧城市信息栅格区块链云平台总体技术结构采用分布式节点结构模式，从智慧城市整体的智慧政务、智慧民生、智慧治理、智慧经济、智慧网络安全五大领域的需求出发，确定智慧城市信息栅格区块链的总体架构和总体技术结构，各信息节点采用面向对象、面向服务、面向应用和统一底层技术服务的组件式结构。

1. 智慧城市信息栅格区块链云平台统一技术结构

（1）统一信息栅格 SOA 资源集成架构和智慧城市信息栅格区块链云平台总体技术结构，易于扩展和部署。

（2）统一区信息栅格各个信息节点的数据、信息、页面、服务封装，实现跨平台、跨系统、跨业务的系统集成。

（3）统一可视化数据、信息、页面、服务的调用、交换、管理、共享、分析、展现。

（4）统一智慧城市信息栅格区块链云平台、身份认证、服务 APP、应用门户。

（5）统一智慧城市信息栅格区块链各分布式节点的数据、信息、处置、预案、指挥、调度、救援等的业务应用。

（6）统一采用信息栅格区块链系统化、结构化、标准化、平台化、组件化的技术应用。

2. 智慧城市信息栅格区块链云平台统一技术路线特点

（1）为了实现智慧城市信息栅格区块链大数据整合，消除"信息孤岛"，避免重复建设，在智慧城市信息栅格区块链云平台上，分别建立城市级平台、业务级平台和应用级系统，实现智慧城市信息栅格区块链各分布式节点的网络融合、信息互联、数据共享、业务协同。

（2）智慧城市信息栅格区块链云平台总体技术结构分别由城市级平台、业务级平台及应用级系统构成。城市级及业务级平台采用共性的技术路线，可有效消除"信息孤岛"和避免重复建设。

（3）智慧城市信息栅格区块链云平台基本设置应包括门户网站、数据库系统、网络中心、基础网络、服务器组、应用软件、网络安全、系统与数据通信协议接口等。

（4）智慧城市信息栅格区块链云平台 Web 技术体系和采用开放的 TCP/IP 网络通信协议，标准规范的信息与数据的接口和通信协议，实现各级平台与第三方三级应用系统间的互联互通和数据共享交换，以及基于云计算的浏览器/服务器(B/S)和边缘计算客户机/服务器(C/S)相结合的计算机系统结构模式。

（5）用户通过统一的浏览器方式访问智慧城市信息栅格区块链云平台各级信息平台（信息节点），实现对智慧城市信息栅格区块链云平台及业务级平台（信息节点）的信息、图片、视音频进行显示、操作、查询、下载、打印。

（6）智慧城市信息栅格区块链云平台二级平台（信息节点）功能，实现对业务级平台信息及数据的汇集、存储、交互、优化、发布、浏览、显示、操作、查询、下载、打印等功能，重点实现基础设施监控与管理、综合管网监控与管理，以及社区社会民生综合服务等。智慧城市信息栅格区块链云平台是实现智慧城市综合管理和公共服务等应用系统间信息互联互通、数据共享交换、服务应用功能协同的技术支撑。

（7）智慧城市信息栅格区块链云平台大数据库系统分别由城市级大数据库、业务级主题数据库和应用级数据库构成，采用云存储方式，实现各级数据库系统之间的数据交换、数据共享、数据业务支撑、数据分析与展现、统一身份认证等。各业务级主题数据库在物理上相互独立，在逻辑上则形成一体化的共享大数据库系统。

4.5.8　智慧城市信息栅格区块链底层技术服务结构

信息栅格区块链与智慧城市的集成创新和深度融合应用，关键是信息栅格区块链底层技术服务的集成创新。信息栅格区块链底层技术服务应能够支撑智慧城市与信息栅格区块链各个分布式节点的集成应用。其核心技术是通过信息栅格区块链各分布式节点将节点底层资源，包括数据、信息、页面、服务资源进行统一的封装。采用容器封装技术屏蔽各个分布式节点底层资源的异构性，从根本上消除"节点孤岛"造成的各分布式节点之间互联互通和互操作的难题。对于区块链分布式各节点资源中的数据、信息、页面、服务资源，采用基于信息栅格 SOA 系统集成架构统一封装的策略和技术，将各分布式节点资源封装为业务组件、通用组件、安全组件和中间件组件的共享策略及数据管理服务调用的方法，使得信息栅格区块链底层技术服务的各类组件满足上层需求应用的组织管理和组件的调用、映射、交换、集成、共享。对于信息设备资源以及信息处理资源，则可以通过资源管理服务来进行封装，由于不同功能的资源其接口的调用也各不相同，可以通过资源注册与发现服务将本地资源的调用接口以及服务质量相关信息注册到上层资源发现模块之中，方便用户发现和调用。

智慧城市信息栅格区块链底层技术服务主要由通用组件、业务组件、安全组件和中间件组件构成，以满足信息栅格区块链云平台信息与数据的调用、映射、交换、集成、共享和组件组织管理、组件标准化及组件应用的引擎和接口。通用组件、业务组件、安全组件和中间件组件采用统一的标准和规范进行开发和组态。各类组件根据智慧城市信息栅格区块链云平台与各分布式节点互联互通和数据共享交换的要求，将统一开发的各类组件部署在信息栅格区块链底层技术服务的接入层中。智慧城市区信息栅格区块链底层技术服务层主要由分布式节点接入平台的通用组件、业务组件、安全组件和中间件组件,以及分布式节点资源平台组成,如图4-16所示。

图 4-16 智慧城市区信息栅格区块链底层技术服务结构图

1. 通用组件

基于信息栅格 SOA 系统集成架构,根据智慧城市信息栅格区块链云平台所需的通用功能,采用系统化、结构化、标准化的方式,构建智慧城市信息栅格区块链云平台各业务二级平台(信息节点)通用的数据交换组件、统一认证组件、门户组件、报表组件、数据分析组件、视频分析组件、机器学习组件、系统管理组件、资源管理组件和可视化组件等通用组件层。共享组装结构是异构平台互操作的标准和通信平台。通用组件结构是"即插即用"的支撑结构。通过一定的环境条件和交互规则,通用组件结构允许一组组件形成一个封闭的构件,可以独立地与第三方平台或其他异构系统进行交互、调用和协同。因此通用组件结构及其内含的构件也可以视为一组独立的构件组合体或通用组件层。通用组件通过不断地迭代和合成,可以为一个框架体系结构复杂的大系统或巨系统提供跨平台、跨业务、跨部门的应用调用和系统集成,同时避免各业务平台软件及服务程序的重复开发与建设。

2. 业务组件

业务组件层满足智慧城市跨平台、跨业务、跨部门可视化集成的调用与场景展现。通过智慧城市各行业级二级平台(信息节点)的系统集成,进行智慧城市各业务类应用服务的组织、采集和应用信息资源分类、综合与集成。采用分布式(节点与资源分离)多源异构的容器封装共享机制,将智慧城市各类数据、信息、页面、服务资源按照智慧城市管理与服务各业务应用类型进行分类、集合、组织、封装;从应用的供需角度组织数据、信息、页面、服务资源,建立智慧城市系统集成"四大"封装的业务类目录和业务应用组件调用体系,实现各类封装的业务组件之间(即业务数据、业务信息、业务页面、业务服务的供需之间)的跨平台、跨业务、跨部门、跨应用需求的调用、映射、交换、集成、共享。

3. 安全组件

信息栅格区块链采用 P2P 技术、密码学和共识算法等技术，具有数据不可篡改、系统集体维护、信息公开透明等特性。区块链提供一种在不可信环境中，进行信息与价值传递交换的机制。区块链的价值是信任，所以可信是区块链的核心价值，是构建未来区块链价值的基石。区块链的信任的核心是密码算法，密码算法的核心是算法本身和密钥的生命周期管理。密钥的生命周期包括密钥的生成（随机数的质量）、存储、使用、找回等。虽然区块链协议设计非常严谨，但作为用户身份凭证的私钥安全却成为整个区块链系统的安全短板。通过窃取或删除私钥，就可轻易地攻击数字资产权益，给持有人带来巨大的损失。这样的恶性事件已经不止一次地出现，足以给人们敲响警钟。

信息栅格区块链安全机制采用与信息栅格安全保障体系集成创新的方式。安全组件实现对信息栅格区块链云平台和分布式节点实施双重安全防护。对于信息栅格区块链云平台的安全采用公有密钥的方式，集成分布式节点安全认证、PKI/CA 认证，为每个区块链分布式节点发放数字认证。确保信息栅格区块链每个分布式节点是通过安全注册和认证的，信息栅格区块链云平台与分布式节点之间的互联是可信任、可靠的。对于信息栅格区块链分布式节点的安全采用私有密钥的方式，集成 SM2/SM3 密钥算法、共识算法、数据加密。通过私钥对访问者进行安全认证，确保在点对点获取分布式节点资源时是安全的、可信任的、可靠的和数据不可篡改的。

4. 中间件组件

中间件是一种独立的系统软件或服务程序，分布式信息节点应用软件借助这种软件在不同的技术之间共享资源。中间件位于客户机/服务器的操作系统之上，管理计算机资源和网络，是连接分布式节点之间独立应用程序或独立系统的软件。相连接的分布式节点的业务平台或应用系统具有不同的接口，但通过中间件相互之间仍能交换信息。执行中间件的一个关键途径是信息传递。通过中间件，应用程序可以工作于去中心化的多节点或 OS 环境。智慧城市信息栅格区块链云平台基于 SOA 系统集成架构的基础中间件层包括 MOM、J2EE、LDAP、PORTAL、ESB 等。

4.5.9 智慧城市信息栅格区块链分布式节点结构

智慧城市信息栅格区块链分布式节点结构将区块链分布式 P2P 结构和信息栅格资源管理技术结合在一起。该结构既可以实现分布式节点之间的互联和信息交换，又可以通过智慧城市信息栅格区块链云平台实现对分布式节点的资源管理。区块链资源管理是信息栅格区块链云平台的核心功能，实现对信息栅格区块链各分布式节点的统一组织、调度和管理。通过各分布式节点底层技术服务对各类资源进行封装，提供统一提交作业的引擎和接口。特别对于一些综合任务和多目标需要协调多个分布式节点的资源协同时，则需要通过信息栅格区块链云平台的资源管理将综合任务和多目标有效地分配到合理的分布式节点的业务平台及应用系统上运行。各个分布式节点底层技术服务封装的是大量的元数据（类）信息，这些元数据（类）描述了节点资源的语义、功能、调用。如何对这些信息进行有效的组织和管理，是分布式节点底层技术服务的基础，该功能通过信息栅格的资源发现来实现。信息栅格系统集成中的资源发现与一般系统信息服务不同，除了具有信息获取和发布的基本功能之外，重要的是要保证信息是当前需要的、可用的、可信任的。

上述智慧城市信息栅格区块链分布式节点结构,是一个典型的"去中心化""去集中化"的分布式结构。传统的智慧城市或数字政府将政府各业务系统和应用功能集中部署在一个软硬件环境中进行集中式的应用和管理;而智慧城市采用信息栅格区块链分布式结构,将政府各业务系统和应用功能部署在政府各部门(分布式节点)中进行分布式的"自治"应用和管理。区块链"自治化"的特点有助于政府摒弃传统的"管理—规制"模式,而遵循"治理—服务"理念。所谓政府各部门运行与管理的"自治化"是指所有参与到信息栅格区块链分布式结构中的政府各部门节点均遵循同一"共识机制",不受外部的干预,自由地、自主地进行各部门(节点)之间的信息与数据交换、共享、应用,自发地、共同地维护政府各部门业务系统的信息与数据的可用性、可靠性和安全性。因此政府各部门分布式节点的"自治化"也可称为"共治化",即每个政府各部门并非是完全分散的独立的"个体"存在,而是通过"共识机制"形成逻辑上虚拟化的统一性、协同性、一致性的一个有机整体。不同的政府各部门分布式节点(或称为组织域)可以通过电子政务外网实现各个政府各部门分布式节点之间的互联,并收集其他部门节点的信息和数据,同时又可以通过信息栅格区块链云平台来调度、组织和管理各个分布式节点的资源,形成逻辑上虚拟化的一个整体,如图4-17所示。由于是基于区块链分布式的结构,因而不存在系统瓶颈,系统的可扩展性、可靠性及安全性提高了。智慧城市信息栅格区块链分布式节点结构与信息栅格资源管理技术的结合方式,可以方便对分布式节点访问权限进行管理。各个政府部门分布式节点将本节点资源注册到信息栅格区块链云平台的全局资源管理与服务之中并定期更新。当客户端需要通过资源发现服务搜索相应的信息和数据时,先从信息栅格区块链云平台的全局资源管理搜索相关信息和数据,如果没有搜索到相关信息和数据,则通过P2P方式访问任何一个分布式节点底层技术服务来获取。信息栅格区块链云平台则负责维护所有政府各部门分布式节点底层技术服务封装组件。

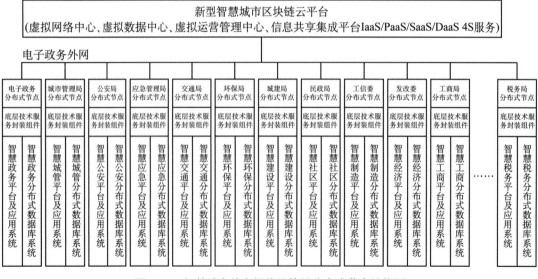

图4-17 智慧城市信息栅格区块链分布式节点结构图

智慧城市或数字政府采用信息栅格区块链分布式(去中心化、去集中化)结构,将大大提升政府各部门的信息化、数字化、智能化应用,大大提升政府各部门的业务能力和工作效率。

智慧城市信息栅格区块链分布式节点结构将区块链分布式P2P结构和信息栅格资源管理技术结合,其特点如下:

(1) 实现对分布式节点资源的管理。满足信息系统集成中的安全性要求,而且有效地减小了网络数据流量。

(2) 基于P2P结构的信息栅格区块链云平台提供全局信息和数据服务,可以有效消除系统瓶颈,同时提高系统的可扩展性和安全性。

(3) 提高分布式节点资源管理的一致性和统一性,基于P2P结构,减少了整个系统的层次结构,提高了对分布式节点访问的有效性。

(4) 方便对个分布式节点底层技术服务的组织和调用。各个分布式节点底层技术服务首先可以组织节点内部资源,然后再统一汇总到信息栅格区块链云平台全局资源管理中,可有效减少全局信息服务的负担。

4.5.10 智慧城市信息栅格区块链云平台实现功能

智慧城市信息栅格区块链云平台是城市级平台与各业务级平台及应用系统与信息集成的统一平台,是智慧城市统一的核心信息枢纽。城市级信息栅格区块链云平台位于整个智慧城市统一信息化应用的最顶层,各个业务级平台(信息节点)与城市级信息栅格区块链云平台相连接形成一个星形结构的分布式系统体系,各业务应用系统与业务级二级平台(信息节点)相连接,从而形成一个以城市级平台为核心的"雪花"形的点对点的结构。城市级信息栅格区块链云平台作为智慧城市统一信息与数据的中心节点,承担业务级二级平台及应用系统节点的系统集成、数据交换、数据共享、数据支撑、数据分析与展现、身份统一认证、可视化管理等重要功能。智慧城市信息栅格区块链云平台业务支撑系统组成及功能如下:

1. 综合信息集成系统功能

智慧城市信息栅格区块链云平台综合信息集成门户网站定位为智慧城市信息栅格区块链云平台级APP。其功能是将城市级平台和各业务级平台相关的应用系统的管理和服务信息,通过系统与信息集成和Web页面的方式链接到门户网站上来。网络注册用户(实名制)可以通过网络浏览器方式,实现对整个智慧城市信息栅格区块链云平台管理与综合服务信息的浏览、可视化展现、查询、下载。城市级平台综合信息门户网站是全面提供智慧城市信息栅格区块链云平台管理与服务的人机交互界面。

2. 数据资源管理系统功能

智慧城市信息栅格区块链云平台数据资源管理系统实现信息资源规划相关标准的管理、元数据管理、数据交换管理等功能,是实现智慧城市信息栅格区块链云平台数据共享的前提和保证。数据资源管理系统是对信息资源规划提供辅助作用,并方便普通用户使用规划成果,维护规划成果、数据的工具平台。提供用户直接浏览和查询的界面,并将该成果进一步规范化管理,将数据元目录、信息编码分类将信息交换标准等进一步落实,以指导支持一级平台的大数据建设,以及智慧城市信息栅格区块链云平台管理与民生服务三级平台的建设。

智慧城市信息栅格区块链云平台数据资源管理系统实现以下功能:

(1) 元数据管理功能;

(2) 编码管理功能;

（3）数据交换管理功能。

3. 数据共享交换系统功能

数据共享交换系统是实现和保障智慧城市信息栅格区块链云平台共享分布式数据库之间（信息节点），以及城市级平台与业务级平台（P2P）之间数据交换与共享的功能，能够在其应用系统之间实现数据共享和交换。数据交换与业务级平台利用面向服务的要求进行构建，通过 WS 和 XML 为信息交换语言，基于统一的信息交换接口标准和数据交换协议进行数据封装、信息封装、页面封装、服务封装，利用消息传递机制实现信息的沟通，实现基础数据、业务数据的数据交换以及控制指令的传递，从而实现智慧城市信息栅格区块链云平台与各业务级平台及应用系统的数据、信息、页面、服务的集成。

4. 数据分析与展现系统功能

智慧城市信息栅格区块链云平台的数据加工存储分析系统主要由数据仓库（DW）和数据清洗转换装载（ETL）以及前端展现部分组成。通过 ODS 库（主题数据库），将智慧城市信息栅格区块链云平台涉及已建、在建和未建的各个应用系统（视为信息节点）中的数据、信息、页面、服务，按照要求集中抽取到业务级主题数据库中；然后再进一步挖掘到智慧城市信息栅格区块链云平台大数据库系统中，为数据挖掘、数据分析、决策支持等高质量的数据来源，为智慧城市信息栅格区块链云平台"管理桌面"和各级业务领导及部门提供可视化信息展现，为领导管理决策提供支撑和服务。数据加工存储分析功能主要是对从数据源采集的数据进行清洗、整理、加载和存储，构建智慧城市各业务级主题数据库。针对不同的分析主题进行分析应用，以辅助智慧城市信息栅格区块链云平台管理决策。数据加工管理过程包含 ETCL，即数据抽取（Extract）、转换（Transform）、清洗（Clear）和加载（Load），是大数据库系统。数据集成实现过程中，将数据由应用数据库到主题数据库系统，再向城市级平台的 ODS 加载的主要过程，是智慧城市信息栅格区块链云平台建设大数据库知识数据过程中，数据整合、挖掘、分析的核心技术与主要手段。

5. 统一身份认证系统功能

智慧城市信息栅格区块链云平台统一身份认证系统采用数字身份认证方式，符合国际 PKI 标准的网上身份认证系统规范要求。数字证书相当于网上的身份证，它以数字签名的方式通过第三方权威认证有效地进行网上身份认证，帮助各个实体识别对方身份和表明自身的身份，具有真实性和防抵赖功能。

6. 可视化管理系统功能

智慧城市信息栅格区块链云平台可视化应用包括地理空间信息 3D 图形（GIS）、建筑信息模型 3D 图形（BIM）、虚拟现实（VR），以及视频分析（VA）的可视化技术应用集成。各业务级平台及应用系统的数据和信息通过可视化集成展现，形成数据和信息可视化的集成、共享、展现的场景综合应用。

7. 共享大数据库系统

智慧城市信息栅格区块链云平台共享大数据库系统分别由城市级大数据库、业务级主题数据库（信息节点）、应用级数据库（P2P）构成，具有大数据管理的环境和能力。采用城市级、业务级、应用级多级数据云存储结构，数据存储采用集中数据存储和网络化分布式数据存储相结合的云存储模式。智慧城市信息栅格区块链云平台共享大数据库采用集中云数据存储的方式，业务级和应用级数据存储数据库可采用网络化分布式数据云存储方式。各级数据存储数据库具有数据存储、管理、优化、复制、防灾备份、安全、传输等功能。云存储数据库采用海量数据存储与压缩技术、数据仓库技术、网络化分布式数据云存储技术、数据融合与集成技术、数据与信息可视化技术、多对一的远程复制技术、数据加密和安全传输技术、数据挖掘与分析技术、数据共享交换技术、元数据管理技术等。智慧城市信息栅格区块链云平台监控与管理数据存储采用分布式数据库与集中的云数据管理和云数据防灾备份。各级信息节点分布式数据存储系统在物理上相互独立、互不干扰,逻辑上形成一体化的共享数据云存储仓库。

4.5.11　智慧城市信息栅格区块链深度融合应用特点

智慧城市系统集成基于区块链与信息栅格集成创新的SOA的系统集成架构融于智慧城市框架体系结构之中。智慧城市信息栅格区块链基于SOA的系统集成架构借鉴了智慧城市信息栅格信息系统集成框架体系结构(SCIG),率先提出了智慧城市信息栅格区块链总体架构(拓扑图)、智慧城市信息栅格区块链云平台总体技术结构拓扑图和智慧城市信息栅格区块链底层技术服务结构(拓扑图),以满足智慧城市框架体系结构矩阵型多平台多数据库和多重应用的去中心化和开放性复杂巨系统框架体系结构的要求。特别注重智慧城市整个框架体系结构规划设计中的网络互联、信息互通、数据共性、业务协同,同时强调统一规划、统一标准、统一开发、统一封装、统一组件、统一部署、统一应用的原则,将消除"信息孤岛"和避免重复建设作为智慧城市项目实施的根本要求。智慧城市系统集成具有以下特点:

1. 采用分布式节点结构模式

智慧城市信息栅格区块链系统集成架构采用分布式节点集成的模式,从满足整体需求出发,根据系统建设的设计原则和技术路线,采用区块链面向应用、面向服务、面向数据、面向系统集成的分布式节点体系架构设计方法作指导,重点是各个信息节点通用组件、业务组件、安全组件、中间件组件和分布式节点接入层的数据、信息、页面、服务"四大"封装的创新设计。协同和联动各个节点资源和系统集成的体系架构将以系统业务服务为核心,形成智慧城市系统集成架构中各层级之间的信息互联互通、数据共享交换、业务功能协同、系统统一调用。

2. 统一框架分布式结构易于扩展和部署

智慧城市信息栅格区块链系统集成架构采用分布式和统一规范的通用组件、业务组件、安全组件、中间件组件的系统化、结构化、标准化,简化了应用服务的结构,避免了因为存在不同异构的信息节点底层技术服务可能引起不易集成的问题。采用统一的组件封装结构封装底层的数据、信息、页面、应用,使得将来易于增加新的节点和应用。采用统一开发的以容器封装技术的标准化结构模型和组件引擎及调用接口(API),易于区块链各个信息节点通过标准组件引擎和接口调用底层技术服务的数据、信息、页面和应用,降低重复开发成本,保证新节点增加和应用的兼容性与集成性。

3. 分布式数据易于利用

智慧城市信息栅格区块链系统集成架构基于智慧城市一级信息栅格区块链云平台及大数据库,业务级二级平台及主题数据库(信息节点)的分布式数据库的模式,为相关决策提供一体化、分布式的信息与数据的支撑,满足智慧城市全面社会管理和公共服务信息互联互通、数据共享交换、业务协同联动的需求。

4.6 智慧城市信息栅格分布式数据存储与挖掘

4.6.1 信息栅格分布式数据服务与集成模型

基于军事信息栅格技术构造数据服务模型的方法,就是构造一个开放的栅格服务数据存取和集成的模型(Open Grid Services Architecture-Data Access and Integration,OGSA-DAI)。该模型是一个可被复用的构件,使得现有数据资源如关系数据库、实时数据库或 XML 数据库都能够实现数据服务,并集成到数据共享环境中的架构上。它符合现有的数据标准,可以在 Web Services 环境下开发,并支持 DB2、Oracle、MySQL、PostgreSQL、eXist 等数据库系统,以及文件系统等。

1. OGSA-DAI 概述

OGSA-DAI 采用可复用的构件技术,可以实现在栅格环境或标准数据库系统环境下的数据服务(包括存取、访问、调用等)与数据集成。针对结构化数据资源提供可扩展的编程框架在 DAI 的支持下,无论是数据库、文件还是其他形式的异构数据,都可以进行管理与集成,并允许这些资源通过 Web 服务的方式访问。更重要的是 OGSA-DAI 提供了以数据为中心的数据流处理引擎,可实现数据的访问、更新、转换和传递等操作。

OGSA-DAI 首先对数据流的输入/输出、处理、执行进行简化,并进一步加强 DAI 的扩展性和标准化,使得数据流的构建更加合理和方便。在单个数据流中,可以同时存取多种数据源,并支持数据流的并发操作。DAI 中经过 OGSA-DAI 重构的资源和服务部分增强了模块化并减少了功能上的重复。

OGSA-DAI 支持以下功能:

(1) 通过 Web Services 发布不同类型的数据源。

(2) 可以查询和更新每种类型数据源中的数据。

(3) OGSA-DAI Web 服务提交请求具有统一的格式,与 Web 服务所发布的数据类型无关。

(4) 用户访问 OGSA-DAI Web 服务所发布的相关数据源的信息及该服务所支持的功能。

2. OGSA-DAI 结构

OGSA-DAI 结构根据不同的功能分为四层,分别是数据资源层、业务逻辑层、数据表示层和客户端层,如图 4-18 所示。

(1) 数据资源层:数据资源层包括通过 OGSA-DAI 进行发布的数据源。

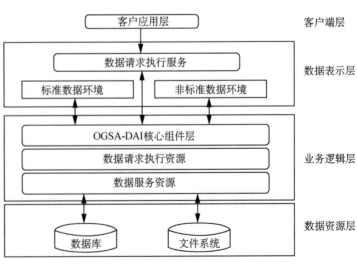

图 4-18 OGSA-DAI 数据服务模型结构图

(2) 业务逻辑层：本层封装了 OGSA-DAI 的核心功能，是 OGSA-DAI 的核心层，由各种数据服务源组件组成，可以部署多个数据服务源来发布多个数据源。数据服务源与数据源是一对一的。

(3) 数据表示层：本层封装了使用 Web 服务接口来发布数据服务源所必需的功能。OGSA-DAI 模型包括两种实现：一种与标准数据环境相兼容，另一种与特定数据环境相兼容。

(4) 客户端层：客户端层可以通过相应的数据服务与数据服务源进行交互。基于部署的是标准数据环境或特定数据环境的数据服务，客户端应用程序必须与标准数据环境或特定数据环境标准相兼容。

3. OGSA-DAI 资源组成

OGSA-DAI 资源是由提供被客户端访问的各种构件组成的，这些构件分别由以下六种类型的资源构件组成。

(1) 数据请求执行构件：所有的客户端执行数据流都要调用该构件，因为它是 OGSA-DAI 处理数据流的构件。它支持许多活动，如完成一些检索和更新等。

(2) 数据资源构件：一个数据资源是一个实际数据库或者其他数据资源在 OGSA-DAI 中的映射。

(3) 数据池构件：数据池是 OGSA-DAI 允许客户端将数据存入 OGSA-DAI 服务器的一种资源。

(4) 数据源构件：数据源是允许客户端将数据从 OGSA-DAI 中取出的一种资源。

(5) 会话构件：会话是创建顺序数据流的一种资源。

(6) 请求资源构件：请求资源是允许客户端的请求被提交到 OGSA-DAI 上的一种管理资源。

4. OGSA-DAI 的服务

OGSA-DAI 是通过数据表示层的 Web 服务访问的，服务映射了 OGSA-DAI 的资源。客户通过与服务交互就确定了其映射的资源，对服务的操作直接映射到与服务相应的资源的操作，如图 4-19 所示。

以下是与 OGSA-DAI 六类资源构件对应的六种服务。

(1) 数据请求执行服务：客户端用它提交工作流和创建会话，得到同步请求的状态；

(2) 数据资源信息服务：客户端用它查询数据资源的信息，如数据库的名字、版本等；

(3) 数据池服务：客户端用它将数据存入数据池；

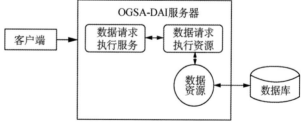

图 4-19 OGSA-DAI 的服务

(4) 数据源服务：客户端用它将数据从数据池抽取出来；

(5) 会话管理服务：客户端用它管理会话生命周期；

(6) 请求管理服务：客户端用它查询请求的执行状态，得到与异步请求有关的数据。一个数据请求执行服务可定位 0～N 个数据请求执行资源，一个数据请求执行资源可定位一个数据资源,数据请求执行资源通过它的数据资源访问器来管理和数据资源之间的交互。数据资源有一套关联的配置文件,其中对主持的活动、会话信息和数据访问器的类名做了详细的说明。其中,数据请求执行服务和与之相对应的数据请求资源要处于同一个服务器上,而数据资源的物理位置没有限制。

OCSA-DAI通过接口支持数据资源的交互。客户不需要直接操作数据资源,而是通过向数据请求执行服务发送一个请求,数据请求执行服务,然后将指令传送给代表实际数据源的数据请求执行资源。数据请求执行资源执行资源解析指令,并且执行指定的动作。最后,数据请求执行资源创建请求结果,并通过数据请求执行服务将响应结果返回到客户端。

4.6.2 信息栅格大数据服务流与活动

通过进一步了解智慧城市大数据应用的工作流程和主要活动内容,掌握智慧城市基于信息栅格数据资源管理与数据集成的技术原理,并具体落实到智慧城市分布式数据库系统中的应用上来。智慧城市信息栅格大数据资源服务技术应用的重点是基于开放的栅格服务数据存取和集成模型(OGSA-DAI)在分布式数据库系统构建、集成及聚类融合算法、信息集成服务,以及智慧城市海量分布式大数据挖掘与信息检索等方面的技术应用。

1. 大数据资源服务工作流

大数据资源服务工作流在 OGSA-DAI 中用来从异构的数据资源中集成数据。图 4-20 展示了在两个异构的数据库上执行两个 SQL 查询,第一个查询的结果格式被转换后和第二个查询的结果结合再一起返回给系统客户端。

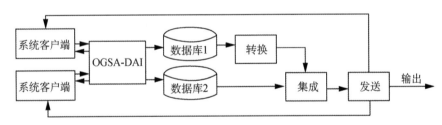

图 4-20 用一个工作流和 OGSA-DAI 进行数据集成

2. 大数据活动

大数据活动是有特定名字的被定义好的一个工作流单元,它可以直接部署到 OGSA-DAI 服务器上而不需要再编译。一些常见的活动有 SQLQuery、ListDirectory、XSLTransform 等。OGSA-DAI 工作组定义了很多标准的活动,用来进行数据访问和集成。一个活动可以有 0 个或更多个输入参数。Blocks 数据从一个活动的输出传送到另一个活动的输入,如图4-21所示。

3. 活动与资源

大数据活动可以操纵 OGSA-DAI 的资源,这些活动称为资源特定活动,它可以和资源直接交互。最常见的这种

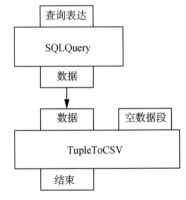

图 4-21 活动的输入和输出

类型的资源就是数据资源,OGSA-DAI 数据资源是对真实资源的一种抽象。如图 4-22 所示数据资源 MySQLResource 通过它的活动 SQLQuery 与真实资源 MySQL 数据库交互。

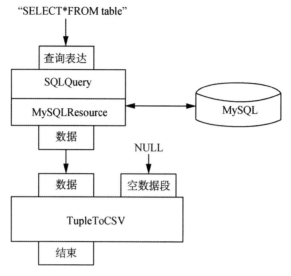

图 4-22　活动和资源

4. 数据库访问

SQLQuery 活动允许客户端通过 SQL 语句查询关系数据库。图 4-23 为 SQL 查询时 OGSA-DAI 链接的单个资源。

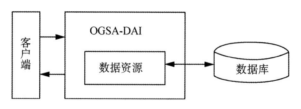

图 4-23　OGSA-DAI 链接一个数据库

5. 数据库集成

SQLBag 活动允许客户端通过一条 SQL 语句查询资源组,资源组可以包括一个或多个关系数据库资源。这条 SQL 语句可查询资源组中的每个资源,并且只输出一个统一的查询结果,这就实现了数据库集成。图 4-24 为 SQLBag 为活动查询集成的多个资源。

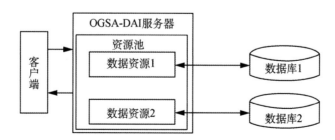

图 4-24　OGSA-DAI 通过资源池集成多个数据库

4.6.3 信息栅格多源数据的集成与融合

本节除了研究数据融合的相关知识外,还需要研究有效的基于数据存储的数据组织方法、分布式数据存储构建方法、基于语义相似性的服务匹配策略、基于语义相似度的分布式大数据聚类融合算法、基于数据存储的信息融合服务模型。

1. 数据融合概述

数据融合是一个具有广泛应用领域的概念,很难给出统一的定义。目前的数据融合是针对一个系统中使用多传感器这一特定问题而进行的新的信息处理方法,因而,数据融合又称为多传感器信息融合。比较全面的定义可概括为:采用计算机技术,对不同时间与空间的多传感器信息资源按一定准则加以分析综合、支配和使用,获得对被测对象的一致性解释与描述以完成所需的决策或预测评估。

可见,数据融合的加工对象来自多传感器,其核心是协调优化和综合处理信息。数据融合就是将来自多传感器的多源信息进行智能化处理,模仿专家的综合处理信息能力,从而得出更为准确可信的结论。

数据融合系统主要由多传感器、数据清洗、数据抽取、特征值提取、数据降维、人工智能深度学习、高维信息输出等部分构成,如图 4-25 所示。

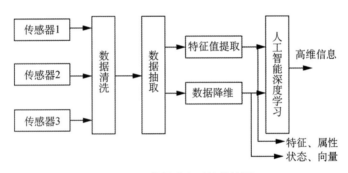

图 4-25 数据融合系统结构图

(1) 多传感器:包括温湿度传感器、位移传感器、流量传感器等感知设备。

(2) 数据清洗:考虑各传感器在时间和空间上独立异步工作,通过数据清洗将重复的过程数据、脏数据进行清理,提高数据的质量。

(3) 数据抽取:通过数据将不同时间、感知数据将来自个或多个传感器之间的观测或点迹与已知或已确认的事件规集到一起,使它们分别属于某个事件的数据类集合,即保证每个事件集合所包含的观测来自同一实体的概率较大。多源数据相关抽取是多传感器数据融合的关键技术,也是多传感器数据融合的核心。

(4) 人工智能深度学习:根据传感器的特征值提取,通过人工智能神经网络的非监督学习、监督学习、强化学习,对传感器的状态、位置、速度进行数据降维和知识升维,产生可用于事件决策或预测的高维知识信息。

(5) 特征值提取:数据特征值及属性分类、状态估计。

(6) 数据降维:通过数据降维和知识升维,进行精准的事件态势分析、威胁估计、趋势及目标变化评估等。

多传感器特别是多种异类传感器的数据融合有着广泛的智慧城市物联网应用,可用于智慧城市各种广域的监视系统、突发事件报警和预测评估,例如视频监视对道路、安全、环境的目标监视、跟踪和识别,进而对常态和非常态事件以及城市治理行动进行监测、监控、监管。数据融合作为消除系统不确定度、提供准确的事件评测结果与新的事态变化信息的智能化处理技术,可以作为智慧城市智能检测系统、智能控制系统和城市治理指挥控制系统的基本建设内容,直接用于智慧城市突发事件的监视、指挥控制、态势分析和决策与预测的过程。

2. 基于数据存储的组织方法

基于数据存储(以下简称"本体")的组织模型如图 4-26 所示,分为低维数据和高维知识信息两部分。其中,低维数据部分存储的是原始探测元数据,即空间、时间和属性数据;高维知识信息存储部分,则是对知识部分从原始元数据中抽取的空间信息对象、分类及其之间逻辑关系的表达,即高维知识信息的概念。高维知识信息概念表达的是被探测对象(元数据)的语义信息,是人类进行空间思维的基本知识单元。基于存储的数据组织模型使隐含于数据中的知识明确化,给数据以明确的解释和语义。概念模型经过形式化以后,计算机就能按照人的方式对多源探测数据进行推理,可以达到高维知识信息语义层次的数据共享标准。

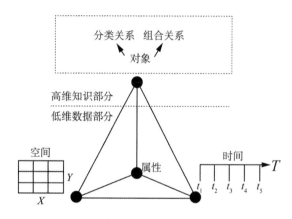

图 4-26 基于数据存储(本体)的数据组织模型

4.6.4 信息栅格分布式数据库构造

从数据存储本体定义的描述,根据军事信息栅格各节点的实际情况,需要构建并形式化相应的空间领域数据存储的本体,即抽取共享的地理空间信息概念模型。由于军事信息栅格连接的地理信息资源是来自众多不同行业部门,具有广泛的分布性及异构性,这里提到的异构性主要是指语义异构,即由于各行业部门的知识体系不同,导致了它们对相同空间地理对象的概念理解具有较大的差异。仅通过构建单一的本体无法精确地描述不同数据源内部的概念体系,为此需要构建适合军事信息栅格环境的分布式数据存储本体,即在各节点内部建立描述本行业中共享的概念体系的"分布式数据存储的局部本体",通过分析各局部本体概念间的联系再建立上层的"分布式中心节点的全局本体",上层应用仅面对全局本体,服务请求通过全局本体与局部本体之间的映射关系定位到相应的空间信息资源的提供者。

1. 分布式数据库构建的步骤

如图 4-27 所示,分布式数据率构建步骤如下:

(1) 分析部门内部业务信息应用系统的数据资源、数据存储方式和语义信息,建立部门内部共享概念术语列表。

(2) 在各分布式资源节点所在部门对自己相关领域的概念理解基础上,定义分布式数据库系统。

(3) 分析各分布式数据库术语之间的关系,进行数据清洗,抽取全局术语列表。

(4) 根据中心节点术语列表,注册各分布式数据库数据术语列表。

(5) 定义分布式中心节点与各分布式数据库之间的映射关系。

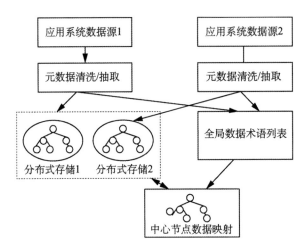

图 4-27　分布式数据存储构建步骤

2. 基于语义相似性的服务匹配策略

为了使用户的服务查询请求可以精确地定位到最符合其需求的服务提供者,需要建立一种有效的服务匹配机制。以"本体语义相似性"作为匹配依据,一方面由于其对概念定义有着严格、受公众认可及共享等特点,消除了词汇的歧义,使匹配双方在缺乏事先沟通的情况下也能互相识别,从而可以实现精确匹配;另一方面对概念之间的继承、相交等关系的描述又为匹配的灵活性提供了保证,这些都是简单的"关键字"匹配所不具备的。

下面给出一种基于语义相似性的服务匹配策略:

(1) 用户发出资源请求查询语句。

(2) 组件层服务注册节点接收查询语句,将其发送至语义匹配模块,进行语义相似性匹配。

(3) 服务注册节点根据匹配结果,将分解后的服务请求下发到相应的 GIS 服务节点。

(4) GIS 服务节点收到请求后,返回结果。

(5) 服务注册节点将各服务节点返回的结果进行组合。

(6) 服务注册节点将组合后的结果返回给用户。

实现精确服务匹配及组合的核心是组件层服务注册节点接收查询语句,即根据服务请求与服务资源之间的语义相似度进行服务匹配。语义相似度可以通过计算概念之间的语义距离的远近来判断,语义距离是在不同概念间存在的继承关系或二元关系链中最短的关系链长度的一种度量。

下面给出了概念 A 与 B 之间的相似度算法:

$$Sim(A,B)=\frac{\sum\limits_{s_{Ai}\in A}\max\limits_{s_{Bj}\in B}(Sim(s_{Ai},s_{Bj}))+\sum\limits_{s_{Bi}\in B}\max\limits_{s_{Aj}\in A}(Sim(s_{Bj},s_{Ai}))}{Wid(A)+Wid(B)}$$

其中,$i\in(0,Wid(A))$,$j\in(0,Wid(B))$,A、B 分别表示概念 A、B 中的实例(子概念);$Wid(A)$、$Wid(B)$ 分别表示 A、B 所拥有的实例的个数;$Sim(s_{Ai},s_{Bj})$ 表示实例间的相似度。

由于服务请求与资源服务中一般要包含多个概念,因而需要令 Q 和 S 分别描述用户请求及资源服务:$Q=\{C_{q1},C_{q2},\cdots,C_{qn}\}$,$S=\{C_{s1},C_{s2},\cdots,C_{sm}\}$,$C_{qi}$ 与 C_{si} 分别表示服务请求和资源服务中所涵盖的概念。通过计算 Q 与 S 之间的语义相似度来确定请求与服务之间的匹配程度:

$$Sim_{QS}(Q,S)=\frac{\sum\limits_{i=1}^{n}\sum\limits_{j=1}^{m}Sim(C_{qi},C_{sj})}{|Q|\cdot|S|}$$

由此可以根据计算的相似程度来定位与服务请求最匹配的资源提供者。

4.6.5 信息栅格分布式数据聚类融合算法

智慧城市需要按所需监测的目标将城市交通、安全、环境等多种探测手段获得的探测数据分类融合后,发布给上层应用。一般的分类处理的局限性是需要事先知道结果中包含哪些类别。但在特殊情况下(如在突发应急事件非常态下),很大程度上需要对事态发展态势进行发现和跟踪,此时并不知道结果中要包含哪些类别,分类方法在这种情况下就不行了。

1. 基于分布式数据库聚类算法

采用聚类(cluster)融合的方法可以解决以上问题。分布式数据库聚类分析旨在将数据集合划分为若干簇,使得簇内差异小,簇间差异大,它与分类方法最大的不同是它是在预先不知道结果到底有多少类别的情况下进行的。通常聚类方法用数据之间的距离来描述相似度,距离越大,相似度越小,反之则越大,其处理流程如图 4-28 所示。

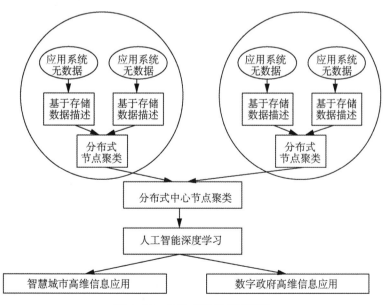

图 4-28 分布式数据处理流程

考虑智慧城市信息栅格的分布性,可采用分布式的空间聚类方法,即先进行小范围的局部聚类,得到的结果再进行全局聚类,最终将原始探测数据按跟踪目标划分相应的簇。在进行聚类融合的过程中,采用语义相似度作为判别数据之间距离的方法,即根据数据之间概念的相关程度来判别数据是否应该在相同簇内。

2. 基于分布式数据库的数据融合服务模型

根据分布式数据存储数据组织方法、服务匹配策略和空间聚类融合算法,提出以下分布式数据库事件融合服务模型,如图4-29所示。

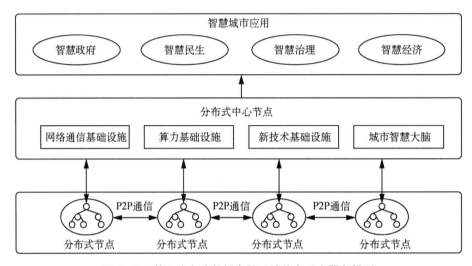

图4-29 基于分布式数据存储系统信息融合服务模型

基于智慧城市数据栅格的空间信息融合服务模型主要分为三个层次:智慧城市应用层、分布式中心节点层和分布式节点层。其中,分布式节点层包括各级分布式节点和系统平台、分布式数据库、数据处理节点等;分布式中心节点层部署信息基础设施和人工智能深度学习将分布式节点映射的低维数据转换为高维知识信息,并将产生的高维知识信息以服务的形式提供给智慧城市应用;应用层包含了智慧城市所涉及的政府、智慧民生、智慧治理、智慧经济的高维信息应用。

4.6.6 信息栅格分布式数据挖掘与信息检索

随着智慧城市监测手段、数据获取方式、计算机技术、网络技术和数据库技术的迅猛发展,城市各类监测数据资源日益丰富,但是这些数据资源中所蕴含的知识还远远没有得到充分的发现和利用,致使数据爆炸但知识贫乏。同时要求终端用户详细分析这些数据,并提取感兴趣的知识或特征是不现实的。因此,从数据中自动地挖掘知识,寻找隐藏在数据中不明确的、隐含的知识之间的关系或其他模式,即空间数据挖掘(Spatial Data Mining,SDM),变得越来越重要。

智慧城市海量数据分别存储于政府及社会城市各个部门、企业和社区中,分布式数据挖掘需要研究信息栅格环境下数据挖掘的方法及特点、基于信息栅格技术的SDM体系结构及其基本特征、数据中介服务与数据挖掘服务。信息栅格环境下数据信息检索技术需要综合应用传统的技术手段,并研究适合自身需求的新方法,以提高信息检索引擎的查全率和查准率。

SDM 是在数据库的基础上,综合利用统计学方法、模式识别技术、人工智能方法、神经网络技术、模糊数学、机器学习、专家系统和相关信息技术等,从智慧城市海量的大数据涉及的生产数据、生活数据、管理数据、企业数据、经营数据或遥感数据中析取人们可信的新颖的感兴趣的、隐藏的、事先未知的、潜在有用的和最终可理解的知识,从而揭示出蕴含在数据背后的客观世界的本质规律、内在联系和发展趋势,实现知识的自动获取,主要包括普遍的几何知识、关联规则、模式与特征、分类规则、聚类规则以及数据与非数据之间的概要关系等知识。从以上的概念可以看出,智慧城市大数据挖掘实际上是数据挖掘的一个重要研究方向,它是按照一定的度量值和临界值从数据库中抽取知识以及与之相关的预处理抽样和数据变换的一个多步骤相互链接、反复进行的人机交互过程。可以归纳为数据准备(了解应用领域的先验知识和业务对象、生成目标数据集、数据清理、数据简化与映射)、数据挖掘和知识发现(数据挖掘算法的选取,在空间的关联、特征、分类回归、聚类、函数依赖等特定的规则中搜索感兴趣的知识)、数据挖掘后处理(知识的解释、评价和应用)三部分,如图 4-30 所示。

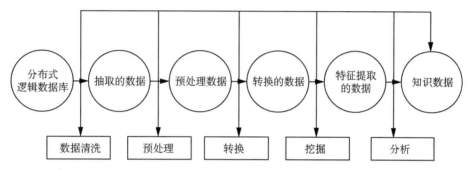

图 4-30 分布式数据挖掘过程与步骤

1. 信息栅格环境下大数据挖掘的方法及特点

大数据挖掘的方法很多,根据挖掘操作的对象可分为关系数据库、面向对象数据库、时态数据库、文本数据库、多媒体数据库、异质数据库和互联网 Web 等;根据挖掘所采用的算法可分为空间统计方法(格网空间模型、空间点分布形态、回归分析、判别分析、探索性分析)、空间聚类方法(分割法、层次法、基于密度的方法、基于栅格的方法)、空间关联分析(关联规则分析、连接分析)、空间分类与预测分析(监督分类、非监督分类)、异常值分析(基于统计距离、偏差的异常值探测)、机器学习方法(归纳学习、决策树、基于范例学习、遗传算法)和神经网络方法(BP 算法、自组织神经网络);根据所发现的任务可分为分类、聚类、关联规则、发现时间序列预测和演化规则发掘等。

在数据处理和挖掘过程中,根据数据库或数据仓库中数据的存储方式和规模,以及各种算法的特点进行合适的方法选择。在实际应用中,常常要综合运用上述各种方法。另外,数据挖掘方法要与常规的数据库或数据仓库技术充分结合。数据挖掘利用的技术越多,结果的精确性越高。图 4-31 是对数据挖掘所采用算法的结构图。

SDM 的对象是数据库或数据仓库,它们既存储了空间实体的位置和属性等数据,也拥有空间实体之间的空间关系(不仅多了拓扑关系、方位关系,而且度量关系还与空间位置和对象间的距离有关),其存储结构查询方式、数据分析和数据库操作等都有别于常规的事务型数据库。因此数据之间的关系更为复杂,与其他类型的数据之间存在明显的差异。

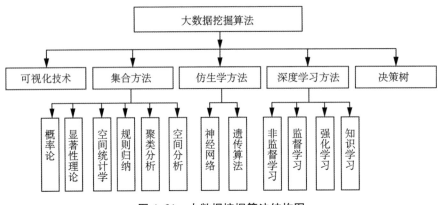

图 4-31　大数据挖掘算法结构图

归纳起来,数据具有如下复杂性特点:

(1) 具有尺度特征。数据在不同观察层次遵循的规律和体现出的特征不尽相同。在尺度维上,对空间目标的表达随数据由细至粗多比例尺或多分辨率的几何变换而变化。尺度越小(即比例尺越大),对空间目标表达越精细、越微观;尺度越大(即比例尺越小),对空间目标表达越概括、越宏观。利用该性质可以探究空间信息在泛化和细化过程中所反映出的特征渐变规律。

(2) 数据海量,分布式存储。分布在不同地理位置的海量数据常使一些算法因难度和效率或计算量过大而无法实施,因此 SDM 的任务之一就是要发展新的计算模式并研究新的高效算法,克服由海量数据的分布式存储所造成的技术困难。

(3) 数据属性之间的非线性关系。它是数据库系统复杂性的重要标志,反映了系统内部相互作用的复杂关系和机制。

(4) 数据维数增加和数据类型复杂。地理空间对象的属性增加极为迅速,如在遥感领域,由于传感器技术的飞速发展,波段的数目由几个增加到几十甚至上百个。如何从几十甚至几百维空间中挖掘数据、发现知识,成为研究中的又一热点。

(5) 空间信息的模糊性和不确定性。模糊性与不确定性几乎存在于各种类型的数据中,如空间位置的不确定性、空间对象间关系的模糊性以及模糊的属性值等。

(6) 数据的缺失。数据缺失现象是由于某种不可抗拒的外力使数据无法获取或丢失。如何对丢失的数据进行恢复并估计数据的固有分布参数,成为针对数据海量并且分布存储的特点,利用 SDM 技术从数据库中获取隐含知识的复杂性的难点之一。

针对海量数据并且分布式存储的特点,利用 SDM 技术从分布式数据库中获取隐含知识和信息,所需的计算量会很大,分布式并行挖掘处理模式显得十分重要。例如,智能运输系统(Intelligence Transportation System,ITS)应用中,判断往某个方向的通行是否畅通,不仅要对移动体附近街区、桥梁是否畅通进行核验,同时要对目的地附近及可能经过道路的情况进行挖掘,做出相应判断,这就需要使分布在不同地方的多个数据库同时工作。所以,我们希望在数据库和数据挖掘中的并行式知识发现能得到进一步研究和发展。军事信息数据栅格技术的研究和发展提供了这样的契机。

通常定义的智慧城市信息栅格(广义)是指在栅格技术的支持下,在信息栅格上运行的智慧城市海量数据的获取、信息处理、知识发现和智能服务的新一代整体集成的实时/准实时大数据库及信息系统。这意味着智慧城市信息栅格可以利用智能传感器网络把分布在不同地理位置的各种专家处理系统、计算机硬件资源、地理信息 GIS 系统、数据库系统等集合成一个整体,实现资源共享并协同进行数据挖掘,以更加高效的获取知识,为用户提供及时的决策信息。

但是,目前利用栅格技术进行分布式数据挖掘的研究相对来说还比较少,奥地利维也纳大学的 PeterBrezany 等对集中式和分布式数据挖掘的实现结构做了初步的研究,从应用整合和数据整合入手,提出了在分布式计算平台上以空间信息显示、服务、获取、存储为基础的层次化 GIS 软件框架,以便提供数据分析、共享、知识发现等不同水平的空间信息服务。我们需要在分布式并行数据挖掘技术和栅格服务以及栅格数据库服务发展的基础上,研究栅格环境下面向服务的数据挖掘体系结构。

2. 基于栅格技术的 SDM 体系结构及其基本特征

基于信息栅格技术的 SDM 体系结构的设计应该具备以下基本特征:

(1) 开放式体系结构。在开放式栅格服务体系结构(OGSA)中,通信方式的扩展性和社区组织的标准化进程等都应该是开放的。

(2) 海量数据分布存储且异构。基于栅格技术的 SDM 系统必须能处理分布存储在不同数据库中的大量高维数据。

(3) 应用不同的分析策略和算法。由于数据具有分布异构性,利用预先存放在系统中的各种数据挖掘策略,在使性能达到尽量最优的条件下选择不同的策略。

(4) 与已有栅格服务保持一致性。基于栅格技术的 SDM 体系结构应用已有的基本栅格服务实现广域范围内的通信、互操作和资源管理。

(5) 对工具和算法的开放性。基于栅格技术的 SDM 体系结构应该能够集成新的数据挖掘工具和算法。

(6) 可扩展性。无论是完成分布式知识发现任务所需要的节点数还是利用并行计算机快速完成数据挖掘任务,体系结构的可扩展性都是必须的。

(7) 栅格、网络及位置透明性。用户在栅格上执行数据挖掘任务,应该是简单而透明的,不需要知道栅格的内部结构和操作过程、网络特征及数据资源的物理存储位置。这些都由栅格数据虚拟服务层来完成。

(8) 安全和数据的保密性。在许多数据挖掘的应用中,安全性和保密性是非常重要的。栅格服务层为 SDM 系统提供了用户认证、数据的保密性和安全性措施。知识发现的特定安全服务(比如对敏感数据的过滤等)不是依靠栅格中间件,而是应用栅格数据挖掘服务来完成的。

(9) 支持 OLAP。该体系结构必须允许对数据仓库进行互操作和在线分析处理服务(OLAP)。数据挖掘和 OLAP 是两个相互补充的方法,两者结合会产生强大的高级数据分析解决方案。

信息栅格环境下的 SDM 体系结构设计的一个最重要方面就是数据访问和集成模型以及实现该模型的服务规范。数据访问服务可实现对本地数据库和异地栅格数据仓库的访问,数据中介服务为数据挖掘服务提供了集成的分布式数据,如图 4-32 所示。

在信息栅格环境下进行数据挖掘,数据库的分布可能存在不同情况。下面就数据库分布的各种不同情况分别讨论数据访问服务的实现方式。

(1) 单个数据资源。这种情形非常简单,所有数据集都集中存储在一个物理位置。当

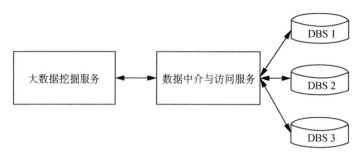

图 4-32 大数据挖掘、数据中介及访问服务

对数据进行访问时,必须提供一个统一的服务接口。对用户来说,位置、平台和网络都是透明的,底层技术细节已经被抽象出来。所使用的技术在体系结构中都是开放的,并且支持协议和数据资源的扩展需求。当服务与数据资源绑定后,它提供相应的元数据和机制对数据进行访问。元数据中包含了对物理数据资源的结构、支持的查询语言、当前状态和工作量等的描述。我们把实现上述功能的组件称为包(Wrapper)。

(2) 水平分割的联邦数据资源。这种情形下,来解决特定问题的数据分散存储在不同的位置,但这些数据在结构和语义上是一致的。因此数据访问服务必须对物理位置分布但模式一致的数据进行透明处理。例如,设 $D=\{D1,D2,\cdots,Dn\}$ 是一个数据集,它们具有相同的模式$(1n)=(a1,a2,\cdots,am)$。数据访问服务需要与数据集 D 绑定,但是要提供一个全局的单一数据资源描述(S)。数据的物理分割对高层服务来说是透明的,这意味着数据访问服务需要对 n 个数据资源进行查询,并把查询结果汇集成一个完整的目标数据集。我们把实现上述需求的组件称为中间件(Mediator)。

(3) 垂直分割(数据烟囱)的政府行政数据资源。在这种情况下,存在一个通用的标示号(ID),为中间件来明确标示每个属性分割块,但各属性集分布存储在不同的位置。例如,在个人档案资料管理中,一个位置可能存放了个人的基本信息,而在另一个位置则存放了他们使用的操作系统和编程语言,利用这些数据可以预测一个刚毕业的程序员的收入情况。一般来说,在不同的数据库中就有多个模式表,利用组件封装中间件构成一个虚拟关系表,该表是各个子集的超集 $S*=\{S1,\cdots,Sn\}$,然后数据访问服务与这些数据资源绑定并提供一个对$S*$的全局单一数据资源描述。

(4) 模式异构的联邦数据资源。对中间件来说,最难处理的是在结构和设计上异构的数据资源。特别是当属性的语义相同而名称、描述、应用或数据类型不同时,处理难度会大大增加。这时不能运用语义网或语义栅格的方法,先从语义上描述数据资源,然后采用元数据的方式处理。此时可以在逻辑和物理模式间建立映射机制,这种机制能够将对逻辑资源的请求转换为对物理资源的响应,并将所查询的物理资源结果以逻辑资源的形式返回给上层服务。一般来说,中间件需要处理像 $S1=(a1,a2),S2=(a1,a3)$ $a2=a3$ 的情形($\wedge$合取)。

3. 数据中介服务与数据挖掘服务

数据中介服务采用组件封装中间件服务来实现,它负责把所有数据资源连接起来并集成为一个统一的虚拟数据资源(Virtual Data Source,VDS)视图,并把查询请求传送给各数据集,然后运用多种方式对结果进行组合和传输。在此过程中,需要组织并处理许多信息。一方面,可以提供相关数据源的元数据信息,比如数据逻辑视图、所采用的技术、支持的查询语言等,这些信息是 OGSA 的数据访问与集成(Data Access and Integration,DAI)支撑软件所必需的,它可以隐藏数据资源的分布性和异构性;另一方面,元数据的结构可以预先给定,这对构造 VDS 相当重要。图 4-33 给出的映射模式由 XML 所描述,主要解决逻辑名称到物理地址的转换,其中 CSD 表示栅格环境下的空间数据挖掘。

```
<GSDM:Activity id = "Middleware" version = "1.0">
    <GSDM:Param id = "MappingSchema">
        <Src id = "virtual_data">
            <ComingFrom id = "source_data1" src = "source_dds1">
            <ComingFrom id = "source_data2" arc = "source_dda2">
        </Src>
    </GSDM:Param>
</GSDM:Activity>
```

图 4-33 相同模式的两个数据库统一虚拟数据映射表

上图描述了利用中间件服务构成虚拟数据资源的过程和特征。因为这样的服务要经常利用或者非常复杂,所以可以把它存放到信息栅格中间件服务"工厂"(Grid Middleware Factory)里,该中间件服务"工厂"主要提供组件封装中间件服务。因考虑有时数据是高度动态集成的,所以在系统运行时也可以把元数据信息事先存放到栅格中间件服务"工厂"里。数据中介服务在实现过程中,首先识别相关的数据资源,然后生成查询执行计划以获取所需要的数据。查询计划负责把初始的查询请求进行分解,以代表对各数据源的查询;同时它还要指定中间件所要完成的其他处理工作,比如数据的定制、合并或连接等。查询结果的传输视情况而定,对于少量的数据可以直接通过 XML 响应,而数据量大的情形可以用 GridFTP 等专门的传输机制来完成。按照数据资源的分布特点,基于栅格的数据挖掘可以分为集中式和分布式两种情况。在完成挖掘任务的过程中,可以充分利用已有的可用数据挖掘工具。

4. 集中式数据挖掘服务

这是一种最简单的情形,从把数据载入内存,然后执行相关的算法,并把结果呈现给用户,所有这些数据挖掘任务都在一个集中的数据中心完成,该数据中心可能具有串行或并行计算能力。数据挖掘服务对具体的执行过程进行了抽象,但是对用户来说,他可以自由选择相关的算法和工具。服务在设计和体系结构上是开放的,以便于扩展。通常,在整个知识发现过程中,数据挖掘前要进行数据清理、数据抽取、数据集成等操作。其中,数据集成由数据中介服务来完成,而数据挖掘服务也可以做一些数据预处理任务,如数据的清理、数据抽取、选择感兴趣属性的数据等。

图 4-34 是对集中式数据挖掘的结构和可能的工作流做了初步阐述。首先用户进程向注册中心查询可用的数据挖掘工厂。数据挖掘工厂按 OGSA 服务数据单元(Service Data Element)的结构提供了相关的元数据和状态数据,这样当注册中心返回若干工厂的栅格服务句柄时,用户可以选择其中最佳的一个。然后用户详细说明其数据挖掘任务并把任务描述传送给数据挖掘服务工厂。工厂分析用户的任务并在适当的主机上创建数据挖掘服务实例,同时按用户的任务描述引导服务工作。服务实例通过连接到数据资源,选择所需的算法,并安排执行计划准备执行。一旦用户触发服务执行操作,GSDM 就开始处理指定的任务。

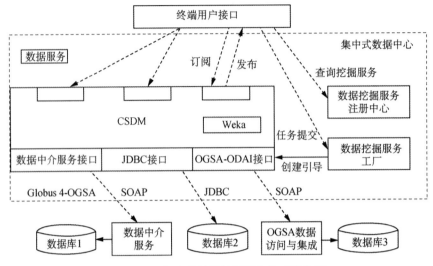

图 4-34　集中式数据挖掘服务体系结构图

在服务创建成功后,用户可以订阅由服务所发布的消息。这样用户就可以得到他所感兴趣的消息了,如执行进度、状态错误信息等。在数据挖掘的执行过程中,利用服务数据单元来管理作业生命期、进度、状态信息和执行计划,学习过程完成后,结果又以 XML 的形式保存在服务数据单元里。用户可以采用 OGSA 预定义的查询机制访问服务数据单元的内容。在集中式的体系结构中,数据的加载可以直接通过 JDBC、数据中介服务或 OGAS-ODAI 三种方式。同时,为了避免重复开发已有的算法,在这里使用了开源的数据挖掘系统 Weka,它由新西兰的 Waikato 大学研发而成。

5. 分布式数据挖掘服务

图 4-35 描述了分布式数据挖掘服务的体系结构。

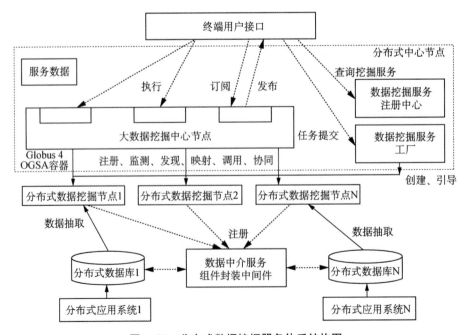

图 4-35　分布式数据挖掘服务体系结构图

其中,一个数据挖掘点作为中心节点,以接受用户提交的数据挖掘任务,并将任务分配给其他子节点及协调子节点的工作。中心节点和其他的工作子节点由服务工厂所创建。工作子节点通过访问数据封装组件中介服务或直接访分布式数据资源获得(抽取)数据。至于栅格上分布式数据挖掘应用中的工作流,可以运用 XML 技术来描述其在不同数据集上进行并行式挖掘的多重服务实例,以及各工作流之间的协调关系、通信方式、生命期理、所需要的服务质量、硬件和软件等。

图 4-36 给出了一个简单的创建分布式工作流实例的描述。

```
<GSDM:Workflow>
    <GSDM:Activity xsi:type = GSDM:CreatDSDMSActivity>
     <GSDM:CreatMasterService id = "ctr1" Service = "S1 S2 S3"/>
     <GSDM:CreatMasterService id = "s1" datset = "ds1" nodetype = "linux"/>
     <GSDM:CreatMasterService id = "s2" datset = "ds2" nodetype = "linux"/>
     <GSDM:CreatMasterService id = "s3" datset = "ds3" nodetype = "linux"/>
    </GSDM:Activity>
</GSDM:Workflow>
```

图 4-36 创建分布式工作流实例

6. 信息栅格环境下的数据与信息检索

信息栅格环境下要进行数据挖掘操作,首先需要合理的数据资源,所以数据库的选择与取舍十分重要。这需要用户具有良好的数据与信息检索技术,其中基于分布式数据库的信息检索技术是当前的一个研究热点。传统的信息检索方法主要分为两大类:第一类是基于关键词匹配的方法,这种方法首先让用户以关键词的形式提出检索请求,然后将用户提交的关键词与文档采用这种检索方法检索,如 Google、百度等。但是这种方法最大的一个不足就是其检索过程中不包含何语义信息,这是导致检索精度不高的一个很重要的原因。第二类方法称为概念信息检索,它通过对文档中的信息进行语义层次上的处理来析取各种概念信息,并由此形成一个概念库,然后根据对用户问题的理解来检索概念库中相关的信息以提供检索的结果。这种方法克服了基于关键词检索中不考虑语义信息的局限性,并且具有较好的自然语言接口。但概念信息检索的一个不足之处就是其概念库中不包含概念间关系的描述,因此无法处理有关概念关系的问题。

分布式数据库是对概念化的明确描述,它把现实世界中的某个应用领域抽象成一组概念及概念间的关系。把分布式数据库技术融合到传统信息检索技术中去,不仅可以继承概念信息检索的优点,还可以克服概念信息检索不能对概念关系进行处理的局限性。目前把本体应用于信息检索技术中,还有以下问题需要解决:首先,如何建立分布式数据库还没有一个很好的理论支撑,并且分布式数据库中的概念一般都是通过人工提取的,这使得基于分布式数据库的应用不能大规模开展,因此需要开发出能够自动或半自动提取概念的工具;其次,利用领域本体进行实体构建时,需要从文本中抽取出实体的属性,而在文书中采用的基于分布式数据库数据清理和封装组件中间件的数据抽取方法,能够很好地胜任这一工作。因此需要开发出基于语义的数据信息抽取工具。

除了基于分布式数据库信息检索技术之外,还有利用虚拟站点定位技术的栅格信息检索。虚拟站点是 Web 环境中与某个专题相关的能够被某个中心页面所链接的一系列页面封装的集合。虚拟站点中能够链接到其他页面的中心页面称为虚拟站点的入口页面,其他页面称为普通页面。构成虚拟站点必须满足两个条件:首先,组成虚拟站点的页面都要与某个主题相关,否则虚拟站点没有组织的必要;其次,虚拟站点必须有一个能够链接到站点内其他页面的中心页面,否则虚拟站点没有组织的可能。虚拟站点的入口页面是虚拟站点信息的接入点,它最重要的功能不是自身提供信息,而是作为虚拟站点内容的代表提供站点内其他页面的链接。虚拟站点的系统页面本身基本没有或者只有很少的除去链接之外的文字内容,但它所提供的链接对浏览者获取这方面的信息却是大有帮助的。正如没有服务节点,虚拟组织就无从形成一样,系统页面在虚拟站点中也发挥着不可或缺的组织信息作用。信息栅格环境下的信息检索需要综合应用传统的技术手段,并研究适合自身需求的新方法,以提高信息检索引擎的查全率和查准率。

4.7 智慧城市信息栅格大数据资源管理

4.7.1 信息栅格大数据资源管理策略

掌握数据与信息之间的物理与逻辑关系,是智慧城市大数据资源管理的基础。信息(信息系统)与数据(数据库系统)之间存在着相互紧密的关系。客观世界是由物质、能量、信息三大要素组成。数据与信息是一种客观存在,既不是物质,也不是能量。研究大数据资源管理就不得不研究数据与信息之间、要素与要素之间、局部与局部之间、局部与全局之间、全局与系统之间、系统与环境之间的相互联系和作用,这些都是通过交换、处理、应用的信息平台和数据库来实现的。系统的演化、整体特性的产生、高层次人工智能应用的出现,都需要从数据与信息的观点来理解。数据与信息也是系统工程的基本概念,信息论是系统工程的理论基础之一。因此,研究数据与信息在智慧城市中的开发和应用,是智慧城市大数据资源管理的重要内容。

数据与信息已经是当今社会的重要资源的标志,互联网＋、云计算、区块链、物联网、大数据、人工智能等新一代信息科技,都是基于数据与信息科技及信息化应用。数据与信息应用已经成为社会发展的第一推动力,数据与信息在社会生产和生活中已经起到不可替代的作用,并在继续不断地扩展信息的内涵和外延,信息化应用已经渗透到政府政务、社会民生、城市治理、企业经济各行各业的方方面面。信息系统(平台)与数据库系统在智慧城市建设中发挥着不可估量的作用。

智慧城市大数据资源管理和制定相关的管理策略,必须首先掌握数据与信息的关系、数据与系统的关系、数据与应用的关系的原理和它们相互之间的物理和逻辑关系。

1. 数据与信息的关系。

数据与信息的关系如图 4-37 所示。

首先要了解信息是由被加工过的数据产生的,信息是数据的高级表现形式。数据是指某一目标定性与定量描述的原始资料,包括数字、文字、符号、图形、图像以及它们能够转换成的机读

图 4-37 数据与信息关系图

编码等形式。信息是向人们或机器提供关于现实世界新的事实的知识,是数据、消息中所包含的意义。数据与信息是不可分离的。信息由与物理介质有关的数据表达,数据中所包含的意义就是信息。信息是对数据的解释、表述和应用。即使是经过处理以后的数据,只有经过解释才有意义,才能成为信息。就本质而言,数据是客观对象的表示,而信息则是对象内涵的意义,只有数据对实体行为产生影响时才能成为信息,即通过信息来描述数据的属性和意义。具有不同的思维方式、知识水平或意识形态的人,就是面对同样的数据也会产生对数据的不同理解和解释,即对相同数据产生不同描述的信息。也可以理解为信息具有不确定性,因此只有通过科学的方法、实事求是的方法、尊重客观现实的方法才能得到确定的、正确的、可靠的、精准的信息。

2. 数据与系统的关系

首先要了解数据是从系统来的原理。原国信办信息化专家周宏仁教授指出:"数据资源是发展数据产业的前提,数据资源是需要开发的,而开发的主要形式是构建不同功能、不同形态的信息系统。"数据是客观事物的真实反映。面向系统是信息系统与大数据建模的经典方法。数据模型描述了信息系统中对象的结构,即数据的标识、与其他数据之间的关系、数据的属性以及操作。信息模型涉及类、对象、属性、操作、继承、关联和聚合(集成)。类之间的联系称为关系,数据与信息之间的关系称为系统。数据定义了数据的属性和功能,信息定义了数据属性的特征和语义。系统则表现为数据属性与信息应用的集合。系统模型包括类、对象、系统的信息及数据之间的逻辑关系。系统模型体现了数据与信息之间的三种基本关系,即关联关系、包容关系和继承关系。

智慧城市信息系统集成与大数据资源管理是在动态变化的多个信息系统(平台)之间共享数据资源和系统功能协同集成应用。信息系统集成的目的是建立一体化数据资源服务平台,手段则是通过系统集成来共享现有的数据库系统,实现广泛的系统间的互联、互通、互操作。从数据与信息之间关系的意义上来说,大数据资源服务模型实际上是信息系统模型的一个子模型。大数据资源服务模型是在信息系统模型的基础上发展起来的,因此大数据资源管理离不开信息系统和系统集成。

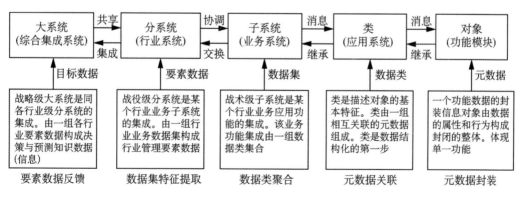

图 4-38 数据与系统关系图

从图 4-38 中可以了解元数据经系统功能模块处理为功能信息、数据类经应用系统处理为关联信息、数据集经业务系统处理为跨行业业务信息、要素数据经行业系统(平台)处理为行业综合管理信息、目标数据经综合集成系统处理为决策与预测信息。由此可见数据经过系统的加工和处理才能成为可以应用的信息,这就是数据与系统之间物理与逻辑的关系。

从图 4-38 中还可以了解从系统功能模块到应用系统、子系统、分系统直到大系统集成。从整个智慧城市系统结构化体系的信息流来看,是一个信息被逐步集成和应用的过程。通过系统集成逐步提高了信息应用的价值,同时从元数据到数据类、数据集、要素数据直到目标数据。从整个智慧城市数据结构化体系的数据流来看,是一个数据被逐步进行特征值提取、物理降维而知识升维的收敛过程。通过数据清洗、抽取、挖掘、分析和人工智能深度学习,逐步提高了数据的知识性和精准性。这也是智慧城市大数据资源管理需要掌握的核心内容。

3. 数据与应用的关系

首先要了解数据与应用的关系是一个闭环的原理,即数据经过加工或处理为信息后再反馈到系统的实际应用中,如图 4-39 所示。我们从数据与信息之间的关系图和数据与系统之间的关系图中,可以进一步了解数据与应用之间的关系。即数据从系统来,经过数据的处理(包括清洗、抽取、汇集)和人工智能深度学习所产生的业务信息、管理信息、决策预测信息,再反馈给系统实现具体的应用(应用场景)。

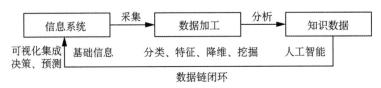

图 4-39　数据与应用之间的闭环关系图

4. 数据流与信息流的关系

智慧城市大平台由城市级公共信息一级平台、行业级二级平台、业务级三级平台组成;智慧城市大数据由城市级大数据库、行业级主题数据库、业务级应用数据库组成。多级信息平台和多级数据库系统之间存在着对应的物理与逻辑的互联协同的关系。多级数据库系统通过数据清洗、抽取、处理、挖掘、分析、人工智能深度学习分别提供给多级信息平台的业务应用、行业管理、决策预测。多级数据库系统对多级信息平台的数据服务是通过数据流的方式实现的,数据流的数据服务又通过各级信息平台的应用和可视化分析展现形成信息流,如图 4-40 所示。信息流是实现智慧城市总体功能及各项业务应用和功能的基础和保障。由此可见数据的应用是通过系统的信息应用而体现的。因此我们可以认为如果数据脱离了系统和信息,数据将无法体现数据的应用价值和发挥应有的作用。

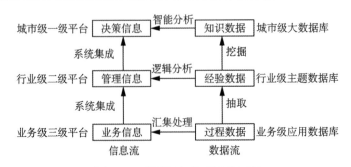

图 4-40　数据流与信息流关系图

5. 数据、信息、应用三者大集成的关系

新型智慧城市协同联动大系统由大网络、大数据、大平台构建智慧城市的任务执行完成、业务协同管理、领导决策指挥的大应用。通过智慧城市大系统集成，实现技术融合、业务融合、数据融合；实现跨层级、跨地域、跨系统、跨部门、跨业务的协同管理和服务。新型智慧城市系统工程建设的主要形态就是进行数据、信息、应用三者之间的大集成，构建执政能力、民主法治、综合调控、市场监管、公共服务、公共安全等大平台、大数据、大网络的协同联动的大系统体系，形成国家协同治理的新格局，满足跨部门、跨地区综合调控、协同治理、一体服务需要，支撑国家治理创新上取得突破性进展。

基于数据、信息、应用大集成的信息栅格大数据资源管理，是智慧城市总体框架中的核心组件，其功能是对各分布式业务节点（业务平台及应用系统）进行统一资源调度和协同。在智慧城市总体框架"共享组件及中间件层"为底层数据资源和服务进行统一封装提供接口和资源管理；而对于这些接入的底层数据资源和系统，需要通过智慧城市中心节点进行资源调度和业务协同。特别对于智慧城市开放复杂巨系统需要协调分布式节点多级信息系统和多级数据库系统协同完成联合任务及协同业务功能，需要通过智慧城市中心节点资源调度将任务有效地分配到合理的行业级二级平台和业务级三级平台上运行，如图 4-41 所示。

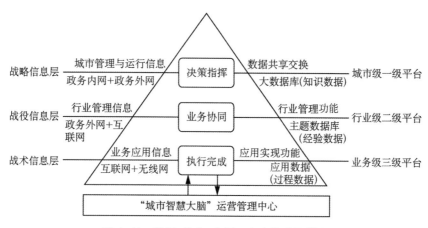

图 4-41 数据、信息、应用三者大集成逻辑图

智慧城市基于信息栅格的大数据资源管理所要解决的核心问题是在动态变化的多个虚拟机构间共享数据资源和业务协同应用。信息系统集成的目的是建立一体化数据与信息的协同平台，手段则是通过共享现有数据库系统，实现广泛的互联、互通、互操作。基于信息栅格技术构建智慧城市信息系统与数据库共享和信息系统集成体系结构，是智慧城市信息系统集成的一个关键性技术。

4.7.2 信息栅格大数据资源管理方法

尽管大数据管理存在一些难点问题，如"信息孤岛""数据烟囱"等。但是，采用基于信息栅格大数据资源管理的方法和策略，可以有效解决大数据资源管理中存在的问题。

1. 大数据与大平台栅格化改造

现有信息系统分布在不同的硬件平台和操作系统之上，都拥有各自的应用系统和数据库。但系统与系统之间却无法进行信息交换和数据共享，无法实现有效的业务协同。为了

集成这些异构数据库系统，应对原有的数据库系统利用中间件技术（数据封装）进行改造，使之都符合栅格的集成规范，并将之集成进栅格平台。这种数据库的集成方式要比新建立一个大型数据库系统省财力和省时间，而且可以随时利用现有系统中的数据来更新分布式数据库系统中的数据，解决了数据的采集难和更新难的问题。

2. 建立映射机制

由于各种信息系统是在不同时期由不同部门研制的，没有遵照共同的规范，不论是数据库的类型和数据结构，还是元数据的名称和语义，都没有统一的标准。这样就产生了异构数据库间的非标准数据的转换问题，需要有一种机制将异构数据库数据转为标准数据，从而实现部门之间数据的互联、互通、互操作。在数据的源头利用栅格中间件技术（数据封装）进行转换，所有的数据只要一出数据库，都要经过标准化的统一的封装，形成虚拟数据对中心节点数据应用的映射，通过统一的数据接口和访问机制，使得虚拟服务与有效实际应用以 QoS 为依据实现与实际服务应用的映射、调用和协同。

3. 建立元数据管理机制

元数据是描述数据的数据，它是对信息资源的结构化描述，描述信息资源或数据本身的特征和属性，规定数据的组织，具有定位、发现、证明、评估和选择等功能。元数据是帮助用户更好地使用数据描述信息。一般地，元数据描述数据的内容和类型、针对的对象、产生数据的时间、数据的来源、数据需要的加工操作、数据的更新时间、数据质量等信息。为更好地共享数据库，应该对所有数据资源进行统一的元数据描述，用栅格平台管理所有的元数据，并对所有的数据建立快速访问索引，解决所有数据的查找和定位的问题。

4. 提供按需服务接口

实现数据库的集成和共享之后，理论上所有数据都可以访问，但如果直接让用户面对海量数据，也会影响其使用效率。因此，还要做到按需服务，针对不同用户的各种需求提供其单独的操作界面，提供经过清洗、抽取和筛选的数据，让用户集中到数据的使用上而不是数据的选择上。通过信息动态集成技术，建立一套发布信息和访问信息的机制。只要是栅格里有的信息，且有权查阅，不管是各类用户，还是各种应用系统，都可以按需求发出请求并实时获取这些信息。因而，为开发新的应用系统提供一个有力的数据支撑环境。

4.7.3 信息栅格大数据资源注册与发现

信息栅格大数据资源的注册与监测是资源发现的基础，其主要功能是将各分布式节点资源接口信息、QoS 相关信息和服务策略等注册到上层中心节点的资源发现模块之中，从而为底层技术服务应用提供一个全局的资源架构。资源注册及监测模块注册的信息是动态的信息，即能够实时地将节点动态的信息映射给上层中心节点，从而使得上层中心节点对底层资源的信息是动态的和有效的。信息栅格中心节点提供了资源监测与发现服务组件（Monitoring and Discovery Service, MDS），MDS 的主要内容包括资源注册、资源监测、资源发现和资源描述与更新。这样上层中心节点可以方便地利用 MDS 信息服务满足综合应用服务的需求。

MDS 实际上包括两部分。一部分部署在分布式资源节点上，以 Web 的方式发布其接口，这部分主要功能包括对资源信息的查询接口和管理接口。该接口符合 Web Service 网络服务描述语言 WSDL 标准和信息栅格 OGSA 规范。另一部分部署在中心节点上，主要实现分布式节点底层技术服务应用信息的注册、监测、发现、协调、协同、调用,通过 Web Service 方式发布其接口。因此在资源共享策略中对应的是部署在资源节点上的模块。

MDS 可以通过两种服务对信息进行收集监视。

(1) 分布式节点资源信息收集。MDS 信息收集的工作方式与注册表非常相似,它搜集信息,然后将其作为资源属性发布。它通过一个 Web 服务接口(如 URL)将所需信息发布给客户端。客户端可以向中心节点 MDS 查询信息,或者订阅所感兴趣的资源属性,即表明如果这些资源属性的值发生了变化,会发出及时的通知。这些信息代表了资源属性的配置和状态。

(2) 分布式节点资源订阅服务。MDS 该项功能类似资源信息搜集,但它同时可以对所需搜集数据进行监测,这样就可以在数据达到某个预设条件时执行某些预定的操作。资源订阅服务可以实现对分布式节点动态资源的提取和调用。

资源监测与发现服务组件是分布式架构的重要组成部分。MDS 采用动态可扩展的结构来管理信息栅格分布式环境中的各种资源,包括物理静态的资源(计算、网络、存储、设备)和逻辑动态的资源(数据、信息、页面、服务)。

4.7.4　信息栅格大数据资源监测与发现

智慧城市系统集成封装的各分布式节点(信息平台系统)都有大量的元数据信息,这些元数据描述了分布式节点资源的调用、功能、使用策略,以及能够提供的服务质量(QoS)等。如何对这些信息进行有效组织、协调、协同和节点资源管理,是服务调用的基础。该功能通过信息系统的资源发现来实现。智慧城市系统集成中的资源发现与一般系统的信息服务不同,除了具有发布和获取信息这一基本功能之外,还需要保证信息是当前可用的,信息系统的动态退出和动态加入需要通过信息服务来管理。资源发现是智慧城市信息系统集成中心节点中的核心组件。

智慧城市各分布式节点中的资源以封装的形式构成组件,对这些节点的资源进行调用时需要得到该资源的服务策略、服务接口等元数据信息。因此,需要对信息系统资源的这些元数据信息进行采集和组织,并支持用户查询。智慧城市信息资源发现策略通过栅格信息服务将服务注册发现与资源及服务的监测管理结合在一起。

智慧城市信息系统集成的资源信息组织策略采用分布式互联结构与栅格的资源监测技术相结合,在集成了目前栅格资源发现技术的优点同时,有效地克服以往"信息孤岛式"资源管理涉及的信息一致性、信息有效性、系统扩展性、元数据组织等问题。

智慧城市信息系统集成在资源信息组织的分布式互联结构中,不同的行业级组织域分别通过一个分布式组织节点(行业级二级平台)来收集域内相关联的信息(业务级三级平台)。当分布式服务节点数较多时,也可以通过多级(层)结构进行组织。各个不同组织域节点之间采用中心节点 MDS 资源注册、监测和发现机制。如果某一组织域的节点需要访问其他组织域的节点信息时,需要通过访问基于分布式中心节点的全局信息服务来获取(中心节点云平台),因为每个组织域的分布式节点将本域内资源注册到分布式中心节点全局信息服务之中并定期更新(这点非常重要,是彻底解决"信息孤岛"的有效方法)。全局信息服务则维护所有分布式节点元数据信息。由于采用分布式 P2P 互联结构,因而不存在系统瓶颈,还提高了系统的可扩展性、可靠性及抗摧毁性,并且这种分布式 P2P 互联查询相结合的方式可以方便地对各分布式节点组织域的权限进行管理,当某用户端需要通过资源发现服务搜索相应的分布式节点元数据信息时,可以先从本虚拟化中心节点云平台搜索相关信息,如果没有查询到相关信息,则可以直接通过分布式中心节点全局信息服务的任何一个分布式节点注册信息服务来搜索。

4.7.5 信息栅格大数据资源分布式架构

智慧城市信息系统集成资源发现分布式 P2P 互联结构具有以下特点:

(1) 以不同的分布式节点组织域对资源元数据进行管理,符合基于信息栅格信息系统集成中的安全性要求,并且有效地减少了网络数据流量。

(2) 以顶层基于分布式 P2P 互联结构提供全局信息服务,可以有效消除"信息孤岛"和"数据烟囱"的网络瓶颈,提高网络的可扩展性和抗摧毁性。

(3) 能够提高信息的一致性,首先以组织域为节点单位减少了分布式节点组织域内元数据量(可减少 70%的元数据量),从而使得分层数量大为减少;其次上层基于 P2P 的互联结构组织减少了整个智慧城市信息平台系统的层次结构,提高了信息的实时性和有效性。

(4) 方便元数据的组织,各个组织域首先可以组织其域内元数据,然后经过数据抽取和数据封装统一汇聚到分布式节点主题数据库中,有效地减少了中心节点全局数据存储和数据资源服务的负担。

4.7.6 信息栅格大数据资源分布式管理

智慧城市大数据资源管理跨多个行业管理域,具有不同于一般分布式系统数据资源管理的特点,具体分析如下:

1. 广域性

智慧城市大数据资源一般都发布于跨广域网的多个行业管理域,不同于局域网中数据传输的延时、网络故障处理等问题。

2. 异构性

智慧城市大数据资源种类繁多,数据结构各异,数据接口也不尽相同。在软件和硬件两个层次上都可能存在差异。特别在数据结构、系统体系、数据库系统存在的差异就更大。

3. 自治性

智慧城市大数据资源都属于某一个管理域,处在本地管理机构或部门的管理之下,数据资源或强或弱地有本地或本部门自治的能力。智慧城市数据资源管理必须尊重本地管理者,不能破坏或改变现有的本地管理系统。

4. 动态性

智慧城市大数据资源可以自由地随时加入或退出相关的数据库系统。智慧城市大数据资源管理可获得性是随时间的变化而动态变化的。一个数据资源贡献给智慧城市用户使用的能力是随时间的变化而动态变化的,同时数据资源的负载也是动态变化的。

5. 二重性

智慧城市大数据资源是由具体的资源拥有者提供的,除了一部分专有的数据资源只提供给特定的用户之外,大部分数据资源都是同时作为智慧城市用户可以使用的数据资源和资源拥有者自己使用的本地资源。

智慧城市大数据资源的上述特点决定了分布式数据资源管理机制应该具备的基本功能和特点：屏蔽数据资源的异构性，为用户提供统一标准的透明访问的接口；屏蔽数据资源的动态性，保证用户请求的访问质量；尊重数据资源的本地管理的机制和策略，使得数据资源更好地为智慧城市大数据应用服务；对数据资源访问用户进行身份认证，确保智慧城市大数据资源的安全和数据资源拥有者的权益。具体地说，一个完整的分布式数据资源管理系统应具备以下功能：

(1) 具有可适应性和可扩展性。
(2) 在保持各分布式节点自治的同时，允许具有不同数据管理机制和策略的数据库系统之间互操作。
(3) 资源的注册、监测和发现，以及数据服务具有较好的实时性，提供数据资源访问的查询和浏览的接口。
(4) 支持智慧城市数据资源管理协议，如注册、监测、发现、封装、组件、发布等协议。
(5) 支持数据与信息服务质量 QoS。
(6) 具有很好的容错性和稳定性。
(7) 建立智慧城市数据资源管理清单，并实时更新。
(8) 支持分布式与集中式相混合技术架构的策略，各种不同技术架构的数据资源管理通过一致的信息栅格分布式节点数据服务共识机制进行通信和数据共享交换及信息服务。
(9) 支持底层技术服务应用的静态与动态数据封装的调度、协同、调用、映射、集成等。
(10) 提供分布式数据资源管理的安全策略和访问控制机制。

4.7.7 信息栅格大数据资源服务元数据

智慧城市大数据资源服务信息的元数据规范是智慧城市信息系统集成中资源发现的基础。所有信息系统资源必须将其元数据信息按照一定的协议和规范经封装后注册到上层的中心节点全局信息服务中去，这样才能使得用户方便地搜索其需要的服务资源。

在智慧城市信息系统集成中，共享与交换数据元数据以《政务信息资源目录体系及核心元数据》为基准，根据智慧城市实际情况作适当扩充，资源服务元数据分为核心元数据、交换元数据两部分。

1. 核心元数据

核心元数据的主要作用是为服务进行定位和查找，为其提供一个全局有效的命名空间。利用多维属性的命名方案，可以直接通过制定多个属性基于 P2P 的结构对服务进行搜索。在信息系统集成中，服务通过组织域名、主机名（可用 IP 来代替）、服务名三者来唯一确定。同时还要指定信息系统集成的组织标识和虚拟组织名称。

上述核心元数据是最简单的元数据规范，组织域名的作用在智慧城市信息系统集成框架体系结构中的组织域（即行业级二级平台），识别该服务所属组织域；主机名的作用是表示该服务的主机名或 IP，起到定位服务的作用；服务名也起到定位的作用；虚拟组织名称是表示该服务所属的具有共识的服务群体。核心元数据应包括以下要素：

(1) 元数据语种、联系方、安全限制等级、创建日期；
(2) 资源标识符、名称和出版日期；
(3) 资源时间范围与空间范围描述；

(4) 资源语种、使用限制、安全限制等级；

(5) 对应的查询服务或者推送服务。

2. 交换元数据

智慧城市信息系统集成基于面向服务的体系结构，并采用 Web Service 技术，其交换元数据主要基于网络服务描述语言（WSDL）进行描述。WSDL 文档是一种 XML 格式的文件，提供语言规则，将 Web 服务定义为服务访问点或端口的集合。这些端点可以交换包含面向文档或面向过程的信息。交换元数据应包括以下要素：

(1) 服务名称、服务描述与服务描述语言；

(2) 消息中间件站点名称；

(3) 服务类型；

(4) 所属部门；

(5) WSDL 地址。

4.7.8 信息栅格大数据资源服务元数据类

信息栅格大数据元数据类的概念是根据元数据的属性（特征）、描述、语义来确定大数据元数据组合的类型。元数据类显式地或隐含地规定了元数据所有属性、描述、语义的特征（值），以及在元数据类上允许进行的操作。因此，数据类（DataType）是一个元数据的组合（聚合）和定义在这个元数据类上的一组操作的总称。通常信息栅格大数据数据类属于结构类型，结构型数据类是由若干成分按某种结构和操作功能组成的，因此是可分解的，并且它的成分可以是非结构的，也可以是结构的。在某种意义上，数据类结构可以看成是"一组具有相同结构和功能关联的元数据"，因此数据类则可被看成是由元数据组合（聚合）、功能关联和定义在其上的一组操作所组成的。

信息栅格大数据数据类是对元数据的抽取、变换、抽象的操作。在信息栅格中将数据类对元数据的操作称作抽象数据类（Abstruct DataType，ADT）。抽象数据类是指一个数学模型以及定义在该模型上的一组操作。抽象数据类的定义取决于它的一组逻辑特性，而与其在计算机内部如何表示和实现无关。即不论其内部结构如何变化，只要元数据属性的特征（值）不变，都不影响其外部的使用。抽象数据类和数据类实质上是同一个概念。例如各种计算机都拥有的整数类型就是一个抽象数据类型，尽管它们在不同处理器上的实现方法可以不同，但由于其定义的数学特性相同，在用户看来都是相同的。因此，"抽象"是通过了数学变换（算法），其实质意义在于数据类的数学抽象特性。抽象数据类的定义可以由一种数据结构、特征和定义在其上的一组操作组成，而数据结构又包括元数据属性及元数据之间的关系，因此抽象数据类一般可以由元数据、关系及操作三种要素来定义。抽象数据类的特征是将使用与实现相分离，实现数据属性（信息）和特征的隐蔽。这就是说，在抽象数据类操作时，把类型的定义与实现分离开来。为了满足信息栅格分布式架构对数据资源服务的调用、复用、映射、协同，在信息栅格中由元数据到抽象数据类的操作，采用数据组件封装的方式。由于数据类构成的每一个数据组件都是相对独立的，并将抽象数据类定义为数据组件和施于这些数据组件上的一组逻辑操作，即在数据组件的内部给出这些数据类属性的特征值表示及其操作的细节，而在数据组件的外部使用只是对数据类的抽象和抽象后数据组件的逻辑操作。这就是构建面向对象数据模型的方法。

4.7.9 信息栅格大数据资源服务模型

智慧城市信息系统集成与大数据共享交换，是在动态变化的多个虚拟组织间共享数据资源和协同解决问题，信息系统集成的目的是建立一体化数据服务平台，手段则是通过共享现有的数据库系统，实现广泛的互联、互通、互操作。从某种意义上来说，信息系统数据服务模型实际上是信息系统模型的一个子模型。因此，基于信息系统模型来建立信息系统数据服务模型是加快信息系统集成、共享、协同的一条捷径。这也是我们讨论数据与对象和类之间关系的原因。信息系统数据服务模型是在信息系统模型的基础上发展起来的。数据共享离不开信息系统集成。尽管我国多年来建设了各种业务数据库系统或大数据中心，积累了丰富的信息资源，但是这些数据库或数据中心在建设时，由于开发单位、技术平台、技术手段各不相同，其数据库系统数据结构各异、接口不统一、一体化程度低，这样一方面给数据共享、交换、更新、管理带来了极大的不便，同时也造成了资源的重复性建设，浪费了大量的人力、物力和财力。因此如何实现信息系统中各异构数据库系统中信息融会贯通，就是目前需要解决的一大难题。基于面向对象构造信息系统数据服务模型包括以下内容：

1. 数据库系统的栅格化与集成管理

现有信息系统分布在不同的硬件平台和操作系统之上，都拥有各自的应用系统和数据库。但系统与系统之间却无法进行信息交换和数据共享，无法实现有效的业务协同。为了集成这些异构数据库系统，应对原有的数据库系统利用构件复用、共享组件和中间件技术进行改造，使之都符合栅格对数据封装、映射和集成的规范，并将之集成进信息栅格平台。这种数据库的集成方式比新建立一个大型数据库系统要省财力和省时间，而且可以随时利用现有系统中的数据来更新中心数据库中的数据，解决了数据的采集难和更新难的问题。

智慧城市信息系统集成与大数据共享交换采用面向对象的设计方法。面向对象设的计方法就是直接面对需求域中的客观对象进行信息系统和数据库的建模（图4-42）。它既提供了从一般到特殊的演绎方法（如继承等），又提供了从特殊到一般的归纳形式（如类等），其中包括面向对象的分析、面向对象的设计、面向对象的实现和面向对象的测试与维护等。

面向对象的分析强调针对需求域中客观存在的事物构造分析模型中的对象（元数据）。用对象的属性和行为分别描述事物静态和动态特征及行为，强调属性和行为与客观事物的一致性；用类来描述具有相同属性和行为的对象组合（数据类）；用对象的结构描述客观事物的分类和组合特征；用消息连接，实例连接表示事物之间的动态和静态联系。无论是问题域中的单个事物，还是各个事物之间的关系，分析模型都能够保留它们的原貌，没有加以转换，也没有打破原来的界限而重新组合。因而，面向对象的分析模型能够很好地映射需求域的要求。

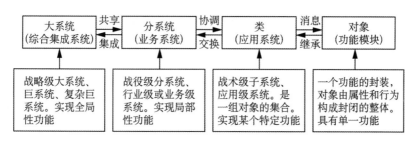

图4-42 面向对象信息系统集成逻辑图

面向对象的设计是建立在面向对象分析模型的基础上,从设计实现的角度考虑人机界面、数据存储与处理、任务管理等因素,仅在局部进行调整、修改,不存在表示方法上的变化,因而设计结果仍然是需求域很好的反映。同样,面向对象的实现和面向对象的测试、维护等也没有改变对需求域的认识和表示。面向对象方法都支持三种基本的活动:识别对象和类,描述对象和类之间的关系,以及通过描述每一个类的功能定义对象的行为。

2. 面向对象建模方法

面向对象建模方法对于信息系统集成,开发大型开放式复杂巨系统具有很好的优势。面向对象设计方法支持并发系统集成、专家组织和数据资源共享,是支持智慧城市系统工程的重要支柱。由于智慧城市开放式复杂巨系统包含人的智能活动,建立数学模型非常困难,而面向对象设计方法能够比较自然地刻画现实需求的客观世界,容易达到需求空间和程序空间的一致,能够在多级层次上支持复杂巨系统层次模型的建立,是研究综合信息系统集成系统工程的重要工具。面向对象技术对于并发工程和综合集成工程的作用,一方面说明了这一新技术应用范围的宽广,同时也说明了它的重要影响,更证明了面向对象技术在智慧城市建设中是一门新兴的值得广泛重视的技术。

面向对象建模方法中,识别对象是开发信息系统集成的关键性第一步,其基本元素包括类、对象以及类与类之间的关系。对象是信息系统需求域中客观实体的一种抽象,而类则是一组具有公共属性的抽象对象的集合(组合)。类与类之间的关系通常分为关联、继承、依赖和精化等四种类型。在信息系统集成中,一般类表示系统,并把现实世界中能够识别的对象分类表示。定义对象和类的描述包括以下内容:

(1) 对象与类的发现。在问题域中寻找对象和类。一般有三种策略:名词短语策略、动词策略和联合策略。

(2) 类的表示。一个类分解为名称、属性以及操作三部分。属性描述类的基本特征,行为描述类具有的功能;对象是类的实例化,所有的操作都是针对对象进行的。

(3) 属性的发现。对象或类的属性描述了对象的具体特征,属性有属性名称和属性值(或称属性状态)。

(4) 属性的类型。属性的类型有单值属性、排他属性和多值属性三种类型。

(5) 属性的表示。如变量类型一样,属性也可以表示为整型、实型、布尔型和枚举型。除了基本类型外,属性的类型也可以是其他类型,包括类的类型。

3. 面向对象模型

面向对象的建模方法是在面向对象技术应用实践的基础上,提出的一套系统设计的方法论。它以面向对象的原理为基础,通过构造一组相关模型(对象模型、动态模型和功能模型)来获得关于问题的全面认识。

(1) 对象模型描述了系统中对象的结构,即对象的标识、与其他对象之间的关系、对象的属性以及操作。主要概念涉及类、属性、操作、继承、关联(即相互关系)和聚合。类的对象模型用对象及对象的关系图表示,类用层次结构表示公共的结构和行为,并和别的类发生联系。类定义了属性和操作,这些属性和操作在类的实例中被使用和执行。对象图提供了与对象、类和它的关系建模相关的图形符号,包括类图和实例图两种类型。类之间的联系称为关系,在面向对象的建模技术符号中用一条线表示。对象模型之间存在三种基本关系:关联关系、包容关系和继承关系。

(2) 动态模型描述系统中与时间有关的方面以及操作执行的顺序,包括引用变化的事件、事件的序列、定义事件序列上下文的状态,以及事件和状态的主次。动态模型抓住了"控制流"特性,即系统中的各个操作发生的顺序。动态模型中的主要概念是状态和事件。状态是指对象所拥有的属性值和连接关系,从一个对象到另一个对象的单个消息叫作一个事件,其主要描述方法是状态图和事件跟踪图。其中,状态图的节点状态中标有事件名的线是转移,转移的箭头指向接收事件后的目标状态。

(3) 功能模型描述系统内部数据值的转换,表示怎么从输入值得到输出值,包括函数、映射、约束和功能性依赖。其主要概念有加工、数据存储、数据流、控制流以及角色等。功能模型由多个数据流图组成,它们表示从外部输入,通过操作和内部数据存储,到外部输出这样一个过程。

对象模型、动态模型和功能模型都包含了同样的概念、数据、序列和操作,但它们从不同的视角描述了系统的不同方面,同时也是相互作用的。对象模型描述了动态模型、功能模型所操作的数据结构,对象模型中的操作对应于动态模型中事件和功能模型中的函数;动态模型描述了对象的控制结构,说明哪些决策是依赖于对象值,哪些引起对象的变化并激活了功能;功能模型描述了由对象模型中操作和动态模型中动作所激活的功能,而功能作用在对象模型说明的数据上,功能模型还表示了对对象值的约束。

面向对象的建模开发过程分为以下三个阶段:

(1) 分析阶段:重点是理解和处理的应用和领域并进行建模。首先输入的是问题域的需求,它主要描述了需要处理的问题,并提供了将要产生的系统概况。分析后的输出是一个描述了系统三个重要方面的形式化模型,表述对象与对象之间的关系,动态的控制流以及根据约束数据的函数性转换。

(2) 系统设计阶段:决定了系统的整个体系结构和设计要素,为以后的工程设计阶段中更详细的决定提供依据。该阶段以对象模型为依据,把系统分解为分系统、子系统(类)、功能模块(对象),并通过把对象组织成并发的任务来实现并发,同时,还决定系统之间的通信、数据存储和动态模型的实现等。

(3) 对象设计阶段:分析模型被不断地提炼、求精、优化,产生一个较为实用的设计成果。该阶段决定实现中所用的类及类与类之间的关系和全部的定义,包括接口、综合、集成,以及用于实际操作的算法和程序。

4. 面向数据模型

面向对象设计方法具有模块化、消息隐藏、低耦合度、高聚合度、抽象、可扩展以及可集成性等特点。同时,面向对象范式为软件、数据模块的复用提供了很强的支持。面向对象建模方法是以对象和类作为信息系统开发建模的基础。通常通过面向对象方法构造的信息系统开发模型后,都存在着一个共同的问题,即如何将这些逻辑模型放在数据库系统中进行存储和应用。数据的存储和应用涉及数据模型的构造和优化。特别是复杂巨系统如何通过数据模型来实现对大数据的管理,支持各类数据库的数据共享和交换。由于数据特别是大数据的存储和应用涉及面向联机业务处理和联机分析处理,因此数据模型的建立必须是面向信息系统的应用。

面向数据建模是信息系统开发建模的重要内容,面向数据建模的方法也在不断地发展。除了基于实体关系模型的语义建模的方法外,在面向需求建模和面向对象建模的基础上,进一步通过信息栅格技术应用,提出了基于面向数据服务的建模方法。该方法是信息系统数据建模的一种新方法和创新。

在面向对象建模方法中,以类代表一个对象类型,类在代码运行阶段将被创建为一个个对象实例。每个类由两个部分组成:属性和行为。属性通常是一些数据状态值,也就是说,类将数据封装隐藏在自己内部,访问这些数据属性必须通过类公开的方法、协议或者接口。通过数据封装,决定了以后代码的维护性和扩展性,也为今后建立复用"类库"和复用"构件库"打下了基础。关于数据封装的形式,可以打个比喻,在日常生活中经常用各种盒子和袋子包装一些东西,这样做就是为了方便这些东西的携带或储藏,在现实社会,运输、仓库、商品等都需要进行分类包装的应用。物品包装与信息系统中数据封装基本上是一个意思。

类的方法行为也有多种类型,如公开、私有等,可以设计一些方法为公开接口,而将另外一些行为隐藏起来,这样一个看似简单灵活的选择,却能够应付我们日后频繁的修改,可依靠接口公开和隐藏。我们不能只用一个单独的类来表达客观世界,因为客观世界存在千丝万缕的各种关系,在计算机领域我们使用类的关系来表达映射这些关系。类在建模上主要有如下几个关系:

(1) 类与类的关系经常是这样,一个类包含一个类(构造性 Structural),或者借助另外一个类达到某个功能(功能性),在对需求建模分析中,构造性的这种关系,也称为关联(Association),是我们关注的重点。这种关系很显然表达的是一种静态的结构,比如,它们之间的关系就是一种关联。

(2) 聚合(Aggregation)的关系是一种表格式样的关联,表示一个类包含多项子类,这种关系是一种整体与部分的关系。一个汽车有四个轮子,四个轮子是汽车的组成部分。

(3) 组成(Composition)的关系是一种更强烈的聚合关系,一个对象实际是由其子对象组成,子对象也唯一属于父对象。

(4) 继承关系也是类建模中经常用到的关系,继承可以将一些数据属性抽象到父类中,避免重复,如入库单和出库单有很多属性是差不多的,唯一不动的就是入库和出库的行为,那么我们可以抽象一个库单为父类,使用继承关系分别表达入库单和出库单。

通过访问聚合根来遍历导航关联对象,这样做的好处很明显保证了对象的从属性,非常符合日常生活逻辑。比如,你要得到盒子里面的东西,必须首先得到盒子,然后经过一些准备如打开盒子,才能得到盒子里面的东西,假设一下,如果没有这样封装导航关系,盒子和东西都是可以透明并行得到,想得到东西就能够直接获得,而不必经过打开盒子这一步骤,这样的访问方式首先不合逻辑,其次是不安全,如果盒子和东西放在数据表中,就会发生这种情况。

关系数据表模型中分析设计都是根据需求直接建立数据表的方式来进行的,数据表由于提供庞大的数据存储和可靠的数据访问,正在不断从技术领域走向社会领域,很多不懂计算机的人也知道需要建立数据库来管理一些事务,但是不代表就必须围绕数据库进行分析设计。数据表是类似前面的"类",也是一种表达客观世界的基本单元,表有多列字段,表的字段是保存数据的,每个字段有数据类型。这里没有数据的封装和公开,表的字段是赤裸的,只要有数据库访问权限,任何人都可以访问,没有结构层次关系,都是扁平并列的,如果在数据表字段之间试图看出客观世界中的层次和封装,这样的映射方法至少把这个信息拷贝丢了。数据表也有一些行为,这些行为是基于实体的一些规则。

约束(Constraints)能够保证不同表字段之间的关系完整安全性,保证数据库的数据安全;触发器(Triggers)提供了实体在修改新增和删除之前或之后的一些附加行为,存储过程(Database Stored Procedures)提供数据专有的脚本性语言,存储过程如同一个抽象简洁的数学公式。

5. 数据映射模型

由于各种信息系统是在不同时期由不同部门研制的,没有遵照共同的规范,不论数据库的类型和数据结构,还是元数据的名称和语义,都没有一个统一的标准。这样就产生了异构数据库间的非标准数据的转换问题,需要有一种机制将异构数据库数据转为标准数据,从而实现部门之间数据的互联、互通、互操作。在数据的源头利用栅格中间件进行转换和封装,所有的数据只要一出数据库,都要经过标准化统一的数据对象、数据构件或者是数据类形成虚拟数据的映射。通过统一的数据共享交换接口和访问机制,使得虚拟服务与有效实际应用以 QoS 为依据实现与实际服务资源的匹配。具体的做法就是在现有数据库系统中部署各级数据代码表(XML 格式),数据代码表中包含了本地非标准数据与标准数据的一一对应关系。通过数据代码表可以查询本地数据结构,并转换为标准数据结构。目前基于面向数据模型,采用"新电子公司"《智慧城市大数据共享交换规范》和分级分类的大数据架构的建库模型。这些成果可以直接用来指导智慧城市信息系统数据服务和数据共享交换的标准,以及逻辑、物理、实体的各种数据模型的示范。

6. 元数据服务模型

元数据是描述数据的数据,它是对信息资源的结构化描述,描述信息资源或数据样本的特征和属性,规定数据的组织,具有定位、发现、证明、评估和选择等功能。元数据帮助用户更好地使用数据描述的信息。一般地,元数据描述数据的内容和类型,包括针对的数据对象、产生数据的时间、数据的来源、数据需要的加工操作、数据的更新时间、其中部分数据的提取方法、数据精度、数据质量等信息。为更好地共享数据库,应该对所有数据资源进行统一的元数据描述,用栅格平台管理所有的元数据,并对所有的数据建立快速访问索引,解决所有数据的查找和定位的问题。

7. 按需服务接口模型

实现数据库的集成和共享之后,理论上讲所有数据都可以访问,但如果直接让用户面对海量数据,也会影响其使用效率。因此,还要做到按需提供数据服务,针对不同用户的各种需求提供其单独的操作界面,提供经过筛选的数据,让用户集中到数据的使用上而不是数据的选择上。通过信息动态集成技术,建立一套发布信息和访问信息的机制。只要是栅格里有的信息,且有权查阅,不管是各类用户,还是各种应用系统,都可以按需求发出请求并实时获取这些信息。因而,为开发新的应用系统提供一个有力的数据支撑环境。

8. 数据同步模型

采用信息栅格技术构造的数据服务模型,大部分数据分布在不同的功能节点里,不需要搬来搬去,但也有些数据在不同的节点里都有副本。保持这些副本与数据本身所反映的情况的一致性是非常重要的。当然,这种一致性可以分等级,如强一致性要求和弱一致性要求,不同要求的同步更新其时效性和正确性要求不同。为了保证数据的一致性,必须确定权威数据源,要做到一数一源。所谓权威数据,是指某些数据只能由指定部门(又称权威部门)

进行发布和维护（即增、删、改），在数据服务模型中，需要根据数据对副本的更新要求来建立数据联动更新机制，根据权威数据来校对其他业务系统中的相应数据，以保证更新的及时性、正确性和同步性。

9. 数据安全模型

为了确保数据库系统中的数据安全，需要从技术、软硬件和管理等多个层面入手。在技术方面，采取基于栅格的安全基础设施技术，它包括 CA 认证和授权、用基于角色的访问控制等安全体系，辅以网络强制访问控制、安全套接协议和防 SQL 注入等多种技术手段来确保数据访问的合法性和数据传输的安全性。信息栅格数据服务采用物理分开和逻辑集中策略，某些节点的损失不影响整体的功能，因而有更好的可靠性和可用性。在网络环境方面，涉及政务数据和信息的采用专用电子政务外网并配备专门的防火墙和保密设施，更有利于确保网络访问的安全性。在管理方面，要制定信息平台运行管理规范，设置专门的数据服务员、安全监督员和系统操作员等不同的角色，做到专人专权，一机一位，做到所有操作都可记录可追溯可查阅；可以利用桌面远程管理软件；发布系统软件更新和病毒库自动更新维护，通过构建数据安全模型，全面提升网络与数据的安全防护能力。

4.7.10　信息栅格大数据结构化体系

构建智慧城市大数据结构化体系是大数据服务及人工智能深度学习的基础。要建设智慧城市大数据系统化、结构化、标准化体系，必须从信息与数据之间的关系着眼，必须了解智慧城市信息系统集成与大数据共享交换的设计方法。我们在智慧城市信息平台与数据库构造时采用面向对象设计方法，该设计方法就是直接面对需求域中的客观对象进行信息系统和数据库的建模。它既提供了从一般到特殊的演绎方法（如"继承"等），又提供了从特殊到一般的归纳形式（如"类"等），其中包括面向对象的分析、面向对象的设计、面向对象的实现和面向对象的测试和维护等。

面向对象的分析强调针对需求域中客观存在的事物构造分析模型中的对象（元数据）。用对象的属性和行为分别描述事物静态和动态特征及行为，强调属性和行为与客观事物的一致性；用"类"（数据类）来描述具有相同属性和行为的对象组合；用对象的结构描述客观事物的分类和组合特征；用消息连接。实例连接表示事物之间的动态和静态的联系。无论是问题域中的单个事物，还是各个事物之间的关系，分析模型都能够保留它们的原貌，没有加以转换，也没有打破原来的界限而重新组合，因而，面向对象的分析模型能够很好地映射需求域的要求。

1. 智慧城市大数据结构化体系

智慧城市大数据结构化体系必须进一步建立适合人工智能深度学习的系统化、结构化、标准化的大数据总体架构。从目前情况和条件来看，要将基于对象的元数据通过清洗抽取为数据类的系统化、结构化、标准化过程，应用人工智能的方法来实现几乎不可能。就是勉强去做，也是一件费时、费力、费钱的事情。为了解决大数据系统化、结构化、标准化的问题。根据在智慧城市大数据挖掘、分析和可视化的实践和经验（在 2008 年"数字东胜"项目中就采用商业智能 BI 的方式来解决数据结构化的问题），提出了建设智慧城市信息与数据可视化集成平台的方式（见本书第 5 章）。通过可视化集成平台既可以实现智慧城市各行业级二级平台的系统集成，同时又解决了行业主题数据库、基础数据库系统化、结构化、标准化的转换问题,进而为智慧城市大数据人工智能深度学习创造了条件。该可视化集成平台的模式可以满足任何一个智慧城市大数据人工智能应用的需求。

智慧城市大数据结构化体系可以理解成由三部分组成,即智慧城市大数据库、可视化大数据库、网络开源大数据库组成,如图 4-43 所示。

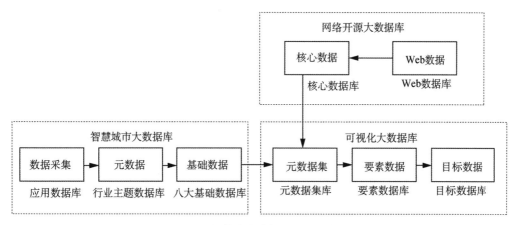

图 4-43 智慧城市大数据结构化体系图

2. 智慧城市大数据库

智慧城市大数据库由行业业务应用数据库、行业管理主题数据库、共享交换基础数据库组成。智慧城市共享交换基础数据库分别由人口基础数据库、法人基础数据库、宏观经济基础数据库、地理信息基础数据库、智慧政务基础数据库、智慧民生基础数据库、智慧治理基础数据库、智慧企业经济基础数据库八大基础数据库组成。

智慧城市行业级主题数据库分别由政务、城管、应急、安全、交通、节能、设施、市民卡、民生、社区、卫生、教育、房产、金融、文体、旅游、建筑、住宅、商务、物流、企业等各行业级主题数据库组成。根据智慧城市行业数据集分类编码规范和要求,由智慧城市八大基础数据库和各行业主题库根据各行业管理、服务、运行的业务需求,组成各行业主题数据库的业务元数据(类),业务元数据对应用数据库中的元数据(对象),即具有共同特征的一组对象进行组合和封装。

3. 智慧城市可视化大数据库

可视化大数据库分别由目标数据库、要素数据库、数据集库组成。

(1) 可视化目标数据

根据各级领导所关注的城市运行决策、态势和需求预测数据和信息,以及领导桌面大数据可视化分析展现的要求,确定智慧城市可视化目标数据。智慧城市可视化目标数据通常可由综合态势、监测预警、突发事件、城市治理、要素监测、民生民意、企业经济、社会动态等数据与信息组成。目标数据通过人工智能卷积神经网络从要素数据中提取相互关联和权值高,并满足智慧城市决策和预测的目标特征数据。

(2) 可视化要素数据

根据智慧城市综合治理与公共服务所关注的数据与信息的需求,将目标数据分解为各自目标数据构成的要素二级子项数据。通常智慧城市要素数据由支撑各自要素数据所关联的数据集构成。要素数据通过人工智能卷积神经网络从数据集中提取相互关联和权值高,并满足智慧城市综合治理和公共服务的要素特征数据。

(3) 可视化数据集数据

根据智慧城市综合治理与公共服务所关注的要素数据,将要素数据分解为各要素数据相关联的三级次项数据集数据。通常智慧城市数据集数据由八大基础数据库和各行业主题数据库中的业务元数据组成。数据集数据通过人工智能卷积神经网络从业务元数据类中提取相互关联和权值高,并满足智慧城市综合治理和公共服务的数据集特征数据。

4. 智慧城市开源大数据库

智慧城市网络开源数据库由 Web 数据库、核心数据库组成。分别通过智慧城市各行业二级平台 Web 页面集成。形成的 Web 页面数据采集(抓取)的统一性和标准化,打通了智慧城市各领域、各行业、各业务、各应用的信息平台、业务系统和应用页面,为不同行业、不同场景所需要的核心数据与信息,提供了从实时及历史数据采集到可视化大数据库的应用分析展现。

4.7.11　信息栅格大数据人工智能应用

智慧城市大数据的表示及其特征项的选取是大数据挖掘、信息检索、人工智能的一个基本问题,它将从大数据中抽取出的特征项进行量化来表示大数据信息,将它们从一个无结构的原始海量数据转化为结构化的计算机可以识别处理的信息,即对大数据进行科学的抽象,建立它的数学模型,用以描述和代替大数据,使计算机能够通过对这种模型的计算和操作来实现对大数据的识别和人工智能的应用。通常由于大数据是非结构化体系和非标准化的数据,要想从海量的数据中挖掘有用的信息,就必须首先将大数据转化为可处理的结构化形式。目前人们通常采用向量空间模型来描述大数据向量,如果直接用数据算法和数据统计方法得到的特征项来表示大数据向量中的各个维,那么这个向量的维度将非常巨大。这种未经处理的大数据矢量不仅给后续工作带来巨大的计算开销,使得整个信息处理过程的效率非常低下,而且会损害分类、聚类算法的精确性,得到的结果很难令人满意。因此,必须对大数据向量做进一步优化处理,在保证原大数据语义的基础上,找出对大数据特征类别最具代表性的大数据特征。为了解决这个问题,最有效的办法就是通过特征项选择来降低维度。

大数据特征项提取是一门交叉性学科,涉及数据挖掘、机器学习、模式识别、人工智能、统计学、计算机语言学、计算机网络技术、信息学等多个领域。大数据特征项提取就是从海量大数据中发现隐含知识和模式的一种方法和工具。它从数据挖掘发展而来,但与传统的数据挖掘又有许多不同。大数据挖掘的对象是海量、异构、分布的文档(Web),数据内容是人类所使用的自然语言,缺乏计算机可理解的语义。传统数据挖掘所处理的数据是结构化的,而智慧城市大数据(Web)大都是半结构或无结构的。所以,智慧城市大数据挖掘面临的首要问题是如何在计算机中合理地表示大数据,使之既要包含足够的信息以反映大数据的特征,又不至于过于复杂使机器学习算法无法处理。在浩如烟海的互联网络信息中,80%的信息是以大数据的形式存放的,基于 Web 的大数据挖掘是 Web 内容挖掘的一种重要形式。

目前有关大数据表示的研究主要集中于大数据表示模型的选择和特征项选择算法的选取上。用于表示大数据的基本单位通常称为大数据的特征值或特征项。特征项必须具备一定的特性:

(1) 特征项要能够标识大数据内容。
(2) 特征项具有将目标大数据与其他大数据相区分的能力。
(3) 特征项的个数不能太多。
(4) 特征项分离要比较容易实现。

智慧城市人工智能深度学习主要功能是在不损伤大数据核心信息的情况下尽量减少要处理的数据量,以此来降低向量空间维数,从而简化计算,提高大数据处理的速度和效率。大数据特征选择对大数据内容的过滤和分类、聚类处理、自动摘要以及用户关所注信息的模式发现、知识发现等有关方面的研究都有非常重要的影响。通常根据某个特征评估函数计算各个特征的评分值,然后按评分值对这些特征进行排序,选取若干个评分值最高的作为特征项,这就是特征抽取(Feature Selection)。

从智慧城市大数据结构体系与人工智能深度学习逻辑图(图4-44)中,可以了解智慧城市大数据结构体系的重点是由智慧城市各行业主题数据库中的"业务数据类"("类")或网络Web核心数据库中的"业务数据类"共享(映射)到可视化集成平台的可视化数据集库中。通过卷积神经网络卷积层、子采样层(隐含层)、全连接层等多层神经网络结构,逐级提取数据集、要素数据、目标数据的特征项和特征权值,并分别构建可视化数据集库、可视化要素数据库、可视化目标数据库。通过卷积神经网络大大降低了智慧城市大数据的维度和复杂性,大大提高了大数据的质量和精准度。

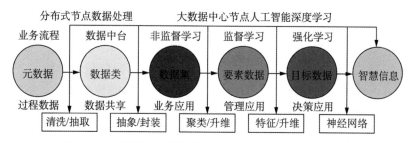

图4-44 智慧城市大数据体系与人工智能深度学习逻辑图

智慧城市大数据人工智能的应用,是基于大数据的系统化、结构化、标准化,因此需要建立大数据的结构化体系,同时也需了解数据是来源于信息系统的。由于数据特别是大数据的存储和应用涉及面向联机业务处理和联机分析处理,因此数据模型的建立必须是面向信息系统的应用。在国家《智慧城市 顶层设计指南》中也要求"依据智慧城市数据共享交换现状和需求分析,结合业务架构,识别出业务流程所依赖的数据"(标准中所指的"业务架构"系指"信息系统架构",因为业务流程是通过信息流来描述的)。为此要建立大数据结构化体系,必须首先建立信息系统的结构化体系,建立系统元数据("对象")、系统数据类("类")、信息平台、系统集成平台之间物理和逻辑的结构化关系。

由于智慧城市的大数据来源于智慧城市分级分类的信息系统(平台),根据国家《智慧城市 顶层设计指南》的要求要结合业务架构(信息系统结构化体系),来构建智慧城市大数据的体系架构。为此我们构建了与智慧城市一级平台、二级平台、三级平台信息系统的结构化体系相结合的智慧城市大数据应用数据库、主题数据库、大数据库的结构化体系。

智慧城市行业应用元数据和业务数据类由信息栅格各行业分布式节点进行数据清洗和

数据抽取。通过对分布式行业数据预处理的清洗和抽取，可以清除近70%的脏数据。采用分布式行业数据的预处理，可以大大减轻大数据不断增加对存储容量的压力，同时提高行业数据的质量和应用的精准度。经过行业数据预处理的元数据和数据类(项)存储于各行业主题数据库。智慧城市跨行业、跨部门、跨平台、跨数据库、跨业务的数据集、要素数据、目标数据由智慧城市信息栅格中心节点可视化集成平台卷积神经网络进行深度学习和大数据挖掘和分析处理，并分别存储于可视化集成平台的数据集库、要素数据库库、目标数据库。数据集提供智慧城市行业业务协同应用；要素数据提供智慧城市行业管理协同应用；目标数据提供智慧城市决策与预测应用，如图 4-45 所示。

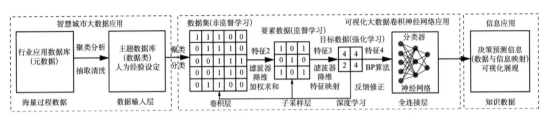

图 4-45　智慧城市人工智能深度学习卷积神经网络原理图

人工智能深度学习卷积神经网络的基本结构是一个多层神经网络。每层由多个二维平面组成(其实是为了方便并行计算)，而每个平面由多个独立的神经元组成。其工作原理是输入图像、文本或数据，通过多层可训练的滤波器和可加偏置进行卷积，卷积后产生多个特征映射，然后对多个特征映射进行求和、加权值和加偏置，作为下一层的输入，依此类推，最终这些特征值被处理规则化，并通过输出得到一个被优化、降维和具有精准度的结果。简单来说，卷积神经网络就是自动地完成删除不需要的数据，而保留最优价值和有用的知识数据。从卷积数据网络的工作原理可以知道卷积神经网络运作的核心思想就是如何实现数据特征最大权值的提取和特征权值共享。关于数据特征权值共享，可以简单理解为，卷积层滤波器就像一个筛子，将数据激活值越大越符合条件的数据筛选出来。其具体做法就是先将一个巨大的、海量的、完整的大数据体系结构化，由元数据经逐级提取特征权值和降低数据涵盖的维度，完成元数据、数据类、数据集、要素数据、目标数据的收敛。在大数据收敛的过程中可以通过卷积神经网络的多层卷积层(滤波器)和采样层进行采样与特征权值的提取，这其中充分利用了权值共享、特征筛选提取，以及各种算法和规则的方法来完成。

4.8　智慧城市信息栅格系统集成分析

4.8.1　智慧城市信息栅格系统集成需求

信息系统的共享策略，通过统一的接口将底层的信息系统资源进行封装，接入到一体化信息平台之中，实现了最基本的接入功能，一体化信息平台支持对接入的系统进行组织和管理。通过军事信息系统的集成架构，对信息系统资源进行接入、组织和管理。军事信息系统集成平台的主要目的是集成军事所有的信息系统，如 GIS 系统、气象系统、监测系统、决策指挥系统、数据分析系统。每个系统又包括很多子系统，每个子系统又包括许多不同功能的模块。

信息系统集成的资源十分复杂,真正地实现涵盖任何信息资源的一体化信息平台是一个系统的长期任务。对于每个将要集成的信息系统,其自身要有一个规范化的管理机制,而该过程是一个复杂的过程。

智慧城市信息系统集成采用与军事信息系统共享完全相同的策略。智慧城市是一个开放性复杂巨系统,涉及政府、管理、民生、经济各行各业的方方面面。智慧城市框架体系结构将政府、管理、民生、经济各信息系统分解为城市级一级平台、行业级二级平台、底层业务级三级平台及应用系统,以及与平台结构对应的城市级大数据库、行业级主题数据库、业务级应用数据库。通过智慧城市各级平台及各级数据库统一规范的接口将底层的信息系统资源进行封装,通过各级平台和各级数据库汇集到城市级公共信息一级平台和城市级大数据库之中,实现了自下而上的信息采集和数据共享,实现了最基本的接入功能。城市级公共信息一级平台和城市级大数据库具有对接入的各级平台和各级数据库进行组织和管理的功能。通过智慧城市信息系统的集成架构,对智慧城市信息系统资源进行全面的接入、组织和管理。

4.8.2 军事信息系统集成架构

军事信息系统集成架构如图 4-46 所示。

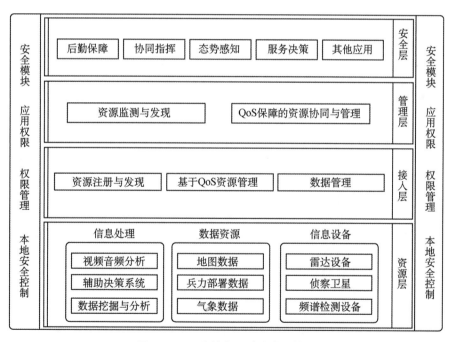

图 4-46 军事信息系统集成架构图

该架构为不同信息系统标准的管理提供一个灵活的机制,能够有效地对资源进行组织和管理,同时提供互联互通、共享和协同机制,保证其提供的 QoS,简化不同信息资源的接入,以及如何提高系统的抗毁性和可扩展性等公共问题。军事信息系统集成的架构采用层次化四层结构,即资源层、接入层、管理层和应用层,以及整个架构的安全模块。安全模块对应于每个层次都具有相应的安全要求。相对于接入层实际对应于军事信息系统集成中信息系统共享策略中的安全管理模块,主要资源本身对资源接入进行访问控制,并且保障其通信安全。管理层的安全主要对全局的权限控制和管理,如统一身份认证(CA 认证中心),而对应于应用层的安全主要是各个应用对其用户的权限限制。

4.8.3 军事信息系统集成资源层分析

军事信息系统集成架构能够支持军事信息系统集成中任何信息资源,为其提供一个有效的管理和发现机制。信息系统集成资源层从整体上可以分为三类:信息设备资源、信息处理资源和数据资源。

(1) 数据资源是信息化处理平台的基础,其中数据主要是静态数据,包括地图数据、气象数据、兵力分布数据以及后勤保障数据等。各种数据的存储方式各不相同,有的数据存储于数据库之中,有的数据以文件目录进行组织。数据库可能包括 mySQL、Postgresql、Oracle 等。文件系统可能是 Fat32、NTTS、EXT2 和 EXT3 等。

(2) 信息设备资源的功能是提供基本的动态信息,但是与数据资源相比,其提供的主要是动态的实时信息。其集成的信息设备可能是雷达设备、卫星设备和频谱监测设备。这些设备自身有其控制和管理模块,接入一体化信息平台后能够以一种标准的格式提供数据流服务。

(3) 信息处理资源实际上是对上述数据资源和信息设备资源产生的数据进行分析和处理。其从本质上来说是数据密集型计算,这些资源能够提供接口调用数据的分析和处理的能力。

智慧城市信息系统集成架构融入智慧城市总体技术框架中(见图 4-1)。对应军事信息系统集成架构的资源层,智慧城市资源层分别由网络层、设施层、数据资源层构成。网络层实现互联网、政务外网、视频专网、物联网、无线网的互联。设施层实现信息与数据的互联、汇集、分类、清洗、抽取。数据资源层实现多级分时数据、实时数据、多媒体数据,涵盖政府管理、行政管理、民生服务、经济企业的各个领域、各行业、各业务的数据集合,涉及政府行政数据、城市管理数据、民生服务数据、企业经济数据。从政府行政管理数据共享的角度,涉及政府管理与政务、城市监控与管理、社会民生服务、公共服务、商业服务、企业经济等信息与数据,以及保证城市常态和非常态(应急)下运行的基本数据挖掘、分析、汇集、共享、交换的功能。

4.8.4 军事信息系统集成接入层分析

军事信息系统集成架构接入层的主要目的是在资源层的资源上部署通用的服务,将底层的信息资源进行封装,可以屏蔽底层资源的异构性,从根本上消除信息孤岛造成的信息系统无法互联互通互操作的问题。对于资源层中的数据资源,可以通过共享策略中数据管理服务对其进行封装和组织管理。对于信息设备资源以及信息处理资源,则可以通过资源管理服务来封装,由于不同功能的资源其接口的调用也各不相同,可以通过资源注册与发现服务将本地资源的调用接口以及服务质量相关信息注册到上层的资源发现模块之中,使用户发现和调用。

智慧城市信息系统集成架构对应军事信息系统集成架构的接入层,智慧城市接入层主要由共享组件与中间件层构成。共享组件与中间件层起到数据资源层与专业平台应用层之间信息与数据标准化封装的作用,以满足各专业平台应用层的信息与数据的调用和组织管理。共享组件与中间层可以采用统一开发的方式,并根据城市级公共信息一级平台与行业级二级平台、业务级三级平台互联互通和数据共享交换的要求,将统一开发的共享组件与中间件部署在各专业平台接入层中。

共享组件及中间件层(虚拟服务层)主要由两个层次构成,包括支撑共享组件层和基于 SOA 架构基础中间件层。支撑组件由七个部分组成:数据交换组件、统一认证组件、门户组件、报表组件、系统管理组件、资源管理组件和分析(OLAP)展现组件。基于 SOA 架构基础中间件包括 MOM、J2EE、LDAP、PORTAL 等基础运行环境。

4.8.5 军事信息系统集成管理层分析

军事信息系统集成架构管理层用于对底层的各种资源进行管理与分类的功能,提供透明的访问资源和有效的发现资源,主要包括以下两个模块:

(1) 资源监视与发现。该模块采用一种灵活的、可扩展的以及抗摧毁的架构支持对服务元数据进行分类管理,对服务的描述进行标准化;能够根据用户请求将其与目前系统中的资源相匹配,支持多种匹配能力,包括功能匹配和基于 QoS 的服务协同的匹配等功能,匹配后将用户映射到具体的资源上去,同时能够提供面向客户端的语言规范,使得用户能够方便地进行调用和查询。

(2) QoS 保障的资源协同与管理。该模块能够有效支持客户端和资源提供者的服务质量的协同。基于 SLA 对 QoS 进行保障,能够提供协同、签署和动态部署 SLA 合同的功能,能够根据用户的请求,协同多个资源来满足用户的要求;该模块还提供用户的语言规范,以方便用户调用该模块完成复杂任务。

智慧城市信息系统集成架构对应军事信息系统集成架构的管理层而言,智慧城市管理层功能主要由共享组件与中间件层来完成,实现对底层各种资源进行管理与分类,以及资源监视与发现和 QoS 保障的资源协同与管理的功能。考虑到军事信息系统集成架构中的接入层和管理层都属于信息系统集成的共性功能,同时也考虑到智慧城市是一个矩阵型多平台和多数据库的框架体系结构,因此将共性组件和中间件作为一个共性软件包进行统一开发、统一部署、统一应用,可以大大降低重复开发和重复部署的费用和成本。

4.8.6 军事信息系统集成应用层分析

军事信息系统集成架构应用层主要针对各种不同的情况开发具体应用,它需要提供应用及集成中间件、具体应用及用户接口。应用是直接面向指挥员提供服务。由于底层的基础平台将资源提供的功能进行了封装,因此对于应用的开发只需要关注应用本身的逻辑功能。对于应用本身所需的底层服务,可以直接通过底层基础设施提供的接口获取,这样在很大程度上避免了重复开发底层的资源浪费。

智慧城市信息系统集成架构对应军事信息系统集成架构的应用层而言,智慧城市应用层由平台层(城市级一级平台、行业级二级平台)和应用展现层构成,其实现功能与军事信息系统集成架构中应用层功能完全一致。智慧城市应用层与军事信息系统集成应用层功能的不同点是将应用和中间件进行了分离,使得应用专注于任务和功能,而将中间件部署在虚拟层(共享组件和中间件层),以便于统一的信息与服务的虚拟封装,以及共性软件程序的统一开发和调用。智慧城市应用层是直接面向城市的各级管理者(市长、区县领导)提供信息与服务。底层的业务级三级平台和其应用系统功能已经通过虚拟层进行了标准化的封装,因此对于行业级专业平台的开发只需要关注其行业级管理和服务的逻辑功能就好。对于各行业底层的业务应用本身所需的底层服务,可以直接通过底层业务级三级平台和其应用系统基础设施提供的互联互通接口获取,这样在很大程度上避免了重复开发底层的资源浪费。

4.8.7 军事信息系统集成借鉴与应用

智慧城市基于 SOA 的资源集成架构融于智慧城市框架体系结构之中。智慧城市基于 SOA 的资源集成架构借鉴了军事信息系统框架体系结构(C4ISR+GIG),并创新地将军事信息系统集成四层架构提升为六层结构,以满足智慧城市框架体系结构属矩阵型多平台多数据库和多重应用的开放性复杂巨系统规划设计的需求。特别注重智慧城市整个框架体系结构设计中的网络互联、信息互通、数据共性、业务协同,同时强调了统一规划、统一标准、统一开发、统一部署、统一应用的原则,将消除"信息孤岛"和避免重复建设作为智慧城市项目实施的根本要求。

智慧城市基于信息栅格 SOA 的资源集成具有以下特点:

(1) 采用分层结构模式:智慧城市资源集成架构采用分层集成的模式,从满足整体需求出发,根据系统建设的设计原则和技术路线,采用 SOA 面向应用、面向服务、面向数据的系统架构设计方法作指导,重点是共享组件与中间层和平台层的设计创新。协同集成架构以系统业务服务为核心,形成智慧城市系统集成架构中各层级之间的信息互联互通、数据共享交换、业务功能协同。

(2) 统一框架结构易于扩展和部署:智慧城市资源集成架构采用统一组件结构,简化了应用服务的结构,避免了因为存在不同异构的应用服务可能引起的不易集成的可能性。采用统一的组件结构封装底层的应用服务,使得将来容易增加新的应用。采用统一开发的标准接口易于高层应用服务通过标准接口调用底层应用服务,降低重复开发成本,保证新应用的兼容性和集成性。

(3) 统一大数据易于利用:智慧城市资源集成架构基于城市级公共信息一级平台和城市级大数据库,以及行业级二级平台及主题数据库的分布式集成模式,为相关决策提供一体化的信息与数据的支撑,满足智慧城市全面社会管理和民生公共服务的需求。

以上提出的智慧城市信息系统集成及信息平台结构与数据库结构,只是资源接入和组织管理的一个框架,而真正地实现信息一体化平台和大数据库的建设是一个系统工程,还有很长的一段路要走,需要多个集成商、组织和研究机构的共同努力来完成。

第5章 新型智慧城市"信息栅格"操作系统

5.1 概述

5.1.1 信息栅格操作系统研发

《新型智慧城市"信息栅格"操作系统》由新加坡新电子系统有限公司指导，深圳北斗智慧城市有限公司组织开发。《新型智慧城市"信息栅格"操作系统》于2017年9月份通过中国智慧城市专家委员会组织的全国院士级专家评审，于2017年10月正式上线运行。2018年申请国家发明专利，并获批准。

《新型智慧城市"信息栅格"操作系统》全面采用信息栅格理论体系、知识体系、技术体系、系统体系，基于信息栅格SOA分布式资源集成架构进行系统化、结构化、标准性的应用开发。《新型智慧城市"信息栅格"操作系统》可以重点应用于新型智慧城市系统集成平台和各行业级业务平台的开发。目前深圳北斗智慧城市有限公司应用《新型智慧城市"信息栅格"操作系统》已经开发完成了《城市级数字化应用一级平台》（发明专利）、《智慧城市"三中心一平台"可视化集成平台》（发明专利）、《新型智慧城市"信息栅格"操作系统》（软件著作权），以及《新型智慧城市"三中心一平台"可视化集成平台》《新型智慧城市可视化用户界面（GUI）平台软件》《"边缘计算"网络集成平台》《"边缘计算"云端与地端数据管理平台》《"边缘计算"双栈物联网路由器应用软件》《智慧城市"运营管理中心"座席管理系统》《AI+机器人教学平台》《AI+机器人实验室平台》《智慧应急管理云平台》《智慧环境云平台》《智慧园区云平台》《智慧社区云平台》《智慧建筑云平台》《智慧交通云平台》《智慧校园云平台》《智慧杆云平台》《8XG智慧家庭云平台》《数字政府分布式资源管理平台》《智慧政务分布式数据库管理平台》《大数据卷积神经网络平台》等数十项国家知识产权专利，如图5-1所示。

5.1.2 信息栅格操作系统主要特点

《新型智慧城市"信息栅格"操作系统》应用开发涉及智慧城市建设的多项技术专利，是构建新型智慧城市大平台、大数据、大网络、大系统和边缘计算及物联网的核心技术概念、原理和应用；是解决智慧城市信息互联互通和数据共享交换，避免重复建设的关键性技术；是实现智慧城市、大数据、人工智能深度融合应用，对在建或拟建的新型智慧城市都不可缺少的重要指导性技术标准和实施规范。

《新型智慧城市"信息栅格"操作系统》主要包括五个方面的功能，即分布式存储管理、分布式节点资源管理、分布式节点任务与进程管理、底层技术服务组件封装和系统集成服务接

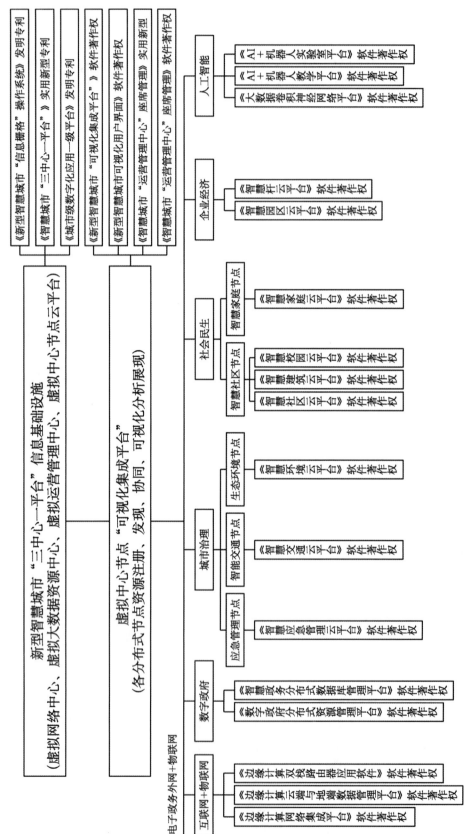

图 5-1 《新型智慧城市"信息栅格"操作系统》软件平台及技术专利

口管理。实现对新型智慧城市各个分布式节点的软硬件、数据、信息、页面、服务等资源的管理、控制、协调,达到智慧城市对这些资源的综合利用,尽可能地通过系统集成、信息与数据共享、业务协同联动来充分发挥智慧城市各种资源的作用。作为分布式资源集成的管理者,信息栅格操作系统主要具有以下特点:

(1) 监视和监测智慧城市各种资源的调用、协调和应用,并通过可视化展现各种资源的位置、状态、数据、关联、应用等使用的情况。

(2) 实施分布式综合资源管理策略以决定谁获得资源、如何获得资源、获得什么资源。

(3) 分配智慧城市综合资源提供给需求用户者使用。

(4) 集成智慧城市资源,以便实现智慧城市各分布式节点应用的再分配。

将《新型智慧城市"信息栅格"操作系统》的系统集成模式、软件体系结构、底层技术服务和可视化界面标准化等核心技术应用到智慧城市行业级业务平台开发(如智慧交通二级平台、智慧城管二级平台、智慧应急管理二级平台、智慧医疗健康二级平台等),可以节省50%的开发费用,缩短70%的开发周期。

5.2 新型智慧城市操作系统技术创新与特点

《新型智慧城市"信息栅格"操作系统》全面采用信息栅格理论体系、知识体系、技术体系、系统体系,基于信息栅格SOA分布式资源集成架构进行系统化、结构化、标准性的应用开发。《新型智慧城市"信息栅格"操作系统》可以重点应用于新型智慧城市系统集成平台和各行业级业务平台的开发。

5.2.1 信息栅格操作系统技术创新

《新型智慧城市"信息栅格"操作系统》是一个典型的分布式操作系统。基于信息栅格SOA分布式资源集成架构,将智慧城市各个分布在政府不同管理部门、不同的行业业务平台(系统)、不同地理位置的计算机系统、信息和数据资源集成在一个统一的虚拟化的云平台(分布式中心节点)上,实现各个分布式节点的信息通信和资源共享。

《新型智慧城市"信息栅格"操作系统》通过边缘计算和物联网,实现各分布式资源节点"自治性"的实时操作,对采集的信息和数据及外部事件进行即时的处理和做出相应的反应。对于分布式节点资源的调用和分配的重点是实时性(响应时间可达到毫秒,甚至微妙),然后才是效率,同时具有很强的容错能力。《新型智慧城市"信息栅格"操作系统》具有三种典型应用场景:分布式资源调用、分布式信息发现、分布式事件处理。

5.2.2 信息栅格操作系统技术特点

《新型智慧城市"信息栅格"操作系统》具有以下特点:

(1) 分布性:电子政务外网和物联网上各个政府部门、行业管理机构的各个分布式节点(机)可以位于不同的地理位置,各自执行本部门和本行业的任务、业务、作业和应用。

(2) 自治性:网上的各个分布式资源节点都有自己的内存、IO设备和操作系统,具有独立的处理能力。各个节点的资源被认为是局部所有的。《新型智慧城市"信息栅格"操作系统》支撑各分布式节点独立完成各自承担的任务、业务、作业和应用。

（3）互联性：网上各个分布式节点的资源，包括软硬件资源、数据、信息、页面、服务在物理上和逻辑上链接为一个整体，在统一的信息栅格操作系统的控制下，实现网络通信和资源共享。

（4）透明性：网上各个分布式资源对于各个节点用户是完全透明的。各个分布式节点任务在本地节点上运行，利用信息栅格操作系统提供的节点资源可以共享到其他分布式节点上。

（5）选择性：信息栅格操作系统能够实现对各个分布式节点资源的最佳选择。通过分布式节点资源注册了解和掌握整个智慧城市分布式系统中共享资源的状态和应用情况，能够根据用户的需求自动做出选择。

（6）统一性：信息栅格操作系统为各个分布式节点提供一致性的资源共享接口，而不管其内部采取什么方法予以实现。

（7）可靠性：信息栅格操作系统利用硬件和软件资源在物理上分布的优势，实现容错、冗余和可靠性的运行与操作。

（8）并行性：新型智慧城市中城市级、行业级平台、数据库系统都视为一个节点，信息栅格不仅实现各节点上多道程序的并发执行，而且实现各个分布式节点机上进程执行的真正并行处理。

（9）可扩展性：信息栅格操作系统可以根据分布式节点的需求和应用情况，方便地对系统进行扩充或缩减其规模，以及执行任务的增加或修改。

5.3 新型智慧城市系统集成模式创新与特点

5.3.1 信息系统传统系统集成模式

传统的系统集成开发模式基本都是在基于数据的基础上进行系统集成二次开发，进行数据集成、数据分析、数据可视化、数据应用场景可视化。

传统的系统集成模式基本上是采用图5-2所示的开发模式和流程。

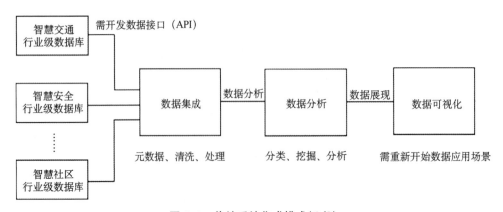

图5-2 传统系统集成模式(C/S)

从传统系统集成模式图上可以看出该开发模式存在明显的缺陷，试分析如下：

（1）首先需开发与不同行业平台或业务系统数据库的数据接口（API），如果有N个系统就必须开发 N 个数据库接口。对于智慧城市复杂巨系统而言,其数据接口开发量巨大,同时还面临第三方数据库系统接口的开放性问题,如果第三方不开放数据库系统接口,要想实现系统集成将是一筹莫展。

(2) 数据应用场景的可视化。通常智慧城市传统系统集成可视化都是通过柱状图、曲线图、饼图的方式来展现数据可视化,很少实现系统集成应用可视化场景的展现,即可视化展现系统的运行、业务、功能、操作、设置等系统集成应用场景界面的展现。如果传统系统集成模式要实现系统集成应用场景的可视化展现,必须在数据可视化的基础上重新开发系统集成应用场景的展示界面。对于智慧城市系统集成需要展现 N 个系统的可视化应用场景的界面,必须重新开发智慧城市 N 个行业级平台及应用系统的可视化界面,其开发应用场景界面的工作量巨大,几乎是不可能完成的任务。

(3) 传统系统集成开发是基于数据集成的模式,因此其开发模式注定了系统之间无法实现互操作。系统之间的互操作是物联网的核心功能,因此也就很难实现智慧城市各个行业级平台及应用系统之间的业务协同,很难通过物联网实现系统的操作与控制联动。

5.3.2 信息系统创新系统集成模式

信息栅格操作系统的系统集成模式基本上采和图 5-3 所示的开发模式和流程。

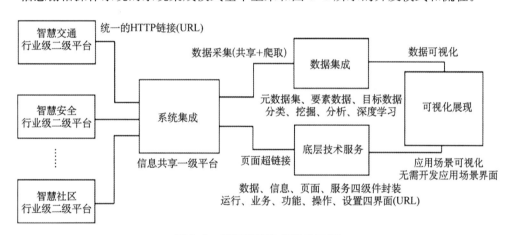

图 5-3 创新系统集成模式(B/S)

从信息栅格操作系统的系统集成模式图上可以看出,该开发模式具有较传统系统集成开发模式的明显优势,试分析如下:

(1) 信息栅格操作系统的系统集成模式采用基于 Web 技术的系统集成模式。系统集成平台(信息共享一级平台)与不同行业级平台或业务系统之间采用统一的 HTTP 协议和 URL(Uniform Resource Locator,统一资源定位)页面超链接的系统集成模式(新型智慧城市可视化集成平台已申请国家发明专利)。创新系统集成模式无须开发系统集成接口。对于智慧城市复杂巨系统而言,免去了系统集成接口的开发工作量,可以大大节省开发费用,缩短系统工程建设时间。同时由于采用开放的 HTTP 协议和 URL 页面超链接系统集成模式,因此也不存在第三方不开放系统集成链接接口的问题。

(2) 信息栅格操作系统的系统集成模式采用 Web 技术的系统集成模式和 SOA 分布式资源集成的架构,通过信息共享一级平台系统集成,将各被集成系统的数据、信息、页面、服务注册到系统集成平台上,实现各被集成系统底层技术服务的数据、信息、页面、服务封装组件的监测、发现、调用、映射和运行、业务、功能、操作、设置可视化界面(URL)的展现。创新系统集成了数据集成、底层技术服务和组件封装及界面URL资源定位技术。创新系统集成不但可以实时数据可视化展现,同时也可以实现被集成业务应用系统运行、业务、功能、操作、设置场景的可视化界面的展现。创新系统集成通过系统页面采集实时数据,采集的数据具有实时性和低延时,弥补了传统系统集成从数据库中共享非实时性历史数据的问题。创新系统集成模式提高了数据的质量和数据的实时性、可用性。

(3) 信息栅格操作系统的系统集成开发是基于系统底层技术服务组件封装和系统四级界面超链接的模式进行系统集成,因此创新系统集成可视化集成平台具有跨平台、跨系统、跨业务、跨区域、跨部门的分布式资源综合和系统集成的能力,以及分布式节点注册、监测、发现、协调、协同、联动的能力。完全可以实现智慧城市各行业级平台及应用系统之间的互操作、业务协同和监控系统之间的控制联动。

5.4 新型智慧城市系统集成软件体系创新与特点

信息栅格操作系统的系统集成模式采用Web前端与Web后端分离的结构,Web前后端分离已经成为互联网项目开发的主流技术,通过智慧城市大型分布式系统集成架构可以有效地实现解耦合;采用云计算、区块链、边缘计算、物联网、大数据、人工智能等新一代信息技术集成创新和深度融合应用,以及各集成系统底层技术服务的数据、信息、页面、服务四组件封装和运行、业务、功能、操作、设置四界面(URL)展现的二次开发,为智慧城市与第三方系统集成打下了坚实的基础。采用Web前后端分离的最大好处是实现得智慧城市行业级平台及业务系统之间封装组件的共享和复用,采用业务应用逻辑的虚拟化,从而可以有效避免各行业级平台及业务应用系统相同功能组件的重复开发和重复建设。

智慧城市可视化集成平台必须对传统系统集成软件体系进行创新和改造。信息栅格操作系统的系统集成软件体系结构如图5-4所示。

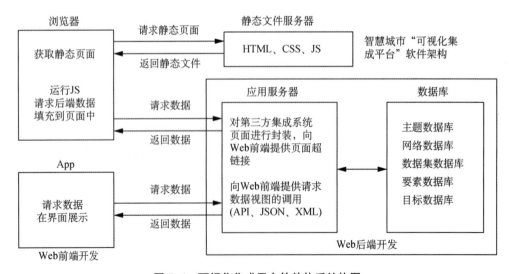

图5-4 可视化集成平台软件体系结构图

5.4.1 可视化集成平台 Web 前端

可视化集成平台 Web 前端主要由静态页面组成。首先制定 Web 前端统一静态页面 GUI 设计的标准化和静态页面涉及系统运行、业务、功能、操作、设置页面之间链接的逻辑关系(已申请软件著作权)。通常 Web 前端软件开发涉及 HTML、CSS、JS 等软件技术。

通过 Web 前端的调用可以简化和减少接口。对于应用来讲,业务应用功能的调用是通过每个服务页面来完成的,每个服务页面只需公开一个用于业务应用服务的调用类名形式,如对数据、信息、页面、服务组件的调用类名作为调用的接口。这种方式可以有效避免和减少业务应用功能调用接口的开发,使得平台功能使用起来更加便捷。图 5-5 即为一例。

图 5-5　智慧城市总览界面

5.4.2 可视化集成平台 Web 后端

可视化集成平台 Web 后端主要由系统底层(中台)技术服务和专题数据库系统两部分组成。通常 Web 后端软件开发涉及 API、JSON、REST、XML 等软件技术。

(1) 底层(中台)技术服务:主要功能是对被集成系统的数据、信息、页面、服务进行组件封装,重点是被集成系统的页面封装(页面已包括数据、信息和服务内容)。通过 Web 前端静态页面调用 Web 后端已经封装好的系统动态数据、信息、页面、服务封装的组件,形成可视化动态页面。

(2) 专题数据库系统:通过被集成智慧城市行业级二级平台应用系统页面采集动态数据和二级平台主题数据库共享数据的方式,进行统一的元数据管理及数据分类,并分别存入可视化集成平台主题数据库和网络数据库中。Web 前端静态页面上的数据框由 Web 后端封装数据推送至 Web 前端静态页面数据框中,实现静态页面和动态数据可视化界面的集成。可视化集成平台将存入网络数据库和主题数据库内已经封装好的元数据类通过神经网络深度学习的聚类、决策树、BP 等算法,对封装的元数据类进行特征值提取、降维等,形成可视化数据集、要素数据和目标数据。

(3) 可视化集成平台数据集成遵循 HTML5 标准的超文本标记语言和 JavaScript 基于 Web 客户端开发的脚本语言,通过 REST 数据库接口平台访问第三方数据库系统。数据库接口支持 HTTP 传输协议、REST 远程服务器数据调用、JSON 数据传输格式、UTF8 编码格式和 POST 数据请求方式等。通过 JSON 数据交换格式，实现 Web 页面与数据库系统的连接和交互，如图 5-6 所示。

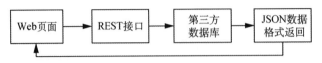

图 5-6　可视化 Web 页面与第三方数据库连接示意图

5.5　新型智慧城市系统集成组件封装（中台）技术创新与特点

基于信息栅格操作系统的系统集成模式中，底层（中台）技术服务四封装组件技术是核心，可视化集成平台封装组件是信息栅格 SOA 分布式资源集成的基础。一方面将各分布式节点的组件资源注册到可视化集成平台中心节点上，另一方面通过可视化集成平台监测和发现来协调、协同和调用各分布式节点中的被封装的组件资源。

5.5.1　可视化集成平台组件封装规范

客观事物所表达的内容主要是通过事物变化的事件（发生）、事态（状况）、事由（过程）、事处（应用）简称"四事"来表述的。要真实地表述"四事"，主要通过客观事物或称为事件的位置信息、状态信息、数据信息、关联信息、应用信息来支撑，即通过"五信"来对"四事"进行具体的描述。表 5-1 是"四事"与"五信"之间的信息要素、可视化展现、信息支撑之间的相互逻辑关系和关联关系。事件与信息描述的逻辑关系是确定系统封装组件的分类、注册、监测、发现、协调、协同、调用的重要依据。

表 5-1　可视化集成平台组件封装逻辑关系

信息类	信息要素	可视化界面	信息支撑	描述
位置	GIS、BIM 列表、标定	一级界面	总展现标绘展现	事件
状态	标定、分级	二级界面	运行、标绘展现	事态
数据	决策、预测	三级界面	数据、信息页面、服务封装	事由
关联	数据关联 信息关联	三级界面	页面关联 关联调用	事由
应用	操作、设置查询	四级界面	操作、设置、查询页面+对话框	事处

5.5.2　可视化集成平台底层技术服务

可视化集成平台底层技术服务主要由通用组件、业务组件、安全组件和中间件组件构成，以满足系统集成对各分布式行业级平台及应用系统信息与数据的调用、映射、交换、集成、共享和组件组织管理。通用组件、业务组件、安全组件和中间件组件采用统一的标准和规范进行开发和组态。各类组件根据可视化集成平台（中心节点）与各分布式节点互联互通和数据共享交换的需求,将统一开发的各类组件部署在各行业级平台的底层技术服务中,如图5-7所示。

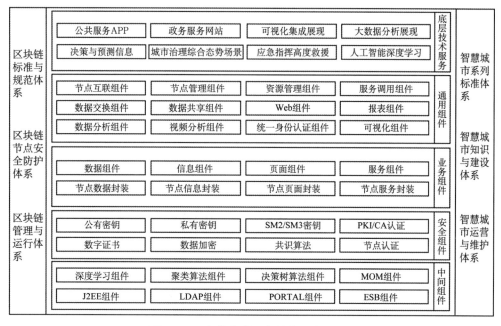

图 5-7 可视化集成平台封装组件结构图

5.6 新型智慧城市系统集成可视化界面创新与特点

5.6.1 可视化集成平台可视化界面技术特点

基于信息栅格操作系统的系统集成模式中,可视化界面集成创新是可视化集成平台最重要的创新。一方面通过可视化静态页面实现了与系统底层动态的数据、信息、页面、服务的集成;另一方面实现了智慧城市各行业平台及应用系统统一的和独立界面的运行、业务、功能、操作、设置的可视化界面的展现。通过可视化界面注册了各行业平台及应用系统的运行、业务、功能、页面、服务的分布式节点资源,同时又通过可视化界面实现了对各行业平台及应用系统资源的监测(推送)和发现(查询)。

5.6.2 可视化集成平台可视化界面结构化设计

可视化界面根据总览+四界面 GUI 结构化、系统化、标准化的设计,将业务应用逻辑与可视化服务功能界面分离。业务应用逻辑之间及界面与业务应用逻辑之间动态数据、信息、页面、服务的变化则由另一界面或底层技术服务的数据、信息、页面、服务的组件来驱动。这样既可以给用户带来很好的可视化实时动态的应用场景体验;同时可视化四界面支持第三方插件,支持封装组件的注册、监测、发现、调用、映射,特别通过事件(发现)来触发和驱动控制组件的调用及界面之间实时控制数据与信息的传递,如图5-8所示。可视化四界面既可实现业务应用逻辑的链接,又相互独立于第三方界面或底层技术服务的动态数据、信息、页面、服务组件。

采取信息栅格节点与资源分离的注册、监测、发现、调用、映射、控件等松耦合多重对接的资源集成方式可同时满足业务应用客户端的服务需求。该可视化四界面 GUI 结构化、系统化、标准化的设计有效解决了业务应用逻辑与可视化动态数据、信息、页面、服务的展现与业务应用系统集成的功能。

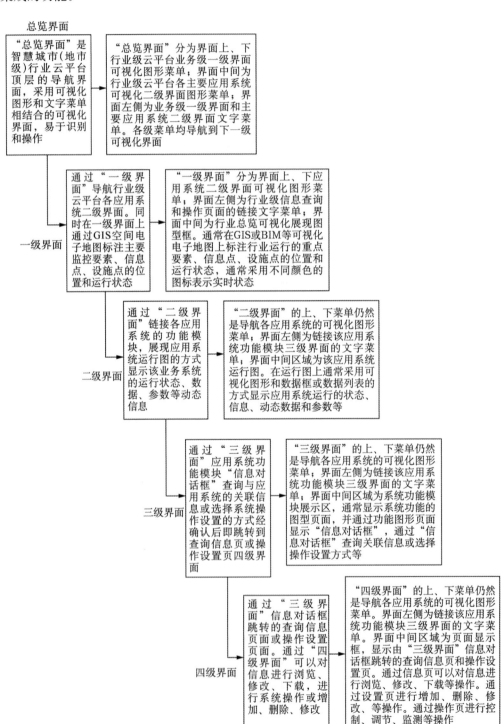

图 5-8 新型智慧城市可视化集成平台"四界面"结构

5.7 新型智慧城市大数据人工智能深度学习创新与特点

5.7.1 大数据人工智能深度学习原理

新型智慧城市大数据人工智能深度学习卷积神经网络是一个多层结构化的前馈神经网络，分为卷积层、抽样层、全连接层。智慧城市大数据也是一个结构化的体系，分为元数据、元数据类、数据集、要素数据、目标数据。根据卷积神经网络结构和智慧城市大数据体系结构，以及卷积神经网络深度学习的方法，我们将智慧城市大数据分析处理和卷积神经网络应用分为元数据阶段、元数据类阶段、数据集阶段、要素数据阶段、目标数据阶段，五个阶段构成了智慧城市大数据卷积神经网络深度学习的结构化体系。

5.7.2 大数据元数据清洗阶段

元数据是构成数据的基本元素，也称之为"对象"。我们通过前节已经了解了对象是大数据分析处理的关键性第一步。对象是元数据在客观实体的一种抽象，对象的属性描述了元数据的具体特征，对象属性有名称和属性值（或称属性状态）。通常元数据属性分为单值属性、排他属性和多值属性三种类型。元数据属性表示和变量类型一样，属性也可以表示为整型、实型、布尔型和枚举型。

元数据是由智慧城市各个行业在生活、生产、服务、管理、运行中产生的过程数据（对象）。根据智慧城市各行业元数据分类编码规范和要求，元数据是描述在生活、生产、服务、管理、运行过程中其基本实体对象的属性、行为、操作等特征的数据。不同类型的业务过程数据资源可能有不同的元数据标准，一般包括完整描述一个具体对象所具有属性、行为、操作数据项的抽象。

元数据的构成通常由规范的《元数据编码标准》规定。元数据编码通常包括元数据名称、代码、类型、属性值（特征）、语义和定义等。元数据分类编码在建设行业级二级平台各业务系统和应用数据库时，根据《元数据编码标准》编制各业务系统《应用数据库元数据代码表》。

元数据阶段的任务包括收集元数据、解释元数据、识别分类元数据，提供基础元数据的质量，并对元数据对象进行标准化的编码。通常元数据阶段不需要人工智能卷积神经网络参与元数据的分析处理。

5.7.3 大数据数据类抽取阶段

数据类是一组具有公共属性的抽象对象的集合（组合）。数据类与元数据对象之间的关系通常分为关联、聚合、聚类、继承等四种类型。一般数据类表示是把现实世界中能够识别的对象进行分类表示。数据类描述包括数据类名称、数据类属性以及数据类操作三部分。数据类描述了数据类的基本特征、行为描述类具有的功能；元数据对象是数据类的实例化，所有的操作都是针对对象进行的。

数据类阶段将被创建为一个个对象组合的实例，每个数据类由两个部分组成：属性和行为。属性通常是一些数据状态值，也就是说，数据类将数据封装隐藏在自己内部，访问这些数据属性必须通过数据类公开的方法、协议或者接口。通过数据封装决定了今后大数据人工智能卷积神经网络应用的基础，为卷积神经网络建立结构化的复用"数据类库"和复用"数据构件库"提供了便利。数据封装是数据类构成的基础。数据封装表达了一组元数据对象的映射关系。通常数据类封装采用以下方法：

（1）数据类关联封装：一个类包含一个类，或者借助另外一个类达到某个功能，元数据对象关联封装表达的是一种静态的结构。

（2）数据类聚合封装：这是将数据类与元数据对象的关系表示为一种表格式样的关联，表示一个数据类包含多个元数据对象，这种关系是一种整体与部分的关系。

（3）数据类聚类封装：数据类与元数据对象的关系表示为一种更强烈的聚类关系，聚类封装将物理或抽象元数据对象的集合分组为由数据类组成的多个元数据对象的分析过程，其目的是在相似的基础上收集元数据进行分类。聚类也似于分类，但与分类的目的不同，是针对数据的相似性和差异性将一组元数据对象分为几个类别。属于同一类别的元数据对象间的相似性很大，但不同类别之间元数据对象的相似性很小，跨数据类的数据关联性很低。聚类与分类的不同还在于，聚类所要求划分的类是未知的。

（4）数据类继承封装：数据类继承关系是数据类封装中经常用到的类型，继承可以将一些数据属性抽象到父类中，有很多属性是差不多的，唯一不动的就是数据的行为，为了避免重复可以抽象同一个父类，分别表达数据类之间的继承关系。

数据类的构成是根据智慧城市行业数据分类编码规范和要求，分别由政务、城管、应急、安全、交通、节能、设施、市民卡、民生、社区、卫生、教育、房产、金融、文体、旅游、建筑、住宅、商务、物流、企业等各行业生活、生产、服务、管理、运行的业务需求，组成各行业主题数据库的业务元数据类。元数据类关联、聚合、聚类各应用数据库中的元数据对象，即对具有共同特征的一组元数据对象进行分类、组合和封装。通过对各行业所属应用系统数据库元数据对象进行抽取、清理、关联、处理，组合和封装为本行业业务元数据类。各行业应用数据库中的元数据对象是构成智慧城市可视化数据集的基础数据模块（类）。元数据类分类编码通常包括元数据类名称、代码、类型、语义和定义等。元数据类分类编码在建设行业级二级平台和主题数据库时，编制各行业级《主题数据库元数据类代码表》。

通常元数据类阶段的任务包括对元数据对象进行抽取、清理、关联、处理、组合和封装，并将元数据对象进行标准化的分类编码封装，形成各行业业务数据类。元数据类阶段的数据类封装可以采用人为经验设定元数据对象封装的关联和聚合，通常不需要人工智能卷积神经网络参与元数据类的封装处理。但是对某些行业量大的元数据对象，可以采用如聚类算法进行元数据对象的封装处理。

5.7.4　大数据数据集非监督学习阶段

数据集是一组对跨领域、跨行业、跨业务各行业主题数据库中的数据类进行聚类分析处理的操作。我们定义了数据集由智慧城市八大基础数据库和各行业主题数据库中的业务元数据类构成（见前节关于智慧城市大数据体系结构化的描述）。数据集通过人工智能卷积神经网络方式从智慧城市各领域、各行业、各业务元数据类中提取相互关联和权值高的，并满足智慧城市综合治理和公共服务需要的数据集特征的数据类构成。数据集为智慧城市各行业管理者提供了跨行业平台的数据分析和业务支撑，同时也是制定行业规划和标准的重要依据。

智慧城市基础数据库和各行业主题数据库中的业务数据类具有海量的数量级,各行业业务数据类是并没有经过统一标准标定的数据类。为了完成智慧城市大数据各行业数据集的聚类、分析、处理,我们采用卷积神经网络非监督学习的深度学习模式,来实现数据集的聚类和分析处理,如图5-9所示。非监督学习的特点就是可以对无标定的数据进行分类和聚类的学习与训练,使得到的数据能够学习数据本身的结构,从而得到比输入数据类更具有表示能力的综合数据类特征,即业务数据集。

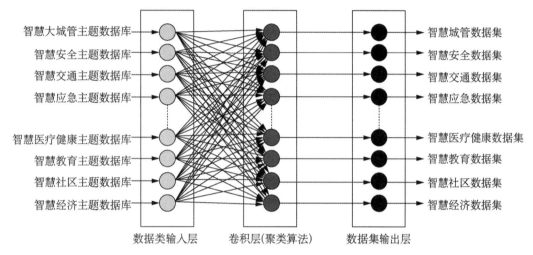

图5-9 可视化集成平台卷积神经网络数据集阶段工作原理图

为了智慧城市业务数据集能够统一地进行数据类学习与训练,我们将数据集阶段的任务交由智慧城市可视化集成平台来完成。具体方法是在可视化集成平台中采用卷积神经网络应用,将卷积神经网络的第一层卷积层设置为业务数据集特征项提取层,应用非监督学习聚类算法,将无标定的数据类组合为拥有类似属性的业务数据集,为了区别其他数据集分析处理的模式或方法,我们称之为可视化数据集。

聚类算法属于非监督学习的算法,其在没有训练样本学习的前提下,试图将大量数据组合为拥有类似属性的数据集(Chuster),以在一些规模较大或难于理解的数据类上发现层次、关系或内在结构,并揭示有用的模式或让数据集更容易理解。如果直接去理解这些数据类所涉及跨领域、跨行业、跨业务相互关联的意义是比较困难的。聚类算法的功能就是在同一数据集中的数据类之间具有较高相似度,而不同数据集中的数据类之间差别较大。总结一下,聚类算法具有无标定数据类学习训练和对数据类的相似或非相似特征提取两大特征,因此聚类算法非常适合完成智慧城市大数据可视化数据集阶段的任务。

5.7.5 大数据要素数据监督学习阶段

要素数据是在可视化数据集的基础进一步提取高一层次的要素数据集。要素数据集是一组对可视化数据集的集成和特征权值提取的过程。要素数据集是通过人工智能卷积神经网络方式从可视化数据集中提取相互关联和权值高的,并满足智慧城市综合治理和公共服务应用决策的要素数据集特征的可视化数据集。要素数据是智慧城市管理者提供城市治理和公共服务中的事物、事情、事态的要素数据分析,也是制定其中相关决策预案的重要依据。

可视化数据集经过数据集阶段对可视化数据集进行了数据标定。为了完成智慧城市大数据要素数据集的特征权值的提取,采用卷积神经网络监督学习的深度学习模式来实现要素数据集的量化分析和特征提取,如图 5-10 所示。监督学习的特点就是通过带标定的数据集进行训练。我们将要素数据集阶段的任务交由智慧城市可视化集成平台来完成。具体方法是在可视化集成平台中采用卷积神经网络应用,将卷积神经网络的第二层采样层设置为要素数据集特征项提取层,应用监督学习决策树算法进行学习和训练。从而得到比输入可视化数据集更全面、更准确的要素数据集的特征,即可视化要素数据集。

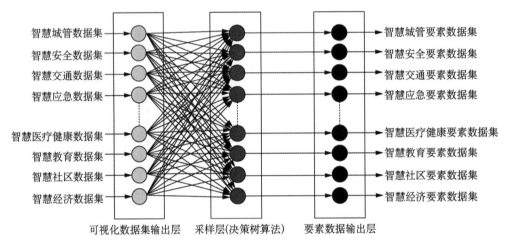

图 5-10 可视化集成平台卷积神经网络要素数据阶段工作原理图

决策树算法属于监督学习的算法,决策树算法是一种逼近离散函数值的方法。它是一种典型的数据分类方法,首先对数据集进行处理,利用归纳算法生成可读的规则和决策树,然后使用决策对新数据集进行分析,其实就是通过一系列规则对数据集进行再分类的过程。决策树完成分类的直观体现都有一个根据样本特征判断的条件,这个条件叫作决策。每一个可视化数据集都可以看成是一个样本,每个样本可以人为设定两个特征权值。基于信息论的决策树算法的原则,就是使得无序的数据集变得有序,如果在训练一个数据集中有 10 个特征,那么选取哪个特征作为划分的依据?这就必须采用逻辑量化的方法来判断。以"安全生产"中的"危化品事故"数据集分别是"人为事故"和"自然事故"特征为例,假设"安全生产"数据集中某一种危化品在某一个规定的时间经逻辑判断可能发生事故的概率大于 50% 时,就可以使用决策树算法确定这种危化品的特征权值为 +1。我们构造出决策树,将所有与该危化品有关的数据样本输入到这棵决策树中,这个决策树先根据事故的位置、现状、历史数据、关联数据进行"与""或""非""异或"等逻辑运算,就可以完成数据集逻辑量化的直观体现。具体来说就是确定数据集中哪个特征的权值是最大的,那么这个特征权值就会作为特征划分的依据。决策树算法使得在卷积神经网络采样层要素数据集特征提取的过程中,降低了可视化数据集的维度,同时提高了要素数据集的精准度。

5.7.6 大数据目标数据强化信息阶段

目标数据是在要素数据集的基础进一步提取高一层次的目标数据。目标数据集是对要素数据集进行特征权值提取、反馈误差修正和知识数据转换为应用决策与预测信息的过程。目标数据集是通过人工智能卷积神经网络中全连接层采用强化学习算法对要素数据集进行连续的学习和训练,如图5-11所示。目标数据针对城市重点目标运行状态和突发事件态势,为智慧城市高层管理者提供目标数据分析和对未来变化趋势的预测信息,使得智慧城市管理者可以更加及时、精细化、科学化地决策处理城市治理中发生的重大事件;以及为民众对公共服务需求的趋势提供科学的预测信息。

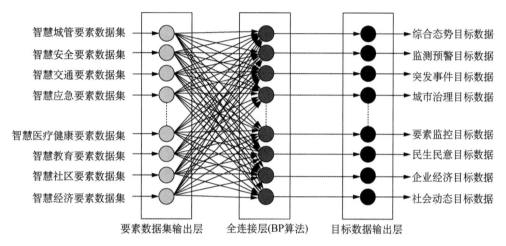

图 5-11 可视化集成平台卷积神经网络目标数据阶段工作原理图

智慧城市大数据目标阶段主要需要完成三项任务,即目标数据集特征值提取、误差反馈修正、知识数据转换为应用决策和预测信息。因此,在目标数据阶段会涉及多种算法。

(1) 优化决策算法

目标数据特征提取采用优化决策算法。优化决策算法是在已知的约束条件下,寻找一组数据集的组合(在本中称之为要素数据),使得数据集组合确定的要素函数达到最小,优化的约束的要素数据存储于卷积神经网络连接的要素数据库中。系统的工作状态以动态方程式描述,设置一组随机数据作为启示条件,当系统的状态趋于稳定时,动态方程式的解就作为输出,即优化结果。优化决策算法可以完成各种逻辑运算,由于逻辑运算的"与""或""非""异或"运算是一个双输入的二维向量,单输出则为一维的分类标量。在卷积神经网络中的逻辑运算都是分类器。它们分别按照逻辑的要求把输入的矢量分为"与""或"两类,则相应的两类的输出分别为$+1$和-1。

(2) BP算法

卷积神经网络全连接层采用BP算法。其中各卷积层的数据权值是需要通过数据训练和学习的,而这个数据权值不能直接获取,所以需要利用输出层得到输出结果和期望输出的误差来间接调整各卷积层的数据权值。BP算法的学习过程由信号的正向传播和误差的反向传播两个过程组成。在卷积神经网络各层滤波器输入数据权值决定反馈修正的初始权值,通过反馈修正逐级将各层滤波器收敛于平均权值,这一平均权值就是经滤波器计算后的输出特征值的结果,从而使得全连接层的目标数据更加精准。

(3) 知识获取与表示算法

知识获取与表示算法应用在知识表现层。传统的知识获取与表示方法适合能够对明确定义的概念和模型进行描述。但是在很多情况下,知识常常无法用明确概念和模型表达,甚至用于解决问题的信息是不完整的或不准确的。对于这类问题,可以采用非线性映射算法应用在卷积神经网络全连接层与知识表现层之间,主要作用是将最终的分类特征数据映射到知识应用的信息层面上。从理论上讲,非线性映射算法能够任意精度地逼近任意复杂的非线性函数。知识获取与表示算法能够在没有任何先验知识的情况下自动从输入的数据中提取分类特征数据,发现知识规律,并通过自组织自学习过程构建知识系统,使其满足适用于表达所发现的知识。

5.7.7 大数据人工智能深度学习软硬件配置

在可视化大数据神经网络应用的卷积层、采样层、全连接层各配置一台"机器深度学习一体机"。

(1) "机器深度学习一体机"预装软件配置要求

"机器深度学习一体机"在卷积层预装"聚类和分类算法"软件;在采样层预装"决策树算法"软件;在全连接层预装"优化决策算法""BP算法"和"知识获取与表示算法"软件。

(2) "机器深度学习一体机"硬件配置要求

采用 4U 高性能计算节点,CPU 选用英特 E5-2600 系列至强处理器,具有单机每秒 16 万亿次高精度计算的能力。预装 CentOS 操作系统,集成两套世界主流的 Google/TensorFlow 和伯克利大学 Caffe 人工智能深度学习工具软件,满足元数据集或图像集等数据训练和自学习的需要,提供智慧城市行业和业务可训练的基础数据集(来源于《新型智慧城市"三中心一平台"可视化集成平台》的可视化数据集、可视化要素数据集和可视化目标数据集)。采用"机器深度学习一体机"经济型或标准型规格的产品,搭建智慧城市卷积神经网络深度学习、数据训练和应用的环境。

5.8 新型智慧城市可视化集成平台

5.8.1 概述

新型智慧城市"城市智慧大脑"可视化集成平台(Smart City Visualiaztion Integration Platform,简称"SCVIP")是新型智慧城市建设全生命周期的"最后一公里"。可视化集成平台分析展现政府政务及各行业各业务的信息与数据,城市综合治理的重点目标和核心要素的位置、状态、数据、关联、分析,以及智慧城市综合态势变化的预测与评估等。通过智慧城市可视化平台,可以更加精准、精细和动态的方式,有效掌握和管理智慧城市所涉及的政府政务、综合治理、社会民生、企业经济的方方面面,提高社会资源的充分利用,提高生产力水平和民众幸福的感受度,大大推进伟大"中国梦"的落地与实现。

新型智慧城市可视化集成平台可以多目标、多要素、多维度、多场景地分析展现新型智慧城市常态和非常态下数据与信息的位置、状态、数据、关联、分析等;提供智慧政务、智慧民生、智慧治理、智慧经济(企业)各行业级二级平台 Web 页面超链接的信息展现、信息集成、大数据分析、业务应用,以及监测、监控、监管系统的操作、控制、设置等功能,提高政务服务协同办公的能力。通过各行业各业务的大数据的综合分析和人工智能预测事件、事情、事由的态势演变趋势,评估预测可应对的措施与方法,全面支撑各级领导科学与智慧的决策与行动。

新型智慧城市"城市智慧大脑"建设目的,就是通过智慧城市"三中心一平台"和"运营管理中心"可视化集成平台,集成分析展现全国、省、地市、区县涉及智慧政务、智慧民生、智慧治理、智慧经济(企业)的监测、监控、监管的实时信息与数据、历史信息与数据等。通过"城市智慧大脑"大屏幕可视化展现(GIS+BIM+VR+VA)上述信息与数据的位置信息、状态实时信息、历史数据、关联信息与数据、决策分析信息与数据等。

为了全面展现各级新型智慧城市各领域、各行业、各业务、各应用的实时信息、历史数据,"城市智慧大脑"可视化展现界面的设计非常重要,还要具有专业性(已申请技术专利)。新型智慧城市可视化展现界面的设计应满足展现各级新型智慧城市信息与数据的全面性、便利性、逻辑性、关联性、决策分析性等。

5.8.2 新型智慧城市可视化集成平台技术特点

为更好对城市的市政设施、公共安全、生态环境、宏观经济、民生民意等状况有效掌握和管理,需要构建新型智慧城市统一的运行中心,实现城市资源汇聚共享和跨部门的协调联动,为城市高效精准管理和安全可靠运行提供支撑,以智慧城市综合资源的汇聚共享和跨部门的协调联动,以及高效精准管理与安全可靠运行为核心要素,实现智慧城市网络、数据、信息的集成与应用的展现、监控、管理、运营、服务的功能。智慧城市"运营管理中心"与智慧城市"网络融合与安全中心"和智慧城市"大数据资源中心"实现网络互联、信息互通、数据共享、业务协同,实现信息资源共享和智慧城市管理与运行的指挥及调度。

通过新型智慧城市可视化集成平台,可以全面掌握智慧城市、各片区、智慧园区、智慧社区以及网格化的城市基础设施、服务站点、管理与执法人员、问题处理信息、评价信息等内容。通过智慧城市"运营管理中心"大屏幕可视化(GIS+BIM+VR+VA)直观显示智慧城市管理与运行要素和关注的信息及数据、运行状况、监测数据和控制等的实时状态,可以让智慧城市各主管领导全面直观地掌握智慧城市管理与运行的实际状况。

新型智慧城市可视化集成平台具有大数据应用、大屏幕显示、综合通信调度和综合信息集成的功能,支持智慧城市日常情况下和非常态应急情况下的管理与运行指挥调度,并通过大屏幕可视化(GIS+BIM+VR+VA)实时显示管理与运行所涉及的要素信息,如基础设施、市政地下管网、智慧城市大城管、智慧城市民生服务的状况,监测和控制的状态、信息和数据等。

新型智慧城市可视化集成平台技术应用如下:

(1) 通过智慧城市大数据资源中心的数据共享,将涉及智慧城市管理与运行相关联的数据,根据常态和非常态下对数据调用和展示的要求,显示在可视化(GIS+BIM+VR+VA)相应图层上。

(2) 显示大屏幕管控的功能,通过大屏幕展现智慧城市管理与运行情况下的统一指挥和调度。展现智慧城市常态及非常态下管理与运行信息、基础设施运行监控信息、重点关注信息监测数据、社会民生服务信息等。

（3）实时集成综合通信的能力，通过有线通信系统、无线通信系统、卫星通信系统、多媒体通信系统等系统集成，实现 VoIP、语音、数据、视频、图形、邮件、短信、传真等各种通信方式整合为一个"单一"的通信功能的应用。

（4）可视化集成平台通过智慧城市运营管理中心实现指挥调度集成的能力，采用 Web 技术及 B/S 和 C/S 相结合的计算机结构模式。远程用户可以通过互联网访问信息系统集成，以浏览器方式显示、控制、查询、下载、打印信息集成系统相关的信息、影像、数据等。

（5）新型智慧城市可视化集成平台具有可视化分析展现功能，主要由首页及相关二、三级页面组成。智慧城市管理与运行展示信息与数据主要分为九大模块，分别是首页、国内外新闻、重要资源监测、社会经济动态、突发公共事件、城市监控、重点项目、办公系统及重大活动等内容。

5.8.3 新型智慧城市可视化集成平台功能特点

新型智慧城市可视化集成平台以智慧城市各类信息资源的调度管理和服务化封装，支撑智慧城市管理与公共服务的智慧化功能为核心要素，采用信息栅格分布式架构和 Web 技术，构建智慧城市一体化的展现、管理、运行、通信、指挥、调度、操控的通用功能平台，即公共信息的一级平台。一级平台建设的目的，就是实现智慧城市涉及政府政务信息、城市管理信息、社会民生信息、企业经济信息与各业务级二级平台、应用级三级平台和应用系统（包括智慧政府、智慧管理、智慧民生、智慧产业）之间的信息互联互通、数据共享交换、业务功能协同，促进智慧城市全社会信息资源的开发与利用，避免在一个城市范围内政府各部门之间，政府与社会、企业、公众之间形成一个个的"信息孤岛"，造成在网络融合、信息交互、数据共享、功能协同时的障碍和壁垒，以及在资源上重复配置的浪费。

新型智慧城市可视化集成平台具有以下功能特点：

1. 信息平台及应用系统大集成功能

可视化集成平台可以实现智慧城市"网络融合与安全中心""大数据资源中心""运营管理中心"，以及"公共信息一级平台"，即"三中心一平台"的大平台、大数据、大系统、大集成、大应用。

2. 结构化 Web 集成技术应用功能

可视化集成平台通过对智慧城市各个行业二级平台和其应用系统结构化、系统化和标准化的 Web 页面超链接，实现智慧城市信息平台及应用系统 Web 页面的全集成，从而实现智慧城市各个行业数据与信息的大集成、大数据、大应用。

3. 系统集成无限扩展与信息互联功能

可视化集成平台应采用基于 B/S 软件架构、信息栅格和区块链＋，以及 Web 集成技术综合应用，打通智慧城市各个信息平台及其应用系统的各级业务、功能、操作、设置页面，可以无限扩展和增加第三方信息平台及应用系统、子系统的综合系统集成，实现智慧城市已建、在建、未建信息系统 100% 的数据与信息系统集成。

4. 实现数据与信息的"三融五跨"功能

可视化集成平台采用信息栅格技术和四级界面可视化分析展现结构化体系，对各信息平台的业务、功能、操作、设置等页面进行系统化和标准化的服务封装。实现习近平总书记提出的"以推行电子政务、建设新型智慧城市为抓手,以数据集中和共享为途径,建设全国一体化的国家大数据中心,推进技术融合、业务融合、数据融合,实现跨层级、跨地域、跨系统、跨部门、跨业务的协同管理和服务",即"建设全国一体化大数据中心""三融五跨"和"打通信息壁垒"的要求。

5. 线上与线下大数据应用模式功能

可视化集成平台具有对智慧城市涉及的重点目标和核心要素的数据,进行分布式业务节点数据抓取、采集、清洗、抽取和分布式中心节点的数据汇集、挖掘、关联分析、人工智能、智慧知识应用等一体化的全数据链服务的能力。可视化集成平台对被集成的信息平台采用Web页面超链接的方式,实现各信息平台Web页面的服务封装和业务需求的调用,形成Web页面数据采集的统一性和标准化,打通了智慧城市各领域、各行业、各业务、各应用的信息平台、业务系统和应用页面,为智慧城市不同行业、不同应用场景、重点目标和核心要素所需要的数据与信息,将各信息平台Web页面线上(在线)真实使用场景的实时信息与智慧城市各基础数据库、行业级主题数据库、各业务级应用数据库等线下(离线)的历史数据融为一体。实现线上与线下全数据链闭环反馈自适应的大数据应用模式。

6. 全数据链人工智能应用功能

可视化集成平台通过智慧城市各信息平台及应用系统的页面全集成,采用可视化集成平台全数据链闭环反馈自适应模式,对智慧城市的重点目标、核心要素、业务数据集,以及突发事件等的线上与线下的位置、状态、数据、关联、处理等数据与信息进行全面的深度挖掘分析和人工智能神经网络深度学习,实现智慧城市重点目标、核心要素、业务数据集等的关联信息互联、数据共享、业务协同。当发生突发事件时,可根据相关预案和人工智能分析,实现跨领域、跨平台、跨系统、跨业务等关联真实使用场景的可视化联合分析展现。

7. 快速信息与关联页面的查询功能

可视化集成平台采用结构化、系统化、标准化可视化界面,应满足在1~2秒内迅速查询到智慧城市各级业务、功能、操作、设置的信息和页面(千万数量级)。

5.8.4 新型智慧城市可视化集成平台界面设计

1. 界面结构设计

"城市智慧大脑"可视化集成平台设计的重点是体现各级智慧城市运行、管理、服务信息及数据的可视化分析展现的功能;体现各级新型智慧城市各领域、各行业、各业务、各应用的信息互联互通、数据共享交换、业务协同功能联动的功能;最终体现在"城市智慧大脑"分析展现界面设计的科学性、互联性、逻辑性、准确性和易操作。因此"运营管理中心"分析展现界面结构设计至关重要,通过新型智慧城市"运营管理中心"信息基础设施的整体运行与管理,支撑整个智慧城市的运行、管理、服务各项业务应用和功能实现。将新型智慧城市"城市智慧大脑"可视化分析展现界面分为四层结构,即总览界面(区县级以上智慧地市需要)、一级界面、二级界面、三级界面,如图5-12所示。

通过新型智慧城市可视化采用APP、显示大屏幕、计算机桌面系统等多种展示方式,实现多维度、多目标、多要素、多场景的信息与数据的分析展现。"城市智慧大脑"设工作座席,根据可视化四界面结构设计,主席位采用四分屏,分别显示总览界面、一级界面、二级界面和三级界面。多个分席位可根据展示行业二级平台业务界面、应用界面、操作和设置页面的需

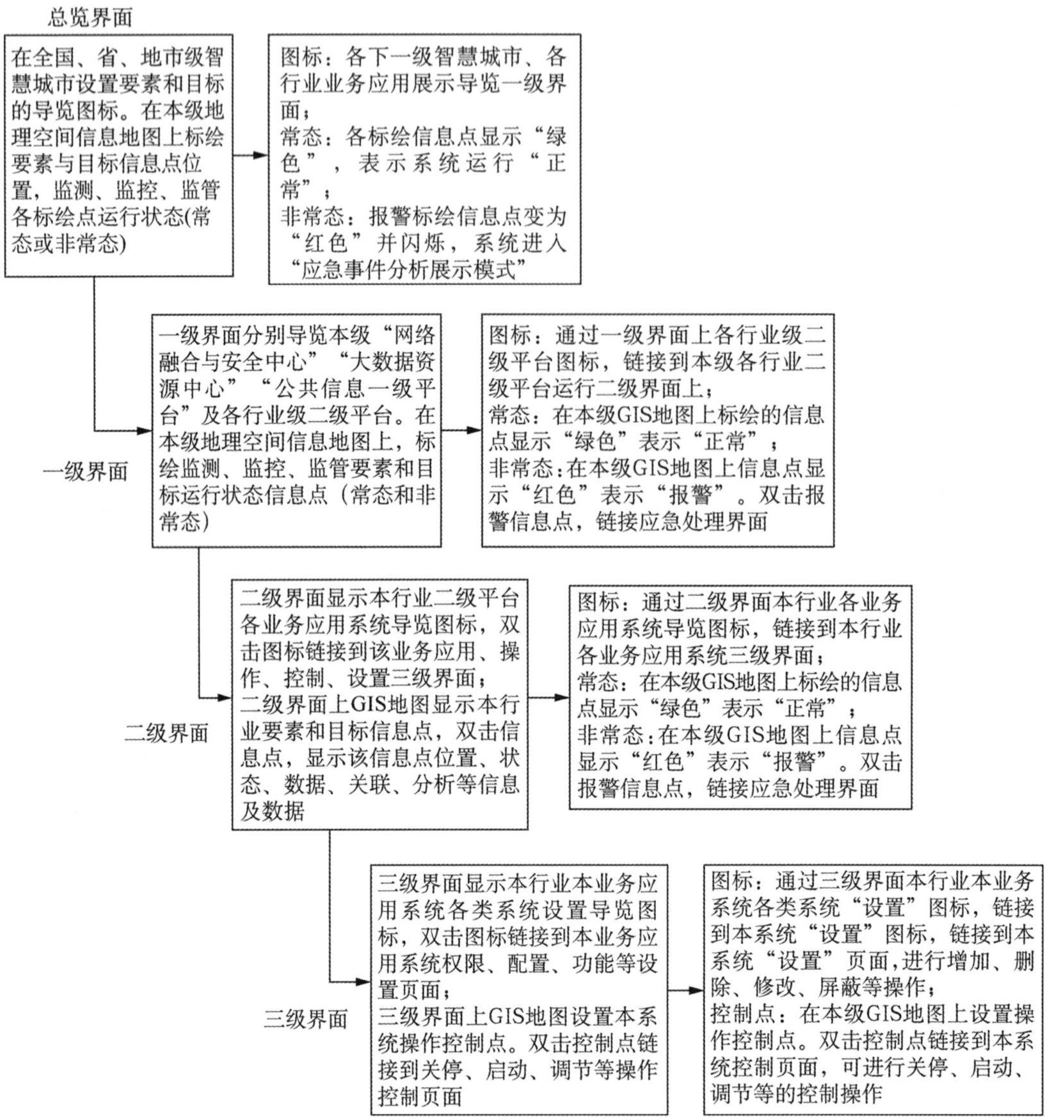

总览界面

在全国、省、地市级智慧城市设置要素和目标的导览图标。在本级地理空间信息地图上标绘要素与目标信息点位置，监测、监控、监管各标绘点运行状态(常态或非常态)

图标：各下一级智慧城市、各行业业务应用展示导览一级界面；
常态：各标绘信息点显示"绿色"，表示系统运行"正常"；
非常态：报警标绘信息点变为"红色"并闪烁，系统进入"应急事件分析展示模式"

一级界面

一级界面分别导览本级"网络融合与安全中心""大数据资源中心""公共信息一级平台"及各行业级二级平台。在本级地理空间信息地图上，标绘监测、监控、监管要素和目标运行状态信息点（常态和非常态）

图标：通过一级界面上各行业级二级平台图标，链接到本级各行业二级平台运行二级界面上；
常态：在本级GIS地图上标绘的信息点显示"绿色"表示"正常"；
非常态：在本级GIS地图上信息点显示"红色"表示"报警"。双击报警信息点，链接应急处理界面

二级界面

二级界面显示本行业二级平台各业务应用系统导览图标，双击图标链接到该业务应用、操作、控制、设置三级界面；
二级界面上GIS地图显示本行业要素和目标信息点，双击信息点，显示该信息点位置、状态、数据、关联、分析等信息及数据

图标：通过二级界面本行业各业务应用系统导览图标，链接到本行业各业务应用系统三级界面；
常态：在本级GIS地图上标绘的信息点显示"绿色"表示"正常"；
非常态：在本级GIS地图上信息点显示"红色"表示"报警"。双击报警信息点，链接应急处理界面

三级界面

三级界面显示本行业本业务应用系统各类系统设置导览图标，双击图标链接到本业务应用系统权限、配置、功能等设置页面；
三级界面上GIS地图设置本系统操作控制点。双击控制点链接到关停、启动、调节等操作控制页面

图标：通过三级界面本行业本业务系统各类系统"设置"图标，链接到本系统"设置"图标，链接到本系统"设置"页面,进行增加、删除、修改、屏蔽等操作；
控制点：在本级GIS地图上设置操作控制点。双击控制点链接到本系统控制页面,可进行关停、启动、调节等的控制操作

图 5-12 "城市智慧大脑"可视化分析展现界面结构图

要采用三分屏、四分屏或多分屏的方式。目前可视化集成平台已集成智慧城市综合态势、网络融合与安全中心、大数据资源中心、智慧城市APP、智慧城市大数据、智慧大城管、智慧安全、智慧应急、智慧交通、智慧环境、智慧社区等十多个行业级二级平台。

"城市智慧大脑"可视化集成平台分析展现界面的结构设计,基于新型智慧城市大平台、大数据、大系统、大网络的总体框架体系结构和系统集成、数据集成、软件集成、应用集成的思路和策略,构建整个新型智慧城市运行、管理、指挥、调度、决策的可视化展示和操作的"人—机"相互配合、相互协同、相互理解的智慧化、可视化、易操作的人机界面。"运营管理中心"可视化集成平台基于上述思路、策略、原理和以往参与城市、园区、建筑等可视化分析展现用户界面(UI)设计的经验分析展现界面结构设计。

2. 总览界面

通常县区以上的地市级、省市、全国智慧城市应设置总览界面示意图如图5-13所示。

总揽界面的主要功能是在全国、省级、地市级、区县级 GIS 地图上导览和链接本级新型智慧城市的一级界面,以及导览和链接本级智慧城市所关注的关键要素和重点目标的信息与数据的导览图形图标和标绘信息点。各级智慧城市总揽界面 GIS 地图上标绘本级监测、监控、监管关键要素和重点目标对象的位置和实时状态的信息点,如安全、交通、基础设施、重点危化品企业、仓库、医院、学校、社区等。

图 5-13 总览界面示意图

在常态时,各信息点显示"绿色"表示系统运行正常,系统处于"常态下信息及数据查询模式"。当发生突发事件非常态下时,在 GIS 地图上相应的要素和目标信息点会变为"红色"并闪烁,同时出现报警类型的显示图形图标。双击报警图形图标,可立即直接进入"非常态事件分析展现模式",推送事件现场监控视频图像(可操控)、周边关联要素信息(GIS 地图标绘)、事态实时分析信息及数据,以及应急处置预案等分析展现和操控界面。

(1) 常态下操作(查询方式)

① 通过在总揽界面的全国 GIS 地图上的各级新型智慧城市位置图形图标,链接到相应的新型智慧城市(省级、地市级、区县级)的一级界面。

② 通过在总揽界面上本级(全国、省级、地市级、区县级)的"网络融合与安全中心""大数据资源中心""公共信息一级平台"的网络运行、网络安全、云计算、云存储、电子机房等的图形图标,链接到相应本级智慧城市网管系统和网络设备运行和监测、监控、监管的分析展现界面上;通过总览界面上"公共信息一级平台"各行业级二级平台的图形图标,链接到相应的本级智慧城市行业级二级平台的分析展现二级界面上。

(2) 非常态下操作(推送方式)

当某一智慧城市(全国、省级、地市级、区县级)发生突发事件时,本系统会直接推送(弹出)发生突发事件所属区县级分析展现一级界面。如果在区县级"运营管理中心",当发生突发事件时,直接推送(弹出)本级与应急事件相关联的分析展现二级界面。

3. 一级界面

由总揽界面导览本级智慧城市(省、地市、区县)的一级界面,其示意图如图 5-14 所示。一级界面分别链接本级智慧城市"网络融合与安全中心"运行监控、"大数据资源中心"运行监控、"公共信息一级平台"所涉及各行业级二级平台的导览图形图标,主要包括新型智慧城市 APP、新型智慧城市大数据、智慧大城管、智慧应急、智慧安全、智慧交通、智慧市政、智慧环境、智慧民生、智慧经济等(可增加)。

图 5-14 一级界面示意图

(1) 常态下操作(查询方式)

① 通过一级界面上的本级(区县级)智慧政务、智慧民生、智慧治理、智慧经济各行业的图形图标,链接到本级相关行业级二级平台分析展现二级界面上。也可以通过系统计算机输入分析展现界面"关键字"的方式,直接快速超层级地查询各级分析展现界面。

② 通过在一级界面上本级(省、地市、区县)的"网络融合与安全中心""大数据资源中心"的网络运行、网络安全、云计算、云存储、电子机房等监测、监控、监管的图形图标,链接到相应系统和设备运行和管理的分析展现界面上。

③ 通过在一级界面上本级(省、地市、区县)的地理空间信息(GIS)地图上标绘的重点监测、监控、监管要素和目标对象的位置和实时状态的标绘点(如安全、交通、基础设施、重点危化品企业、仓库、医院、学校、社区等),在常态时,各标绘地点显示"绿色"表示系统运行正常,系统处于"常态下信息及数据查询模式";当发生突发事件非常态时,在 GIS 地图上相应的要素和目标标绘点会变为"红色"并闪烁,同时出现报警类型的显示图形图标。双击报警图形图标,可立即直接进入"非常态事件分析展现模式",推送事件现场监控视频图像(可操控)、周边关联要素信息(GIS 地图标绘)、事态实时分析信息及数据,以及应急处置预案等分析展现和操控界面。

(2) 非常态下操作(推送方式)

当本级(省、地市、区县)发生突发事件时,本系统会直接推送(弹出)发生突发事件所关联的分析展现二级界面。

4. 二级界面

由一级界面导览本级行业级二级平台二级界面,如图 5-15、图 5-16 所示。二级界面可分别通过导览图形图标链接本行业各业务级应用三级平台的运行、管理、应用、操作、设置、控制等三级界面。在本级(省、地市、区县)二级界面地理信息空间 GIS 地图上,标绘本行业监测、监控、监管关键要素和重点目标对象的位置和实时状态的信息点(如在智慧交通行业 GIS 地图上标绘交通基础设施、机场、高铁站、地铁站、公交站、停车场、交通枢纽等信息点)。

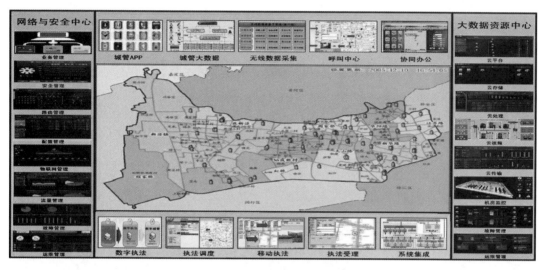

图 5-15 二级界面(智慧大城管)

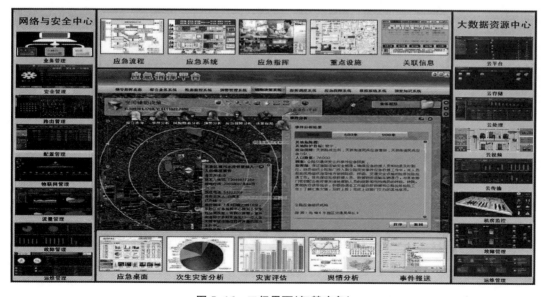

图 5-16 二级界面(智慧应急)

在常态时,各信息点显示"绿色"表示系统运行正常,系统处于"常态下信息及数据查询模式";当发生突发事件非常态下时,在GIS地图上相应的要素和目标标绘点会变为"红色"并闪烁,同时出现报警类型的显示图形图标。双击报警图形图标,可立即直接进入"非常态事件分析展现模式",推送事件现场监控视频图像(可操控)、周边关联要素信息(GIS地图标绘)、事态实时分析信息及数据,以及应急处置预案等分析展现和操控界面。

二级界面在常态下采用查询模式。通过双击二级界面GIS地图上重点关键要素和重点目标信息点,进入该关键要素或重点目标信息及数据分析展现页面。该信息及数据分析展现内容包括详细的实时运行状态信息及数据、历史信息及数据的查询与推送、关联信息的查询与推送、数据分析的查询与推送等。

5. 三级界面

由二级界面导览选择本行业级各业务应用三级平台的三级界面,如图5-17所示。三级界面可分别链接本业务级应用三级平台的运行、管理、应用、操作、设置、控制等分析展现和操作控制页面。在本级(省、地市、区县)三级界面地理信息空间GIS地图上,标绘本业务应用系统监测、监控、监控、控制设施和设备的位置和实时状态的信息点和监控点(如智慧建筑BIM地图上标绘:火灾、入侵、门禁、摄像机、照明、空调等信息与监控点)。在常态时,各信息与监控点显示"绿色"表示该信息或监控点处于正常状态,系统处于"常态下信息及数据查询和模式";当发生突发事件非常态下时,则相应的信息与监控点会变为"红色"并闪烁,同时出现报警类型的显示图形图标。双击报警图形图标,可立即直接进入该报警点实时信息及数据展现和分析、操作控制页面。

图5-17 三级界面(智慧建筑)

5.8.5 新型智慧城市可视化界面展现模式

"城市智慧大脑"可视化集成平台分析展现显示模式可分为以下两点。

1. 常态下分析展现界面查询与显示模式

(1)通过分析展现一级界面上的导览图形图标链接下一级的行业级二级平台(二级界面),以及业务应用系统操作设置控制界面(三级界面)。

(2) 通过分析展现各级界面上地理空间信息(GIS)地图上标绘的关键要素和重点目标的信息点。可显示各级(城市级、行业级、业务级)信息点的位置、状态、数据、关联、分析的信息及数据。

(3) 通过计算机输入查询各级界面的关键字,可实现跨层级快速链接到相应的分析展现或操作控制的界面和页面上。

2. 非常态下应急事件分析展现模式

(1) 当发生突发事件时,全国、省级、地市级智慧城市可视化分析展现平台即刻推送(弹出)突发事件所属区县级一级界面。通过双击该区县级一级界面GIS地图上的报警信息点,链接显示突发事件的位置、状态、数据、关联、分析信息及数据。

(2) 当发生突发事件时,区县级"运营管理中心"智慧城市可视化分析展现平台即刻根据突发事件的属性和类型,直接弹出该突发事件的信息及数据分析展现界面和关联的操作控制页面上。在GIS地图上展现突发事件报警点的位置、状态、数据、关联、分析信息及数据,同时显示现场的视音频图像和信号,提供事件进程趋势、综合研判、应急评估、应急保障等关联信息和数据。

5.8.6 新型智慧城市可视化应用场景设计

新型智慧城市大平台、大数据、大网络"最后一公里"可视化分析展现,通过移动终端APP、工作座席管理系统、显示大屏幕,实现人与信息及数据交互沟通。SCIP可视化分析展现与由大屏幕厂商提供的信息窗口(通道)展示的方式完全不同。信息窗口展示场景是通过预先设定的多个信息显示通道(通常在20个通道以上),且每个显示通道的接口类型是固定不变的(如VGA、RGB、DVI、HDMI、USB、DP等),同时显示窗口在场景中的物理位置、窗口大小、分辨率是不可以改变的,且每个信息窗口必须要由各自独立的硬件设备提供信息展现的信号源,故称为可视化展现硬件通道集成方式。SCIP可视化分析展现体现的是系统集成的能力。SCIP显示场景中信息窗口的多少、位置、大小、分辨率等完全通过软件来设定,可以单通道显示整个智慧城市所有的各类信息和数据的分析展现场景。因此SCIP大屏幕分析展现属可视化展现软件系统集成方式,其最重要的优势是可以根据展现的场景内容,如对事情、事件、事态的位置、状态、关联、分析等信息与数据的实时需求,动态地实现跨层级、跨地域、跨系统、跨部门、跨业务的信息与数据的业务协同和控制联动的分析展现场景。故使得领导调度指挥室通过一路宽带线路、一个四分屏工作席、一个显示屏(如60'视屏),就可以显示、调度、指挥、操控智慧城市"运营管理中心"的全部分析展现的信息与数据的特有功能。这个功能是可视化展现硬件通道集成根本无法实现的。以下介绍由可视化集成平台提供的综合态势、应急指挥、大数据分析、网络与大数据中心运营管理等主要应用场景的可视化分析展现界面的实例。

1. 智慧城市综合态势分析展现场景

智慧城市综合态势分析展现是"城市智慧大脑"的核心功能。可视化平台跨领域、跨平台、跨业务,对城市的生态环境、公共安全、道路交通、市政设施、宏观经济、民生民意等的信息、数据、图像、应用页面实现全集成,对智慧城市的综合态势和状况进行有效的掌握和管理,实现城市资源的汇聚共享和跨部门的协调联动,为智慧城市高效精准管理和安全可靠运行提供支撑,如图5-18所示。

图 5-18　智慧城市综合态势分析展现场景

2. 智慧城市应急指挥调度分析展现场景

智慧城市应急指挥调度分析展现由四个功能展示区组成，即应急指挥调度主操控区、突发事件现场及相关图像显示区、应急预案联动区和灾害损害评估区。智慧应急分析展现通过可视化平台，实现跨平台、跨系统、多维度地集成智慧大城管、智慧安全、智慧交通、智慧环境、智慧社区等与突发事件相关联的信息、数据、图像、应用页面，进行综合分析评估，将突发事件损失降低到最小，如图 5-19 所示。

图 5-19　智慧城市应急指挥调度分析展现场景

3. 智慧城市大数据分析展现场景

智慧城市大数据分析展现分别对综合态势、监测预警、突发事件、民生民意、社会动态、城市治理、要素监测、企业经济八大目标数据进行可视化分析展现,如图 5-20 所示。八大目标数据由元数据集库、要素库、目标库组成的可视化大数据库分别与网络 Web 数据库和智慧城市八大基础数据库构成的大数据库,实现跨平台、跨行业主题数据库的共享交换和深度的挖掘分析与人工智能的应用。

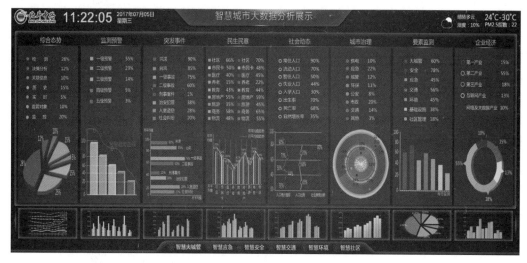

图 5-20 智慧城市大数据分析展现场景

4. 智慧城市网络安全与大数据中心运行管理分析展现场景

智慧城市网络安全与大数据中心的运行管理分析展现实现对"网络融合与安全中心"的网络互联、网络安全、网络流量、网络故障进行实时的监控、运行管理、故障报警,如图5-21所示。实现对"大数据资源中心"的云存储、云计算、云服务等软件系统和硬件设备进行实时的监控、运行管理、故障报警,确保"网络融合与安全中心"和"大数据资源中心"运行的高度安全性和可靠性。

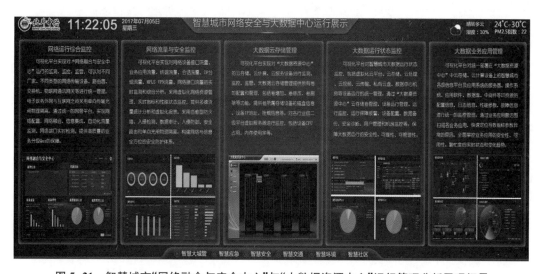

图 5-21 智慧城市"网络融合与安全中心"与"大数据资源中心"运行管理分析展现场景

5.8.7　新型智慧城市"运营管理中心"工作座席设计

智慧城市"运营管理中心"工作座席是"城市智慧大脑"的重要组成部分，具有对智慧城市各行业级平台及业务应用系统的多维度、多目标、多要素、多场景的数据、信息、页面、服务进行运行、监控、操作、设置和管理等功能（显示大屏是无法实现这些功能的）。根据可视化四界面结构设计，"城市智慧大脑"工作座席采用四分屏，分别显示总览界面、一级界面、二级界面和三级界面。多个分席位可根据展示行业二级平台业务界面、应用界面、操作和设置页面的需要采用四分屏或多分屏（八分屏、十分屏、十六分屏）的方式。目前可视化平台已集成智慧城市综合态势、网络融合与安全中心、大数据资源中心、智慧城市APP、智慧城市大数据、智慧大城管、智慧安全、智慧应急、智慧交通、智慧环境、智慧社区等十多个行业级二级平台。

"城市智慧大脑"工作座席分别由座席管理系统、座席控制器和多显示屏组成。工作座席管理系统具有对各行业级平台及业务应用系统的系统运行、系统管理、监控操作、参数设置等多屏幕各屏分别显示和操控的功能。工作座席控制器支持多屏画面分割、画面漫游，每个显示屏可以显示不同的业务系统窗口界面或操控页面，支持多个显示屏之间显示界面的拖拉、推送和联动展示等功能。

通常智慧城市"运营管理中心""城市智慧大脑"设置以下工作座席：

(1)"智慧城市大脑"总体运行指挥调度与管理工作座席（包括应急指挥调度）。
(2) 网络融合与安全中心运行监控与管理工作座席。
(3) 大数据资源中心运行监控与管理工作座席。
(4) 综合态势分析及运行监控与管理工作座席（包括环境、交通、安全、应急）。
(5) 大数据分析展现与管理工作座席（包括大数据智能分析、提供决策信息等）。
(6) 智慧安全监控与管理工作座席（包括雪亮工程、公共安全、生产安全、智能视频监控等）。
(7) 智慧治理运行监控与管理工作座席（包括智慧大城管、智慧安全、智慧交通、智慧应急、智慧环境、智慧市政、智慧社区、智慧建筑等平台信息集成及监控与管理）。
(8) 智慧民生运行监控与管理工作座席（包括智慧医疗健康、智慧教育、智慧房产、智慧金融、智慧商务等平台信息集成及监控与管理）。
(9) 智慧环境运行监控与管理座席（包括环境监测、环境数据分析、环境预测等）。
(10) 智慧市政监控与管理工作座席（包括智慧市政、智慧路灯、地下管网、智慧水务等）
(11) 大屏显示操作工作座席（包括展示画面分割、显示信号调度、音视频操控）。
(12) 运营中心会商信息调度工作座席。
(13) 运营中心参观座位信息调度工作座席。
(14) 会议系统及视频会议操作与管理工作座席。

智慧城市"运营管理中心"工作座席设置及全景如图5-22～图5-24所示。

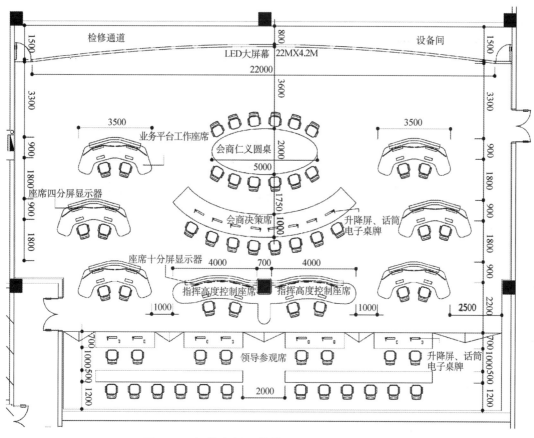

图 5-22 智慧城市"运营管理中心"工作座席布置图

图 5-23 智慧城市"运营管理中心"工作座席图

图 5-24　智慧城市"运营管理中心"全景图

5.8.8　新型智慧城市"运营管理中心"计算机系统软件配置要求

"运营管理中心"可视化集成平台集成各行业级二级平台和业务应用系统应满足以下对计算机系统软件配置的要求:"运营管理中心"可视化集成平台所连接的第三方行业级二级平台及业务级应用三级平台的信息、数据、应用、操作、设置、控制等页面,必须采用 B/S 计算机系统的结构模式和具有 Web 超链接的功能(可以连接到第三方平台及系统的上述任一页面上)。

5.8.9　"网络融合与安全中心"运行管理可视化界面

(1)"网络融合与安全中心"运行监测、监控、监管一级界面部署在"运营管理中心"的各级界面上。网络与安全运行监控一级界面,包括业务管理、安全管理、路由管理、配置管理、端口管理、物联网管理、流量管理、故障管理、运行管理等。

(2)"网络融合与安全中心"运行监控二级界面主要展现"网络融合与安全中心"一级平台导览的各类网络、安全业务系统和设备的位置信息、运行状态信息(实时)、过程数据(历史)、关联信息、分析数据等展现页面。

(3)"网络融合与安全中心"运行监控三级界面主要展现"网络融合与安全中心"二级平台导览的各类网络和安全运行监测、监控、监管业务系统的操作设置或监控页面,可以实现对该网络监控业务系统的配置、设置、增加、删除、修改等进行操作,以及查询相关操作的历史记录。

(4)"网络融合与安全中心"运行监控各级界面,以及信息点和监控点。必须支持 B/S 方式的 Web 超链接(可以链接到运行监控界面的任何一级页面)。

(5)"网络融合与安全中心"可视化集成平台可采用一机四屏或一机三屏的显示与操作方式,可以同时显示和操作"网络融合与安全中心"各级界面。

5.8.10 "大数据资源中心"运行管理可视化界面

(1)"大数据资源中心"运行监控一级界面部署在"城市智慧大脑"的各级界面上。大数据资源运行监控一级界面包括云平台、云存储、云处理、云视频、机房监控、故障管理、运维管理等。

(2)"大数据资源中心"运行监控二级界面主要包括"大数据资源中心"一级平台链接的各数据库系统运行和设施及设备的位置信息、运行状态信息(实时)、过程数据(历史)、关联信息、分析数据等展现页面。

(3)"大数据资源中心"运行监控三级界面主要包括"大数据资源中心"二级平台链接的各数据库系统运行监控和操作设置页面,可以实现对该业务系统的配置、设置、增加、删除、修改等操作,以及查询相关操作的历史记录。

(4)"大数据资源中心"运行监控各级界面,以及信息点和监控点。必须支持 B/S 方式的 Web 超链接(可以链接到运行监控界面的任何一级页面上)。

(5)"大数据资源中心"可视化集成平台采用一机四屏或一机三屏的显示和操作方式,可以同时显示和操作"大数据资源中心"各级界面。

5.8.11 "信息共享一级平台"运行管理可视化界面

1. 一级界面展现内容

"信息共享一级平台"运行管理展现一级界面部署在"城市智慧大脑"可视化的一级界面上。信息共享一级平台展示界面包括各行业级二级平台,如新型智慧城市 APP、新型智慧城市大数据、智慧大城管、智慧应急、智慧安全、智慧交通、智慧市政、智慧环境、智慧民生、智慧经济等。

2. 地理信息 GIS 地图展现

"信息共享一级平台"运行管理展现一级界面,通过实景 GIS 地图展现新型智慧城市所涉及关键要素和重点目标的监测、监控、监管对象的位置信息、状态信息(实时)、数据信息(历史)、关联信息、决策分析信息等,按各行业级二级平台进行分析展现。

3. 监测预警

对重要监测、监控、监管对象出现的非正常情况,提前做一个警示性信息,为应急准备赢得时间和条件。预警级别可以划分为 5 个级别,分别称为五级预警、四级预警、三级预警、二级预警和一级预警,并依次用绿色、蓝色、黄色、橙色和红色来加以表示。

4. 突发事件监控

(1)自然灾害:以数据分析图表方式显示本级自然灾害相关的信息。通过按时间和地区排序,将本级自危害灾害事故信息显示在列表最上面,其次是下一级城市自然灾害事故列表,最后是上一级城市自然灾害事故列表。

(2)安全生产:以数据分析图表方式显示本级安全生产相关的信息。通过按时间和地区排序,将本级安全生产事故信息显示在列表最上面,其次是下一级城市安全生产事故列表,最后是上一级城市安全生产事故列表。

(3)社会安全:以数据分析图表方式显示本级社会安全相关的信息。通过按时间和地区排序,将本级社会安全事故信息显示在列表最上面,其次是下一级城市社会安全事故列表,最后是上一级城市社会安全事故列表。

(4) 公共卫生:以数据分析图表方式显示本级公共卫生相关的信息。通过按时间和地区排序,将本级公共卫生事故信息显示在列表最上面,其次是下一级城市公共卫生事故列表,最后是上一级城市公共卫生事故列表。

5. 城市状态监控

实时显示来自城管、应急、公安、交通、环保、市政、供电、环保等及其他业务部门的监测、监控、监控信息和视频监控图像。点击一级平台相关导览图标选择相应二级界面可进入行业级二级平台显示页面,查看及浏览相关信息。

6. 协同办公系统

通过一级平台总览界面上的智慧政务导览图标,链接进入本级办公自动化、公文管理、绩效考核管理等办公业务应用系统。

5.8.12 新型智慧城市大数据分析展现可视化界面

1. 重要资源监测分析

(1) 每日要报:每日要报栏目用于简要说明本级新型智慧城市每日运行的重要目标数据和态势,以数据分析图表展示方式给领导提供综合分析状况,使领导每天都能够在第一时间掌握辖区内关键要素和重点目标的现状和变化趋势。

(2) 每日监测:显示城市综合治理的大城管、安全、应急、交通、环境、基础设施等每日整点实时监测数据的发布。

2. 民生大数据分析

以数据分析图表方式展现涉及民生要素大数据的分析,如社区、市民卡、医疗、养老、教育、房地产、旅游、商务、物流的实时数据与变化趋势分析。通过综合数据分析进行多视角、多维度的在线分析,利用趋势图、雷达图、关系图、对比图、结构图等数据可视化形式,全面真实地反映重要民生现状的现状分析展现,为政务及各相关部门领导提供民生决策分析依据。

3. 经济动态大数据分析

(1) 生产总值:以数据分析图表方式显示季度内的生产总值,包括第一产业、第二产业、第三产业的产值。

(2) 生产总值以近几年数据分析图表方式显示近几年生产总值分类、比较、变化趋势等。

(3) 经济指标目录:以数据分析图表方式显示经济指标的目录,点击每个指标可以进入二级页面查看详细的分析结果。经济指标包括地区生产总值分析、商业销售分析、企业经济效益、主要工业产品产量、工程进展情况、固定资产投资、房地产开发、商业、物价、社会治安、财政、人民生活、劳动工资、主要经济指标对比、主要经济指标变动情况分析等。

(4) 所辖地区的生产总值及排名:以数据分析图表方式显示生产总值及排名情况。

4. 社会动态大数据分析

(1) 采用数据分析图表方式展现人口统计指标目录:常住人口、流动人口、暂住人口、失业人口、入学人口等。

(2) 以数据分析图表方式展现人口出生率、死亡率及自然增长率现状。

(3) 以数据分析图表方式展现社会舆情分析,通过社会调查数据可视化展现对社会民情民意的分析数据。

5.9 基于信息栅格分布式可视化展现场景

新型智慧城市可视化集成平台基于信息栅格分布式架构,可以分别展现各个分布式业务节点(政府各业务部门)的各行业级二级平台可视化运行场景。通过可视化四界面展现各行业级二级平台及业务应用系统运行的位置信息、状态信息、数据信息、关联信息、处理信息等。

5.9.1 可视化"四界面+四分屏"操作座席

新型智慧城市可视化采用 APP、显示大屏幕、计算机桌面系统等多种展示方式,实现多维度、多目标、多要素、多场景的信息与数据的分析展现。运营管理中心设操作席位,根据可视化四界面结构设计,主席位采用四分屏,分别显示总览界面、一级界面、二级界面和三级界面,如图 5-25 所示。多个分席位可根据展示行业二级平台业务界面、应用界面、操作和设置页面的需要采用三分屏、四分屏或多分屏的方式。目前可视化平台已集成智慧城市综合态势、网络融合与安全中心、大数据资源中心、智慧城市 APP、智慧城市大数据、智慧大城管、智慧安全、智慧应急、智慧交通、智慧环境、智慧社区等十多个行业级二级平台。

图 5-25 "智慧城市"四分屏可视化展现

1. 主席位可视化展示

主席位四分屏一号显示屏展示可视化总览界面。通过总览界面上的全国 GIS 地图,点击 GIS 地图链接的智慧城市图标,即可进入该智慧城市一级界面,如图 5-26 所示。可视化平台采用多屏显示技术,通过简单的推拉操作,即可在大屏幕上同步实现多页面的展示。

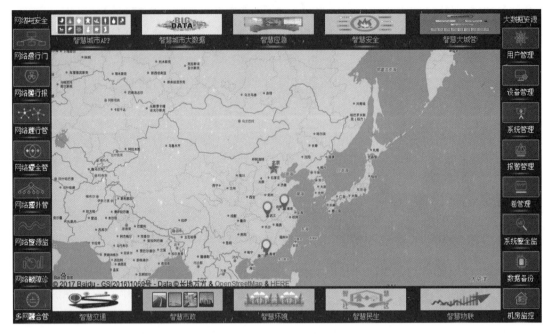

图 5-26　一号屏总览界面

2. 一号分席位可视化展示

通过总览界面选择"智慧南京",即可在主席位二号显示屏上显示"智慧南京"一级界面。"智慧南京"一级界面分为三个图形图标导览区。左边是"网络融合与安全中心"运营管理业务级导览,右边是"大数据资源中心"运营管理业务级导览,中间上下部分是"公共信息一级平台"行业级二级平台导览图形图标,如图 5-27 所示。点击中间"智慧南京运营管理中心"

图 5-27　二号屏"智慧南京"一级界面

页面,即进入"智慧南京综合态势监控与分析展现"链接页面,包括生态环境,公共安全,道路交通的综合实时状况、信息、数据的监控和分析展现。

3. 二号分席位可视化展示

通过"智慧南京"一级界面,如选择"智慧城市大数据"导览图形图标,即在主席位三号屏上显示"智慧城市大数据"行业级二级平台二级界面。"智慧城市大数据"二级界面实时展示"智慧南京"八大重要目标及核心要素数据的动态分析展现,大数据二级界面可链接到"智慧南京"各区县大数据进行分析展现、统计分析、各核心要素元数据集,以及各行业指标数据、运行数据的分析展现三级界面,如图5-28所示。

图5-28 三号屏"智慧城市大数据"二级界面

4. 三号分席位可视化展示

通过"智慧南京"一级界面,如选择"智慧大城管"导览图形图标,即在主席位四号屏上显示"智慧大城管"行业级二级平台二级界面。"智慧城市大数据"二级界面实时展示"智慧大城管"运营管理实时状况,包括报案、立案、处理、核查,以及城管员位置、巡查路线、事件视频等。通过"智慧大城管"二级界面链接到各应用系统、操作、设置的三级界面如图5-29所示。

5.9.2 "综合态势"综合信息可视化展示

新型智慧城市综合态势分析可视化集成功能是"运营管理中心"的核心功能。可视化平台跨领域、跨平台、跨业务,实现对智慧城市的生态环境、道路交通、公共安全、市政设施、宏观经济、民生民意、综合社区等的信息、数据、图像、应用页面的全集成;对智慧城市的综合态势和状况进行有效的掌握和管理,实现城市资源的汇聚共享和跨部门的协调联动,为智慧城市高效精准管理和安全可靠运行提供支撑。

图 5-29 四号屏"智慧大城管"二级界面

1. 分席位一号屏可视化展示

分席位四分屏一号屏上可视化展现"综合态势"整体场景(图 5-30)。在"综合态势"上的本级智慧城市 GIS 地图上标绘政府部门、学校、医院、电厂、交通枢纽、地铁站、机场、港口、桥梁、通信设施、重点危化品单位、重点污染源等重要目标及核心要素信息点图标,鼠标悬停信息点图标,显示该信息点属性对话框。当智慧城市发生突发事件时,GIS 地图上信息点转为报警类型图形图标并闪烁。双击报警图标确认报警后,"综合态势"即切换为"应急指挥调度模式",立即显示该报警点的坐标位置、实时报警状态、报警信息与数据,以及现场监控图像、应急预案联动、实时通信等联合分析展现的页面,如图 5-31 所示。

图 5-30 "综合态势"四分屏可视化展现

图 5-31 一号屏"综合态势"

2. 分席位二号屏可视化展示

在"综合态势"处于常态时,分席位二号屏上实现本智慧城市生态环境综合态势图和实时天气状态、空气质量 PM2.5、PM10 等的大数据分析展现。在"智慧环境"GIS 地图上标绘生态环境监测点、气候环境监测点、空气质量监测点、碳排放监测点、重点污染源监测点、水质监测点、土壤监测点等环境要素监测点图标,鼠标悬停监测点图标,显示该监测点属性对话框。当智慧城市发生环境突发事件时,GIS 地图上的监测点转为报警类型图形图标并闪烁。双击报警图标确认报警后,"智慧环境"即切换为"应急指挥调度模式",立即显示该报警点的坐标位置、实时报警状态、报警信息与数据,以及现场监控图像、应急预案联动、实时通信等联合分析展现的页面,如图 5-32 所示。

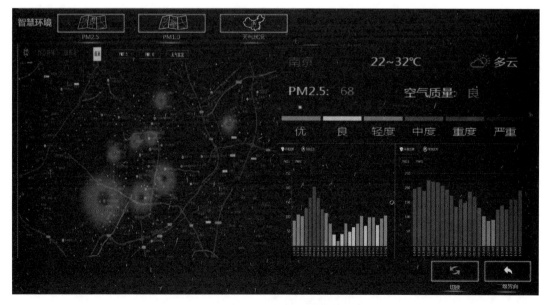

图 5-32 二号屏"智慧环境"

3. 分席位三号屏可视化展示

在"综合态势"处于常态时,分席位三号屏上实现本智慧城市道路交通态势图和实时道路通行状况、交通安全、交通违章、交通污染等大数据分析展现。在"智慧交通"GIS 地图上标绘交通枢纽、主要公交站、地铁站、机场、港口、电子警察、道路流量监测点、道路污染监测点等交通要素监控点图标,鼠标悬停监控点图标,显示该监控点属性对话框。当道路交通发生突发事故时,GIS 地图上的监控点转为交通事故类型图形图标并闪烁。双击交通事故图标确认报警后,"智慧交通"即切换为"应急指挥调度模式",立即显示该交通事故点的坐标位置、实时事故状态、事故信息与数据、现场监控图像、应急预案联动、实时通信,以及肇事车辆追踪等联合分析展现的页面,如图 5-33 所示。

图 5-33 三号屏"智慧交通"

4. 分席位四号屏可视化展示

在"综合态势"处于常态时,分席位四号屏上展现本智慧城市公共安全态势图和实时城市安全状况、治安报警、卡口控制、社区安全等大数据分析展现。在"智慧安全"GIS 地图上标绘公安部门、重点市政设施、主要社区、学校、医院、文化体育娱乐场所、重要厂矿企业等安全要素监管点图标,鼠标悬停安全监管点图标,显示该安全监管点属性对话框。当公共安全发生突发事件时,GIS 地图上的安全监管点转为安全报警类型图形图标并闪烁。双击安全报警点图标确认报警后,"智慧安全"即切换为"应急指挥调度模式",立即显示该安全报警点的坐标位置、实时安全事件状态、安全事件信息与数据、安全事件现场监控图像、应急预案联动、实时通信,以及犯罪疑似人员追踪等联合分析展现的页面,如图 5-34 所示。

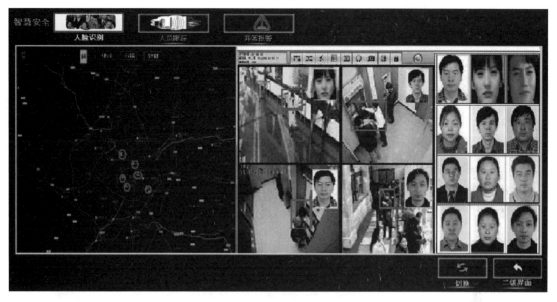

图 5-34 四号屏"智慧安全"

5.9.3 "智慧城市大数据"数据分析共享可视化展示

新型"智慧城市大数据"可视化分析展示以"智慧城市"跨领域、跨平台、跨业务实现各行业二级平台信息与数据的大集成,可视化大数据库分别由元数据集数据库、要素数据库、目标数据库组成。可视化大数据遵循 HTML5 标准的超文本标记语言和 JavaScript 基于 Web 客户端开发的脚本语言;数据库接口支持 HTTP 传输协议、REST 远程服务器数据调用、支持 JSON 数据传输格式、支持 UTF8 编码格式和 POST 数据请求方式等。通过 JSON 数据交换格式实现可视化 Web 页面与第三方数据库的连接和交互。

图 5-35 "大数据分析"四分屏可视化展现

1. 分席位一号屏可视化展示

"智慧城市大数据"分析展现分席位一号屏展现智慧城市八大目标数据。八大目标数据分别由综合态势、监测预警、突发事件、民生民意、城市治理、要素监测、企业经济和社会动态构成。一级界面展现八大目标数据的比较、分析、统计可视化图表。通过大数据一级界面可以链接到本级智慧城市下属区县八大目标数据展示的二级界面和市级八大目标数据的要素数据及元数据集的比较、分析、统计的二级界面,如图 5-36 所示。

图 5-36　一号屏大数据分析总览界面

2. 分席位二号屏可视化展示

通过"智慧城市大数据"分析展现一级界面链接到本级智慧城市区县八大目标数据分析展展现的二级界面。在大数据分析展现二号屏上可根据智慧城市各区县大数据可视化分析展现一级父项分析展现的八大重点目标数据,分解为各重点目标的的核心要素二级子项核心要素和元数据集数据的三级界面,如图 5-37 所示。

图 5-37　二号屏大数据分析一级界面

3. 分席位三号屏可视化展示

通过"智慧城市大数据"分析展现二级界面链接到本级智慧城市八大目标数据各自的核心要素数据和元数据集的三级界面。如在大数据分析展现三号屏上分析展示监测预警目标数据的一级预警分析、二级预警分析、三级预警分析、四级预警分析、五级预警分析的核心要素数据及元数据集分析展现图表等,如图5-38所示。

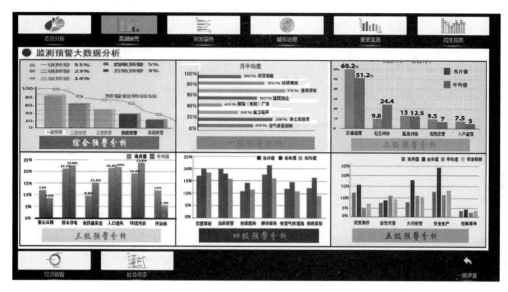

图 5-38 三号屏大数据分析二级界面

4. 分席位四号屏可视化展示

通过"智慧城市大数据"分析展现监测预警三级界面链接到本级智慧城市"监测预警数据列表"展现页面,监测预警数据列表,包括预警时间、预警位置、预警内容、预警级别、预警处理等信息与数据,如图5-39所示。"监测预警数据列表"来自对智慧城市大数据库的城市

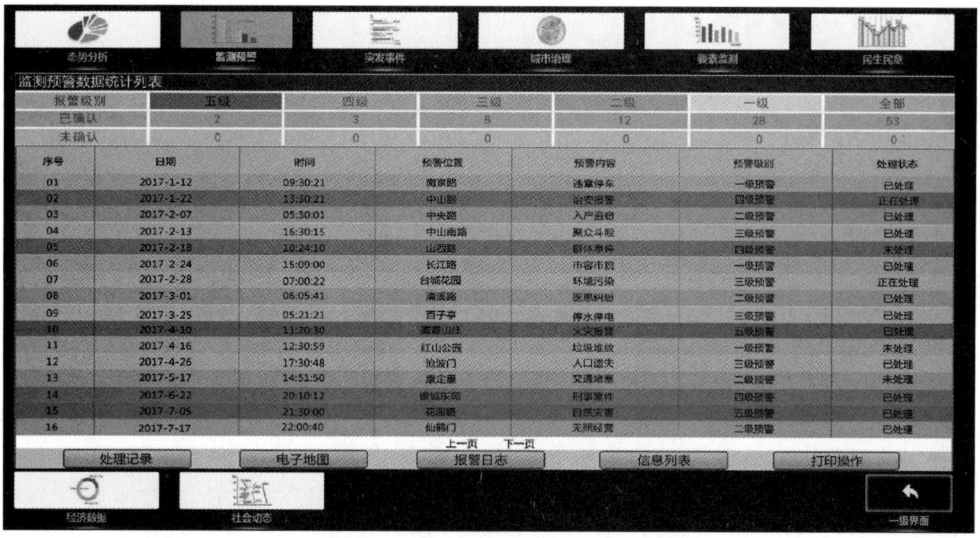

图 5-39 四号屏大数据分析三级界面

治理基础数据库和网络 Web 城市安全主题数据库的集成和抽取。"监测预警数据列表"是监测预警大数据比较、分析、统计的基础数据。

5.9.4 "智慧城市"APP 综合服务可视化展示

"智慧城市"APP(简称 SCAPP)可视化分析展示是以"智慧城市"跨领域、跨平台、跨业务,实现各行业二级平台信息与数据的大集成,以信息惠民为宗旨,以广大民众能够足不出户、随时随地享受优质服务和生活便利为目标,整合政府相关部门和公众事业单位的相关服务资源和权威信息,为城市居民精心打造的本地化生活服务移动终端软件,可提供个性化的生活、医疗、交通、旅游、便民、政务、资讯、办事等方面的信息服务,以及交通出行、旅游、医疗、便民提示、天气预报、实时空气质量指数等城市类信息服务,如图 5-40 所示。

图 5-40 "智慧城市"APP 四分屏可视化展现

1. 分席位一号屏可视化展示

"智慧城市"APP 分席位一号屏展现智慧城市政务服务、公共服务、商业服务等各项功能。通过 SCAPP 一级界面(门户页面)可以进入智慧城市智慧政务、智慧民生、智慧治理、智慧企业经济各领域、各行业、各种各类专项服务的二级界面和该专项服务设置操作的三级界面。目前 SCAPP 有 Android 和 iOS 等多个版本,支持各种移动终端和电脑桌面系统。SCAPP 还提供丰富的智能语音服务,可快速翻译各国语言,可使用语音方式查询各类服务信息,如酒店、订票、路名地址等。智能语音服务突破了文字输入和在开车、行进等不便手动操作时的交互局限,给广大民众带来便捷的感受和体验,如图 5-41 所示。

2. 分席位二号屏可视化展示

通过 SCAPP 一级界面选择智慧城市政务服务、公共服务、商业服务等各项服务功能,如选择"智慧出行"服务,即在分席位二号屏上展现"智慧出行"二级界面。通过"智慧出行"二级界面选择路况大数据(道路视频+路线拥堵状况)、公共交通电子车站(实时展现公交车、长途汽车、地铁、航班等行车时间)、滴滴叫车、滴滴停车、公共自行车、违章查询、交通缴款等功能项展现页面。通过二级界面进入"智慧出行"各功能项的设置操作三级界面。可通过

图 5-41　一号屏 SCAPP 门户一级界面

SCAPP 后台增加、修改、删除"智慧出行"功能项和相关参数的设置与修改等,如图 5-42 所示。

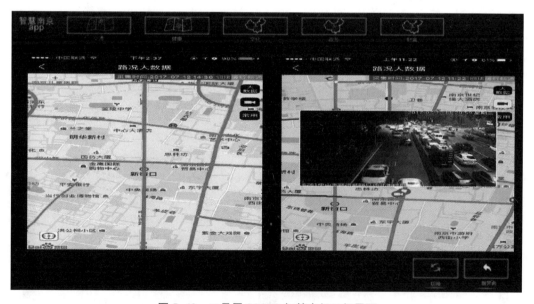

图 5-42　二号屏 SCAPP 智慧出行二级界面

3. 分席位三号屏可视化展示

通过 SCAPP 分席位二号屏上"智慧出行"服务项中的"滴滴停车",即在分席位三号屏上展现"滴滴停车"三级界面。通过"滴滴停车"三级界面,选择停车场、停车方式(可语音方式)、停车缴款等,实时展现由出发点到选定停车场的路况(道路视频+路线拥堵状况)。可通过 SCAPP"智慧出行"后台增加、修改、删除"滴滴停车"设置操作模块,实现对相关参数的设置与修改等,如图 5-43 所示。

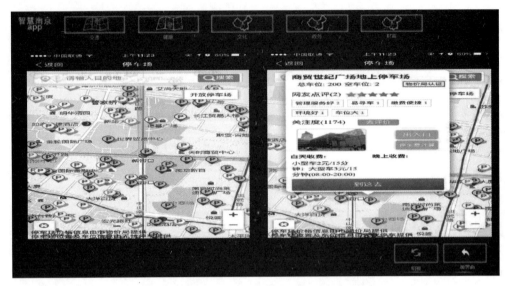

图 5-43 三号屏 SCAPP"滴滴停车"三级界面

4. 分席位四号屏可视化展示

通过 SCAPP 一级界面选择智慧城市政务服务、公共服务、商业服务的各项服务功能。如选择"智慧旅游"服务,即在分席位四号屏上展现"智慧旅游"二级界面。通过"智慧旅游"二级界面选择旅游大数据(景点简介+路线图)、旅游方式、票务服务、酒店服务、餐饮服务等智慧旅游一站式服务。通过"智慧旅游"可设置操作各项服务功能,如可通过 SCAPP 后台增加、修改、删除"智慧旅游"功能项,实现对相关参数的设置与修改等,如图 5-44 所示。

图 5-44 四号屏 SCAPP"智慧旅游"二级界面

5.9.5 "网络融合与安全中心"分布式业务节点可视化展示

新型智慧城市"网络融合与安全中心"运营管理可视化分析展示,对网络互联、网络安全、网络流量、网络故障等进行实时监控、运行管理、故障报警。符合 SOA 架构的开放管理接口,基于 Web 架构的模块化设计能够与第三方应用快速集成。支持多管理员并发管理,灵活定义不同的管理权限和管理范围;能够通过基于中间件的分布式部署,适合智慧城市大规模网络和信息系统管理需求。通过 HTML5、CSS、JS、Portal、Web2.0 等技术实现动态、3D 仿真的分析展现。通过监控插件实现对各种有线/无线网络设备、主机服务器、虚拟化、存储、数据库、中间件、基础运行平台与通用服务、机房等多样性监测需求,给网络管理员最真实的网络运行场景和体验。图 5-45 为其四分屏可视化展现。

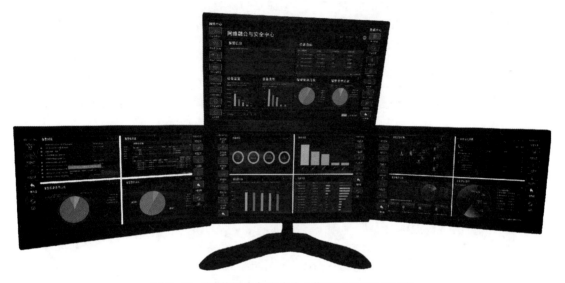

图 5-45 "网络融合与安全中心"四分屏可视化展现

1. 分席位一号屏可视化展示

"网络融合与安全中心"分席位一号屏展现网络设备运行整体运营管理功能,对网络资源进行统一的运行监控,将网络设备运行的重要指标参数可视化的分析展现出来,整合告警、资源、业务、拓扑、机房等网络基础设施的监控功能,分类进行网络设备运行参数的采集、建模分析和分类展示。一号屏由多个网络设备运行动态参数信息框和数据分析视图组成。通过"网络设备故障最新报警列表信息框""网络资源参数动态列表信息框""网络流量动态分析柱状图""网络设备数量与类型比较分析柱状图""网络设备报警分级分类分析饼图",使得运营管理员可以从不同网络设备运行的不同维度,全面掌握"网络融合与安全中心"的实时运行状况和变化趋势,如图 5-46 所示。

2. 分席位二号屏可视化展示

"网络融合与安全中心"分席位二号屏展现网络资源分类组件的功能,通用类组件可根据用户实际需求,利用可视化平台自身可扩展性,使用外部 URL 链接,即可将第三方网管 B/S 页面集成到本系统中,满足实际业务需求。资源分类统计可帮助网络管理员掌握网络资产配备情况,直接展现整体网络资产分类及数据;网络资源类型展现可帮助掌握每一种类型的网络资产数量;资源分类统计排行可帮助网络管理员掌握网络资产配比数量,为其提供网络设备维护重点及运行保障依据;资源性能指标展示可以快速定位当前网络环境中的资源使用情况,通过配置即可完成对关键资源、关键指标的展示,如图 5-47 所示。

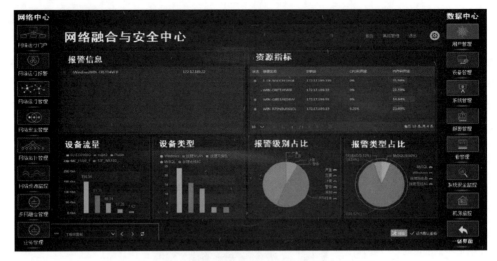

图 5-46　一号屏"网络融合与安全中心"总览界面

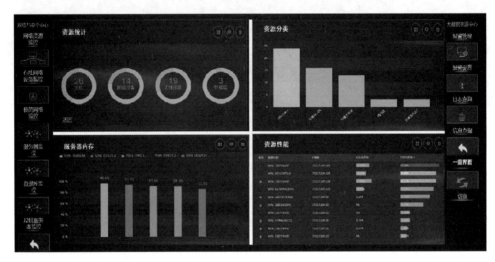

图 5-47　二号屏"资源分类组件"

3. 分席位三号屏可视化展示

"网络融合与安全中心"分席位三号屏展现网络故障报警的功能。网络故障报警组件是网络运维相关联的网络资产故障类组件,包括当前故障报警列表、故障报警统计、报警资源类别统计、故障报警级别等与故障相关的业务展示部件。分别提供"当前故障报警列表"信息框,可帮助网络管理员快速掌握当前网络环境中的故障情况,在第一时间处理关键故障,保障网络稳定运行;"故障报警统计"信息框提供网络运行各类设备、指标、参数过限报警状况和分类进行统计;"故障报警设备类型占比"帮助网络管理员定位设备故障频发的资产类型;"故障报警级别占比"帮助网络管理员掌握"网络融合与安全中心"资产故障的严重程度,为分析整体网络故障风险提供数据依据,如图 5-48 所示。

4. 分席位四号屏可视化展示

"网络融合与安全中心"分席位四号屏展现网络业务管理的功能,为网络重要业务建立健康指数、业务雷达、业务卡片和业务应用分析等独创的网络运营管理理念。提供业务运行

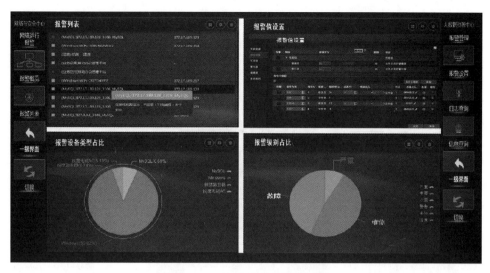

图 5-48　三号屏"网络故障报警"

概览视图,将网络健康指数、业务雷达实时扫描、业务卡片集中在一个页面内进行显示,通过这个页面可以了解网络整体业务的健康走势、业务实时运行状况、故障报警信息、健康度、繁忙度和可用性等信息。将关键的业务系统或网络资源配置到业务雷达之上,用动态扫描展现关键业务系统的健康情况。掌握任意时间点关键业务系统的运行状况。业务卡片从业务应用出发,将业务系统的网络运行情况综合在一张卡片上,通过业务卡片为用户呈现该业务系统的可用状态、机房环境状态、繁忙度、健康度、可用性和故障报警等信息,帮助用户掌握所有业务系统运行情况,如图 5-49 所示。

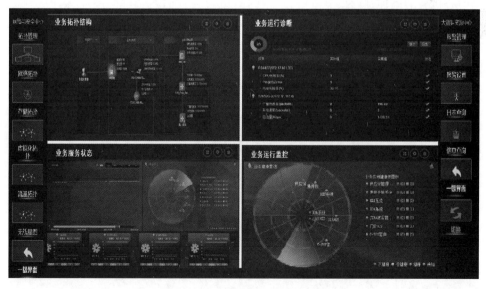

图 5-49　四号屏"网络业务管理"

5.9.6　"大数据资源中心"分布式业务节点可视化展示

新型智慧城市"大数据资源中心"运营管理可视化分析展示对云存储、云计算、云服务等软件系统和硬件设备进行实时监控、运行监控、故障报警,确保"大数据资源中心"运行的高度安全性、可靠性和可维护性。"大数据资源中心"运营管理内容及功能包括卷管理、设备运行监控、设备配置管理、设备报警管理、设备维护管理、用户管理、日志管理、数据备份等,为"大数据资源中心"系统管理员提供设备配置和维护云存储、云处理、云视频、云安全有效的运营管理平台,其四分屏可视化展现如图5-50所示。

图 5-50 "大数据资源中心"四分屏可视化展现

1. 分席位一号屏可视化展示

"大数据资源中心"分席位一号屏展现大数据设备管理的功能。通过"设备管理"页面进行数据中心机架的添加、修改、删除等设置操作,以及云存储卷管理的添加、修改、删除等设置操作。可查看卷名称列表,包括设备所属卷名称、磁盘所属卷名称、磁盘所属设备的 IP 地址,以及磁盘信息和挂载信息所属的卷名。"大数据资源中心"的各个设置操作应记录在"系统日志"中。系统设置操作包括卷的操作、故障确认操作、用户设置操作等。"系统日志"记录内容包括操作人、操作对象、操作类型、操作内容描述、操作时间等,如图5-51所示。

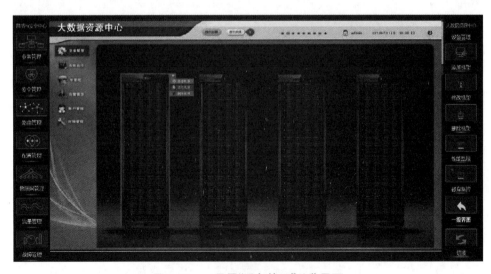

图 5-51 一号屏"设备管理"总览界面

2. 分席位二号屏可视化展示

"大数据资源中心"分席位二号屏展现大数据用户管理的功能,通过"用户管理"页面进行数据中心用户的添加、修改、删除和悬停管理权限等设置操作。"用户管理"内容及功能包括卷名、用户名、用户密码、配额权限、配额总空间、已用空间、使用率、创建时间、服务操作等,如图 5-52 所示。

图 5-52 二号屏"用户管理"

3. 分席位三号屏可视化展示

"大数据资源中心"分席位三号屏展现大数据设备配置功能,通过"设备配置"页面进行数据中心设备配置的添加、修改、删除等设置操作。"设备配置"中的设备应与机架在物理上是对应的关系。展现设备运行状态曲线图,展现磁盘信息列表,包括磁盘路径、块、磁盘错误、磁盘状态、磁盘总空间、已用空间、空间使用率等,如图 5-53 所示。

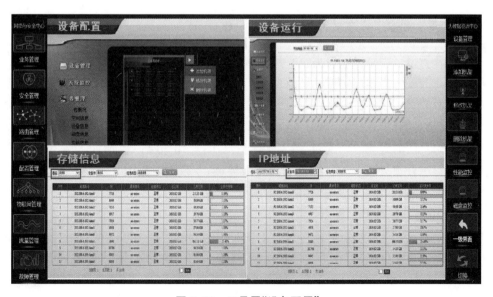

图 5-53 三号屏"设备配置"

4. 分席位四号屏可视化展示

"大数据资源中心"分席位四号屏展现大数据运行及设备故障报警功能,通过"故障报警"页面进行数据中心故障报警的统一管理。"故障报警"内容及功能包括对各种故障报警类型、故障报警级别和故障报警内容的设置,故障报警日志包括故障类型、故障设备 IP 地址、故障报警级别、故障报警时间、故障报警内容描述、故障报警确认状态。以故障设备、故障类型、故障级别、故障日志等各维度故障数据为依据,对"大数据资源中心"总体运行状况和设备使用情况进行综合分析和评估,以预测"大数据资源中心"安全性、可靠性和可维护性的实际状况及可能的变化趋势,如图 5-54 所示。

图 5-54　四号屏"故障报警"

5.9.7　"智慧大城管"分布式业务节点可视化展示

新型智慧城市"智慧大城管"运营管理可视化分析展示通过可视化平台集成智慧城市已建、在建、未建的第三方"智慧大城管"行业级二级平台,实现"智慧大城管"业务、功能、操作、设置各级页面的 Web 集成、分析、展示。"智慧大城管"是对智慧应急、智慧安全、智慧交通、智慧市政、智慧环境、智慧社区等各行业级二级平台的信息、数据、应用、页面的跨领域、跨平台、跨业务、跨页面的大集成。通过"智慧大城管"GIS 操作图层一级界面,立案、处理、结案、评估和大城管综合态势和大数据综合分析二级界面,实现"智慧大城管"的科学化、精细化、精准化的新型智慧城市综合治理的目标,如图 5-55 所示。

1. 分席位一号屏可视化展示

"智慧大城管"运营管理分席位一号屏展现"智慧大城管"基于 GIS 的监测、监控、监管图层的一级界面。通过区域、巡查员、车辆、视频、受理、立案、结案等图层,可视化展现"智慧大城管"运营管理各个实时状况的场景。可以通过一级界面上的业务应用图形图标链接到"智慧大城管"各个业务应用的二级界面,如图 5-56 所示。

第 5 章　新型智慧城市"信息栅格"操作系统

图 5-55　"智慧大城管"四分屏可视化展现

图 5-56　一号屏"智慧大城管"总览界面

2. 分席位二号屏可视化展示

"智慧大城管"运营管理分席位二号屏展现"智慧大城管"各个业务应用二级界面。如"智慧大城管"案件受理和立案业务应用二级界面可以展现巡查员报案视频影像、巡查员信息、案发地点、案件类型等信息和操作页面。可以通过"智慧大城管"运营管理二级级界面上的业务应用图形图标切换链接到"智慧大城管"其他业务应用的二级界面，如图 5-57 所示。

图 5-57　二号屏"智慧大城管"业务应用二级界面

3. 分席位三号屏可视化展示

"智慧大城管"运营管理分席位三号屏展现"智慧大城管"各个业务应用功能或操作设置三级界面。如在"智慧大城管"受理和立案业务应用操作设置三级界面,点击 GIS 地图上有关受理、立案、处理、结案的信息图标,可弹出该信息图标的信息对话框,显示有关受理、立案、处理、结案的信息和关联数据。可以通过本级界面上的业务应用图形图标切换链接到"智慧大城管"其他业务应用的二级界面,如图 5-58 所示。

图 5-58　三号屏"智慧大城管"业务应用三级界面

4. 分席位四号屏可视化展示

"智慧大城管"运营管理分席位四号屏展现"智慧大城管"综合态势和大数据综合分析二级界面。综合态势展现城市治理多发生区域、案件分类、综合案情和舆情的大数据分析。点击 GIS 地图上案件多发关注区域（可通过不同颜色表示关注度），即链接到该区域的案件分类、案情、舆情大数据综合分析展现三级界面。可以提供多柱状图、曲线图、饼图、区域图等可视化比较、分析、统计图表页面，通过信息对话框分别对案件的类别、案情、舆情等的状况和信息进行描述。可以通过本级界面上的业务应用图形图标切换链接到"智慧大城管"其他业务应用的二级界面，如图 5-59 所示。

图 5-59　四号屏"智慧大城管"综合态势和大数据分析界面

5.9.8 "智慧应急管理"分布式业务节点可视化展示

新型智慧城市应急运营管理可视化分析展示，通过可视化平台集成智慧城市已建、在建、未建的第三方"智慧应急"行业级二级平台，实现"智慧应急"业务、功能、操作、设置各级页面的 Web 集成、分析、展示。"智慧应急"通过对智慧大城管、智慧安全、智慧交通、智慧市政、智慧环境、智慧社区等各行业级二级平台的信息、数据、应用、页面的跨领域、跨平台、跨业务、跨页面的大集成，展现"智慧应急"综合态势管理一级界面，风险监测、预警管理、指挥调度、预案联动、应急保障、模拟演练和应急大数据分析决策二级界面，以及操作与设置三级界面，实现"智慧应急"的科学化、精细化、精准化的新型智慧城市综合治理的目标。其四分屏可视化展现如图 5-60 所示。

1. 分席位一号屏可视化展示

"智慧应急管理"运营管理分席位一号屏是"智慧应急管理平台"综合信息的展示和业务应用系统的导览，可展现应急事件、应急资源、应急队伍、事件报送、自然灾害、疾病监测等大数据分析图表，链接政府各部门单位应急管理办公室和导航隐患管理、政务图层、综合分析、事件报送、决策标绘、指挥调度、综合协同等业务应用二级界面，如图 5-61 所示。

图 5-60 "智慧应急管理"四分屏可视化展现

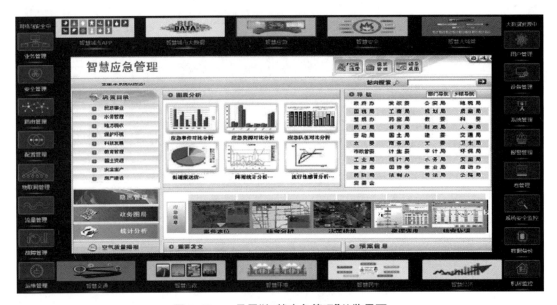

图 5-61 一号屏"智慧应急管理"总览界面

2. 分席位二号屏可视化展示

"智慧应急管理"运营管理分席位二号屏展现"智慧应急指挥调度平台"二级界面。展现突发事件 GIS 标绘地图,实时标绘突发事件发生的位置、状态和可能影响的范围,以及展现实时灾害现状和可能发生次生灾害的预防措施。通过"智慧应急指挥调度平台"二级界面上的业务应用系统图形图标,可以链接到风险隐患监测、预案联动、应急保障、应急救援、辅助决策和应急大数据分析各个业务应用三级界面,如图 5-62 所示。

3. 分席位三号屏可视化展示

"智慧应急管理"运营管理分席位三号屏展现"智慧应急指挥调度平台"各个业务应用系统三级界面,展现各个业务应用系统的信息列表、操作和设置页面,如应急值守管理、应急协

第5章 新型智慧城市"信息栅格"操作系统

图 5-62 二号屏"应急指挥调度平台"二级界面

调管理、统计分析管理、应急预案管理等页面。通过本级界面业务应用图形图标链接到应急流程、应急系统、指挥调度、重点设施、关联信息、应急桌面、次生灾害分析、灾害损失评估、舆情分析、事件报送等各个业务应用三级界面,如图 5-63 所示。

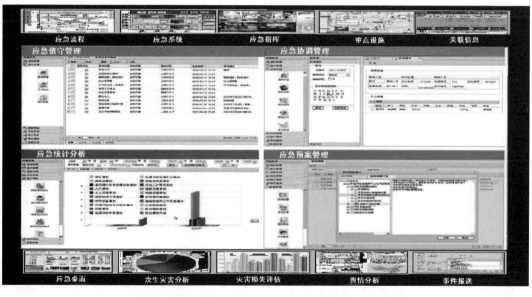

图 5-63 三号屏"智慧应急管理"业务应用三级界面

4. 分席位四号屏可视化展示

"智慧应急管理"运营管理分席位四号屏展现"智慧应急综合分析"二级界面。智慧应急综合分析通过可视化平台,跨平台、跨系统、多维度地集成智慧大城管、智慧安全、智慧交通、智慧环境、智慧社区等与突发事件相关联的信息、数据、图像、应用页面,进行综合评估和大数据分析,将突发事件造成的损失降低到最小,如图 5-64 所示。

图 5-64　四号屏"智慧应急综合分析"二级界面

5.9.9 "智慧安全管理"分布式业务节点可视化展示

新型智慧城市公共安全运营管理可视化分析展示通过可视化平台集成智慧城市已建、在建、未建的第三方"智慧安全"行业级二级平台，实现"智慧安全"的业务、功能、操作、设置各级页面的 Web 集成、分析、展示。"智慧安全"通过对智慧大城管、智慧应急、智慧交通、智慧市政、智慧环境、智慧社区等各行业级二级平台的信息、数据、应用、页面的跨领域、跨平台、跨业务、跨页面的大集成，展现"智慧安全"公共安全管理一级界面，安全监控、报警联网、三警合一、指挥调度、公安卡口、综合通信、预案联动和安全大数据分析二级界面，以及操作与设置三级界面，实现"智慧安全"的科学化、精细化、精准化的新型"智慧城市"综合治理的目标。其四分屏可视化展现如图 5-65 所示。

图 5-65　"智慧安全管理"四分屏可视化展现

1. 分席位一号屏可视化展示

"智慧安全管理"运营管理分席位一号屏展现"智慧安全"在 GIS 上标绘的智慧城市的安全监测、监控、监管的政府部门、交通枢纽、主要地铁站、机场、港口、电厂、重要企业、重要危化品仓库、重点污染源等涉及公共安全的重要目标和核心要素图标的一级界面。鼠标悬停信息点图标,显示该信息点属性对话框。当智慧城市发生突发事件时,GIS 地图上的信息点转为报警类型图形图标并闪烁。双击报警图标确认报警后,"智慧安全"即切换为"应急指挥调度模式",立即显示该报警点的坐标位置、实时报警状态、报警信息与数据,以及现场监控图像、应急预案联动、实时通信等联合分析展现的集成页面,如图 5-66 所示。

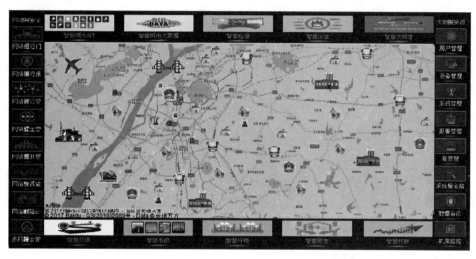

图 5-66　一号屏"智慧安全管理"总览界面

2. 分席位二号屏可视化展示

在"智慧安全管理"分席位二号屏上展现智慧城市"公共安全监控报警列表",公共安全监控报警共分为五级,分别用绿、蓝、黄、橙、红不同颜色表示报警级别。报警记录内容为日期、时间、位置、描述、级别、处理等,可以通过"公共安全监控报警列表"链接到本报警信息所在 GIS 地图上的位置并查询关联信息,进行下载、打印等操作,如图 5-67 所示。

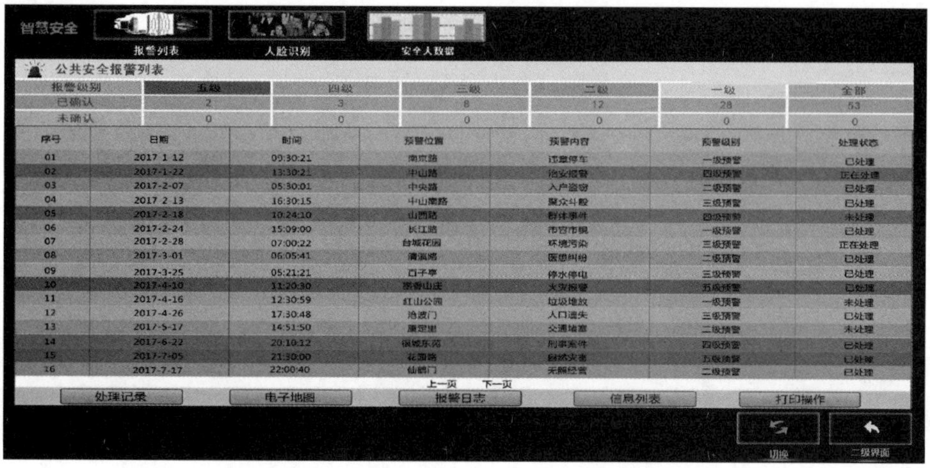

图 5-67　二号屏"公共安全监控报警列表"

3. 分席位三号屏可视化展示

在"智慧安全"分席位三号屏上展现"智慧安全"各业务应用的安全监控、报警联网、三警合一、指挥调度、公安卡口、综合通信、预案联动和安全大数据分析展现二级界面。如展现"安全监控"业务功能,可以通过全市视频监控大联网,采用人脸识别或行为步态人工智能分析等技术追踪犯罪疑似人,如图5-68所示。

图5-68 三号屏"智慧安全管理"之人脸识别

4. 分席位四号屏可视化展示

在"智慧安全管理"分席位四号屏上展现"智慧安全"公共安全各监测、监控、监管大数据的分类、比较、挖掘、分析、应用。"智慧安全"大数据分析展现基于公共安全五级监控报警数据,分别对公共安全目标数据和核心要素数据进行分析展现。公共安全大数据分析展现共分为六类,即突发事件、自然灾害、安全生产、社会治安、公共卫生、市政设施,如图5-69所示。

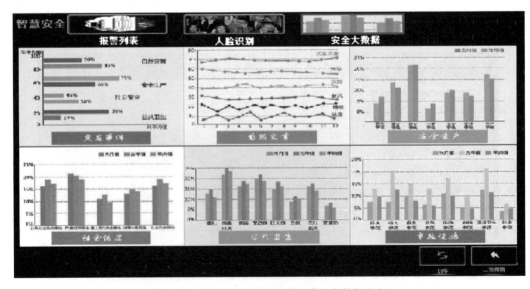

图5-69 四号屏"智慧安全管理"之大数据分析

5.9.10 "智慧交通管理"分布式业务节点可视化展示

新型智慧城市公共交通运营管理可视化分析展示通过可视化平台集成智慧城市已建、在建、未建的第三方"智慧交通"行业级二级平台，实现"智慧交通"的业务、功能、操作、设置各级页面的 Web 集成、分析、展示。"智慧交通"通过对"智慧大城管""智慧应急""智慧安全""智慧市政""智慧环境""智慧社区"等各行业级二级平台的信息、数据、应用、页面的跨领域、跨平台、跨业务、跨页面的大集成，展现"智慧交通"道路交通综合管理一级界面，交通流量监测、道路监控、信号灯管理、交通诱导、电子警察、卡口收费、出租车调度、违章处理、电子站牌、停车场管理、交通事故联动和交通大数据分析展现二级界面，操作与设置三级界面，实现"智慧交通"科学化、精细化、精准化的新型智慧城市综合治理的目标。其四分屏可视化展现如图 5-70 所示。

图 5-70 "智慧交通管理"四分屏可视化展现

1. 分席位一号屏可视化展示

"智慧交通管理"运营管理分席位一号屏展现"智慧交通"在 GIS 上标绘的智慧城市的交通监测、监控、监管的交通枢纽、主要地铁站、机场、港口、主要停车场、主要道口监控等涉及道路交通的重要设施和主要监测点的一级界面。鼠标悬停监控点图标，显示该监控点属性对话框。当智慧城市发生突发交通事故时，GIS 地图上相应监控点转为事故报警类型图形图标并闪烁。双击事故报警图标确认报警后，"智慧交通"即切换为"交通应急指挥调度模式"，立即显示该报警点的坐标位置、实时事故状态、事故信息与数据，以及现场监控图像、交通应急预案联动、实时通信等联合分析展现的集成页面，如图 5-71 所示。

2. 分席位二号屏可视化展示

在"智慧交通管理"运营管理分席位二号屏上展现"智慧交通"各业务应用的交通流量监测、道路监控、信号灯管理、交通诱导、电子警察、电子收费、出租车调度、违章处理、电子站牌、停车场管理、交通事故预案联动和交通大数据分析展现二级界面。如展现"卡口收费"业务功能，可以通过"卡口收费"的视频监控，采用视频数字化技术追踪违章逃逸车辆和套牌车等，如图 5-72 所示。

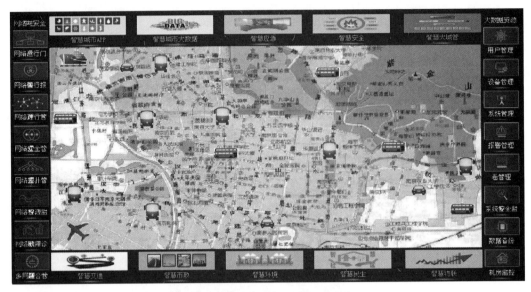

图 5-71 一号屏"智慧交通管理"总览界面

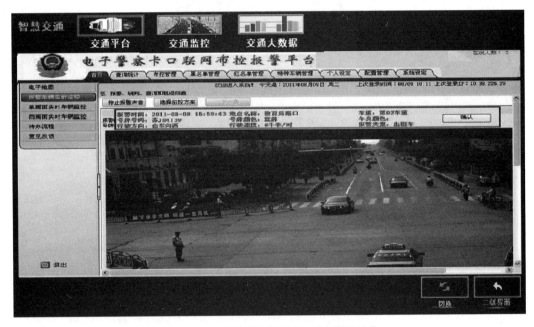

图 5-72 二号屏"智慧交通布控报警平台"

3. 分席位三号屏可视化展示

在"智慧交通管理"运营管理分席位三号屏上展现"智慧交通"监控场景展示。智慧交通监控场景分为四个功能展示区,分别为交通指挥调度主操控区、道路监测、监控现场及相关图像显示区、交通事故应急预案联动区和交通运营大数据分析评估区。智慧交通监控场景展示通过可视化平台跨平台、跨系统、多维度地集成智慧大城管、智慧安全、智慧应急、智慧环境、智慧社区等与公共交通相关联的信息、数据、图像、应用页面,进行综合集成展示和大数据分析评估,实现科学化的智慧城市交通管理,如图 5-73 所示。

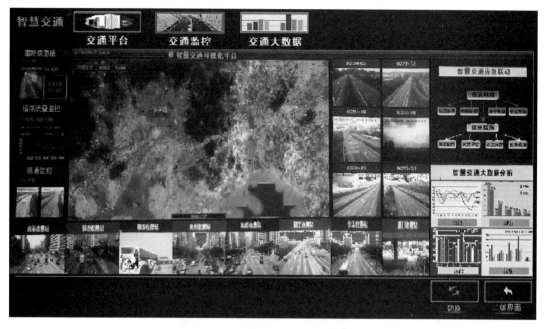

图 5-73 三号屏"智慧交通监控场景"

4. 分席位四号屏可视化展示

在"智慧交通管理"分席位四号屏上展现"智慧交通"公共交通各监测、监控、监管大数据的分类、比较、挖掘、分析、应用。"智慧交通"大数据分析展现基于智慧交通各业务系统应用数据库,分别对公共交通核心要素数据进行分析展现。公共交通大数据分析展现共分为四类,即交通安全、交通流量、交通违章和交通污染,如图 5-74 所示。

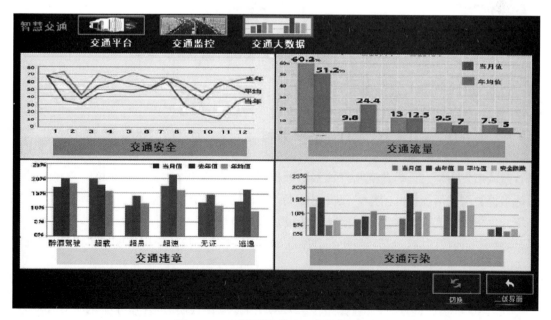

图 5-74 四号屏"智慧交通大数据分析"

5.9.11 "智慧环境管理"分布式业务节点可视化展示

新型智慧城市生态环境运营管理可视化分析展示通过可视化平台集成智慧城市已建、在建、未建的第三方"智慧环境"行业级二级平台,实现"智慧环境"的业务、功能、操作、设置各级页面的 Web 集成、分析、展示。"智慧环境"通过对智慧大城管、智慧应急、智慧安全、智慧市政、智慧交通、智慧社区等各行业级二级平台的信息、数据、应用、页面的跨领域、跨平台、跨业务、跨页面的大集成,展现"智慧环境"生态环境的综合治理一级界面,环境监测、建筑节能、交通碳排监控、企业减排监管和生态环境大数据分析展现二级界面,操作与设置三级界面,实现"智慧环境"科学化、精细化、精准化的新型智慧城市综合治理的目标,其四分屏可视化展现如图 5-75 所示。

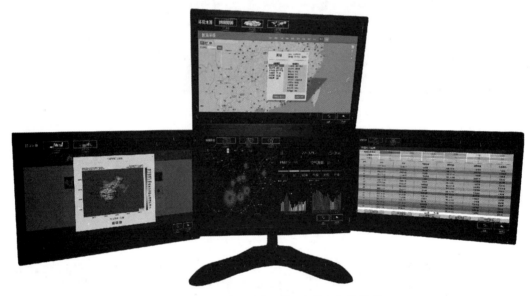

图 5-75 "智慧环境管理"四分屏可视化展现

1. 分席位一号屏可视化展示

"智慧环境管理"运营管理分席位一号屏展现"智慧环境"在 GIS 上标绘的智慧城市的生态环境监测、监控、监管的空气质量、天气状况、水质污染、城市噪声、土壤污染等涉及生态环境的重要设施和主要监测点的一级界面。鼠标悬停监控点图标,显示该监控点信息对话框。当智慧城市发生生态环境监测指标或参数超标时(四级以上),GIS 地图上相应监控点转为超标报警类型图形图标并闪烁。双击超标报警图标确认报警后,"智慧环境"即切换为"生态环境应急指挥调度模式",立即显示该超标报警点的坐标位置、实时超标状态、超标信息与数据,以及现场监控图像、生态环境应急预案联动、实时通信等联合分析展现的集成页面,如图 5-76 所示。

2. 分席位二号屏可视化展示

在"智慧环境理管"运营管理分席位二号屏上展现"智慧环境"各业务应用的空气质量、天气状况、水质污染、城市噪声、土壤污染等分析展现二级界面。如展现"空气质量"业务功能,可以通过"空气质量"监测 GIS 地图上标绘的空气质量分布图展现城市空气质量实时状况，点击区域分布图，可展现该区域实时 PM2.5 和空气污染数据分析，以及天气状况和气候温度等参数，如图 5-77 所示。

图 5-76 一号屏"智慧环境"总览界面

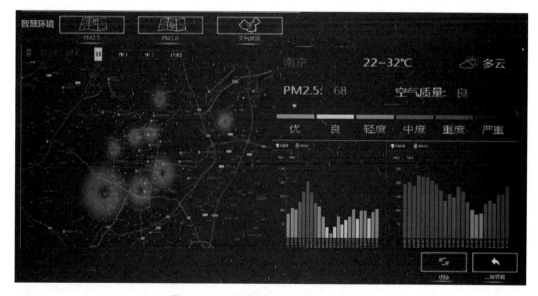

图 5-77 二号屏"智慧环境"之空气质量

3. 分席位三号屏可视化展示

在"智慧环境管理"运营管理分席位三号屏上展现"智慧环境"生态环境历史数据和未来变化趋势。通过查询方式展现本地区"生态环境"历史演变数据分析图表和未来变化趋势图等，提供对智慧城市生态环境变化趋势的科学分析数据，提高智慧城市生态环境的治理水平，还可以提供天气状况和气候温度等参数，如图 5-78 所示。

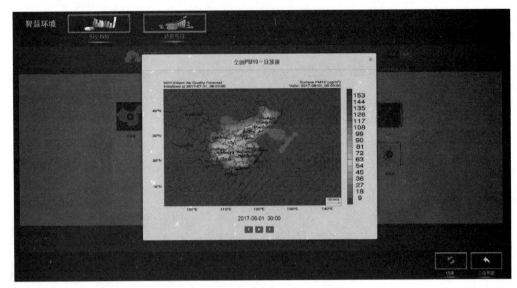

图 5-78　三号屏“智慧环境”之数据分析

4. 分席位四号屏可视化展示

在“智慧环境管理”运营管理分席位四号屏上展现“智慧环境”生态环境“监测信息列表”，包括监测日期、监测时间、监测位置、监测内容、预警级别、预警处理等信息与数据。“监测信息列表”来自对智慧城市大数据库的城市治理基础数据库和网络 Web 城市环境主题数据库数据的集成和元数据抽取。“监测信息列表”是“智慧环境”大数据比较、分析、统计的基础数据，如图 5-79 所示。

环境监测级别	五级	四级	三级	二级	一级	全部
已确认	2	3	8	12	28	53
未确认	0	0	0	0	0	0

序号	日期	时间	预警位置	预警内容	预警级别	处理状态
01	2017-1-12	09:30:21	南京路	PM2. 5/90	一级预警	已处理
02	2017-1-22	13:30:21	中山路	PM2. 5/180	四级预警	正在处理
03	2017-2-07	05:30:01	中央路	PM2. 5/110	二级预警	已处理
04	2017-2-13	16:30:15	中山南路	PM2. 5/150	三级预警	已处理
05	2017-2-18	10:24:10	山西路	PM2. 5/180	四级预警	未处理
06	2017-2-24	15:09:00	长江路	PM2. 5/98	一级预警	已处理
07	2017-2-28	07:00:22	台城花园	PM2. 5/150	三级预警	正在处理
08	2017-3-01	06:05:41	清溪路	PM2. 5/110	二级预警	已处理
09	2017-3-25	05:21:21	百子亭	PM2. 5/150	三级预警	已处理
10	2017-4-10	11:20:30	蓝香山庄	PM2. 5/150	五级预警	已处理
11	2017-4-16	12:30:59	红山公园	PM2. 5/90	一级预警	未处理
12	2017-4-26	17:30:48	沧波门	PM2. 5/150	三级预警	已处理
13	2017-5-17	14:51:50	康定里	PM2. 5/110	二级预警	未处理
14	2017-6-22	20:10:12	银城东苑	PM2. 5/180	四级预警	已处理
15	2017-7-05	21:30:00	花園路	PM2. 5/250	五级预警	已处理
16	2017-7-17	22:00:40	仙鹤门	PM2. 5/110	二级预警	已处理

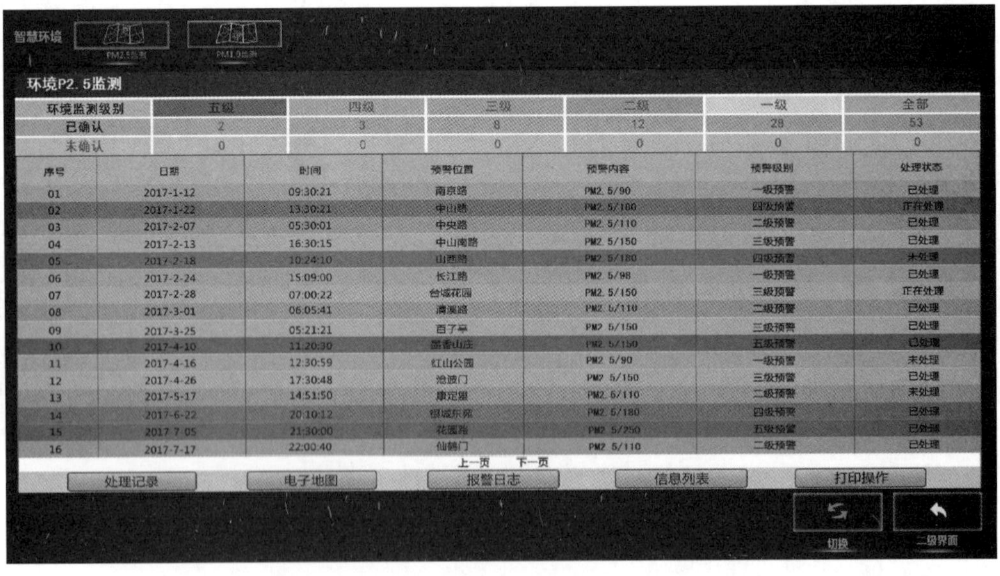

图 5-79　四号屏“智慧环境”之监测信息列表

5.9.12　“智慧杆”分布式业务节点可视化展示

新型智慧城市“智慧杆”运营管理可视化分析展示通过可视化平台集成智慧城市已建、在建、未建的第三方"智慧杆"行业级二级平台,实现"智慧杆"的运行、功能、操作、设置各级页面的 Web 集成、分析、展示。"智慧杆"通过对"智慧大城管""智慧应急""智慧安全""智慧市政""智慧交通""智慧环境"等各行业级二级平台的信息、数据、应用、页面的跨领域、跨平台、跨业务、跨页面的大集成,展现"智慧杆"智能路灯监控管理一级界面,路灯监控 APP、管理大数据、智慧路灯管理、综合能耗管理、系统运行监控、视频监控、环境监控、安全监控等二级界面,操作与设置三级界面,实现"智慧杆"科学化、精细化、精准化的新型智慧城市综合治理的目标。其四分屏可视化展现如图 5-80 所示。

图 5-80 "智慧杆运营管理"四分屏可视化展现

1. 分席位一号屏可视化展示

"智慧杆"运营管理分席位一号屏展现智慧城市"智慧杆"路灯监控 APP、管理大数据、智慧路灯管理、综合能耗管理、系统运行监控、视频监控、环境监控、安全监控等二级界面导览图形菜单。点击一级界面上的各业务系统二级界面图形图标,可导览到相应的业务应用系统的二级界面,如图 5-81 所示。

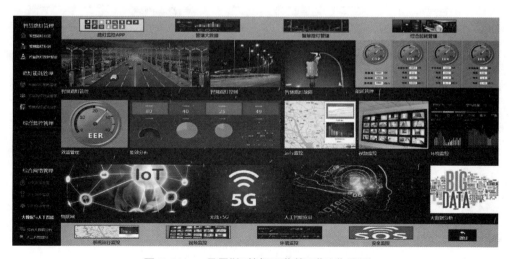

图 5-81 一号屏"智慧杆运营管理"总览界面

2. 分席位二号屏可视化展示

在"智慧杆"运营管理分席位二号屏上展现智慧路灯运行监控界面。通过路灯图标颜色的变化,可以表示该路灯运行的状态。如通过绿色、红色、蓝色分别表示正常、故障、异常等运行状态。通过点击各路灯图标,可以链接路灯控制、调节、设置等操作页面,如图5-82所示。

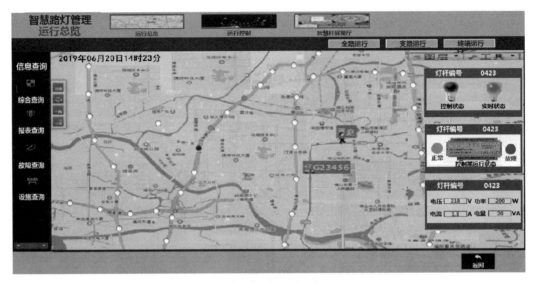

图 5-82 二号屏"智慧路灯管理"三级界面

3. 分席位三号屏可视化展示

(1)在"智慧杆"运营管理分席位三号屏上展现"智慧杆"系统运行监控二级界面,如图5-83所示。二级界面在GIS图或BIM三维图上标注"智慧杆"LED灯、视频摄像机、环境监控、求助呼叫、5G基站、无线WIFI、广告屏、充电桩各系统设备安装位置的图型图标。通过图型图标的绿色、红色、黄色等颜色变化表示该设备或传感器运行状态的正常、故障、异常等信息。点击该设备或传感器图型图标可链接到该设备或传感器运行参数的三级界面,如图5-83所示。

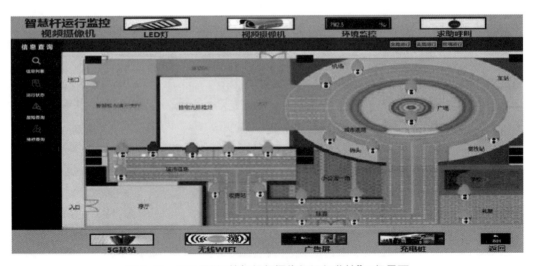

图 5-83 三号屏"智慧杆视频摄像机运行监控"二级界面

（2）在"智慧杆"运营管理分席位三号屏上展现"智慧杆"综合能耗管理二级界面。二级界面通过"智慧杆"设备运行能耗监控、能耗效益管理、综合能效管理、能效报表等应用系统的数据分析图形进行表示。点击该页面对话框可链接到该设备或传感器运行参数的三级界面，如图 5-84 所示。

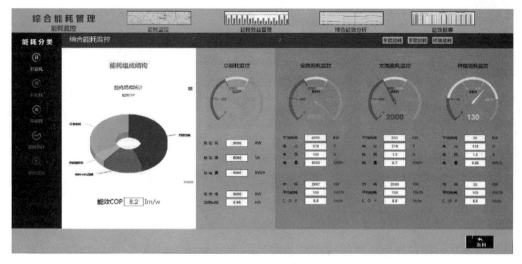

图 5-84　三号屏"智慧杆综合能耗管理"二级界面

4. 分席位四号屏可视化展示

在"智慧杆"运营管理分席位四号屏上展现智慧杆系统运行监控或综合能耗管理监控数据分析三级界面。图 5-85 所示为"视频摄像机监控及信息查询"对话框三级界面，图 5-86 所示为"能耗效益分析及信息查询"三级界面。

图 5-85　四号屏"视频摄像机监控及信息查询"三级界面

点击"视频摄像机"三级界面上任何一个视频摄像机图标将弹出信息对话框。通过"视频摄像机"四级界面上的信息对话框"查询和操作"设置有关视频摄像机的相关参数。在信息对话框右侧为"信息查询与设置"栏，点击"查询"键（系统后台会自动确认操作者权限）经

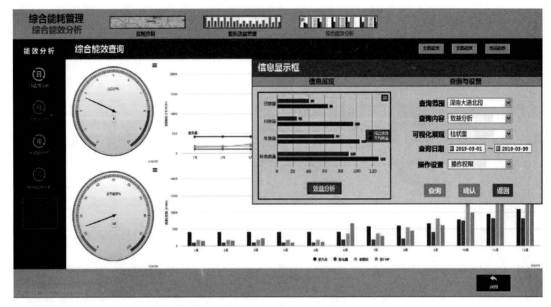

图 5-86　四号屏"能耗效益分析及信息查询"三级界面

授权后可选择查询视频摄像机区域视频图像,通过"智慧杆"编号和查询日期设置可查询该视频摄像机的实时或历史影像回放(选择视频图像,在左侧"查询信息显示"栏显示查询视频图像),以及增加、修改视频摄像机的参数设置和操作权限。在信息对话框的左侧为"查询信息显示"栏,可以通过"查询信息显示"显示相关查询影像,通过操作设置对话框进行相应的操作设置,完成操作设置后点击"确认"键进行后台存储。可继续重复上述操作流程或点击"返回"键,返回"运作总览"三级界面。

　　点击"综合能效分析"二级界面菜单,链接"综合能效分析"三级界面。信息对话框右侧为"查询与设置"栏,点击"查询"键(系统后台会自动确认操作者权限),经授权后可通过信息对话框选择查询范围、查询内容、可视化展现、查询日期,以及操作设置等内容。在信息对话框的左侧为"查询信息显示"栏,可以通过"查询信息显示"显示被查询的信息、图表、可视化图形等,可以通过操作设置对话框进行相应的操作和设置,完成信息与设置操作后点击"确认"键进行后台存储。可继续重复上述操作流程或点击"返回"键,返回"能耗效益管理"二级界面。

5.9.13　"智慧社区"分布式业务节点可视化展示

　　新型智慧城市智慧社区运营管理可视化分析展示通过可视化平台集成智慧城市已建、在建、未建的第三方"智慧社区"行业级二级平台,实现"智慧社区"的业务、功能、操作、设置各级页面的 Web 集成、分析、展示。"智慧社区"通过对"智慧大城管""智慧应急""智慧安全""智慧市政""智慧交通""智慧环境"等各行业级二级平台的信息、数据、应用、页面的跨领域、跨平台、跨业务、跨页面的大集成,展现"智慧社区"综合管理与服务一级界面,社区政务管理、民政管理、政务服务、公共服务、商业服务、物业服务和社会民生大数据分析展现二级界面,操作与设置三级界面,实现"智慧社区"科学化、精细化、精准化的新型智慧城市综合治理的目标。其四分屏可视化展现如图 5-87 所示。

图 5-87 "智慧社区"四分屏可视化展现

1. 分席位一号屏可视化展示

"智慧社区"运营管理分席位"一号屏",展现智慧城市各个"智慧社区"在 GIS 上标绘的"智慧社区"名称和位置点的一级界面。点击 GIS 地图上智慧社区图标可链接到该社区建筑 BIM 模型展示二级界面,展现社区建筑群和各楼宇的建筑 3DBIM 模型页面。通过一级界面上下的各业务应用图形图标,可导览到相应的业务应用系统的二级界面,如图 5-88 所示。

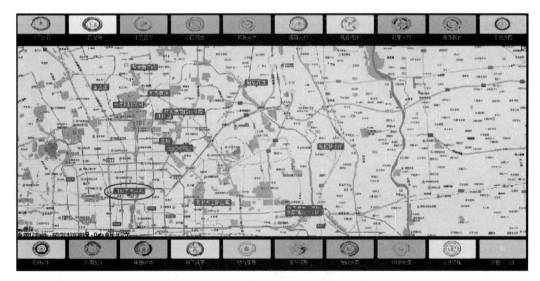

图 5-88 一号屏"智慧社区"总览界面

2. 分席位二号屏可视化展示

在"智慧社区"运营管理分席位二号屏上展现"智慧社区"各业务应用的政务管理、民政管理、政务服务、公共服务、商业服务、物业服务和社会民生大数据分析展现二级界面。如展现社区"建筑 BIM 模型"业务功能,可以通过点击"建筑群 BIM 模型"楼宇展现该楼宇楼层 BIM 模型,显现该楼宇楼层建筑功能结构,如楼梯、电梯、走道、出口、消防通道等,如图 5-89 所示。

图 5-89　二号屏"智慧社区"之建筑群 BIM 模型

3. 分席位三号屏可视化展示

在"智慧社区"运营管理分席位三号屏上展现"智慧社区"统计与数据分析三级界面。通过查询方式可展现本社区常住、临时、租方、老人、慢病、儿童等人口分布情况，以及本社区物业管理、设施运行、治安管理、健康医疗、教育文化、养老服务、生态环境等大数据分析和应用，如图 5-90 所示。

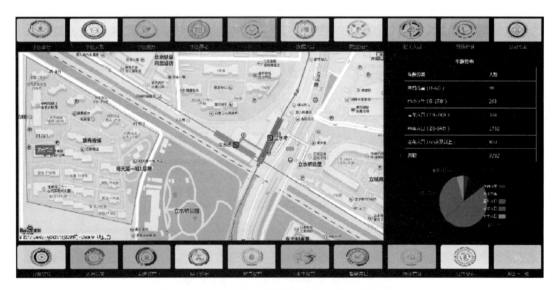

图 5-90　三号屏"智慧社区"统计与数据分析界面

4. 分席位四号屏可视化展示

在"智慧社区"运营管理分席位四号屏上展现智慧城市各"智慧社区"物业及设施监控管理中心运行状态。通过可视化平台 Web 超链接可链接到智慧城市所有联网的"智慧社区"物业及设施监控管理中心运行页面上，可以在授权情况下，通过"运行页面"操控社区监控图像，调用社区运行日志和报警记录等，如图 5-91 所示。

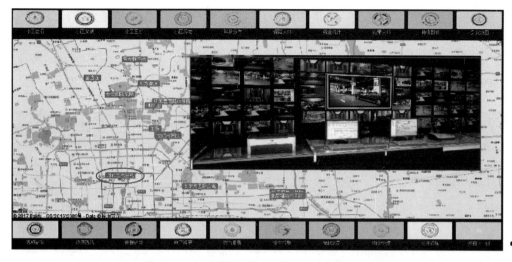

图 5-91 四号屏"智慧社区"物业及监控运行界面

5.9.14 "智慧建筑"分布式业务节点可视化展示

新型智慧城市智慧建筑运营管理可视化分析展示通过可视化平台集成智慧城市已建、在建、未建的第三方"智慧建筑"行业级二级平台,实现"智慧建筑"的运行、功能、操作、设置各级页面的 Web 集成、分析、展示。"智慧建筑"通过对智慧大城管、智慧应急、智慧安全、智慧市政、智慧交通、智慧环境等各行业级二级平台的信息、数据、应用、页面的跨领域、跨平台、跨业务、跨页面的大集成,展现"智慧建筑"综合物业及设施管理一级界面,建筑大数据、建筑设备管理、综合安全管理、综合能源管理、公共服务、商业服务等二级界面,操作与设置三级界面,实现"智慧建筑"科学化、精细化、精准化的新型智慧城市综合治理的目标。其四分屏可视化展现如图 5-92 所示。

图 5-92 "智慧建筑"四分屏可视化展现

1. 分席位一号屏可视化展示

智慧建筑运营管理分席位一号屏展现智慧城市各个"智慧建筑"在 GIS 上标绘的"智慧

建筑"名称和位置点的总览界面。点击 GIS 地图上"智慧建筑"图标可链接到该建筑物业及设施管理一级界面,以及该智慧建筑物各建筑大数据、建筑设备管理、综合安全管理、综合能源管理、公共服务、商业服务等二级界面,操作与设置三级界面。通过一级界面上的各业务应用二级界面图形图标,可导览到相应的业务应用系统的二级界面,如图 5-93 所示。

图 5-93　一号屏"智慧建筑"总览界面

2. 分席位二号屏可视化展示

在智慧建筑运营管理分席位二号屏上展现智慧建筑各业务应用系统的大数据展现与分析。建筑大数据包括物业数据、设施数据、能耗数据、安全数据、应急数据、运行数据、环境数据、综合分析数据等目标数据。通过数据饼图、数据柱状图、数据曲线图等可视化图形可表现各自数据的数据组成、数据比较、数据趋势等的数据分析。点击各目标数据目录可导览各自目标数据的二级要素数据界面,如图 5-94 所示。

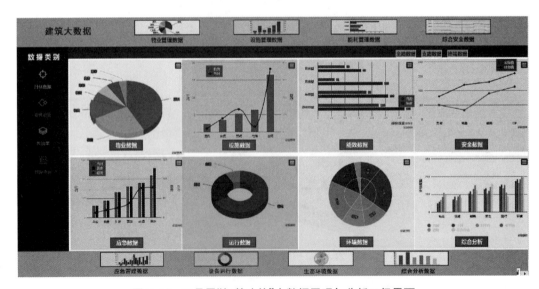

图 5-94　二号屏"智慧建筑"大数据展现与分析二级界面

3. 分席位三号屏可视化展示

在智慧建筑运营管理分席位三号屏上展现智慧建筑设备或综合安全二级界面。通过一级界面分别导览建筑物各楼层机电设备或安全监控设备二级界面，如图 5-95、图 5-96 所示。可在二级界面建筑平面图或 BIM 三维图上标注各设备或监控传感器安装位置的图型图标，通过图型图标的绿色、红色、黄色等颜色变化表示该设备或传感器运行状态的正常、报警、故障等信息。点击该设备或传感器图型图标可链接到该设备或传感器运行参数的三级界面。

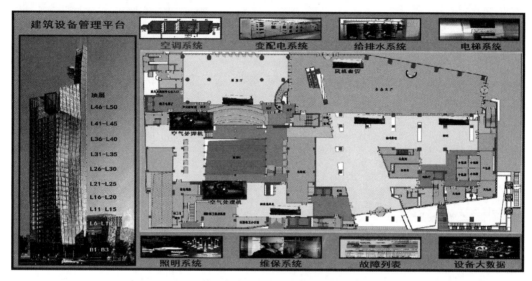

图 5-95　三号屏"智慧建筑"建筑设备二级界面

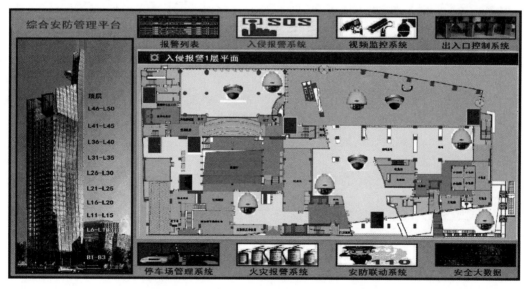

图 5-96　三号屏"智慧建筑"综合安全二级界面

4. 分席位四号屏可视化展示

在"智慧建筑"运营管理分席位四号屏上展现智慧建筑楼层建筑设备或综合安全监控传

感器运行状态和运行参数三级界面,如图 5-97、图 5-98 所示。如楼层设备三级界面显示该楼层空气处理机(AHU)的运行参数,包括新风温湿度、回风温湿度、送风温湿度、风门开度、阀门调节度、电力参数等数据。楼层安全三级界面显示该楼层视频监控图像和监控信息查询对话框,可通过查询对话框查询门禁系统、视频监控系统、安全报警系统、停车场系统、火警系统等相关信息。

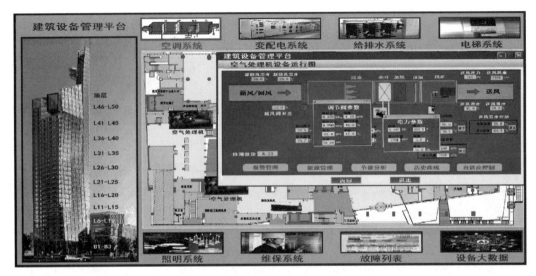

图 5-97 四号屏"智慧建筑"建筑设备三级界面

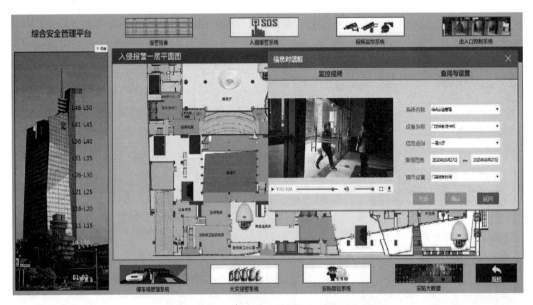

图 5-98 四号屏"智慧建筑"综合安全三级界面

第6章 基于信息栅格公共卫生健康体系研究

6.1 公共卫生健康体系建设指导思想

6.1.1 公共卫生健康体系建设指导思想

习近平总书记指出,在推进健康中国建设的过程中,要坚持中国特色卫生与健康发展道路,把握好一些重大问题。要坚持正确的卫生与健康工作方针,以基层为重点,以改革创新为动力,预防为主,中西医并重,将健康融入所有政策,人民共建共享。要坚持基本医疗卫生事业的公益性,不断完善制度、扩展服务、提高质量,让广大人民群众享有公平可及、系统连续的预防、治疗、康复、健康促进等健康服务。要坚持提高医疗卫生服务质量和水平,让全体人民公平获得。要坚持正确处理政府和市场关系,在基本医疗卫生服务领域政府要有所为,在非基本医疗卫生服务领域市场要有活力。遵循习近平总书记关于要树立"大健康、大卫生"理念,推动公共卫生健康改革创新发展方式由以治病为中心向以健康为中心转变,努力全方位、全周期维护人民健康的批示精神,针对当前我国公共卫生健康机构功能定位不清晰,公共卫生服务体系和医疗体系长期割裂,不同类别、层级医院之间缺乏协作,基层公共卫生健康机构能力不足等问题,借鉴新加坡经验提出适合我国国情的整合型公共卫生健康服务体系模式、发展路径和体制机制。

6.1.2 公共卫生健康体系建设重要意义

医疗健康服务体系建设是我国一项重要的民生工程。国家发改委在《关于加快实施信息惠民工程有关工作的通知》的健康医疗信息惠民行动计划中指出:围绕解决看病就医难题,以便利医疗健康服务、惠及城乡居民、壮大健康产业为目标,以医疗健康服务信息标准化、检查检验结果全国互认为基础。推广远程医疗,建立和完善重大公共卫生、传染病等健康信息监测预警体系,促进优质资源共享和卫生服务普惠,建立完善电子病历、电子健康档案,逐步实现全国范围跨机构、跨区域、跨卫生业务的健康信息、就诊信息共享和一卡通用,积极推进应用居民健康卡与社会保障卡、金融IC卡、市民服务卡等公共服务卡的应用集成。逐步建立民众健康医疗信息跨机构、跨区域共享机制。整合各省、地市、区县涉及医疗(医院)、卫生、社区、养老、食品药品安全等信息系统集成,实现全国公共卫生健康服务体系一体化的综合运营管理格局。

6.1.3 公共卫生健康体系建设目标

医疗健康服务体系研究目标，以公共卫生健康、突发疫情应急管理、医疗健康服务、医疗保障、社区卫生、食品药品安全服务一体化协同发展为目标。统筹城乡区域公共卫生健康事业的发展，推进我国基本公共卫生健康制度、体系、机制的建设，实现公共卫生健康公共服务的普遍化、透明化、均等化。

医疗健康服务体系研究以坚持科学发展为目标，推动公共卫生健康面向全民健康和家庭及社会群体服务。优化公共卫生健康资源配置，重点发展公共卫生、社区卫生等薄弱领域及民众对公共卫生健康迫切需求的新领域。医疗健康服务体系建设以政府主导和全社会参与为目标，强化政府保障基本公共卫生健康服务的主导地位。加大投入力度，广泛动员社会力量参与，形成多元化办医的格局。通过健康教育等多种方式引导广大民众形成健康的生活方式，促进健康产业发展。

医疗健康服务体系研究以建立医疗、卫生、健康、养老、保障、安全、服务一体化体系为目标，建设智慧公共卫生健康系统集成云平台。实现公共卫生健康、应急管理、智慧医院、智慧养老、医疗保障、健康服务、食品药品安全等信息互联互通、数据共享交换、业务功能的协同，全面提高公共卫生健康便民、利民、惠民的公共服务水平。

公共卫生健康服务体系研究应强化公共卫生健康应急管理与监督体系的建设。以加强基层卫生应急管理与监督网络建设为目标，加强公共卫生健康监督预警监测能力建设，完善突发疫情预警监测网络的直报系统。健全食品安全风险监测评估预警、食品安全标准和事故应急处置与调查处理体系。充分利用现有资源，以建立比较完整的传染病和职业病防治体系为目标，提高防治能力。加强环境卫生、企业防护、学校饮食、传染病防治、医疗执法等卫生监督能力建设。以重大疾病防控体系建设为目标，开展重点疾病监测，加强传染病网络直报系统建设和管理，完善疾病监测系统和信息管理制度。建立覆盖城乡的急慢性病防控体系，建立健全覆盖城乡、功能完善的重性精神疾病管理治疗网络。医疗健康服务体系研究应加强妇幼保健机构能力建设，强化医疗健康服务机构与养老托老服务机构的信息联动与病患诊治机制体制，建立健康教育工作网络，重点加强健康教育能力建设，提升乡镇卫生院、社区卫生服务中心健康教育能力，完善健康素养监测体系。以突发公共事件卫生应急体系建设为目标，完善突发公共卫生事件综合监测预警制度，建立风险评估机制。加强国家级、省级紧急医学救援和实验室应急检测能力建设。医疗健康服务体系研究应以建立专业公共卫生机构为目标，建立城乡基层公共卫生健康机构和医院之间分工协作的工作机制，确保信息互通和资源共享，实现防治结合。加强专业公共卫生机构对医院和基层公共卫生健康机构开展公共卫生服务的指导、培训和监管。通过多种措施，增强医院公共卫生服务能力，提高公共卫生机构的医疗技术水平。

6.1.4 公共卫生健康体系建设内容

（1）公共卫生健康体系建设内容包括公共卫生、应急管理、医疗机构、社区卫生、健康与养老、食品药品安全管理与服务的集成化和智能化。通过统一标准、统一管理流程、统一规划设计、统一信息集成，实现医疗卫生服务体系的分布式、柔性化和集成化的管理与服务创新模式。

（2）公共卫生健康体系通过城市级智慧卫生健康系统集成云平台、各业务级平台和应用系统，通过卫生健康云计算、区块链、物联网、感知设备、大数据、人工智能等技术集成创新和深度融合应用，实现智慧医疗卫生体系建设的集成化、医疗信息互联、诊疗数据共享、治疗业务协同。

（3）公共卫生健康体系建设的重点是以智慧卫生健康城市级信息集成平台和卫生健康管理大数据库系统的规划与工程设计为基础，实现智慧医疗卫生服务体系全覆盖、全方位、全周期、全过程的数据采集、传输、集成、挖掘、分析、管控、人工智能应用等医疗卫生全生命周期的服务与管理信息互联和数据共享。

6.2　新加坡公共卫生健康服务体系建设经验与借鉴

6.2.1　新加坡公共卫生健康服务体系建设目标

新加坡公共卫生健康体系推动公共卫生健康服务向公私立医院、基层社区诊所延伸。卫生健康体系以医疗、卫生、健康、安全、养老等信息化为基础，由智慧卫生健康综合信息平台和业务应用系统构成，具有多信息系统集成与数据共享交换能力，实现综合医疗卫生信息的感知获取、分布存储、深度挖掘、智能分析、快速处理、知识表达、智能调控。以医疗电子病历与基层社区诊所个人健康档案信息及医疗数据共享与交换为核心，支持新加坡全国范围内跨医疗机构、跨社区、跨卫生业务的医疗、诊疗、治疗信息互联互通，医疗影像和检验检查数据的共享交换，实现新加坡全国范围内卫生、医疗、健康、安全、养老的信息互通、诊疗数据共享、治疗业务协同。

6.2.2　新加坡公共卫生健康服务体系建设模式

新加坡卫生健康体系采用统一标准、统一规划、统一平台开发、统一部署应用的"四统一"建设模式。新加坡公共卫生健康体系覆盖医疗、诊疗、治疗各个环节和运作流程，包括公共卫生、应急管理、医疗机构、社区诊所、健康与养老、食品药品安全管理与服务的集成化和智能化。卫生健康卫生服务体系必须将社会民众医疗健康的各个运行流程统一于电子病历和健康档案的标准化、规范化、集成化、系统化；必须集成各医院、社区诊所、养老机构的医疗设备、疾病检查设备、智能检测仪器信息与数据，将医疗基础设施与治疗及检测流程的优化和协同管理，融入卫生健康服务体系一体化开发、建设、部署的全生命周期中。

6.2.3　新加坡公共卫生健康服务体系建设经验

1. 统一公共卫生健康标准体系

新加坡卫生部统一制定《公共卫生健康系列标准》，以标准为蓝图和实施总路线，是新加坡统一公共卫生健康体系总体规划的先导性文件。对公共卫生健康体系的总体规划所涉及的建设思路、目标、原则、策略、方法和实施行动的制定具有指导性、规范性和约束性。

2. 统一公共卫生健康体系总体规划

遵循统一的公共卫生健康体系标准，进行公共卫生健康体系的顶层规划和各业务平台专项规划及应用系统的工程设计；采用统一的大平台信息互联互通和大数据共享交换的标准，以及系统集成的通信接口协议。总体规划是公共卫生健康体系建设的纲领性、指导性和体系建设行动方法论及可持续发展的总蓝图、总规划、总设计。

3. 统一公共卫生健康体系平台开发

新加坡卫生部成立下属的智慧卫生健康运营管理公司统一开发、建设、部署全国公共卫生健康一级平台和建设卫生健康大数据中心（云计算中心），以及各医疗、诊疗、治疗业务级二级平台及应用系统。有效避免卫生健康"信息孤岛"和"数据烟囱"，以及各医疗机构业务系统重复开发和资源重复配置的弊端。

4. 统一公共卫生健康体系云平台部署

新加坡卫生部统一开发的智慧卫生健康一级平台、卫生健康大数据中心（云计算中心）和各医疗、诊疗、治疗业务级二级平台及应用系统如图6-1所示。统一部署在新加坡全国各公私立医疗机构（医院）和基层社区诊所。采用"4S云服务"（IaaS、DaaS、PaaS、SaaS）的模式，通过本地化的镜像客户端和虚拟化方式提供各自独立的应用与操作。各医疗机构的医疗、诊疗、治理信息和数据传送到卫生健康大数据中心进行统计分析，实现医疗信息互通、诊疗数据共享、治疗业务协同。

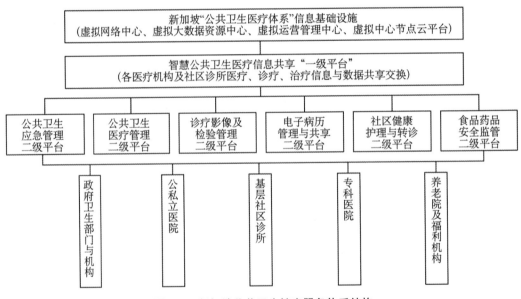

图6-1 新加坡公共卫生健康服务体系结构

6.3 公共卫生健康服务体系研究内容

6.3.1 公共卫生健康服务体系研究总体内容

公共卫生健康服务体系研究总体内容包括公共卫生、应急管理、医疗机构、社区卫生、健康与养老、食品药品安全管理与服务的集成化和智能化。通过统一标准、统一管理流程、统一规划设计、统一信息集成，实现医疗卫生服务体系高度柔性化和集成化的创新管理和服务模式。

公共卫生健康服务体系通过城市级智慧公共卫生健康系统集成云平台、各业务级平台和应用系统、医疗区块链、物联网、感知设备、大数据、人工智能等技术集成创新和深度融合应用,实现智慧公共卫生健康体系建设的集成化、信息互联和数据共享、互联网、物联网等互联、共享和互操作。

公共卫生健康服务体系研究的重点以智慧公共卫生健康城市级管理信息平台和公共卫生健康管理大数据库系统的规划及设计为研究的基础,实现智慧公共卫生健康服务体系全方位、全周期、服务与管理全过程的数据的采集、传输、集成、挖掘、分析、管控,以及人工智能应用等公共卫生健康全生命周期服务与管理信息的互联和共享。

6.3.2 公共卫生健康服务体系标准化研究内容

统一公共卫生健康服务体系标准就是将公共卫生健康全生命周期的各个服务与管理环节基于统一的标准体系下,指导、规范、约束公共卫生健康所涉及的卫生、应急、医疗、健康、安全、养老的顶层规划、专项规划、工程设计。

通过统一公共卫生健康服务体系标准化研究,将不同类型的公共卫生、应急管理、医疗机构、社区卫生、食品药品安全、养老服务的各业务平台及应用系统,集成为统一的综合公共卫生健康服务与管理体系下,实现公共卫生健康业务平台与应用系统之间的互联互通,产品和技术、数据共享的形式和接口,以及公共卫生健康服务体系信息与数据共享的规范化、标准化,提升公共卫生健康信息化系统集成和智慧化应用的能力。

通过统一公共卫生健康服务体系标准化研究,实现各级公共卫生健康服务信息平台与公共卫生健康各专业业务平台、应用系统与数据库系统、业务平台主题数据库、智慧公共卫生健康大数据库的信息互联互通、数据共享交换、管理与服务操作的协同。保证公共卫生健康服务体系服务与管理的一致性、统一性和标准化。

6.3.3 公共卫生健康服务体系运营管理研究内容

公共卫生健康服务全生命周期的各个环节和流程涵盖公共卫生、应急管理、医疗机构、社区卫生、健康与养老、食品药品安全管理与服务的集成化和智能化。公共卫生健康服务体系运作流程研究将民众医疗健康的各个运行流程基于统一的电子病历和健康档案的标准化、规范化、集成化、系统化。公共卫生健康服务体系运作流程应结合卫生服务体系中的智慧医院、智慧社区卫生院、养老机构的智能医疗设备、疾病检查设备、智能检测仪器信息集成,将医疗基础设施与治疗及检测流程的优化和协同管理融入公共卫生健康服务体系的运作流程中。

6.3.4 公共卫生健康服务体系总体规划研究内容

公共卫生健康服务系统集成云平台和公共卫生健康各业务平台及应用系统的总体规划与工程设计,统一规划与设计内容,包括目标、原则、内容、任务、框架、体系、平台、系统等。公共卫生健康服务体系各专项规划的重点是公共卫生、应急管理、医疗机构、社区卫生、偏远农村卫生室规范化设置及基层人才培养机制、健康养老、食品药品安全等各专项业务平台的规划和工程设计。通过统一的公共卫生健康服务体系自上而下的规划和自下而上的工程设计,建立起公共卫生健康服务体系顶层设计、专项规划与工程设计相互间的整体性、连续性和集成性。统一总体规划与工程设计研究应满足智慧公共卫生健康系统工程建设的指导性、规范性、约束性、系统性及工程性之间衔接的一致性。公共卫生健康服务体系研究应有效避免"信息孤岛",消除"数据烟囱",以消除公共卫生健康服务体系信息平台及应用系统的重复开发和重复部署配置而造成资源浪费的弊端为研究的重点。建议公共卫生健康服务体系系统集成云平台和业务应用系统学习新加坡统一的平台开发和统一系统部署与配置的模式。

6.3.5 公共卫生健康服务体系信息系统集成研究内容

公共卫生健康服务体系综合信息集成研究涉及公共卫生、应急管理、医疗机构、社区卫生、食品药品安全、健康养老等服务。通过公共卫生健康服务体系系统集成云平台,实现公共卫生健康服务与管理的一体化信息互联互通、数据共享交换、业务功能协同。公共卫生健康服务综合信息集成通过智慧医疗系统集成云平台,实现与公共卫生健康各城市级专项信息平台和行业级平台(如智慧应急、智慧城管、智慧社区、智慧安全、智慧环境、智慧交通、智慧市政等)的信息互联互通、数据共享交换、业务功能协同。

公共卫生健康服务体系系统集成云平台应与政府主管部门及涉及公共卫生健康的单位,如卫计委、人力资源和社会保障局、应急办、民政局、食品药品监管局、医院、社区等公共卫生健康各业务应用系统进行信息的互联和数据共享。涉及社区卫生平台及应用系统、食品药品安全平台及应用系统,实现智慧医院、智慧社区、智慧食品药品生产企业与销售部门、智慧养老等与公共卫生健康相关联的第三方信息平台信息的互联互通、数据共享交换,实现可视化信息集成与管理。

6.4 公共卫生健康服务体系研究路径与方法

6.4.1 公共卫生健康管理与服务体系研究路径与方法

公共卫生管理研究路经与方法应以预防为主、平战结合的日常管理与应急处理机制为目标,遵循政府主导、社会参与,统一规划、分步实施,统一标准、分级负责,平战结合的方针,遵循智慧医疗卫生系统集成云平台专项规划有关的内容和要求。

公共卫生管理系统以合理布局、整合资源、互联互通、资源共享为原则,充分利用现有资源,结合公共卫生实际需求,以提升公共卫生健康综合联网、防治互通、强化责任、依法管理,增强突发公共卫生事件的预防、监测、应急反应、医疗救治、执法监督和指挥决策的能力,提高民众的卫生健康和保健水平。

1. 公共卫生健康管理与服务体系总体架构

公共卫生管理信息平台及应用系统专项规划的基础是信息标准化,在医疗卫生建设规范、工程设计、应用功能要求、基本数据规范以及数据传输规范等统一医疗卫生标准体系下,实现卫生、医疗、健康、安全、养老一体化的系统集成、信息集成和业务协同。

在智慧城市或地区将卫生、医院、社区医疗通过"智慧卫生医疗"这个大平台融为一体。采用云计算、区块链、物联网、大数据、人工智能等科技,将智慧城市和地区所涉及的所有卫生、医疗、健康服务资源进行全面的整合和充分利用,为实现智慧城市综合卫生管理和社会医疗民生服务提供一个强有力的技术支撑。

公共卫生健康管理与服务体系架构如图 6-2 所示。

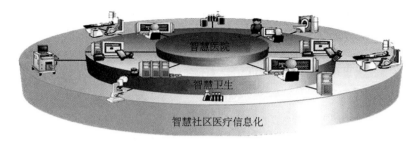

智慧卫生：卫生监督执法、突发公共卫生事件应急处理、卫生防预、妇幼保健……
智慧医院：HIS、CIS、PACS、LIS、EMR……
智慧社区医疗信息化：家庭病床、健康档案、远程医疗、社区医疗服务……

图 6-2　公共卫生健康管理与服务体系架构图

2. 公共卫生管理业务信息平台

由以下平台系统组成：

（1）公共卫生健康管理云平台（图 6-3）；

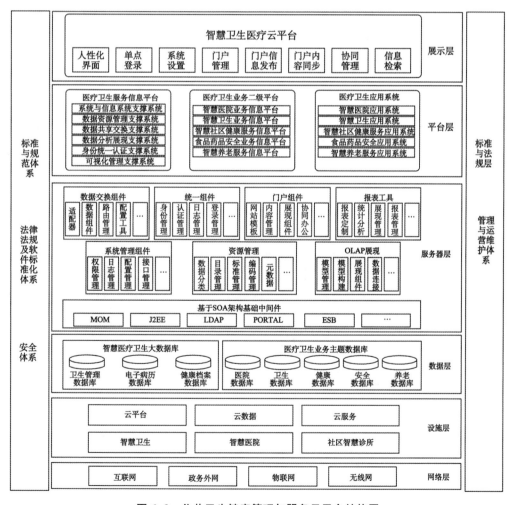

图 6-3　公共卫生健康管理与服务云平台结构图

（2）公共卫生医疗健康应急管理系统；

（3）卫生防病信息系统；

（4）卫生监督执法信息系统；

（5）医疗卫生救治信息系统；

（6）突发医疗卫生事件应急指挥调度信息系统；

（7）妇幼保健信息系统；

（8）卫生统计信息系统；

（9）网上审批系统；

（10）实名就诊卡系统；

（11）社区卫生服务信息系统；

（12）新型农村合作医疗卫生信息系统；

（13）医院信息系统；

（14）公众健康宣传服务系统。

3. 公共卫生健康管理与服务大数据

智慧卫生健康体系大数据采用全数据链闭环人工智能"机器深度学习"模式，建立智慧医疗大数据以深度融合应用"线上线下"关联的医疗、诊疗、治疗，以及电子病历、健康档案等信息与数据共享、交换、分类、降维、特征值的全数据链。通过对医疗全数据链的深度挖掘、分析、封装和人工智能融合应用，实现智慧医疗各智慧卫生各部门、各智慧医院、各社区智慧诊所的医疗和健康的元数据集、要素数据、目标数据的信息互联、数据共享、业务协同。当发生卫生医疗突发事件时，可根据相关预案和人工智能分析，实现跨卫生部门和医疗机构、跨行业平台、跨多重业务的关联数据分析和可视化场景的联合展现。

公共卫生健康管理与服务大数据架构如图 6-4 所示，体系和结构见表 6-1、表 6-2。

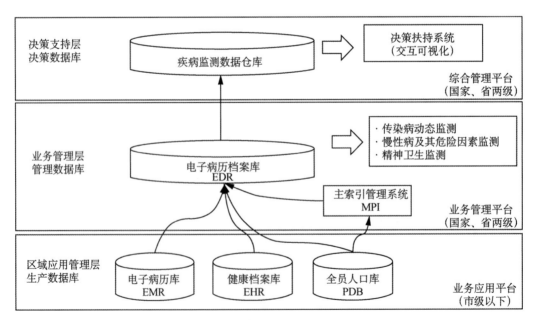

图 6-4 公共卫生健康管理与服务大数据架构

表 6-1 公共卫生健康管理与服务大数据体系

基础类	数据类	技术类	安全与隐私类	管理类
• 卫生信息模型（HL7 RIM） • 标准体系表 • 标准化规则规范 • 医学术语 • 对象唯一标识（OID） • 主索引（MPI）	• 元数据 • 基本数据元 • 数据集 • 数据字典 • 共享文档（HL7 CAD） • 分类与代码 -疾病诊断 -手术操作 -检验 -药品 -耗材	• 功能规范 • 技术规范 • 交互规范（IHE） • 产品与平台 • 应用与服务 • DICOM	• 系统安全 • 网络与传输安全 • 存储与使用安全 • 用户安全 • 隐私保护 -去隐私化处理 -加解密处理 -签名认证体系（身份认证、医学电子文档）	• 管理规范 • 数据治理 • 质量控制 • 开放共享规则 • 测试与评估（测试规范） • 应用指南

表 6-2 公共卫生健康管理与服务大数据结构

分类	名称			文件	说明
数据元	卫生信息数据元目录			17	规定了卫生领域相关信息数据元的标识符、名称、定义、数据类型、表示格式允许值和值域代码等
值域代码	卫生信息数据元值域代码			17	
数据集		个人信息基本数据集		1	基本数据集标准规定了该数据集所必须收集记录的公用数据元最小范围及数据元标准，目的是规范和统一该数据集的信息内涵和外延，指导卫生信息化的规划设计
	卫生服务	儿童保健基本数据集		5	
		妇女保健基本数据集		7	
		疾病控制基本数据集		23	
		疾病管理基本数据集		6	
		医疗服务基本数据集		4	
		健康体检基本数据集		4	
	卫生管理基本数据集			10	
	卫生综合	城乡居民健康档案基本数据集		1	
		电子病历基本数据集		17	
		居民健康卡数据集		1	
		远程医疗信息基本数据集		1	
		高血压专科电子病历基本数据集		14	
	医疗健康物联网 感知设备通信数据集			7	
统计指标	卫生统计指标			9	规定了卫生统计指标的内容结构、属性与描述规则等

6.4.2 公共卫生应急管理研究路径与方法

健全国家公共卫生应急管理体系，提高应对突发重大公共卫生事件的能力水平。把专项治理和系统治理、综合治理、依法治理、源头治理结合起来，把我国制度优势更好地转化为国家治理效能。

要着力提升公共卫生服务能力。一方面要立足当前，全面加强和完善公共卫生领域相关法律法规建设，认真评估《传染病防治法》《野生动物保护法》等法律法规的修改完善，尽快推动出台生物安全法，加快构建国家生物安全法律法规体系、制度保障体系，强化公共卫生法治保障；另一方面，要放眼长远，从医疗卫生资源投入、队伍培养、协同机制等各方面加强公共卫生软硬件建设，改革完善疾病预防控制体系，全面增强社会的防护意识和能力，避免小病酿成大疫。

要着力完善重大疫情防控救治体系、医疗保险和救助制度。既要健全重大疫情应急响应机制，建立集中统一高效的领导指挥体系，全面提升应急管理能力，增强应急救援的协同性、整体性、专业性，又要健全重大疾病医疗保险和救助制度，完善应急医疗救助机制，在突发疫情等紧急情况时，确保医疗机构先救治、后收费，解除群众的后顾之忧。

要着力健全统一的应急物资保障体系。把应急物资保障作为国家应急管理体系建设的重要内容，从产能保障、调度机制、储备体系各个环节不断完善相关工作机制和应急预案，实现集中管理、统一调拨，平时服务、灾时应急，采储结合、节约高效的目标，确保应急物资保障有序有力。公共医疗卫生应急管理平台（表6-3）应具有以下功能：

1. 公共卫生应急管理 APP 功能

公共卫生应急管理 APP 功能包括公共服务、应急大数据、疾病预防控制、应急救援、应急物资管理、应急管理指挥调度、应急决策与预测、应急演练与培训。通过互联网和电子政务外网展现公共卫生应急管理与服务 APP 等功能。

2. 公共卫生应急管理大数据功能

公共卫生应急管理大数据功能包括公共服务数据、疾病预防控制数据、疫情综合数据、应急救援数据、应急物资配送数据、应急管理指挥调度数据、应急决策与预测数据、应急演练与培训数据。公共卫生应急大数据分为大数据数据集、要素数据、目标数据可视化分析展现等功能。

3. 公共卫生应急管理指挥控制调度功能

公共卫生应急管理指挥控制调度功能包括指挥控制调度中心、值班值守、突发疫情报警列表、疫情位置及状态标绘、疫情报送、现场监控与指挥、应急通信、救援调度、次生疫情防范、疫后恢复等应用系统可视化展现的位置、状态、数据、关联、处理的监视、监控、监管、查询、设置、操作等功能。

4. 公共卫生疾病预防控制功能

公共卫生疾病预防控制功能包括1类2类疾病监测预警列表、疾病预警事件位置及状态标绘、疾病预警报送、疾病预警信息发布、疾病防控管理、疾病隐患排查、疾病预警评估、疾病预警管控预案与专家咨询等应用系统可视化展现的位置、状态、数据、关联、处理的监视、监控、监管、查询、设置、操作等功能。

5. 公共卫生管理功能

公共卫生管理功能包括卫生健康事件列表与统计、卫生健康事件位置与状态标绘、卫生健康事件报告、卫生健康资源（医院）管理、卫生疾控（传染病）管理、卫生监督执法、医疗救治管理、生物防控、妇幼保健、网上审批、政务管理、监督管理、考核评估、公共卫生服务、实名制就诊卡、社区卫生服务、农村合作医疗、医疗保险与捐助管理、医保异地结算等应用系统可

第6章 基于信息栅格公共卫生健康体系研究

表6-3 公共卫生应急管理平台功能一览表

编号	业务级二级平台	体系+机制+制度要求	应用级三级系统	业务平台基本功能	集成第三方系统平台
1	公共卫生应急管理APP平台	包括公共服务体系、应急大数据治体系、疾病预防控制体系、医疗救援体系、应急物资管理调度体系、应急指挥控制调度体系、公共卫生助机制、国家安全科学研究有效协同机制、风险研判应急演练与培训联控机制、成联防联控机制、系统集成	包括公共服务、应急大数据、疾病预防控制、应急救援、应急物资管理调度、应急指挥调度决策与预测、应急演练与培训等应用系统APP应用	包括公共服务、应急大数据、疾病预防控制、应急救援、应急物资管理、应急管理指挥调度、应急决策与预测、应急演练与培训。通过互联网和电子政务外网展现公共卫生应急管理电子政务服务APP等功能	系统集成第三方系统平台：智慧医疗平台、智慧健康养老平台、智慧社区平台、智慧食品药品管理平台、智慧安全管理平台、智慧城市应急管理平台、智慧交通管理平台、智慧环境监控平台、智慧市政管理平台、智慧物流平台、智慧商务服务平台、智慧旅游平台、智慧园区平台、智慧建筑平台
2	公共卫生应急管理大数据平台	包括公共服务体系、应急大数据治体系、疾病预防控制体系、医疗救援体系、应急物资管理调度体系、应急指挥控制调度体系、公共卫生助机制、国家安全科学研究有效协同机制、风险研判应急演练与培训联控机制、成联防联控机制、系统集成	包括公共服务数据、疾病预防控制数据、应急综合数据、应急救援数据、应急物资配送数据、应急管理指挥调度数据、应急决策与预测数据、应急演练与培训数据等应用大数据可视化分析与展现应用系统，以及大数据数据集、要素数据、目标数据卷积神经网络深度学习应用系统	包括公共服务数据、疾病预防控制数据、应急综合数据、应急救援数据、应急物资配送数据、应急管理指挥调度数据、应急决策与预测数据、应急演练与培训大数据分为大数据要素集数据集、目标数据可视化分析与展现等功能	系统集成第三方系统平台：智慧医疗平台、智慧健康养老平台、智慧社区平台、智慧食品药品管理平台、智慧安全管理平台、智慧城市应急管理平台、智慧交通管理平台、智慧环境监控平台、智慧市政管理平台、智慧物流平台、智慧商务服务平台、智慧旅游平台、智慧园区平台、智慧建筑平台
3	应急管理指挥调度平台	包括公共服务体系、应急大数据治体系、疾病预防控制体系、医疗救援体系、应急物资管理调度体系、应急指挥控制调度体系、公共卫生助机制、国家安全科学研究有效协同机制、风险研判应急演练与培训联控机制、成联防联控机制、系统集成	包括应急指挥控制调度中心、值班值守、突发疫情报警列表、疫情位置及状态标绘、疫情报送、现场调度指挥、应急通信、救援恢复、疫后恢复等应用系统	包括应急指挥控制调度中心、值班值守、突发疫情报警列表、疫情位置及状态标绘、现场监控与疫情报送、应急通信、应急指挥、救援调度、疫情防范、疫后情防范、疫后恢复等统可视化展现的位置、状态、数据、关联、处理、监视、监管、查询、设置、操作等功能	系统集成第三方系统平台：智慧医疗平台、智慧健康养老平台、智慧社区平台、智慧食品药品管理平台、智慧安全管理平台、智慧城市应急管理平台、智慧交通管理平台、智慧环境监控平台、智慧市政管理平台、智慧物流平台、智慧商务服务平台、智慧旅游平台、智慧园区平台、智慧建筑平台

续表

编号	业务级二级平台	体系＋机制＋制度要求	应用级三级系统	业务平台基本功能	集成第三方系统平台
4	疾病预防控制平台	包括公共服务体系、应急大数据、疾病预防控制体系、医疗救援体系、疫情救治体系、应急管理调度物资保障体系、应急救治指挥控制调度体系、公共卫生安全管理体系、国家安全管理体系、公共卫生研究判科学研究与培训机制、应急演练与培训联动机制、系统集成联防联控机制	包括1类2类疾病监测预警列表、疾病预警事件位置与状态标绘、疾病预警信息报送、疾病防控管理、疾病防控评估、疾病隐患排查、疾病预警管控预案与专家咨询等应用系统	包括1类2类疾病监测预警列表、疾病预警事件位置及状态标绘、疾病预警信息报送、疾病防控信息发布、疾病防控管理、疾病防控评估、疾病隐患排查、疾病预警管控预案与专家咨询等应用系统可视化展现	系统集成第三方系统平台：智慧卫生医疗平台、智慧健康养老平台、智慧社区平台、智慧食品药品管理平台、智慧城市应急管理平台、智慧安全管理平台、智慧城市管理平台、智慧交通管理平台、智慧环境监控平台、智慧市政管理平台、智慧物流平台、智慧商务服务平台、智慧旅游平台、智慧园区平台、智慧建筑平台
5	公共卫生管理平台	包括公共服务体系、应急大数据、疾病预防控制体系、医疗救援体系、疫情救治体系、应急管理调度物资保障体系、应急救治指挥控制调度体系、公共卫生安全管理体系、国家安全管理体系、公共卫生研究判科学研究与培训机制、应急演练与培训联动机制、系统集成联防联控机制	包括卫生医疗事件列表与统计、卫生医疗事件位置与状态标绘、卫生医疗事件报告、卫生医疗资源（医院）管理、卫生疾控（传染）管理、卫生监督执法、妇幼保健、医疗救治管理、生物防控管理、监察管理、考核评估、政务管理、公共卫生服务、社区卫生服务、农村合作医疗、实名制就诊卡、医疗保险与捐助管理、医保异地结算等应用系统	包括卫生医疗事件列表与统计、卫生医疗事件位置与状态标绘、卫生医疗事件报告、卫生医疗资源（医院）管理、卫生疾控（传染）管理、卫生监督执法、妇幼保健、网上审批、政务管理、公共卫生服务、社区卫生服务、农村合作医疗、实名制就诊卡、医疗保险与捐助管理、医保异地结算等应用系统	系统集成第三方系统平台：智慧卫生医疗平台、智慧健康养老平台、智慧社区平台、智慧食品药品管理平台、智慧城市应急管理平台、智慧安全管理平台、智慧城市管理平台、智慧交通管理平台、智慧环境监控平台、智慧市政管理平台、智慧物流平台、智慧商务服务平台、智慧旅游平台、智慧园区平台、智慧建筑平台
6	疫情医疗与救治平台	包括公共服务体系、应急大数据、疾病预防控制体系、医疗救援体系、疫情救治体系、应急管理调度物资保障体系、应急救治指挥控制调度体系	包括医院信息列表、医院位置与状态标绘、医院信息集成（HIS）、医院智能化（IBMS）、医院物业及设施管理（PFMS）、电子病历（EMR）、	包括医院信息集成（HIS）、医院智能化（IBMS）、医院物业及设施管理（PFMS）、电子病历（EMR）、人工智能医学影像诊断（AIPACS）、临床诊疗信息（CIS）远	系统集成第三方系统平台：智慧卫生医疗平台、智慧健康养老平台、智慧社区平台、智慧食品药品管理平台、智慧城市应急管理平台、智慧安全管理平台、智慧城市管理平台、智慧交通管理平台、

续表

编号	业务级二级平台	体系+机制+制度要求	应用级三级系统	业务平台基本功能	集成第三方系统平台
		救助公共服务体系、国家安全体系、应急救援体系、医疗保障体系、应急管理与救援物资调度体系、应急救治体系、应急物资保障体系、公共卫生指挥控制调度体系、国家安全体系、公共卫生研判科学研究有效协同机制、风险研判科学研究有效协同机制、应急演练与培训机制、系统集成联防联控机制	人工智能医学影像诊断（AIPACS）、临床诊疗信息（CIS）、远程视频医疗会诊（AVS）、病房（ICU）智能化（HIC）等应用系统	程视频医疗会诊（AVS）、病房（ICU）智能化（HIC）等应用可视化展现的位置、状态、数据、关联、处理的监视、监控、监管、查询、设置、操作等功能	智慧环境监控平台、智慧市政管理平台、智慧商务服务平台、智慧物流平台、智慧旅游平台、智慧园区平台、智慧建筑平台
7	应急救援物资保障平台	包括公共服务体系、应急救援体系、医疗保障体系、应急管理与救援物资调度体系、应急救治体系、应急物资保障体系、公共卫生指挥控制调度体系、国家安全体系、公共卫生研判科学研究有效协同机制、风险研判科学研究有效协同机制、应急演练与培训机制、系统集成联防联控机制	包括应急救援物资列表与统计、应急救援物资存储位置与物资标绘、应急救援状态组织与管理、应急救援物资组织与管理、救援物资储备、救援物资生产调度与配送、应急救援物资供应、应急救援物资物流与采购供应、应急救援物资流通与可溯源、应急救援物资 RFID 标注及可溯源、应急救援物资信息发布与查询等应用系统	包括应急救援物资列表与统计、救援物资存储位置与物资标绘、救援物资状态组织与管理、救援物资组织与管理、救援物资储备、救援物资生产调度与配送、救援物资供应、救援物资物流与采购供应、救援物资 RFID 标注及可溯源、应急救援物资信息发布与查询可视化展现的位置、状态、数据、关联、处理的监视、监控、监管、查询、设置、操作等功能	系统集成第三方系统平台：智慧卫生医疗平台、智慧健康养老平台、智慧社区平台、智慧食品药品管理平台、智慧城市应急管理平台、智慧安全管理平台、智慧城市环境监控平台、智慧交通管理平台、智慧物流平台、智慧旅游平台、智慧商务服务平台、智慧园区平台、智慧建筑平台
8	系统集成与联防联控平台	包括公共服务体系、应急救援体系、医疗保障体系、应急管理与救援物资调度体系、应急救治体系、应急物资保障体系、公共卫生指挥控制调度体系、国家安全体系、公共卫生研判科学研究有效协同机制、风险研判科学研究有效协同机制、应急演练与培训机制、系统集成联防联控机制	公共卫生应急管理云平台集成智慧城市所有涉及公共卫生应急管理、防治结合、联防联控、群防群治等相关信息系统集成平台的综合被集成系统的信息系统集合集成，实现各被集成系统的信息互联互通、数据共享交换、业务协同联动等系统集成	包括公共卫生应急管理云平台集成智慧城市所有涉及公共卫生应急管理、防治结合、联防联控、群防群治等相关信息系统集成，实现各系统的信息互联互通、数据共享交换、业务协同联动等可视化展现的位置、状态、监控、处理的监视、监控、数据、关联、设置、操作等功能	系统集成第三方系统平台：智慧卫生医疗平台、智慧健康养老平台、智慧社区平台、智慧食品药品管理平台、智慧城市应急管理平台、智慧安全管理平台、智慧城市环境监控平台、智慧交通管理平台、智慧物流平台、智慧旅游平台、智慧商务服务平台、智慧园区平台、智慧建筑平台

续表

编号	业务级二级平台	体系+机制+制度要求	应用级三级系统	业务平台基本功能	集成第三方系统平台
9	应急预案与专家决策支持平台	包括公共服务体系、应急大数据体系、疾病预防控制体系、医疗救治体系、应急管理与救援保障体系、疫情救治体系、应急物资调度体系、公共卫生应急指挥控制协同机制、国家科学研判机制、应急演练与培训联防联控机制、系统集成联防联控机制	包括应急预案管理、疫情风险评估、辅助决策、关联信息展现、综合治理、大数据分析、信息发布、专家系统、领导桌面等应用系统	包括应急预案管理、疫情风险评估、辅助决策、预测分析、关联信息展现、综合治理、大数据分析、疫情运行数据分析、专家系统、新药研制试用、信息发布、专家桌面等应用系统可视化展现的位置、状态、数据、监控、关联、处置、设置、查询、操作等功能	系统集成第三方系统平台：智慧卫生医疗平台、智慧健康养老平台、智慧社区平台、智慧食品药品管理平台、智慧城市应急管理平台、智慧安全管理平台、智慧环境监控平台、智慧交通管理平台、智慧物流平台、智慧市政管理平台、智慧旅游平台、智慧园区平台、智慧商务服务平台、智慧建筑平台
10	应急演练与培训平台	包括公共服务体系、应急大数据体系、疾病预防控制体系、医疗救治体系、应急管理与救援保障体系、疫情救治体系、应急物资调度体系、公共卫生应急指挥控制协同机制、国家科学研判机制、应急演练与培训联防联控机制、系统集成联防联控机制	包括演练仿真模拟、联防联控演练、救援演练、救援效果评估、配送演练、应急救治培训、传染病防护培训、疾控知识培训等应用系统与隔离培训系统	包括演练仿真模拟、联防联控演练、救援演练、救援效果评估、演练效果评估、配送演练、应急救治培训、传染病防护培训、疾控知识培训、疾病排查与隔离培训等应用系统可视化展现的状态、数据、关联、处置、监视、监管、查询、设置、操作等功能	系统集成第三方系统平台：智慧卫生医疗平台、智慧健康养老平台、智慧社区平台、智慧食品药品管理平台、智慧城市应急管理平台、智慧安全管理平台、智慧环境监控平台、智慧交通管理平台、智慧物流平台、智慧市政管理平台、智慧旅游平台、智慧园区平台、智慧商务服务平台、智慧建筑平台

视化展现的位置、状态、数据、关联、处理的监视、监控、监管、查询、设置、操作等功能。

6. 医疗与救治功能

医疗与救治功能包括医院信息集成（HIS）、医院智能化（IBMS）、医院物业及设施管理（PFMS）、电子病历（EMR）、人工智能医学影像诊断（AIPACS）、临床诊疗信息（CIS）、远程视频医疗会诊（AVS）、中医与传统民间医疗规范介入诊治、病房（ICU）智能化（HIC）等应用系统可视化展现的位置、状态、数据、关联、处理的监视、监控、监管、查询、设置、操作等功能。

7. 应急救援物资保障功能

应急救援物资管理功能包括救援物资列表与统计、救援物资存储位置与物资状态标绘、救援物资组织与管理、救援物资储备、救援物资生产调度与采购供应、救援物资物流与配送、救援物资 RFID 标注及可溯源、救援物资信息发布与查询等应用系统可视化展现的位置、状态、数据、关联、处理的监视、监控、监管、查询、设置、操作等功能。

8. 系统集成与联防联控功能

系统集成与联防联控功能包括公共卫生应急管理云平台集成公共卫生健康所有涉及与公共卫生应急管理、防治结合、联防联控、群防群治等各相关信息系统平台的综合系统集成，实现各被集成系统的信息互联互通、数据共享交换、业务协同联防联控等可视化展现的位置、状态、数据、关联、处理的监视、监控、监管、查询、设置、操作等功能。

9. 应急预案与专家决策支持功能

应急预案与专家决策支持功能包括应急预案管理、疫情风险评估、辅助决策、预测分析、关联信息展现、疫情大数据治理、综合研判、城市运行数据分析、专家系统、新药研制试用、信息发布、领导桌面等应用系统可视化展现的位置、状态、数据、关联、处理的监视、监控、监管、查询、设置、操作等功能。

10. 应急演练与培训功能

应急演练与培训功能包括演练仿真模拟、联防联控演练、救援演练、救援物资配送演练、演练效果评估、应急救治培训、传染病防护培训、疾控知识培训、疫情排查与隔离培训等应用系统可视化展现的位置、状态、数据、关联、处理的监视、监控、监管、查询、设置、操作等功能。

6.4.3 公共医疗智慧医院研究路径与方法

公共医疗智慧医院研究路径与方法包括智慧医院信息化业务应用系统和智慧医院建筑智能化系统两部分内容。遵循《电子病历系统功能规范》《智能建筑设计标准》《建筑及居住区数字化技术应用》等国家有关医院信息化和建筑智能化设计规范要求，遵循智慧医疗卫生系统集成云平台专项规划有关的内容和要求。

公共医疗智慧医院应用分类包括业务流程、系统组成、技术应用、设备选型、建筑节能、管理与服务等方面，充分体现智慧医院在医疗业务应用系统和建筑智能化系统信息化、网络化、数字化、自动化、智能化技术应用和实现功能的需求。

公共医疗智慧医院应用分类专项规划的重点是云服务平台（包括云计算、云数据、云服务）、智慧医院综合信息集成系统（IHIS）、电子病历系统（EMR）、医学影像存储传输（PACS）等；建筑智能化工程设计的重点是物业及设施管理信息集成系统（PMIS）、智能化系统物联网、一卡通管理系统、访客管理及对讲呼叫系统、建筑综合节能管理系统等。

公共医疗智慧医院应用应充分体现智能化物联网的应用，以医学影像及各专业医疗设备之间的互联、信息互通和数据共享交换、远程操控为应用核心。所采用的诸多新技术应用的医疗设备系统，应实现 HIS 与其接口的无缝衔接和信息集成。在采用物联网和自动化控制技术及设备的前提下，从智慧医院安全性、舒适性、便捷性和节能管理实际应用的角度出发，体现建筑综合信息集成系统的技术应用和实现功能，如图 6-5 所示。

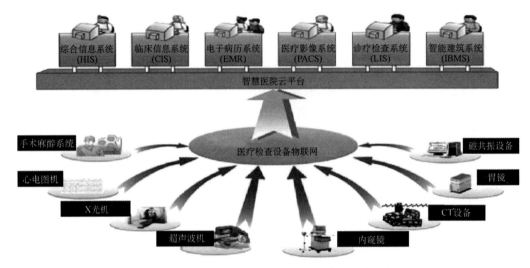

图 6-5　公共医疗智慧医院信息化与智能化系统结构图

公共医疗智慧医院应用应在智慧医院物业及设施管理和综合信息集成系统的支撑下，体现医院设施管理与综合节能管理、智能电力管理之间的节能关系和实现节能的方案和措施。在智慧医院综合安全管理方面要重点设计医院安全管理与应急指挥调度之间的协同关系和联动功能，以及医院访客管理及可视对讲呼叫系统设计的方案和实现功能，实现医院常态管理和服务的科学化、集约化和可持续发展。

公共医疗智慧医院应用应依据建筑与医疗业务服务的需求，区别具有不同的使用功能，应体现"一个平台和多个管理与服务应用"的分布式系统布局，适应智慧医院建筑物业及设施管理和医疗专业服务的需要。

1. 智慧医院医疗信息化系统组成

智慧医院医疗信息系统由以下几部分组成：

(1) 智慧医院云服务平台(IHSaaS)；

(2) 医院综合信息集成系统(HIS)；

(3) 临床诊疗信息系统(CIS)；

(4) 电子病历系统(EMR)；

(5) 医学影像诊断、存储及传输系统(PACS)；

(6) 远程视频医疗会诊系统；

(7) 医疗就诊卡管理系统；

(8) 医院业务管理系统；

(9) 医院行政管理系统；

(10) 医院财务管理系统；

(11) 医疗办公自动化系统；

(12) 辅助决策系统(与 HIS 集成)。

2. 智慧医院建筑智能化系统组成

智慧医院建筑智能化系统由以下几部分组成:

(1) 智能化信息集成系统(IBMS);

(2) 物业及设施管理信息集成系统(IPMS);

(3) 建筑设备管理系统(BMS)与楼宇自控系统(BAS);

(4) 综合安防管理系统(SMS);

(5) 视频监控系统;

(6) 访客管理及医用对讲呼叫系统;

(7) 停车场管理系统;

(8) 公共广播及背景音乐系统;

(9) "一卡通"管理系统;

(10) 综合布线系统;

(11) 智能化系统物联网络布线系统;

(12) 有线电视系统;

(13) 电子公告及信息查询系统;

(14) 弱电防雷与接地系统;

(15) 智能化机房工程。

6.4.4 公共医疗智慧社区卫生研究路径与方法

公共医疗智慧社区卫生研究路径与方法,应以满足社区基本卫生服务需求为目的,将预防、医疗、保健、康复、健康教育、计划生育等服务功能集成为一体,结合智慧社区建设,提供有效、经济、方便、综合、连续的基层医疗卫生服务,如图 6-6 所示。

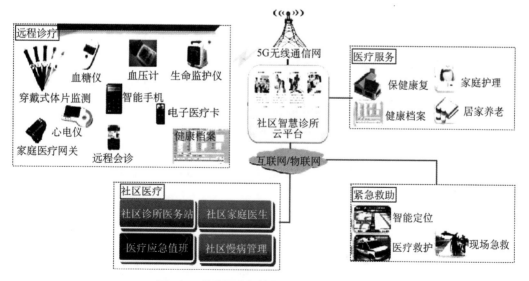

图 6-6 公共医疗智慧社区卫生服务结构图

公共医疗智慧社区卫生健康应用以提供基层社区居民基本医疗卫生均等化服务为原则,

提高社区居民健康保健水平。社区卫生服务以预防为主、防治与健康相结合，将预防保健落实到社区、家庭和个人，提高社区居民的健康水平。

公共医疗智慧社区卫生健康应用以区域医疗卫生规划为指导。合理配置和充分利用现有医疗卫生资源，提高卫生服务的普及性、均等化、低成本、覆盖面、高效益，方便群众。以社区卫生服务与社区民生服务相结合，保证社区医疗卫生服务可持续发展。

公共医疗智慧社区卫生健康信息平台由以下应用系统组成：

(1) 个人健康档案系统；
(2) 健康服务系统；
(3) 保健服务系统；
(4) 康复服务系统；
(5) 健康教育系统；
(6) 精神卫生服务系统；
(7) 计划生育服务系统；
(8) 社区双向转诊服务系统；
(9) 家庭诊疗服务系统；
(10) 传染病防治系统。

6.4.5　智慧养老服务研究路径与方法

智慧养老服务研究路径与方法应遵循国务院《关于加快发展养老服务业的若干意见》和国家发改委《关于加快实施信息惠民工程有关工作的通知》中养老服务惠民行动计划的要求，建立智慧养老服务体系，满足人口老龄化多样化养老服务的需求，使养老服务业成为应对人口老龄化、保障和改善民生的重要领域。智慧养老服务应用以满足养老服务需求、促进养老服务产业发展和养老消费为目标，建立养老服务机构、医疗护理机构等网络互联、信息共享的服务体系，推进养老服务机构信息化建设，推广远程健康监测和专家会诊，拓展养老机构专业化服务的惠及面，推进养老、保健、医疗健康服务一体化集成服务的发展。

智慧养老服务应用以社区为基础，满足老年人居家养老的各种服务需求。引入社会组织和家政、物业等企业，兴办或运营老年餐厅、老年照料中心、老年活动中心等养老服务基础设施。组织社区开展适合老年人的群众性文化体育娱乐活动。推动养老服务企业和机构运用互联网、物联网等技术手段，创新居家养老网络服务模式，发展老年电子商务，提供紧急呼叫、家政预约、健康咨询、物品代购、服务缴费等适合老年人的各项服务项目。

智慧养老服务应用以推进医疗卫生与养老服务相结合的原则，促进医疗卫生资源进入养老机构、社区和居民家庭，实现医疗、卫生、健康、食品药品安全与养老服务一体化发展，全面提高老年人的身体健康体质和生活品质。

智慧养老系统集成信息平台由以下应用系统组成：

(1) 养老家政服务系统；
(2) 养老居家健康监测系统；
(3) 养老医疗保健系统；
(4) 养老生活安全保障系统；
(5) 养老专项服务系统；

(6) 养老公益慈善服务系统；
(7) 养老电子商务系统；
(8) 养老服务培训系统。

6.4.6 食品药品安全研究路径与方法

食品药品安全研究路径与方法应遵循国务院《国家药品安全"十二五"规划》和国家发改委《关于加快实施信息惠民工程有关工作的通知》中对食品药品安全惠民行动计划的要求，提高食品药品的安全水平。食品药品安全应用应形成社会综合治理体系，提高食品药品安全保障水平，利用云计算技术、物联网技术、溯源技术、防伪技术、条码技术等，建立食品药品安全信息应用系统，强化食品药品电子追溯，方便信息公开查询。规范互联网食品药品交易行为。全面落实药品安全责任。强化药品研制、生产、流通和使用全过程质量监管。

食品药品安全应用以食品安全各个环节的监管为核心。通过开展农产品产地环境评价与监控和农产品产地产品检测，建立健全农畜产品质量安全例行监测、检疫制度和质量安全追溯制度，为食品安全提供根本保障。健全不合格食品召回制度，加强食品生产加工企业产品质量抽检，完善检验检疫，原料进货溯源，食品卫生管理，以及对餐饮消费场所、学校食堂等各类集体就餐场所以及各种筵席的卫生监督，有效防控食物中毒事件和食源性疾病发生等。

智慧食品药品安全信息平台由以下应用系统组成：
(1) 食品药品安全检验检测系统；
(2) 食品药品安全质量监督与认证系统；
(3) 食品药品安全溯源系统；
(4) 食品药品安全信息发布查询系统；
(5) 食品药品安全事故应急处置与调查系统；
(6) 食品药品安全诚信监管系统；
(7) 食品药品物流运输跟踪系统；
(8) 食品药品安全风险评估系统；
(9) 食品药品教育培训系统。

6.4.7 公共卫生健康人工智能应用研究路径与方法

在我国大部分的临床诊疗过程中数据采集和管理严重依赖手工操作，且数据格式缺乏统一标准，在护士每天记录的患者生命体征数据上即可窥见一斑。而各医疗机构又普遍缺乏先进的信息管理及数据管理系统，造成了只有临床数据而缺乏适合进行科研的高质量数据这一尴尬局面。医疗卫生数据没有对临床科研和质量管理形成强有力的数据支撑。即便是同一医院的不同科室，其工作流数据也没有集成和串流。临床科室、检验科、影像科、手术室等，往往都采用各自的信息管理系统，数据输入依赖医护人员手工操作且重复备份于院内不同的信息系统，增加了数据源管理的困难；手工数据管理还导致高错误率和大量重复劳动，导致临床科研效率低，科研经费和人力浪费。

要提升医疗卫生的效率和管理现代化，最为有效的手段就是充分利用信息化手段，采用大数据与人工智能技术进行及时、有效的采集、管理、共享和应用。在借鉴新加坡在医疗卫生大数据应用成功经验的基础上,结合我国医疗卫生发展实际需求,建立我国医疗卫生大数据与人工智能应用体系刻不容缓。

1. 医疗大数据支撑下的人工智能

公共卫生健康早就遇到了海量数据和非结构化数据的挑战,近年来很多国家都在积极推进医疗信息化发展,这使得很多医疗机构有资金来做大数据分析。全球知名咨询公司麦肯锡在其报告中指出,排除体制障碍,大数据分析可以帮助美国的医疗健康服务业一年创造3 000亿美元的附加价值。大数据可分析医疗健康服务业在临床辅助决策、医疗质量监管、疾病预测模型、临床试验分析、个性化治疗的应用方向,在这些背景下,大数据的分析和应用都将发挥巨大的作用,从而提高医疗效率和医疗效果。智慧医疗卫生大数据的核心是打破医疗数据与信息孤岛,实现医疗卫生全数据链的信息系统集成。

AI(Artificial Intelligence)即人工智能。医疗人工智能应用是一套完整的解决方案,用来将医院中现有的数据进行有效整合,快速准确地提供报表并提出决策依据,为医院领导的决策提供准确的数据支持。把医疗人工智能看成一种解决方案应该比较恰当。医疗人工智能的关键是从许多不同的医院业务系统数据中提取出有用的数据并进行清理,以保证数据的正确性,然后经过抽取(Extraction)、转换(Transformation)和装载(Load),即ETL过程,合并到一个适合医疗行业的数据仓库里,从而得到医院数据的一个全局视图,在此基础上利用合适的查询和分析工具、数据挖掘工具、OLAP工具等对其进行分析和处理(这时信息变为辅助决策的知识),最后将知识呈现给管理者,为管理者的决策过程提供数据支持。

人工智能的基本流程主要是将数据源通过数据ETL转换工具抽取到数据仓库(DW)中。具体是指将医院业务数据比如说医疗信息系统(HIS)、临床信息系统(CIS)、电子病历(EMR)、影像诊断系统(PACS)、建筑智能化(IBMS),以及其他数据源通过人工智能神经网络深度学习,对医疗卫生大数据进行数据分类、清洗、转换、聚合、特征值提取,将各业务通过主题来划分生成指标,最后经过多维分析、数据深度学习等形成医疗大数据集、要素数据、目标数据,并以数据可视化的形式展现出来。

2. 医疗人工智能应用

医疗人工智能应用的关键为"算法+有效数据"。人工智能在医学领域的应用大致分为三类:第一,基于电子病历的数据处理,实现医保控费以及药物研发;第二,基于影像、病理等图像数据的图像识别,实现影像报告的智能诊断;第三,基因数据的数据挖掘,实现对疾病的预测以及个性化治疗。这三类中,基于电子病历的信息处理适用的基础最广泛,同时普适性最高,但其对人工智能算法的依赖度相对偏低;而基因数据的信息挖掘高度依赖于人工智能技术,但目前的实用性相对有限;医学影像的应用介于以上二者之间。必须指出,有效医疗卫生数据是人工智能应用的基础。

医院人工智能应用主要从以下几个方面来进行数据分析,分别为运营数据分析、患者医疗健康服务、科室质量监管、疾病医疗质量、合理用药监督、院感管理等。运营数据分析包含了数据集成、业务分析、费用分析、用药分析、指标分析、趋势分析、辅助管理、统计报表,以及患者医疗健康服务信息集成、门诊服务效率、门诊医疗质量、医疗健康服务范围、住院医疗效率、住院医疗质量、住院医疗费用担负、门诊医疗费用担负等。

医疗监管人工智能应用包括医疗态势实时监控、门诊流量统计、床位周转监控、费用监管、医疗安全监管、手术质量监管、手术时长、数据表格等。疾病医疗质量包含首页KPI、病人特征、疗效分析、医疗效率、费用分析、手术分析、走势分析等。合理用药监督包含了合理用药 KPI、门诊处方用药分析、住院病人用药分析、科室合理用药分析、医师用药分析、药品排名分析、药品 DDD 值维护等。院感控制管理主要包含患者特征、医院感染分析、手术患者感染、ICU 感染分析、血液透析、院感漏报统计、感染部位分析等。

医疗质量人工智能分析主要包括医疗质量 KPI、住院质量统计、单病种、临床路径管理、抗菌药物管理、耗材管理、运营效率分析、院感管理、住院费用分析、门诊工作量管理、门诊费用分析、门诊工作流数据统计、患者满意度调查、医院投诉报警等。设备管理包含了医院设备数量分布、设备折旧分析、设备折旧明细表等。科教管理包含科教 KPI、教学管理、科研项目统计分析、文章发表信息等。绩效管理包含绩效分析 KPI、绩效综合考核、可控成本与收入分析、科室人员与资产、科室创造社会效益、科室工作效益状况、科室预算执行情况、科室经济效益状况等。

医院建筑智能化人工智能应用采用开放性数据库互联标准（JDBC/ODBC）和数据库共享技术，实现建筑智能化集成系统数据库系统与建筑智能化各应用系统数据库互联和数据共享，为智能化各应用系统提供基于 BIM 应用的快速数据检索和查询，实现综合信息与数据可视化的交互、共享、备份、恢复，充分保证智慧建筑内监控与管理信息与数据的安全性、可靠性、一致性。通过医院智能化系统集成（IBMS），将物业及设施管理数据、建筑设备管理数据、综合能源管理数据、公共安全数据进行整合和共享，通过大数据的开发和人工智能深度学习及应用，为智慧医院的应急管理、事务管理、资产管理、能耗管理提供知识数据和决策与预测信息。

医院领导辅助决策人工智能应用主要包括财务管理、医疗质量、设备管理、科教管理、绩效考核五大领域。财务管理主要包含财务管理、全院收入结构分析、全院支出结构分析、HIS 收入分析、科室支出结构分析、现金流入流出分析、资产负债表、预算开支分析、收支结余分析等。

3. 影像分析人工智能应用

医疗影像分析平台就是利用人工智能卷积神经网络深度学习，旨在提高医生诊疗效率与准确度并解决部分地区医患资源不匹配的问题。提供从影像云 SaaS 技术应用层到影像阅片医疗健康服务的全链条闭环服务，包括影像数据云平台、影像诊断、电子胶片、常规阅片服务、疑难大病专家会诊及医生团队。其中，常规阅片服务帮助影像中心实现影像线上诊断，从而实现分级诊疗。目前，已经形成医生端、患者端、医疗机构端的"互联网智慧医疗"。其中，在医生端，平台为其提供管理病例、医生在线讨论、专家学习等服务；在患者端，患者可以向专家进行咨询并能够获得实时解答，除此之外，平台也为患者提供影响共享与健康管理的服务。对于医疗机构来说，可以在平台内对接专家资源、存储并备份影像、跟踪用户并提供增值服务。以上功能在电脑端、平板端、手机端均能够实现。

新加坡新电子系统有限公司的电子医疗影像分析平台已与多家三甲医院达成合作模式。医疗影像云的另一优势在于新电子直接对接中国科技大学影像医疗资源，平台拥有图像深度学习的核心技术，自主研发了智慧影像云平台和精准医疗大数据云平台，云创大数据共同致力于医疗影像的智能诊断断和大数据分析的研究推广。云创大数据采用"信息栅格"分布式云存储技术，实现了影像数据的实时在线、高并发访问。

新电子医疗影像分析平台的智能影像诊断识别率超 85%，其优势在于其利用了分布式云平台。在该平台中，对于压缩、TCP 优化等技术的采用，使得云计算技术实现了同传同看的效果。读写分离、分布式部署等实现了全国各地上传、全国各地阅片。而手机、平板阅片摆脱了医生的地域限制，提高了医生对于碎片化时间的利用。目前，对前列腺癌的诊断率已经达到 99%，胸部 X 光的气胸、肺结核、肺癌的自动诊断准确率已经达到 95%，脑核磁肿瘤的自动识别率超过 85%，胸部 CT 中肺结节的识别率超过 85%。

在技术层面，将影像云、阅片服务以及智能诊断相结合，通过阅片获取结构化的数据，提供给深度学习引擎进行计算，并且将计算机学习后的结果试用在医生的阅片流程中。当计算机出现误判断时，医生会纠正诊断结果，并将结果反馈入系统，进行二次学习。通过这样一个在线学习的闭环，将持续更新有效数据，持续提高算法的精度。

医学影像是人工智能与医疗领域结合中最可行且是可能最先走出来的医疗人工智能应用的领域。同时建议与新加坡相关政府部门、医疗机构合作，将新加坡成熟完善的智慧医疗体系引入中国，实现面向全国的互联网智慧医疗大数据和医疗人工智能疾病诊断服务，建立覆盖全国的智慧医疗和健康大数据云平台。以患者为中心，以高价值医疗健康服务配合医院和医生确立真正的市场价值和行业品牌。

6.5 基于信息栅格公共卫生健康云平台研究

6.5.1 基于信息栅格分布式技术架构

信息栅格分布式技术基于 SOA 的分布式资源集成架构，以资源共享策略和资源集成架构为核心。信息栅格技术应用是包含多个组织、信息平台、应用系统及资源的动态集合，提供灵活、安全、协同的资源共享的一种架构。公共卫生健康云平台基于信息栅格技术架构可以通过以资源为中心来实现卫生健康更广泛的资源组织和管理。这在传统分布式技术框架中是很难做到的。以军事信息栅格技术为例，其技术架构中动态集合包括联合作战单元、不同的作战组织，以及不同的作战信息系统资源，目的则是为作战单元、作战组织提供作战信息资源的共享平台。因此军事信息栅格对于公共卫生健康云平台信息栅格技术架构的建设具有指导意义。

公共卫生健康云平台基于信息栅格 SOA 面向资源管理的分布式架构和云计算服务的计算，使用广泛接受的标准和松耦合设计模式。公共卫生健康云平台基于 SOA 的架构和云计算技术整合来自相关公共卫生健康行业级二级信息平台的数据信息资源，并为将来与新建第三方系统平台、应用和信息资源进行整合提供手段，构建易于扩展和可伸缩的弹性系统。

公共卫生健康云平台由展现层（SaaS）、平台层（PaaS）、数据层（DaaS）、设施层（IaaS）构成（参考智慧城市云平台架构）。

6.5.2 公共卫生健康云平台信息栅格总体技术路线

公共卫生健康云平台采用信息栅格分布式技术路线，满足公共卫生健康信息栅格总体逻辑视图的规范。公共卫生健康云平台由知识与建设体系、标准体系、平台与数据结构、信息平台、数据库、应用系统，以及各组成软硬件部分之间的物理与逻辑关系构成。公共卫生健康云平台信息栅格总体技术路线对公共卫生健康顶层规划具有指导性、规范性、统一性、约束性的作用。

公共卫生健康云平台总体技术路线的理念、思路与策略,是以信息栅格技术为支撑,以公共卫生健康网络融合与安全中心、大数据中心、运营管理中心和一、二级平台建设为信息基础设施,以公共卫生健康现代化科学的综合治理和便捷与有效的民生服务为目标,大力促进政府信息化、乡村信息化、社会信息化、企业信息化,建立起公共卫生健康基础数据管理与存储中心和各级信息平台及各级数据库的公共卫生健康顶层规划模式。结合公共卫生健康规划、交通、道路、地下管网、环境、绿化、经济、人口、街道、社区、企业、金融、旅游、商业等各种数据形成一体化统一的云计算与云数据中心,建设公共卫生健康级的信息互联互通和数据共享交换的超级信息化系统,建立起公共卫生健康综合社会治理和公共服务要素的城市级云平台、二级平台专项工程和应用级三级平台及应用系统,如数字经济、科技创新、绿色环保、网络文化、智慧治理、惠民服务、在线培训、智慧扶贫、城乡融合等。

公共卫生健康云平台信息栅格总体技术路线基于 SOA 的资源集成架构,融于公共卫生健康框架体系结构之中。公共卫生健康框架体系结构应满足分级分类,即多平台、多数据库和多重应用的开发的复杂巨系统规划的要求。特别体现公共卫生健康整个框架体系结构规划中的网络互联、信息互通、数据共享、业务协同,遵循信息栅格统一规划、统一标准、统一开发、统一部署、统一应用的原则,将消除"信息孤岛",打通信息壁垒和避免重复建设作为公共卫生健康项目实施的根本要求。

公共卫生健康云平台信息栅格总体技术路线采用分层的结构模式,从公共卫生健康云平台整体的智慧政务、智慧民生、智慧治理、智慧经济、智慧网络安全五大领域的需求出发,确定公共卫生健康云平台的总体技术路线。服务信息平台采用面向对象、面向服务、面向应用的系统架构的规划与设计。

1. 公共卫生健康云平台信息栅格技术路线

(1) 统一的信息栅格分布式架构和云计算技术易于扩展和部署。

(2) 统一数据的交换、管理、共享、分析、展现。

(3) 统一公共卫生健康云平台、身份认证、服务 APP、应用门户。

(4) 统一公共卫生健康云平台的数据、信息、处置、预案、指挥、调度、救援等的业务应用。

(5) 统一采用标准化、平台化、组件化。

2. 公共卫生健康云平台信息栅格技术路线的特点

(1) 为了实现公共卫生健康云平台大数据整合,消除"信息孤岛",避免重复建设,在公共卫生健康云平台上,分别建立城市级平台、业务级平台和应用级系统,实现公共卫生健康云平台业务平台及应用系统的网络融合、信息互联、数据共享、业务协同。

(2) 公共卫生健康云平台总体结构分别由城市级平台、业务级平台及应用级系统构成。城市级及业务级平台均采用共性的技术路线,可有效消除"信息孤岛"和避免重复建设。

(3) 公共卫生健康云平台基本设置应包括门户网站、数据库系统、网络中心、基础网络、服务器组、应用软件、网络安全、系统与数据通信协议接口等。

(4) 公共卫生健康云平台 Web 技术架构和采用开放的 TCP/IP 网络通信协议,标准规范的信息与数据的接口和通信协议,实现各级平台与第三方三级应用系统间的互联互通和数据共享交换,以及基于云计算的浏览器/服务器(B/S)和边缘计算客户机/服务器(C/S)相结合的计算机系统结构模式。

(5)用户通过统一的浏览器方式访问公共卫生健康云平台各级信息平台,实现对公共卫生健康云平台级及业务级平台的信息、图片、视音频的显示、操作、查询、下载、打印。

(6)公共卫生健康云平台二级业务平台功能,实现对业务级平台信息及数据的汇集,实现存储、交互、优化、发布、浏览、显示、操作、查询、下载、打印等功能,重点实现基础设施监控与管理、综合管网监控与管理,以及社区社会民生综合服务等。公共卫生健康云平台级平台实现公共卫生健康云平台综合管理和公共服务等应用系统间的信息互联互通、数据共享交换、服务应用功能协同的技术支撑。

(7)公共卫生健康云平台大数据库系统分别由城市级大数据库、业务级主题数据库和应用级数据库构成。采用云存储方式,实现各级数据库系统之间的数据交换、数据共享、数据业务支撑、数据分析与展现、统一身份认证等。各业务级主题数据库在物理上相互独立,在逻辑上则形成一体化的共享大数据库系统。

6.5.3 公共卫生健康云平台业务支撑系统

公共卫生健康云平台是城市级平台与各业务级平台及应用系统与信息集成的统一平台,是公共卫生健康云平台统一信息平台的核心信息枢纽。城市级云平台位于整个公共卫生健康云平台统一平台信息化应用的最顶层,各个业务级平台与城市级云平台相连接形成一个星型结构的分布式系统体系,各业务应用系统与业务级二级平台相连接,从而形成一个以城市级平台为核心的"雪花"型结构。城市级云平台作为公共卫生健康统一信息与数据的乡村中心节点,承担业务级二级平台及应用系统节点的系统集成、数据交换、数据共享、数据支撑、数据分析与展现、身份统一认证、可视化管理等重要功能。公共卫生健康云平台由以下业务支撑系统组成。

1. 云平台综合信息集成系统

公共卫生健康云平台综合信息集成门户网站,定位为公共卫生健康云平台级 APP。其功能是将城市级平台和各业务级平台相关的应用系统的管理和服务信息,通过系统与信息集成和 Web 页面的方式连接到门户网站上来。网络注册用户(实名制)可以通过网络浏览器方式,实现对整个公共卫生健康云平台管理与综合服务信息的浏览、可视化展现、查询、下载。城市级平台综合信息门户网站是全面提供公共卫生健康云平台管理与服务的人机交互界面。

2. 云平台数据资源管理系统

公共卫生健康云平台数据资源管理系统实现信息资源规划相关标准的管理、元数据管理、数据交换管理等功能,是实现公共卫生健康云平台数据共享的前提和保证。数据资源管理系统是对信息资源规划提供辅助作用,并方便普通用户使用规划成果,维护规划成果、数据的工具平台。提供用户直接浏览和查询的界面,并将该成果进一步规范化管理,将数据元目录、信息编码分类、信息交换标准等进一步落实,以指导支持云平台的大数据建设,以及公共卫生健康云平台管理与民生服务三级平台的建设。

公共卫生健康云平台数据资源管理系统实现以下功能:

(1)元数据管理功能;

(2) 编码管理功能；

(3) 数据交换管理功能。

3. 云平台数据共享交换系统

公共卫生健康云平台数据共享交换系统可实现和保障卫生健康共享数据库之间，以及城市级平台与业务级平台之间数据交换与共享的功能，能够在其应用系统之间实现数据共享和交换。数据交换与业务级平台利用面向服务的要求进行构建，通过 WS 和 XML 为信息交换语言，基于统一的信息交换接口标准和数据交换协议进行数据封装、信息封装、页面封装、服务封装；利用消息传递机制实现信息的沟通，实现基础数据、业务数据的数据交换以及控制指令的传递，从而实现公共卫生健康云平台与各业务级平台及应用系统数据、信息、页面、服务的集成。

4. 云平台数据分析与展现系统

公共卫生健康云平台数据加工存储分析系统主要由数据仓库(DW)和数据清洗转换装载(ETL)以及前端展现部分组成。通过 ODS 库(主题数据库)将公共卫生健康云平台涉及已建、在建和未建的各个应用系统中的数据、信息、页面、服务，按照要求集中抽取到业务级主题数据库中；然后再进一步挖掘到公共卫生健康云平台大数据库系统中，为数据挖掘、数据分析、决策支持等高质量的数据来源，为公共卫生健康云平台"管理桌面"和各级业务领导及部门提供可视化信息展现，为领导管理决策提供支撑和服务。数据加工存储分析功能主要是对从数据源采集的数据进行清洗、整理、加载和存储，构建公共卫生健康各业务级主题数据库。针对不同的分析主题进行分析应用的系统可以辅助公共卫生健康云平台管理决策。数据加工管理过程包含 ETCL，即数据抽取(Extract)、转换(Transform)、清洗(Clear)和加载(Load)。数据集成实现过程是将数据由应用数据库到主题数据库系统，再向城市级平台的 ODS 加载的主要过程，是公共卫生健康云平台建设大数据库知识数据过程中数据整合、挖掘、分析的核心技术与主要手段。

5. 云平台统一身份认证系统

公共卫生健康云平台统一身份认证系统采用数字身份认证方式，符合国际 PKI 标准的网上身份认证系统规范要求。数字证书相当于网上的身份证，它以数字签名的方式通过第三方权威认证有效地进行网上身份认证，帮助各个实体识别对方身份和表明自身的身份，具有真实性和防抵赖功能。

6. 云平台可视化管理系统

公共卫生健康云平台可视化应用包括地理空间信息 3D 图形(GIS)、建筑信息模型 3D 图形(BIM)、虚拟现实(VR)，以及视频分析(VA)的可视化技术应用集成，实现各业务级平台及应用系统的数据和信息。通过可视化集成展现，形成数据和信息可视化的集成、共享、展现的场景综合应用。

7. 云平台共享大数据系统

公共卫生健康云平台共享大数据系统分别由城市级大数据库、业务级主题数据库、应用级数据库构成，具有大数据管理的环境和能力，采用城市级、业务级、应用级多级数据云存储结构。数据存储采用集中数据存储和网络化分布式数据存储相结合的云存储模式。公共卫生健康云平台共享大数据库采用集中云数据存储的方式，业务级和应用级数据存储数据库可采用网络化分布式数据云存储方式。各级数据存储数据库具有数据存储、管理、优化、复制、防灾备份、安全、传输等功能。云存储数据库采用海量数据存储与压缩、数据仓库、网络化分布式数据云存储、数据融合与集成、数据与信息可视化、多对一远程复制、数据加密和安全传输、数据挖掘与分析、数据共享交换、元数据管理等技术。公共卫生健康云平台监控与管理数据存储采用分布与集中的云数据管理和云数据防灾备份。各级数据存储系统在物理上相互独立、互不干扰，逻辑上形成一体化的共享数据云存储仓库。

6.5.4 公共卫生健康云平台技术特点

公共卫生健康云平台基于信息栅格 SOA 的分布式系统集成架构，融于公共卫生健康总体框架体系结构之中。公共卫生健康云平台基于 SOA 的系统集成架构借鉴了军事信息栅格信息系统集成框架体系结构(GIG)，并创新地将军事信息栅格信息系统集成四层架构提升为多层结构，以满足公共卫生健康框架体系结构矩阵型多平台多数据库和多重应用的开放性复杂巨系统框架体系结构的要求。特别注重公共卫生健康整个框架体系结构规划设计中的网络互联、信息互通、数据共性、业务协同，同时强调了统一规划、统一标准、统一开发、统一封装、统一部署、统一应用的原则，将消除"信息孤岛"和避免重复建设作为公共卫生健康项目实施的根本要求。公共卫生健康云平台具有以下特点。

1. 采用分层结构模式

公共卫生健康云平台采用分层集成的模式，从满足整体需求出发，根据系统建设的设计原则和技术路线，采用 SOA 面向应用、面向服务、面向数据、面向系统集成的体系架构设计方法作指导，重点是共享组件、业务组件与中间层和平台层的数据、信息、页面、服务"四大"封装的创新设计。协同和联动系统集成的体系架构将以系统业务服务为核心，形成公共卫生健康云平台技术架构中各层级之间的信息互联互通、数据共享交换、业务功能协同、系统统一调用。

2. 统一共享组件(中台)易于扩展和部署

公共卫生健康云平台采用统一共享组件、业务组件、中间件组件的系统化、结构化、标准化，简化了应用服务的结构，避免了因为存在不同异构的应用服务可能引起不易集成的难度。采用统一的组件封装结构封装底层的数据、信息、页面、服务，使得将来易于增加新的应用。采用统一开发的容器封装技术的标准化结构模型和调用接口(API)，易于高层应用服务通过标准接口调用底层的数据、信息、页面和应用服务，降低重复开发成本，保证新应用的兼容性和集成性。

3. 统一大数据易于利用

公共卫生健康云平台基于公共卫生健康一级云平台及大数据库、业务级二级平台及主题数据库的分布式集成模式，为相关决策提供一体化的信息与数据的支撑，满足公共卫生健康全面社会管理和公共服务信息互联互通、数据共享交换、业务协同联动的需求。

6.5.5 公共卫生健康云平台"4S 云服务"模式

随着云计算生态圈的逐步完善，云计算应用不断发展壮大，推动了云计算"4S 云服务"的快速发展。云计算"4S 云服务"包括设施即服务(IaaS)、数据即服务(DaaS)、平台即服务(PaaS)、软件即服务(SaaS)。"4S 云服务"是基于"云、边、端"新一代信息技术集成创新和深度融合应用，并提供云计算服务的一种新商业模式。云计算"4S 云服务"统一部署在网络融合与安全中心、大数据资源中心、公共卫生健康智慧大脑、信息共享云平台,即"三中心一平台"信息基础设施上,公共卫生健康用户可以根据自身公共卫生健康运营管理的实际功能需求,通过"云、边、端"向云计算服务商定购所需的设施服务(IssS)、数据服务(DaaS)、平台服务(PaaS)和软件服务(SaaS)。公共卫生健康用户采用"购买服务"的方式向"4S云服务"运营商支付服务费。

1. 公共卫生健康云平台"4S云服务"创新模式

根据深圳北斗公共卫生健康科技有限公司20多年来在国内外规划与建设公共卫生健康的经验和信息栅格技术集成应用,以及新加坡电子科技集团在"智慧岛"大数据综合体建设成果,率先共同提出了《公共卫生健康大数据云服务中心》"4S云服务"的新商业模式。公共卫生健康通过统一的云计算"4S云服务"技术集成创新模式,可以有效消除公共卫生健康"信息孤岛",打通数据共享交换的数据壁垒;同时可以将公共卫生健康各业务平台及应用系统统一部署和综合集成在"4S云服务"公共卫生健康大数据一体化综合体的总体架构中,为公共卫生健康用户提供快速部署、缩短建设周期、节省建设投资、提供大数据与人工智能应用,为公共卫生健康用户提供网络融合、系统集成、数据共享、业务协同的高效、可靠、安全的全面服务。

通过公共卫生健康云平台设施服务(IaaS)、大数据存储与分析处理服务(DaaS)、平台及应用系统服务(PaaS)、人工智能深度学习等软件应用服务(SaaS),"4S云服务"以"云、边、端"网络体系架构为核心,采用面向"云端"海量大数据的分布式"地端"边缘计算"可视化集成平台"客户端系统,以及人工智能神经网络大数据深度学习和实时处理分析技术集成创新,实现了"云、边、端"三者之间的互联互通和安全融合。

采用基于IPv9的物联网通信协议(或称十进制网络),构建"云、边、端"网络互联的"时空安全通道",实现云平台、边缘计算及物联网客户端之间高安全性和高可靠性的信息与数据传输。采用边缘计算技术解决了云端与地端、互联网与物联网的互联互通,以及云端"4S云服务"(B/S)与地端公共卫生健康"可视化集成平台"客户端系统(C/S)之间信息与数据实时处理和系统间联动控制互操作。公共卫生健康"三中心一平台"信息基础设施云端配置IPv9国家自主可控的公共卫生健康物联网根域名服务器(深圳北斗公共卫生健康科技有限公司是公共卫生健康物联网IPv9根域名服务器的总代理商)和IPv9路由器+物联网双栈路由器。在本地公共卫生健康用户运营理中心的地端配置IPv9路由器、物联网双栈路由器和域名服务器。通过"云地"两端网络节点之间构建的时空安全隧道,实现了"天地"两端网络节点的IPv9地址加密、IPv9通信协议加密和IPv9路由及域名管理,确保接入云端的互联网节点与本地公共卫生健康用户地端互联网节点之间互联互通的网络、数据、信息、监视、控制、系统、平台之间传输信号的绝对安全性。"天地"两端网络节点均可以无缝接入IPv4和IPv6网络,连接相应网络协议的网络路由器和网络交换机,充分发挥了IPv4、IPv6、IPv9三网之间网络设备的复用和融合(IPv9兼容IPv4和IPv6,而IPv4和IPv6不兼容IPv9,使得IPv9在互联网上被"隐身")。"云、边、端"通过IPv9物联网通信协议完美地解决了"云、边、端"三者之间的互联互通和网络安全的大问题,同时也解决了万物互联时代云计算服务所涉及带宽及流量的瓶颈和实时性、安全性、可靠性等不足的问题。

2. 公共卫生健康云平台"4S云服务"特点

从公共卫生健康的运营管理和技术应用的特点来看,公共卫生健康云平台"4S云服务"

完全不同于传统集中式云中心系统结构,而是采用"区块链+信息栅格"去中心化的分布式架构,采用"云端"(中心节点)和"地端"(公共卫生健康分布式节点)线上云计算和线下边缘计算(B/S+C/S)相结合的技术模式,为公共卫生健康提供全面的"4S云服务",即信息基础设施(IaaS)、大数据应用(DaaS)、各级业务平台(PaaS)、软件应用(SaaS)和本地化公共卫生健康运营管理"可视化集成平台"客户端系统和集成已建业务系统的运行、监控、管理、操作、设置与实时场景展现等业务应用功能。

为了实现公共卫生健康云计算"4S服务"中各业务级平台在区县级公共卫生健康本地化的运行、操作、设置、修改、管理、展现,采用在"云端"通过地市级公共卫生健康"4S云服务"的方式,在区县级公共卫生健康"地端"客户端系统采用"虚拟机+Web服务器+镜像服务器"的运行方式。从实质上来讲地市级公共卫生健康"4S云服务"也是"数字孪生""系统孪生""应用孪生"技术的应用,是虚拟化数字镜像和数字映射等技术集成的复制应用过程。将地市级公共卫生健康云平台上的物理实体内容(IaaS、DaaS、PaaS、SaaS)复制或"克隆"到区县级公共卫生健康"地端"的边缘计算客户端系统中,实现虚拟化地对应"云端"系统物理实体全生命周期的运行过程和可视化应用场景,同时通过物联网和5G通信网络将区县级公共卫生健康"地端"采集的监控传感器信号、摄像机视频图像、系统运行实时信息与数据等通过"云、边、端"网络传递到地市级公共卫生健康"云端"进行大数据分析和人工智能深度学习。区县级公共卫生健康用户通过"数字孪生"按需获取"4S云服务"和本地化运行操作的方式,使公共卫生健康涉及信息基础设施、业务平台、大数据及人工智能应用的软硬件部署、运营、应用、升级、功能实现及系统集成等方面更加灵活和便利。

3. 公共卫生健康云计算"4S云服务"优势

基于云平台"4S服务"的公共卫生健康将充分基于政务、民生、治理、经济各个领域的应用需求,设计开发可配置、可伸缩、可扩展的区县级公共卫生健康可复制、可扩展的应用架构,区县级公共卫生健康用户无须再建设各业务级平台及应用系统软件以及部署软件所需的软硬件设备资源,只需使用移动终端和本地化"智慧大脑"运营管理中心"可视化集成平台"客户端系统即可随时随地使用"4S云服务"上所有的业务级平台(PaaS)和软件应用服务(SaaS)。"可视化集成平台"能够让区县级公共卫生健康用户以低成本、低门槛和低风险的方式接入地市级公共卫生健康云平台,并提供"4S云服务"。

通过公共卫生健康"4S云服务"的建设模式,可以有效解决已建系统、在建系统和未建系统的公共卫生健康业务平台及应用系统的系统集成、大数据共享交换和人工智能应用。公共卫生健康云平台"4S服务"建设模式具有可复制、可推广、可扩展、可迭代、可持续、消除"信息孤岛"、打通数据壁垒、可避免重复投资、可支撑公共卫生健康可持续建设和发展的强大优势。因此云平台"4S服务"具有目前任何一种公共卫生健康建设模式所不可比拟的如下明显优势:

(1) 大大节省公共卫生健康建设成本。基于公共卫生健康云计算"4S服务"采用共享共用模式,各区县级公共卫生健康只需要建设本地化的公共卫生健康"智能大脑"运营管理中心和"可视化集成客户端"系统平台,而网络融合与安全中心、大数据资源中心等信息基础设施,以及各行业级平台及应用系统均可以采用共享服务或购买服务的方式。公共卫生健康"4S服务"创新服务模式可以节省70%区县级公共卫生健康的建设费用。

(2) 大大缩短公共卫生健康建设周期。传统公共卫生健康建设是一期一期地建设云平台和各业务级平台及应用系统,再进行系统集成和数据共享交换。通常最快见到地市级公共卫生健康建设成效也需要3～5年的时间。而采用"4S云服务"共享共用"租用云服务"的模式,只需建设区县级公共卫生健康本地化的"智慧大脑"运营管理中心和"可视化集成平台"客户端系统,而无须建设网络融合与安全中心、大数据资源中心等信息基础设施,以及公共卫生健康各业务级平台及应用系统。采用公共卫生健康云计算"4S服务"模式,可以在一年内建成,并见到公共卫生健康建设的成果和实效。

(3) 实现公共卫生健康系统集成和大数据开发与人工智能应用。基于公共卫生健康云计算"4S服务"的共享共用的模式,公共卫生健康各业务级平台及应用系统采用统一部署和系统集成与大数据共享交换,完全实现了公共卫生健康网络融合、信息交互、数据共享、业务协同。在公共卫生健康各业务级平台及应用系统集成的基础上,通过公共卫生健康大数据的采集、清洗、挖掘、开发,并进一步通过人工智能深度学习与神经网络应用,为公共卫生健康提供数字经济和乡村综合治理精准化的知识数据和智慧化的决策与预测信息。

(4) 促进公共卫生健康、大数据、人工智能深度融合应用。习近平总书记在2018年10月31日"人工智能发展现状和趋势"的讲话中强调了公共卫生健康、大数据、人工智能"三位一体",加强人工智能在社会治理、民生保障、政务服务、企业经济等领域的深度融合应用。公共卫生健康与公共卫生健康城乡融合共享机制的核心,就是将公共卫生健康、大数据、人工智能等物理的、逻辑的、虚拟的资源整合在"4S云服务"的软硬件应用环境中。公共卫生健康既是产生海量数据的源泉,又是大数据和人工智能的应用实际场景。公共卫生健康"4S云服务"将有力支撑各个公共卫生健康在大数据、人工智能各个领域的深度融合应用。

(5) 为公共卫生健康提供共享经济云服务。基于公共卫生健康"4S云服务"的共享共用模式,可以为公共卫生健康各行各业企业提供共享经济云服务,包括各类企业"ERP云平台"共享服务、智慧园区"综合管理云平台"共享服务、物流企业"智慧物流云平台"共享服务、商贸服务企业"智慧商务云平台"共享服务、旅游企业"智慧旅游云平台"共享服务、制造业企业"智能制造云平台"共享服务、化工企业"智慧环保云平台"共享服务、金融企业"智慧金融云平台"共享服务、学校教育单位"智慧教育云平台"共享服务、卫生部门和医疗医院"智慧卫生健康云平台"共享服务、健康养老服务企业"智慧健康养老云平台"共享服务等等。该共享共用模式为企业提供共享经济"4S云服务"商业模式,是实现社会资源合理配置,落实国家关于社会公共服务与共享经济的创新经济模式。

(6) 实现本地化公共卫生健康运营管理。通过本地化公共卫生健康"智慧大脑"运营管理中心和"可视化集成平台"客户端系统,采用线上"4S云服务"(B/S)和线下"可视化集成平台"客户端系统"(C/S)"虚拟机"＋Web服务器＋镜像服务器(B/S+C/S)的"数字孪生""系统孪生""应用孪生"的技术深度融合应用。可以根据本地公共卫生健康租用"4S云服务"的各行业级平台及应用系统的功能、运行、操控、设置、修改、管理等的需要,通过本地化"可视化集成平台"客户端系统可视化"四界面"的数据、信息、页面、服务等系统化、结构化、标准化的应用封装和跨平台及跨业务的调用和推送,更好地实现公共卫生健康的综合态势、应急管理、公共安全、公共交通、市政设施、生态环境、宏观经济、民生民意等所涉及的多领域、多方面、多维度的有效监测、监控、监管,并在"乡村智慧大脑"的全面掌控与实时管理之中,实现公共卫生健康资源的汇聚共享和跨部门的协调联动。根据本地公共卫生健康的业务协同和事件决策的需求,展现所需的可视化应用场景,为公共卫生健康高效精准管理和安全可靠运行提供支撑。

(7) 集成已建业务平台及应用系统。通过公共卫生健康本地化"可视化集成平台"客户端系统,可以实现本地公共卫生健康已建业务平台及应用系统的系统集成和数据共享交换。通常市县一级都已建有政务服务(一站式服务)、数字城管、公共安全、交通管理、雪亮工程、社区服务等业务平台及应用系统,通过本地化"可视化集成平台"客户端系统,可以实现上述公共卫生健康各已建业务系统的集成管理和综合业务应用。本地公共卫生健康"4S云服务"建设模式的特点就是充分利用公共卫生健康现有资源,且建设周期短、见效快、投资少。

第7章 基于信息栅格政务大数据跨部门协同研究

7.1 政务大数据跨部门协同指导思想

针对目前政务数据和数字政府存在的"信息孤岛""数据烟囱",以及重复建设的现状,研发基于信息栅格区块链分布式架构的政务数据跨部门技术集成创新体系,构建数字政府政务大数据云平台的区块链技术与信息栅格技术深度融合应用,实现数字政府政务数据的网络融合、系统集成、数据共享、业务协同,打造可持续发展的数字政府政务大数据共享共用创新体系,十分必要。

7.1.1 政务大数据跨部门协同原则

习近平总书记在2019年10月24日中共中央政治局就"区块链技术发展现状和趋势"举行的第十八次集体学习会上强调指出:"我们要把区块链作为核心技术自主创新的重要突破口,明确主攻方向,加大投入力度,着力攻克一批关键核心技术,加快推动区块链技术和产业创新发展。"区块链技术是新一轮科技革命和产业变革的重要驱动力量,加快发展区块链技术是事关我国能否抓住新一轮科技革命和产业变革机遇的战略问题。要深刻认识加快发展区块链技术的集成创新和深度融合应用的重大意义。习近平总书记关于区块链技术发展与趋势的指导思想和理论体系,是促进我国经济社会发展深度融合,推动我国区块链技术健康发展的指南和技术总路线。习近平总书记强调指出:要强化基础研究,提升原始创新能力,努力让我国在区块链这个新兴领域走在理论最前沿、占据创新制高点、取得产业新优势。要推动协同攻关,加快推进核心技术突破,为区块链应用发展提供安全可控的技术支撑。要加强区块链标准化研究,提升国际话语权和规则制定权。

习近平总书记着重指出:要加快区块链和人工智能、大数据、物联网等前沿信息技术的深度融合,推动集成创新和融合应用。要探索"区块链+"在民生领域的运用,积极推动区块链技术在教育、就业、养老、精准脱贫、医疗健康、商品防伪、食品安全、公益、社会救助等领域的应用,为人民群众提供更加智能、更加便捷、更加优质的公共服务。要推动区块链底层技术服务和数字政府政务数据建设相结合,探索在信息基础设施、智慧交通、能源电力等领域的推广应用,提升城市管理的智能化、精准化水平。要探索利用区块链数据共享模式,实现政务数据跨部门、跨区域共同维护和利用,促进业务协同办理,深化"最多跑一次"改革,为人民群众带来更好的政务服务体验。

7.1.2 政务大数据跨部门协同重要意义

我国数字政府电子政务数据共享始终无法避免"数据孤岛"和重复建设的问题。除了缺乏统一标准、理论体系和方法论、成功案例等原因,电子政务数据共享的传统建设模式也是造成目前政务数据"数据孤岛"和重复建设的重要原因。目前政务数据建设往往是先建各个独立孤岛式数据中心,再采用数据共享、系统集成、系统统一集中搬迁等方法来解决"信息孤岛"和"数据壁垒"。由于各个厂商开发的业务系统和数据库在结构、技术、方法、数据标准上都不统一,没有统一标准可依,导致电子政务政务数据"孤岛遍地""烟囱林立",建设周期长、建设成本高、系统集成和数据共享效果差,事后再消除"数据孤岛"和避免重复建设就难上加难,甚至成了不可能完成的任务。传统电子政务政务数据"少慢差费"建设的旧模式不可持续。

以区块链技术为引领,运用云计算、大数据、物联网、人工智能等新一代信息技术,以平台经济、分享经济等新业态和新模式,推动数字政府政务大数据建设可持续发展。遵循习总书记关于"要推动区块链底层技术服务和数字政府政务数据建设相结合"的指导思想,数字政府政务数据和数字政府建设中采用区块链分布式架构,通过电子政务大数据政务大数据云平台资源管理的分布式、虚拟化,将政府各部门、各领域、各业务的已建、在建、未建的独立业务平台及应用系统统一集成在政务大数据云平台上,为数字政府政务大数据跨部门协同提供云计算 4S 服务。采用区块链、物联网、大数据、人工智能、边缘等新一代信息新技术的创新集成和深度融合应用,可以大大节省数字政府政务大数据建设费用,大大缩短数字政府政务大数据建设周期。通过政务大数据云平台驱动数字政府政务大数据"共享共用"可持续发展的创新模式,可以有效避数字政府政务大数"信息孤岛""数据烟囱"和重复建设,从而打通我国经济与社会新经济可持续发展的"大动脉"。

7.2 政务大数据跨部门协同研究内容

7.2.1 政务大数据跨部门协同信息栅格区块链技术集成创新

数字政府政务数据跨部门协同区块链技术集成创新研究,涉及政务数据多项技术专利(已申请知识产权),区块链技术集成创新是构建数字政府政务大数据、大平台、大网络、大系统和云计算、大数据、边缘计算及物联网的核心技术概念、原理和应用,是解决数字政府政务数据共享交换和信息互联互通,避免"数据烟囱""信息孤岛"和重复建设的关键性技术,对于实现数字政府政务大数据和人工智能深度融合应用,实现已建、在建或拟建数字政府政务数据跨部门协同都是不可缺失的重要指导性技术标准和实施规范。

数字政府政务数据跨部门协同区块链技术集成创新,主要包括五个方面的内容,即分布式数据存储管理、分布式节点数据资源管理、分布式节点任务与进程管理、底层技术服务组件封装和系统与数据集成服务接口管理,可实现对数字政府各部门政务数据分布式节点的软硬件、数据、信息、页面、服务等资源的管理、控制、协调,达到数字政府政务大数据对这些数据资源的综合利用,尽可能地通过系统与数据集成、信息与数据共享交换、业务协同联动来充分发挥数字政府政务大数据各类数据资源的综合应用。作为分布式数

资源集成的管理者,数字政府政务数据跨部门协同区块链技术集成创新研究主要完成以下的工作:

(1) 监视和监测数字政府政务数据各种资源的调用、协调和应用,并通过可视化展现政务大数据资源的位置、状态、数据、关联、应用等使用的信息。

(2) 实施分布式综合数据资源管理策略以决定谁获得数据资源、如何获得数据资源、获得什么数据资源。

(3) 分配数字政府政务数据综合数据资源,提供给需求部门和用户者使用。

(4) 集成数字政府政务各类数据资源,以便实现数字政府政务数据各分布式节点应用的数据再分配。

采用数字政府政务数据跨部门协同信息栅格区块链技术集成创新数据集成模式、软件体系结构、底层技术服务和可视化界面标准化等核心技术,将数字政府政务数据应用于各个行业级业务领域(如智慧政府、智慧交通、智慧城管、智慧应急管理、智慧医疗健康等)。采用数字政府政务数据跨部门协同区块链技术集成创应用,可以节省50%的研发费用,缩短70%的研发周期。

7.2.2 政务大数据跨部门协同信息栅格技术应用

信息栅格已成为人类社会至今为止最强的互联网应用工具,它支持各种信息平台、数据库系统、应用功能、应用软件和程序系统综合集成为单一平台和技术设施。包括支持信息系统综合集成的网络平台、数据平台、信息平台、共性基础设施、基础共性软件等。信息栅格是在信息技术和互联网技术迅速发展的背景下,基于网络化技术推进国家信息化、国防信息化、城市信息化建设的新概念、新模式、新科技、新举措。

信息栅格技术应用的特点就是利用现有的网络基础设施、协议规范、互联网技术和数据库技术,为用户提供一体化的智能化、精准化的信息集成平台。在这个平台上,信息的处理是分布式、协作式和智能化的,用户可以通过单一入口访问所有信息。信息栅格追求的最终目标是能够让用户按需获取信息和服务。信息栅格的核心技术是如何描述信息、存储信息、发布信息和查找信息;如何将异构平台、不同格式、不同语义的信息进行规范和转换,从而实现信息无障碍交换;如何将信息栅格环境中众多的服务功能按照用户的需求进行有机集成,形成自动完成的工作流程,向用户提供一步到位的服务。利用信息栅格技术运行手段和策略来整合现有资源,以解决信息平台及数据库系统建设中资源共享与协同工作难、信息壁垒、重复建设和资源浪费严重等问题,实现信息平台及数据库系统之间相关信息与数据的共享、交换、协同。

信息栅格技术框架基于SOA的资源集成框架,以资源共享策略和资源集成架构为核心。信息栅格包含多个组织、信息平台、应用系统及资源的动态集合,提供灵活、安全、协同的资源共享的一种框架。信息栅格技术框架与传统分布式技术框架的根本区别在于资源与节点的关系。信息栅格技术框架是将资源与节点分离,也就是实现了信息节点与底层技术服务的分离,以满足信息栅格全网全域内任意资源快捷与便捷的调用、映射、交换、集成、共享。传统的分布式技术框架是将资源与节点绑定在一起,从而增加了分布式点对点资源访问和调用的难度。利用信息栅格技术框架可以对分布式资源进行更广泛、更有效的资源组织、调用和管理,这在传统分布式技术框架中是很难做到的。

信息栅格是一种信息基础设施,它包含所有与信息和数据相关的网络及通信设施、计算机设备、感知传感器、数据存储器和各种信息平台及数据库系统。信息栅格技术应用的技术特征主要体现在网络自动融合、分布式、按需获取信息、实现机器之间的互操作等方面。信息栅格一体化综合资源集成 SOA 开放的体系架构是其技术应用的核心。信息栅格开放的体系架构将分布于互联网、物联网上信息栅格的各个信息节点,集成为一个统一的互联、互通、共享、协同的复杂巨系统。

信息栅格与区块链在分布式节点、去中心化、分布式数据库、共识机制、加密算法等技术特征上具有同一性和一致性。从技术的角度来看,信息栅格和区块链就像一对孪生兄弟。信息栅格更强调系统集成、资源共享、业务协同、按需获取信息,区块链则注重在金融行业的应用、分布式数据库(分布式记账)、数据安全、加密算法等。如果从应用的角度来看,信息栅格和区块链就是一个家族父子情深。区块链与信息栅格技术集成创新具有广阔的发展前景。

7.2.3 政务大数据跨部门协同信息栅格区块链技术集成创新特点

数字政府政务数据跨部门协同信息栅格区块链技术集成创新,全面采用信息栅格理论体系、知识体系、技术体系、系统体系,基于信息栅格 SOA 分布式资源集成架构进行系统化、结构化、标准性的应用开发。数字政府政务数据跨部门协同信息栅格区块链技术集成创新可以重点应用于数字政府政务大数据集成和政务各部门业务平台。

1. 政务大数据信息栅格区块链技术集成应用

数字政府政务数据信息栅格区块链技术集成创新是一个典型的分布式体系架构,基于信息栅格 SOA 分布式资源集成架构,将数字政府政务数据各个分布在政府不同管理部门、不同的行业业务平台(系统)、不同地理位置的数据库系统、信息和数据资源集成在一个统一的虚拟化的政务大数据云平台(分布式中心节点)上,实现政府各部门分布式节点的信息互通和数据共享交换。

数字政府政务数据信息栅格区块链技术集成创新,通过云计算、边缘计算和物联网,实现政府各部门分布式数据资源节点"自治性"实时操作。对采集的信息和数据和外部事件进行实时的处理和做出相应的反应。对于政府各部门分布式节点数据资源的调用和分配的重点是实时性和互操作(响应时间可达到毫秒,甚至微秒,也是工业互联网的核心要素),然后才是效率,同时具有很强的数据容错能力。数字政府政务数据信息栅格区块链技术集成创新有三种典型应用场景:分布式数据资源调用、分布式数据与信息发现、分布式突发事件处理。

2. 政务大数据信息栅格区块链技术集成创新特点

数字政府政务数据信息栅格区块链技术集成创新具有以下特点:

(1)分布性:电子政务外网和物联网上各个政府部门、行业管理机构的各个分布式节点(机)可以位于不同的地理位置,各自执行本部门或本行业的任务、业务、作业和应用。

(2)自治性:网上的各个分布式资源节点都有自己的内存、IO 设备和技术集成创新,具有独立的处理能力。各个节点资源被认为是局部所有的,支撑政府各部门分布式节点独立完成各自承担的任务、业务、作业和应用。

(3)互联性:网上各个政府部门分布式节点的资源,包括软硬件资源、数据、信息、页面、服务在物理上和逻辑上链接为一个整体。在统一的信息栅格区块链大数据云平台操作下，实现网络通信和数据资源跨部门、跨领域、跨平台、跨业务的网络融合、系统集成、数据共享、业务系统。

（4）透明性：网上各个政府部门分布式数据资源对于各个节点用户是完全透明的。各个分布式节点任务在本地节点上运行，利用信息栅格区块链技术集成创新，提供的节点信息与数据资源可以共享到其他政府部门分布式节点上。

（5）选择性：信息栅格区块链技术创新，能够实现对各个政府部门分布式节点数据资源的最佳选择。通过分布式节点数据资源注册了解和掌握整个数字政府政务数据在分布式系统中共享资源的状态和应用情况，能够根据政府部门和用户的需求自动做出选择。

（6）统一性：信息栅格区块链技术集成创新为各个政府部门分布式节点提供一致性的资源共享接口，而不管其内部采取什么方法予以实现。

（7）可靠性：信息栅格区块链技术集成创新利用硬件和软件资源在物理上分布的优势，实现容错、冗余和可靠性的运行与操作。

（8）并行性：数字政府政务数据中将政府各部门数据库系统都视为一个节点。信息栅格区块链不仅实现各节点上多道程序的并发执行，而且实现各个分布式节点上进程执行的真正并行处理。

（9）可扩展性：信息栅格区块链技术集成创新可以根据政府各部门分布式节点的需求和应用情况，方便地扩充或缩减数据库系统规模，以及执行任务的增加或修改。

7.3 政务大数据跨部门协同系统集成创新模式

7.3.1 数字政府业务系统集成创新模式

1. 传统系统集成模式

传统的系统集成模式基本都是在基于政府各部门数据库系统的基础上进行数据集成的二次开发，进行数据集成、数据分析、数据可视化、数据应用场景可视化。

传统的系统集成模式存在明显的缺陷，试分析如下：

（1）首先需开发针对不同政府部门数据库的数据接口（API），如果有 N 个数据库系统就必须开发 N 个数据库接口。对于数字政府数据库系统复杂性、异构性而言，其数据接口开发量巨大，同时还面临第三方数据库系统接口的开放性，如果第三方不开放数据库系统接口，要想实现数据集成将是一筹莫展。

（2）在数据应用场景的可视化方面，通常数字政府政务数据传统数据集成可视化都是通过柱状图、曲线图、饼图的方式来展现的，很少实现数据与信息系统集成应用可视化场景的展现，即可视化展现信息系统的运行、业务、功能、操作、设置等系统集成应用场景界面的展现。如果传统数据集成模式要实现信息系统集成应用场景的可视化展现，必须在数据可视化的基础上重新开发信息系统集成应用场景的展示界面。数字政府政务数据集成需要展现 N 个信息系统的可视化应用场景的界面，则必须重新开发 N 个行业级信息平台及应用系统的可视化界面，其开发信息应用场景界面的工作量巨大，几乎是不可能完成的任务。

(3) 传统数据集成开发是基于数据库(历史数据)集成的模式,因此其开发模式注定了系统之间无法实现实时性和业务的互操作,业务系统之间的互操作是物联网的核心功能。因此很难实现数字政府各业务部门行业管理信息平台及应用系统之间的业务协同,以及通过物联网实现业务系统之间的互操作与业务协同。

2. 创新系统集成模式

信息栅格区块链技术集成创新的系统集成模式较传统系统集成模式具有如下明显优势:

(1) 信息栅格区块链技术集成创新的系统集成模式,采用基于 Web 技术的数据集成模式。数据集成平台(政务大数据云平台)与不同政府部门行业管理信息和业务系统之间采用统一的 HTTP 协议和 URL(Uniform Resource Locator,统一资源定位)页面超链接的系统集成模式(数字政府分布式资源管理平台、智慧政务分布式数据库管理平台已申请国家软件著作权)。创新数据集成模式无须开发数据集成接口。对于数字政府政务大数据复杂巨系统而言,免去了数据集成接口的开发工作量,可以大大节省开发费用,缩短大数据系统工程建设时间。同时由于采用开放的 HTTP 协议和 URL 页面超链接系统集成模式,因此也不存在第三方不开放数据集成链接接口的问题。

(2) 由于信息栅格区块链技术集成创新的系统集成模式,采用 Web 技术的数据集成模式和 SOA 分布式数据资源集成的架构,通过政务大数据云平台数据集成,将各政府部门被集成的数据库系统和行业管理信息系统的数据、信息、页面、服务注册到政务大数据云平台数据集成平台上,实现各政府部门被集成数据库和信息系统底层技术服务的数据、信息、页面、服务封装组件的监测、发现、调用、映射和运行、业务、功能、操作、设置可视化界面(URL)的展现。通过政府大数据集成、底层技术服务和组件封装及界面 URL 资源定位技术,创新数据集成不但可以实现数据可视化展现,同时也可以实现被集成行业信息平台及业务应用系统运行、业务、功能、操作、设置场景的可视化界面的展现。创新数据集成通过信息系统页面采集实时数据,采集的数据具有实时性和低延时,弥补了传统从数据库中共享非实时性历史数据的问题。创新数据集成模式提高了数据应用的质量和数据的实时性、可用性。

(3) 信息栅格区块链技术集成创新的系统集成是基于数据库系统和信息系统底层技术服务组件封装和可视化展现四级界面超链接的模式进行数据与信息集成,因此创新数据集成政务大数据云平台具有跨平台、跨系统、跨业务、跨区域、跨部门的分布式数据与信息资源综合及数据库集成的能力,以及政府各部门分布式节点注册、监测、发现、协调、协同、联动的能力,完全可以实现数字政府政务数据跨部门协同的共享共用与业务协同。

7.3.2 数字政府政务系统软件体系创新模式

信息栅格区块链技术集成创新的系统集成模式采用 Web 前端与 Web 后端分离的结构。Web 前后端分离已经成为互联网项目开发的主流技术。通过数字政府政务数据大型分布式系统集成架构可以有效地实现解耦合。采用云计算、区块链、边缘计算、物联网、大数据、人工智能等新一代信息技术集成创新和深度融合应用,以及各集成系统底层技术服务的数据、信息、页面、服务四组件封装和运行、业务、功能、操作、设置四界面(URL)展现的二次开发,为数字政府政务数据与第三方系统集成打下了坚实的基础。采用 Web 前后端分离的最大好处是使得数字政府政务数据行业级平台及业务系统之间封装组件的共享和复用,采用业务应用逻辑的虚拟化可以有效避免各行业级平台及业务应用系统相同功能组件的重复开发和重复建设。

1. 政务大数据云平台 Web 前端

政务大数据云平台 Web 前端主要由静态页面组成。首先制定 Web 前端统一的静态页面 GUI 设计的标准化和静态页面涉及系统运行、业务、功能、操作、设置页面之间链接的逻辑关系(已申请软件著作权)。通常 Web 前端软件开发涉及 HTML、CSS、JS 等软件技术。通过 Web 前端的调用可以简化和减少接口。对于应用来讲,业务应用功能的调用是通过每个服务页面来完成的,每个服务页面只需公开一个用于业务应用服务的调用类名形式,如对数据、信息、页面、服务组件的调用类名作为调用的接口。这种方式可以有效避免和减少业务应用功能调用接口的开发,使得平台功能使用起来更加便捷。

2. 政务大数据云平台 Web 后端

政务大数据云平台 Web 后端主要由两部分组成,即由系统底层技术服务和专题数据库系统组成。通常 Web 后端软件开发涉及 API、JSON、REST、XML 等软件技术。

(1) 底层技术服务:主要功能是对被集成系统的数据、信息、页面、服务进行组件封装。重点是被集成系统的页面封装(页面已包括数据、信息和服务内容)。通过 Web 前端静态页面调用 Web 后端已经封装好的系统动态数据、信息、页面、服务封装的组件,形成可视化动态页面。

(2) 专题数据库系统:通过被集成数字政府政务数据行业级信息平台及应用系统页面采集动态数据和行业管理主题数据库共享数据的方式,进行统一的元数据管理及数据分类,并分别存入政务大数据云平台主题数据库和网络数据库中。Web 前端静态页面上的数据框由 Web 后端封装数据推送至 Web 前端静态页面数据框中,实现静态页面和动态数据可视化界面的集成。政务大数据云平台将存入网络数据库和主题数据库内已经封装好的元数据类通过神经网络深度学习的聚类、决策树、BP 等算法,对封装的元数据类进行特征值提取、降维等,形成可视化数据集、要素数据和目标数据。

(3) "政务大数据云平台"数据集成遵循 HTML5 标准的超文本标记语言和 JavaScript 基于 Web 客户端开发的脚本语言,通过 REST 数据库接口平台访问第三方数据库系统。数据库接口支持 HTTP 传输协议、支持 REST 远程服务器数据调用、支持 JSON 数据传输格式、支持 UTF8 编码格式和 POST 数据请求方式等。通过 JSON 数据交换格式,实现 Web 页面与数据库系统的连接和交互。

7.3.3　数字政府政务系统组件封装创新模式

基于信息栅格区块链技术集成创新的系统集成模式,底层技术服务四封装组件技术是核心。政务大数据云平台封装组件是信息栅格 SOA 分布式资源集成的基础。一方面将各分布式节点的组件资源注册到政务大数据云平台中心节点上,另一方面通过政务大数据云平台监测和发现来协调、协同和调用各分布式节点中被封装的组件资源。

客观事物所表达的内容主要是通过事物变化的事件(发生)、事态(状况)、事由(过程)、事处(应用)简称"四事"来表述的。要真实地表述"四事",主要要通过客观事物或称为"事件"的位置信息、状态信息、数据信息、关联信息、应用信息(简称"五信")来支撑,即通过"五信"对"四事"进行具体的描述。表 7-1 是"四事"与"五信"之间的信息要素、可视化展现、信息支撑之间的相互逻辑关系和关联关系表。事件与信息描述的逻辑关系是确定系统封装组件的分类、注册、监测、发现、协调、协同、调用的重要依据。

表 7-1 可视化集成平台组件封装逻辑关系

信息类	信息要素	可视化界面	信息支撑	描述
位置	GIS、BIM 列表、标定	一级界面	总览、标绘展现	事件
状态	标定、分级	二级界面	运行、标绘展现	事态
数据	决策、预测	三级界面	数据、信息 页面、服务封装	事由
关联	数据关联 信息关联		页面关联 关联调用	
应用	操作、设置 查询	四级界面	操作、设置、查询 页面+对话框	事处

政务大数据云平台底层技术服务主要由通用组件、业务组件、安全组件和中间件组件构成,以满足系统集成对各分布式行业级平台及应用系统信息与数据的调用、映射、交换、集成、共享和组件组织管理。通用组件、业务组件、安全组件和中间件组件采用统一的标准和规范进行开发和组态。各类组件根据政务大数据云平台(中心节点)与各分布式节点互联互通和数据共享交换的需求,将统一开发的各类组件部署在各行业级平台的底层技术服务中。

7.3.4 政务信息系统集成可视化界面创新模式

基于信息栅格区块链技术集成创新的系统集成模式,可视化界面集成创新是政务大数据可视化展现最重要的创新。一方面通过可视化静态页面实现了与系统底层动态的数据、信息、页面、服务的集成;另一方面实现了数字政府政务数据各行业平台及应用系统统一和独立界面的运行、业务、功能、操作、设置的可视化界面展现。通过可视化界面注册了各行业平台及应用系统的运行、业务、功能、页面、服务的分布式节点资源,同时又通过可视化界面实现了对各行业平台及应用系统资源的监测(推送)和发现(查询)。

大数据可视化界面根据总览+四界面 GUI 结构化、系统化、标准化的设计,将业务应用逻辑与可视化服务功能界面分离。业务应用逻辑之间及界面与业务应用逻辑之间动态数据、信息、页面、服务的变化则由另一界面或底层技术服务的数据、信息、页面、服务的组件来驱动。这样既可以给用户带来很好的可视化实时动态应用场景体验;同时可视化四界面支持第三方插件,支持封装组件的注册、监测、发现、调用、映射,特别是通过事件(发现)来触发和驱动控制组件的调用及界面之间实时控制数据与信息的传递。可视化四界面既实现业务应用逻辑的链接,同时又相互独立于第三方界面或底层技术服务的动态数据、信息、页面、服务组件。采取信息栅格节点与资源分离的注册、监测、发现、调用、映射、控件等松耦合多重对接的资源集成方式,满足了业务应用客户端的服务需求。可视化四界面 GUI 结构化、系统化、标准化的设计,有效实现了业务应用逻辑与可视化动态数据、信息、页面、服务的展现与业务应用系统集成的功能。

7.4 政务大数据云平台实施方案

7.4.1 政务大数据云平台实施目标

（1）大大节省数字政府政务大数据建设成本。政务大数据云平台以"4S云服务"为共享方式。各个数字政府政务数据只需要建设本地化的政务大数据数据中心，政府各部门行业级管理平台和大数据与人工智能应用均采用"4S云服务"的方式。该数字政府政务大数据"4S云服务"创新建设模式可以节省50%的大数据共享共用建设的费用。

（2）大大缩短数字政府政务大数据建设的周期。传统数字政府政务数据建设是一期一期地建设各部门的行业级管理平台和数据库系统，再进行系统集成和数据共享交换。通常最快见到政务大数据的成效也需要3～5年。而采用"4S云服务"的模式，只需建设本地化的数字政府政务大数据数据中心，而无须重复建设各政府部门的行业级管理平台和主题数据库系统。因此在一年内就可以见到数字政府政务大数据建设的实效。

（3）实现数字政府政务数据系统集成和大数据开发与人工智能应用。基于政务大数据云平台和"4S云服务"的共享方式，数字政府政务各部门行业级管理平台和主题数据库系统采用统一部署和系统集成，实现数字政府政务大数据系统网络融合、信息交互、数据共享、业务协同。在数字政府政务大数据各部门行业级管理信息平台系统集成基础上，应用数字政府政务大数据的采集、清洗、处理、挖掘，进一步采用人工智能深度学习与神经网络深度学习，为社会民生服务和城市综合治理提供精细化与精准化的知识数据和智慧化的决策与预测信息。

（4）为企业提供共享经济数据云服务。基于政务大数据云平台和"4S云服务"的共享方式，可以为数字政府政务数据各行各业企业提供共享数据云服务，包括各类企业"ERP管理数据"共享服务、智慧园区"综合管理数据"共享服务、物流企业"智慧物流数据"共享服务、商贸服务企业"智慧商务数据"共享服务、旅游企业"智慧旅游数据"共享服务、制造业企业"智能制造数据"共享服务、化工企业"智慧环保数据"共享服务、金融企业"智慧金融数据"共享服务、学校教育单位"智慧教育数据"共享服务、卫生机构与医院"智慧卫生医疗数据"共享服务、健康养老服务企业"智慧健康数据"共享服务等。为企业提供共享数据"4S云服务"是实现社会资源合理配置，落实国家关于社会公共服务与共享经济的创新应用模式。

（5）实现本地化数字政府政务大数据共享共用运营管理。通过本地化数字政府政务大数据数据中心区块链＋信息栅格技术集成创新应用，采用线上"云服务"，线下"大数据运营管理"的"虚拟机"＋Web服务器＋镜像服务器(B/S＋C/S)的模式。可以根据本地数字政府政务大数据对各政府部门行业级管理平台的功能、运行、操控、设置、修改、管理等的需求，通过政务大数据云平台的数据、信息、页面、服务等系统化、结构化、标准化的应用封装和跨平台及跨业务的共享与调用，更好实现数字政府政务大数据的综合态势、应急管理、公共安全、公共交通、市政设施、生态环境、宏观经济、民生民意等状况的有效掌握和管理，实现城市信息与数据资源的汇聚共享和跨部门的协调联动。根据本地数字政府政务大数据的业务协同和事件决策的需求，展现所需的可视化应用场景，为数字政府政务大数据高效精准管理和安全可靠运行提供支撑。

7.4.2　政务大数据云平台 4S 云服务模式

政务大数据云平台"4S 云服务"模式,是信息栅格区块链分布式架构的典型应用,其技术核心就是在云端部署政务大数据云平台中心节点。通过"4S 云服务"与数字政府政务数据本地分布式节点部署的数字中心,采用本地化运行的"4S 云服务"分布式节点虚拟机技术应用,部署本地化运行的"4S 云服务"的 Web 服务器＋镜像服务器＋虚拟机客户端。通过"4S 云服务"与本地化数据中心将已建政府各部门信息系统和数据库集成,实现"云端"与"地端"边缘计算、物联网和本地数据库系统的"线上与线下"网络融合、信息互通、数据共享、业务协同。采用云计算、物联网、大数据、人工智能、边缘计算等新一代科学技术应用集成,以及本地化的边缘计算所涉及的雾计算、认知计算、实时计算的本地化计算服务,实现"云端"4S 云服务共享和"地端"分布式节点实时信息与数据处理及业务协同联动。

7.4.3　政务大数据云平台总体架构与技术体系

政务大数据云平台采用面向数据资源管理的信息栅格区块链技术和云计算 IaaS、DaaS、PaaS、SaaS 4S 云服务的总体架构,使用广泛接受的标准和松耦合设计模式。数字政府政务数据政务大数据云平台基于信息栅格区块链分布式架构,以区块链与信息栅格、大数据、物联网、人工智能等前沿信息技术的深度融合为技术总路线,推动集成创新和深度融合应用,实践信息栅格区块链在民生领域的运用,推动区块链技术在教育、就业、养老、精准脱贫、医疗健康、商品防伪、食品安全、公益、社会救助等领域的广泛应用,为人民群众提供更加智能、更加便捷、更加优质的公共服务。推动区块链底层技术服务和数字政府政务数据建设相结合,在信息基础设施、智慧交通、能源电力等领域推广应用,提升城市管理的智能化、精准化水平。通过政务大数据云平台的信息与数据共享模式,实现政务数据跨部门、跨区域共同维护和利用,促进业务协同办理,深化"最多跑一次"改革,为人民群众带来更好的政务服务体验。采用区块链、云计算、大数据、互联网、物联网、边缘计算、人工智能技术集成创新和深度融合应用,整合来自数字政府政务数据各部门行业级管理平台的信息与数据资源,便于将来与新建第三方系统平台、应用和信息资源节点进行系统集成,构建易于区块链分布式节点扩展和可伸缩的弹性大平台、大系统。

1. 政务大数据云平台总体架构

政务大数据云平台总体架构由区块链分布式节点设施层、底层技术服务层、政务大数据云平台层、政务数据虚拟化应用层构成。

(1) 信息栅格区块链分布式节点设施层(IaaS)

数字政府政务数据政务大数据云平台总体架构分布式节点设施层,分别由网络融合与安全物理平台和区块链分布式节点物理平台构成。网络融合与安全物理平台由互联网、5G 无线网、物联网络、电子政务外网的软硬件组成,提供区块链各分布式节点之间,以及各分布式节点与政务大数据云平台之间的通信和带宽的网络基础设施。区块链分布式节点物理平台由节点内部的网络、数据、信息、安全的软硬件设施设备组成,提供各分布式节点内部的底层技术服务。

(2) 信息栅格区块链底层技术服务层(DaaS)

数字政府政务数据政务大数据云平台总体架构底层技术服务层,分别由分布式节点资源平台和分布式节点接入平台构成。分布式节点资源平台由分布式数据库系统、分布式业务应用系统、分布式密钥系统、分布式共识系统组成,提供分布式节点各自的数据、信息、安全、服务等资源。分布式节点接入平台由节点数据封装、节点信息封装、节点页面封装、节点服务封装组成,提供对分布式节点资源进行分类组装,并进一步采用容器技术对数据类、信息类、页面类、服务类进行组态(俗称"打包"),形成区块链底层技术服务的组件(或称"构件"),包括业务组件、通用组件、安全组件、中间件组件,为政务大数据云平台上层功能需求时提供调用、映射、交换、集成、共享等底层技术服务。

(3) 信息栅格区块链平台层(PaaS)

数字政府政务数据政务大数据云平台总体架构云平台层,根据数字政府政务数据应用需求结合区块链底层技术服务,提供区块链各分布式节点之间的信息交换、数据共享、业务协同、服务调用等底层服务功能;同时集成创新构建数字政府政务数据虚拟网络中心、虚拟数据中心、虚拟运营管理中心和信息共享集成平台,实现对区块链各分布式节点的有效管理和集成应用。通过政务大数据云平台实现与数字政府政务数据政务服务、城市治理、社会民生、企业经济等领域第三方已建、在建和未建的行业级业务平台及应用系统的集成和深度融合应用,实现区块链和人工智能、大数据、物联网等前沿信息技术的深度融合。通过集成创新和融合应用,注重在社会民生涉及医疗健康、养老、教育、就业、食品药品安全、社会救助等领域的广泛应用,提供更加智能、更加便捷、更加优质的公共服务。

(4) 数字政府政务数据虚拟化应用层(SaaS)

数字政府政务数据政务大数据云平台总体架构虚拟化应用层,通过区块链底层技术服务和数字政府政务数据的结合,以及政务大数据云平台的服务支撑,将数字政府政务数据分散在不同地理位置上的分布式节点资源虚拟为一个空前的、强大的、复杂的、巨大的单一系统,以实现数字政府政务数据网络、计算、存储、数据、信息、平台、软件、知识和专家等资源的互联互通和全面的共享融合应用,提供数字政府政务数据公共服务 APP、政务服务网站、可视化集成展现、大数据分析展现、决策与预测信息、城市治理综合态势场景、应急指挥调度救援、人工智能深度学习等功能集成应用,为人民群众提供更加智能、更加便捷、更加优质的公共服务,为城市综合治理提供智能化、精准化的超能力,实现政务服务协同办理,"最多跑一次",给群众带来更好的政务服务体验。

2. 数字政府政务大数据云平台技术结构

政务大数据云平台总体架构技术结构基于数字政府政务数据总体框架所表述的知识与建设体系,标准体系,平台与数据结构,信息平台、数据库、应用系统的组成,各组成软硬件部分之间的物理与逻辑关系。区块链总体技术结构对数字政府政务数据顶层规划具有指导性、规范性、统一性、约束性的作用。

政务大数据云平台总体技术结构的理念、思路与策略,以区块链和信息栅格技术为支撑,以数字政府政务数据网络融合与安全中心、大数据资源中心、运营管理中心和一、二级平台("三中心一平台")区块链信息基础设施为总体框架,以数字政府政务数据现代化科学的综合管理和便捷有效的民生服务为目标,大力促进政府信息化、城市信息化、社会信息化、企业信息化。建立数字政府政务数据基础数据管理与存储中心和各级信息平台(信息节点)及各级数据库(分布式数据库)的数字政府政务数据顶层规划模式。结合数字政府政务数据规划、交通、道路、地下管网、环境、绿化、经济、人口、街道、社区、企业、金融、旅游、商业等各种信息与数据,形成一体化的、统一的(物理的)、虚拟化的(逻辑的)、去中心化的云计算与云数据体系。建设数字政府政务数据级的信息互联互通和数据共享交换的复杂巨系统,建立起数字政府政务数据综合社会治理和公共服务的城市级一级平台、行业级二级平台和业务级三级平台及应用系统,如智慧政务、智慧大城管、智慧社区、智慧应急、智慧民生、智慧产业等。

政务大数据云平台总体技术结构基于信息栅格区块链 SOA 的资源集成架构融于数字政府政务数据框架体系结构之中。数字政府政务数据框架体系结构应满足区块链分级分类,即多平台、多数据库和多重应用(即无中心)开发的复杂巨系统规划的要求,特别体现数字政府政务数据整个框架体系结构规划中的网络互联、信息互通、数据共享、业务协同,遵循信息栅格统一规划、统一标准、统一开发、统一部署、统一应用的原则,将消除"信息孤岛",打通信息壁垒和避免重复建设作为数字政府政务数据项目实施的根本要求。

数字政府政务数据政务大数据云平台总体技术结构,采用分布式节点结构模式,从数字政府政务数据整体的智慧政务、智慧民生、智慧治理、智慧经济、智慧网络安全五大领域的需求出发,确定数字政府政务数据区块链的总体架构和总体技术结构,各信息节点采用面向对象、面向服务、面向应用和统一底层技术服务的组件式结构。

3. 政务大数据云平台统一技术结构

(1) 统一信息栅格区块链 SOA 资源集成架构和政务大数据云平台总体技术结构,易于扩展和部署。

(2) 统一信息栅格区块链各个信息节点的数据、信息、页面、服务封装,实现跨平台、跨系统、跨业务系统集成。

(3) 统一可视化数据、信息、页面、服务的调用、交换、管理、共享、分析、展现。

(4) 统一数字政府政务数据政务大数据云平台、身份认证、服务 APP、应用门户。

(5) 统一数字政府政务数据区块链各分布式节点数据、信息、处置、预案、指挥、调度、救援等业务应用。

(6) 统一采用区块链系统化、结构化、标准化、平台化、组件化的技术应用。

4. 政务大数据云平台统一技术路线特点

(1) 实现数字政府政务大数据云平台大数据整合,消除"信息孤岛",避免重复建设。在数字政府政务数据政务大数据云平台上,分别建立城市级平台、业务级平台和应用级系统,实现数字政府政务数据区块链各分布式节点的网络融合、信息互联、数据共享、业务协同。

(2) 政务大数据云平台总体技术结构分别由城市级平台、业务级平台及应用级系统构成。城市级及业务级平台采用共性的技术路线,可有效消除"信息孤岛"和避免重复建设。

(3) 政务大数据云平台基本设置应包括门户网站、数据库系统、网络中心、基础网络、服务器组、应用软件、网络安全、系统与数据通信协议接口等。

(4) 政务大数据云平台 Web 技术体系和采用开放的 TCP/IP 网络通信协议,标准规范信息与数据的接口和通信协议,实现各级平台与第三方三级应用系统间的互联互通和数据共享交换,以及云计算的浏览器/服务器(B/S)和边缘计算客户机/服务器(C/S)相结合的计算机系统结构模式。

(5) 用户通过统一的浏览器方式访问政务大数据云平台数字政府政务数据各行业级平台(信息节点),对数字政府政务数据各信息节点的页面、信息、数据、图片、视音频进行显示、操作、查询、下载、打印。

(6) 政务大数据云平台各行业级二级平台(信息节点)的系统集成,实现对行业级平台信息及数据的汇集,实现存储、交互、优化、发布、浏览、显示、操作、查询、下载、打印等功能,实现基础设施监控与管理、综合管网监控与管理、城市治理、社会民生综合管理和服务信息与数据共享。数字政府政务数据政务大数据云平台实现数字政府政务数据综合治理和公共服务等应用系统间的信息互联互通、数据共享交换、服务应用功能的协同。

(7) 政务大数据云平台大数据库系统分别由城市级大数据库、业务级主题数据库和应用级数据库构成。采用云存储方式,实现各级数据库系统之间的数据交换、数据共享、数据业务支撑、数据分析与展现、统一身份认证等。各业务级主题数据库在物理上相互独立,在逻辑上则形成一体化的共享大数据库系统。

7.4.4 政务大数据云平台底层技术服务结构

信息栅格区块链技术集成创新和深度融合应用的关键是区块链底层技术服务的集成创新。区块链底层技术服务应能够支撑数字政府政务数据各个行业级二级平台分布式节点的集成应用。其核心技术是通过区块链各分布式节点将节点底层资源,包括数据、信息、页面、服务资源进行统一的封装,采用容器封装技术屏蔽各个分布式节点底层资源的异构性,从根本上消除"节点孤岛"造成的各分布式节点之间难以互联互通和互操作的难题。对于区块链分布式各节点资源中的数据、信息、页面、服务资源,采用基于信息栅格 SOA 系统集成架构统一封装的策略和技术,将各分布式节点资源封装为业务组件、通用组件、安全组件和中间件组件的共享策略的分布式节点注册、监测、发现、映射、调用等方式,使得区块链底层技术服务的各类封装组件满足上层需求应用的组织管理和组件的调用、映射、交换、集成、共享。对于信息设备资源以及信息处理资源,则可以通过资源管理服务来进行封装。由于不同功能的资源其接口的调用也各不相同,可以通过资源注册与发现服务将本地资源的调用接口以及服务质量相关信息注册到上层资源发现模块之中,使用户发现和调用。

数字政府政务数据信息栅格区块链底层技术服务主要由通用组件、业务组件、安全组件和中间件组件构成,以满足政务大数据云平台信息与数据的调用、映射、交换、集成、共享和组件组织管理、组件标准化及组件应用的引擎和接口的需求。通用组件、业务组件、安全组件和中间件组件采用统一的标准和规范进行开发和组态。各类组件根据数字政府政务数据政务大数据云平台与各分布式节点互联互通和数据共享交换的要求,将统一开发的各类组件部署在区块链底层技术服务的接入层中。数字政府政务数据区块链底层技术服务层主要由分布式节点接入平台的通用组件、业务组件、安全组件和中间件组件,以及分布式节点资源平台组成。

1. 通用组件

基于 SOA 系统集成架构,根据数字政府政务数据政务大数据云平台所需的通用功能,采用系统化、结构化、标准化的方式,构建数字政府政务数据政务大数据云平台各业务二级平台(信息节点)通用的数据交换组件、统一认证组件、门户组件、报表组件、数据分析组件、视频分析组件、机器学习组件、系统管理组件、资源管理组件和可视化组件等通用组件层。共享组装结构是异构平台互操作的标准和通信平台。通用组件结构是即插即用的支撑结构。通过一定的环境条件和交互规则，通用组件结构允许一组组件形成一个封闭的构件，可以独立地与第三方平台或其他异构的系统进行交互、调用和协同。因此通用组件结构及其内含的构件也可以视为一组独立的构件组合体或通用组件层。通用组件通过不断地迭代和合成，可以为一个框架体系结构复杂的大系统或巨系统提供跨平台、跨业务、跨部门的应用调用和系统集成，同时避免各业务平台软件及服务程序的重复开发与建设。

2. 业务组件

满足数字政府政务数据跨平台、跨业务、跨部门可视化集成的调用与场景展现。通过数字政府政务数据各行业级二级平台（信息节点）的系统集成，进行数字政府政务数据各业务类应用服务的组织、采集和应用信息资源分类、综合与集成。采用分布式（节点与资源分离）多源异构的容器封装共享机制，将数字政府政务数据各类数据、信息、页面、服务资源按照数字政府政务数据管理与服务各业务应用类型进行分类、集合、组织、封装。从应用的供需角度组织数据、信息、页面、服务资源，建立数字政府政务数据系统集成四大封装的业务类目录和业务应用组件调用体系，实现各类封装的业务组件之间（即业务数据、业务信息、业务页面、业务服务的供需之间）的跨平台、跨业务、跨部门、跨应用需求的调用、映射、交换、集成、共享。

3. 安全组件

政务大数据云平台采用 P2P 技术、密码学和共识算法等技术，具有数据不可篡改、系统集体维护、信息公开透明等特性。区块链提供一种在不可信环境中进行信息与价值传递交换的机制。区块链的价值是信任，所以可信是区块链的核心价值，是构建未来区块链价值的基石。区块链的信任核心是密码算法，密码算法的核心是算法本身和密钥的生命周期管理。密钥的生命周期包括：密钥的生成（随机数的质量）、存储、使用、找回等。虽然区块链协议设计非常严谨，但作为用户身份凭证的私钥安全却成为整个区块链系统的安全短板。通过窃取或删除私钥，就可轻易地攻击数字资产权益，给持有人带来巨大的损失。这样的恶性事件已经不止一次地出现，足以给人们敲响警钟。

信息栅格区块链安全机制采用与信息栅格安全保障体系集成创新的方式。安全组件实现对政务大数据云平台和分布式节点的双重安全防护。对于政务大数据云平台的安全采用公有密钥的方式，集成分布式节点安全认证、PKI/CA 认证，为每个区块链分布式节点发放数字认证，确保区块链每个分布式节点是通过安全注册和认证的，政务大数据云平台与分布式节点之间的互联是可信任、可靠的。对于区块链分布式节点的安全采用私有密钥的方式，集成 SM2/SM3 密钥算法、共识算法、数据加密。通过私钥对访问者进行安全认证，确保在点对点获取分布式节点资源时是安全的、可信任的、可靠的和数据不可篡改的。

4. 中间件组件

中间件是一种独立的系统软件或服务程序，分布式信息节点应用软件借助这种软件在不同的技术之间共享资源。中间件位于客户机/服务器的技术集成创新之上，管理计算机资源和网络是连接分布式节点之间独立应用程序或独立系统的软件。相连接的分布式节点的业务平台或应用系统具有不同的接口，但通过中间件相互之间仍能交换信息。执行中间件的一个关键途径是信息传递。通过中间件，应用程序可以工作于去中心化的多节点或 OS 环境。数字政府政务数据政务大数据云平台基于 SOA 系统集成架构的基础中间件层，包括 MOM、J2EE、LDAP、PORTAL、ESB 等。

7.4.5　政务大数据云平台分布式节点结构

　　政务大数据云平台分布式节点结构将区块链分布式 P2P 结构和信息栅格资源管理技术结合在一起。该结构既可以实现分布式节点之间的互联和信息交换，又可以通过数字政府政务数据政务大数据云平台实现对分布式节点的资源管理。区块链资源管理是政务大数据云平台的核心功能，实现对区块链各分布式节点的统一组织、调度和管理。通过各分布式节点底层技术服务对各类资源进行封装，提供统一提交作业的引擎和接口。特别对于一些综合任务和多目标需要协调多个分布式节点的资源协同时，则需要通过政务大数据云平台的资源管理将综合任务和多目标有效地分配到合理的分布式节点的业务平台及应用系统上进行运行。各个分布式节点底层技术服务封装的是大量的元数据（类）信息，这些元数据（类）描述了节点资源的语义、功能、调用。如何对这些信息进行有效的组织和管理，是分布式节点底层技术服务的基础，该功能通过信息栅格的资源发现来实现。信息栅格系统集成中的资源发现与一般系统信息服务不同，除了具有信息获取和发布的基本功能之外，重要的是要保证信息是当前需要的、可用的、可信任的。

　　数字政府政务数据信息栅格区块链分布式节点结构是一个典型的去中心化和去集中化的分布式结构。传统的数字政府政务数据将政府各业务系统和应用功能集中部署在一个软硬件环境中进行集中式的应用和管理；而政务大数据云平台采用分布式架构，将政府各业务系统和应用功能部署在政府各部门（分布式节点）中进行分布式的自治应用和管理。区块链自治化的特点有助于政府摒弃传统的"管理—规制"的模式，而遵循"治理—服务"理念。所谓政府各部门运行与管理的自治化是指所有参与到区块链分布式结构中的政府各部门节点均遵循同一共识机制，不受外部的干预，自由地、自主地进行各部门（节点）之间的信息与数据交换、共享、应用，自发地、共同地维护政府各部门业务系统的信息与数据的可用性、可靠性和安全性。因此政府各部门分布式节点的自治化也可称为共治化，即每个政府各部门并非是完全分散的独立的个体存在，而是通过共识机制形成逻辑上虚拟化的统一性、协同性、一致性的一个有机整体。不同的政府各部门分布式节点（或称为组织域）可以通过电子政务外网实现各级政府各部门分布式节点之间的互联，收集其他部门节点的信息和数据，同时又可以通过政务大数据云平台（或称中心节点）来调度、组织和管理各个分布式节点的资源，形成在逻辑上虚拟化的一个整体。由于是基于区块链分布式的结构，因而不存在系统瓶颈，并提高了系统的可扩展性、可靠性及安全性。数字政府政务数据区块链分布式节点结构与信息栅格资源管理技术的结合方式，可以方便对分布式节点访问权限的管理。各个政府部门分布式节点将本节点资源注册到政务大数据云平台的全局资源管理与服务之中并定期更新。当客户端需要通过资源发现服务搜索相应的信息和数据时，先从政务大数据云平台的全局资源管理搜索相关信息和数据，如果没有搜索到相关信息和数据，则通过 P2P 方式访问任何一个分布式节点底层技术服务来获取。政务大数据云平台（中心节点）则负责维护所有政府各部门分布式节点底层技术服务封装组件。

　　数字政府政务数据采用信息栅格区块链分布式（去中心化和去集中化）架构，将大大提升政府各部门的信息化、数字化、智能化应用，大大提升政府各部门的业务能力和工作效率。数字政府政务数据区块链分布式节点结构将区块链分布式 P2P 结构和信息栅格资源管理技术结合的特点如下：

（1）实现对分布式节点资源的管理。满足信息系统集成中的安全性要求，有效地减小了网络数据流量。

（2）基于P2P结构的政务大数据云平台提供全局信息和数据服务，可以有效消除系统瓶颈，同时提高系统的可扩展性和安全性。

（3）提高分布式节点资源管理的一致性和统一性。基于P2P结构，减少了整个系统的层次结构，提高了对分布式节点访问的有效性。

（4）方便各个分布式节点底层技术服务的组织和调用。各个分布式节点底层技术服务首先可以组织节点内部资源，然后再统一汇总到政务大数据云平台全局资源管理中，可有效地减少全局信息服务的负担。

7.5 政务大数据云平台实现功能

政务大数据云平台是城市级平台与各业务级平台及应用系统与信息集成的统一平台，是数字政府政务数据统一的核心信息枢纽。城市级政务大数据云平台位于整个数字政府政务数据统一信息化应用的最顶层，各个业务级平台（信息节点）与城市级政务大数据云平台相连接形成一个星型结构的分布式系统体系，各业务应用系统与业务级二级平台（信息节点）相连接，从而形成一个以城市级平台为核心的"雪花"型的点对点的结构。城市级政务大数据云平台作为数字政府政务数据统一信息与数据的中心节点，承担业务级二级平台及应用系统节点的系统集成、数据交换、数据共享、数据支撑、数据分析与展现、身份统一认证、可视化管理等重要功能。数字政府政务大数据云平台由以下业务支撑系统组成：

（1）综合信息集成系统；

（2）数据资源管理系统；

（3）数据分析与展现系统；

（4）统一身份认证系统；

（5）可视化管理系统；

（6）数据交换共享系统。

7.5.1 政务大数据综合信息集成系统功能

政务大数据综合信息集成门户网站定位为数字政府政务数据政务大数据云平台级APP，其功能是将城市级平台和各业务级平台相关的应用系统的管理和服务信息，通过系统与信息集成和Web页面的方式连接到门户网站上来。网络注册用户（实名制）可以通过网络浏览器方式，对整个数字政府政务数据政务大数据云平台管理与综合服务信息进行浏览、可视化展现、查询、下载。城市级平台综合信息门户网站是全面提供数字政府政务数据政务大数据云平台管理与服务的人机交互界面。

7.5.2 政务大数据资源管理系统功能

政务大数据数据资源管理系统实现信息资源规划相关标准的管理、元数据管理、数据交换管理等功能，是实现数字政府政务大数据云平台数据共享的前提和保证。数据资源管理系统是对信息资源规划提供辅助作用，并方便普通用户使用规划成果、维护规划成果、数据的工具平台。提供用户直接浏览和查询的界面,并将该成果进一步规范化管理,将数据元目录、信息编码分类、信息交换标准等进一步落实,以指导支持一级平台的大数据建设,以及数字政府政务数据政务大数据云平台管理与民生服务三级平台的建设。

数字政府政务大数据资源管理系统实现以下功能:

(1) 元数据管理功能;

(2) 编码管理功能;

(3) 数据交换管理功能;

(4) 数据共享交换系统功能。

数据共享交换系统可实现和保障数字政府政务数据政务大数据云平台共享分布式数据库之间(信息节点),以及城市级平台与业务级平台(P2P)之间数据交换与共享的功能,能够在其应用系统之间实现数据共享和交换。数据交换与业务级平台利用面向服务的要求进行构建,通过 WS 和 XML 为信息交换语言,基于统一的信息交换接口标准和数据交换协议进行数据封装、信息封装、页面封装、服务封装,利用消息传递机制实现信息的沟通,实现基础数据、业务数据的数据交换以及控制指令的传递,从而实现数字政府政务数据政务大数据云平台与各业务级平台及应用系统的数据、信息、页面、服务的集成。

7.5.3 政务大数据分析与展现系统功能

政务大数据云平台的数据加工存储分析系统主要由数据仓库(DW)和数据清洗转换装载(ETL)以及前端展现部分组成。通过 ODS 库(主题数据库),将数字政府政务数据政务大数据云平台涉及已建、在建和未建的各个应用系统(视为信息节点)中的数据、信息、页面、服务,按照要求集中抽取到业务级主题数据库中;然后再进一步挖掘到数字政府政务数据政务大数据云平台大数据库系统中,为数据挖掘、数据分析、决策支持等高质量的数据来源,数字政府政务数据政务大数据云平台"管理桌面"和各级业务领导及部门提供可视化信息展现,为领导管理决策提供支撑和服务。数据加工存储分析功能主要是对从数据源采集的数据进行清洗、整理、加载和存储,构建数字政府政务数据各业务级主题数据库。针对不同的分析主题进行分析应用,以辅助数字政府政务数据政务大数据云平台管理决策。数据加工管理过程包含 ETCL,即数据抽取(Extract)、转换(Transform)、清洗(Clear)和加载(Load)大数据库系统。数据集成实现过程中,将数据由应用数据库到主题数据库系统,再向城市级平台的 ODS 加载的主要过程,是数字政府政务数据政务大数据云平台建设大数据库知识数据过程中数据整合、挖掘、分析的核心技术与主要手段。

7.5.4 政务大数据统一身份认证系统功能

政务大数据云平台统一身份认证系统采用数字身份认证方式,符合国际 PKI 标准的网上身份认证系统规范要求。数字证书相当于网上的身份证,它以数字签名的方式通过第三方权威认证有效地进行网上身份认证,帮助各个实体识别对方身份和表明自身身份,具有真实性和防抵赖功能。

7.5.5 政务大数据可视化管理系统功能

政务大数据云平台可视化应用包括地理空间信息 3D 图形(GIS)、建筑信息模型 3D 图形(BIM)、虚拟现实(VR)，以及视频分析(VA)的可视化技术应用集成，将各业务级平台及应用系统的数据和信息，形成可视化集成展现，成为可视化的集成、共享、展现的场景综合应用。

7.5.6 政务大数据资源交换共享系统功能

政务大数据云平台大数据资源交换共享系统分别由城市级大数据库、业务级主题数据库(信息节点)、应用级数据库(P2P)构成，具有大数据管理的环境和能力，采用城市级、业务级、应用级多级数据云存储结构。数据存储采用集中数据存储和网络化分布式数据存储相结合的云存储模式。政务大数据云平台共享大数据库采用集中云数据存储的方式，业务级和应用级数据存储数据库可采用网络化分布式数据云存储方式。各级数据存储数据库具有数据存储、管理、优化、复制、防灾备份、安全、传输等功能。云存储数据库采用海量数据存储与压缩技术、数据仓库技术、网络化分布式数据云存储技术、数据融合与集成技术、数据与信息可视化技术、多对一的远程复制技术、数据加密和安全传输技术、数据挖掘与分析技术、数据共享交换技术、元数据管理技术等。数字政府政务数据政务大数据云平台监控与管理数据存储采用分布式数据库与集中的云数据管理和云数据防灾备份。各级信息节点分布式数据存储系统在物理上相互独立、互不干扰，逻辑上形成一体化的共享数据云存储仓库。

7.5.7 政务大数据云平台系统集成技术特点

政务大数据云平台系统集成基于信息栅格区块链集成创新的SOA的分布式架构，融于数字政府政务数据框架体系结构之中。政务大数据云平台基于SOA的系统集成架构借鉴了军事信息栅格信息系统集成框架体系结构，以满足政务大数据框架体系结构矩阵型多平台多数据库和多重应用的去中心化和开放性复杂巨系统框架体系结构的要求。特别注重政务大数据整个框架体系结构规划设计中的网络互联、信息互通、数据共性、业务协同，同时强调了统一规划、统一标准、统一开发、统一封装、统一组件、统一部署、统一应用的原则，将消除"信息孤岛"和避免重复建设作为数字政府政务数据项目实施的根本要求。数字政府政务数据系统集成具有以下特点。

1. 采用分布式节点结构模式

政务大数据云平台系统集成架构采用分布式节点集成的模式，从满足整体需求出发，根据系统建设的设计原则和技术路线，采用区块链面向应用、面向服务、面向数据、面向系统集成的分布式节点体系架构设计方法作指导，重点是各个信息节点通用组件、业务组件、安全组件、中间件组件和分布式节点接入层的数据、信息、页面、服务"四大"封装的创新设计。协同和联动各个节点资源和系统集成的体系架构将以系统业务服务为核心，形成数字政府政务数据系统集成架构中各层级之间的信息互联互通、数据共享交换、业务功能协同、系统统一调用。

2. 统一框架分布式结构易于扩展和部署

政务大数据云平台系统集成架构采用分布式和统一规范的通用组件、业务组件、安全组件、中间件组件的系统化、结构化、标准化，简化了应用服务的结构，避免了因为存在不同异构的信息节点底层技术服务可能引起不易集成的问题。采用统一的组件封装结构，封装底层的数据、信息、页面、应用，使得将来易于增加新的节点和应用。采用统一开发的以容器封装技的标准化结构模型和组件引擎及调用接口(API),易于区块链各个信息节点通过标准组件引擎和接口调用底层技术服务的数据、信息、页面和应用,降低重复开发成本,保证新节点增加和应用的兼容性与集成性。

3. 分布式数据易于利用

数字政府政务大数据云平台系统集成架构基于数字政府政务数据一级政务大数据云平台及大数据库,业务级二级平台及主题数据库(信息节点)的分布式数据库的模式,为相关决策提供一体化、分布式的信息与数据的支撑,满足数字政府政务数据全面社会管理和公共服务信息互联互通、数据共享交换、业务协同联动的需求。

7.6 政务大数据云平台验收成果

7.6.1 政务大数据云平台技术集成创新成果

(1) 信息栅格区块链技术集成创新指标。配置 HTML5、JavaScript、CSS、ERST、JSON 等 Web 超链接技术应用,可实现与第三方信息平台及应用系统的全集成,实现业务、功能、操作、设置等应用页面的可视化分析展现。

(2) 信息栅格区块链技术集成创新的系统集成模式。采用 Web 技术的系统集成模式和 SOA 分布式资源集成的架构,通过信息共享一级平台系统集成,将各被集成系统的数据、信息、页面、服务注册到系统集成平台上,实现各被集成系统底层技术服务的数据、信息、页面、服务封装组件的监测、发现、调用、映射和运行、业务、功能、操作、设置可视化界面(URL)的展现。通过创新系统集成的数据集成、底层技术服务和组件封装及界面 URL 资源定位技术,不但可以实现数据可视化展现,同时也可以实现被集成业务应用系统运行、业务、功能、操作、设置场景的可视化界面的展现。创新系统集成通过系统页面采集实时数据,采集的数据具有实时性和低延时,弥补了传统系统集成只能从数据库中共享非实时性历史数据的不足。创新系统集成模式提高了数据的质量和数据的实时性、可用性。

(3) 信息栅格区块链技术集成创新的系统集成软件体系。基于区块链底层技术服务组件封装和可视化四级界面超链接模式的系统集成,创新系统集成政务大数据云平台具有跨平台、跨系统、跨业务、跨区域、跨部门分布式资源综合和系统集成的能力,以及分布式节点注册、监测、发现、协调、协同、联动的能力。完全可以实现数字政府政务数据各行业级平台及应用系统之间的互操作、业务协同和监控系统之间的控制联动。

(4) 信息栅格区块链技术集成创新。重点是区块链底层技术服务,主要功能对被集成系统的数据、信息、页面、服务进行组件封装,尤其是被集成系统的页面封装(页面已包括数据、信息和服务内容)。通过 Web 前端静态页面调用 Web 后端已经封装好的系统动态数据、信息、页面、服务封装的组件,形成可视化动态页面。

(5) 信息栅格区块链技术集成创新分布式数据库系统。通过被集成数字政府各部门行业级管理主题数据库系统采集页面动态数据和主题数据库共享数据的方式,进行统一的元数据管理及数据分类,并分别存入政务大数据云平台主题数据库和网络数据库中。Web 前端静态页面上的数据框由 Web 后端封装数据推送至 Web 前端静态页面数据框中,实现静态页面和动态数据可视化界面的集成。政务大数据云平台将存入网络数据库和主题数据库内已经封装好的元数据类,通过神经网络深度学习的聚类、决策树、BP 等算法,对封装的元数据类进行特征值提取、降维等,形成可视化数据集、要素数据和目标数据。

(6) 信息栅格区块链技术集成创新政务大数据云平台数据集成。遵循 HTML5 标准的超文本标记语言和 JavaScript 基于 Web 客户端开发的脚本语言,通过 REST 数据库接口平台访问第三方数据库系统。数据库接口支持 HTTP 传输协议、REST 远程服务器数据调用、JSON 数据传输格式、UTF8 编码格式和 POST 数据请求方式等。通过 JSON 数据交换格式,实现 Web 页面与数据库系统的连接和交互。

(7) 信息栅格区块链可视化数据展现界面。根据总览+四界面 GUI 结构化、系统化、标准化的设计,将业务应用逻辑与可视化服务功能界面分离。业务应用逻辑之间及界面与业务应用逻辑之间动态数据、信息、页面、服务的变化则由另一界面或底层技术服务的数据、信息、页面、服务的组件来驱动。这样可以给用户带来很好的可视化实时动态的应用场景体验;此外,可视化四界面支持第三方插件,支持封装组件的注册、监测、发现、调用、映射,特别通过事件(发现)来触发和驱动控制组件的调用及界面之间实时控制数据与信息的传递。可视化四界面既实现业务应用逻辑的链接,同时又相互独立于第三方界面或底层技术服务的动态数据、信息、页面、服务组件。采取信息栅格节点与资源分离的注册、监测、发现、调用、映射、控件等松耦合多重对接的资源集成方式,满足业务应用客户端的服务需求。该可视化四界面 GUI 结构化、系统化、标准化的设计有效提升了业务应用逻辑与可视化动态数据、信息、页面、服务的展现与业务应用系统集成的功能。

7.6.2 政务大数据云平台应用成果

(1) 政务大数据云平台可视化一级界面展示数字政府政务数据各被集成信息平台的导览(如生态环境、综合治理、视频监控、智慧城管等),通过一级界面 GIS 地图上标绘的本数字政府政务数据所关注的目标和核心要素的信息点,可以显示常态下和非常态下的实时状态和该信息点的信息查询。

(2) 政务大数据云平台可视化二级界面展示数字政府政务数据各被集成信息平台业务系统的导览,通过 GIS 地图上标绘的本信息平台所关注的核心要素的信息点,信息点可以显示常态下和非常态下的实时状态和该信息点的信息查询。

(3) 政务大数据云平台可视化三级界面展示数字政府政务数据各被集成信息平台业务系统的各功能模块的操作和设置对话框,GIS 地图上标绘有本信息平台应用系统监控点(如摄像机、控制设备、传感设备等),通过点击监控点可以弹出操作或设置对话框。

(4) 政务大数据云平台可视化场景展现实现各被集成信息平台系统集成,跨平台、跨系统的信息互联互通和数据共享交换可视化分析展现方式。

(5) 政务大数据云平台领导桌面和运营中心座席可视化展现,支持桌面计算机的多屏显示方式(四分屏或三分屏),可以同时展现一、二、三级可视化界面;可以通过"推送"方式实现桌面系统与大屏幕显示的互动和实时多场景的切换与展示。

(6) 政务大数据云平台统一身份认证包括授权访问控制(分为电子政务内网、电子政务外网、公共互联网)、数据加密、数字签名等功能模块。

(7) 政务大数据云平台数据资源管理包括数据设备资源管理、数据库运行状况实时监控(存储、磁盘、挂载、空间使用率、故障等)、数据库设备配置管理、设备维护管理、用户管理、运行日志管理、数据备份管理等功能模块。

(8) 政务大数据云平台大数据分析展现由大数据可视化元数据集库、要素数据库、目标数据库组成,对各被集成信息平台数据库基础数据进行抽取、转化、清洗、整合、加载、审计、校核。通过大数据可视化图表(多柱状图、曲线图、饼图、数据列表等)分析展现各目标数据、要素数据和元数据集数据,进行跨平台、跨系统、多维度的综合分类、阶段比较、OLAP 关联分析、AI 智能、神经网络趋势分析等。

(9) 政务大数据云平台网络资源管理包括网络设备资源管理、网络运行状况实时监控(流量、业务、拓扑、安全、故障等)、网络设备配置管理、网络设备维护管理、用户管理、运行日志管理、网络备份管理等功能模块。

(10) 政务大数据云平台综合视频集成管理具有对分布式数字视频资源集成管理的功能。采用视频云存储与物联网技术的结合,可以将第三方视频系统或视频监控平台集成在综合监控与视频集成管理云平台上。基于集成平台云存储与云处理,有效整合第三方视频资源,形成统一的视频调用和业务的协同联动。综合视频集成管理具有视频联动报警的功能,当接收来自业务系统报警信息时,主动展现与报警信息关联的实时视频图像。

(11) 政务大数据云平台远程指挥控制调度管理提供远程分控中心的部署(如领导调度指挥室)。通过互联网或电子政务外网分别登录政务大数据云平台,通过多屏显示的方式(通常标配四分屏座席+显示大屏)展示集成平台任意的可视化分析展现页面,领导可以调用相关页面进行全局的指挥、调度、操作和控制。发生重大突发事件时,政务大数据云平台主动向远程分控中心推送报警页面并触发报警警铃。

(12) 政务大数据云平台移动 APP 应用,展现数字政府政务数据被集成信息平台及应用系统的各种服务功能,包括监控视频、可视化分析图表、服务项目的操作和设置功能等。支持 Android 和 IOS 等多个版本,支持各种移动终端和电脑桌面系统。

(13) 政务大数据云平台数字政府政务数据系统集成通过 Web 超链接技术应用,实现与被集成第三方信息平台及应用系统(B/S 或 C/S+Web)的业务、功能、操作、设置页面的超链接。通过集成平台一、二、三级可视化界面分别分析展现被集成信息平台的业务、功能、操作、设置页面。

(14) 政务大数据云平台数字政府政务数据大数据集成通过底层技术服务业务组件和数据封装技术应用,实现与被集成第三方信息平台及应用系统集成页面的要素数据采集和应用数据库的抽取。第三方集成数据应导入政务大数据云平台可视化元数据集库,并通过大数据分析展现页面的数据可视化图表,分别展示目标数据、要素数据、元数据集数据的分类、比较、分析(LOAP)、趋势等内容。

(15) 政务大数据云平台大数据与人工智能集成应用,可以集成第三方对数字政府政务数据某个特定目标数据的深度挖掘、BI 分析和人工智能神经网络深度学习;可以通过政务大数据云平台可视化展示被集成大数据开发应用系统或平台的应用场景,实现 Web 超链接的页面集成的可视化展现。

(16) 政务大数据云平台网络中心监控管理集成网络融合与安全中心运行管理平台,分析展现网络运管平台业务、安全、功能、操作、设置等各应用功能。

(17) 政务大数据云平台大数据资源中心监控管理集成大数据资源中心运行管理平台,分析展现数据运管平台业务、安全、功能、操作、设置等应用功能。

（18）政务大数据云平台数字政府政务运营指挥控制中心机房运行监控包括集成网络中心机房、大数据资源中心机房、运营管理中心机房等机房监控平台，分析展现机房运管平台的业务、功能、操作、设置等应用功能。

7.6.3 信息栅格区块链技术集成创新评估

1. 信息栅格区块链数据集成能力评估

信息栅格区块链技术集成创新数据集成的评估，应用信息栅格在互联网和物联网各种链路互联互通的机制，实现区块链各个分布式节点之间的互联互通，为区块链的系统集成应用和协同工作提供通路与带宽的保证。同时通过制定基于信息栅格各节点之间的信息交互标准规范，确保点对点之间以相互能够理解的方式交互信息。网络的互联及信息互通的规范是信息互操作的基础。信息栅格为区块链提供了统一的开放式平台、接口标准以及交互流程，实现了不同节点应用系统之间的信息互联互通，使得区块链各分布式节点之间可以自动完成系统集成的互操作，同时保证了整个区块链各个节点内部信息的一致性、整体性、完整性、安全性。

2. 信息栅格区块链数据资源共享能力评估

信息栅格区块链技术集成创新数据资源共享的评估，主要包括多传感器数据融合、异构数据库、分布式数据库（包括结构化数据库、非结构化数据库、多媒体数据库）的数据共享交换、应用程序的共享共用三个方面。多传感器数据融合包括两个层次：一个是指区块链节点内数据的实时集成；另一个是指不同分布式节点数据之间的实时集成，在同一个开放式平台下的数据集成可以通过 API 接口定义来实现。各节点异构数据库共享交换根据数据库多源性、异构性、空间分布性、时间动态性和数据量巨大的特点，提供数据存储标准、元数据标准、数据集（数据封装）的交换标准，数据存储与管理、远程数据传输的策略。应用程序共享共用利用信息平台和应用系统具有共性需求的封装组件及中间件、平台支撑模块、平台接口模块、应用数据挖掘分析和协同操作等软件程序，在区块链中共享已开发、已拥有和已运行的共性软件程序，使得区块链中其他节点信息平台和应用系统都可以通过远程共享共同使用或下载安装这些软件程序。

3. 信息栅格区块链信息处理能力评估

信息栅格区块链技术集成创新信息处理的评估主要体现在有效的方式注册、发现、分配节点信息资源，处理各种应用请求，为执行远程应用和各种活动提供有力的信息支持。面向服务是区块链集成创新的关键，它把一切信息均表达为服务，这些服务通过协调实现节点自治，最终发布到统一的信息栅格开放式信息平台上。服务请求者通过访问服务、接口服务、业务流程服务、信息管理服务等与一体化信息服务平台实现交互。一个节点信息服务可以包含一个或多个接口，每个接口上定义一系列因消息程序或封装组件的调用、映射、交换、共享而产生的操作，不仅包括接口地址发现、动态服务创建、生命周期管理、消息通知、可管理性、规则地址命名、可升级性，还包括地址授权和并发控制。为了实现节点信息服务提供者与服务请求者之间的交互，信息栅格开放式信息服务平台还应提供安全保障、服务质量（QoS）服务分级等功能。

4. 信息栅格区块链自适应信息传输能力评估

信息栅格区块链技术集成创新自适应信息处理的评估中，由于采取了信息栅格的传输机制，使得区块链具备信息传输的自适应性。在信息栅格环境中，不再需要把数据全部下载到本地节点再使用，而是针对不同用户应用的需要，采用相应的传输策略。常用的传输包括并行传输、容错传输、第三方控制传输、分布传输、汇集传输。这些传输策略可以保证在互联网或物联网环境上可靠地传输数据以及实现大量数据的高速移动、分块传输和复制、可重启、断点续传。栅格文件传输协议 GridFTP 可保证信息节点中不同传输方式的兼容性，提供安全、高效的数据传输功能的通用数据传输协议，该协议通过对 FTP 协议的栅格化扩展，侧重于在异构的存储系统之上提供统一的访问接口，解决大量数据传输的性能和可靠性问题。

5. 信息栅格区块链即插即用按需服务能力评估

信息栅格区块链技术集成创新即插即用按需服务的评估，主要体现在能够集成所有的信息系统，如数字政府政务数据级一级平台、行业级二级平台、业务级三级平台，及各种各类应用系统，如监测监控系统、决策指挥系统、可视化系统、数据分析系统等，而每个独立的信息节点又包括很多应用系统（或子系统）。使得区块链通过信息节点和应用系统的共性策略和统一的技术服务接口将底层的各种应用程序资源进行封装。区块链用户对各种底层技术服务的使用是完全透明的，对资源的访问、数据的存储、作业的提交就像使用本地节点资源接入一样方便、快捷、高效。因此只要符合区块链底层技术服务的标准和权限，任何区块链用户都可以方便地接入各个节点和应用系统，按需提取自己所需的信息与服务。

6. 信息栅格区块链去中心化信息集成评估

信息栅格区块链技术集成创新去中心化信息集成的评估，改变了以往树形、集中式、分发式的信息共享方式，取而代之的是网状、分布式、按需索取式的信息共享模式。信息栅格为满足去中心化信息集成应用，采用信息节点和资源分离的分布式技术，改变了传统分布式技术将节点和资源绑定在一起的做法。而是采用各个节点的信息、数据、页面(URL)、服务的封装组件（中间件），实现了信息栅格全域内的需求调用、映射、交换、集成、共享。区块链与信息栅格技术集成创新，不再强调集中式的信息中心，取而代之的是无中心或多中心和分布在各个信息节点中具有不同应用的信息系统。这些信息节点或信息系统的访问接口是统一的，所提供的统一封装的信息、数据、页面(URL)、服务等组件和中间件也都是经过严格规范的。一方面，传感器、过程数据、应用信息可以把不同种类的信息汇集到各自信息节点中；另一方面，任何一个信息节点上的用户都可以按照需求点对点自动访问不同信息节点的底层技术服务，包括信息、数据、页面、应用等，并将各个节点来源的底层技术服务自动集成为针对某一目标和任务的虚拟化应用与服务。除了按需获取信息以外，还可以按需预定信息。

7. 信息栅格区块链综合安全防护能力评估

信息栅格区块链技术集成创新综合安全防护的评估，区别于一般传统安全防护的模式，在区块链无中心或多中心以网络为中心的条件下，具有顽强抗毁的能力。信息和网络安全渗透于区块链的各个信息节点、平台、应用系统和各组成部分、信息流程的各个环节，信息获取与感知、传输与分发、分析与处理、开发与利用都存在着激烈的对抗。这些激烈的对抗始终都是围绕区块链信息节点的安全防护系统展开的。因此安全防护能力既可提高信息节点及应用系统的运行效率、精度和反应能力，同时又面临着电子干扰与破坏的威胁，安全防护能力一旦遭到破坏，整个区块链系统将失去原有的功能甚至完全瘫痪。为此，区块链与信息栅格综合安全防护技术的集成创新，必然会增强区块链的安全防护能力。可采用有效措施，使之具备良好的抗毁性、抗干扰性和保密性能。

参 考 文 献

1. 李林.数字城市建设指南(上册)[M].南京:东南大学出版社,2010.
2. 李林.数字城市建设指南(中册)[M].南京:东南大学出版社,2010.
3. 李林.智慧城市建设思路与规划[M].南京:东南大学出版社,2012.
4. 李林.智慧民生工程[M].南京:江苏凤凰科学技术出版社,2016.
5. 李林.新型智慧城市系统工程[M].南京:江苏凤凰科学技术出版社,2018.
6. 刘鹏,王立华.走向军事网格时代[M].北京:解放军出版社,2004.
7. 刘鹏.军事信息栅格理论与技术[M].北京:国防工业出版社,2015.
8. 李林.新型智慧城市总体规划导则[M].南京:江苏凤凰科学技术出版社,2017.
9. 李林.智慧城市大数据与人工智能[M].南京:东南大学出版社,2020.
10. 于宝林.美军人工智能发展现状与前景.华语智库,2019-05-02.
11. 贾卫.美国国防部信息资源管理规划与法规[M].北京:金城出版社,2020.
12. 于大清.联合作战全景解析[M].北京:中国发展出版社,2016.
13. 司伟建,张春杰,曲志昱,等.信息化战争简明教程[M].哈尔滨:哈尔滨工程大学出版社,2020.
14. 顾伟,顾俊,刘曙光,等.海空一体战概念与美军能力建设[M].北京:航空工业出版社,2020.
15. 李林编译."全球信息栅格"集成总体规划.美国国防部网站,2018.
16. 李林编译.美军云战略.美国国防部网站,2019.
17. 周朋.美军战术数据链发展分析及启示[J].科技视界,2017(5):328-329.
18. 张家茂.美军启动"作战云"项目从底层架构上引导战场变革[N].科技日报,2019-07-24.
19. 朱红,李晓文编译.联合全域作战/指挥控制概念进驻美军条令.远望智库:战略前沿技术,2020-03-20.
20. 杜燕波.从"多域战"到"联合全域作战",究竟有何玄机[J].军事文摘,2020(6):56-59.